現代臺灣新文化史

臺灣政經史叢書　　　　　主編

U0054173

本書是當代第一本以新觀察角度
和開拓新議題，來撰寫的現代臺
灣新文化史專書，內容的豐富性
和新議題之多，堪稱當代之最。

名符其實的現代臺灣社會文化史的最新論
述，可作為現代臺灣新文化史的新教科書
來閱讀，最為適宜。

江燦騰　陳正茂 ——— 著

元華文創

1624 荷蘭來臺建城迄今 400 年

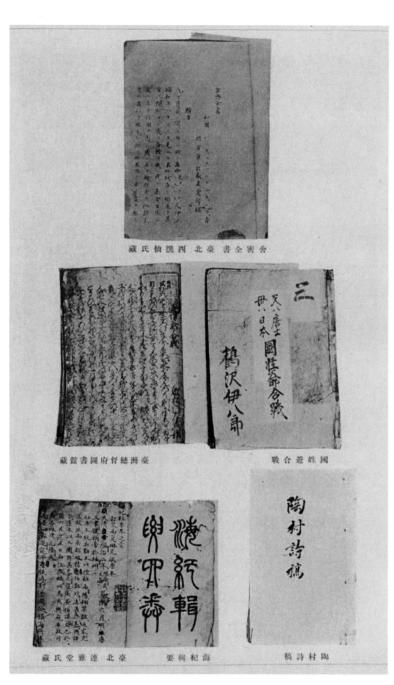

含密全書 臺北西進仙氏藏

臺灣總督府圖書館藏　　國姓爺合戰

臺北連雅堂氏藏　海紀輯要　　陶村詩稿

1930 年臺灣文化三百年祭史料展出照片之一

臺北　幣原坦氏藏　　　　　　　改隷前の「ゼーランヂア」城趾（寫眞）

本會藏　　　　　　　　　　　　現今の赤嵌城趾（寫眞）

1930 年臺灣文化三百年祭史料展出照片之二

伊能嘉矩著

【上卷】

臺灣文化志

東京刀江書院藏版

日文版伊能嘉矩著《臺灣文化志》的上卷封面

（下）部一の稿原書本（上）者著るけ於に齋書

《臺灣文化志》的作者伊能嘉矩及其原著手稿照片

《臺灣通史》的作者連橫

連橫的相關臺灣文化著作

一半日本血統的鄭成功在日本誕生的紀念石

鄭成功的父親是福建人，所以鄭成功的墓是在福建

1895 年日本在臺殖民統治開始的衙門警衛

日本在臺殖民統治影響文化發展的兒玉總督(右)與後藤民政長官(左)

1916 年發生在臺北的佛教與基督教大辯論現場

1917 年臺灣佛教開始設立中學教育機構

臺灣佛教中學第一屆畢業生林德林在臺中市辦幼兒園教育

日治時期在臺北的美麗日本真宗佛寺

曾統治過臺灣十五年之久的大正天皇

戰爭時期的昭和天皇騎馬英姿

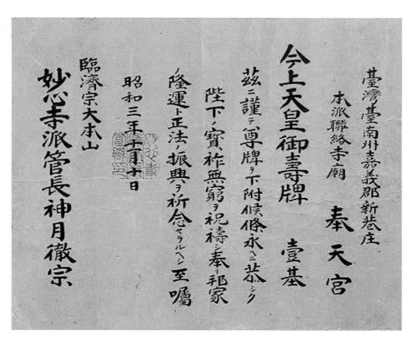

嘉義奉天宮也要供奉日本天皇牌位

黃土水創作的臺灣水牛銅像

戰爭期間的臺灣學童的教育狀況

戰爭期間臺灣新竹人去滿洲國當外交官

戰前臺北市西洋式街道景觀

戰後臺北市街頭要遣回的日人家庭

戰後威權統治的象徵：初期的大閱兵場面

1948-09-23，胡適（左二）參加中研院成立二十周年第一次會議，地點在南京首都，這也是最後一次的大陸會議，之後開始分裂，於 1949 年時，只有少數院士來到臺灣。

戰後自由主義者來臺從政的悲劇人物：吳國楨主席

戰後大量大陸各省老兵來臺定居

戰後臺北市清真寺的美麗建築

戰後臺北市善導寺收藏宋代木刻觀音

胡適的禪學爭辯

印順法師的日本博士學位證書

解嚴後臺灣出現多元的新宗教節慶活動

解嚴後慈濟法師證嚴提倡的新佛教文化觀

政治解嚴與佛教思想衝擊：
解嚴以來台灣佛教文化思想多元發展的新趨勢

- 由於情慾所引發的爭論，在教界愈演愈烈，所以昭慧比丘尼也在解嚴以後，幾度為戒律中的「破戒」問題，以及傳統戲劇中的情慾問題：

- 如《思凡》事件等，不論在教內教外，都有過大諍辯。
- 因此，關於台灣的佛教倫理，或佛教文化，也是時常，隨環境的變動，而有了新的調整和適應。

新京劇的提倡者郭小莊

陳映真的社會批判雜誌

陳映真堅持統派臺灣文學立場

大陸出版的《臺灣文學史》

蔣經國與李登輝夫婦

解嚴後李登輝總統提倡的武士道精神文化

解嚴後臺灣首次政黨輪替：李登輝總統告別，陳水扁總統上臺

解嚴後臺灣社會出現反政治人物（反蔣介石）的氾濫銅像崇拜文化

兩岸破冰後大陸送來鄭成功戎裝騎馬大型石雕像

解嚴後大陸送給大甲鎮瀾宮的翡翠媽祖雕像

解嚴後大陸迎回佛教高僧印順大師的舍利供奉大典

當代臺灣傳統民俗文化中的祭典神像：艋舺青山宮靈安尊王慶典，艋舺清水巖祖師廟「蓮英社」接駕之紅壇照片。（陳省身提供）

解嚴後臺灣著名藝術家楊英風到雲岡大佛現址參觀（覺風文教提供）

解嚴後楊英風根據雲岡大佛造型，為新竹福嚴佛學院創作的新作品
（覺風文教提供）

作者敬致讀者

2024 的大選結果已揭曉，新的正副總統與新國會成員，都已正式產生。雖然這次第三大黨臺灣民眾黨，沒有贏得正副總統席位，但在傳統的藍綠統獨意識形態之外，已有近四百萬人選擇新的政治路線前行。因而單就此一歷史現象的變革來說，已是前所未有的新臺灣政治文化運動的璀璨結晶，也是臺灣年輕「新世代寧靜革命」的巨大成果，並還產生「壯世代」與「新世代」不同世代之間，新的普遍社會共融和諧現象。

這其中有來自基層社會大眾的自覺、自主、熱情和普遍參與的各類新文化創造的新產物，例如大量的「自媒體」網路直播、「小草運動」快速蔓延成大潮流、「壯世代」的新認知、「孫子兵法」有了新定義與新戰場、而「五五計畫」也可以巧妙改善臺灣民眾家庭中，原先普遍存在的世代隔離現象等。

以上的這些都是當代臺灣社會文化，目前可以被顯著觀察到的各類新表徵行為，並且未來也將會在當代臺灣社會持續發生長遠的正面影響。

但是，由於本書是之前多年積累而成的大著作，所以還來不及處理這些新課題，希望在本書的第二版時才來增補。這是本書作者首先要敬致讀者的。

本書是當代第一本，以新觀察角度和開拓新議題，來撰寫的現代臺灣新文化史專書，全書內容所呈現的特色和優點如下：

　　本書的內容共四卷二十七章，三十餘萬字，其中解嚴以來的第四卷，主題最新穎、篇幅最大，佔全書最重要部分，是歷來首次建構與詮釋的當代性與本土性兼具的一流論述。深盼各位高明讀者們，讀後能不吝指教。

　　本書雖非類似通史性的全面論述現代臺灣新文化史，但主要的相關課題，應該都已涉及。而之所以沒有比本書內容更完整呈現，是因本書兩位作者已於 2008 年在東大出版社，出版過《新臺灣史讀本》一書。而在該書中，有關現代臺灣新文化史的部分，即已納入，諸如：戰後的臺獨思想、自由主義思想、現代舞、現代電影等多篇內容。所以本書此次就沒有再納入上述那些內容，而是以兩書互補的方式，來呈現本書目前內容的另一種特色。

　　本書的讀者對象，設定為現代臺灣社會大眾，所以本書的內容說明，特別注意社會文化的變革與現代文明史互動的關係。也因此，本書中的全部詮釋體系，都是帶著問題意識，來展開的動態書寫。就此點來說，本書內容與過去臺灣學界，普遍以靜態的各種制度史為中心的論述相比，可謂採取了另一不同的新式學術進路，因而書名才有「新文化史」提出。

　　本書議題的新鮮和多元化，是市面上同類型書少見的，如前所述，本書內容的豐富性和新議題之多，堪稱當代之最。所以讀者讀到的本書內容，是名符其實的現代臺灣社會文化史的最新論述。因此可作為現代臺灣新文化史的新教科書來閱讀，最為適宜。

　　倘若本書以上所述內容介紹，能讓我們臺灣學界同道、乃至一般社會大眾，都能接受本書這樣新穎表達的各章主題與相關的話，則在本書的第二版中，我們將會考慮更擴大篇幅來增加其他新主題和新內容，使其能更全面性的來呈現。

　　至於本書知識來源之精確性，一如學術著作的慣例，兩位作者都是儘量嚴謹從事以防出錯，若偶有其他疏失的不察處，那可能就是兩位

作者的本身學養不足所致，還請各方高明讀者不吝指正。

目　次

第二卷：日治近代篇

第三卷：戰後現代篇

第四卷　解嚴當代篇

1.1 大航海時代的臺灣

一、從世界史發現臺灣

　　15、16 世紀是人類探尋新航路和新大陸怒海征航的時代，那是一個對未知地域探險尋奇，完成夢想的美好時代，締造了所謂的地理大發現，開啟了大航海時代的來臨。

　　要談人類這項地理上的偉大事業，其中誘因之一，我們不妨從 13 世紀的馬可波羅（Marco Polo, 1254-1324）開始談起。

二、馬可波羅的著名東方漫遊故事開其端

　　馬可波羅是義大利威尼斯人，1271 年隨其父與叔叔從家鄉出發，經波斯、西域、天山南路，於 1274 年抵達中國（元朝）。馬可波羅在中國住了十七年，於 1295 年，他四十一歲時回到故鄉威尼斯。

　　1298 年，馬可波羅在故鄉的一場內戰中被俘。獄中他將自己在東方的旅遊見聞，口述給一位作家囚友，請對方記錄下來，這就是著名的《東方見聞錄》一書，俗稱《馬可波羅遊記》。

　　馬可波羅在遊記中，對東方的富庶繁華有極盡渲染之描述，他說日本是個遍地黃金、珍珠、寶石的島國。這個國家到處都有黃金，因此每位日本人都擁有很多黃金。說到中國，他盛讚杭州是「全世界最豪華、最富裕的城市」。

　　又說：「杭州每天消費四十三袋胡椒，每袋二二三磅，真是多得令人咋舌。」胡椒為當時歐洲珍品，看到《馬可波羅遊記》所寫之情況，怎不讓歐洲人怦然心動，羨慕不已呢？提到泉州，馬可波羅更是以

驚訝、讚不絕口的語氣說：

「這是個海港都市，從印度來的船，滿載著奢侈的商品、昂貴的寶石、又大又美的珍珠，一艘接著一艘進入這個海港。……如果說有一艘載著胡椒的船進入亞力山卓，準備將胡椒賣給各個基督教國家，那麼就有一百倍，也就是一百艘船駛進泉州。從其貿易額來看，可以斷言泉州的確是全世界兩大港之一。」

除了日本與中國外，遊記中也述說到東南亞一帶，說這些島嶼到處都是珍貴的香木，散放強烈的香氣；且還生產各式各樣的香料。黑胡椒、白胡椒、黃金寶石以及其他各種奇珍異品充斥於這些星羅棋佈的島嶼，產量更是多得驚人。

例如說到爪哇島，馬可波羅是如此形容「這個島非常的富裕，生產胡椒、肉豆蔻、甘松香、蓽澄茄、高良薑、丁香等，總而言之，所有昂貴的香料，這個島都有生產。……它擁有的財富難以估計，也無法用言語形容。……在全世界販賣的香料，大部份都是來自於這個島。」

此外，馬可波羅還在口述中提及印度與其他許多國家也盛產胡椒和香辛料等。無論古今中外，人們都酷愛鑽石、黃金，但為何那時候的歐洲人卻將胡椒、香料等看的比珍珠寶石還值錢呢？

原因是，這些香辛料，可當作調味料加在食物中，增加食物的美味，促進食慾；或者像魚肉等，帶有腥味的食物，香辛料可以去腥、防腐和殺菌的作用，古代歐洲人，甚至將香辛料視為一種藥。

香辛料產於熱帶地區的東南亞，其中尤以位於赤道附近的摩鹿加群島（Moluccas）是主要的產地，故該島有香料群島（Spice Island）之稱。

這裡是全世界唯一產丁香的地方，不過，丁香因價格過高，歐洲人消費不起，故在所有的香辛料中，最受歐洲人青睞的是胡椒。胡椒產地，主要分佈在印度的西南海岸、印尼的爪哇和蘇門答臘以及馬來半島。

　　歐洲因受限於氣候條件，無法種植香辛料等作物，但又對香辛料
有所需求，所以只能從東南亞進口。胡椒及香辛料，在東南亞原產地，
價格其實並不貴，但是因為從東南亞運到地中海，不僅路程遙遠，中間
且必須經過多次的轉賣，才會到達消費者手中，因此最後的零售價格，
往往較原產地高出幾十倍。

　　12、13 世紀以來，以威尼斯為首的北義各城市，掌控著地中海貿
易，這些精打細算的威尼斯商人，從伊斯蘭商人那兒，進口如絲織品、
象牙、寶石與香料、胡椒等東方的產物，然後再轉手，賣給其他歐洲國
家，從中獲取巨額暴利。

　　十字軍東征後，基督教世界與伊斯蘭教世界，雖然勢如水火，但
以營利至上的威尼斯商人卻聰明絕頂，採取政經分離策略。在政治上支
持基督教對伊斯蘭教進行「聖戰」；在經濟上卻繼續與伊斯蘭教徒往來
貿易。

　　威尼斯商人之所以成功致富，在於他們掌握了東方物產的進貨源
之故。他們在亞力山卓、貝魯特與君士坦丁堡等地，遍設商館，從伊斯
蘭商人處購入東方物產，運回義大利，再轉售法國等歐陸地區，獲得巨
額利潤。其次，威尼斯商人再向歐洲各地，採買高級毛織品，運回地中
海各地的商館，賣給了伊斯蘭商人。如此來去皆賺、甜頭嚐盡、左右逢
源的威尼斯商人，讓很多歐陸國家羨煞不已！

　　威尼斯商人彼時不僅掌控東方貨源，且對產品採取高關稅政策，
以便從中抽取利潤。由於這些中間經手的盤商，與被抽取的關稅太多
了，讓義大利以外的其他歐洲國家自然想到，有沒有辦法，可以不經過
威尼斯商人，而能購得東方物產，甚至不透過伊斯蘭商人，直接到亞洲
原產地，去採買東方物產。

　　如此一來，不僅不用讓威尼斯商人從中剝削，且直接到原產地去
進貨，利潤豈不是遠比威尼斯商人來得大多了？這商機實在太誘人了！

三、尋找東方之路──臺灣的被發現

問題是，如何去東方呢？長久以來，因著伊斯蘭教的進逼與擴張，歐洲基督教世界一直被困在地中海及歐洲內陸。但是，自希臘以來，歐洲文明本來就是海洋文明，自不甘長期被鎖在歐陸一隅。

自伊斯蘭地區源源不絕將富庶東方的訊息傳至西方，中國的茶、印度的棉花、香料群島的胡椒等，西方人最愛、最迫切需要的產物，都聚集在那個馬可波羅筆下，神秘又豐饒的東方。

剛結束夾雜著宗教與俗務使命的十字軍東征；及接踵而至的北亞蒙古人的橫掃歐亞大陸，使西方人在驚魂未定中，不得不直面東方。戰爭殘酷的交流，使西方人對東方多一層的了解與敬畏。商品經濟的需求、基督福音的傳播、冒險尋奇的本能，讓西方人急於尋求各種方法，到東方一窺究竟。

這當中，開始站上世界舞臺的中央，成為歐洲文明向外擴張的開路先鋒，是來自歐洲西南一隅，兩個不起眼的國家，葡萄牙與西班牙。其中葡萄牙的航海王子亨利（Henry the Navigator, 1394-1460）更是最偉大的英雄，因為他吹響了大航海時代的號角，把歷史的巨輪，推向了全球化的開端。

亨利王子一生最大的夢想，是想要沿著西非南下，能找到一條通往亞洲的途徑，此希望，雖然在其生前並未達成，但葡萄牙一直不氣餒，堅決欲找到東方之路以完成其願望。

1488 年，葡萄牙的探險船，發現非洲最南端的好望角（Cape of Good Hope）。1497 年，葡萄牙國王派遣達迦馬（Vasco da Gama, 1469-1524）出航，沿著非洲西岸南下，繞過南非，進入印度洋。

1498 年 5 月，抵達印度西岸的卡利卡特（Calicut），找尋夢寐以求的印度航線終告成功。從此以後，葡萄牙人可以免除威尼斯商人與伊斯蘭商人數百年來的糾纏和壟斷，直接來到亞洲與印度人貿易。

　　眼看東方物產的無限商機，葡萄牙人歡欣鼓舞、摩拳擦掌的在亞洲設立貿易據點。1510 年，葡萄牙佔領了印度的臥亞（Goa），1511年，又侵佔馬來半島的麻六甲。緊接著就是，佔有爪哇島與香料群島──摩鹿加群島。歐洲人終於如願以償，擁有了香料產地。有了香料群島還不夠，葡萄牙在印度與麻六甲，還得知與中國貿易更有厚利可圖。這個馬可波羅眼中的神秘富庶古國，又再次引起歐洲人的無限憧憬。

　　1514 年，葡萄牙曾派船欲與明朝通商被拒，最後只好在廣東、福建、浙江等中國東南沿海一帶，偷偷從事貿易。1557 年，葡萄牙人透過賄賂中國官吏，取得到澳門的居留權，他們在廣州購買中國物產，運到日本銷售，再購買日本東西，運回廣州賣給中國，來來回回，賺取為數可觀的差價。當然，他們也將在印度、南洋群島、中國和日本等地的各種物產，運回歐洲銷售，使得葡萄牙的國庫充盈，葡萄牙商人也荷包滿滿。

　　然葡萄牙畢竟是個小國，其獨霸亞洲市場的光景，不久即遭到西班牙與荷蘭等國的挑戰。大航海時代，有兩個重要的地理大發現，一個是葡萄牙發現通往亞洲的新航路；另一個是哥倫布發現美洲。但其實，哥倫布的原始動機，只是想另闢蹊徑，直接橫渡大西洋，其目的地，仍是亞洲。

　　哥倫布（Christopher Columbus,1451-1506）義大利人，從小即有志於航海探險。他曾在里斯本，花了很多時間學航海學和地理學的新知識，他覺得地球既然是圓的，那麼從歐洲西航的話，應該可以到達那遍地黃金的日本與垂涎已久的香料群島，還有那繁華似錦的中國。哥倫布愛看《馬可波羅遊記》，他深信馬可波羅對日本、中國、印度與東南亞的描寫都是真的，因此堆積如山的珠寶和胡椒香料的東方，深深吸引著蠢蠢欲動的哥倫布。

　　1492 年 8 月 3 日，哥倫布在西班牙國王的贊助下，啟程前往東方，經過三十七天的航行，於 10 月 12 日抵達巴哈馬群島的一個小島。

一行人欣喜萬分，只不過高興很快就消失，因為他們發現島上的文明遠遜於歐洲文明，哥倫布有些失望。他不知這是人類歷史上重要的一天，哥倫布發現美洲大陸而不知，直到他去世前，還一直認為他到達的是亞洲的邊陲。

葡萄牙開闢新航路的成功與西班牙發現美洲，揭開了世界市場爭霸戰的序幕。其後不久，除巴西外（為葡萄牙殖民地），西班牙人以武力征服了整個中南美洲，不僅造成墨西哥王國與印加帝國的滅亡，最大的收穫，莫非發現美洲非常豐富的金銀礦藏。從此一船船滿載金銀的商船，不但繁忙地從美洲運回西班牙，使西班牙成為當時全世界最富有的國家。影響更深遠的是，美洲的意外發現和殖民，大大促進了當時世界市場的形成，大量金銀的流入歐洲，擴大了資本主義的原始累積，推動了歐洲資本主義的發展。

此後，西班牙便挾著響噹噹的墨西哥銀元，從南美洲繞道南太平洋來到亞洲，不僅和葡萄牙角逐亞洲市場，也於 1571 年，在此佔領了菲律賓群島，邁出其在此地殖民主義的第一步。

就在葡、西兩國縱橫亞洲市場時，歐洲另一海上強國荷蘭也急起直追。1600 年至 1620 年間，因著葡萄牙勢力的衰竭，荷蘭人逐一接收原本葡萄牙視為禁臠的地區。1602 年，荷蘭在爪哇島的巴達維雅（即今之雅加達）成立荷屬東印度公司，未幾，荷蘭又陸續向葡萄牙奪取錫蘭島（今斯里蘭卡）與麻六甲、摩鹿加群島等地。

當然荷蘭人並不因此而滿足，他們的船隊繼續揮軍北上，1623 年先佔領澎湖，1624 年又佔據臺南的安平，以這些據點和中國、日本展開貿易。就這樣，起步較晚的荷蘭後來居上，取代了新航路發現的開拓者葡萄牙，於 17 世紀中葉，成為主宰東方市場的新霸權國家。

基本上，葡、西與荷蘭等西方海權國家的東來，目的有三：一則壟斷西方所需的原料市場；二為積極擴張建立殖民地；三是為過剩的資本尋求新市場，其中尤以和中國及日本貿易為主。但在尋求和中、日貿

易的路程中，航道一定需要經過臺灣海峽，也因此讓這些歐西海權強國，像桃花源般發現了這個披著神秘面紗的美麗島嶼。1543 年，葡萄牙船隊赴日本駛近臺灣海面時，觀見岸上美麗風景，不由自主的讚嘆「福爾摩沙」（Ilha Formosa）美麗之島。

　　基本上，16 世紀臺灣島的浮上歷史地表，是全球第一波現代化浪潮推動所致。臺灣因位於西太平洋有利的地理位置，使得前後接踵而至的三個海上強權看中，葡萄牙因澳門腹地太小，與中國貿易量因此而受限；西、荷兩國又因殖民地菲律賓與印尼離中國路途較遠，貿易線稍長而有所不便。為求進一步與中、日兩國通商貿易便利起見，這三個歐西海上強權，都在尋尋覓覓，到底在環中國海域，哪個據點，是最合適和中、日兩國來從事貿易。

　　經過一番觀察，臺灣以其優異的地理位置，雀屏中選，其原因有四：一、為臺灣位置適中，與中國和日本貿易均甚便利；二、為臺灣海峽風濤險惡，距離中國大陸雖不遠，但這道天塹卻有安全的屏障；三、為臺灣可提供海上船舶的淡水補給與作為貿易的轉運站。在海權時代來臨的 16 世紀，地位日益重要；四、為臺灣位於遠東航運之要衝，中國東南七省之藩籬，亞洲大陸沿岸弧連鎖關係之地略位置。使得在大航海時代的海權背景下，臺灣因地理環境的有利因素，躍上了全球化的歷史舞臺。

　　今日我們要談臺灣史，宜從全球化、世界史的角度去詮釋其意義，將臺灣史放在世界史的框架上論述其角色；將臺灣史放在東亞史的交流上，分析其重要性，這些或許比將臺灣史連結在中國史更有意義。

　　當然，我們在此，並非否定中國漢文化對臺灣之影響，只不過太強調中國史與臺灣之關係，有時反而失去對臺灣史主體性之思維，這是本書願從世界史視野，揭開臺灣史序幕之目的。

1.2　歷史契機的錯過

一、臺灣史「荷蘭時代」機會之流失

16、17 世紀的大航海時代，是歐洲海權強國主宰世界之始，也是資本主義第一波全球化的開端。

這一時期，是世界經濟網路成形的第一步，美洲的白銀，透過西班牙征服四海的船隻，堂而皇之到亞洲來購買商品，然後，再分別取道印度洋繞過非洲；或從中美地峽由陸路轉駁到墨西哥灣，最後運往歐洲。

這些條全球貿易線上，充斥著中國的茶葉、絲綢與瓷器；也堆滿了日本的刀劍、紡織物等精美產品；更有歐洲人垂涎已久的南洋各種香料。因為全球貿易航道的拓展，造福了日本與中國的江南、華南一帶，這些地區都受貿易航道之賜，而有了長期的經濟繁榮。

海上貿易是國際性的，16、17 世紀歐洲海權國家，千里迢迢來東方之目的，就是要與中、日兩國做生意，其中尤以中國更是首要對象。臺灣以其地勢，上通琉球、日本，下達菲律賓與馬來半島，西緊鄰中國最富庶地區閩浙粵東南精華省份，東靠船行方便，往來一望無際之太平洋。且太平洋西岸的洋流，南下北上均經過臺灣，這一優勢，遂使臺灣一躍而登上國際舞臺，成了國際海上活動的中繼站。

這是 16、17 世紀以來，臺灣據有的形勢，至今臺灣仍以此特色，昂首屹立於西太平洋。臺灣因其為中國東南沿海之門戶，扼南北交通之要衝，既聯繫大陸與海洋，又為海運之樞紐。故自 17 世紀以降，即成為西班牙、荷蘭、日本、中國和海上武裝集團，五方勢力角逐之競技場。

期間，日本後因推行「鎖國政策」暫時退出，臺灣則先後被其他四股力量所征服。荷蘭據有南臺灣，西班牙佔有北臺灣，鄭芝龍亦一度得到明朝許可經營臺灣，後來其兒子鄭成功更是趕走荷蘭人，在臺灣建立第一個漢人政權，統治了 23 年。當局中國則是，最後消滅鄭氏王朝，將臺灣納入版圖長達 212 年之久。

總之，16、17 世紀歐人的東來，是人類有史以來第一波全球化之大潮。它不僅打通歐人邁向亞洲之路，也強烈衝擊著東亞的政治格局。這波全球化浪潮，以海運海權的伸張為主軸，臺灣以其可供和中國貿易的優異地理位置，而獲得各方青睞，最早成為中國、南洋和日本間，三角貿易之轉運站。

而以李旦、鄭芝龍為首的海上武裝集團，也加入了爭奪的行列。基本上，鄭氏海商集團的海上貿易活動，已脫離以福建閩南為基地的對臺漁獵，和海上掠奪的「國內經濟活動」範疇，應該將其放在東亞貿易市場內部，和國際貿易的格局來看，較為合乎實際狀況。

當然，在這個時期的國際貿易中，背後完全是以海上武裝力量為其後盾，沒有強大的船隻槍砲，是無法與對手一爭雄長的。在這幾股角逐勢力中，荷蘭人脫穎而出，後來居上，終於最先登上福爾摩沙，成為臺灣這塊土地最早的統治者。然就以後臺灣史觀之，在這些紛至沓來的外來政權中，憑良心講，也以荷蘭的統治最令吾人深省。

二、臺灣何以無法成為中國近代化之窗口

長期以來，有一問題始終困惑大家，即臺灣在大航海時代，那麼好的歷史契機下，為何無法成為引導中國，或自己本身，為一吸收西方資本主義近代化的窗口？

原因是，作為一個當時全世界經濟最發達的國家，同時，也是現代資本主義的發源地——荷蘭。在其統治臺灣的 38 年中，何以無法將

臺灣脫胎換骨，納入現代資本主義的先進國度？

　　理論上，臺灣發展成為兼收中西文化之長的社會，是有其得天獨厚之條件的，然何以無法致此，其因頗值得探討。我們可以從兩個層面作一分析。

　　（一）就荷蘭統治層面言：17 世紀荷蘭對臺灣的統治，是經由一特殊機構東印度公司來執行的。東印度公司，是奉行荷蘭國家意志而成立的一家公司，其代理荷蘭母國在亞洲各地的統治，其方式，既不完全殖民統治，但也非無政府式的，它唯一不變的是，必須絕對服從荷蘭的最高政治和經濟利益。

　　因為，以經濟利益為優先，在東印度公司架構下，荷蘭在亞洲各地的統治，在政治上，其形態不一定百分之百是殖民統治；但在經濟上，則一定是絕對的建立在剝削壓榨之上的，也可以說是執行一種殺雞取卵式的掠奪經濟。

　　所以，臺灣之於荷蘭，只是被視其海外殖民帝國的延伸，只是被當做經濟利益榨取的對象。荷蘭在臺灣的統治，除了殖民地式的甘蔗種植，和對原住民的「教化」外，臺灣社會當時所獲得荷蘭的先進科技和文化，其實相當少、相當有限，這是頗令人遺憾的。

　　當然，原因亦不全在荷蘭，臺灣當時人口稀少，除原住民外，就是渡海來臺的漢民族。說實在話，這些早期來臺之漢人，很多都是閩、粵兩省的亡命之徒，其他，則為文化水平不高的農漁民，甚多，還是目不識丁之輩。

　　這樣的人口結構，一則，缺乏上層知識精英的引導傳介；再則，迫於生計已席不暇暖，自然無法營造一個能從容吸納的環境。故欲求將荷據時代的臺灣，變成一個吸收西方文化的窗口，外緣的地理條件，是有其便利因素，但內在的文化環境，顯然時機尚未成熟，此為不爭之事實。

（二）鄭成功擊敗荷蘭人後，在臺灣建立了第一個漢人政權，清領之後，臺灣更是變成一個以漢人為主體的社會。由於統治者的昧於時勢，延續著長久以來的盲目排外政策，拒絕同西方世界接觸，臺灣又再一次，錯過歷史的契機。

尤其是 18、19 世紀清領時期，假如能夠利用臺灣的歷史經驗，在開港後，把臺灣視為一個汲取西方文明的窗口，將臺灣作為催化中國社會，提早走向現代化前進的一點作用，也白白浪費掉了。連帶地，臺灣本身的發展，也受到了侷限，這實在是歷史的無奈。

三、中日兩國追求近代化的歷史反思

在西方全球化大潮席捲下，其實中日兩國都首當其衝，受到重大衝擊，兩國也都經過一番痛苦的磨合與掙扎，清領下的臺灣，也是如此。

但，為何日本會那麼快改弦易轍，馬上適應而迎頭趕上西方，且充分利用長崎這個窗口，努力汲取西方文化的精髓，形成當時所謂的「蘭學」。透過荷蘭作為橋樑，西洋學術（蘭學），開始有系統的傳播到日本，蘭學的興起與發展，使封閉的日本順利進行轉型，走向近代化之路。

戰國時代的日本，由於歐洲人的出現，整個社會文化受到巨大衝擊。歐洲人帶來之火繩槍、鐵砲與基督教，讓當時日本人大開眼界，但日本人對歐洲這些新生事物，不僅未將其視為夷狄而加以排斥，反而承認己之所短，努力用心學習。

舉例言之，日本當時正處於鎖國狀態，但卻一直在注意西方的發展。日本統治者除了早期從英國人三浦按針身上，學到造船和製圖的技術外，也繼續從長崎的荷蘭人身上，學習西洋醫學、天文、地理和其他科學等知識。並有專人翻譯荷蘭文獻，定期須向幕府作報告。

　　總之，就是要使西方新知，能深入民間知識階層。這種實事求是，徹頭徹尾的改革，反映的就是一種民族的心態問題，這是相當重要的。

　　綜觀整個日本歷史，不必諱言，日本民族是個充滿積極性活力的民族，特別是在他們對待、或汲取外來文化方面，心態更是如此。

　　也許有人會嘲諷說，這是因為日本缺乏原創力的緣故。但是也要注意到，在文化開發較晚的民族當中，也很少有民族像日本這麼積極。

　　像文明古國的中國和印度，當它們的文化，已經明顯落後先進國家時，卻不肯虛心承認不如人，還要鴕鳥式的沉醉在虛矯、自滿、自大的心態中。不客氣講，就因為心態上的原因，使得中日兩國統治者，在學習西方事務上的態度，產生巨大的落差，而最後結果也就不言而喻。到 19 世紀後半葉，效果已高下立見。

　　日本從「明治維新」後已「脫亞入歐」，走上西方近代化先進之路，而中國仍在老大不堪的局部改革。更可悲的是，臺灣在這場中日近代化角力中，淪為失敗的犧牲品。1894 年，甲午戰爭後，臺灣從一個海權已沒落國家手中，轉移到另一個新興海權國家手中——它就是日本。

1.3 近代前臺灣本土佛教文化史的變革與轉型

一、本章作為近代前臺灣文化史論述主軸的相關理由

根據本章前兩節，從世界史與臺灣史發展接軌的大視野概述，本書讀者應可據以瞭解如今已高度發展的臺灣地區，在明清時代早期，除南島語系的各土著族群之外，其實幾乎都是國際冒險家和海盜群的出沒之處。

而像這樣未墾的洋中之島，若不是近代航運技術的進步，可以克服黑潮洶湧的海峽阻隔，並有與大陸、日本、南洋等地的商業交易的經濟巨利，那麼臺灣這一洋中島，將仍是為世遺忘的孤島，既不會有荷蘭人來經營、也不會有西班牙人來佔據。當然，若是如此，則在此之後的明鄭與清朝，是否會繼續來臺灣統治，也同樣是未知數。

只是，歷史是紀錄與解釋過去人類的各種社會角色與其生存環境之間的既成事件，因此，就其現代史轉折的座標來說，我們可以認為：自 1624 年荷蘭人來臺南建立熱蘭遮城迄今（2024），剛好四百年，這是以臺南地區為中心，開始向國際發展接軌的劃時代事件。

以相關歷史發展狀況探究，我們若是選擇從臺灣文化發展的角度來看時，則包括原先居住臺灣已久的南島語系諸族群、各平埔族、各地史前文化遺址等，都應該是介紹的重點。可是，本書的主要介紹內容，是著重在現代臺灣新文化史的各面向，特別是從臺灣政治解嚴以來的各種新文化史主題介紹，才是本書內容的一大特色。

因此，有關近代之前的臺灣文化史課題，本書不再重複現在市面上琳瑯滿目的各類歷史教科書泛泛概述的方式，而只深入貫串且有系統

的專業介紹，具有深厚宗教文化傳統與廣大社會影響的——明清時期臺灣傳統佛教的——發展與變革，來作為近代之前臺灣文化史的觀察線索。

這並非權宜之計，也非任意性的歷史簡化論述。而是具有歷史顯性觀察視野與演進線索的深思熟慮之舉。

二、近代前臺灣本土佛教文化史發展與變革的大趨勢觀察

因此，如今我們若以現代知識份子的新眼光，再回頭看看，出現於明清之際的兩個東亞新王朝：（一）是崛起東北，代明統治大陸的滿清政權（1644-1911）；（二）是在關原、大阪兩役擊敗豐田秀吉（1537-1593）餘部後，於關東江戶建立起新幕府的德川政權（1603-1867）。

當時，這兩個新政權，在某種程度上，彼此所面對的外在情勢，其實是一樣的。所不同的只是，統治區域的大小而已。

於是我們看到，統治區域較大的康熙帝，在攻下臺灣之初，還不太想要這個島呢，更不要說要費心來經營了。

反而是原先移墾臺灣的對岸閩粵漢族，又歷經被撤離、再移入的種種波折。到最後，依然是因對岸耕地不足、人口壓力過大的強烈冷酷現實，衝垮了渡臺的層層阻礙，大批地湧入此一臺灣島，並逐漸住占滿全臺，包括作者的祖先在內。

所以，這是一個低文化、近本能的普羅大眾艱難謀生的新墾地，處處充滿著危機和絕望的無奈，各地隨處可見的無名屍塚，淒厲地構成明清時期臺灣漢民族渡海後，最彷徨無助的社會遺棄標誌，和顯示著人間最無情無義的黯然景觀。

可是，當時隔著大洋海流遠在臺灣北方的日本德川幕府新政權，

卻能眼光獨具地藉此機會，多次極力邀請隱元隆崎師徒，相繼東渡日本，並給予種種優惠和關照，從而成功地完整移植了漢傳的明清佛教中，最豐富和最精緻的黃檗山禪文化之燦爛果實。

這實質上，也等於是掏空了明清禪佛教主要根源地之一：福建黃檗山的一切可能後續發展的絕大部分宗教資源。因爲隱元渡日後，在福建祖廷的黃檗山，從此即未再現其渡日之前的禪林盛況。

反觀，清初雖也有福建省黃檗山的部分禪僧，來臺灣建寺弘法，卻在清廷的消極治臺政策下，同樣無法正常發展。

所以，新領地的禪佛教是否能成功的移入？以及其後是否能繼續正常的發展？若比照大陸福建黃檗山的禪僧，在日臺兩地的不同處境，可以說完全取決於當時統治者的態度。

而很顯然地，一個被層層管制的新領地，像清初臺灣，是沒有太大的宗教自主性的，其不能繼續正常發展，亦爲必然的結局。

此因臺灣原爲南明抗清的最後基地，又位於東海的波濤之中，與最鄰近大陸的福建省尚有黑潮洋流通過的臺灣海峽之隔，因此大陸地區的僧侶不但東渡來臺困難，要在臺島的社會上公開活動更難，除非先獲得官方的許可。

因此，有清一代，不少早期渡海來臺灣的佛教僧侶和文人居士，以及明鄭在臺政權遭滿清新皇朝擊降後，爲免其曾抗清的真實身分曝光和有意躲開官方的注意與追捕者，此類非自願性出家的變相僧侶和居士，所以其背景資料相關的事蹟記載，不但少見而且欠詳；其最大原因，就是考慮到隨時有滿清官方的嚴厲監控和不斷地追捕，其行蹤和相關活動，自不爲外界所熟知和難以爲明清時期各種官修的方志所詳載。

然而，晚明時期的中國社會，已流行三教（儒、釋、道）混合的思潮，因此一般民眾的信仰，也往往三教兼拜，不嚴格區分；並且這種信仰型態，只要不涉及治安和政治反抗的問題，從官方的統治立場來看，基本上是可以允許和不加以干預的，這也是傳統中國的宗法社會

「帝政多神教」統治下的常態現象。[1]

　　臺灣民眾的佛教信仰型態及其內涵，就是在明清之際，由中國南方的閩粵漢人傳入的，事實上也就是此一混合宗教思潮的延續。因此，當代佛教學者所批評的不純粹（神佛不分）的佛教信仰，其實正是臺灣早期佛教的主要特徵。[2]

　　此外，我們必須知道的是，臺灣早期的漢傳佛教源流，若是從明鄭時代，自閩南傳來臺灣地區開始算起，雖已歷近 400 年（1662-2024）之久，但因臺灣位處大陸東南海疆的邊陲，並且是一新開發的島嶼，所以在臺地所傳播的傳統漢傳佛教文化，若要深層化或精緻化，除少數個別情況外，是缺乏足夠開展條件的。並且，由於臺灣的地理位置和移入人口，都和對岸的閩、粵兩省具有密切的地緣關係，所以，臺灣佛教史的開展——邊陲性和依賴性——主要便是受此兩省的佛教性格所影響。

　　此後，則是直到戰後，才有大量各省逃難來臺移民，並因此發生另一波新移入的大陸近代漢傳佛教文化，在現代臺灣地區傳播的普遍化影響。

1　此處所用的「帝政多神教」一詞，是參考日治時期，柴田廉在其《臺灣同化策論》（臺北：晃文館，1923）一書，頁 36 的看法。

2　可是，此種情形正如早期羅馬帝國盛行多神教一樣，從當時臺灣或大陸原鄉民眾的認知以及官方的施政立場來看，此種看似不純粹的佛教信仰型態或其相關內涵，其實是在中國境內這種幅員廣大且族群複雜社會中，最能兼具平等與寬容這兩種特質的宗教合理性和信仰必要性，因此才能廣為接受而不加以排斥。其實，在歷史上也不曾存在有絕對能「神佛分離」的「純粹佛教」狀況。任何人只要觀察明清迄今佛教「水陸法會」的儀式內涵，以及翻閱明清時期出版的《禪門日誦》一書，就知道明清時期的中國佛寺都有神佛兼祀的情形，所以用「神佛不分」來批評，甚至貶抑明清時期的臺灣本土佛教信仰內涵，可謂是昧於歷史發展現實的一種看法。參考江燦騰，《臺灣佛教史》，頁 4-23。

三、明清時期臺灣本土地區漢族佛教的相關制度解說

有關明清時期官方對臺灣本土地區佛教的管理制度之規定，其實與官方對臺灣地區其他各類宗教的管理類似，並無針對臺灣本土地區佛教特別立法的地方；儘管這樣，若不在此稍作解說，對今日讀者的瞭解仍是不易的。

例如明清時期的法律規定：1.正常婦女出家爲尼須在四十歲以上，至於五官有缺陷或四肢有不健全以及實在無家可歸者，雖一度可以例外通融，但福建省由於庵院收容年輕女尼爆發許多桃色醜聞，於是在 1764 年 9 月 2 日即明令禁止。2.男性十六歲以下（※明清時期男性十六歲成「丁」）、非獨生子且家中十六歲以上的男丁不少於三人，才可出家。但在清末臺灣有很多人出家，是由於貧窮、逃債、對人生失望、或因犯罪遭世人排斥者，才落髮爲僧的。[3]

並且，明清時期臺灣的僧侶，得照官方規定完成下列手續，才算合法出家：（1）出家後須先拜師，即律典所稱的「受業師」；而「受業師」年齡超過四十歲，准招徒一人。若徒弟未患罪而病故者，准再招徒一人。（2）落髮並著僧服，在寺院或戒壇受戒。（3）領有官府發給的度牒（※執照）。但 1774 年修正律典條文，停止發給官方度牒，改在官方指定的寺院受戒領牒即可。

但，明清時期臺灣在清末建省以前，一直隸屬於福建巡撫管轄，故受戒時須到官方指定的福州鼓山湧泉寺去受戒領牒才可。清末以後則亦有到福建福州怡山長慶寺或浙江普陀山普濟寺等其他寺院受戒領牒者。

而由於明清時期官方指定臺灣僧侶受戒領牒的福州鼓山湧泉寺，

---

3 陳金田譯，《臨時臺灣舊慣制度調查會第一部調查第三回報告書——臺灣私法（第二卷）》，頁 184-186。但陳譯「未丁年」爲「十六歲以上」是錯誤的，因「未丁」即是未十六歲之意。

是屬於禪宗系統的寺院，在傳戒的程序和所需期間方面，即與當時另一屬於律宗傳統的江蘇寶華山隆昌寺並不一致。

在費用方面，雖然當時福建各寺所訂每年開始傳戒的日期並不一致，但臺僧前往受戒，每人須繳費用約在四十至五十圓，並不便宜。

另一方面，未受戒而有妻者，大清律例稱為「應付」（※通常是在民家喪禮場合執行佛教儀式及收費者）。雖為國家法律許可，但不准收徒，亦無已受戒僧侶的法定優待。

儘管如此，縱使已受戒僧侶根據明清時期法律規定，仍須：（甲）禮拜俗家父母，但不必奉養。（乙）遵禮奉祀祖先。（丙）為本宗親族的喪服，要同於俗家居喪之服。

至於已受戒僧侶的師徒相互關係，除雙方皆須領有戒牒並結為師徒之外，徒弟對「受業師」的法律關係同於對伯叔父母的關係；反之，「受業師」對徒弟的法律關係，則亦同對於伯叔父母之子的關係。[4]

可見以上這些，都是深受中國儒家孝道思想影響的舊慣規定，與原印度佛教的規定迥異。在財產的法律關係或經濟來源方面，臺灣僧侶除可以持有衣冠及隨身器具之外，並無在外兼營工商業的僧侶。可是因早期的臺灣舊僧侶，大多屬不學之徒，彼等通常僅能靠誦經為亡者祈冥福，雖不解佛教教義，但可藉以糊口。有時受雇在寺廟服務，則可領得若干薪資或從事與一般民眾葬儀有關各種活動時，也可收費以維生活。而當時的活動專案，計有：

（子）開通冥途——開通至陰間之路，使亡者順利到達陰間，在人亡後第七日舉行。

（丑）拔度——臺俗以七日為一旬，通常在七旬結束，窮人亦有在二、三旬結束者，並在每旬及卒哭時，延請僧侶誦經。拔度是拔苦濟度

4　陳金田譯，《臨時臺灣舊慣制度調查會第一部調查第三回報告書——臺灣私法（第二卷）》，頁 190-191。

之意。

（寅）送葬——埋葬後導引亡靈回家。

（卯）弄鐃——又稱弄大樓，弄鐃表演各種技藝以安慰亡靈。

（辰）佈施餓鬼——僧侶在盂蘭盆會念經、擲金紙、水果等佈施餓鬼。

（巳）打眠床架——閩籍迷信人在床亡故時，靈魂會卡住床框，必需將其遷至屍床臨終。因此在床亡故時，要延請僧侶打開床架，使其順利到達陰間。

（午）開枉死城——枉死者的靈魂不能自由，要延請僧侶誦經引魂至陰間。

（未）牽水狀——爲拯救水死者的靈魂，延請僧侶向神佛讀疏。

（申）牽血盆——婦女亡故時，相信會墮入血池，要請僧侶引魂至陰間。

（酉）引魂——人在遠地亡故時，要請僧侶引魂回家。

（戌）拜藥王——爲生前服用過量藥材者，向藥王祈求赦罪。[5]

可是，有關明清時期臺灣本土漢傳佛寺寺產管理的問題，則有下列三種狀況：

（甲）因臺灣的一些私創寺院，甚少由住持管理，大多由董事或爐主管理，故雖未置住持，亦不致遭官方沒收。

（乙）一般而言，除非有特別需要，否則臺人很忌賣寺廟田產。可是，一旦必要出售時，若由住持管理者，必須先經董事及主要信徒的同意才可；如寺廟田產原由董事或爐主管理者，則只經主要信徒的同意和公決便可。[6]

---

[5] 陳金田譯，《臨時臺灣舊慣制度調查會第一部調查第三回報告書——臺灣私法（第二卷）》，頁 194。

[6] 陳金田譯，《臨時臺灣舊慣制度調查會第一部調查第三回報告書——臺灣私法（第二卷）》，頁 277-278。

（丙）有關寺院「住持」的選任，明清時期臺灣地區的通常慣例，實際是由董事或信徒，來決定「住持」的聘用或解職的。問題在於，「住持」原先應如一家之長，掌理寺院內的一切大小事務，同時也須對官府負責，故其傳統的主要功能，至少應有如下的三點：

其一是，注意並防止寺內住僧有非法行爲。

其二是，掌理法事，主持寺中的祭典活動。

其三是，管理附屬財産及維護寺貌無損——所以「住持」的權與責，原來應是極大才對。

但因臺灣當時寺院的規模不大，住持除念經拜佛、看守寺院及教育徒弟之外，僅在朝夕供奉香燭及清掃內外而已。日至以後，大多以董事或爐主爲管理人，使住持的許可權更爲縮小。[7]以上即是關於明清時期臺灣佛教的大致相關規定。但，包括臺灣本土地區的漢傳佛教發展在內，正是由此基礎所展開的。所以讓讀者也稍瞭解，是有其必要的。

四、明清時期臺灣本土齋教三派的派別、活動及其齋堂概述

（一）相關歷史的沿革概述

有關明清時期中葉臺灣「齋教」三派（龍華、金幢、先天）的來歷和解說，在明清時期臺灣官刻的地方志書，很少提到。直到日治初期，曾任「臺南縣誌編纂委員」之一的蔡國琳，在其所參與、明治三十五年（1902）由臺南廳所編出的《南部臺灣誌》殘抄手稿中，才首次曾提到臺灣南部的佛教，亦有俗家悟道的「持齋宗」等相關內容。

不過，蔡氏在此相關的內容中，並不涉及明清時期官方的管理角

7　陳金田譯，《臨時臺灣舊慣制度調查會第一部調查第三回報告書——臺灣私法（第二卷）》，頁 229。

度,及其在國家法律上如何定位的問題。所以除了根據他所說明的相關
背景之外,我們必須結合日治初期日本法學家岡松參太郎博士所作的精
細解說,以便我們的以下說明,可以更準確地表達出臺灣齋教在明清時
期官方行政體系下的各種狀況。

1. 首先,根據臺南龍華派的齋堂之一的「德化堂」所收藏的內部
登記資料來看,[8]清末臺灣南部的齋教三派,共有齋堂 28 處,齋友總數
為 2401 人。

2. 其次是,明清時期中葉大陸齋教的三派,之所以會傳入臺灣的
原因,主要是和當時臺灣出家僧侶的極度腐化及墮落有關。

因明清時期臺灣地區的持戒僧侶,早先自大陸渡海來臺時,頗能
嚴守僧規,所以當時臺地官紳也相對非常景仰佛法,於是都願意大力幫
助彼等在嘉義、臺南、鳳山等地,陸續闢建大型的佛教寺院,以為彼等
弘法的道場。

但在歷經年所之後,明清時期的臺僧便出現戒規鬆弛、佛法不振
的下沉現象,使社會各界的觀感普遍不佳,連原先曾景仰彼等甚殷的官
紳們也大失所望,於是自清嘉慶二年(1797)起,便陸續有來自大陸各
派的「持齋者」傳入本島,展開佈道,並且至道光(1821-1850)、咸
豐兩朝(1851-1861)時,其教勢已大為擴張。

(二)臺灣齋教三派「持齋」信仰及其「持齋」源流

前面提到,明清時期中葉自大陸各祖堂相繼傳入臺灣各地的齋教
三派,並不自稱為齋教。而是以「持齋者」自居。但是,「持齋者」的
「持齋」信仰,根據何在呢?並且其「持齋」的起源,又是怎樣的來歷

---

8 按此殘稿是手抄本,於明治 35 年由臺南廳所編成,但同名的《臺灣南部誌》全書,新
編者為村上玉吉,由臺南共榮會於昭和 9 年 9 月出版。其中關於宗教的部分,前者在第
八編,後者改在第七編,但內容只有少部分更動,大致上仍維持前者的簡單論述。

呢？

要解答這樣的問題，我們可以先按臺南地區隆化派齋堂的「德化堂」內部所藏的私載資料來看，其說明是這樣的：「從佛祖下傳，至第二十八代達磨時，自印度東渡來華，嫡傳佛法正宗，其後有黃蘗、臨濟、曹洞等俊傑輩出，僧俗競修佛道，佛教因而大振。而『持齋』即指『俗家的悟道者』之謂。」

但是，此處為何要強調「持齋」即指「俗家的悟道者」？根據我們現在的理解，這其實是源自於羅教批判明代中葉禪僧墮落的傳統，[9] 所以要特別強調其與出家僧侶的不同之處。

當然，明清時期中葉以後臺灣的臺灣僧侶也有類似的劣行，所以齋教的「持齋者」，才會標榜自己是「俗家的悟道者」，自然有其必要性和時代的合理性。

以下所引的這段相關的說明，更能看出其後的學者針對此點，所提出的更完整和更清楚的說明。但因其出處的原文是日文，所以作者特地將其中譯如下：

> 齋教，又名持齋宗，為佛教的一種，由禪宗臨濟派的變胎而來，係以不出家、不著僧衣的俗人，而形成守持佛戒的教（派）。自古以來，以俗人而守持佛戒，並不乏其例，相對於稱比丘、比丘尼為僧尼，彼等則被稱為優婆塞（※清信男）、優婆

---

9 根據日治時期的田野資料，我們可以看到，明清時期臺灣齋教徒的宗教心態如下：「……（若問）其何以要以在家俗人而舉措卻如僧尼之所為？彼等將曰：其一，因僧尼唯以著法服、剃頭髮的出家樣子，作為糊口之資而已，其能守持世尊之戒法者，實寥寥無幾，更不說尚有精究教理、能濟度世人者；其二，因僧尼之徒，雖住寺廟而不事生產。假令：一、不著法服、不剃頭髮，又能持佛戒、通法義而無愧於佛教徒者；二、亦能作為務生產、不空費國用的國民，——則對比不務此兩者的僧尼，即（在家）持齋之一派，所以別立而起之由也。」所以我們知道，這是源於先前羅教批判明代中葉禪僧墮落的傳統而來。

夷（※清信女）；然而優婆塞、優婆夷，只是皈依的在家佛教信徒，本身並不自立教義，以及向他人弘法。

可是，到了明代，由於佛教萎靡不振，導致有些俗家信眾，不願只守持佛戒，彼等進而欲與僧尼比肩，便自立其教義，並向外弘法，或為他人祈冥福。而此輩在家信徒，因謹持佛戒，經常斷葷食素，故以吃齋或持齋相稱。官方雖視此輩行徑為邪教而展開鎮壓，終究無法根絕。

清乾隆以來，並逐漸傳入臺灣。當前共有龍華、先天、金幢三派，形成一具有優勢的宗教。傳來之初，雖有不少上流社會的信者加入，如今（※日治初期）則只盛行於下流社會的信者之間。

從以上所引的說明，我們可以知道，相對於明清時期中葉臺灣地區的移墾拓荒社會，文化水準低落的傳統信仰環境，臺灣民間對佛教僧人的形像要求，基本上除了要求彼等除須具備純熟的主持佛教祭典儀式的專業之外，在僧人行為的操守方面，也須能潔身自愛才行，亦即不能染有諸多社會俗人的惡習，才能免於社會人士的惡感和官紳們的排斥。

但當時來臺的佛教僧人中，以「香花僧」的數量為最多，而「香花僧」自明代以來的傳統，又是歷來最容易犯戒的，所以外界很容易將其與少數惡質和缺文化素養的「禪和子」相提並論，而一概視之為佛教界的僧侶敗類之流，於是轉而對在家持戒嚴謹的「持齋」者，萌生好感和敬意，所以使彼等的被接受度便因此而大為提高。

（三）近代視野下明清時期齋教三派的相關解說

不過，在日治初期，由於沒有上述法律上的歧視，所以反而能在實際的田野調查中清楚地發現，明清時期齋教三派的現代社會適應，其

實是有問題的。

　　所以，據此研究成果，我們可以更進一步在以下，對其提出相關的歷史沿革說明。

1.「持齋宗」的內部稱呼

　　根據上述資料，我們知道，「以『持齋』一名而立宗」的「持齋宗」，是如此對其自我定位的，亦即，彼等在其內部是：

　　（1）稱其「殿堂」為「齋堂」。

　　（2）呼其「信者」為「齋友」。

　　（3）並推「齋友」中的長老，擔任「齋主」，經理各種「齋堂」和「齋友」的相關事務。

2.「齋堂」與「齋友」的屬性及其活動

　　「齋堂」與「齋友」的屬性及其活動狀況，在《南部臺灣誌》中，已對明清時期臺灣南部地區這方面的情形，有極為詳細、深刻和生動的描述。茲將其內容分別介紹如下：

　　（1）有關「齋友的信念」

　　在《南部臺灣誌》一開始，即樸實而懇切地提到：「齋友中，或有老年無子、少失雙親、壯而喪偶者，彼等因而深感人生的變幻無常，並相信這是肇端於過去世所造的惡業，於是由此發心──爾後願積善、養德，以祈求自己今世之平安與來世之福報」。

　　故一般說來，加入「持齋宗」的「齋友」，雖號稱「守五戒及十善戒」，但其要諦，實可以「不殺生」一戒概括之。

　　因彼等認為，惡死本為人之常情，愛生亦為生物之通性，若徒為一嚐舌上片刻的甘味，即殺戮其他生靈，不但與天地好生之德相背，也導致人心沉淪。

　　反之，若能斥葷食、避殺生、而開始吃齋茹素，即可立成行善之人。

　　由此看來，彼等是認為「戒殺」即行萬善的根本。而因此說最為卑近，容易動心起念有共鳴。故凡有失意者初到「齋堂」，向佛禮拜，乃至立誓持齋而成為「齋友」者，只要一有此「不殺生」之念萌起心頭，則彼等不只獨處時，依舊能自禁葷食，舉凡鴉片、煙、酒之類等有害身心之物，亦皆能加以排斥，甚至其他諸如賭博、邪淫等種種惡行，也可一掃而光。

　　由於彼等能藉此持齋善行，將自己轉化為專心致力於家業的順良之民，從此不再為吸食鴉片而傷身，或不必擔心因酒色而傾家蕩產。

　　換言之，彼等不單身體會日益健康，連家運也可隨之昌隆起來。「吃齋」之名，因而才會得到社會很高的評價。

　　（２）明清時期臺灣「齋堂」的設置與功能

　　在《南部臺灣誌》中，對此部分也談得很深入。其中提到明清時期臺灣的「齋堂」，大多避開熱鬧擾攘之區，而選擇幽靜之地來興建。

　　在「齋堂」中，則安置「齋友」信奉的觀世音菩薩，並且為了維持「齋友」的信念，到一定的齋期時，「齋友」即歇業，齊赴「齋堂」聚會。

　　而主其事的「齋主」，通常是舉「齋友」中，持齋有年且明事理者充之，以處理「齋堂」內部的事務。

　　儘管如此，「齋主」有在「齋堂」常住者人數極少，蓋因「齋主」尚有其他的職業要兼顧；而「齋主」除年邁者不派給家事者之外，通常也只在預定的齋期內，親到「齋堂」斡旋眾事。

　　以臺灣本地的「齋主」來說，彼等並不像佛教僧侶或耶穌教之牧師那樣，須學經典、窮教理，以擔任佈教傳道之職，而是基於堅守持戒的宗旨，僅止於在「持齋宗」處，誦讀：《金剛經》、《心經》、《觀音經》（※按即《法華經・普門品》）等行事而已。

　　此外，在臺南地區的七處「齋堂」之中，雖有德化、化善、報恩、德善共四堂，由男人出任「齋主」；「慎德」、「西華」、「西

竹」共三堂由女人擔任「齋主」，但各堂的「齋友」經常是以婦女的人
數居多。

（3）明清時期臺灣「齋友」入住「齋堂」的經濟條件和所獲待遇

由於少數在「齋堂」常住的「齋友」，通常為「齋友」中的鰥、
寡、孤、獨者。彼等本身雖可能多少有點積蓄，因慮及日後可能無親戚
故舊可相扶掖、或有年老之後的煩累，便成了吃齋持戒之人。

若再能捐個三、四十圓或五、六十圓給「齋堂」，則「齋主」便
供給一生的衣食，並將其安頓於「齋堂」內居住。

若亡故則為其料理後事，或於忌辰，為其誦經迴向，以祈冥福。
又因自備衣食居住於堂內者，通常即失意的不幸者，而彼等既常住於
「齋堂」內吃齋持戒，故「齋堂」的位置，亦以擇幽靜之地為宜。

（4）明清時期臺灣的官方對各派「齋堂」建築的管理方式

可是，我們要問，明清時期臺灣的官方，對於此類的「齋堂」建
築，難道可以完全放任不管嗎？

其實，有關明清時期臺灣「齋堂」設立與廢止的規定，其法源在
清乾隆四十八年（1783）10 月的【上諭】中，已曾對於單純「愚民吃
齋求福」的行為，與一般邪教者分別處理，只下令全部銷毀其經卷，不
另課以刑責。

但在嘉慶年間，雖仍區分兩者，並且對非邪教的良民吃齋，同樣
不課以罪名；可是當時，在福建省取締邪教的規定中，已提到由開始單
純的吃齋行為，到後來人數增加、團體的份子複雜，於是欲圖不軌者，
即藉此為匪生釁因而成了邪教。

因此，明清時期臺灣的齋教三派，一如其在大陸傳播的狀況，是
在被官方視為「邪教」之流的非法活動之一種，所以我們會好奇此類的
「齋堂」建築，在明清時期官方的眼中，又是如何？

根據日治初期的實際調查資料來看，學者判定：以臺灣到處都有
「齋堂」存在的事實來看，明清時期官方似乎只將其視為一般的民宅。

並且,從國家法制化的實質定位來說,當時臺灣的各派「齋堂」,雖亦公然以堂號名義申報所持有的附屬田園,而官方也據此發給該堂號名義的丈單。

可是,這仍類似官方發給民設祠堂,及神明會等丈單的同樣性質,故不能據此即認定,是因官方先承該「齋友」團體為合法,然後才發給該團體堂號的丈單。

儘管如此,既然實際已有「齋堂」建築的到處存在,自然不可能沒有相應的宗教活動。所以,我們可以根據當時的內部資料,得悉當時出入「齋堂」的「齋友」們,又是懷著何種心態和作為,來進出其中的?

（5）明清時期齋教三派「齋友」宗教修持及其持戒積福的宗教心態

關於此點,根據日治初期的田野調查資料,我們知道,在明清時期「齋堂」內出入的「齋友」們,通常以「殺生」為人生最大的罪惡,此因彼等信守佛教的「不殺生戒,為人道的大義」,故彼等以日常齋食來成全人心,並欲藉此為當世個人的平安及替未來的福報廣積陰德。

又,若在明清時期社會要成為「齋友」,其必要條件,即在於先能不犯下列禁止的行為,諸如:食肉、賭博、邪淫、酒類、煙草、檳榔子、韮蔥等;也不許有燒金銀紙和放爆竹等。這都是與一般民俗信仰大不同之處。

（6）明清時期齋教三派「齋友」的死亡安頓問題

明清時期臺灣齋教三派的「齋友」,若有亡故者,即請各派所屬的「齋主」到其家,為其誦經和料理葬儀之事。其儀式很簡單,故花費極省。並且事後,喪主也僅贈給「齋主」扇子一把、手巾一條而已。

另一方面,「齋主」通常除主持「齋友」的葬儀之外,其他的葬儀即一概謝絕。此或由於「持齋宗」尚未成為大顯於世間的「宗教」,而世人亦如對其置之度外,故彼等自建殿堂、擁有信眾、嘗試佈教、舉行葬儀等,儼然藉此特立獨行於各宗之外,也因此其彼此團結、持戒、

信念和感化的程度，反居僧侶之上，真可以說，有一宗的實力！

（7）有關「齋堂」興建與維修的經費來源問題

有關「齋堂」興建和維修的經費來源，除由「齋友」隨喜認捐之外，亦有因對「齋友」的素行敬佩有加，而特別志願義捐者。

對於一向最看重金錢的臺灣本地人來說，遇有「齋堂」要興建或維修之時，不論是在旱魃、水災的秋收不豐之季，或正處於市場不景氣的狀態下，仍願爭相隨喜認捐。由此，即不難窺見「齋友」，在社會上被信賴和被肯定的程度。

（四）明清時期臺灣「持齋宗」的三派歷史沿革

有關明清時期臺灣「持齋宗」的三派歷史沿革，我們可以分項製成簡表，以便讀者容易了解。

資料來源	派別	內　　　容　　　描　　　述
南部臺灣誌	龍華派	◎本派為臨濟宗的支流，初祖姓羅、名因法、號普仁。山東省萊州府人士，明正統七年入道，嘉靖六年以八十五歲示寂。經第十六代盧德成，法名普濤（福建省仙遊縣人），來臺傳教，居六年歸仙遊縣。臺灣持齋之龍華派，以普濤為鼻祖。（據德化堂記載）
岡松參太郎	龍華派	◎據龍華派教主稱：最初在山東省萊州府有俗人羅因，此人生於明正統壬戌七年（1442），二十八歲皈依臨濟宗，五十二歲得道後，以俗人形體，雲遊四方，教化眾人。嘉靖丁亥六年（1527），在露靈山示寂之際，受齋友尊稱為「羅祖」而成為龍華派的開基祖。及雍正年間，第十祖陳普月見「一是堂」於福建省福州府福寧縣觀音埔以後，成為福建及臺灣的總主教處。嘉慶年間，第十五祖盧普耀建「漢陽堂」於興化府仙遊縣，第十六祖盧普濤東渡來臺南傳教，經六年回興化，後由其弟子普爵創建「德善堂」，成為臺灣最早的龍華派齋堂。

資料來源	派別	內　　容　　描　　述
南部臺灣誌	金幢派	○本派的初祖，為直隸省大北里河人士（姓不詳），傳至福建分兩派，一為翁姓，是福州馬道街之人；一為蔡姓，是興化府蕭田縣之人。此兩人原為師徒，後以議論不合，教主許其各立一派，四出傳教。故臺灣地區的金幢派亦分為兩派，是道光初年來臺傳教，因記錄湮滅，究竟是何者？已無從稽查。
岡松參太郎	金幢派	○據金幢派教主稱：直隸省永平府俗人王太虛（道號普明），生於明嘉靖十七年（1538），二十三歲時，在鎮定府通州設道場修行。萬曆六年（1578）開悟心地，覺知天地乾坤有九轉三回之理，並由其徒董應亮（道號普光）大加宣揚教義，因而獲得皇帝信仰，建道場達八十一所。後來，寧州魚販蔡文舉，皈依本派，得道後稱為齋公，並在福建省興化府莆田縣，建「樹德堂」傳教。其後渡海來臺，在臺南建立「樹德堂」。
南部臺灣誌	先天派	＊本派是清咸豐十一年（1861），有薛姓者，來臺傳教，原有二處齋堂，一在臺南中巷，一在臺南左營埔，近年來，此兩堂合併改稱「報恩堂」，移建於「五帝廟」街。
岡松參太郎	先天派	＊據先天派教主稱：從前（年代不詳，可能在明代）有徐揚在四川某地建造先天堂，宣揚吃齋教義。咸豐年間，其徒黃昌成渡臺，在臺南建一茅屋傳教。後來其徒弟以齋友捐款改建為瓦屋，並稱為「報恩堂」，成為臺灣先天派的起源。

　　而此三派自明清時期中葉傳入臺灣後的發展和分佈如下：

　　龍華派的「齋堂」──明清時期臺灣地區的龍華派「齋堂」，有南北兩路之分，北斗以北屬北路，嘉義以南屬南路。北路以鹿港的某堂為主，斗六的「真一堂」、西螺的「慶天堂」等屬；南路以臺南市的「德善堂」為主，同市「德化堂」、安平的「化善堂」、嘉義的「大和堂」、朴子腳庄的「正心堂、鹽水港的「善德堂」屬之。但此南北兩路

的本部，據說同屬大陸福建省福州的「一善堂」。

金幢派的「齋堂」——此派「齋堂」以臺南市的「西華堂」為主，同市的「慎德堂」、「慎齋堂」、「西竺堂」，以及鳳山的「寶善堂」、阿里港的「慎修堂」、阿緱的「慎省堂」、鹽水港廳茄苳腳庄的「慎和堂」、嘉義的「增盛堂」皆屬之。而此派的本部，據說位於福建省興化府莆田縣的「構德堂」。

先天派的「齋堂」——此派「齋堂」以臺南市的「報恩堂」為主，同市的「德賢堂」、鳳山的「明善堂」、東港的「明德堂」皆屬之。但此派的本部，一說在上海的「盛觀亭」，另有一說是位於北京北柳河。

（五）明清時期臺灣齋教的「齋友」出席「齋會」的規矩和表現

但是，在當天出席的齋友，又是如何進行活動的呢？根據《南部臺灣誌》的調查資料來看，在年度預定的齋期表到來那天，各堂「齋友」都會暫時歇下業務，以便前來「齋堂」誦經禮佛和共進午餐，謂之「齋會」。

而此「齋會」的進行，雖不用葷肉，也未備煙酒，卻自有其珍味和佳趣。

不過，「齋友」中若有不恪守齋規者，就會立刻受其他到「齋友」的指責——此因來堂之「齋友」，幾乎視來堂聚會共齋之日，宛如遠方戚友相會之歡愉，彼等原帶著堅定的信念，滿心喜悅地為自他的平安而祈禱。但若違規遭斥，則這一切，亦將隨之消逝無蹤。

再者，「齋友」縱遇有冠、婚、葬、祭的大禮日子，亦排斥各種弊俗；然而，也由於「齋友」能不跟隨臺灣的舊慣行事，可節省種種不必要的浪費，頗有助於家道的漸入佳境。

就此來說，持齋之教，於風俗頹敝明清時期的社會中，能使一個目不識丁者，因一念之信仰，馬上就能體悟到對修身齊家的要領之把

握，由此可知其對明清時期臺灣社會的貢獻，應該極為深厚才對。

（六）明清時期臺灣「齋堂」的人事費用與繳納上級堂口的功德金問題

有關明清時期臺灣「齋堂」的人事費用方面情形，目前學界的研究，已經知道，臺灣齋教三派的「齋堂」主堂者，一般皆不支薪。

至於有關「齋堂」的管理費用，通常由附屬財產的收益支付，而有關祭祀費用，則以同堂的「齋友」捐款來開支。

可是，臺灣齋教三派的堂口，卻須提繳一定金額，是否要給在大陸的上級總部負責人問題。過去的資料並不清楚，但根據近年來的相關研究，我們已能明白此一規費或功德金，實際上是有提繳的，故在大陸方面上級總部的負責人，定期都能收到來自各方繳交的收益金，且往往數目都極為可觀。而這應也是彼等會定期到各處去傳教和進行授階的強烈誘因之一。

五、有關本章內容的總結與相關影響的討論

我們如今要如何來理解上述的這些歷史變化呢？我們的相關解說如下：

其一、明清時期臺灣僧侶雖然普遍有雜居寺廟的情況，但因正如我們之前曾提過的那樣，臺灣原為新開墾的海外新島嶼地區。清初的官方基於政治安全的理由，除經常主動介入佛寺的興建或僧侶的動態監管之外，朝廷也一再三令五申，不得放鬆對有嫌疑政治犯的僧侶出入其中，以免危及臺灣政局的穩定。

所以早在統治初期就進行過包括福建地區的僧籍總檢查和進行重新登錄手續，以便過濾或預先清除此類僧侶。

因此，清初的臺灣僧侶，基本上是必須相當安份，才可能長住於

寺廟中，而從當時官方的記載來看，也都不曾有太貶抑的嘲諷和譴責之語的字眼出現，顯然此種嚴格管是有效果的。

可是，清初百年間的嚴格管理，仍必須面對臺灣移民漸多、社會結構日趨複雜的新發展局面，從南而北，直通大陸對岸的正式港口，自1684年起，已獨佔成唯一「正港」優勢地位達百年之久的鹿耳門港，在1784年之後，就開始遭到新開放中部港口的鹿港競爭，緊接著之後的北臺灣淡水內出海口岸八里坌港，也於不到八年的短時間內，加入新直通對岸沿海港口競爭的行列。

由於受到以上新發展趨勢的巨大影響，從明清時期中葉以來，臺灣地區的僧侶，即普遍出現一些不嚴格遵守戒行的墮落現象，但是其中尤以臺灣北部的大臺灣本土地區最為嚴重。

這種情形的出現，雖與臺灣北部的官方公權力管制遠不及南方有關，但更根本的因素，應是與當時中國境內發生太平天國歷時多年的大規模叛亂的抗清行動有關。因當時有很多長江中下游地區、包括福建省在內的傳統佛寺，曾被太平軍藉口信仰不同，用礟火加以摧燬多處，此舉遂使大量留住其中的寺僧們為之流離失守，四處逃竄至遠離戰火燎原之區，其中有部份僧人，甚至因此設法渡海投奔來臺。

其二、另一方面，在1788年清朝開放淡水河口南岸的八里坌港，成為臺灣地區第三梯次可以直航對岸五虎門的正式港口之後，不久沿河而上的新莊與艋舺兩地，也跟著快速繁榮起來。於是從臺灣本土到淡水的明清時期臺灣大北部地區，開始形成一個具有市場交易和可以來往互動的大生活機能圈。明清時期俗諺的「一府二鹿三艋舺」之說，就是指涉上述的變化情形。

並且，臺灣北部的佛教僧侶或虔誠信徒，從淡水河口搭船出海以後，若想直趨福建北部重要的鼓山湧泉禪寺去巡禮，或要前往浙東地區近海舟山群島上的普陀山觀音道場去進香參拜的話，可以說遠較從中部的鹿港或南部的鹿耳門港搭船前往，更能縮短航程和更快往來。

　　此外，因此而促成搭船運費的相對降低和航程安全度的提高，也吸引了更多想利用來方便渡海的各地佛教徒乘客，其中就曾包括了因太平天國戰亂流離失守渡海來臺的無依徬徨僧侶，當然也曾包括彼等到臺地之後，即開始其戒行不良的外江僧墮落生涯。

　　其三、在另一方面，臺灣本土地區佛教由於多數和觀音信仰有關，而明清時期官方從早期與在臺灣的明鄭政權相互敵對隔海激戰之時，即已特別關注在浙江海域中的南海觀音普陀山的宗教影響的巨大政治效應問題。例如，清初當臺灣一被平定，大陸東南沿海與臺灣海峽之間的長期危機，終能消除了，此時，在浙江普陀山觀音道場的普濟禪寺，此一清初臺灣佛教禪侶所隸屬法脈的源頭寺院，也立刻反映了清鄭戰局落幕後的極大好處。

　　因在清、鄭對抗期間，普濟禪寺曾遭魚池之殃，例如在 1665 年（鄭氏來臺第 4 年）曾因此被荷蘭人登岸，大肆搶劫，損失慘重。

　　到 1671 年（鄭氏來臺第 11 年），清康熙帝又為對抗鄭氏在臺政權，再頒禁海遷界令，除不能有任何物資遺落給鄭王朝外，沿海居民一律內撤二至三十華里，導致普濟禪寺的殿宇被拆光，僧侶和民眾也全撤走，一時成為廢墟。

　　可是，等清鄭戰局一落幕，海峽兩岸緊張局勢隨之解除，清朝康熙皇帝宛如補償般地，隨即敕賜該寺大量的重建經費，贈送許多珍貴佛教器物，還親撰多篇禮贊文，以及特別垂詢和關照普陀山觀音道場，因頒禁海令而蒙大災害損失之後，在重建和後續正常維護的各縣保護問題。

　　所以，就官方的立場，他其實是利用此一國際著名道場的個案，來突顯皇帝本人他對此觀音信仰聖地的高度關懷，並顯示他和與民同信的高度宗教虔誠。但也因此，在明清時期的普陀山觀音信仰與福建的媽祖信仰，兩者往往互為同寺廟（如龍山寺或媽祖廟）的前後殿主神（若前殿為觀音，後殿即為媽祖，反之亦然），供臺灣民眾普遍祭祀。所

以，這也同樣深植於明清時期臺灣本土漢族民眾的信仰層面。因為信仰背後，其實就是源自政治的控制與社會力影響的滲透所致。

其五、明清時期中葉之後，才先後在臺灣各地出現的齋教徒和齋堂，從我們在以上的簡明敘述的情況，即可以見到明清時期臺灣本土地區的許多齋堂，其創建或資金的提供，往往都會牽涉到一些望族。而這些望族之會如此做，除宗教的因素之外，可能主要是這些望族若有婦女因為丈夫早死又無法改嫁，於是便可將其安頓於「齋堂」，讓其帶髮修行；有的，甚至還可以因此而立貞節牌坊，光榮鄉里。

而當地的這些不幸的婦女，有時也可以因而進到這些齋堂來幫忙或共住。[10]所以「齋堂」的設置，不但與臺灣本土地區的士紳有密切關聯，在其所發揮的社會救濟功能方面，也是值得肯定的。

所以，彼等雖於對出家佛教，仍持其強烈的批判態度，一如西方基督新教徒對天主教當局和教職人員嚴厲的批判。但彼等自身，無疑仍自認為是屬於在家禪佛教的一種。

因此，等到進入日本殖民統治時期以後，彼等在日本佛教各派的促成之下，有一部份便順利轉型為傳統的僧伽佛教，甚至成為當時臺灣本土佛教發展的新主流。

所以明清時期齋教三派的傳入臺灣，特別是在臺灣本土地區，對日後臺灣本土僧伽佛教的發展，貢獻極大。

---

[10] 以日治時期的情況來說，臺灣新竹的淨業院一度住女眾 28 人、一善堂住齋姑 18 人，可見一斑。而淨業院的住眾，都是與鄭如蘭夫人的宗教關係才進住的，就此點來說，恰與其管理權牢牢由鄭家掌握成一鮮明的對比。

第二卷

日治近代篇

2.1 日治時期異民族統治下的臺灣社會現代化

一、殖民統治的開端

日本在臺 50 年（1895-1945），雖係殖民統治，但其治績仍是有目共睹的。所以，儘管也有一些持否定態度的批評者，但仍有不少論者常稱讚：日本對臺灣近代化的基礎建設，如 1899 年臺北自來水道已竣工；同年，臺灣第一個現代金融機構「臺灣銀行」正式創立，奠定了臺灣資本主義化的基礎，而繼承劉銘傳時代已有的鐵路建設，臺灣西部縱貫鐵路也繼續興工等。因此，對於正反兩派的爭論意見，本書暫不予以處理，而只就其實際的統治績效來說明。

再者，日本殖民統治者於 1899 年後，舉凡代表衛生的下水道之鋪設、度量衡及貨幣的統一；郵政、電信、航運、港灣、鐵公路等交通基礎工程的興建，這在在顯示日本在臺灣推行資本主義及其殖民統治之決心。

事實上，為了建立商品的交易網路，這些交通運輸是必備的，但也因為交通的便利，有效拉近南北的差距，使全島人民的往來日趨頻繁熱絡，此亦助長全島一體臺灣意識之萌芽。

總之，對甫踏入 20 世紀的臺灣而言，那是個臺灣棄舊迎新、脫胎換骨的關鍵年代。並且，經過前述日本的殖民統治，臺灣財政已獨立、產業結構的改變，各級政府的步入軌道；司法、警察、戶政等制度的健全。此外，財經金融體系、農田水利設施、電力運輸系統的完備，為臺灣近代化紮下堅實的物質基礎。

然而，真正促進臺灣社會轉型和變革的因素，實肇端於教育的普

及。先拋開日本帝國臣民意識不談，20 世紀初期，日本在臺灣全島普及化的新式教育，委實讓臺灣社會產生相當程度的質變。透過新式的現代教育，臺灣人終於有機會去接受近代西方文明、基本科技，以及新的思想觀念。

從而改變過去封建保守的思維，培育出具現代意識的公民素養，昔日農業社會的諸般陋習，如不講求衛生、缺乏時間觀念、不守時守法、沒有公德心自私自利等，都因為接受教育而有了相當的改變，臺灣社會正逐漸從俗民社會過渡到市民社會之中。

半世紀的日本殖民統治，確實使得臺灣人的文化和價值觀，以及臺灣社會的近代化，都起了相當巨大的變化。茲以若干與我們息息相關的新生事物，來看看臺灣當時接受「西化」，或「歐化」的程度。尤其這些新興事物展現在常民文化中，從中更可檢視出臺灣社會文化變革的風貌。

二、醇香浪漫的咖啡

喝咖啡在當今臺灣已是非常普遍的飲食文化，但咖啡的引進卻別具意義，因為它純粹是西方飲食風的移植，傳統中國人一般喜歡以茗茶為自己怡情或招待客人之道，直到咖啡傳進之後，才有一些上層社會人士嘗試去接受，並認為喝咖啡是躋身上流社會之象徵。

臺灣人喜歡喝咖啡的時間很早，大約在 1920 年代末期，臺北、臺南等地已有咖啡廳之設立。當時臺灣一些附庸風雅之士，對咖啡之著迷，可由臺南風月報紙《三六九小報》看出梗概：「尋芳買醉，現已舍酒樓而趨咖啡店矣。燈紅酒綠，粉膩脂香，燕瘦環肥，左宜右有，群花招展，肉屏風也。蠻腰巧折，天魔舞也，唱片妙響，流行曲也。心身陶醉，五色酒也，時代人之官能，於是乎享樂之亂舞。盛哉咖啡店，尖端時代之寵兒也。」可見，臺灣人當時對這時髦的咖啡廳是如何的趨之若

驚，有趣的是，當時的咖啡店之功能還有點像現今的情色酒家呢？

不過確實那時的咖啡廳與現在咖啡廳有一點很大的不同，即提供顧客握腕抱腰的「女給」（女侍），1927 年，楊雲萍在小說《加里飯》中就寫到在咖啡店：「他偷般的瞧那兩個學生和三個公司裡的用員。他們正自在地和女招待戲謔，有的握她們的粉腕，有的抱她們的細腰」，彷彿如今的情色「摸摸樂」，實在十分有趣。

昔時咖啡店之所以得到臺灣民眾的青睞，先進的室內裝潢是主因，裡頭有冷氣、蕾絲窗簾、彩色霓虹燈、柔和輕音樂、西式桌椅、亮麗的壁紙、綠色盆栽等等高檔流行佈置，難怪吸引了眾多文人雅士、政商名流、青年學子、愛情男女流連忘返，這也是咖啡店本身時髦的氛圍所致。

三、文明的象徵──自來水

現今臺灣各戶人家都有自來水飲用，好像自來水理所當然是應有的，殊不知在未有自來水以前，臺灣人用的是什麼水。曾任臺北市長的吳三連回憶兒時在故鄉臺南的用水環境。吳三連回憶說：「我們日常洗濯，用的是池塘裡的水。煮飯洗臉，用的也是池塘裡的水。稍後，有人倡議打地河井，改取地下水；地下水比池塘裡的水清潔多了」。現在幾乎很少人飲用地下水，甚至不敢嚐地下水，但在以前能用到地下水已經很不錯了。

臺灣的飲水從池水、地下水到自來水，實是一部文明漸進的歷史。1896 年日本據臺的第二年，日本即委請英人在淡水動工興建第一座自來水廠，1899 年 3 月完工，臺灣人終於可以喝到第一口自來水。且說，當時臺灣窮人多，大家喝不起自來水，日本殖民當局為體貼民意，還在若干大街上安裝水管頭，讓民眾可以免費喝自來水，當然這是在自來水廠的淡水民眾才能享受的到。

　　總之，到日本戰敗投降的 1945 年，臺灣全省自來水廠已有 123 處，給水的普及率達 22.1％，這比例算頗高的。當時水費標準，陳柔縉作過一個分析，若以用水人數計費，1 戶 5 口裝一個專用水龍頭，每月水費 1 圓。每加裝一個分支龍頭，每月收 2 角 5 分，換言之，一戶人家每月要花 1、2 圓來繳自來水費。而當時一個小學教員每月薪水也不過 17、8 圓，如此算來，水費是相當昂貴的，無怪乎，一般尋常百姓仍是喝不起自來水的。

　　雖說日治時期臺灣人能安裝喝得起自來水的人不多，但比起中國大陸不知強過多少倍。彭明敏在回憶錄《自由的滋味》書中提到，其擔任過高雄市議會議長的父親彭清靠曾親眼目睹到戰後國府軍隊的無知。「他們有的從未看過，也無法了解自來水設備，有的從水電行取得水龍頭而往壁上的洞一塞，以為這樣水就會流出來。看不到水，就到水電行去大叫」，文明的差距造成彼此的隔閡，這也許亦是造成「228 事件」的起因之一吧？

四、便捷的溝通工具——電話

　　電話的發明始於 1875 年的美國科學家貝爾（Alexander Graham Bell, 1847-1922），隨後這項實用便利的產品即暢銷風靡於全世界，臺灣之有電話申請，只晚了電話問世十餘年。在臺灣富強新政期間，據時任臺南知府的唐贊袞在《臺陽見聞錄》記載，早在 1887 年在高雄旗津地區就有外籍醫師梅耶以「便於請醫，以期速到」為名，提出申請裝設「地律風」（電話），唯遭駁回。

　　然臺灣真正最早出現電話已是日治初期了，且令人想不到的是出現在澎湖，而非本島或首善之區的臺北。澎湖離島最早架設電話實因軍事用途所致，日本擁有臺澎後，1897 年 3 月，日本即在駐守澎湖的守備隊間安裝軍用電話；以及澎湖馬公與西嶼燈塔間的電話。當然，此時

的電話，是以特殊的軍事用途為主，尚未施行於民間。

1900 年電話業務，才開始推至民間，初期只在臺北、臺中、臺南設立電話局，基隆、斗六則有支局。是年 7 月，個人開始可以提出申請裝置電話，最早申請者有 431 人，且全為日本人，這當中臺北就佔了 223 人。臺灣人開始申請電話，遲至 1904 年，而且只有 26 人提出設置，於此同時，日本人增加裝設電話的也不多。之所以如此，乃電話需要雙向溝通，倆人之間要聯繫，必須同時要擁有電話，否則只有一方擁有，亦等於空設。因為如此，才造成電話普及率成長緩慢的主因。

據統計到 1930 年代，臺灣人口已達 468 萬，其中有 40 餘萬日人，而全臺僅有私人電話僅 3737 支，平均 1 萬人不到 9 個人有電話。基本上，電話那時還是相當稀罕珍貴的產品，只有豪富士紳，或醫生、實業家這類有需要階級才裝得起，因為電話費實在貴的驚人。

另外，早期的電話是手搖電話，即手搖電話機，再由交換手小姐轉接，直到 1937 年，臺灣才改採自動電話，省掉轉接手續，更增加電話通話的私密性。此外，日治時代也有公用電話，俗稱「公眾電話」，發展遠比私人電話早很多。換言之，一般人不需要在家安裝貴的嚇人的私家電話，即可利用公眾電話連絡對方，唯一美中不足的是，公眾電話僅限於臺南和高雄之間互打，其後才漸次推廣至臺北、基隆等地，全臺仍不十分普遍。

五、現代化標的──廁所

中國人不講求公德心，也不講究衛生，所以把隨地大小便視為見怪不怪之事，此陋習臺灣人亦繼承過來。日本據臺後，對此問題已注意到，對臺灣人這種不重視衛生，隨地便溺的不良風俗，開始嚴格取締，違者處以拘留或罰款。

日本殖民當局既然要居民不要隨地便溺，當然就需要提供替代場

所或解決方案，因此興建公廁乃成不可或缺之舉。1897 年 5 月，臺北首度出現了政府興建的公廁，當時叫做「共同便所」。早期臺北的共同便所有 12 個，其設計如何不得而知，只知道到了 1910 年代起，臺北的公廁已很進步了。

當時公廁採磚頭或杉木隔間，內部分大小便間，每座共同便所都有 4 間以上大便間，兩間以上的小便間，設備上還有安裝先進的水龍頭，部分還有電燈，這些近代化的新事物，讓臺灣的公廁邁入了現代化的初步。

日治時期，殖民當局之所以要建公廁，最主要原因仍是臺灣民眾家中有廁所的很少，那時臺灣家居的建築結構，一般均無獨立的廁所空間，廁所都在戶外，由大家共同使用，在僧多粥少的情況下，只有隨處解決了。現代沖水式的馬桶，臺灣雖然很早即有，但只有大商店和官廳才有，平民百姓根本不可能有。即以日治末期臺灣才稍見瓷白蹲式便池來看，沖水馬桶在臺灣要普遍，還有一段漫長的路要走。

六、消費指標——百貨公司

百貨公司是現代人很喜歡逛的地方，它不僅提供琳瑯滿目的東西供民眾選擇，也是一個很好消磨時光的去處。百貨公司常被視為都會文明的象徵，1932 年 11 月，在臺北市也開幕了臺灣第一家百貨公司，它就是樓高 6 層，由日本人重田榮治所投資的「菊元商行」。當時「菊元」1 至 4 樓賣各類商品，5 樓是著名的「菊元食堂」，主要以西洋料理為主。

日治時代沒有百貨公司一詞，所謂現代意義性質的百貨公司，統稱為「百貨行」，像在「菊元」之前，臺北已有一家「福井行」，只是規模小很多。「菊元商行」當年之所以轟動南北，主要是它安裝了百貨公司必備的升降電梯，這在那個時代是項了不起的大事，且其樓高當年

在臺灣不僅鶴立雞群，比之日本亦不遑多讓。

「菊元商行」開幕後 3 天，在臺南的「林百貨店」也緊跟著落成起用，林百貨店樓高 5 層，也有升降梯並不比「菊元」遜色多少。其 1 樓賣煙酒、洋菓子、化妝品、食品和鞋子；2 樓賣童裝和雜貨；3 樓賣布料及服飾；4 樓則售文具與玩具；5 樓為食堂，有西餐和日式餐廳，並有喝咖啡、吃點心的「喫茶室」。總之，整個擺設和販賣東西與當今百貨公司相去不遠。

七、仲裁是非的法院

當今兩造雙方有任何爭議，解決協商不了，人們只好對簿公堂，尋求法律途徑來解決。在古代皇權時期，中國人仲裁生死是非的是衙門，常常是青天大老爺一聲定奪說了算數，但這種行政權兼司法權容易循私護短弊端叢生。

日本領臺的頭一年，已立即著手司法改革，1895 年 10 月 7 日，總督府發布了〈臺灣總督府法院職制〉，1896 年 5 月 1 日，又公布了〈臺灣總督府法院條例〉，短短 8 條條文，卻包含有地方法院、覆審法院、高等法院三級法院，法院內設有判官（法官）、檢察官和書記等編制，近代西方三級三審的司法制度正式引進臺灣。

日本在臺灣的司法改造，已使得臺灣社會更傾向西化，臺灣人有了西方正確的司法觀念，懂得維護自己的權益。進衙門（法院）前不用再卑躬屈膝下跪，而昔日衙門的統包調查，審理與論罪的判刑，也因制度面的建立，而有檢察官制度，不是一人獨判了事。

尤有甚者，清代時期的「民事」、「刑事」不分，到了日治時期，臺灣法院已引進現代〈民事法〉的概念，合法保障人民有關個人之間戶、婚、田、錢等方面之權利義務，這不能不說是臺灣司法史上一大進步。

　　有法院自然就有律師，日治時代的律師稱為「辯護士」，在日本治臺初期即有日籍律師登臺營業。在日治時期能成為律師非常不容易，律師的社會地位也相當崇高，據王泰升教授著《臺灣日治時期的司法改革》一書言，日治 50 年間，歷年辯護士的人數，最多不曾超過 177 人。而在 1921 年以前，則沒有一位臺籍辯護士在臺開業過，有趣的是，早期臺灣有許多人還誤以為給辯護士費用（律師費），是要他去賄賂法官呢？

　　當時律師社會地位之高，由《陳逸松回憶錄》可知端倪，他是宜蘭第一個東京帝大畢業生，又考取司法科高考的辯護士。所以在 1932 年衣錦還鄉時，風光的不得了，不僅羅東街長（相當於現在的鎮長）親自出迎，羅東車站鑼鼓喧天，地方上還連續演了三、四臺戲慶祝，真是光榮不已。

　　日治時期法院開庭可以允許旁聽，但是需要花錢買「旁聽票」，這是很有趣的事。像「治警事件」發生後，總督府全島大逮捕，臺灣島上精英如蔣渭水、蔡培火、陳逢源等均遭搜捕，誠為臺灣空前絕後之大事。1924 年 7 月 25 日第一次開庭時，吸引眾多關注聲援民眾前往旁聽，當時萬人空巷，9 點才開庭，一張 1 角的 300 張「旁聽票」早已銷售一空，有人甚至清晨 5 點就來窗口排隊等候買票，此亦可看出臺灣民眾對政治的熱情，及日本在臺灣的司法改革已見成效和逐漸深入人心。

八、民主初步談選舉

　　臺灣近四十年來，每逢選舉全民瘋狂、政客抓狂，選舉熱彷彿變成全民運動，也成了臺灣明顯的印記。造成全民非常熱衷關心選舉，論者很多歸諸原因為昔日長期戒嚴後政治冷感的反彈，此中當然有若干道理在。其實選舉在臺灣源起很早，在日治時期，臺灣人已有多次選舉投票的經驗。臺灣人第一次投票為 1935 年 11 月 22 日的市會及街庄協議

會員選舉，當時報章稱其為臺灣的「處女選舉」。當時投票從 7 點始，但有些好奇的選民清晨 5 點就到場，大家對自己神聖的一票十分重視，甚至高齡老翁及中風者也不放棄前往投票。投票時，先確定身分後領取選票，選票設計與當今最大不同是沒有候選人名單、號碼和照片，選民必須事前記住理想候選人名字，自己親手在選票上寫下候選人名字。

當時候選人臺灣人和日本人都有，只要能辨識何人，寫漢字或平假名、片假名均可，甚至寫錯別字亦無妨，認定頗為寬鬆。投票間用木板隔間，符合秘密投票的基本要求，裡頭放毛筆墨汁，選民寫下候選人名字後出來擲入票箱即可。和早期西方民主演進一樣，當時選民資格有所限制，除了需要滿 25 歲並在該地區住滿 6 個月之基本條件外，尚須是年繳稅額 5 圓的男子。

易言之，女性及經濟弱勢者是沒投票權的，此亦何以當時人口四百多萬的臺灣，擁有投票權選民只有 2 萬 8 千人之因。因為選民有限，故這場臺灣第一屆市會及街庄協議會員選舉，只須很少得票即能當選，時臺北市會議員最高票蔡式穀也僅為 1245 票，高雄市最高票楊金虎則只有 417 票。雖係如此，但當時候選人和現在一樣，為求當選無不卯足全勁，四處趕場，聲嘶力竭的發表政見，有的也花招百出，透過競選歌曲、海報宣傳、發傳單和小冊子等，和現在選舉招數如出一轍。

只不過當年的這場選舉仍有其不公平的一面，例如規定競選演講只能用日語發表，且臺灣人選自己的議會員只能選一半，另一半仍由日本殖民當局指派，而選民資格的設限，更是開民主倒車。唯此在殖民統治下，當局者能以選舉方式，讓臺灣人民選出自己的基層代表，也算是一件饒有意義的事。

九、行的利器──汽車與飛機

汽車已是現代人非常普通的代步工具，人們在行的方面，幾乎離

不開它，人類有汽車的歷史，不過百餘年，臺灣也沒落後多久，在
1912 年由經營旅館的日人杉森與吉，就擁有全臺第一輛汽車。早期臺
灣的汽車造型，與現在完全不同，其外觀反而像西方的馬車，兩邊沒有
門的設計，前頭倒有兩盞瓦斯頭燈。

　　1914 年曾有日人高松豐次郎買了 5 部汽車，在臺灣做租車生意，
固定載客往返臺北、北投之間，但時機不對，大家坐不起，很快就關門
大吉。1916 年，總督府好大喜功在臺灣舉辦「臺灣勸業共進會」，一
些日本商會為壯大聲勢，特地從日本內地，引進 20 幾部汽車，一時
間，大家爭相目睹汽車的丰采，臺灣社會，對現代汽車也有更多的認
識。此後在臺灣車輛愈來愈多，用途也愈來愈多元，到了 1925 年，基
本上，臺灣的汽車界已非常熱鬧了。

　　當時，有許多車店，販賣各廠牌知名汽車，成堆的新車，排在車
店外，有新款式汽車到，廠商也會舉辦「新車發表會」來促銷及打知名
度。當時僅臺北一地，車店就有 9 家之多，賣的全都是別克、龐帝克、
奧斯摩比、福特、克萊斯樂，凱迪拉克、道奇、雪佛蘭等美國車。這些
美國進口車，車價昂貴，只有少數望族豪門才買得起，當然也有一些日
製「國產車」，價格較便宜，但對普通人家仍是天價，要一圓汽車夢，
是可望不可及。1930 年代，隨著汽車的增多，臺北開始出現交通警察
來指揮車輛，維持交通秩序。

　　當時，有了汽車，也是要經過考試才能上路，只是考題很有趣，
不一定只考與交通相關的問題，像內閣總理大臣是誰？何謂「赤化」？
等不相干題目亦出現其中。考試的人男女、日人臺民都有，臺灣很早就
有女性駕駛，她們以開公車、卡車為業，除了開風氣之先，也十分了不
起。

　　飛機的發明，是人類交通史上一大革命，它不但實現人們渴望飛
行的夢想，更大大縮短人類時空的距離，有效使得地球上各地的人們，
可以快速的接觸與往來，真正實踐了「天涯若比鄰」的理想。1914 年 3

月 21 日，有日本飛行家野島銀藏，在今天臺北市新店溪旁，舉行飛行表演，雖然只飛了 4 分鐘，但是依然寫下臺灣航空史上的第一頁，當時爭相目睹者，萬人空巷轟動全臺。

至於臺灣第一位飛行家，是出身臺中豐原的謝文達，他曾在日本學習飛行，1920 年衣錦榮歸，在臺中家鄉做了「鄉土訪問飛行」。1923 年為爭取設置臺灣議會，謝文達還特別飛越東京，灑下印有「給臺灣人議會！」的傳單 10 萬張，為「臺灣議會設置請願運動」，留下深刻一筆。另一個與謝文達齊名的是楊清溪，楊清溪的鄉土訪問飛行，除了萬人空巷，人人翹首仰望外，最主要是楊清溪文筆不錯，當年的《臺灣新民報》常有他的〈飛行手記〉，讓大家分享其飛行的感受與喜悅。

當然在日治時代，只有極少數臺灣民眾，有搭飛機的經驗，那是因為票價貴的驚人。1935 年 10 月，日本開闢臺灣民航線，「日本航空輸送株式會社」，特別提供「雁號」飛機飛臺北、福岡線。日治時代，到底有多少臺灣人搭過飛機，不得而知，但除了辜顯榮等極少數臺籍人士搭過外，搭乘的應以日本人居多，且亦是日本極少數貴族之士，一般日人返國，仍以搭船為主，可見搭飛機仍屬極少人的專利。日治時期，搭乘飛機雖不普遍，但其讓臺灣人眼界大開，充分見證了西方科技文明的威力。

十、體育運動的重視

強國必先強種，只有身強體壯的國民，才有朝氣蓬勃的國家。早期臺灣人承襲中國人不愛運動的壞習慣，重文輕武鄙視運動，以致養成諸多弱不禁風的無用書生。此種偏文輕武、缺乏運動的生活傳統，到了日治時期才有了一百八十度的大轉變。日本對西方文化採取徹底的模仿與移植，這一套「全盤西化」，也施行到臺灣來。

　　源於西方重視體育技能的傳統，透過學校教育系統，強迫灌輸到臺灣學童身上，從小學教育始，做體操、開運動會、打棒球、游泳、摔柔道、打網球樣樣都來。當時臺灣的某些職校，體能不好甚至不能入學，就算學業成績再好，依然淘汰，這點由很多日治時代的精英，如杜聰明、楊基銓、張超英等人的回憶，可清楚看出。

　　因為強迫體育政策的推行成功，以網球為例，日治時代，臺灣每所男子中學幾乎都有網球隊，其中，以臺灣商工和嘉義農林學校最有名，嘉義農林學校曾經代表臺灣到日本去比賽，可說是無上的光榮。網球是當時不分貴族平民的大眾化運動，深受臺灣人喜愛，這也代表日本在臺灣的體育政策，是落實的很成功。

十一、西化的基本功——英語

　　當今英語已成國際強勢語言，是人盡皆知的事，在臺灣為了不讓我的孩子輸在起跑點上，做父母的都想方設法，讓孩子補習英文，深怕英語不行而跟不上時代。清領時期，在劉銘傳撫臺期間，於教育改革上，特別成立了西學堂，也開始學英語。所以嚴格言之，臺灣人學英語，其實早在日治以前。

　　日本據臺後，在臺灣亦普遍向民眾推行學英語，當時報紙常常出現函授英語或通信講學的廣告。1901 年，大稻埕的「稻江義塾」已早早將英語列為學生必讀科目。在總督府的中學校規則下，臺灣學生在中學，每週要上 7 至 9 小時英文課，最好的臺北高等學校和臺北一女中，甚至還聘外籍教師來任教。

　　當時的英語環境和臺灣在過去數十年間，頗為類似，即學生聽講英語能力，有待加強，但閱讀能力卻不差。彭明敏以其就讀高雄中學的經驗說到：「完成五年的英語教育，雖然講英文的能力不完美，閱讀英文的能力則相當高」。其實，日本殖民臺灣，雖然亦重視英文，但是，

還沒有到獨尊的地步,當時文官的高考,外語是德、法、英語三選一。

臺灣人接受英語的另一管道是透過教會教育,那時教會學校,才是學習英語的重鎮,如臺南的基督教長榮中學,對英語教育就相當重視。臺灣人雖然很早就認識到英語的重要性和前瞻性,但真正能接觸到英文的,除教會人士外,就屬上層階級的子弟才有機會,所以仍是少數富豪精英家庭,才接觸的到英語。

十二、圖書館與幼稚園

一個國家擁有多少圖書館,常被視為這個國家文明程度的指標,中國古代老早就有圖書館,古代稱為藏書所。但是真正現代的圖書館,卻是源自於西方,臺灣近代觀念的圖書館,始於日治時期,而日本創建圖書館的念頭,也是學自西方。1899 年,後藤新平民政長官,以臺灣人文未開,文化落後,社會組織薄弱,人們不守律規,認為欲矯正弊端,只有從研究自修開始,而所謂研究自修之途徑,又唯有設置公共圖書館,此外別無他途。

臺灣第一個具近代圖書館規模的,是「臺灣文庫」,1901 年 1 月 27 日,「臺灣文庫」在《臺灣日日新報》刊登開張廣告,開館時,有藏書近 6 千冊。開館時間,為早上 9 點到晚上 10 點,午後 3 至 6 時是休息時間,不開放。每週 7 天均開放,全不閉館。與現代圖書館最大不同之處是,「臺灣文庫」要收費,普通閱覽一次 3 錢,軍警半價,此做法,實有違圖書館設置之本意。

難怪曾留學美國的臺灣士紳羅萬俥,曾比較東京與紐約圖書館之大不同,他說進紐約的圖書館不需繳費,可以直接去書架取書;東京圖書館要付費,又要脫鞋,並在紙上填寫姓名、地址和職業。看來兩國文明化的程度,日本差美國還一大截。1909 年位於基隆,由石坂莊作創辦的「石坂文庫」就進步多了,此文庫全然免費,且藏書有 8 千餘冊。

　　「石坂文庫」最大之創舉，為巡迴書庫的概念，讓圖書流動化，而非僅限於基隆一地可用。任何公務機關或學校及公共團體，只要出具申請和自付運費，文庫即可出借圖書，每回巡迴閱覽，以一週為限。當時，石坂文庫曾巡迴臺北、臺南、花東等地；甚至跨海到對岸的福州、廈門地區。

　　真正由官方經營的，要算 1915 年 8 月開幕的「總督府圖書館」，開館沒幾天，已人滿為患，有客滿謝絕入場的情況發生。由此，亦可知臺灣人「學問饑渴」，渴望有書可唸的迫切心態。總督府圖書館，是日治時期臺灣最大的圖書館，有藏書 15 萬冊，每年有十幾萬人造訪利用，尤其首開臺灣最早的兒童閱覽室，更是開風氣之先，別具特色。

　　當今接受幼稚園學前教育已司空見慣，但在日治時代，仍是少數有錢人才讀的起的時髦玩意兒。彭明敏曾回憶，他小時候在臺北「大正幼稚園」就讀時，同班中只有他一位臺灣小孩。當時幼稚園因為要付學費，能去讀的都是有錢階級。換言之，日本時代幼稚園，是相當具貴族特色的。

　　臺灣的幼稚園教育理念，雖然也是從日本傳入，但臺灣人第一所幼稚園，卻是由臺灣人自己創辦。創辦者為臺南縣參事蔡夢熊，他於 1897 年 12 月，在臺南關帝廟，成立全臺第一所幼稚園，蔡夢熊自兼園長，並聘請兩位畢業於女子師範學校的日本人擔任「保姆」，學校名稱就叫做「臺南關帝廟幼稚園」，首批學生有 20 名，男女都有。

　　該幼稚園因蔡夢熊的逝世未幾即關門，直到 1917 年，臺灣的幼稚園教育才又略有起色，但全臺就讀幼稚園的臺灣小孩，也只不過 267 人而已，顯見幼稚園教育要普及化，在當時的臺灣社會環境，仍是大不易的。

十三、自由戀愛與兩性關係

時下青年男女的愛情觀，不僅自由戀愛且作風和觀念愈來愈前衛和大膽。熱戀男女，在大庭廣眾下牽手擁吻，已不是什麼大驚小怪之事，對照日治時代男女的保守兩性關係，真有天壤之別。當時男女授受不親的道德約束，仍是根深柢固的，不僅男女不能同教室上課，有時連運動會之類的公開活動，也謝絕男性觀賞。男女接觸嚴重的話，可能因一封情書而遭退學，可見那個時代民風，仍是非常的封建保守。

至於早期也沒有所謂的自由戀愛，絕大多數的婚姻仍是父母之命媒妁之言，吳濁流在其《無花果》書中，提到他們那個時代，那有「戀愛」一詞；男女只要同行一次，女人就會被視為「賤貨」，由此可見彼時的男女交往，要承受多大的道德壓力。到了 1920 年代，兩性的交往，隨著世界民主思潮的衝擊，逐漸有所改變，鼓吹「自由戀愛」的聲音開始出現。

曾任臺灣省議會議長的黃朝琴，就曾在雜誌上談論婚姻問題，他認為結婚之前的準備，是男女要事先交往了解，而且結婚前兩人之間，必須要有十分的理解及愛情存在。以現在眼光看，這本是理所當然，但在當年，已是前衛之見了。當時的兩性之間，還有很多禁忌，例如同姓不婚，像楊逵和葉陶，在二〇年代時「同居」，那不僅前衛，簡直是驚世駭俗了。

十四、新生事物與社會文化之轉型和變遷

總之，有關臺灣在日治時代的社會文化之轉型與變革，我們刻意不從理論去論述，而是以庶民都能感受到的新生事物之傳入，或生活改變，去回顧臺灣那一段從傳統過度到現代的歷程。臺灣現代化的起步，源自於劉銘傳在晚清末年的富強新政，但基本上，劉銘傳的新政有其格局限制，只做了粗胚工作即去職。真正為臺灣迎來現代化之契機，仍屬

日治時代。

　　作為日本第一個殖民地的臺灣，與日本同時並進，總督府在臺灣極力的傳入歐洲文明與日本文化，形成文明開化之風潮。當時西方有什麼，日本就有什麼；而日本有什麼，臺灣也就有什麼。臺灣由日本汲取了西方文明，包括思想觀念的精神，而日本為塑造臺灣為模範殖民地，也儘所能的將各種新穎事物媒介到臺灣來。在日本特意的交流激盪下，臺灣人在潛移默化中形塑了近代公民的觀念，影響所及，也讓臺灣快步的邁入近代社會。

　　文中所舉的飲食、設施、制度、觀念、器物、風俗、生活方式等之導入臺灣，可謂是臺灣進入「現代」之始。這些器物、觀念、制度的傳入，雖不見得完全普及至民間，也非每個庶民均能擁有，但最起碼臺灣已有之。「從無至有」是最難的，有了之後，透過上層社會的具體經驗及宣傳的影響力，它還是能積累形成社會公有的機制，如大家到目前為止，對日治時期臺灣人的守法精神及法治觀念，仍讚譽有加，即為一明顯例子。

　　所以談及日治時期臺灣現代化的初步成果，與其做長篇大論的理論敘述，不如從具體的社會生活中之器物、觀念、制度等，去活生生的重現那段歷史。並經由臺灣與西方文明接觸的初體驗，從中看出臺灣在那段期間社會文化的轉型與變革。

參考書目

王詩琅，《臺灣文學重建的問題》（臺北：海峽學術出版社，2003 年 5月出版）。

王詩琅編著，《日本殖民地體制下的臺灣》（臺北：眾文版，民國 69年 12 月初版）。

司馬嘯青，《臺灣日本總督》（臺北：玉山社出版，2005 年 11 月初

版）。

郭明亮、葉俊麟，《一九三〇年代的臺灣》（臺北縣：博揚文化，2004
年 6 月初版）。

陳柔縉，《臺灣西方文明初體驗》（臺北：麥田版，2005 年 7 月初
版）。

莊永明，《臺灣紀事》（上、下）（臺北：時報版，1996 年 3 月 2
版）。

楊蓮福編著，《圖說臺灣歷史》（臺北縣：博揚文化，2004 年 12 月 2
版）。

劉捷原著，林曙光譯註，《臺灣文化展望》（高雄：春暉版，民國 83
年 1 月初版）。

2.2 日治時期臺灣民眾政治活動中的左右之爭

一、蔣渭水的呼籲與警告

　　1927 年臺灣文化協會的領導人之一蔣渭水，在《臺灣民報》提出，「同胞須團結，團結真有力」，為臺灣民族運動的口號，並向全島同胞呼籲：「團結是我們唯一的利器，是我們求幸福脫苦難的門徑。」

　　「團結之力量如此之絕大，而本來持有團結之本能的人類──吾們四百萬同胞，竟不能利用這個團結之力，來求幸福，真是我們臺灣人之恥辱呀！」蔣渭水這番苦口婆心的話，其實已點出，臺灣民族運動不團結的事實，甚至也預告了文化協會分裂的可能性。

　　果不其然，就在蔣渭水發表這篇文章 1927 年 1 月 2 日的隔天 1 月 3 日，臺灣文化協會正式宣告分裂。臺灣民族抗日運動的「統一戰線時期」結束，另一階段的「戰線分裂時代」繼之而起。分裂後的「新文協」，與由原先舊文協所重組的「臺灣民眾黨」分道揚鑣。雖然兩者仍以反日抗日為主要對象，但彼此也互相攻訐，勢同水火。兄弟鬩牆之爭，分散了臺灣近代民族運動抗日的力量，這不能不說是臺灣人不團結最大的恥辱。

二、分裂的因素

　　基本上，臺灣文化協會的成立，是臺灣近代文化史上的一種啟蒙運動。雖然它植基於反日的基礎上，但更大的底蘊是喚醒臺灣人如何在思想上、行動上、觀念上做一個迎頭趕上世界潮流的現代人。

　　而欲如何做個現代人，文協的啟蒙者從海外引進了各種學說思潮，以作為啟蒙臺民的指導原則。尤其當時方興未艾的蘇俄共產主義革命建立了蘇維埃政權，更鼓舞了許多青年對於社會主義的嚮往，這股沛然莫之能禦的大潮，不僅影響了五四運動以後的中國，也影響到日本統治下的臺灣。因著啟蒙方法的各異，民族抗日運動思想的紛歧，世界革命思潮的不同，臺灣文化協會這個啟蒙運動之團體，隱然已伏下分裂的因子。

　　當時文協內部即以思想傾向言，已有好幾派相互對立。如以蔡培火、林獻堂、陳逢源為代表的民族主義派，主張維持文協傳統，以文化啟蒙的合法運動來達成民族自決的目標。

　　而蔣渭水一派則是強調「全民主義派」，要求師法國民黨的革命運動，標榜解放運動、民族運動、階級運動並行，團結臺灣人與世界弱小民族和無產階級相互提攜，和帝國主義展開強烈鬥爭，以求得殖民地民族之解放，最終完成臺灣民族獨立之目標。

　　另外一派則以連溫卿、王敏川為首的社會主義派。呼籲要效法俄國革命，團結農工以反抗帝國主義之侵略；並以無產階級為主體，聯合其他小商人、小資產等階級，與統治者和資本家展開尖銳的階級鬥爭，推行階級運動，爭取臺灣的民族解放，以達成階級解放之目標。

　　一般而言，全民主義派或民族主義派，均主張以民族自決主義為思想中心，所以大家都將蔣渭水、蔡培火等舊幹部一派劃為右派，而以連溫卿、王敏川等社會主義者歸為左派。也有人稱右派為漸進派、穩健派，左派為急進派或激進派。

　　總之，因著啟蒙思想的歧異及抗日民族解放路線看法手段的不同，1920 年代臺灣思想啟蒙運動的火車頭，文化協會最終因成員思想的左右之爭，分裂成民族主義派與社會主義派兩大派系，前者成立了臺灣第一個政黨「臺灣民眾黨」，後者則創立了更激進的「臺灣共產黨」。

　　除此內緣因素外，二〇年代初，國民黨「聯俄容共」政策的施行，北伐事業的勢如破竹進展，1925 年的「五卅慘案」及「沙基事件」的發生，更使世人認為中國革命的成功是國共合作與工人深具革命性而導致共產革命的成功的結果。

　　中國國民革命的發展，必然對臺灣知識份子產生莫大的影響，當時不少在大陸的臺灣留學生，均不無感觸的將中國革命成功的經驗帶回臺灣，如文協改組之際，上海大學派學生翁澤生、莊春火、王萬得、潘欽信、蔡孝乾、洪朝宗、蔡火旺、周天啟、莊泗川等即扮演了重要的角色。

　　而以三民主義信徒自居的蔣渭水也對中國情勢的發展高度關切，對孫中山「聯俄容共」政策也深表贊同。其所經營的「文化書局」更是大量引進有關中國革命的書籍，並與連溫卿、王敏川等合作，欲擴大民族運動為團結各階級之運動。

　　另一外緣因素為受日本社會運動的影響，時在東京的臺灣留學生，原本信仰吉野作造民本主義思潮，並以推動成立臺灣議會，為臺灣政治解放的手段和目標。但二〇年代中期，日本國內正流行極左翼運動的「福本主義」，排斥山川均一派的社會民主主義，臺灣留學生亦受福本主義的影響而改變歷來主張，返臺後對文協向來之觀念形態感到極度不滿。

　　至於島內社會發展的情勢，也使得社會運動呈現複雜的情況，彼時各種運動團體在文協的影響下紛紛成立，它們均採取激烈手段與統治當局對抗。如無產青年會標榜階級運動，農民組合強調農民解放運動，工人團體漸趨結成，連婦女運動也漸次發聲。這些跡象皆顯示，隨著文化運動的擴展，各種不同的主張與要求已漸成形，它們對文協仍矜持著文化運動範疇已日感不耐，滋生不滿，而要求文協要進一步走向實際行動。

　　然文協內部仍有一批老成持重的穩健份子，希望繼續走啟蒙運動

的路向，仍宜以文化運動為主體，期能建設更紮實的新文化，喚醒更普遍的民族覺醒。在如此氛圍下，隨著島內民族運動，已有思想傾向分歧的事實，加上中國情勢之啟發，及日本勞動總同盟的分裂，無形中鼓舞了文協內部激進派之青壯份子，他們打著左派旗幟，嚴厲的向右派民族主義者進行鬥爭，文協的左右之爭白熱化，終於導致文協的正式分裂。

三、分裂的導火線

1926 年 5 月 16 日，文協在霧峰林獻堂宅召開理事會，討論政治結社問題，由於對結社問題的綱領、方針、組織等，會員眾說紛紜，莫衷一是，最後議決由各人自立方案。

是年 7 月底，《臺灣民報》總會於臺北召開，文協重要幹部大都出席。會中連溫卿、王敏川提出組「臺灣平民黨」案，及蔣渭水的「臺灣自治會」案，雙方討論極為激烈，終至無結果不歡而散。10 月 17 日，文協在新竹召開第六回總會，討論改組事項。此次會議雖然堅持「會的宗旨不變」，但因變更組織及修改會則，使得此次大會成了文協分裂的前奏。

大會期間，王敏川、連溫卿一派因不滿蔡培火、蔣渭水等人所提組織體制案，欲維持舊有理事制度及總理擁有最大權限之主張，和執行機關理事會對會務之推動具有最高決定權。王、連等人遂聯合無產青年開始攻擊蔡培火等民族主義派，進而欲奪取蔡培火等人所控制下的文協領導權。

1927 年 1 月 3 日，文協在臺中舉行臨時總會，當天參加會員計有133 人，然屬於蔡培火等民族主義派的會員人數極少，因為前一天在臺中召開的臨時理事會，蔣渭水、蔡培火堅持的「總理制」已敗於連溫卿派的「委員長制」。因此，參加人數之少，十足表現出對文協的冷淡和心灰之意。而反觀連溫卿一派，因有大甲、彰化等地無產青年的加入，

佔了會議人數的多數，聲勢之壯，甚至可以操縱會議的進行。

　　會議期間，舊幹部雖仍掌理舊有會務，但新幹事則全力組織各地支部工作，大會選出 30 名臨時中央委員及補缺委員 11 名，然蔣渭水與蔡培火等以大會幾乎由連、王派主導，旋即宣佈辭退，絕不接受，林獻堂也表示跟進。此次臨時文協總會，可謂民族自決主義派和社會主義派的正式交鋒及分離，而文協也由連溫卿派所完全掌握，至此向來以從事民族主義之文化啟蒙運動的文協，轉換為階級鬥爭的團體。

　　1927 年文協的改組，在臺灣民族、文化運動史上，是左右分流的轉變年代，如同中國大陸國民黨內共產主義與三民主義的分裂一樣，文協內部左派以階段鬥爭為立足點，而民眾黨則訴求於民族的解放運動。文協右派是林獻堂、蔡培火、蔣渭水等舊文協份子，左派則為連溫卿、王敏川及無產階級激進青年一派的所謂新文協份子，其左右之爭其實所彰顯的，即為共產主義與民族主義、階級鬥爭和民族運動的分流。

　　臨時總會後的新文協，擬定了新綱領與新政策，對蔣渭水、蔡培火等舊幹部派展開鬥爭到底的決心，也使得舊幹部萌生退會之念頭，終於在 1927 年 7 月 10 日，成立了「臺灣民眾黨」。10 月 1 日，所有舊幹部派更聯名向文協中央委員會送出退會書，至此與文協完全脫離關係。

四、臺灣民眾黨

　　文協臨時總會民族主義派的失勢後，逼使右派的舊幹部派重新思考政治結社的必要性。1927 年 2 月 10、11 兩天，遂有在霧峰林獻堂處邀集林幼春、蔡年亨、林呈祿、蔡培火、蔣渭水等舊幹部，共同商議組織政治結社，此即「臺灣自治會」的由來。

　　其綱領主張在政治上實施自治主義；在經濟上主張臺灣人全體之利益，尤特別以合法的手段擁護無產階級之利益。唯此簡要綱領甫一披

露，竟遭統治當局以該案「明示殖民地自治主義，違反本島統治的根本精神」為由而禁止，「臺灣自治會」尚未成立即胎死腹中。

事後，蔣渭水不服，擬改名為「臺灣同盟會」，仍被臺北州警務部警告且禁止其活動。1927 年 5 月 3 日，蔣渭水、蔡培火、謝春木再會於林獻堂處，名稱改為「解放協會」，綱領改訂為「期實現臺灣人全體之政治的、經濟的、社會的解放」，刻意刪除「促進臺灣自治之實現」字眼，以免引起日警找麻煩。

8 日，文協舊幹部再度集會，針對名稱問題，最後通過了由葉榮鐘提議更改的「臺政革新會」。5 月 29 日，臺政革新會依既定計劃於臺中舉行正式成立大會，出席者 69 人，由蔡培火報告成立經過。會中王鐘麟提議將革新會改名為「臺灣民黨」，此案得到蔣渭水的支持獲得大會通過。「臺灣民黨」隨即宣佈誕生，入黨人數 186 人，會中選舉臨時委員 48 人，並推蔡式穀、蔡培火、蔣渭水、邱德金 4 人為臨時中央常務委員，會後並發表〈臺灣民黨宣言書〉。

然而「臺灣民黨」在由蔡培火向當局提出申請時，仍被當局依治安警察法命令禁止結社。在組黨過程倍受刁難之際，蔣渭水等人並不氣餒，6 月 7 日，再由謝春木前往警務局交涉，並改名為「臺灣民眾黨」，以求政治結社的順利組成。

6 月 17 日，組織政治結社磋商會於臺中市舉行，出席者有蔡培火、蔣渭水、邱德金、黃旺成、王鐘麟、謝春木、黃三朋、陳宗惠、鄭石為、藍振德、彭華英、陳逢源、陳瓊玖、莊垂勝、葉榮鐘、呂季園、廖進平、王錐、吳淮水、陳炘、李應章、林伯廷、洪元煌等人。7 月 10 日，臺灣民眾黨在千辛萬苦之下，終於在臺中市聚英樓舉行創黨大會，黨員有 165 人，出席者 62 人，決議暫以籌備委員為臨時委員，同時發表〈臺灣民眾黨宣言〉。

該宣言強調：「臺灣政治改革上，政治結社的必要性，係我同志年來的主張。我等本日參加臺灣民黨之組織，其理由在此。該黨不幸被

認為民族主義的團體，而遭禁止，實屬遺憾。但是臺灣的社會必須有政治結社之原因，今日依然存在，是故非再組織新結社不可，乃係當然的歸結。此即我等計劃創本黨之原因。本黨之目的在於提高臺灣人民之政治的地位，安固其經濟的基礎，改善其社會的生活。」言簡意賅的道出其成立所遭遇的一波三折，及創黨之目的。

臺灣民眾黨的綱領則為：「本黨以確立民本政治，建設合理的經濟組織及改除社會制度之缺陷為綱領」。9 月 16 日，臺灣民眾黨選出中央委員和中央常務委員，正式展開臺灣總督府當局所指斥的「民族主義」運動，而文協也正式完全分裂；新文協與臺灣民眾黨也自此在臺灣的民族抗日運動上，分道揚鑣各自發展，甚至相互對立彼此攻訐。

臺灣民眾黨成立後，旋即由政策推衍出其抗日鬥爭戰術，它常定時或不定時舉辦演講活動或民眾大會，藉此將其政策與具體的政治現象連結起來，廣向民眾宣傳其政策及綱領，由此將民眾導入抗日鬥爭的民族運動行列中。

另外，它亦為民喉舌，將民眾的要求，藉電報、建議書、請願書、聲明書等方式，隨時向有關方面提出，以表達民意。此外，利用問題的個別性質，將各有關團體引入抗日鬥爭圈內；且在群眾裡頭善於組織各種團體，再透過這些團體，灌輸宣導民眾黨的政治主張和主義。

基本上，民眾黨的這種機動抗日策略頗為奏效，雖然民眾黨的大聲疾呼，當政者依然我行我素。但民眾黨不時的揭發日帝暴政，使臺灣民眾明白當前之政治，而促其自覺，然後再將民眾導入自求解放的民族運動內，使臺灣民族運動日益茁壯。而民眾黨藉其不斷揭發日帝陰謀，使當局知所收斂，不致太虐民以逞，這些均為民眾黨存在之意義及貢獻。

臺灣民眾黨成立後，於其政策上明示：「要求州市街庄自治機關之民選及付與決議權」，故民眾黨創黨後，隨即致力於此，且為後來「臺灣地方自治聯盟」跨黨之藉口。民眾黨首先擬定〈關於臺灣現行的

州市街庄制改革大綱〉，於 1928 年 4 月 14 日，民眾黨第二次中央委員會通過，並決定向總督府提出地方自治改革建議，同時，並在全島各地召開地方自治改革講演會。

6 月 20 日，民眾黨派代表蔡式穀、蔣渭水、陳其昌三人往訪總督，提交〈地方自治完成建議書〉，該建議書要點為將州市街庄議會改為州街庄會、以州市街庄會為議決機關和改市尹為市長、市街庄長由市街庄會選舉等。

上述訴求可謂臺灣民眾黨為確立民本政治，為建立臺灣地方自治所作的努力。此外，對土地政策及殖民地官吏加俸廢止問題，民眾黨也為臺灣民眾發聲，拍電向日本內閣首相及大藏、拓務兩大臣，表達臺灣人抗議之立場。

此外，對侮辱臺灣人尊嚴的「始政紀念日」活動或戕害臺灣人身心的「鴉片新政策」，民眾黨均持反對抗爭到底的態度，給統治當局帶來不少的壓力。尤其鴉片問題，民眾黨甚至直接控訴於日內瓦國際聯盟本部，引起國際間注意到日本在臺灣的新鴉片政策之不當，使總督府臉上無光，在臺日人狼狽不堪。

當然，民眾黨最成功的是於 1928 年 2 月 2 日，根據「扶助農工團體之發達」的指導原則，決議創設「臺灣工友總聯盟」，並於 2 月 19 日正式成立於臺北，計參加團體 29 個，會員總數 6367 人。工友總聯盟係民眾黨一手創造的，更確切的講是由蔣渭水一人所主導，唯因民眾黨自始即以農工階級利益為出發點，並致力於其解放。因此，工友總聯盟的茁壯成長，後來反而左右了民眾黨，成了分裂民眾黨的潛在因子。

五、臺灣民眾黨的內訌與解散

基本上，臺灣民眾黨成立伊始，即存在著蔣渭水與蔡培火兩派的鬥爭，原因為蔡培火一派主張溫和的民族自決，專注於啟發島民思想，

以殖民地自決為其目標。而蔣渭水派因受中國革命運動的影響，主張團結臺灣人，聯合民族運動及階級運動，與世界諸弱小民族，及無產者合作相互提攜，和帝國主義鬥爭，以期實現殖民地的自求解放。兩派如此南轅北轍的訴求，同處於民眾黨內，分裂已屬不可免。

就在民眾黨成立大會上，因蔣渭水的參加問題，蔣、蔡二人引起了激烈的衝突，成了日後民眾黨時起內訌的導因，所幸因林獻堂的威信，雙方尚能維持表面的和諧。然黨內妥協的態度，一方助長了蔣派的氣勢；另一方則使蔡派態度轉趨消極。

到了「工友總聯盟」成立後，因蔣渭水控制著工友總聯盟，在民眾黨內勢力更加膨脹，而民眾黨的領導權，亦逐漸落入蔣派手中，相對的蔡派的牽制力日益削弱。而黨內訌之結果，終於演變成彭華英辭職，地方自治聯盟跨黨，兩派最終攤牌的不幸結果。蔡培火一派，於 1930 年 8 月 17 日，假臺中市成立了「臺灣地方自治聯盟」，自此完全脫離了臺灣民眾黨。

臺灣地方自治聯盟成立後，不少民眾黨內部蔡派人員跨黨參加，對此日益嚴重事態，民眾黨於 1930 年 9 月 4 日在高雄召開第十二次中執會討論，決定給予跨黨份子兩週緩衝期決定。但事情並未好轉，不得已乃在 10 月 1 日的中常會，決定開除蔡培火、陳逢源、洪元煌等 16 名跨黨份子，其後，重量級的林獻堂也憤而退黨。蔡派的退出民眾黨，對蔣渭水刺激頗深，覺得有必要改組民眾黨，但蔣渭水的改組提案，雖通過於民眾黨，卻受制於陳旺成、韓石泉等地方支部，他們主張維持原案，否則將清算改組的民眾黨，甚至不排除重組勞農黨。

至此，民眾黨內部，又形成地方與中央對抗的兩股勢力，該兩股勢力，在該黨的第四、五次大會上又展開一番激戰。1931 年 2 月 18 日，臺灣民眾黨在臺北本部，召開該黨重要的第四、五次全島黨員大會。蔣、陳二派在此大會上，展開唇槍舌劍。

基本上，雙方對戰的焦點，仍鎖在蔣渭水主張民眾黨的運動，不

單只是為資產階級獲得政權,而是為廣大的工農群眾無產階級,及受壓迫的階級獲得政權才是。而韓石泉、陳旺成則反對蔣渭水的激進主張,甚至要將民眾黨變成無產的黨,渠仍舊強調先民族革命、全民運動,再來談階級運動。

就在雙方激辯之時,大批日警出現,以「政治結社臺灣民眾黨,依治安警察法第八條第二項之規定,本日起,即由臺灣總督府,勒令禁止之」,而予以解散。也因此,結束了臺灣民眾黨改組所引發的意見衝突。此一臺灣史上第一個光輝苦鬥的政黨,在此悲壯的情況下被迫走入歷史,從而也使臺灣的民族運動,逐漸進入尾聲⋯⋯。

六、臺灣民眾黨之意義

臺灣民眾黨成立,雖不滿四載即遭解散,但它的存在,實有其特殊意義,它代表著臺灣知識份子的心聲和臺灣人的願望,欲團結全島島民與日本當局抗爭,激發臺灣人的民族意識,為臺灣民族運動,提出明確方向。尤其,在揭發統治當局暴政弊端上,更時時給予打擊,因而,招致總督當政者之忌恨,最後予以解散。

然,無論如何,臺灣民眾黨在臺灣民族運動史上,仍具有深遠意義。研究民眾黨史的簡炯仁以為:它係一具有現代化的政黨,有嚴密的組織及進步的觀念,其次,在訓練民眾上,它是一個有思想、有組織的政治團體,予臺灣同胞政治教育上貢獻良多。最後,它為臺灣民族運動提出了一個正確的方向。

蔣渭水晚期的階級鬥爭主張非常激烈,其目的乃在於,更有效的發揮民族運動的實效,因蔣渭水始終堅信,只有以農工階級為基礎的民族運動,才是殖民地自求解放的正確方向。而這點訴求,確能命中日帝要害,才遭致取締命運;而其主張,雖為個人帶來毀譽參半的評價,但卻提示臺灣民族運動真正的方向。

七、臺灣共產黨成立前之背景

　　第一次世界大戰後，民族主義意識高漲，留日臺灣學生，亦紛紛投入政治運動，成立了「臺灣青年會」，發行《臺灣青年》雜誌。其後，當社會主義盛行於日本之際，臺灣青年會不少學生均受其影響，主要人物有許乃昌、楊貴、楊雲萍、商滿生、高天成、林朝宗等，這些人皆為以後臺灣社會主義和共產主義的先驅人物。

　　另外，20 世紀初期，社會主義思潮開始傳入日本，蘇聯「十月革命」後，馬列主義更風靡東洋，也影響到臺灣留日學生。彭華英為最早接受社會主義思潮的臺灣留日學生，他曾參加「日本社會主義同盟」，並曾在《臺灣青年》發表討論社會主義的文章。他特別和朝鮮及中國左翼份子關係密切，在日警監視下，後來前往上海，繼續推行共產主義活動。

　　彭華英在上海，與從臺灣去上海的蔡惠如合作，兩人在學生群眾中，極力發展臺灣人的民族主義運動，並於 1923 年 10 月，在上海成立「上海臺灣青年會」，此會日後在臺灣的共產運動中，扮演了重要角色。除彭華英外，許乃昌與謝廉清二人，曾在 1924 年由鮑羅廷（Mikhail Borodi, 1884-1951）保送至莫斯科受訓，東返後開始在臺灣發展共產主義運動。

　　當時，在中共大本營的上海大學，更是聚集不少以後臺共要角，如蔡孝乾、謝雪紅、林木順等臺灣人就讀。為整合在上海的臺灣左翼青年力量，彭華英和蔡孝乾，組成了「上海臺灣學生聯合會」。此會成了當時上海臺灣左翼青年學生的最大組織，有不少左翼臺灣人紛紛加入，對於在中國發展臺灣共產主義運動又向前邁進一步。

　　1926 年，謝雪紅與林木順經中共推薦，遠赴莫斯科留學，入「東方共產主義勞動大學」就讀，1927 年底，接受第三國際指令，在日共指導下積極發展臺灣的共產主義運動，但返回上海後，因國共關係生

變，上海已不能久留，在與臺北去的翁澤生取得聯繫後，連袂悄然回臺。

1927 年底，他們組成「臺灣讀書會」，參加者都是臺灣學生聯合會的左傾份子，包括江水得、陳粗皮、陳美玉、張茂良、劉守鴻、楊金泉、林松水等人，他們開始研究共產主義，1928 年更發行《屋內刊》刊物，以會員及同情者為發送對象，讀書會逐漸推展活動，及謝、林、翁等 3 名臺共的組黨者，為未來臺共的建黨，奠下堅實的基礎。

至於「北京臺灣青年會」在謝廉清、謝文達的努力下，大多數青年會會員都傾向共產主義。「廣東臺灣革命青年團」亦團結一批臺灣左傾學生，如林文騰、張深切、郭德金等，這些青春飛揚的左傾青年，以後在臺灣共產主義運動中也都扮演了舉足輕重的角色。

換言之，在臺灣共產黨未正式成立前，在日本與中國的臺灣留學生，因受日共及中共之影響，早已心向共產主義，甚至已開始從事共產主義活動，他們為未來的臺共，不僅儲備了優秀的人才，更帶來了建黨的理論基礎。

八、臺灣的共產主義運動

其實在臺共建黨前，臺灣島內早已瀰漫著共產主義的氣息，1921 年，彭華英首先在《臺灣青年》發表社會主義文章。同年文化協會成立時，臺灣已有研究馬克思主義的讀書會。文協成立後，會員與留學日本、中國的臺灣學生時有聯繫，而臺灣留學生亦透過文協，將共產主義思潮帶回臺灣，進而影響臺灣青年。如連溫卿在彭華英、謝文達影響下，思想逐漸傾向社會主義。

蔣渭水因崇拜孫中山，很關切中國革命發展情形，在孫中山晚年「聯俄容共」政策刺激下，亦對共產主義發生興趣，而透過這些臺灣精英份子的關係，使得共產主義在臺灣知識份子中發揮了更大的影響力。

　　1923 年 7 月，連溫卿、謝文達、蔣渭水、石煥長、蔡式穀在臺中成立了「社會問題研究會」，後因總督府禁止而胎死腹中。翁澤生欲成立「臺北青年會」，也遭到總督府的制止，只能組織「臺灣青年體育會」及「臺北青年讀書會」繼續展開活動。此二會常進行有關社會問題的研究活動、討論各種思潮，為推展共產主義做準備工作，逐漸成為一「無產青年」的團體。

　　「無產青年」團體在 1924 年至 1925 年間，因靈魂人物之一的連溫卿醉心於日本山川均的共產主義，曾一度大為宣傳「山川主義」。1925 年開始籌備列寧紀念會，5 月又準備舉辦勞動節示威遊行，遭日警取締未果，譴責日人慶祝「始政紀念日」。

　　1926 年底「臺灣黑色青年聯盟」成立，眾多無產青年加入此組織，其中以王萬得、洪朝宗、王詩琅、蔡孝乾為主。1927 年，此聯盟遭逮捕解散，時共產主義方興，黑色聯盟會員因而轉向臺共。1927 年文協發生分裂後，左右派各自轉向，以文協舊幹部為主的右翼成立了「臺灣民眾黨」，左翼勢力則投入日漸激烈的工農運動，為以後的臺灣共產黨先行鋪路。

　　當時，在新文協內部，有一部分信仰無產階級運動青年，他們逐漸不滿連溫卿所領導的新文協，僅局限於民族主義的啟蒙運動，因此在臨時大會中修改了文協的活動方向，使文協蛻變成一無產階級的文化組織。改組後的新文協常鼓動工人向資本家鬥爭，爭取權益，並積極介入無產階級鬥爭的活動。而與此同時，農民組合的馬克思主義化，簡吉與趙港的宣揚階級鬥爭的必要性，呼籲農民對資本主義和地主展開強烈鬥爭，將農民運動帶到最高潮。易言之，文協與農組的左傾，可說構成臺共發展史上，最具關鍵性的一頁。

九、臺灣共產黨之成立及其政治主張

　　1927 年底，謝雪紅與林木順結束了莫斯科的訓練課程，攜帶第三國際要渠發展臺灣共產主義運動及服從日共領導的指令，返回上海，同時也和中共黨員翁澤生取得聯繫，積極籌備在上海組織臺共事宜。1928年 3 月初，謝、林、翁組成建黨籌備委員會，先行作業提出大會討論的綱領及各項決議草案。4 月 13 日，在中共代表彭榮建議下，先行召開「臺灣共產主義者積極分子大會」作為臺共建黨的籌備會議，該次會議參加者，有彭榮、林木順、謝雪紅、翁澤生、陳來旺、林日高、潘欽信及張茂良、劉守鴻、楊金泉等。

　　15 日，臺灣共產黨在上海法租界一家照相館二樓正式成立，參加者除中共代表彭榮和朝鮮代表呂運亨外，臺灣人為謝雪紅、林木順、翁澤生、潘欽信、陳來旺、林日高、張茂良等人。大會審查通過〈政治大綱〉和〈組織大綱〉，並選出 5 位中央委員，及兩位候補中央委員。中央委員是林木順、林日高、莊春火、洪朝宗、蔡孝乾；候選委員為謝雪紅和翁澤生。臺共的革命路線涉及的是臺灣殖民地解放的策略，它並非中國和日本革命的一部分。

　　在黨的〈組織大綱〉即言：「臺灣共產黨是以第三國際的支部日本共產黨之下的一個民族支部而組織成的，因此，必須遵守日本共產黨執行委員會的指令。此即臺灣共產黨，將透過日本共產黨，去履行它，作為世界無產階級革命一支隊的任務」。因此，臺共係依靠日共協助，在第三國際指揮下，組成日共的一個民族支部。

　　在政治方針上，臺共提出相當前進的主張，打倒總督專制政治和日本帝國主義，臺灣人民獨立萬歲，建立臺灣共和國；廢除壓制工農惡法、土地歸與貧農、爭取罷工、集會、言論、出版等自由等。臺共成立後，旋即派遣工作同志，進入左翼工會，建立黨的領導地位，以便儘速成立臺灣總工會，作為統一戰線的基層組織。

在農民運動上，臺共強調民主革命的主要社會成分，是農民革命的實現，也就是，要消滅封建勢力，解決土地問題。換句話說，在民主革命的階段中，應該將封建地主的土地充公，並分配給農民。事實上，臺共最終的目標，是要求土地的國有化，即土地屬於蘇維埃農民所有，做法是完全廢除土地私有制，達到土地社會化之目標。

在青年運動上，宜重整青年組織，準備全島性的聯盟，發展學生運動，擴大與中國、日本各地青年運動之聯繫。此外並成立「赤色救援會」，隨時支援島內的社會運動。

十、臺灣共產黨之內訌和瓦解

整體而言，臺共成立伊始，即存在著兩個對立陣營：一派是以翁澤生馬首是瞻的多數派；另一派則以謝雪紅、林木順為代表，包括來自東京的陳來旺，為日共指定的領導人。簡言之，存在於臺共內部，有中共派與日共派兩股敵對勢力，隨著臺共的發展，兩派之較勁，亦隨之升高。

先是上海臺灣讀書會左翼臺灣學生，遭到日警逮捕，張茂良、楊金泉、林松水、劉守鴻、謝雪紅被捕，對臺共打擊甚大。其後，謝雪紅獲釋返臺，在臺中重整臺共旗鼓，加入文協與農組，尋找幹部並與黨員恢復聯繫。1928 年 11 月，謝雪紅召集林日高等人在家舉行中央委員會委員會議，推林日高為臺共書記長，然黨的大權實際掌握在謝手中。

1929 年，謝雪紅與楊克培開設「國際書店」，藉機販售左派刊物及宣揚左派思想。在日警嚴厲監視下，新的中央委員會為了生存，隱蔽起來，而利用文協和農組，來強化黨的影響力。臺共勢力，逐漸滲入農組，終於引起日本起疑，逮捕了農組領袖簡吉、楊春松、陳德興、顏石吉、侯朝宗等人，此大規模的逮捕行動，又是對臺共與左翼運動致命一擊。

　　臺共中央委員會當時由謝雪紅、林日高、莊春火組成，空有領導機關，缺乏堅實組織，也沒幾個黨員。但其後蘇新、蕭來福、莊守、王萬得、吳拱照、劉守鴻等相繼歸隊，文協與農組也不少成員入黨，使得黨員數目增加，也增進其影響力。1929 年世界經濟蕭條，各地無產階級運動進展快速，這種情勢大大有利於臺共的發展。

　　臺共首先在農組頗有斬獲，後來文協連溫卿派失勢，文協的領導權，亦逐漸落入其手，而利用讀書會控制青年會組織，更是遍及全島。而為了確保黨的發展，臺共對於右翼團體，如臺灣民眾黨，或臺灣地方自治聯盟，更是展開尖銳的批判和反對。但臺共在會員激增，活動日強之際，黨內的紛擾亦同時發難。激進的年輕黨員不滿黨的領導力，對黨中央逐漸不信任，謝雪紅成了眾矢之的。

　　為解決問題，1930 年 10 月 27 日，謝雪紅與王萬得召開「松山會議」，重新擬定黨的路線，在會中，年輕激進黨員砲轟黨中央，謝雪紅被削弱了領導權。1931 年 1 月 27 日，蘇新、蕭來福、趙港、陳德興、王萬得等則組成了「改革同盟」抨擊謝雪紅，列舉黨內機會主義者的各種錯誤，並奪回農組的控制權，謝雪紅幾乎以叛徒反動份子被掃出臺共。

　　1931 年 5 月 31 日至 6 月 2 日以王萬得為首的臺共在臺北八里召開了黨的臨時代表大會，代表第三國際的潘欽信報告，改革的主要方針是清除黨內「小資產階級」成分，糾正機會主義者之錯誤，要在農工大眾中吸收黨員，堅固黨的無產階級屬性。大會並決定解散「改革同盟」及開除謝雪紅、楊克煌、楊克培等人，選出新的中央委員潘欽信、蘇新、顏石吉、劉守鴻、王萬得等，象徵臺共內部「激進分子」和第三國際之勝利。

　　但自從「改革同盟」成立後，臺共激進的少壯派即積極投入工作，準備成立臺灣礦山工會、運輸工會以及印刷業工會。他們在鐵路部高雄廠建立支部，重組北部地區的礦業工人，同時領導工人從事罷工，

擴展黨的影響力。

　　臺共臨時大會重新改組後，黨中央面目一新朝氣蓬勃，工作路線也隨之急轉彎，由過去的「關門機會主義」一變而為「開門急進主義」。因此，工農運動迅速發展，工人階層普遍建立黨的支部，文協與農組的領導權亦落入其中，這段時期堪稱是臺共的「黃金時代」。

　　有鑒於臺共活動日趨頻繁，也逐漸引起日警注意，從 1931 年始，展開了對臺共的逮捕行動。是年 6、7 月間，在這波全島的大逮捕中，臺共主要領導人紛紛落網，有謝雪紅、楊克培、王萬得、蕭來福、潘欽信、簡娥、莊春火、顏石吉、莊守、劉守鴻、蘇新等無一倖免。共計這次行動，逮捕了 107 名臺共之多。可說整個臺共中央，幾乎遭破壞殆盡，元氣大傷。

　　其後，若干逃脫的臺共幹部，仍思重建黨中央，包括蘇新、劉周等其他左翼組織成員。但在日警嚴屬逮捕監控下，蘇新等人重被捕獲，重建黨中央希望，為之破滅。劫後餘生的臺共曾以文協和農組為基礎，組織「赤色救援會」，以 10 人為一班，5 班為一隊的形式進行黨之重建，也曾組織農民進行武裝暴動，藉以推翻日本統治。但在日本當局強力掃蕩壓制下，1931 年 9 月後，臺共組織，基本上可謂完全覆滅。

　　平情言之，臺共之覆滅存在幾個先天無法解決的問題，除了總督府當局強力掃蕩鎮壓外，臺灣當時社會階級的基礎尚薄弱，農工意識未完全覺醒，兼以指導的第三國際內部派系傾軋指揮失當，臺灣共產主義運動，時常因外力的干預而引起內訌甚至分裂，造成組織上的致命缺點，凡此種種，均是臺共覆滅的因素。

　　總的來說，臺共在臺灣史上，它是一部具有顛覆性但缺乏群眾基礎的政治組織和運動，在其存在的短暫歲月中，並無機會去實現它的目標——臺灣共和國的建立，以及因馬克思主義對臺灣社會、經濟進行全面的改組與重新分配，但它留給臺灣歷史豐富的政治資產，卻頗令吾人

至今咀嚼再三。

十一、左右之爭的評價

　　基本上，1920 年代到 1930 年代，臺灣的非武裝抗日行動，可說是明暗兩股潮流，互相激盪而成的。明的方面，是由臺灣議會期成同盟、臺灣文化協會、臺灣民眾黨、臺灣地方自治聯盟為主軸，一脈相承而來。這股右翼的民族運動，具有非常明顯的改良主義色彩，它訴求於合法溫和的體制內改革行動，希望達成臺灣民族運動改革之目標。

　　而另一股暗潮，則以社會主義思想的傳播，以及農工運動為中心，訴求農工群眾為基礎的左翼政治運動，其終極目標乃在透過革命的手段，去推翻資產階級和帝國主義的統治，完成無產階級自求解放的理想。

　　這兩股左右政治勢力的抗爭，其實對象都是在反抗日本帝國主義的統治，不同的只是，手段方法策略的歧異罷了。唯可惜的是，因為分裂為左右兩股力量，而又彼此不能團結一致，甚至相互攻擊掣肘，分散了抗日的力量，且被各個擊破瓦解，這不能不說是，臺灣人好鬥、但又不團結的民族劣根性之使然。然無論如何，它們還是為那段臺灣歷史，創造了輝煌的篇章，而其失敗，也足可讓吾人有所警醒借鏡。

參考書目

王詩琅譯註，《臺灣社會運動史——文化運動》（臺北：稻鄉版，民國84 年 11 月初版）。

王曉波編，《臺灣的殖民地傷痕新編》（臺北：海峽學術出版社，2002年 8 月初版）。

史明，《臺灣人四百年史》（美國聖荷西：蓬島文化公司，1980 年）。

林柏維，《臺灣文化協會滄桑》（臺北：臺原出版社發行，1993 年）。

林國章，《民族主義與臺灣抗日運動：1895-1945》（臺北：海峽學術出版社，2004 年 6 月出版）。

《陳逢源先生紀念集》（出版者不詳，民國 72 年）。

連溫卿，《臺灣政治運動史》（臺北：稻鄉版，民國 77 年）。

翁佳音譯註，《臺灣社會運動史──勞工運動、右派運動》（臺北：稻鄉版，民國 81 年 2 月初版）。

陳芳明，《謝雪紅評傳》（臺北：前衛版，1991 年 7 月出版）。

黃煌雄，《蔣渭水傳──臺灣的先知先覺者》（臺北：前衛版，1992 年 12 月初版）。

黃煌雄，《臺灣抗日史話》（臺北：前衛版，1992 年 12 月初版）。

黃師樵，〈蔣渭水及其政治運動〉，《臺北文物》第 3 卷第 1 期（民國 43 年 5 月）。

張正昌，《林獻堂與臺灣民族運動》（臺北：國立臺灣師範大學歷史研究所碩士論文，民國 69 年）。

楊碧川，《日據時代臺灣人反抗史》（臺北：稻鄉版，民國 77 年 11 月初版）。

楊肇嘉，《楊肇嘉回憶錄》（臺北：三民版，民國 57 年 12 月）。

葉榮鐘、蔡培火、吳三連等著，《臺灣民族運動史》（臺北：自立版，民國 79 年 6 月 1 版 6 刷）。

葉榮鐘，《林獻堂先生紀念集》（臺北：文海版，民國 63 年 10 月出版）。

簡炯仁，《臺灣民眾黨》（臺北：稻鄉版，民國 80 年 12 月初版）。

簡炯仁，《臺灣共產主義運動史》（臺北：前衛版，1997 年 1 月初版）。

盧修一，《日據時代臺灣共產黨史》（臺北：前衛版，1990 年 5 月出版）。

韓石泉，《六十回憶》（臺南：作者自印，民國 45 年 11 月出版）。

2.3 日治時期臺灣人「祖國意識」的形成及其影響

一、異族殖民統治下所出現的巨大心理隔閡

日治時期，除了有現代化社會生活經驗的初體驗之外，在不少臺灣民眾的現實生活中，仍處處可以感受到和異族統治者不同的「祖國意識」。所以本書也對讀者提供一些當時的實際紀錄。

眾所皆知，自 1895 年，因中日甲午戰爭的戰敗，清廷被迫簽訂「馬關條約」，割讓臺灣澎湖予日本後，實際上，這場戰爭不僅決定中日兩國在東亞霸權地位的升降，更決定臺灣此後近百年的命運。

而當時臺灣在日本殖民的高壓統治下，很多臺灣人基於同文同種及對祖國文化的孺慕之情，很自然地，便將希望與情感寄託於對岸的原鄉「祖國」。

在當時從事民族運動的精神領袖，林獻堂的詩句，「祖國我欲乘風歸」，即是許多日治時期臺灣知識份子內渡大陸，希冀圓其原鄉之夢的最佳寫照。但有不少臺灣人甫踏上祖國的土地，就原鄉夢碎，失望而歸，尤其經歷光復初期的「劫收」經驗，更彷如大夢乍醒，如雷轟頂，這段苦戀悲情的「祖國意識」，形成近代臺灣精神史建構的重要部分。

二、「祖國意識」的形成與影響

事實上，一談到所謂臺灣人的「祖國意識」，可以說早自鄭氏王朝起，即有大批閩、粵移民蜂擁而至；到清領時期，漳、泉等地及潮汕地區的客家人，更絡繹於途往返於臺灣，並形成所謂的「唐山過臺灣」

之景象。這些移墾到臺灣來的漢人，因中國人濃郁的鄉土觀念，即便已定居臺灣在此間落地生根，但他們仍情繫祖國，將大陸視為他們的「原鄉」。但日本統治臺灣後，情況大變，臺灣人因反抗日本的殖民統治，故民族意識日益高漲，此為政治的原因。

另一方面，由於臺灣長期以來深受漢文化的影響，基於對漢文化之認同，所以認同漢文化所在地的中國，此乃文化因素所致。政治的原因，臺灣士紳葉榮鐘即坦誠說：「我們的祖國觀念和民族意識，無寧說是由日人歧視（當時叫做差別待遇）與欺凌壓迫激發出來的。……他們的欺凌壓迫，使我們對祖國發生強烈的向心力，正像小孩子被人欺負時會自然而然地哭叫母親一樣。」

祖國是臺灣的母親，葉榮鐘深情的渴望。雖然日治時期甚多知識份子像葉榮鐘般的想念祖國母親，但他們有很多卻從未踏足祖國，他們對祖國只有觀念的想像並無實質之經驗。換言之，日治時期臺灣人對祖國的想望，不是實體的祖國，而是經由歷史文化鋪設而成的祖國。

葉榮鐘又說：「當我們抵抗日本人的壓迫時，日人一句共通的恫喝就是：『你們若不願意做日本國民，返回支那去好了』。緣此，日本人的壓迫力愈大，臺人孺慕祖國的感情也就愈切。」葉榮鐘的回憶，充分說明臺灣人的「祖國意識」，很大的一部分是由日本人激發出來的。

與葉榮鐘同時代的臺灣客籍作家吳濁流也有相同的感受，吳濁流談到臺灣人的祖國愛，「眼不能見的祖國愛，固然只是觀念，但是卻非常微妙，經常像引力一樣吸引著我的心。正如離開了父母的孤兒思慕並不認識的父母一樣，那父母是怎樣的父母，是不去計較的。」吳濁流於此表現出對祖國的「戀母情結」，即使這母親並未謀面，他依然非理性的去摯愛認同她。

日治時期臺南鹽水醫生吳新榮亦如此，在中日戰爭期間，吳新榮在日記不諱言的表示怕漢民族被日本征服的憂心，他對戰局的擔心甚至表現在期待蔣介石能效法漢民族英雄的岳飛與鄭成功，能抵禦外侮復興

國家。由日治時期這些知名臺灣士紳的「祖國意識」，可以證明此意識之產生，相當程度是反映在對日本殖民統治反抗的基礎之上。

此外，文化心理的認同更是「祖國意識」形塑的另一重要因子。吳濁流在《無花果》書中曾明白說到：「臺灣人的祖國愛，所愛的決不是清朝，清朝是滿洲人的國，不是漢人的國。臺灣人的心底，存在著『漢』這個美麗而又偉大的祖國。」易言之，吳濁流所說的臺灣人的「祖國愛」，對象是歷史文化上的「漢族」，而非政治上的清朝與民國，但是這種文化認同的「祖國意識」，其實已隱含了與政治認同之間的混淆與矛盾。

在臺灣新文學的白話文之爭時，主張白話文足以作為「普及文化之急先鋒」的黃呈聰在其〈論普及白話文的新使命〉文中亦談到：「臺灣的文化，從前也是由中國的文化而來，……中國就是我們的祖國，我們未歸日本以前是構成中國的一部分，……若就文化而論，中國是母我們是子，……我們同胞已經學過了多少漢文的人很多，常常愛看中國的白話小說，將這個精神引到看現在中國新刊的各種科學和思想的書，就可以增長我們的見識了。」

由這段引文可知，黃呈聰主張普及白話文一重要因素，乃在於：他認為中國與臺灣在歷史與文化上，具有同文同種的淵源，同時他對中國有一份特殊的「祖國意識」之孺慕情懷，此種歷史文化情感並非黃呈聰所獨具，在當時臺灣知識份子間，可謂非常普遍。

當然「祖國意識」對臺灣，亦有影響深遠的一面。因為 1920 年代，是個民族自決，民主自由的年代。而在此時，中國內部又爆發了「五四運動」和新文化運動。1921 年更有中國共產黨成立，主張無產階級革命。1925 年，也有「五卅慘案」發生。這些直接和間接，都對臺灣民眾產生了一定的影響。

三、「祖國意識」之破滅與轉變

　　基本上，日治時期臺灣知識份子的祖國意識，某種程度只是自己「精神內化」的一廂情願之憧憬想像，所以只能算是一種抽象的心理建構，其中並無具體的基礎存在。然而此種沒有實存基礎的祖國意識，一旦親身體驗，理想與現實巨大的落差，往往使他們原鄉夢碎悵然若失。

　　吳濁流於中日戰爭期間，短暫任職於大陸，其親身經驗與感受，頗具代表性。他在上海所看到的是，上海儼然是列強榨取中國的中樞，很多銀行、會社，高樓林立，建築也很豪華，住在租界的外國人，妄自尊大，其旁若無人，更令人憤慨。所以，他只觀察幾天，就使他深感「做一個中國人的悲慘，洪水般的野雞，乞丐的奔流，都是為求生存的人們的可憐影子。」

　　在《臺灣連翹》書中，吳濁流又提到，「當我憧憬著那四百餘州廣闊無際的土地上，為著自由而遠涉大陸，沒有想到原來中國大陸上也是屬於日本人的天下，因為在這兒也聞不到些微的自由氣息。像上海、南京，戰爭早已過了四年的時間，可是街道上卻清晰地遺留著戰爭殘骸的陰暗影子。街頭上，那些成群的乞丐們、失業遊民、野雞（娼妓）群、人力車群，彷彿洪水一般洶湧著。」

　　「我以為只要能夠走出臺灣，就和飛出籠中的鳥一樣自由，可是現在的大陸，竟和臺灣一樣，背後有日本憲兵的眼睛在閃爍。同時，在中國人這一邊，又把臺灣人視為日本間諜而不予信賴，處在這種境遇之下的臺灣人，決不願把自己的身分表露出來，往往說自己是福建人或廣東人，而在臺灣人同志之間卻用『蕃薯仔』這隱語。」

　　本來夢想美好的原鄉，在初踏上祖國的一剎那，換來的卻是，「做一個中國的悲慘」，這種心靈情緒的撞擊之大，不言可諭。吳濁流所感受到「理想中國」與「現實中國」的落差，正是日治時代諸多臺灣知識份子的共同經驗。例如彭明敏在《自由的滋味》回憶錄上也記載他

第一次到祖國旅遊，趁機將大陸與臺灣作一番簡單的比較。他說：「他們對中國的廣大，印象深刻，對祖先的土地，也感到有些鄉愁，不過，就社會發展、工業化、教育和公共衛生方面來說，他們覺得比起臺灣，中國還有許多有待改善的。」

總之，中國的落後髒亂，貪污腐化，表裡不一，毫無法治觀念，不守規矩，是使得甚多已接受日本教育，擁有近代西方觀念的臺灣知識份子，初臨祖國所共同的疑惑，「這就是祖國嗎？」臺灣人在實地的走訪祖國後，所產生的心靈失落感，在他們的「祖國意識」上，打了一個相當大的問號（？）。

臺灣人的「祖國意識」在光復初期，尤其「228 事件」後有了劇烈的轉變，那是徹頭徹尾的破滅了。1945 年 8 月 15 日臺灣光復，這真是「喜離淒風苦雨景，快睹青天白日旗」。全臺人心振奮，喜極而泣，臺灣終於要回歸祖國的懷抱。臺灣人渴望這一刻的到來，已經盼了五十年，在「忍辱包羞五十年」後，今後要展開的是，趕快有效的結合全體臺灣人，來建設臺灣，時在天津的吳三連，作如是想。

「228」期間率領「二七部隊」與祖國對抗的鍾逸人，當臺灣光復時，可以花 50 元買青天白日旗，其後參加「三民主義青年團」，積極渴望實踐重建臺灣振興祖國的理想，但為何最後會走上與祖國對抗的路呢？這不是特例，而是祖國太傷臺灣人的心了。臺灣光復後，國府來臺官員的貪污腐敗，吳三連說的「五子登科」（金子、位子、房子、女子、車子）統統都要，接收變成了「劫收」，臺灣人的「祖國意識」隨之幻滅。而官僚體制的陳儀行政長官公署，能否代表所謂的祖國，也讓臺灣人的「祖國意識」開始從現實中覺醒，並對祖國產生困惑。

更不解的是，祖國與日本統治沒有兩樣，都對臺灣人歧視。吳濁流對此有很深痛的描述，「政府和黨都完全不信任臺灣人，與日本時代一樣，政府機關的上層部分，由外省人取代了日本人，而臺灣人依然是龍套角色。」國府的腐敗，加速了臺灣人「祖國意識」的破滅，更增長

了臺灣人對祖國的疏離感，而原本積壓已久的疏離感，最終形成了吳濁流所說的「亞細亞的孤兒」情結。

「228」屠殺鎮壓之後，最大的後遺症是臺灣人從此不再信任祖國，甚至轉而痛恨敵視祖國，不僅「祖國意識」早已消逝不返，且仇恨情結一直延續至今，這當然也包括政府遷臺後，政治上的專制獨裁統治與五〇年代清鄉的白色恐怖有關。

總之，日治時代許多臺灣知識份子之所以將中國大陸視為他們的「祖國」，其原因，一方面是由於日本殖民政策的壓迫所致，對異族統治的反彈不滿所激起；另一因素是臺灣知識份子，於日治時期原本即有相當強烈的中國文化認同感，他們將中國大陸視為漢文化及歷史的精神原鄉。

職是之故，這種「祖國意識」是將臺灣與中國大陸視為共同一體的有機文化整體。存在於日治時代臺灣知識份子精神世界裡的「祖國意識」，基本上是一種「集體記憶」的「文化祖國」觀，他們認為祖國文化是一種歷史的共業，而這種共業是以對漢文化的認同為其基礎。這種「集體記憶」是由他們的生活經驗與日本人的殖民壓迫所建構的。這段歷史經驗顯示，日治時期臺灣人「祖國意識」的源起是夾雜著「政治認同」與「文化認同」的心理作用，二者之間實存有交互影響的複雜關係。

臺灣人「祖國意識」心理的起落，吾人亦可從歷史解釋的視角來論證。以中國言，近百年來的經歷，是一連串喪權辱國的屈辱史。歷史的悲劇命運與民族的苦難，使得中國渴望國富民強的民族主義情緒，特別高漲。而此一情結，迄今仍是構成當前大陸政治文化的重要組成部份。但也因為長期處在渴望中國強大的政治心理下，使得中國大陸，較難理解現代社會，個人生命的尊嚴、基本人權之維護、與民主自由等普世價值的追求，是置於國家認同之上的思想方式。

反觀自 1895 年後，隨著「馬關條約」臺灣的割讓給日本，自此臺

灣與中國大陸分道揚鑣，走向不同的歷史道路。日本領臺五十年，雖然實施殖民統治，臺灣同胞於這半世紀中，亦不甘心接受日本異族之統治，所以爆發了多起武裝抗日義舉，也曾長期從事非武裝的政治運動。

但憑良心講，若從歷史角度視之，日本治臺的這五十年間（1895-1945），卻是日本使臺灣從傳統封建社會轉化為近代開放社會的關鍵時期。日本殖民當局固然剝削壓榨臺灣，但日本人聰明，它是把臺灣當作一隻會下金雞蛋的金雞，因此其殖民統治策略迥異於荷蘭人的殺雞取卵，而是把這隻金雞供養的肥美壯碩，可以不斷的為其下蛋。

因此日本在統治時期，確實在臺灣積極從事了各種現代化的建設。而這些基層建設，在相當程度內奠定了臺灣邁向現代化的基礎。另外，日治時期於臺灣所推行的西化教育、法治思想的灌輸，也有助於臺灣人較易於接受近代西方的民主政治價值理念。

四、問題反思──如何看待這段經驗？

臺灣與大陸百年來，不同的歷史經驗，海峽兩岸人民，在長達一個世紀歷史的斷裂，而各自經歷絕然不同的歷史經驗，並從而塑造了不同的歷史意識，這是導源於雙方誤解隔閡的文化根源。

因此，海峽兩岸之交流，除了頻繁熱絡的經貿往來外，文化的交流，更是一刻不能緩。尤其對不同歷史經驗的體諒，以包容的胸襟，彼此分享，積極促進兩岸人民的了解，是緩和海峽兩岸目前緊張關係的重要途徑。

民族運動，以及因他而起的「祖國事件」（1936），或許正是日治時期，許多臺灣知識精英，「祖國意識」、「祖國情結」的取樣代表。即令在二○年代，已逐漸嶄露頭角的臺灣左翼運動，其運動組織過程，甚至於精神，仍與對岸的中國，聲氣相通。總之，儘管於日治時期，臺灣已多少有自己認同的「臺灣人」意識，但是祖國原鄉的影子，

仍不時縈繞在相當多臺灣人心中。

參考書目

王曉波，〈日據時期「臺灣派」的祖國意識〉，《臺灣史與臺灣人》
　　（臺北：東大版，民國 77 年 12 月初版）。

王曉波，《臺灣意識的歷史考察》（臺北：海峽學術出版社，2001 年 9
　　月初版）。

尹章義，〈「臺灣意識」的形成與發展：歷史的觀點〉，《「認同與國
　　家：近代中西歷史的比較」論文集》（臺北：中央研究院近代史
　　研究所發行，民國 83 年 6 月出版）。

尹章義，〈中國與臺灣的關係〉，《臺灣近代史論》（臺北：自立版，
　　1993 年 7 月 1 版）。

施敏輝編，《臺灣意識論戰選集》（臺北：前衛版，1990 年 3 月出
　　版）。

黃俊傑，《臺灣意識與臺灣文化》（臺北：正中版，2000 年 9 月初
　　版）。

陳昭瑛，《臺灣文學與本土化運動》（臺北：正中版，1998 年 4 月初
　　版）。

戴國煇，《臺灣結與中國結》（臺北：遠流版，1994 年 5 月初版）。

2.4　日治時期臺灣本土佛教的改造運動

一、日本殖民統治與臺灣佛教

　　二十世紀近百年來臺灣的佛教變革歷程，特別是二十世紀前半葉，曾歷經日本帝國主義的殖民統治，並受其近代化的深刻影響。

　　因此，瞭解其對臺灣本土佛教發展的巨大衝擊，或所帶來的重大變革，也是有其必要的。

　　此因，在近代亞洲發展史上，曾一度據有並實際殖民統治臺灣本土達五十年（1895-1945）之久的日本帝國政府，在其統治臺灣以前的本國發展，迄十九世紀中期爲止，雖以來自西鄰中國大陸「漢學」（包括儒釋道三教文化在內）的影響爲最大，然後才是近世歐洲荷蘭輸入的「蘭學」之重要洗禮。

　　但自甲午戰役之後，舉世便開始注意到，十九世紀中期以後的日本，已因其大量接受歐美西洋文明的洗禮，致使明治維新的績效大顯——不祇國勢強盛足以擊敗強鄰滿清帝國，並且社會文化的成就也同樣炫耀奪目，——於是隨著與中國清廷作戰的輝煌勝利，一躍而成爲亞洲各國，向其學習西化成功經驗的典範。

　　但，對臺灣本土來說，這樣的日本帝國政府，自其在甲午戰勝並領有臺灣之後，便以新殖民統治者兼新文化指導者的雙重身份，出現在這塊土地上，並開始展開其改造臺灣的土地、人民、社會、政治、經濟、宗教、禮俗和其他各方面的文化傳統等。

　　這些問題所涉及的，便是在殖民者和被殖民者之間，由於種族、氣候、生活方式、生命禮俗、宗教信仰和歷史文化的不同，彼此在認知、價值觀或民族的自我認同等各方面，都會產生各種各種很大的差異

問題，在現實的統治需要上，便不得不直接去面對，或不得不實際在施政上必須加以解決的問題。

因而，對於在政治上，對於已是新統治的日本殖民在臺官方當局來說，這些差異的絕大部分，就是其在施政上，必須透過諸如政治權力的強勢支配、經濟的誘因、教育的潛移默化、有效的社會控制等措施，來加以拉近或加以改造的地方。

當然，新統治的日本殖民在臺官方當局，由於實權在握，它顯然可以操控全臺地區包括宗教政策在內的一切立法權；並且，基於統治上的需要，以及掌握日本文化在臺發展的主導權，日本在臺殖民當局方面，也勢必必要協助，隨其佔領軍和新移民來臺的日本佛教各派，能在此新殖民地上，順利發展才行。

再加上，來臺前的日本佛教各派，已在日本經歷長期的高度發展，以及在明治維新後，遭到嚴厲的政策考驗和現代思潮的洗禮，因而，已蛻變為一股對政治政策配合度高、且具有高度現代意識的強大宗教勢力：一反歷史上作為大陸佛教接受者和學習者的角色，開始以上層指導者的身份，來聯絡、控制和啟蒙臺灣本土的傳統寺廟及其宗教的信仰內涵。

不過，在此同時，也可以發現：當時日本官方的「國家神道」、「祭政一致」、「天皇至上」的主流強勢立場，不只施之於被殖民者的精神領域和生活行為，也同樣對來臺的日本佛教的各派僧侶的「同化」主動權，產生了極大的制約、甚至於有排斥和一再加以壓制的「公私相克」的現象出現。

因而，這和臺灣學界過去只注意到：日僧與日本官方的親密合作關係，以為日僧即是日本官方的主要「同化」工具，而臺灣佛教的日本化，即是日本官方的宗教行政策略之一——其實是差異甚大的。

所以，當時的真相是，縱使在日本國內，其佛教各派的發展，也遭到來自「國家神道」的排斥和壓制。

　　換言之，在日治時期，就其官方的宗教行政來說，「祭政一致」即是其施政的總綱；但「政教分離」〔「國家神道」被定位為非〔宗教〕，故不在分離之列〕則是「大日本帝國憲法」所明定的主要施政原則。所以，理解日治時期的臺灣佛教史，就一定要有這樣的認識，才不致誤判歷史事實的原有性質。

　　另一方面，日本官方的「同化」政策，雖有緩急之分，但其中兩次大戰中的「妥協同化」政策，才是臺灣本土佛教急速發展，並帶有相當主體性的主要原因。可是，在此之前，若無「兒玉、後藤體制」的臺灣舊慣調查、以及社寺管理法制化的確立，則不可能有其後，所謂「日臺佛教平行發展」的可能。

　　其後，則是由於 1915 年「西來庵事件」的爆發，以及隔年在臺北意外形成教辯風潮的臺灣佛教「大演講會」，才能進一步促使、或催化臺灣本土「新佛教運動」發展與轉型。

　　不過，從日本官方殖民統治的立場來看，因臺灣民眾當時已是在其實質統治下的新族群，除非臺灣民眾能對日本文化和國家真正產生認同，否則彼等是不會對日本殖民政府效忠或臣服的。

　　亦即，無論是「內地化」也好或「皇民化」也好，總之同化的問題，早晚一定非解決不可。

　　所以，日本在臺殖民統的後半期，亦即從第一次世界大戰到第二次世界大戰結束這段期間，臺灣總督府便著手處理同化的問題，然後逐漸由慢而快的在進行著。

　　並且，在最後十年間，更推行其所謂「皇民化運動」，順勢將改造的問題，推到極端和全面的地步。

　　當然，這樣的快速同化手段，完全是反人性的，所以在戰後便被廢止了。

二、日治時期臺灣佛教改造過程的幾個側面

日治時期的臺灣佛教改造運動，事實上並不只涉及到以上所說的，關於日本官方當局在其臺灣殖民地區統治的同化層面而已。

所以，在整個日治時期，若暫拋開有關政治力的操控和利用的問題不談，純就其宗教層面的變遷來說，當時的日本殖民政府，所欲達成的最大改造目標，應是希望改變臺灣傳統佛教信仰中，過度巫術化和宿命論的傾向。

這是因為當時，臺灣曾發生民眾大規模利用「宗教迷信」以進行大規模的抗日暴動。[1]而日本殖民政府為了避免再度發生類似的事件，所以才要進行改造運動。

可是，若純就臺灣民眾的層面來看，除非完全不涉及宗教信仰現代化的問題，如果在社會轉型中不得不也要面對宗教現代化問題時，則無可避免的，一定要設法提升相關宗教知識的水準，並須增強較缺理性判斷的成份，否則是無法成為現代社會的精神指導者的。

而就現代性社會發展的必然趨勢來說，能讓民眾擺脫長期存在於臺灣傳統民俗宗教中的強烈魔咒控制，和增強臺灣本宗教信仰的自主性，其實是現代社會普遍性的要求，因此，縱使沒有日本統治當局在臺的推動，臺灣社會本身自己的精英知識份子，也應會自行推動才對。

只是在日治時代，當時於臺灣佛教界真能擔任指導者的，仍為數甚少，不足以擔此重責。相反的，就殖民統治者來說，其推動的優勢條

---

[1] 這一事實，說明臺灣民眾雖然已處在日本高壓統治下，卻仍未完全對日本統治當局馴服和信賴，遇有委屈或不平，隨時都有被野心家利用「宗教迷信」來煽動並蘊釀大小規模民眾暴動的可能。如此一來，當日本殖民政府為了推動現代化的社會改造時，便和傳統宗教有關的意識形態或價值觀產生衝突或遭到反抗。日本統治臺灣以後，由於瞭解臺灣民眾的信仰和殖民政府的現代化的社會改造目標，仍存在著上述的巨大習俗差異，如果為求快速認同而採取強烈的手段，雖可收一時的效果，卻可能萌生更大的不滿和造成更強烈的反抗，所以在初期，都儘量採取「有條件」的不干涉手段〔※例如改由警察大力取締臺人「迷信」行為、禁止有反抗傾向或嚴懲暴力嫌疑的群眾集會等〕。

件是現成具備的。也就是說，若欲推動臺灣社會現代化，以及進行臺灣佛教仰的方式，則在鄰近亞洲地區中，最早最佳的國家，又正好是當時正在臺灣實行殖民統治日本官方當局，所以，關於臺灣傳統佛教的改造運動，在當時縱非殖民與非殖民的隸屬關係，依然有其必然性的。

但若進一步問：為什麼當時日本的佛教會領先亞洲其他國家呢？

這是因為日本的佛教從早期傳入之初，就一直是由統治精英和文化精英所領導和所贊助著的。在明治維新之前的德川幕府時期，佛教僧侶甚至成了統治機器的一部份。

到了近代明治維新以後，由於政權統一，僧侶的政治權力被收回，並採取神佛分離的措施，不但將神道的地位，抬高在各宗教之上，初期還一度實施「廢佛毀釋」政策，使日本佛教受到空前的打擊。

但是，日本佛教的精英，一方面發動輿論據理力爭，要求信仰自由平等，一方面向政府輸誠，除了捐款之外，還派僧侶隨軍出征；在此同時，日本佛教各宗亦紛紛進行自我改造，不但辦理各級學校教育僧尼，提升彼等的知識份子水平，並且派遣優秀的留學僧，到西方高等學府接受現代專業的佛教學術訓練。

如此一來，這些從西方學成歸國的新學問僧，不但在知識層面上領先亞洲其他國家的傳統僧侶，部份優秀者，甚至可以在佛學研究上和西方世界的學者一爭長短。

於是，彼等不但開創了明治時代的新佛教，也開始向日本之外的亞洲國家輸出，並成為亞洲地區現代化佛教發展的先驅和指導者迄今。[2]所以，這無疑是空前的大逆轉。

可是，若非日本變成強國，先後戰勝滿清和俄羅斯，日本佛教勢

---

[2] 日本的地理位置，原在亞洲的極東，並且近代以前，一直是大陸文化的接受者，連日本本土佛教的各宗派，也都是先由大陸和朝鮮傳入而後再自行發展的。但在明治維新之後，開始快速脫胎換骨，領先亞洲各國。

力不會如此快影響朝鮮、大陸和臺灣。因而，日本佛教的向亞洲輸出，其實是伴隨帝國主義的侵略而來的，故具有宗教傳播和政治任務的雙重性格。

亦即，在當時日本的佔領區或殖民地，擔任親善和教化，便是日本佛教僧侶必須去進行的兩大任務。因而當時日本佛教僧侶所傳播的，就不只限於現代化的佛教經驗，還要教導當地民眾認同日本或成為日本人。

除此之外，在當時來臺的日本佛教各派間，其實也存在著各自宗教勢力範圍，要如何擴張和保有的競爭問題。因而也就同時會涉及到如何聯絡、控制和擴張的經營策略，以及異民族不同宗教信仰文化要如何異中求同和最終達成向殖民者宗教文化認同的方法之講求。

換句話說，雖然日本佛教各派是伴隨新殖民的優勢地位來到臺灣，可是各派在發展上的策略講求和目標達成之間，還是存在著差異的狀況，而這也是我們要先加以理解的部份，否則就無法瞭解其中的發展脈絡了。

問題是，儘管普遍的佛教經驗可以在不同民族間互相傳播，並不代表連帶可以溝通和弭平日本文化和臺灣本土文化之間的差異。而這就構成當時全面改造時的重大障礙。

雖然如此，如果純就日治時期臺灣佛教的改造經驗來看，則是以現代的禪學觀念和現代的淨土思潮來進行佛教改造，的確有其時代意義的。

這一改造的特徵是，釋尊的非超人化、淨土的社會化人間化、神佛分離和內涵提升。如此一來，佛教走上知識化、社會化、人間化、自主化，便成必然的結果。所以說，反對民間宗教的巫術化和功利主義化，是改造運動的最大特徵，就是這個意思。

但，為何臺灣本土佛教的這一大變革，在時間上是發生於 1915 年「西來庵事件」爆發之後呢？

其背後原因是，在「西來庵事件」之前，由於怕觸怒臺灣民眾最濃厚、也最難更改的原有宗教情感，以避免不必要的反抗舉動，所以在政策上往往比較緩和；但「西來庵事件」既已爆發和被鎮壓之後，則開始認爲如果放任不管，將是後患，所以態度上變得比較積極。

加上隔年（1916），爲了慶祝總督府建築落成和領臺二十周年，在臺北市舉辦了臺灣史上首次的博覽會，當時臺灣佛教徒和基督教徒，因各自設攤演講並互相攻擊和批評，促成了臺灣佛教界的大團結和大覺醒，於是在演講會之後，便進一步形成新組織和新的教育機構，跨出了改造的第一步。

然後，隨著第一次世界大戰的結束，民族自決和社會主義的思潮衝擊全球，臺灣本土的知識份子精英也順應潮流，糾合同志，發動輿論，奔走南北，號召群眾，灌輸新思潮，力爭島民的政治權益和文化的自主性。

臺灣總督府的主管宗教官僚丸井圭治郎，便在此新潮流新趨勢之下，串聯全島的臺灣佛教精英組成「南瀛佛教會」，展開新佛教觀念的講習和體質的改造。由於初期參與講習的學員，程度參差不齊，效果不佳，幾次以後，便改採「精英主義」政策。

所謂「精英主義」政策，就是要求參與講習的人，必須具備一定的知識基礎，這樣才有能力吸收較高水準的講習會內涵，才不會僅停留在信仰面，而是有能力在講習之後，將講習內容再傳播出去。這樣一來，參與的學員彼此水準相近，講習的效果顯著，等於快速培養了一批新的師資，可以在短期間內即發揮倍增的影響力。

不過，佛教的義理非常繁複深奧，加上當時流行的現代思潮，具有社會主義的關懷和文化的批判性，所以講習會的「精英主義」雖然方向正確，但是真正要達到扎實及專業的水準，單靠講習會的短期講習是不夠的。真正的精英，還是要經過正規的學校訓練，特別是經過佛教中學林和佛教大學的正規教育，才能夠達到應有的水準。

所以，日治後期出現的精英，像曾景來、李添春、林秋梧、高執德等，都是在日本的駒澤大學畢業的。這些精英，因為都受過日本的高等佛教教育，可以掌握臺灣佛教和日本佛教二者的差異，既對現代化的日本佛教有所瞭解，也知道臺灣老百姓的信仰層次，加上原本來自臺灣民間，所以可以回頭來批判或改造臺灣的本土佛教。

例如林秋梧原先就是「臺灣文化協會」的會員，出家後，又到日本去讀書，所以他具有濃厚的社會主義傾向，又受忽滑谷快天禪師的影響，所以他強烈批評禪淨雙修，反對西方極樂世界，排斥普渡，強調兩性平等；譯介朝鮮禪師知訥的《真心直說》，受到朝鮮和日本方面學界的重視。曾景來則是介紹阿含的佛陀，將原始佛教的新貌首次傳入臺灣。高執德是最優秀的學者，他有系統地詮釋佛教與社會的關係，並批判出家主義和朱子的排佛思想。而有「臺灣佛教馬丁路德」[3]之稱林德林，則主張神佛分離，提倡正信佛教。

當時的佛教思想，都強調人性化，強調此岸（人間）的淨土，高舉理性之光，反對迷信。這是社會主義思潮衝擊傳統佛教思想的結果。亦即「人間佛教」的根本動力，不論大陸或臺灣都是來自西方社會主義思想影響的結果。

三、日治時期「臺灣佛教馬丁路德」的林德林其人其事

西方有著名基督教改革家，即創立基督新教的德人馬丁路德（1483-1546）其人，他的宗教改革，對近代的德國宗教信仰內涵與德

---

3 此一稱呼，最早出自李添春，〈寺廟をたづねて〉，載《臺灣時報》1934 年 11 月，頁62-64。另一被稱為「中國佛教的馬丁路德」的臺灣佛教僧侶，是戰後高雄佛光山的開創者釋星雲。見陸鏗，〈中國人在西方世界的驕傲——西來寺〉，收在《星雲大師與人生佛教》（香港：新亞洲出版社，1990 年），頁 119。但，陸鏗其實是誤比了。因馬丁路德的宗教改革，主要特徵之一，就是僧侶可結婚，而馬丁路德本人也的確從獨身的神父娶妻成為有家的牧師，可是星雲依然維持僧侶獨身的佛教制度，顯然與馬丁路德有異。

國文學的發展，都產生了極大的深遠影響。

至於近代臺灣地區，有無出現類似的宗教改革家呢？答案：有，只是他出現在日治時期的臺灣佛教界，而非在基督教圈內。

所以本節在說明日治時期的臺灣改造運動之時，有必要介紹一位，前面曾提到的有「臺灣佛教馬丁路德」之稱的本土佛教改革家林德林（1890-1951），以及有關他的新佛教事業的內容和其所後來實際所遭遇的困境。

因為，他雖出身貧寒，[4]卻是一個臺灣佛教史上少見的才華洋溢的非凡人物，不但飽讀書詩，能說能寫，並能注重圖書設備，和廣納各種新知，以作為自我精進和弘法教化之用。他一生的佛教事業，主要是奉行日本曹洞宗著名的禪學思想家忽滑谷快天，所提倡的「正信佛教」新禪學思想。

此一新佛教的信仰內涵，其特徵是強調神佛分離，奉釋迦佛為本尊，破除鬼神迷信，致力於宏揚日本曹洞宗祖師道元的正眼禪風，並以觀音大悲的普渡精神從事向社會弘法的救渡工作。而在日治大正後期（1922）所新建的「臺中佛教會館」，就是他推展此一新佛教運動的根據地。

因此，他在初期，即頗獲當時臺中都會區中產階級士紳的歡迎及熱烈贊助，使他的新佛教事業能多元發展，快速擴張。

但，也因為這樣，他的佛教事業立刻招來當地保守的儒生團體之側目和嫉妒，導致後來雙方多年的激烈對立，平添不少的發展阻礙。

再加上，他的個性又剛毅過人，勇於突破傳統，例如他以出家僧侶之身，卻敢於仿效日僧在弘法的道場內公開舉行本身的結婚典禮，雖遭到保守派僧侶的責難和儒生社群的強烈圍剿，仍不屈服。由此可以看出他敢於走在時代前端的膽識和決心。

4　有關他是否真正出身「貧寒」，其實是有爭論的。

　　只是如此一來，也使他成了當時爭議性最大的新派僧侶，並導致原有會館信徒的大量流失。

　　特別是，戰後由於日本退出臺灣，又有大批逃難的大陸僧侶來臺，使得臺灣佛教再度面臨另一次重大的變革，即必須「去日本化」改用「大陸佛教制度」。因而他也開始遭到來臺大陸僧侶的批判。

　　並且，在他於 1951 年過世以後，他的妻子和兒女也被迫遷離「臺中佛教會館」，然後全家改信基督教。所以，這又是臺灣佛教史上的爭論性課題之一，值得我們對其做進一步深思。

四、日治時期的兩岸佛教交流

　　日治時期的臺灣佛教界，除了曾進行上述的改造運動之外，彼等雖處在異族的日本帝國主義的殖民統治之下，但臺灣佛教界和大陸佛教界之間的交流，依然持續進行，並未中斷。而所以未中斷的原因，大致上是兩個主要的理由：

　　（一）是基於本島人口居大多數的閩粵漢人移民，在宗教信仰習俗方面，和移民原居地的信仰習慣關係密切、影響深遠──這種伴隨種族、血緣、地緣和生活禮俗，所長期感染和滲透的宗教文化意識，並非短期內的隔離，所能輕易割斷。

　　（二）是配合日本在大陸地區勢力擴張的需要，藉兩岸華人的佛教交流，達成「日華親善」的效果，以緩和在中國境內日益高漲的反日情緒。

　　因此，臺灣民眾原有的華人祖籍背景，及其所承襲的佛教信仰習慣，在日本統治當局欲達成「日華親善」的大目標下，事實上是可以作爲一種交流的媒介來運用。亦即，日本統治當局其實就是操縱此一兩岸華人佛教交流活動的幕後黑手。

　　而大陸佛教界之所以願意來臺交流，一方面是如上所述的傳統的

因素使然——基於兩岸原有的共同種族血緣、共同傳承的佛教信仰內涵——這一背景之影響；另一方面，則是欲向臺灣佛教徒募款，以補貼本身的經濟困窘，所以屢次應邀來臺弘法。

所以，在日治時期，所出現的有關中日臺三地的佛教交流，除少數的例外，通常都具備了三個現實的因素：

（一）由於日本佛教各宗派自清末以來，即曾長期處心積慮地努力，要突破所一再遭受的所謂「中國布教權」的限制，但仍要到大正後期，才能真正突破，然後，才得以在「日華親善」名義下，展開日華雙方的佛教交流。因此，日本官方或日本僧侶，其實才是兩岸華人漢族佛教交流的指導者或監督者。

（二）縱使海峽兩岸在「日華親善」的名義下，曾展開多次華人漢族佛教方面的廣泛交流，但大陸佛教團體來臺交流，仍頗有助於彼等極需的宗教募款。

（三）由於不同的大陸佛教人士來臺交流，因而同時也帶入了彼等正在推廣的新佛教理念，並促使臺灣佛教界開始對其作出回應。

例如，大陸的佛教代表團，於日本舉行「東亞佛教聯合會」之後，便有部份代表在北京教界名人道階法師的率領之下，連同當時活躍一時的在家居士團體「中華佛化新青年會」代表張宗載、甯達蘊兩人，打著「中日親善」的旗號，順道來臺訪問和募款。

而彼等在臺期間，也曾獲得日本在臺殖民當局和全島佛教界人士的高度重視及熱情接待，可以說，交流是相當成功。

並且，更重要的意義在於：這是臺灣本島的漢人佛教信仰圈內，自日本在臺殖民統治之後，首次接觸到的、來自對岸在家居士團體，輸入的新佛教理念，因而直接衝擊的力道，也將相對大增。

五、日治後期軍國主義動員與臺灣佛教改造的頓挫結局

要正確評估整個日治時期的臺灣佛教改造運動，是否具有成效？應該從各方面來看才行。因為，首先是，這個運動在後期，被大陸爆發的中日全面戰爭所扭曲了。

這個改造運動，原先是充滿理想的，因其能以理性和知識作後盾，來進行臺灣傳統佛教的改革，而這和當時的各種社會文化啟蒙運動，又是相呼應的；並且，當時日本在臺佛教各宗派的佛教典範作用，誠然指標性功能有很大的影響力，但並臺灣本土方面的諸改革健將，不是全然的照抄日本佛教的原有模式，而是有臺灣佛教本身的主體性和自主性的。

但是，中日在大陸爆發的全面戰爭後，便遭到日本軍方的介入和強力干預。日本軍方為了戰爭的需要，推行的是所謂「皇民化運動」，一切加速向日本看齊，做日本天皇的順民：為他效忠！為他奉獻！因此將一切社會力和物質都全面動員了。臺灣佛教團體和資源，自然也不例外。

於是，臺灣佛教的改造運動，原本還具有的某種程度的自主性，由於遭到日本在臺佛教的全面接管，亦即以日本佛教為典範，實施所謂「皇道佛教」教育，欲圖徹底的加以改造。

如此一來，臺灣佛教主體性和自主性，當然完全喪失了，整個臺灣佛教也變成軍方操控的動員工具。當時臺灣寺廟的所有僧侶，都被迫接受動員的訓練，參與動員、奉公和喊口號。

然而，宗教信仰本來是民眾的習俗和個人的精神寄託，雖然可以要求提升信仰內涵，但不能流於軍國主義的意識形態的灌輸，否則就是信仰迫害，也是違反人性的。

所以，在戰爭期間，被快速日本化的臺灣佛教，因為蒙有軍國主義和皇民化的色彩，在戰後日本退出臺灣時，便重新面臨被改造的下場

——由日本化的佛教變回大陸形態的佛教面貌。但，這樣的結局，是戰爭的特殊背景所形成的，並不是改造運動的諸健將，當初所能逆料的。

日本在臺殖民統治後期，因日本軍閥發動在大陸的全面侵略戰爭，而進入所謂「皇民化運動時期」。隨後，又因偷襲夏威夷群島的珍珠港，成功地摧毀一些美國的戰艦及相關軍事設施，但也導致美國的對日作戰而進入所謂「大東亞」或「太平洋」的全面戰爭。

最後，日本無敵艦隊被擊毀，本土遭兩顆原子彈的毀滅性襲擊，於是昭和天皇正式宣告失敗，向盟軍無條件投降。1945 年時，臺灣統治權已由日本歸還，長期在臺居領導地位的日本教各宗僧侶，自然一併撤回日本。

參考書目

李筱峰，《臺灣革命僧林秋梧》（臺北：自立晚報文化出版社，1991年）。

江燦騰，《臺灣佛教百年史之研究》（臺北：南天書局，1996年）。

江燦騰，《臺灣近代佛教的變革與反思——去殖民化與臺灣佛教主體性確立的探索》（臺北：東大圖書公司，2003年）。

江燦騰，《日據時期臺灣佛教文化發展史》（臺北：南天書局，2000年）。

江燦騰，《新視野下的臺灣近現代佛教史》（北京：中國社會科學出版社，2006年）。

2.5 日治時期臺灣本土勞工運動的盛與衰

一、臺灣近代本土勞工階層結構分析

1910 年代，因著臺灣人武裝抗日的失敗，在日本軍隊及警察的嚴密控制下，日本殖民統治臺灣的局面已趨鞏固。是時，日本在臺灣正極力發展以製糖業為主的「糖業帝國主義」政策，總督府當局大量引進日本資金，來臺開設現代化之製糖廠。所以當時臺灣大小規模糖廠林立，人力需求孔急，大批廉價臺灣勞工，正為日本資本家提供便宜又好用的生產力。

1920 年代，隨著大批離鄉背井的農民為謀生而到工廠去做工，逐漸催生了臺灣的工人階級。這些工人早先以分佈在糖廠最多，後因戰爭的風雲日緊，日本軍需工業要有更多的人力投入，所以又有甚多臺灣勞工被吸納入國防工業體系內。因為日本需求勞工量越來越多，所以臺灣的工人數也呈直線上升，到 1944 年止，臺灣工人總數已逼近 24 萬人，在全島勞工階層中，有將近 94% 的工人是臺灣人，但這些臺灣工人即便不是奴隸，充其量也只是日本的廉價勞工而已。

反觀當時在臺的日本工人則自成一特殊的「工人貴族階級」，在總督府的刻意歧視政策下，臺灣工人與日本工人是不能相比的。例如，同工不同酬，日本工人與臺灣工人做同樣事，但其薪資比臺灣工人多領36% 至 60%。以 1940 年全島平均工資為例，日本工人一天是 2 圓 6毛，臺灣人才 1 圓 6 毛 8 分，而且日本工人大都位居工頭、技工及監督等高階職務，臺灣工人則永遠只能擔任低階工作。當臺灣工人發動罷工抗議時，日本工人不但袖手旁觀，甚至站在資方一邊以掣肘之。

當然臺灣工人自己也不爭氣，喜歡集結派系但又不團結，常因分

屬不同的政治團體而互相齟齬。如 1928 年，臺灣民眾黨所支持的「臺灣工友總聯盟」，即有與臺灣文化協會系統的工會互別苗頭暗中較勁的味道。基本上，因先天環境的關係，臺灣的勞動階級，直到 1930 年代，其欲團結組織仍甚困難，主因為結構性問題。當時全島只有不到 5% 的工人加入工會，臺灣工人群中有 27.8% 是女性，另有 73.3% 是零工，女性原本即不大重視政治問題，而零工則屬於獨立性較高的手工藝工人，其訓練方式為各以師父為中心的學徒制，不同師父的學徒，彼此之間的關係是競爭並非合作，如此性質欲其團結一致當然十分不易。

另外像食品工廠的工人，55% 食品加工業的臺灣工人也是屬於臨時僱請的，他們大多為季節性的工人，即農閒時才會到工廠作工，這種在基本上仍以農業為主體的季節性工人，因為工作時間不一，性質多變且流動性高，要他們具有工人意識更是非常困難。既使以礦工而言，礦工因其工作性質及環境，較易組織工會，但在三○年代的臺灣，他們仍無工會組織。

不但如此，臺灣人憨厚的個性也充分表現在工人身上，當時的臺灣工人，一直保有相當濃厚的鄉村氣息，即使遭到解僱，大不了就返鄉種田吃自己，任勞任怨，不懂得為自己的權益據理力爭，在如此客觀環境下，勞工階級意識之缺乏是可想而知的。所以說，1920 年代始的臺灣民族社會運動，不是由勞工意識覺醒所自己帶動起來，反而是以知識階層及中產階級所領導的，像早期的「臺灣文化協會」和後期的「臺灣民眾黨」與「臺灣共產黨」。

二、蔣渭水「民眾黨」與工運

1920 年代，臺灣工運基本上是由知識階層所領導的。1927 年 7 月臺灣民眾黨成立後，領導人蔣渭水率領民眾黨幹部，親自巡迴全島各地，舉辦演講座談，促進勞農團體的成立，組織勞工運動。當時臺北等

地陸續出現各種以「工友會」為名的勞動團體，成員以中小工業雇工及店員為主。蔣渭水為團結這些小團體為一股勢力，統一訓練為民眾黨主力，乃參考中國及日本的勞工運動經驗，主張結合成一個跨越全島的工會。1928 年 3 月 19 日，在蔣渭水主導下，於臺北市蓬萊閣召開「臺灣工友總聯盟」成立大會。

　　當時加盟的一共有 29 個團體，包括蘭陽總工會、基隆船炭工友會、臺北土水工友會、新竹木工工友會、臺南店員會、高雄機械工友會等，出席者有蔣渭水、蔡式穀、彭華英、吳清海、謝春木、盧丙丁、黃周、張晴川、郭發、林呈祿等及楊來生、吳廷輝、黃賜等工會代表。「工友總聯盟」宗旨在其〈創立宣言〉中闡述的很清楚，即在帝國主義的壓迫下與當前社會制度上社會、經濟的雙重壓迫，勞動階級是最困苦的，但殖民地的勞動階級因受世界潮流的衝擊也逐漸覺醒，而走上解放運動，並成為民眾解放運動的中心，取得領導地位，這是殖民地勞動階級的歷史使命。「我等臺灣勞動階級，在農、工、商、學四民中居於第二位，擁有一百萬人而佔臺灣民眾的重要部份。環顧我等臺灣人的環境與地位，認識到我等臺灣勞動階級的歷史使命極為重大；因此，我等應為民眾解放運動的前鋒而英勇邁進。」

　　換言之，「臺灣工友總聯盟」其成立之目的不是只有為工人一己謀福利而已，它是與世界民族解放運動的理想契合，要求臺灣民眾在殖民統治壓迫下，也要自求解放，而擔任解放運動這一偉大使命者，臺灣的勞動階級是責無旁貸的。所以說，蔣渭水之「工友總聯盟」之誕生，尚有此一高遠理想於其中。且在他的領導下，工友總聯盟一年內就發動罷工 19 次，到 1928 年底，已有 65 個團體加盟，會員 7816 人，是個活動力非常強之工會團體。

　　臺灣工友總聯盟成立後，1929 年 2 月 11 日，在臺南召開第二次全島大會，共有代表近 120 人參加，民眾黨蔣渭水、蔡培火及文協的鄭明祿；農民組合的楊逵、葉陶亦列席。大會由盧丙丁主持，最後議決要

求：工時制 8 小時、制定工資標準、勞工需有健保等勞工基本福利與權益。大會並通過反對帝國主義戰爭及號召尚未加入工友總聯盟的其他階層勞工，速加入工會組織一起打拚共同奮鬥。

1930 年 2 月 5 日，工友總聯盟於臺北市召開第三次全島大會，參加者除勞工代表外，還有當時各政治團體指標性的人物，如蔡式穀、蔣渭水；臺共的王萬得、楊克培和無政府主義者王詩琅、周合源等。大會由黃賜主持，會中通過 12 項決議，比前次大會最大不同之處，即訴求已不單只是謀勞工之福祉，更大意義為階級政治意識的高漲。會中提出宜有統一的全島勞動結合，像農組一樣，以階級意識為根據，圖謀無產階級之解放。基於男女平等的原則，男女工要同工同酬。此外言論、集會、結社的自由應受到保障及提出普選和促進地方自治等。

值得一提的是，在大會宣言上，工友總聯盟喊出減低地租戶稅、制定最低工資標準、廢除臺、日工人不合理的差別待遇外，尚有團結全臺工農及一切被壓迫民眾，擁護中國工農革命。此舉顯示第三次大會後，工友總聯盟在政治上左傾色彩日益轉濃，蔣渭水也逐漸傾向階級解放運動。但隨著 1931 年臺灣民眾黨之被迫解散，工友總聯盟受此打擊也漸走下坡。是年 4 月 3 日，召集全島第四次大會時，參加者只剩北部的李友三、黃白成枝等十餘人，聲勢大不如前。8 月 5 日，臺灣民眾黨領袖蔣渭水病逝，工友總聯盟也因頓失領導中心而漸趨沒落。

三、連溫卿「新文協」和工運

1921 年 10 月 17 日臺灣文化協會成立，其主旨強調臺灣文化啟蒙的重要性。所以說，它的創立是臺灣知識階級的一種文化自覺運動。然平情而言，文協成立後之活動，重點還是擺在如何啟發民智之上，相對的，其對臺灣勞工運動的關注是不夠的，這情況直到文協分裂後才有明顯的改變。1927 年 1 月，連溫卿、王敏川等社會主義者取得文協領導

權，造成溫和派林獻堂、蔡培火、蔣渭水等人退出，另組民眾黨，文協的左右路線之爭，終於造成正式分裂。

文協分裂後，左派文協發表宣言：「臺灣文化協會永遠為臺灣民眾，即農、工、商及小資產階級的後盾。」並以組織農民、工人為新文協發展的當務之急。在勞工運動方面，與農民組合聯繫，組織工會，發動罷工。然因新文協成立甫始，即帶有強烈左傾政治色彩，在受到蘇共及中共理論鬥爭的影響，故新文協在發動群眾運動時，始終有著明顯的革命暴力傾向，也因此常被日本統治者嚴厲鎮壓，活動日益艱困；反觀民眾黨在蔣渭水領導下，統一勞工組織，成立工友總聯盟，頗有一番作為，逐漸取代新文協在工運上之地位。

臺灣機械工友聯合會，是由新文協領導人之一的連溫卿所倡導成立的。1927 年 3 月，連溫卿組織了「臺北機械工友會」，推李規貞為會長，並迅速全島串聯，成立基隆、臺南、高雄等地分會。時機成熟後，1928 年元旦，連溫卿召集全島機械工友代表 78 人，於臺北市成立「臺灣機械工友聯合會」，由臺北機工會常委楊添杏任主席，臺灣勞農各地組織紛紛馳電致賀。會中決議：「我等為改善勞動條件，及圖謀生活的向上安定，使勞動階級脫離資本主義制度的支配，乃基於階級觀念而集中大眾的意識與行動，發揮最大的戰鬥力量，堅固組織，進行鬥爭，以對抗資本的剝削；及支持這種被剝削階級，而解放勞動階級為原則，並以被剝削者的共同利害關係為基礎，來團結勞動者成為一大階級組織。」

臺灣機械工友聯合會的議決，明顯嗅出已有無產階級鬥爭的共產黨色彩，它號召被剝削的無產者、廣大勞農階級要勇敢的團結起來，與資本家展開堅定的鬥爭。不僅如此，它們還提出確立 8 小時的工時制，確立耕作、罷工權，要求擁有言論、出版、集會之自由和最低之工資。值得玩味的是，時值日本出兵中國山東，爆發了「五三濟南慘案」，該會亦在大會中喊出反對日本出兵之舉；及總督府的專制獨裁。從此舉看

來，臺灣機械工友聯合會和當時全世界反帝國主義意識高漲，要求全世界無產階級起來反殖民主義和資本主義之侵略是同仇敵愾，聲氣相通的。

連溫卿是機械工友聯合會的靈魂人物，但自 1929 年連溫卿被排擠出文化協會後，機械工友聯合會漸為臺共所掌控。1930 年 2 月 10 日，機械工友聯合會在臺北市召開第二次大會，臺共領導人謝雪紅、王萬得、楊克培等人出席，大會最後議決：要求言論、結社等基本自由外，還重申支持中國革命、擁護蘇聯、反對總督專制；及臺共所提的聲援太平洋勞動會議、支持《大眾時報》、促進成立大眾黨、組織總工會等多項議案。因為主張太過激烈，要求被撤回，也在日本警方強力制止下，被迫散會。連溫卿離開機械工友會後，王萬得逐漸領導此一工會，成為臺共之外圍組織。

連溫卿自從成立「臺灣機械工友聯合會」後，即一直再接再厲的想要籌備總工會的早日實現。1928 年 6 月 3 日，以「臺灣機械工友聯合會」為首，邀請「臺灣工友協助會」、「臺北印刷工會」、「臺北塗工會」、「臺灣自由勞動者聯盟」等 4 個團體聯合發起，召集 25 個全省工會代表於臺北市蓬萊閣，由連溫卿主持，討論組織一個全島統一性新團體的可能性。

會中有人以為臺灣已有一「臺灣工友總聯盟」了，故無須另起爐灶，免得力量分散。但也有代表以為臺灣工友總聯盟只不過是民眾黨之傀儡而已，不如另組新工會與之互別苗頭。新工會名稱，連溫卿建議為「臺灣總工會」，王敏川派則主張用「臺灣勞動運動統一聯盟籌備委員會」，後卒採王敏川派之名。「臺灣勞動運動統一聯盟籌備委員會」成立後，隨即選出常委：臺北有連溫卿、薛玉虎、洪朝宗、陳本生、藍南山；新竹為邱斤古；臺南是陳翼賢和楊順；高雄由黃石輝出線。唯該籌備委員長，其後因連溫卿派與王敏川派的僵持不下，最終並沒有正式成立。

王敏川的「臺灣勞動統一聯盟」胎死腹中，連溫卿原本欲組織的「臺灣總工會」亦不了了之。然連溫卿仍不死心，1928 年 7 月 20 日，連溫卿又召集「臺灣工會臨時評議會」，出席者有胡柳生、薛玉虎、鄭得福、陳總、林清海、郭聰明、林興、李土根等代表。但在開會期間因多人將矛頭指向連溫卿，攻擊其只會搞權謀而乏具體行動力，坐視蔣渭水的民眾黨搶走工運領導權，致使這個評議會最後在一片吵吵鬧鬧中結束而一事無成。是年 8 月，連溫卿被捕，此會亦無疾而終。

四、層出不窮的罷工事件

當勞工意識覺醒後，針對資方不合理的待遇，以罷工為手段爭取自己的權益遂不可免。因此，自工友總聯盟成立後，在全臺各地都接二連三發生勞工罷工事件。且不管是蔣渭水的民眾黨領導之工運，還是新文協連溫卿派推動之工運，立場路線儘管有所不同，但為廣大勞工謀福利，促進勞工意識覺醒之方向則一。也因此，說二〇年代是臺灣勞工運動的黃金時期並不為過，當時全島各地之工運蓬勃發展，罷工事件層出不窮，茲舉數例為證。

（一）淺野水泥場罷工事件

事情源於 1927 年 4 月，黃賜組織「高雄機械工友會」，吸收淺野水泥場高雄支店的職工入會。且高雄機械工會也不斷為勞工向淺野水泥場爭取勞工福利、工資以及工作環境的改善。是年 11 月，場方以經濟不景氣為由，準備解雇一批工人，但又惡劣的不願付大筆遣散費，而欲暗中鼓動糾紛，藉以開除工人，達到省下遣散費之目的。

1928 年 3 月，工人吳石因罪被關，場方亦將其開除，但出獄後要求復職，場方不同意。高雄機工會黃賜支持吳石，並發動 41 名職工聯名聲援之，沒想到淺野連這 41 名工人也一併開除，4 月 13 日，黃賜帶

領 700 多人罷工，事情如滾雪球般鬧大了。

民眾黨在蔣渭水領軍下特別趕赴高雄奧援，並成立「淺野水泥罷工職工總指揮部」，且發動全島性的同情演講大會，以爭取民眾之支持。其後，蔣渭水將罷工指揮移交「工友總聯盟」成立「淺野爭議本部」。但淺野會社不但沒讓步，除繼續開除罷工工人外，日本警方亦動用公權力，將黃賜等以「脅迫暴行」罪判刑，最後黃賜等人雖判無罪，但這場罷工終被鎮壓下去。

（二）「臺北木工工友會」罷工事件

除高雄淺野罷工外，臺北也發生「木工工友會」的罷工事件。該會由陳王錦塗於 1927 年 4 月組織成立，1928 年 3 月，細木油漆工要求提高工資，資方不同意，雙方陷入爭議。木工工友會遂發動罷工，並得到工友總聯盟與民眾黨的支持，至 3 月底，資方因不欲擴大事端，業主同意提高 12% 工資，而順利結束這場爭議。

（三）臺南「製鹽工友會」罷工事件

有了臺北「木工工友會」罷工的勝利，讓勞工階層士氣大振，1929 年 4 月，位居臺南安平的臺灣製鹽會社準備解雇工人，引起工人恐慌。「製鹽工友會」在會長陳天順帶領下，發動鹽工罷工，並向會社提出無條件工人復職、自由採購煤炭、分配職工宿舍、加班付費等要求，但遭會社拒絕，帶頭的陳天順遭警察逮捕，民眾黨與「工友總聯盟」均伸出援手無效，罷工事件仍被壓制下去。

（四）日華紡織公司臺北辦事處罷工

1927 年，該公司無緣無故要求工人工作時間延長 20 分鐘才可下

班，引起工人不滿而發生衝突。連溫卿藉機於 4 月 21 日發動罷工聲援，但礙於生計，四天後工人紛紛回去上班。5 月 18 日，因有 5 名女工遲到被斥責，引發積壓已久的工人情緒，19 日終於全面罷工。他們曾向「工友協助會」求援，但最後仍被警方鎮壓下去。

（五）嘉義營林所及阿里山出張所罷工

1927 年 4 月 3 日，嘉義營林所的製材部和修理廠工人，成立工友會。5 月 21 日，工人因不滿中午點名制及 14 名苦力遭開除，於 5 月 28 日發動罷工，有 300 餘人參加，結果資方不為所動，反而又解雇了 26 名「工友會」工人，罷工工人更是怒不可遏，文協的王敏川與農組的簡吉、黃石順及《臺灣民報》記者謝春木均紛紛加入支持的行列。另一方面，阿里山出張所工人也受此罷工影響，為爭取自己的權益，也在 5 月 31 日響應罷工，結果造成 13 名工人被開除。這場罷工並未持久，在工人軟化下逐漸平息。

（六）高雄臺灣鐵工廠罷工

1928 年 4 月 3 日，王風組織「臺灣機械工友會」，並吸引 160 多名職工參加，然也因此大動作，引起廠方疑懼而將王風解職。工友會代表不服，派出郭清、陳良等人與廠方交涉失敗，4 月 7 日工友會決定採取行動罷工，要求王風復職。時林清海、連溫卿、洪石柱等臺灣工運領袖亦特別南來高雄支援，但廠方態度強硬，4 月 16 日談判破裂後，更一口氣解雇 121 名工人，事情益加擴大。4 月 22 日，在文協、農組號召下，全島有 21 個團體，1433 人罷工抗議。但此規模浩大之罷工事件，在廠方軟硬兼施下，工人意志逐漸動搖，且迫於生活壓力，最終仍以虎頭蛇尾收場。

五、工運失敗之因的探討

平情而論，二〇年代臺灣工運乍看下是風起雲湧，但其成果卻不如農運，箇中原因有二：一為臺灣工人運動的發軔起步較晚，因為在日本殖民統治下，臺灣既是工業日本的原料供應地，也是其產品消費地；臺灣的工業始終停留在低度開發狀態，大環境如此，所以工運不如農組那麼成功。二為上層工運領導階層的傾軋與分裂，使得力量不能集中，在領導團體分道揚鑣的情況下，不僅收不到互補互利的作用，反而相互攻擊，事倍功半。

例如蔣渭水領導民眾黨後，其較激進之政策，隨即遭到溫和派蔡培火等人之質疑，而蔣渭水亦不為所動，甚至加以排擠，使得溫和派之林獻堂、蔡培火、陳逢源、楊肇嘉等重要領袖退出民眾黨，而另組「臺灣地方自治聯盟」，蔣渭水的名言「同胞須團結，團結真有力」成了一句諷刺的話。其後，民眾黨日益走向階級勞動鬥爭路線，這可能多少受到臺共之影響，但也因此惹來官方的命令解散及嚴厲處分。民眾黨所主導的「臺灣工友總聯盟」，原定改弦易轍採取激進路線，以促進工運的統一及工農的團結，也在日本當局的鎮壓下無從實現，且旋即解體。

另新文協成立後，對領導工運之策略手段，也是陷入嚴重分歧，較溫和的連溫卿派與較激烈的王敏川派，也是鬥的不可開交。最後連溫卿失勢，但王敏川派的工運領導權也旁落到臺共手中。臺共雖然統合了左翼工會勢力，在松山會議中，主要領導人王萬得、蘇新、蕭來福等提議先成立工運指導部門，成立籌委會領導各工業部門成立工會，然後在統合這些工會成為「臺灣赤色總工會」。

但此種由上而下之組織架構，遭到臺共領導人謝雪紅的反對，雙方見解有出入。謝雪紅以為臺灣各工業部門沒有固定的工會組織，組織工作應逆向而行，採取由下而上的方式，優先在每個工業部門中組織工會。但謝的想法，卻被蘇新等人斥為機會主義者，兩派互不合作各行其

是。但在臺共遭取締被迫解散後，黨被摧毀，所有工運終歸徒勞無功。所以簡單的說，二〇年代臺灣工運之所以成效不彰，除大環境因素使然外，領導階層的分裂鬥爭、不能精誠合作，也是很大的原因之一。

參考書目

黃白成枝編，《蔣渭水遺集》（臺北：文化出版社，1950 年）。

史明，《臺灣人四百年史》（美國聖荷西：蓬島文化公司，1980 年）。

連溫卿，《臺灣政治運動史》（臺北：稻鄉版，民國 77 年 10 月初版）。

翁佳音譯註，《臺灣社會運動史——勞工運動、右派運動》（臺北：稻鄉版，民國 81 年 2 月初版）。

黃煌雄，《蔣渭水傳——臺灣的先知先覺者》（臺北：前衛版，1992 年 12 月初版）。

黃煌雄，《臺灣抗日史話》（臺北：前衛版，1992 年 12 月初版）。

黃師樵，〈蔣渭水及其政治運動〉，《臺北文物》第 3 卷第 1 期（民國 43 年 5 月）。

張國興，〈日本殖民統治時代臺灣社會的變化〉，張炎憲、李筱峰、戴寶村等編，《臺灣史論文精選》（下）（臺北：玉山社出版，1996 年 9 月初版）。

楊碧川，《日據時代臺灣人反抗史》（臺北：稻鄉版，民國 77 年 11 月初版）。

蘇新，《未歸的臺共鬥魂——蘇新自傳與文集》（臺北：時報版，1993 年）。

簡炯仁，《臺灣民眾黨》（臺北：稻鄉版，民國 80 年 12 月初版）。

2.6　日治時期臺灣本土農民組合運動的起與落

一、日治時期臺灣本土農民組合之政經社會背景

　　19 世紀資本主義的高度擴展，導致全球原料市場的掠奪，形成以提供殖民母國農產品和工業原料為主的帝國主義形態。作為亟思「脫亞入歐」的日本，在「明治維新」後，步西方帝國主義之後塵，也積極的想「殖產興業」以發展資本主義，而臻於富國強兵。然而資本主義後進國的日本，無論在技術、資金各方面都還無法與西方歐美先進資本主義國家抗衡，且本身國內市場狹小，原料短缺，欲發展資本主義只有向外侵略一途。這就是日本之所以積極以中國為侵略對象，其目的即在於原料市場的取得。

　　1895 年日本據臺後，就日本殖民母國而言，臺灣是供給其原料和農產品的主要基地。日據時期臺灣對日本經濟最重要的就是向日本提供廉價的粗糖和稻米，這也是「工業日本，農業臺灣」殖民政策的一環。為有效提高臺灣的米、糖生產，殖民當局通過推廣農業技術，引進現代化的生產工具，興建水利灌溉設施，提高蔗糖、稻米的產量，然後以外銷殖民地母國日本。

　　其中尤以糖業政策的表現最明顯，日據時期，總督府當局為達到吸引日本三井、三菱等大財閥的來臺投資製糖業。除了制定很多優惠條件，獎勵扶持日資來臺設立新式製糖廠外，並允許由日資所成立之製糖會社壟斷原料產區，剝削臺灣農民，以低價收購甘蔗生產蔗糖，再外銷日本，形成所謂的「糖業帝國主義」。

　　當時投資者為日本大財閥，臺灣本地原有的糖不是倒閉就是遭到

合併,因此在糖業帝國主義的架構下,百分之八、九十的臺灣糖業幾乎全由日人掌控。但是日據時期臺灣糖業的蓬勃發展,受益的是總督府、財閥和日本政府,終年忙碌的臺灣蔗農反而是最受壓榨剝削的一群,他們辛苦的勞動,但決定磅秤和甘蔗價格的卻是操縱在會社及資方手中,所以當時流行一句俚語「天下第一憨,就是拿甘蔗給會社磅」,其中道出多少臺灣蔗農的辛酸與無奈。

綜上所言可知,日本資本主義的發展,不是以自由競爭為手段,乃係以武力為後盾來取得市場和殖民地,而日本之奪取臺灣為殖民地,及其在臺灣所施行榨取殖民地之政策,亦為此一發展的延伸,日據下臺灣的農民運動,就是在這種壓榨剝削的經濟基礎上展開的。

日本據臺後,為了便利資本主義在臺發展,先做了相當詳實的基礎工程調查,於是展開了對土地及山林的掠奪,日本為何急需如此,誠如矢內原忠雄認為「土地調查成為臺灣資本主義化,日本資本征服臺灣的必要前提或基礎工程」。除土地外,1910 年至 1914 年間,總督府也在臺灣展開大規模的林野調查工作,而在獲得林野所有權後,隨即以無償或廉價出讓給日本地主或資本家,且規定了林野利用及交易的法律基礎,更促成了在臺日本地主的土地所有化。

總之,日本據臺未久,總督當局即運用國家權力透過土地及林野調查的方式,一方面掠奪臺灣人民所賴以為生的土地外,更全面扶持贊助資本家進駐臺灣。總督府為幫助資本家收購土地,甚至動用國家權力,以警察強力勸誘或強迫農民出讓,其中尤以扶植製糖會社的兼併土地最明顯,例如放領土地給三菱會社而造成的竹林爭議,即為產生農民運動的根源之一。

總督府當局經由國家強權掠奪土地以扶持資本家之政策,造成土地所有權的集中,兼以從清朝以來,地主不僅向佃農徵收高額佃租,並加諸佃農等許多不合理的規定,使為數眾多的佃農處於被壓迫榨取的情況下,此種情形正是臺灣農民運動發生之原因與背景。

二、壟斷獨立的產業政策

　　日本據臺後，為榨取臺灣經濟來延長日本帝國主義之目的，總督府的產業政策即為對臺灣各種資源進行全盤的壟斷獨占式經營。總督府當局不但以國家機器強力扶持資本家以掠奪臺灣的土地，更以國家的權力制定各種法規章程、資金援助、專賣制度以驅逐外商洋行，本地臺灣人資本家亦受到抑制。

　　1912 年，總督府公佈禁止臺灣人組成商事或民事會社，抑制了臺灣本地資本家勢力之抬頭。其後，於 1923 年日本在完成近代企業與金融獨占後，開放許可臺灣人設立會社，但仍是從屬於日本資本家的勢力範圍之下，其與日本統治者及資本家的利害是一致的。此即何以最初臺灣的農民爭議是發生在臺灣人的製糖會社，因臺灣人視其與日本會社並無不同。

　　矢內原忠雄說：「一部甘蔗糖業的歷史就是殖民地的歷史」。糖業是日本帝國主義重要之經濟作物，故日本據臺後即全力發展製糖業，除了制定〈糖業獎勵規則〉幫助製糖會社無償取得土地、技術、資金外，更可議的是「原料採收區域制度」。此外如甘蔗收購價格、甘蔗等級、斤量等不合理現象，均由會社片面決定，此為一變相之剝削壓榨，臺灣農民運動之濫觴「二林事件」即為此情況下爆發。

　　臺灣農民運動意識的啟蒙，與文化協會的宣傳有關。文化協會的全省巡迴演講，在 1925 年至 1926 年達到高峰。文化協會的辯士於演講中，強烈抨擊總督府的殖民政策、退休官員強占土地山林、製糖會社之不當壟斷等，均與農民利益攸關。在文化協會的啟蒙下，配合二○年代全球民主運動的高漲，臺灣農民運動亦隨之展開。

　　1923 年起，在農民意識覺醒之下，蔗農爭議開始急遽增加。該年4 月，位於溪洲的林本源製糖會社，因甘蔗買收價格遠比附近的明治製糖會社為低，蔗農不甘權益受損，聚眾五百餘人連署抗議請願，幾經交

涉，會社終於讓步，此事件終以蔗農獲勝而結束。這次事件的成功，激勵了蔗農士氣，為團結起見，1925 年 6 月 28 日乃成立了臺灣最早的農民組織「二林蔗農組合」，其目的在團結蔗農力量向會社爭取合理的權益。

是年 9 月 7 日，二林蔗農組合向林本源製糖會社提出「會社與蔗農協定收購價格」等 5 項要求，然而林本源會社展開強勢作風，在未有結果前，即逕行收割該區甘蔗，引起蔗農組合的不滿及制止，雙方發生衝突，結果造成 93 人被捕及 43 人移送法辦，是為「二林事件」。二林事件實為臺灣農民運動之肇始，此後全臺各地紛紛成立農民組織，爭議屢起，農民運動隨即蓬勃發展開來。

三、農民組合成立之前奏

自二林蔗農組合成立後，農民逐漸了解唯有團結才能維護自己的權益，因此組織團體凝聚力量是十分迫切的。其中因租佃問題而成立的「鳳山小作組合」尤為重要，其成立為日後的「臺灣農民組合」奠定了良好的基礎。臺灣農民組合創立之契機，為鳳山小作人組合，此事緣起於高雄陳中和物產會社為擴充其相關企業新興製糖廠，強迫原本已承租的佃農交還土地所引起的。

佃農黃石順以會社要求無理，糾集佃農向會社抗議，會社才稍許讓步，同意俟二期稻作收成後再收回耕地。但黃石順仍不滿意，向無助佃農鼓吹「只有團結鬥爭才是確保佃農生命的唯一手段」，鼓勵佃農組織團體作合理的抗爭，並於 1925 年 5 月 23 日在自宅成立了「小作人組合」，由黃石順代表佃農繼續向會社交涉，由於佃農組織的交涉成功，迫使陳中和會社同意延遲一年收回土地。黃石順的堅毅表現博得佃農信賴，也讓廣大佃農了解到團結的重要性，1925 年 10 月 3 日，「鳳山小作組合」即在此情況下成立。

不久，黃石順結識簡吉，簡吉甫自日本回臺，他親身目睹日本的農民運動，覺得佃農組合範圍過於狹隘，應該包含其他農民，於是和黃石順商議擬擴大組織。11 月 15 日，在黃、簡二人的奔走下，「鳳山農民組合」成立，眾推簡吉為組合長，黃石順為主事。鳳山農民組合是臺灣近代反資本主義運動的先河，且奠定了臺灣農民運動組織化的契機。

鳳山農民組合成立後，為啟發農民意識，隨即密集下鄉巡迴演講，除具體闡述臺灣農民生活之困苦外，更將矛頭指向總督府及地主、資本家的橫暴貪婪，所以鼓勵農民要奮起來爭取自己的生存權和改善現實生活，每次演講都擠滿了聽眾，對農民思想啟發甚大。

1926 年，陳中和的新興製糖廠以期限已到，強行欲收回土地權，佃農則誓死捍衛賴以維生的土地。在鳳山農民組合的領導下，雙方雖仍對峙互不相讓，最後新興製糖廠不得不暫作讓步。由於鳳山農組的接二連三成功，鼓舞了各地的農民大眾，當全臺各地發生農民爭議時都期望汲取鳳山農組成功的鬥爭經驗，而簡吉與黃石順也覺得有必要將農民運動推至全省，他們常四處奔波，援助指導各地農民爭議，為日後成立全島性的農民團體——「臺灣農民組合」預先紮下堅實根基。

臺灣農民組合的成立，主要是圍繞在製糖會社與農民土地的爭議之上，此土地爭執當時在全省各地十分普遍時有所聞。如大甲、虎尾等地，1926 年林杞埔事件的竹林爭議，促成了竹崎農民組合的成立，其後又有曾文農民組合的誕生，在農組風起雲湧之際，乃逐漸醞釀需有一全島統一團體之議，臺灣農民組合的成立至此已呼之欲出了。

在全島蜂擁爆發的農民運動中，像燎原之火的蔓延開來，臺中、臺南、高雄等州都發生臺灣農民與日本退休官吏強占土地的糾紛。農民每次向總督當局的陳情抗議，都在維護偏袒日本的不公平中不了了之，根本沒有誠意解決農民的生計問題。在多次交涉無效後，臺中大肚庄農民深刻體會到，唯有靠團結的力量才能和資本家及地主對抗。在趙港、趙欽福等人的努力下，1926 年 6 月 6 日，終於成立了「大甲農民組

合」。

同時，在虎尾、崙背、麥寮、興化一帶的農民也不甘心命運被擺佈，為保住生活命脈的土地，展開強烈抗爭，為加強團結，8 月 21 日在簡吉主導下，臺灣農民組合虎尾支部成立。其後，為了三菱製紙會社透過林野調查取得廣大竹林，嘉義竹崎農民展開十餘年的抗爭，最後並成立了竹崎農民組合與三菱會社對抗，1926 年 9 月 2 日，在簡吉、趙港的熱心催生下，臺灣農民組合嘉義支部也終於問世。

四、農民組合之正式成立

自 1925 年起，有鑒於全島各地農組的紛紛成立，但各自為政，缺席一統合指揮之樞紐，致使力量分散，成效欠彰。為謀統一力量起見，1926 年 6 月 28 日，乃有臺灣農民組合的正式成立，來自全島各地的農組代表 5、60 人齊聚鳳山，討論組合規則、綱領等事項，會中並推舉簡吉為中央委員長，簡吉、陳連標、黃石順為中央常任委員。臺灣農民組合成立後，隨即成為總督府當局的眼中釘，為壓抑農民組合，甚至採取高壓手段，並以農組本部鳳山為打擊對象。

新成立的農組遭逢當局之鎮壓，表現出不畏不懼的態度，農組的訓練有素，代表臺灣農組已趨於統一戰線階段。為擴張農組力量，1927年元月 2 日將本部由鳳山遷至麻豆，同年 9 月並擴大中央機構及改組幹部，推黃信國為中央委員長，簡吉、黃石順續任中央常任委員，主要幹部尚有趙港、侯朝宗、陳德興、陳培初、謝神財等，1927 年，農組在全島已增加了 18 個支部，會員人數激增，有必要舉行大會以凝結共識，於是遂有是年底第一次全島大會的召開。

五、農民組合之發展、組織與轉向

針對紛至沓來的農民問題，及嚴重的土地竹林爭議，農組決定直

接前往日本陳情並多吸取經驗，於是遂有簡吉和趙港的日本行。陳情目的最後雖未達成，但卻帶回戰鬥的理論和抗爭經驗。在日本勞農黨的支援下，農組的組織急速膨脹，運動方式也趨靈活多元化、激進化，在第一次全島大會中，農組遂由無意識的純經濟抗爭，而逐步走上有意識的政治鬥爭，此為農組路線做了重大的轉向。

臺灣的農民運動和二〇年代在臺灣興起的社會運動一樣，它除了殖民地特殊的政經社會背景外，一戰以後世界性的社會主義思潮與日本彼時勃興的農民運動都對其產生深遠的影響，其中尤以日本的經驗影響更大。舉例言之，1925 年專程應文化協會邀請來臺為「二林事件」辯護的律師布施辰治，即為日本勞農黨之顧問，更是日本社會運動之健將。布施的來臺不僅辯護外，其到各地的精闢演講，誠如連溫卿所說，其對臺灣農民運動思想的啟迪更是不小。

1927 年 2 月，簡吉、趙港的日本行，真正陳情目的未遂，但卻促成臺灣農組與日本勞農黨及農民組合之合作。日本農民組合不但發表聲明「反對臺灣墾地之強制或欺瞞的徵收」，並擬向臺灣當局提出抗議，日本社會運動健將如布施辰治、古屋貞雄等人甚至允諾擔任臺灣農組的顧問，並願協助臺灣農組打有關農民爭議的民事、刑事官司，對臺灣農組運動的推展貢獻不少。

臺灣農組自從建立全島性統一組織後，也積極在各地增設支部。農組初成立時，只有 5 個支部，但到 1927 年底時，全島已達 23 個支部及 4 個聯絡處，會員人數更是達到 2 萬 4 千餘人，可謂是臺灣農民運動發展的最高潮，亦是農組的黃金時期。

農組下設大會、中央委員會和中央常任委員會，大會為農組最高決議機關，原則上每年召開一次。第一次全島大會後，由於農組的轉向，在大會下，又另設一特別活動隊，作為農運的先鋒，以期達成無產階級政治鬥爭之任務。為擴大基層影響力，農組也在各地設置農村讀書會，教一般農民簡易漢字、千字課及農民歌謠，以啟蒙農民知識並提高

其自覺。另外,演講仍是農組主要的宣傳方法,有些為到各地巡迴演說;有些為與其他團體聯合演講,有時為宣傳造勢,也會採取遊行示威的方式推銷其訴求。

簡吉、趙港與楊逵有農組 3 巨頭之稱,其中楊逵素以寫作見長,在文宣及理論上貢獻較大。簡吉和趙港則是推動農組發展不可或缺的兩大功臣,從籌組農組的成立到親赴東京請願,以至到全島各地演講活動、支部的組織等,均有簡吉、趙港的身影,他們 2 人對臺灣農組及農運的貢獻,可說居功至偉。

1927 年至 1928 年間是臺灣農民運動的最高潮,此期間,農民運動於全臺各地四處展開,而農民爭議的發生,農組也扮演積極介入的角色,故常引起統治當局的注意。農組的手段也由原先溫和的陳情請願,逐漸運用組織力量來動員農民走向激烈的大眾抗爭,他們不但以鬥爭方式直接與地主或資本家交涉,更以組織團體的力量提出自己的要求。

有時目的未遂,農組則訴求於民眾,以演講及大規模的示威活動,控訴日本當局或資本家。針對不合理之政策,農組還會動員全島各地會員,對地主發動主動攻擊。1927 年 10 月,中壢地方為抗拒日本拓殖會社的扣押稻穀,甚至發生嚴重衝突的「中壢事件」。其後,農組的運動方式,採取了更有效的農民「包圍」策略,為達訴求,從 1927 年起,全島曾發生多起農民包圍資本家,甚至日本拓殖會社之事,充分展現農組的實力和農民自覺之精神。但也因為農組的強勢作風,威脅到統治當局及地主資本家之利益,1929 年受到「212 事件」的影響,日本當局發動對農民組合的大檢舉,被逮捕 3 百多人,農組受此打擊後,勢力驟減而改變策略,逐漸轉入地下活動。

六、農民組合之歷史意義

基本上,臺灣農民運動的勃興是臺灣社會運動史上的高峰,它無

疑是第一次世界大戰後，世界性社會主義思潮下的產物，兼亦受到日本社會主義運動的影響。不過臺灣農民運動亦有其殖民地背景的特殊性，它不同於日本的民族與階級之鬥爭及強烈的政治色彩，它成立之原始動機，反而是建立在反抗日本帝國主義榨取殖民地的經濟基礎之上的。其後因農民自覺意識高漲、農組力量的增強和受到日本社會運動策略的影響，才逐漸由經濟訴求轉向為帶有政治鬥爭的色彩。這也是在日本帝國主義經濟掠奪政策下，任何活動最後不得不走向政治鬥爭的無奈宿命。

　　臺灣農組的結成，代表當時臺灣的農業問題已經積累到相當嚴重的地步，面臨到不得不以實踐性的社運方式來解決危機。臺灣農組的成立，象徵自「文協」以來，臺灣人民智的啟蒙已達初步成效，且在世界性社會主義大潮下，臺灣人並不缺席，懂得利用組織對組織、團體對團體的力量，為反帝國主義及資本主義，爭取經濟平等維護自我權利作積極理性的鬥爭。

　　此外，臺灣農民運動尚有世界性無產階級鬥爭之歷史意義在，其對資本家及地主鬥爭之意義，不僅只是在爭一己的經濟權益，而是響應世界無產階級自我解放的歷史潮流。從農組在第一次全島大會上擬訂支持日本勞農黨之決議，及其與勞農黨和以後臺共之關係看來，農組成立及臺灣農民運動之歷史意義，宜從臺共、日共、勞農黨等要求世界無產階級解放的這個視野來觀察，才能更貼近其歷史評價與意義。

參考書目

臺灣總督府，《警察沿革誌：臺灣社會運動史——農民運動》（臺北：創造出版社，1989 年）。

史明，《臺灣人四百年史》（美國聖荷西：蓬島文化公司，1980 年）。

矢內原忠雄，《日本帝國主義下之臺灣》（臺北：帕米爾書店，民國76 年再版）。

林國章，《民族主義與臺灣抗日運動：1895-1945》（臺北：海峽學術出版社，2004 年 6 月出版）。

〈封面主題：簡吉與臺灣農民運動〉，《歷史月刊》第 196 期（2004年 5 月）。

連溫卿，《臺灣政治運動史》（臺北：稻鄉版，民國 77 年 10 月初版）。

黃師樵，〈臺灣農民運動史〉，《夏潮》第 11 號（1977 年 2 月）。

葉榮鐘、蔡培火、吳三連等著，《臺灣民族運動史》（臺北：自立版，民國 79 年 6 月 1 版 6 刷）。

楊碧川，《日據時代臺灣人反抗史》（臺北：稻鄉版，民國 77 年 11 月初版）。

楊渡，〈臺灣農民運動的先驅——簡吉〉（1-4），《傳記文學》第 88卷第 4-6 期，第 89 卷第 1 期（民國 95 年 4-7 月）。

蔡文輝，《不悔集——日據時期臺灣社會與農民運動》（臺北：簡吉陳何文教基金會，1997 年）。

韓嘉玲，〈臺灣農民組合：1925-1927〉，《臺灣史研究會論文集》（第一集）（臺北：臺灣史研究會出版，1988 年 6 月初版）。

韓嘉玲，〈簡吉與臺灣農民組合〉，《臺灣史研究會論文集》（第二集）（臺北：臺灣史研究會出版，1990 年 7 月初版）。

韓嘉玲，《播種集》（臺北：簡吉陳何文教基金會，1997 年）。

2.7 日治時期的臺灣文學發展及其影響

一、臺灣割日後的遺民文學與棄民意識

　　日治時期的臺灣文學發展，是 20 世紀臺灣現代文學發展的開端，對後來的臺灣文學之影響非常大。所以本書，特綜合最近臺灣學界的最新研究成果，來向讀者介紹以追懷這一段，一般讀者較少接觸的近代臺灣文學之相關領域。不過，此一歷史發生的過程敘述，仍須從晚清到日治初期的臺灣傳統文學說起，然後，才能接著敘述其後的發展。而晚清時期，在巡撫唐景崧的倡導下，臺灣士紳階級文人士子，結社吟詩之風，逐漸盛行。

　　雖然，在此之前，南臺灣在 1878 年，已有許南英（名作家許地山之父）與其岳父吳樵山、施士浩、汪春源、陳望曾、丘逢甲、陳日翔等人所設的「崇正社」，時假竹溪寺，擊缽吟詩。1885 年，連唐景崧本人，在公餘之暇，也常在道署內斐亭，與文士詩人聚會，稱為「斐亭吟會」。可見，當時文人集會，吟詩風尚，已極為盛行的狀況。

　　1886 年，更有北臺灣竹塹人蔡啟運、林薇臣、林世弼等文士，將竹、梅二社合併為「竹梅吟社」與之輝映。所以，在 1892 年，唐景崧升任臺灣布政使時，便移駐臺北，並又另組「牡丹吟社」，以進行詩社的活動。1894 年，林景商又有「海東吟社」之倡。總之，在唐景崧熱心提倡下，臺灣詩社、詩會林立，一時擊缽吟唱，蔚為風潮。

　　詩社文人的串聯互動，使臺灣詩人的創作技巧，及作品日益純熟，比之內地中國詩人群中，亦不遜色，其中施士浩、丘逢甲、許南英、洪棄生皆為詩界翹楚。

　　1894 年甲午戰爭失敗，翌年「馬關條約」簽約，滿清將臺灣、澎

湖割讓給日本，從此淪為日本的殖民地。臺灣同胞聽到割臺噩耗，義憤填膺哀慟莫名，不僅派大員赴京，希望挽回朝廷心意，更作最壞打算，不惜與日本一戰。然在割讓已成事實後，孤臣無力可迴天，只有訴求獨立建國，因此有「臺灣民主國」的成立，及其後義軍的節節抵抗。但在日軍強大優勢的武力下，這些可歌可泣的抵抗，仍以失敗收場，從此日本殖民統治臺灣，已成定局。

　　日本據臺後的前幾年，許多富有民族意識的舊文人，或知識份子，不願在異族統治下苟活，而返回原鄉中國大陸。也有一些文人，無力抵抗當局，只有藉酒色自娛，麻醉自己成為亡國奴內心的悲痛。他們像中國舊式文人一樣，隱居市井，感時憂國，吟詩抒愁，澆心中塊壘，過一輩子遺民生活。

　　期間，臺灣士紳丘逢甲，回到中國後，仍心繫臺灣，其詩集《嶺雲海日樓詩鈔》，滿紙悲憤充滿民族意識之史詩，隨處可見，顯見其對臺灣淪日之哀痛終生未歇。其有一首詩〈元夕無月〉云：「滿城燈市蕩春煙，寶月沈沈隔海天。看到六鰲仙有淚，神州淪沒已三年。三年此夕月無光，明月多應在故鄉。欲向海天尋月去，五更飛夢渡鯤洋。」至於如「夢裡陳書仍痛哭，縱橫殘淚枕痕深」、「不知成異域，夜夜夢臺灣」更是具體地將其思念臺灣的愁緒，淋漓盡致的表現出來。

　　另一首〈客邸晚懷〉言：「百粵山河霸氣涼，干戈初定客還鄉。愁心似海猶添水，短鬢驚秋早欲霜。醉徑經能欺李廣，冷曹應共笑馮唐。豪情倜儻銷難得，又聽城笳送夕陽。」已不復有當年「捲土重來未可知，江山亦要偉人持。成名豎子知多少，海上誰來建義旗」的豪情壯志。剩下的是滿懷悲涼，吟唱英雄末路惆悵之情，溢於言表。

　　總之，丘逢甲的詩常流露出揮淚說臺灣的沉痛心情，對無力歸返臺灣，於其詩中充滿著棄民、遺民的失根心理。除丘逢甲外，當時回中國的臺灣舊文人如施士浩、汪春源、許南英等，也都是隱居不問世事，對臺灣陷日的悲痛，將遺民心態寄情於詩歌間，其中以許南英較著名，

有《窺園留草》詩集傳世。

當然臺灣之淪日，於舊文人而言，是個人及家國之遭逢巨變，除消極透過文學、詩歌吟誦出棄民遺民的哀痛心理外。也有像洪棄生（散文家洪炎秋之父）那樣的文人，參加義軍失敗後，終生不剪辮髮，拒著洋服，杜門不出，潛心著述，把臺灣社會和歷史刻劃入詩中，發揮臺灣人不屈不撓的民族氣節，且終身以大清遺民自居。

其中對「臺灣民主國」的潰敗，洪棄生悲憤的用古體詩，寫出了〈臺灣淪陷紀哀〉，這是一首長篇史詩，以深沉的筆觸，鋪寫出亡國失鄉的傷痛之情，讀來令人動容。其後又有〈痛斷髮〉一詩，強烈表達斷髮後的悲憤與無奈：「我生跼蹐何不辰，垂老乃為斷髮民。披髮欲向中華去，海天水黑波粼粼。天為穹廬海為塹，桃源路絕秦中秦……我生於世一微塵，我頭一髮迴千鈞....在笯可憐斷尾鳳，遯荒須跨無角鱗……」斷尾鳳與無角鱗的尷尬和憂傷，正是髮辮被強剪，文化遭摧殘的臺灣士子共同的心聲。

洪棄生才高學富，膽識非凡，又具有濃厚的民族意識，因此每借詩篇來痛陳時政，直抒性情。於日治時代，是臺灣舊文人中，少數敢於以詩為史，毫無保留地揭露日吏之苛暴、窮民之悲苦的詩人，於棄民遺民文學外，另闢寫實反抗詩歌之先聲。洪棄生著作等身，有《寄鶴齋詩話》、《寄鶴齋文》、《瀛海偕亡記》、《臺灣戰紀》、《中東戰紀》等，以詩以文記下了義軍吳湯興等人之抗日斑斑血淚史。洪棄生之操守文章，近人楊雲萍對其評價頗高，說他是「近代學人之中，博聞篤學，抱樸守貞，儼然有古大師之風。」

此外，像吳德功的《讓臺記》及〈哀季子歌〉，記載抗日義士吳彭年之英勇事蹟，令人不忍卒讀。而新竹詩人王松，寫詩每自署「滄海遺民」，其悲憤之遺民心理更是一目了然。

總之，長期受中國文化薰染下之臺灣士子，於日治臺灣後，不論是內徙大陸或留在臺灣，其內心深處，無論如何是無法認同日本的，尤

其是在文化認同方面更是如此。臺灣陷日後，居留中國的，魂牽臺灣；無奈在臺者，滿腔亡國之慟。此情此景只有透過詩歌吟唱將其表露出來，而內容之哀怨悲憤，充滿遺民棄民心理也成此際詩歌文學之一大特色。

二、日治初期之古典文學

日本統治臺灣趨於鞏固後，臺灣的殖民地社會也逐漸安定下來，在 1920 年以前，舊文學的詩，仍是臺灣文學的主流。而為了拉攏安撫臺灣上層知識份子及精英，日本統治當局，也用心良苦，派了不少明治時代，熟悉漢文漢詩的日本舊式文人，前來臺灣任職。

希望藉以漢詩互相酬唱的方式，來消除彼此的緊張對立。兼以總督府以推廣漢詩為治臺一策，獎勵臺人成立詩社，因此擊缽吟體，盛極一時，而歷代總督，又舉開「饗老典」和「揚文會」，與本土詩人做漢詩唱和，以達懷柔與籠絡臺灣士紳之目的。

如第 4 任總督兒玉源太郎，於 1899 年，在其南菜園別業落成時，親邀全臺詩人吟詩其間，最後，並將唱和輯成《南菜園唱和集》，分贈日、臺人士。其後，行政長官後藤新平，也在他的書房「鳥松閣」召集詩會，於 1906 年亦刊行《鳥松閣唱和集》傳世。1921 年第 8 任總督田健治郎又附庸風雅一番，邀請近百位臺灣詩人，赴其官邸吟詩作對，後編成《大雅唱和集》。

之後，第 9 任總督內田嘉吉、第 11 任總督上山滿之進，也分別在 1924 年和 1927 年邀集臺灣詩人，共相唱和，事後均有《新年言志》與《東閣唱和集》等詩集出版，由此可知，日本為拉攏臺灣士紳，是花費一番綿密功夫的。

除總督府積極倡導下，當時有不少未忍漢學廢墜的有識之士，所發起的「漢學維護運動」，也是促成臺灣詩社林立，詩人擊缽聯吟風氣

大盛的另一因素。這種專事雕詞琢句，拈題競技的擊缽聯吟，最早是流行於臺灣民間的「詩鐘」，此一詩人間的擊缽吟詩活動，經日本在臺漢文學家和總督府的刻意提倡，成功的促成臺灣詩人結社聯吟的風氣，更使舊文學之詩，成了臺灣文壇的主流。

當時詩社之多，據連雅堂〈臺灣詩社記〉所錄，僅 1924 年，全臺就有詩社 66 個，其中以臺中的「櫟社」（1898）、臺南的「南社」（1906）和臺北的「瀛社」（1909）最有著名，社員數逾百人，更有所謂臺灣「三大詩社」之稱。是以連氏稱：「三十年來，臺灣詩學之盛，可謂極矣，吟社之設，多以十數，每年大會，至者嘗二三百人，賴悔之所謂過江有約皆名士，入社忘年即弟兄，誠可為今日詩會讚語矣。」

據統計，日治期間，全臺知名詩社，約有 280 個，成員大都出身前清遺老宿儒所主持的私塾，作的是清一色絕句、律詩一類的舊體漢詩。臺灣詩社之盛，連 1911 年來臺遊歷的梁啟超都說：「滄桑後，遺老侘傺無所適，相率以詩自誨。所至有詩社，萊園吟社以外，櫟社、南社為其最著也。」

詩社領袖及詩人，以林獻堂、林痴仙、林幼春、蔡啟運、連橫、洪棄生、許南英、傅錫祺、賴悔之、蔡惠如、莊太岳、林仲衡、陳逢源、王敏川等最具代表性。一般說來，綜觀整個日治時期，臺灣作古典詩的舊士紳階層，雖仍有極強烈的反日色彩，但他們的作品，常脫離庶民的現實生活，且有極多作品流於風花雪月。以每年舉辦吟詩大會為例，雖盛況空前，全省詩社也逾百，但大多數詩作都採用擊缽吟體，詩作多雕琢而乏生命，故在新文學興起後，因與時代脫節，很快的即趨於沒落。

臺灣舊體詩人著作，較有名的詩作有：連雅堂《大陸詩草》、林痴仙的《無悶草堂詩存》、林幼春的《南強詩集》、吳德功《桃齋文稿》、林景仁之《東寧吟草》等。主要漢詩雜誌有：《臺灣文藝叢志》、《臺灣詩薈》和《三六九小報》，其中尤以後者，對於舊文學的

提倡，不遺餘力，貢獻良多。

三、臺灣新文學運動的發軔

臺灣新文學運動，發微於 1920 年代，在此之前，臺灣文學仍以詩社為主的聯吟酬唱居多，所以當時全島各地遍佈各種詩會詩社。基本上，這種文學活動，是以舊文人為中心，也是士紳階級吟風弄月的產物。無怪乎，後來被斥為「有濃麗之外觀，而無靈魂腦筋，是為死文學」。且未盡到啟發文化，振興民族的文學基本使命，張我軍更直言，要拆下這座「敗草叢中的破舊殿堂」，認為舊文學，已有從根本上掃除刷清的必要了。

進入 1920 年代，接受新的文化洗禮的一代，在感受到世界各地的文學，都在革新求變，向前大步邁進之時，只有臺灣文學，還在打鼾酣睡不動如山，更加憂心忡忡，難道臺灣文學，要永遠被棄於世界文壇之外嗎？於是一場新舊文學論戰，無可避免的廝殺起來。在談到新舊文學論戰前，我們先對臺灣新文學運動的源起，作個簡單介紹。

基本上，臺灣新文學運動之源起，係受到第一次世界大戰後自由民主思潮，與中國五四文學革命風潮的激發而產生。其時，適值臺灣武裝抗日失敗，處於日本殖民統治下的臺灣作家，配合當時島內風起雲湧的政治社會運動，藉著新文學運動的推展，希冀民族之解放與民智的啟蒙；兼亦發抒心中塊壘及家國之痛。

所以說，日治時期的臺灣新文學運動，是在日本殖民體制下，隨著當時如火如荼的臺灣新文化運動，為抗日民族運動之一部分而展開的。王詩琅即說：「臺灣新文學運動，雖非有意識的民族運動，然而它是採取文學方式，對異族統治的抗爭，作品也多在揭發異族統治的弱點，激發民族意識，影響不可謂不大。」

葉石濤也提示：「日本統治下的臺灣新文學運動，跟臺灣新文化

運動和臺灣社會運動，有密切不可分離的關係。而臺灣新文化運動，和社會運動，其實是臺灣民眾的反日、反殖民、反封建的民族解放意願的具體表現。」換言之，日治時期，臺灣新文學運動的根本精神，是建立在「反帝、反封建」的抗爭意識上，其最終目的，即在尋求臺灣人民意識之覺醒。

　　日治時期，臺灣新文學的起點，一般認為始於 1920 年《臺灣青年》的創刊。該刊為「新民會」所發行，其創立旨在對臺灣，作積極之啟蒙運動，以求合法圖謀民權之伸張，故「新民會」實為臺灣文化運動之始創者。臺灣新文化運動者，透過《臺灣青年》介紹當時世界各主要思潮，影響臺灣新文學之源起甚大。總體而言，當時，有幾股因子對臺灣新文學的催生甚大：

（一）世界潮流的衝擊

　　蔡孝乾曾明白指出「歐洲大戰以後，世界的思潮流到臺灣，給久在睡夢中的臺灣人，以一服的興奮劑，臺灣的啟蒙運動從茲開始。」且當時正是日本「大正民主」時代，很多提倡民主主義之日本作家的作品，也自然轉化為臺灣新文學的精神食糧，為臺灣作家所汲取。

（二）五四思潮的刺激

　　1919 年中國爆發的五四新文化運動，對臺灣之影響至深且鉅。陳逢源在《臺灣民報》所謂「詰屈聱牙事可傷，革新旗鼓到文章；適之獨秀馳名盛，報紙傳來貴洛陽。」即傳神的描繪出五四新文化運動，對臺灣知識份子所帶來之衝擊。當時，臺灣文學青年，相當景仰五四新文化運動，所以胡適、陳獨秀等人之文學主張，也都介紹進來臺灣，《臺灣民報》也大量登載胡適、魯迅等人的文章。

　　而到大陸就學，或旅遊的臺籍青年，如張我軍、黃呈聰、黃朝琴

等，也因親身體驗，而為文大聲疾呼，深切體認到推行白話文之重要性。所以說，大陸的五四運動對臺灣新文學運動的肇始，是起了很大的影響。黃得時對此現象坦承：「臺灣從民國十年以後，產生新文學運動，可說受到祖國『五四運動』影響很大。」吾人從臺灣新文學運動之模式，始於黃呈聰、黃朝琴等所提倡之〈文字的改革〉起，終於張我軍的〈文學的改革〉之進路看來，與中國之五四文學革命運動如出一轍，可知黃得時所言不虛。

此外，像楊雲萍所說，臺灣新文學運動，亦受到日本的影響，尤其是通過日文，來吸收世界文學，及對擊缽聯吟之反動，如廖漢臣所云，「舊文學的腐敗，是促進『新文學運動』最主要的內部原因」等，均促成臺灣新文學運動發軔的主客觀原因。

四、新舊文學論爭

二〇年代臺灣新文學運動，首先發難者為「新舊文學的論爭」，該論爭於 1920 年 7 月，由白話文運動發其端緒，至 1924 年張我軍的幾篇攻擊猛烈之文章臻於高峰，論戰一直持續至 1942 年 2 月，方告平息，其時間之長，幾與臺灣新文學運動相始終，影響至為深遠。

1920 年 7 月，陳炘在《臺灣青年》創刊號，發表〈文學與職務〉一文，率先指出，文學既負有「啟發文化，振興民族」之職務，宜摒除「拘泥法式，注重文面，句分駢散，辭貴古奧」艱澀難解的「死文學」，而主張使用「言文一致體」的白話文。其後，甘文芳用日文，也發表了一篇〈現實社會與文學〉，闡明文學工作者必須深入生活中，現在臺灣現實生活重圍下，已不需要那種有閒的文學——風流韻事，茶前酒後的玩弄物了。

黃得時以為，如果風流韻事，茶前酒後的玩弄物，指的是臺灣那些吟風弄月無病呻吟的舊文人，那麼此篇文章，可能就是最早抨擊舊文

學的文章了。在對舊文學挑戰已是山雨欲來風滿樓之際,陳端明寫了〈日用文鼓吹論〉,嚴辭批判文言文之弊害,及鼓吹白話文之利,從而揭起了臺灣白話文運動之序幕。在陳端明掀起風潮後,1922 年,就讀早稻田大學的黃呈聰、黃朝琴在中國受白話文運動影響,返日後於《臺灣》雜誌撰文,呼籲普及白話文。

其中,尤以黃朝琴的長文〈漢文改革論〉最具影響力,黃朝琴事後曾回憶寫此文之良苦用心,他說:「我的用意是,希望臺灣同胞相互間,均能使用中國文字,使白話文逐漸普及,這樣不僅中華文化在臺灣,得以繼續保存,而且因簡單易學的白話文的推廣,而能發揚光大,藉以加強民族意識。間接的,使日本對臺灣的日文同化教育,無法發揮他預期的效果。」

基本上,黃呈聰和黃朝琴他們,都堅決主張推行白話文,認為啟蒙民眾為臺灣社會改革之當務之急。特別是,他們把語言文字的改革和發揚民族文化,與反對日本同化政策連結起來,更具深遠意義。

五、張我軍與新舊文學論爭

二〇年代,真正將新舊文學論戰掀起的是,時為留學北京的板橋人張我軍,1924 年 4 月,遠在北京的張我軍,看到世界潮流的演變,及受中國五四新文化運動之刺激;亦眼見臺灣議會設置請願運動失敗,蔣渭水、蔡培火以違反〈治安警察法〉遭捕。社會運動受挫,甚多臺灣知識份子,仍麻木不仁的只會致力於無意義的擊缽吟體。

欲求社會之改造,憂心忡忡的張我軍,寫了〈致臺灣青年的一封信〉,公然痛批古詩文之弊,從而吹起新文學之號角。他嘲諷的說:「臺灣的詩文等,從不見過真正有文學價值的,且又不思改革,只在糞堆裡滾來滾去,滾到百年千年,也只是滾得一身臭糞。」攻擊力道之大,迅即在臺灣文壇投下一顆震撼彈。七個月後,張我軍又投下威力更

大的炸彈，發表〈糟糕的臺灣文學界〉一文，極盡怒罵嘲諷的說：「創詩會的儘管創，做詩的儘管做，一般人之於文學儘管有興味，而不但沒有產出差強人意的作品，甚至造出一種臭不可聞的惡空氣來，把一班文士的臉丟盡無遺。」接著，張我軍更意猶未盡的攻擊舊詩人，「拿文學來做遊戲，或做器具用」、「拿詩做沽名釣譽，或迎合勢利之器具」、「養成青年偷懶好名之惡習」等弊端，將舊詩人抨擊的體無完膚。

張我軍來勢洶洶的批判，終於讓舊文人按捺不住，詩壇祭酒連雅堂即起而批駁。但張我軍亦不甘示弱，又撰〈為臺灣的文學界一哭〉批評連氏之反擊。1925 年元月，張我軍寫下批判舊文學的壓卷之作〈請合力拆下這座敗草叢中的破舊殿堂〉，強調臺灣舊文學這座敗草叢中的破舊殿堂，既已不合現代的臺灣人住，且有隨時倒塌之危，因此呼籲所有臺灣同胞，合力來拆下這座破舊的殿堂。

張我軍對舊文學的一輪猛攻，雖然引起舊文人連雅堂、鄭坤五等之反擊，但因新文學運動符合時代的需求，掌握了時代的脈動，得到絕大多數臺灣知識份子的支持。張我軍的建設白話文學，以代替文言文學及改造臺灣語言，以統一於中國國語，這樣的新文學運動之目標和主張，終獲勝利。

張我軍不但開風氣之先，率先引進五四文學革命到臺灣，難能可貴的，他還以身作則，積極的從事新文學之創作，實際推動新文學殿堂的建設工作。他以白話文寫作小說、新詩、評論、隨筆等，小說〈買彩票〉被黃得時譽為與賴和的〈鬥鬧熱〉、楊雲萍的〈光臨〉為臺灣最早真正有價值的新小說。

除〈買彩票〉外，張我軍尚有〈白太太的哀史〉、〈誘惑〉及他最重要的白話詩集《亂都之戀》。《亂都之戀》詩集的創作，從形式到內容都體現了張我軍的革新思想，同他當時發表的一系列抨擊舊文學、提倡新文學的文章相得益彰。

總之，在臺灣新文學萌芽之際，張我軍的文藝批評與理論建設，

適時為臺灣文學指出一條明確發展的方向，並帶頭衝破舊文學之網羅，其對臺灣新文學發展之貢獻，葉石濤稱之為「急先鋒」之角色，確實當之無愧。

基本上，新舊文學論爭可以說是推動臺灣新文學運動前進的一大力量，這當中張我軍無疑居於主力人物和戰將，由於他及追隨者的挺身倡導，才使得臺灣文學進入了脫胎換骨的嶄新發展時代。

六、臺灣新文學之父——賴和

假如說張我軍是臺灣新文學運動最早的理論傳播者，那麼賴和，將是臺灣第一個實踐執行者。賴和可說是首位把白話文的真正價值具體實踐於大眾之前，為臺灣新文學「打下第一鋤，撒下第一粒種子」的先行者。而博得王詩琅、朱點人、楊守愚等人同聲推許為「臺灣新文學之父」、「臺灣新文學的開墾者」、「臺灣新文學的創造者」等之美譽。

賴和，彰化人，14 歲從塾師黃倬其學漢文，寫文章先從漢詩始，就讀於臺灣總督府醫學校，在校五年期間，開始嘗試創作。年青時參加過「古月吟」詩社，1925 年 2 月 11 日，與好友楊守愚、陳虛谷等 16 人成立「流連思索俱樂部」，1939 年 9 月 28 日，重組為「應社」，與社友楊守愚、陳虛谷、楊樹德等常彼此吟哦唱和。1923 年因「治警事件」入獄，服獄期間更是筆耕不輟。

1918 年 2 月 25 日，賴和曾隻身前往廈門鼓浪嶼，任職於博愛醫院，翌年 7 月返臺懸壺於故鄉彰化。在廈門年餘，適逢中國五四新文化思潮澎湃之際，賴和文學思想受其影響極大。其發表在《臺灣民報》第一篇散文〈無題〉，用散文新詩合體筆調，流暢抒發，形式清新，文字優婉，楊雲萍稱其為「臺灣新文學運動以來頭一篇可紀念的散文」。

1925 年 12 月 20 日，賴和第一首寫實詩作〈覺悟下的犧牲〉發表於《臺灣民報》，隔年 1 月 1 日，《民報》再刊出他第一篇白話小說

〈鬥鬧熱〉。這篇優美洗練的文辭，生動描述臺灣鄉村迎神賽會熱鬧景象的社會寫實小說，也是最先批評封建社會迎神賽會舖張浪費，在媽祖生日祭典中一邊熱鬧，不惜一擲千金的愚昧行徑。此小說，不僅奠定賴和在臺灣新文學開創者的角色，更象徵臺灣新文學，真正具有價值的新小說之里程碑。

自此以後，到 1936 年 1 月，他發表最後一篇小說〈赴了春宴回來〉，這十年間，他以流暢的白話文，先後寫了 16 篇小說、12 篇新詩、16 篇隨筆散文，共計 44 篇，為臺灣新文學，留下了膾炙人口的累累碩果。受過日本教育的賴和，終身堅持用漢文創作，表現了正義凜然的民族氣節。除行醫外，他還擔任《臺灣民報》學藝欄的編輯選稿工作。此外亦兼《南音》、《臺灣新文學》兩文學雜誌之編輯，對新文學後進鼓勵不遺餘力。

臺灣新文學，即以賴和為中心建立起來，鼓動了一批文學後起之秀，如廖毓文、朱點人、林克夫、朱石峰、楊逵、楊守愚、陳虛谷等，紛紛投入文學創作的行列。楊守愚即言：「因為有懶雲在，彰化儼然成為新文學運動的中樞」，此話不虛。

貫穿整個賴和的文學作品，可以說人道關懷是他文學主題的重點。身經「我生不幸為俘囚，豈關種族他人優」的痛苦，加上其天生「同情弱者，看見了貧困的人們悲慘的生活，就不禁嘆息的人道主義者」悲天憫人的襟懷，使賴和各種文學創作，都充滿著人道主義之關懷。

葉石濤即中肯的評論說：「賴和先生終其一生，均以悲天憫人的人道精神，客觀地透視臺灣殖民社會統治機構，對臺灣民眾的摧殘和剝削，也深刻地凝視被壓迫的臺灣民眾，怎樣地在黑暗和困苦的地獄中掙扎。他的文學充分表現了臺灣新文學的反帝、反封建的民族風格。」

誠然如此，「反帝、反封建」是賴和一生所秉持的信念，直到去世前，他仍然念念不忘其畢生所致力推展，隱含民族意識與抗日精神的

臺灣新文學運動。

從賴和的作品中，可以充分印證他那為民請命的人道關懷，如1925 年的新詩〈覺悟下的犧牲〉，副題為〈寄二林事件的戰友〉，便是作於二林蔗農抗爭之際，即時為臺灣蔗農抱不平，呈現殖民地臺灣人民被壓榨的慘況，賴和並為被蹂躪的弱者之覺悟給予高度的禮讚，全詩充滿賴和滿腔的愛國情懷，及反殖民的高度抗議精神！

1925 年至 1926 年，臺灣總督府實行所謂的「退職官拂下（批售）無斷（擅自）開墾地」政策，將臺灣農民辛苦開墾的土地，低價被迫賣給日本退職官員，造成農民流離失所，無以為生。睹此慘境，賴和悲憤的在《臺灣新民報》連載其〈流離曲〉，即以此為背景，將農民失去土地、痛苦掙扎生存之情景，生動的紀錄下來。

賴和的另一首動人史詩，〈南國哀歌〉，也是以「霧社事件」為背景，用簡潔有力的詞句和慷慨激昂的旋律，將原住民同胞反抗暴日之壯舉，留下了可歌可泣的歷史見證。

除了詩作外，賴和的小說也隨時流露其同情弱者，反抗強權的個性，如〈一桿「稱仔」〉即充分反映被壓迫人民不屈的反抗意志，和奮鬥精神的社會寫實之作，藉貧苦賣菜小販秦得參那可悲的身世，觀照了日帝統治下，臺灣一般農民及農村社會沒落殘敗的景象。

賴和不管是寫小說或新詩，除人道關懷的主題外，尚緊扣社會寫實的文學路線。他的小說，甚多反映被壓迫者的反抗心聲，表達農村社會的艱苦生活，如其取材傳記小說的〈善訟的人的故事〉，也是描寫鄉土小民，反抗強權的奮鬥事蹟，揭示了臺灣人在日本統治下的種種苦難，難怪葉石濤稱其為臺灣鄉土文學的先驅。

至於賴和的新文學主張，他強調，要以臺灣大眾日常使用的臺灣話文，去建設言文一致的大眾化文學。藉著各種口語、方言的運用，去呈現臺灣的鄉土特色，且要將反帝、反封建的民族意識，直接傳達到基層民眾中，以達成文章救國淑世之目的。

　　總之，在日治時期的臺灣新文學運動中，賴和以反帝、反封建為其主要的文學主題，輔之以人道主義和寫實主義的筆觸，率先提倡創作具有地方色彩的鄉土文學。他在文學上的成就，不僅是鼓動風潮，更是領袖群倫影響深遠。張恆豪言：「他的寫實精神引導了不少的繼起者，尤其是楊守愚、陳虛谷、王詩琅；他的反諷技法影響了蔡愁洞、吳濁流、葉石濤；而他那不屈不撓的抗議勇氣更鼓舞了楊華、楊逵、呂赫若。可以說，臺灣新文學的紮根從賴和開始著手，而賴和的崛起，才奠定了現代臺灣文學的基礎。」這是相當平實貼切的評價。

七、開拓時期之臺灣新文學

　　臺灣新文學運動的開拓期，始於 1920 年《臺灣青年》之創刊，該刊由蔡培火任編輯兼發行人，主要作者有林呈祿、彭華英、王敏川、蔡式穀、石煥長、羅萬俥、陳炘、吳三連、劉明朝等留日學生。該刊以「介紹內外之文明，併評論我臺應改善之事項，兼謀日華之親善」為宗旨，為「新民會」喉舌，主要是配合臺灣島內反日文化運動而創刊之雜誌。內容雖集中在政治、經濟、教育、社會等層面之探討，但也有若干文學應走方向之文章，開白話文運動的先聲，也標誌臺灣新文學運動之始。

　　《臺灣青年》創刊後，青年知識份子由此展開熱烈的文學革命運動，其歷史意義至為重大。《臺灣青年》後改名為《臺灣》，由林呈祿負責，內容文學評價、小說、詩的比例已增多，顯見對於文學的關懷和興趣已大為提高。其中黃呈聰的〈論普及白話文的新使命〉、黃朝琴之〈漢文改革論〉被視為臺灣文學革命的先驅，追風的〈她要往何處去〉則是臺灣第一篇新文學小說，別具意義。

　　1925 年 3 月 11 日，中學時代的楊雲萍與好友江夢筆，創辦了臺灣第一本白話文純文藝雜誌《人人》。該雜誌可說是楊雲萍個人之雜誌，

在其中，楊雲萍發表了大量小說和新詩，如〈罪與罪〉、〈小鳥兒〉、〈相片、即興、月兒〉、〈吟草集〉、〈夜雨〉、〈無題〉、〈泉水〉、〈暮日的車中〉等。

楊雲萍在臺灣新文學開拓期（1920-1927）頗具開創實績，與張我軍、賴和並列為開拓期新文學三傑。他在新文學領域最具成就的是白話文小說，計有〈月下〉、〈光臨〉、〈罪與罪〉、〈到異鄉〉、〈弟兄〉、〈黃昏的蔗園〉、〈加里飯〉等。這些小說與賴和一樣，都兼具反帝和寫實精神，為臺灣新文學運動草創時期的嘗試作品，雖然篇幅不長，格局也不大，但仍有其獨樹一幟的表現。

基本上，臺灣新文學運動開拓時期之創作數量並不豐碩，除若干新詩、小說外；散文、戲劇尤少。散文有張我軍的〈隨感錄〉、〈南遊印象記〉及賴和的〈無題〉較具代表性。另外，蔣渭水於獄中所作的〈入獄日記〉與〈入獄感想〉則為臺灣最早之監獄報導文學。戲劇有張梗的〈屈原〉和化名逃堯所寫的〈絕裾〉，因結構簡單，主題明顯，有拋磚引玉之功，但文學價值不高。

其實任何文學在草創時期，其作品之稚嫩和欠成熟是必然的，其藝術性略嫌薄弱粗糙也在所難免，張恆豪對此有很細膩的觀察。他說：「早期的作家把文學當作反映時代、改革社會、喚醒民智、反抗異族的工具，他們對於文學獨立性的自覺是不夠的，因而他們作品的藝術性就顯得比較粗糙、膚淺，或是不成熟」，誠哉斯言，確係如此。

八、臺灣新文學之發展期

二〇年代，是全世界無產階級運動風起雲湧的年代，從蘇共到中共，都建立了共產黨組織，並開始向外「輸出革命」，宣揚無產階級革命意識。1928 年 4 月 15 日，謝雪紅、林木順、翁澤生、林日高、潘欽信、陳來旺、張茂良等人，正式於上海成立「臺灣共產黨」。

　　臺共誕生後，即積極宣傳左翼的普羅文學觀（無產階級革命文學），並在臺灣發行一系列左翼刊物。如《伍人報》、《臺灣戰線》、《洪水報》、《明日》、《現代生活》、《赤道》、《新臺灣戰線》、《臺灣文學》等，作為宣傳主義的工具。

　　這些雜誌不全然是新文學雜誌，但對臺灣新文學運動之推展，仍有其貢獻，其中像朱點人〈一個失戀者的日記〉、黃石輝〈怎樣不提倡鄉土文學〉、王詩琅〈新文學小論〉、子野〈中國文壇的介紹〉、楊松茂小說〈新郎的禮數〉、黃天海的戲曲〈蟲的生活〉、莊松林的〈女同志〉、〈到酒樓去〉等，均在上述刊物發表。

　　王詩琅曾中肯的評論，他說：「這些刊物，除了《臺灣戰線》明白地標榜是文藝雜誌之外，其餘都是綜合性的，所刊載的文藝作品和評論，只是其中的一部份。但他們為了臺灣文藝舖下一段不短的康莊大道，為了臺灣新文學運動作過間接的貢獻。在當日他們或者沒有意識到，但從今天看起來，它的功績卻是不可磨滅的。」

　　頗值一提的是《南音》雜誌，它是由「南音社」發刊的一份白話文純文藝半月刊。該刊創辦人為黃春成，葉榮鐘為主要推手。在〈發刊詞〉中，葉榮鐘明確揭示《南音》的使命為設法使思想和文藝普遍化，及提供作品的發表園地，鼓勵作家多多創作。《南音》內容中陳逢源的〈對於臺灣舊詩壇投下一巨大的炸彈〉，是一篇抨擊臺灣傳統詩作的鴻文，擲地有聲，成為新舊文學論爭中極具分量的篇章。

　　創作方面有賴和的〈歸家〉、〈惹事〉；周定山的〈老成黨〉、赤子的〈擦鞋匠〉等不少現實性的鄉土小說。其中賴和的影響最大，創辦人黃春成即將《南音》的成就歸功於賴和，說「假使《南音》有點聲譽，他的功勞是不可埋沒的」。

　　《南音》提倡文藝大眾化，強調要去描寫現在的臺灣人全體共通的生活、感情、要求和解放的「第三文學」。葉榮鐘言：「第三文學須是腳立臺灣的大地，頭頂臺灣的蒼空，不事模倣，不赴流行，非由臺灣

人的血和肉創作出來不可。這樣的文學，纔有完全的自由，纔有完全的平等，進一步，也纔可以寄與世界的文學界。」

《南音》創刊時，正值鄉土話文運動如火如荼進行之際，《南音》也加入其論戰行列，曾開闢「臺灣話文討論欄」、「臺灣話文的新字問題」等專欄，引發賴明弘、黃春成、黃石輝、郭秋生、莊垂勝等人之筆戰。《南音》主張「臺灣話文」的創作，顯現濃厚的鄉土風格，與主張中國白話文的《臺灣新民報》，形成臺灣新文學運動的兩大中心。

《南音》擁有相當優秀的作家群，如周定山、李獻璋、黃純青、郭秋生、洪炎秋、黃得時、黃春成、林幼春、黃石輝、陳虛谷、廖毓文、賴和等，均為臺灣新文學之精英。

《南音》無論在質與量都比過去的出版物進步，它的誕生標示著臺灣新文學刊物的一大轉型，即由政治性、綜合性報紙上的一隅，移轉到專業性、獨立性且園地遼闊的文藝刊物，帶動臺灣文藝雜誌的流行，從此文藝社團和文藝刊物，如雨後春筍般在臺灣風行起來。

《南音》之後，蘇維雄、王白淵、劉捷、張文環、巫永福、吳坤煌等人，於 1933 年 3 月 20 日，在東京成立第一個臺灣人的合法文藝團體「臺灣藝術研究會」。該會會則標明「為圖臺灣文學及藝術之向上」，決定刊行機關雜誌《福爾摩沙》。《福爾摩沙》於 1933 年 7 月 15 日創刊，是份受左翼團體影響下的雜誌，刊物本身政治色彩甚薄，反而著重於鄉土風格文學的創造，以穩健的態度帶動臺灣文學的發展。

《福爾摩沙》，雖然只發行三號後，即因經濟困難，而合併於「臺灣文藝聯盟」之《臺灣文藝》，但仍有若干優異作品，登載其上，如張文環之〈落蕾〉、〈貞操〉；巫永福的〈首與體〉、〈黑龍〉及戲曲〈紅綠賊〉；王白淵的〈唐璜與加彭尼〉和後起之秀女作家張碧華的〈上弦月〉等，均頗具特色。

受到東京「臺灣藝術研究會」之鼓勵，本島文藝青年廖毓文、郭秋生、黃得時、朱點人、王詩琅等，也於 1933 年 10 月 25 日成立「臺

灣文藝協會」與之呼應，並於 1934 年 7 月 15 日發刊《先發部隊》為該社機關刊物。該刊有幾篇文章頗具代表性，如芥舟〈臺灣新文學的出路〉、青萍〈詩歌的科學性〉、逸生〈文學的時代性〉、黃得時〈科學上的真與藝術上的真〉等，都是為《先發部隊》作為臺灣新文學推進與領導者的角色而作。此外，該刊也闢「臺灣新文學出路的探究」專欄，對臺灣新文學運動之發展，作一全盤的檢討。

小說方面的創作，有朱點人的〈紀念樹〉、趙啟明之〈私奔〉、毓文〈創痕〉和克夫〈秋菊的告白〉，其中朱點人的〈紀念樹〉頗獲好評，張深切譽為「臺灣創作界的麒麟兒」。惜《先發部隊》僅出一期即停刊，但它已樹立了臺灣文藝雜誌的水準，尤其「臺灣新文學出路的探究」一欄，更顯示臺灣文藝青年，正有意識的積極尋求臺灣文學的出路。

九、「臺灣文藝聯盟」之成立

在《先發部隊》出刊後，臺灣新文學運動之巨浪，已澎湃全島逐漸步入坦途，但因當時文藝界人士，彼此缺乏聯繫，所以藝文界有必要進一步的大團結，方可對今後的新文學運動，產生更大的影響。基於此，乃有作家提議召開全島性的文藝大會，1934 年 5 月 6 日，「臺灣文藝聯盟」終於在臺中市召開，主要負責籌劃者為賴明弘及張深切。

「臺灣文藝聯盟」之宗旨，為「聯絡臺灣文藝家，互相圖謀親睦，以振興臺灣文藝」。聯盟並選出黃純青、黃得時、林克夫、廖毓文、吳逸生、趙櫪馬、賴明弘、賴和、張深切、郭水潭、蔡秋桐等人為委員。「臺灣文藝聯盟」成立後，先後在全島成立支部，於各地舉行文藝座談會，聲勢浩大，不僅是臺灣文壇的主流，也成為臺灣知識份子的精神堡壘。「臺灣文藝聯盟」是臺灣作家空前之大團結，有力的促進了臺灣新文學運動，其意義非凡。

　　賴明弘即言：「文藝聯盟成立之後，臺灣知識份子已有了精神支柱，有了發表的舞臺，更以文聯為中心，文學同路者緊密地聯繫起來了。」又說：「臺灣文學運動，其具有意識性、形象性、具備性，實即由於臺灣文藝聯盟的成立，而發軔而發展。」

　　「文藝團結了作家，團結了知識份子，更溶化所有反封建，反統治的，富有民族意識的臺灣文學於一爐，展開了提高文學和文化水準的工作，並確保了臺灣精神文化的基礎，而對異族表示了堅毅不移的抵抗。所以我敢說，這是臺灣知識份子的重大表現，其所留下的足跡，是具有歷史性的。」賴明弘的評論，是具有時代遠見的，「臺灣文藝聯盟」在臺灣新文學運動史上之地位，確係如此，當之無愧。

　　「臺灣文藝聯盟」成立後，發行《臺灣文藝》雜誌，面對《臺灣文藝》的競爭及各方之期許，《先發部隊》於 1935 年 1 月 6 日，以《第一線》刊名重新問世，內容中詩歌與小說的創作水準，已大幅提高。《第一線》最大之特色，為「民間文學的認識」。論述蒐集臺灣民間文學的迫切性，裡頭並置「臺灣民間故事特輯」，收錄了廖毓文、李獻璋、蔡德音等人蒐集的民間故事十餘篇。戲劇有廖毓文的〈逃亡〉；小說創作芥舟〈王都鄉〉、朱點人〈蟬〉、王錦江〈夜雨〉和林越峰之〈月下情話〉均有不錯的評價。

　　至於《臺灣文藝》，於 1934 年 11 月 5 日創刊，至 1936 年 8 月 28 日停刊，共發行 15 期，是臺灣人創辦雜誌壽命最長者，也是作家最多，對於文化影響最大之雜誌。《臺灣文藝》內容充實且多樣化，文學評論以張深切〈對臺灣新文學路線的一提案〉最重要，張文指出，臺灣文學要站在獨自的立場，即建築在臺灣一切「真、實」的路線上，隨臺灣的社會歷史之進展而進展，張文的主張和當時文壇的「鄉土文學」之倡議，頗相呼應，最具份量。

　　《臺灣文藝》小說方面產量頗多，較著者有張深切〈鴨母〉、賴和〈善訟的人的故事〉、楊華〈一個勞動者的死〉、王錦江〈青春〉與

〈沒落〉、蔡德音〈補運〉、廖毓文〈玉兒的悲哀〉、楊守愚〈難兄難弟〉、蔡秋洞〈興兒〉和〈理想鄉〉、〈媒婆〉、朱點人之〈無花果〉、〈安息之日〉等,無論技巧或構思,皆較前進步良多,象徵新文學運動逐漸邁向成熟之境。

詩歌方面亦作品極多,大體以描寫臺灣美麗風光或內心苦悶表達內心情感之作為多,主要詩人有楊華、賴和、翁鬧、吳新榮、郭水潭、吳天賞、張慶堂、朱點人、吳坤煌、楊守愚、蔡德音、吳坤成、巫永福等。美中不足的是《臺灣文藝》較弱一環仍是散文及戲曲,作品不多且乏善可陳。

「臺灣文藝聯盟」時期,可說是臺灣新文學運動的黃金時代,作品質量均佳,也幾乎網羅了全島的文藝作家精英。可惜是,隨著臺灣人受日文教育的增多,日文已成強勢語言,故在《臺灣文藝》後期,日文稿件反較中文為多。比較前後期的作品,更有特色,黃得時評論的很好,他認為前期作品政治色彩較濃,充滿強烈的反日氛圍;後期作品卻含有濃郁的藝術氣味,代表臺灣文學運動已漸脫離政治對抗,走向文學獨立的境地了。

另有一刊物為《臺灣新文學》,該刊由楊逵,集資於 1935 年 12 月 28 日創刊。楊逵創辦《臺灣新文學》,是因不滿文聯組織鬆散,且把持在張深切少數人之手,又與《臺灣文藝》的編輯張星建意見相左,故毅然退出,而自辦《臺灣新文學》。

《臺灣新文學》幾由楊逵一手包辦,取材以支持民族自決,或自由民主理念的作品,均受歡迎,每期都刊有讀者通訊,以加強聯繫,並多次舉辦「臺灣新文學賞」及「全島作家競作號」,對於鼓吹新文學創作,不遺餘力。尤其,在《臺灣文藝》停刊後,《臺灣新文學》便成推動新文學運動的唯一刊物。

由於楊逵一向主張,臺灣文學是寫實的、現實主義的文學運動,應和窮苦大眾打成一片,所以,在楊逵的影響之下,《臺灣新文學》更

具有濃厚的寫實主義色彩。

總的來說，誠如黃得時的評價：「《臺灣文藝》和《臺灣新文學》的壽命不過是三年而已，可是在這短短的三年之中，所獲得的效果，比過去十幾年的效果，都來得大，堪稱在臺灣文學史上，劃下一段光輝燦爛的時期。」

十、臺灣話文運動

所謂臺灣話文，是指相對於以北京話為主的白話文，而為臺灣大多數民眾日常所使用的閩南語而言。三〇年代的臺灣話文運動，即是為適應臺灣的特殊性，以建設臺灣獨自的文化，而主張用臺灣的語言，來描寫臺灣的事物。其目的，不單只是在保存臺灣語，進一步更是希望把臺灣語文字化，以代替日文、文言文或白話文，企圖消滅文盲以擴大臺灣新文學運動的社會基礎。

臺灣話文運動，是在三〇年代，繼「羅馬字運動」後而起的文字改革運動，基本上可分為「臺灣話文保存運動」與「臺灣話文建設運動」兩階段。最早主張保存臺灣語的先驅人物是連溫卿。連早在 1924 年 10 月 1 日，即在《臺灣民報》發表了〈言語之社會的性質〉；接著連氏再發表〈將來之臺灣話〉一最具代表性文章，認為言語是從每日生活上生出來的，是表達社會觀念的工具。並批判殖民統治者的言語侵略政策，呼籲排斥日本麻痺人心的言語高壓政策，強調要設法保存臺灣話，並進行整理，改造我們的臺灣話，以適應社會生活的需求。

比臺灣語保存運動更積極主張的是提倡用臺灣語寫作的鄭坤五，然因鄭坤五的論述缺乏系統，開始時並未引起注意。直到黃石輝、郭秋生二人挺身力倡，才正式展開「臺灣話文運動」，並點燃了「鄉土文學論戰」。黃石輝強調要「用臺灣話做文，用臺灣話做詩，用臺灣話做小說，用臺灣話做歌謠，描寫臺灣的事物」。亦即極力主張要用臺灣話文

寫作文藝，而非貴族式的文言文或白話文，且堅決主張文學內容大眾化的訴求。

繼黃石輝後，郭秋生也在《臺灣新聞》上發表〈建設臺灣話文一提案〉以為聲援，主張「言文一致的臺灣話文」之重要性。他認為臺灣話文之優點為容易學、學得的字可以隨學隨寫、讀者易於理解等，因此，認為臺灣文學採用臺灣話文書寫有其必要。

臺灣話文的主張，當然也有持反對意見的，雙方甚至引發論戰，最後，終無法取得一致的共識，但仍有其時代意義。葉石濤即言：「臺灣話文的建立運動，顯示著臺灣新文學已經從語文改革的形式進到內容的追究，向前跨了一大步。這些各種主張，其目的在於使臺灣新文學，如何才能打進廣大的臺灣民眾裡，使得臺灣新文學成為臺灣民眾的精神食糧，影響民眾的精神結構，使得民眾變成近代化的人民，獲得民族解放。」

十一、鄉土文學論爭

三〇年代臺灣新文學的鄉土文學論爭是延伸臺灣話文運動而來的，1930 年 8 月 16 日，黃石輝在《伍人報》發表了一篇〈怎樣不提倡鄉土文學〉而吹皺文壇一池春水。該文說到：「你是臺灣人，你頭戴臺灣天，腳踏臺灣地，眼睛所看的是臺灣的狀況，耳孔所聽見的是臺灣的消息，時間所歷的亦是臺灣的經驗，嘴裡所說的亦是臺灣的語言，所以你的那枝如椽的健筆，生花的彩筆，亦應該去寫臺灣的文學了。」這是一段要將臺灣新文學徹底本土化的訴求。

1931 年 7 月 24 日，黃氏又於《臺灣新聞》發表〈再談鄉土文學〉，依然強調鄉土文學的功用，並認為「就是因為鄉土文學是代表說話的，而一地方有一地方的話，所以要鄉土文學」。且「因為我們所寫的，是要給我們最親近的人看的，不是要特別給遠方的人看的，所以要

用我們最親近的語言事物，就是說要用臺灣話描寫臺灣的事物。」

黃石輝的主張，得到郭秋生的響應，但也招來反對的批評，廖毓文首先發難，他於 1931 年 8 月 1 日的《昭和新報》撰〈給黃石輝先生──鄉土文學之再吟味〉一文，批判黃石輝論文過於泛渺，缺乏時代性和階級性，並認為黃氏理論不通，文學之構成條件並非如此簡單。他最後甚至反問，「一地方要一地方的文學，臺灣五州，中國十八省別，也要如數的鄉土文學嗎？」廖文披露後，亦得到林克夫及朱點人的為文贊成，而黃石輝之見解亦獲得黃純青的認同，兩方陣營為此「屈文就話」或「屈話就文」發生論戰，歷時兩年餘。

支持臺灣話文派的有黃石輝、郭秋生、鄭坤五、莊遂性、黃純青、黃春成、李獻璋、賴和、葉榮鐘、周定山、陳虛谷、楊守愚等人；主張中國話文派的有廖毓文、林克夫、朱點人、賴明弘、王詩琅、張我軍、楊雲萍、林越峰等。論戰舞臺包含了《臺灣新聞》、《臺灣新民報》、《昭和新報》、《臺灣日日新聞》、《三六九小報》、《伍人報》、《南音》等主要刊物。論戰結果雖然贊同鄉土話文的略佔上風，但因雙方無任何交集，最後仍沒得到結論而偃旗息鼓了。

平情而論，臺灣話文運動及鄉土文學論爭看似無結果，但其背後隱藏之臺灣文學創作的自主意識仍是十分明顯的。

十二、主要文學作品述評

臺灣新文學在發展期，可說名家輩出，佳作連連，且題材多元。社會主義信仰者楊逵的小說，充滿著反日殖民統治意識，也因此其代表作〈送報伕〉，即因反日色彩濃厚而遭禁，另外像賴和的〈一桿「秤仔」〉、呂赫若的〈牛車〉、龍瑛宗的〈植有木瓜的小鎮〉均屬此類抗日之「抗議文學」的代表作品。

其中楊逵的〈送報伕〉深刻描述，在日本帝國主義下臺灣人民的

痛苦，此小說是楊逵根據他在日本困苦求學期間的親身體認，兼以其自小眼見日軍殘殺臺灣人民之暴行，而激發他寫出此一臺灣人民的辛酸血淚生活，並抗議殘酷殖民統治的巨構。

臺灣新文學運動，因〈送報伕〉的出現而達於頂峰，並足以和日本作家相頡頏，無怪乎葉石濤稱其為，「所有反帝反封建為主題的臺灣小說的集大成」。並評論說：「楊逵的這篇小說最大的貢獻，在於他把臺灣新文學作品的反帝反封建的主要思想，以巨視性的觀點，跟全世界被壓迫的農工階級的解放運動連結起來，使得臺灣新文學運動，成為世界性被壓迫的所有農工和弱小民族的抗議運動的一環。」楊逵此作，其歷史意義不容忽視。

反帝與反封建，為臺灣新文學運動的兩大目標，也是新文學作品的主題所在，楊雲萍小說〈秋菊的半生〉，即為解放不幸婦女，企求打破不公不義封建社會的佳作。另外楊守愚的〈出走的前一夜〉、翁鬧之〈殘雪〉均為以反封建制度為主的小說。日治時代小說題材，以撻伐日本警察為內容的有很多，陳虛谷的〈他發財了〉、〈放炮〉皆為諷刺日本「大人」貪婪無厭的嘴臉。另外，楊守愚的〈十字街頭〉、〈顛倒死〉及蔡秋桐的〈王爺豬〉，亦是以寫實的筆法，來控訴呈現日本警察的暴行。

除此之外，像諷刺御用士紳及刻劃農民困苦的小說，亦所在多有，朱點人的〈脫穎〉、蔡愁洞之〈保正伯〉、蔣子敬詩〈耕田〉、楊守愚的〈凶年不免於死亡〉、〈誰害了她〉、〈升租〉等，都是此類反映農民生活疾苦的代表作。

總結發展期之臺灣新文學，不論作品的量與質均大幅提昇，比起日本、中國大陸也不遑多讓。唯一遺憾的是，因為日語的普及化，到後期用日語創作的作家，已超越用中國白話文的作家。日治時期的臺灣新文學，各種雜誌琳瑯滿目，且文學的政治色彩逐漸淡化，走向文學獨立的境界。難能可貴的是，他們用寫實的筆觸，利用臺灣話文的鄉土特

色，凝聚成一強力隊伍，為臺灣庶民大眾，發抒他們真正的心聲。

十三、戰鼓聲中的臺灣新文學

三〇年代大戰前夕，臺灣新文學仍沉醉在一片歌舞昇平之中，1935 年 5 月 9 日，由「風月俱樂部」發行白話文言並用的《風月報》雜誌。該刊強調，「但論文藝，不談政治」的編輯政策，只是茶餘飯後的消遣品，是文人墨客的遊戲場，還真貼切符合風月之旨趣。然裡頭，亦有若干好作品，如徐坤泉〈新孟母〉、吳漫沙之〈桃花江〉均是。1941 年 7 月 1 日，為因應戰爭需要，《風月報》易名為《南方》，並以建設南方共榮圈為目的之政治宣傳。

「皇民化運動」後，《南方》更不諱言它們是要宣傳日本文化的精粹，明徵國體的本義、宣行教化，善導思想，期國民精神的醇化；並明言其欲做大眾文藝的公表機關，促進臺灣文藝界，特別是戰爭文學、皇民文學、興亞文學的振興。

《南方》為日本之御用刊物，為臺灣新文學的永續發展，由一群在臺日本作家結合臺灣本土作家，於 1939 年 9 月 9 日在臺北市成立了「臺灣詩人協會」，並創辦詩刊《華麗島》。該刊僅辦一期即合併於《文藝臺灣》，但詩作驚人，可以感受到詩人熾烈的創作慾和臺灣詩壇之澎湃，其中郭水潭詩〈世紀之歌〉為一首充滿反戰意味之詩即發表於該刊上。

1940 年 1 月 1 日，以「臺灣詩人協會」為班底，結合臺籍作家的「臺灣文藝家協會」，聯合發行了《文藝臺灣》日文雙月刊。這是一本集小說、劇作、詩、民俗於一身之綜合性文藝雜誌，惟內容取材及作者讀者均以日人居多，故影響層面有限。但其後該刊由西川滿一手主導，且作為日本統治階層的宣傳刊物，不但刊期久，至 1944 年元旦方停刊，銷路也不錯，頗受日本國內文藝界的好評。

　　《文藝臺灣》為臺日作家共同耕耘的園地，臺灣作家如張文環、楊雲萍、黃得時、邱永漢、林芳年、楊熾昌、龍瑛宗、葉石濤、陳火泉、周金波等均在其上刊登作品。較著者有龍瑛宗〈村姑逝矣！〉、〈白色的山脈〉、〈不被知道的幸福〉；葉石濤的〈林君寄來的信〉、〈春怨〉；陳火泉的〈道〉、〈張先生〉；周金波之〈水癌〉、〈志願兵〉、〈尺子的誕生〉、〈鄉愁〉等。

　　由於西川滿是個唯美主義的藝術至上論者，故《文藝臺灣》也不免染上濃厚的浪漫耽美色彩，不但特別重視美術與新詩，對於饒富異國情趣的外地文學，更是積極引介提倡，使《文藝臺灣》成了外地文學之大本營。可惜，隨著後期「皇民化運動」如火如荼的進行，《文藝臺灣》從高唱藝術至上之刊物，轉變為皇民化宣傳之喉舌，經常刊出配合時局的戰爭文學作品，以示文章報國之決心，鼓吹「大東亞戰爭」，已淪為政治之工具矣！

　　由於《文藝臺灣》已成為日本帝國主義侵略的工具，背離了原先提倡文藝的原始目標，一些臺籍作家如張文環、張星建、陳紹馨、黃得時、巫永福、王井泉等乃聯合其他日籍作家如張健次郎、楊佐三郎、田中保男等另組《臺灣文學》季刊。

　　《臺灣文學》於 1941 年 5 月 27 日創刊，實際編務由張文環負責，主要臺籍作者有張文環、黃得時、巫永福、吳新榮、吳天賞、陳逸松、王井泉等，另外亦網羅龍瑛宗、楊逵、楊雲萍、呂赫若等臺灣知名作家，而成為上承「臺灣文藝聯盟」時期，臺灣作家的再一次大集結。

　　承續臺灣新文學反帝反封建的優良傳統，《臺灣文學》充滿著寫實主義色彩的作品，多反映在太平洋戰爭下臺灣民眾的苦難歲月，暗批日本帝國主義的侵略政策。其中重要之文學創作如張文環的〈藝妲之家〉、〈論語與雞〉、〈夜猿〉、〈頓悟〉、〈閹雞〉、〈迷兒〉；呂赫若〈財子壽〉、〈風水〉、〈月夜〉；楊逵〈無醫村〉，巫永福〈慾〉，王昶雄的〈奔流〉，龍瑛宗〈蓮霧的庭院〉，吳新榮的〈亡妻

記〉等皆一時之選，張文環的〈藝妲之家〉和〈夜猿〉等小說，更是達到臺灣寫實主義的頂峰。

大戰末期，1944 年 5 月 1 日，總督府當局發行《臺灣文藝》日文月刊，但此一刊物因以日文作家為主，宣傳國策的意味濃厚，為一典型的皇民文學刊物，兼以臺灣作家配合意願不高，只發行 8 期即停刊，影響不大。

十四、決戰下的皇民文學

日本統治臺灣末期，尤以在太平洋戰爭之後，為加強殖民地的戰時新體制運動，在臺灣提出了「皇民化、工業化、基地化」的「治臺三策」。而其首要任務即「皇民化運動」，其內容包括改姓名運動、取消漢文教育、禁用漢字漢語、更改服飾、禁止言論、出版、集會、結社自由等等名目繁多的項目，而強迫臺灣人民要加入皇民組織，以灌輸「國體明徵」的天皇中心思想與皇民精神。

在皇民化風潮下，臺灣也於 1941 年 4 月 18 日成立了「皇民奉公會」來加以執行。皇民奉公會下又有「臺灣文學奉公會」等外圍組織，並發行《臺灣時報》及《新建設》等宣傳刊物。

不僅如此，1942 年日本更派其國內文藝作家如菊池寬、久米正雄、中野實、吉川英治等來臺舉行「戰時文藝演講會」，並召開「大東亞文學者大會」。第一次於 1942 年 11 月於東京舉行，臺灣作家有龍瑛宗、張文環參加，臺灣作家被迫作了〈樹立新文化〉、〈道義文化的優位〉、〈感謝從軍作家〉等表態發言。第二次「大東亞文學者大會」於 1943 年 8 月在東京舉行，臺灣參加者有楊雲萍、周金波、張我軍等人。

1943 年 11 月 13 日，日本文學報國會在臺北舉行「臺灣決戰文學會議」，以確立本島文學決戰態勢和文學者的戰爭協力為議題，目的在

動員全臺灣文學工作者，展開思想戰，建立決戰文學體制，以配合武力戰爭。出席該次會議的臺灣作家有郭水潭、黃得時、吳新榮、張文環、周金波、陳火泉、楊雲萍、楊逵、呂赫若、龍瑛宗、張星建等，在文學奉公會的分配下，臺灣作家被分發到各生產工廠或工作場所，去寫作實地採訪所得的報導文學，以為日本敗象粉飾太平歌功頌德。

基本上，日治末期的「皇民文學」，是臺灣作家在強大法西斯力量摧殘下，在精神上迫於現實環境，不得不屈服，而表面上認同日本殖民統治，美化侵略戰爭的妥協性之「時局文學」。它是扭曲時代的產物，也是在日本高壓統治下的必然結果。即令是「皇民文學」，換個角度想，也是被虐待被迫害臺灣同胞的泣血之作。

感同身受的葉石濤即評論言：「『皇民化』的強調，越發使得臺灣民眾的『臺灣意識』凝結起來。日治時代，特別是決戰時代的臺灣民眾，受到殖民者的組織化和壓迫，他們的民族意識有增漲而秩序化的趨勢。」基於此一觀點，葉石濤反而認為像「張文環在抗戰時期發表的小說〈閹雞〉、〈夜猿〉、〈藝妲之家〉、〈論語與雞〉，都是民族意識強烈的作品，同時有豐富的人道主義思想。」

不僅對張文環，葉石濤對呂赫若、龍瑛宗的看法亦是如此，認為他們的作品都充滿著漢族意識，隱含著反抗精神。至於深富戰鬥精神充滿抗爭意識的楊逵更不在話下，楊逵於戰爭期間所發表一系列小說如〈無醫村〉、〈泥娃娃〉、〈鵝媽媽出嫁〉及編劇的〈怒吼吧！中國〉、〈天狗熱〉等，更是漢族意識強烈的反「皇民化」之作。

其實比較具有爭議性的是王昶雄的〈奔流〉、陳火泉的〈道〉和周金波之〈水癌〉、〈志願兵〉等被評為皇民文學的作品。但張恆豪卻認為，這些小說雖有媚日之嫌，但骨子裡卻隱含對日本殖民主義的皇民政策提出批判；而王昶雄也辯駁其〈奔流〉是描寫日治末期在皇民化運動下，本土知識份子的苦悶與掙扎。另外，陳火泉及周金波之小說，雖係皇民文學作品，但身處日帝高壓統治下，那些作品和言論，其實是時

代和環境逼迫所致，我們固然無須肯定其作品，但宜將心比心的同情其困境，尤其不要完全污名化的全盤否定決戰時期的臺灣作家和其作品。

3.1　戰後初期官派臺灣省主席吳國楨的從政悲劇反思

一、風雲詭譎的五〇年代

1949 年國共內戰的硝煙暫歇，共產黨已席捲神州大陸，蔣介石的國府敗退臺灣一隅，此際正是國命如絲的存亡危急之秋。其時，美國對歐洲雖提出「馬歇爾計劃」，欲重振歐洲使之與共產主義對抗。但在亞洲受傳統「重歐輕亞」政策的影響，不僅丟掉亞洲最大的中國大陸，甚至在共產黨威脅下，將臺灣、南韓劃出其保護範圍。如此，就給了北韓共黨可趁之機。

1950 年 6 月 25 日「韓戰」的爆發，打破了美國杜魯門總統在亞洲姑息共產黨的迷夢，韓戰開打後，美國隨即下令第 7 艦隊協防臺灣海峽。

如此一來，既限制了國府的軍事反攻，但也阻止了中共解放臺灣的企圖，驚魂未定的國府政權，因韓戰的發生，美國的介入臺海而轉危為安。其後，美國與國府關係恢復正常，美國不僅在外交上承認臺灣的國府當局，軍援、經援，亦源源不絕而來。

而國府當局，為博得美國好感與支持，建立親美形象，在人事安排上，大量起用有留美背景的人才進入政府部門工作，其中最具代表性的有兩人，武的為孫立人，時擔任陸軍總司令；文的為吳國楨，繼陳誠後，擔任臺灣省主席。但，可悲的是，這兩者與蔣介石政權合作，都沒有善終，孫立人被「兵變」牽連，遭軟禁終身，直到垂垂老矣的晚年，才獲平反；吳國楨與蔣氏父子交惡後，遠走美國，雖迭次批判國府當局，最後，仍客死異鄉，未能回國。

二、吳國楨的從政之路及其事件

吳國楨（1903-1984），字峙之，湖北建始人，1914 年入天津南開中學，與張道藩同學。1917 年考進北京清華學校，與羅隆基同級，畢業後於 1921 年直接赴美留學。1924 年，獲普林斯頓大學碩士學位，1926 年獲普林斯頓大學政治系哲學博士學位，並於同年返國，任國立政治大學教授。1927 年進外交部工作，正式踏入政壇，從此官運亨通，青雲直上。

1931 年，任湖北省財政廳廳長，1932 年擔任蔣委員長侍從室秘書，雖然官位不高但權重，因為擠入最高權力核心，深獲蔣氏夫婦所倚重。且由於留美背景，獲得宋美齡之青睞，被歸為所謂的「夫人派」，屢獲拔擢，1932 年底，吳國楨以未滿而立之年，即被派任為漢口市市長。

抗戰軍興，漢口陷落，吳率部分市民西逃恩施，1939 年底繼賀國光為重慶市長。1941 年重慶遭日機轟炸，發生「校場口大隧道窒息慘案」，傷亡慘重。蔣委員長下令，懲罰相關官員，吳為負起責任，於1942 年免去重慶市長職務。

吳於 1943 年，轉進外交部服務，任政務次長，在部長宋子文出國時曾主持部務。抗戰勝利後，吳進入黨務系統服務，於 1945 年接任國民黨中央宣傳部長。1946 年，繼錢大鈞為上海特別市市長，上任伊始，以控制預算、處理黑市，為主要施政重點。

1947 年，在上海逮捕大學之共黨份子，並搜查「民盟」上海支部，對共產黨採強硬手段，頗得蔣介石信任。1948 年 1 月，上海同濟大學學生，擬全體入京請願，交通、復旦等大學學生前往相送，吳以市長身份出面調解，但仍引起學生和員警衝突，吳國楨被毆，學生多人被捕。吳對共產黨，採激烈措施，曾遭中共宣佈為「頭等戰犯」之一，然也因其堅定的反共立場，更得蔣賞識。

1949 年長江保衛戰前，上海已岌岌可危，蔣仍派蔣經國赴滬，力

勸其撐持危局，不要輕言辭職。是年 4 月，吳卒以病由獲准，辭去上海市長職，5 月，上海陷共。7 月隨蔣應菲律賓季里諾（Elpidio Quirino）總統邀，參加「碧瑤會議」，會後隨蔣抵臺。

是年底，行政院准陳誠辭臺灣省政府主席職，由吳國楨繼任臺灣省主席兼保安司令。此刻可說是吳國楨一生政治生涯的最高峰，其受蔣之倚重也是於此為最。吳就任省主席始，即提出 4 大施政方針：1.徹底反共，密切配合軍事；2.力向民主途徑邁進；3.推行民生主義，為人民謀福利；4.實施地方自治，發揚法治精神，大量起用臺籍人士。從這幾項施政方針，可看出吳國楨想要真正有番作為，鴻圖大展的企圖心。

這裡頭，既要兼顧反共的軍事需求，又要忠於自己民主法治的信念；要以民生主義的經濟建設，為百姓謀福祉，當然，也不忘地方自治的重要。難能可貴的是，吳國楨慧眼獨具，在「228 事件」後為撫平臺籍同胞，在政治資源上所受之不平等待遇，而主張多重用臺籍人士。吳國楨省府中，諸多臺籍精英，如蔣渭川、徐慶鍾、游彌堅、杜聰明、李連春、楊肇嘉等，均為吳所提拔重用。

平心而論，吳是有心要做好省主席工作，但在彼時，特殊的時代氛圍下，軍事第一、反共至上的環境背景，吳嚮往於西方民主政治之政風，就顯得格格不入，而與蔣氏父子之衝突，也就在所難免了。

1950 年，臺灣舉行第二次縣市長及縣市議會選舉，吳國楨就任初始，所希冀的「積極實行縣、市長民選，還政於民」以奠定民主政治之基礎的施政理想終於有實現的機會，故他對於這次的選舉，抱持很高的期待。為此，他還在事前啟動一個培訓計劃，即在臺北建立一培訓學校，輪番培訓從各區選出的民眾代表。每次培訓 3 天，在 3 天內要教會這些代表，組成民主基礎的所有原則，以及如何進行自由選舉。

然，吳國楨的天真之舉，卻引起蔣氏父子猜忌，以為他要培植自己勢力。吳國楨晚年回憶道：「現在想來，我開始明白，也許正是這個培訓計劃，是蔣介石與我最後決裂的主要原因，他或許認為，我是在謀

求自己的組織與權力，而那確實遠非我的本意」。無論如何，此事引起蔣之不快，應是不爭之事實。

吳國楨基本上對於蔣經國掌控的情治系統，與青年救國團組織，恣意橫行是頗為不滿的。他曾苦口婆心向蔣進言，國民黨黨費，宜由黨員繳納，不可用國家經費。且並鼓勵反對黨的成立，俾能奠定兩黨互相競爭制衡的民主制度。吳的民主政治與蔣的威權體制，根本是扞格不入的，故其與蔣之關係日益緊張，也就不難想見。吳為此亦不安於位，屢向蔣請辭，皆未獲准。其後，因選舉事件，蔣經國之情治特務膽大妄為，缺乏證據卻到處亂逮捕人民，而吳身為保安司令，權力根本被架空。保安副司令彭孟緝則陽奉陰違，根本不把吳放在眼裡，一切以蔣經國唯命是從。在「基隆市議員綁架事件」後，吳對蔣經國的特務人員之無法無天，連民意代表也敢綁架，威脅恫嚇，已深惡痛絕。他知道自己幹不下去了。因此，他又再一次向蔣介石遞出辭呈。

蔣退回辭呈，但准假一個月休養，但在日月潭休養期間，一場未遂的車禍，讓吳國楨誤以為蔣氏父子欲對其不利，臺灣已是凶險之地。透過蔣夫人宋美齡之說項，以養病及接受母校普林斯頓贈予榮譽博士學位為由，於 1953 年 5 月 24 日離臺赴美，從此客寓美國。

積怨未消的吳國楨，在美逗留近一年時，1954 年 2 月，臺灣召開第一屆第二次國民代表大會，要改選行憲後的第二任正副總統。遠在美國的吳國楨，藉此機會，上書給國民大會，並分別致函蔣介石與胡適。在上國民大會書中，吳國楨痛陳臺灣國府當局專制之弊，並舉出 6 大項弊端，分別為：1.一黨專政。2.軍隊之內，有黨組織及政治部。3.特務橫行。4.人權無保障。5.言論之不自由。6.思想控制。

為此，吳國楨提出 6 點相對應的建議是：1.徹底查明國民黨經費來源（即反對把國庫當黨庫）。2.撤銷軍中黨組織及政治部。3.明白規定特務機關之權力（即限制之）。4.公開接受無辜被捕者親友之控訴，以保障人權。5.徹底查明過去言論，何以不能自由。6.撤銷青年團，並不

得再有變相之組織。

　　吳國楨的大動作及其內容，嚴重詆毀政府形象，無疑是與蔣氏父子徹底決裂。吳的公開信函，在臺灣引起強烈的反響，朝野咸認為其「叛國」，群起而攻之。連臺大教授毛子水等，亦簽名〈抗議書〉予以反擊。雙方隔洋大戰，好不熱鬧。最後，在胡適的斡旋，及臺北方面特派吳的舊識劉文島，前去美國勸吳，這場隔空交火的論戰，才暫時偃兵息鼓。

　　臺灣方面，停止了對吳的攻擊，但吳積忿難消，1954 年 6 月，吳在美國 *Look* 雜誌，用英文發表了一篇，旨在給美國人看的〈在臺灣你們的錢被用來建立一個員警國家〉，極盡能事的批評臺灣，在蔣氏父子專制獨裁的統治下，利用美國人的錢，建立一個毫無人權保障的警察國家。此文一出，除了給國府極大難堪外，也引起同在美國的胡適之反彈。胡適除發信給吳，痛加譴責外，也針對吳文的內容逐一批駁。胡適甚至動氣的罵「國楨的毛病，是他沒有常識（Common　Sense），而且在若干情況下，他缺乏道德感（Moral Sense）」。

　　其實胡適不滿吳國楨的主因有兩點：1.是在外國人面前，罵自己政府總不得體；2.為即便國民黨犯了那麼多錯，你吳國楨在國民黨擔任高官多年，難道沒有責任嗎？為何當時不進言規勸呢？如今在外國罵政府，豈不丟人現眼。

　　胡適晚年有一條很自律的原則，即人在國外「決不會發表毀壞自己國家與政府的名譽的言論」，胡適把它稱為「這是我們在國內提倡言論自由的，一班朋友的一條戒約」。「吳國楨事件」發生後，美國紐約和舊金山兩地的華人報紙，這樣比較胡、吳，說胡適在美國，從不批判自己的政府，唯有等到回國時，才發表自己的意見；而吳國楨完全相反。兩代自由主義知識份子的人格風骨，於此可見高下。

三、自由主義者從政之悲劇

基本上，在現代中國政局，自由主義知識份子的從政之路，是非常艱辛的，在威權體制下，要官運亨通一帆風順，他要違背自己的政治信仰，而屈從於統治當局；若要實踐自己的政治理想或信念，就不得不與當局抗爭衝撞，其下場，也就可想而知。不是入獄。就是遠走他鄉，不是適度的妥協，即為緘默不語。雷震的下獄、吳國楨的客居異國、胡適晚年非常無奈的「容忍比自由」重要的沈痛之語，到殷海光沉默的抗議、甚至大陸儲安平的失蹤。這些斑斑事蹟，不外乎在陳述一個事實，即自由主義知識份子，在中國從政的「兩難」處境，理想與現實難以兼顧的悲劇。

吳國楨，以自己的從政之路，見證了這一點，故在事件發生後不久，國府又發生了總統府秘書長王世杰遭免職案，時蔣為拉攏吳國楨，曾囑人赴美力邀吳回國任該職，但吳以「政府年來措施，並不與楨之一貫主張相同」而婉拒。吳的一貫信念是啥？即自由主義者，民主自由的信念。吳不諱言，其與蔣介石的衝突，主要來自他與蔣經國的不合；後者讓吳感到失去許多權力，並且吳也反對蔣經國從蘇聯學來的那一套軍隊政治化、特務政治，以共產主義的方式，對付共產主義等。

而蔣介石在失去大陸後，不但不知汲取教訓，銳意改革，反而變本加厲，更加的獨裁專制。當時，吳認為臺灣已是「一人控黨，一黨控政，以政治控制軍隊，以特務控制人民」時，吳國楨身上自由主義的因子，已不容其繼續在蔣政權下工作。故其辭職，離開遠走美國，與其說是政治鬥爭的結果，不如說是自由主義知識份子，在強人政治下從政的必然悲劇宿命。

胡適比吳國楨聰明，除抗戰期間短時期的「駐美大使」外，他始終保持自由之身，儘量不涉足政治，也因此，他還多少擁有其「獨來獨往的自由」。不僅如此，當國家的利益高於一切時，他是置國家於自由

民主之上的，在國家依存的框架內，緩進民主自由，這是胡適晚年的基本態度。

為此，他曾經在「雷案」時，發表〈容忍比自由重要〉，而被批為立場軟弱；「吳國楨事件」時，發表〈臺灣是多麼自由〉，為國府說話。顯示胡適作為自由主義者晚年的保守心態，其實這是胡適老成謀國的苦心，畢竟，「覆巢之下無完卵」，國家沒了，一切信仰的自由主義，又有何用。換個角度想，這何嘗不是自由主義者的另一悲劇，胡適晚年悲涼的心境，應該是此氛圍的最佳寫照。

參考書目

江南，《蔣經國傳》（北京：中國友誼出版公司，1993 年）。

朱啟葆，〈吳國楨事件發展中的評議〉，《自由中國》（民國 43 年 3 月 16 日）。

吳國楨手稿、黃卓群口述，《吳國楨傳》（臺北：自由時報出版，1995 年）。

季羨林主編，《胡適全集》卷 25（安徽：安徽教育出版社，2003 年）。

邵建，〈「吳國楨事件」中的胡適與吳國楨〉，《傳記文學》第 89 卷第 1 期（民國 95 年 7 月）。

胡頌平編，《胡適之先生年譜長編初稿》卷 7（臺北：聯經版，1984 年）。

裴斐（Nathaniel Peffer）、韋慕庭（Martin Wilbar）整理訪問；吳修垣譯，《從上海市長到「臺灣省主席」：吳國楨口述回憶》（上海：人民出版社，1999 年）。

曹伯言整理，《胡適日記全編》（安徽：安徽教育出版社，2001 年）。

陳宏正提供，〈胡適與吳國楨殷海光的幾封信〉，《傳記文學》第 54 卷第 3 期（民國 78 年 3 月）。

黃嘉樹，《第三隻眼看臺灣》（臺北：大秦出版社，民國 85 年 6 月再

版）。

溫振華等編，《臺灣文化事典》（臺北：國立臺灣師範大學人文教育研究
　　中心出版，2004 年 12 月初版）。

楊金榮，《角色與命運：胡適晚年的自由主義困境》（北京：三聯書店，
　　2003 年）。

劉紹唐主編，《民國人物小傳》第 8 冊（臺北：傳記文學出版社印行，民
　　國 76 年 4 月初版）。

韓道誠，〈吳國楨案有關資料彙編〉，《傳記文學》第 45 卷第 3 期（民
　　國 73 年 9 月）。

薛化元，〈戰後十年臺灣的政治初探（1945-1955）：以國府在臺統治基盤
　　的建立為中心〉，張炎憲等編，《二二八事件研究論文集》（臺北：
　　財團法人吳三連臺灣史料基金會出版，1998 年 2 月 1 版）。

3.2　戰後臺灣從「中國民主黨」到「民主進步黨」的政治發展

一、從雷震的《自由中國》與國民黨說起

　　1949 年，國共內戰逆轉，政府勘亂失敗被迫遷臺，美國發表《白皮書》，有放棄國府之意。財政經濟崩潰，軍事連連失利，社會人心惶惶，對政府而言，真是處於風雨飄搖、危急存亡之際。在此混亂局勢下，為與中共展開思想上的鬥爭，一部分國民黨忠貞之士結合若干自由主義份子，毅然決然主張，宜在理智上建立反共信念，非有一宣揚民主自由、堅持愛國反共的言論喉舌不可。

　　於是，以胡適為名義，雷震為主導的《自由中國》雜誌，即在這風雨如晦、兵荒馬亂的時局下孕育而生。《自由中國》創刊於 1949 年 11 月 20 日，發行宗旨，由胡適草擬四條：

　　第一、我們要向全國國民宣傳自由與民主的真實價值，並且要督促政府，切實改革政治經濟，努力建立自由民主的社會。

　　第二、我們要支持並督促政府用種種力量抵抗共產鐵幕之下剝奪一切自由的極權政治，不讓他擴張他的勢力範圍。

　　第三、我們要盡我們的努力，援助淪陷區的同胞，幫助他們早日恢復自由。

　　第四、我們的最終目標是要使整個中華民國成為自由的中國。

　　從以上四點可知，自由、民主、反共成了《自由中國》雜誌言論的三大主軸。

　　《自由中國》創辦之初與國民黨的關係頗佳，透過雷震還得到蔣介石的資金援助，並且被軍方列為訂購刊物。國民黨之所以贊助支持該

刊,其實也有在困厄中,試圖以新形象來爭取海內外民心之目的。

但在 1950 年「韓戰」爆發後,杜魯門總統下令第 7 艦隊協防臺灣,美國針對共產主義的擴張,重新佈署其在西太平洋的圍堵戰略。為此,在冷戰大戰略的前提下,美國不得不正視臺灣的重要性,尤其是臺灣對抗中共的優異戰略地理位置。基於此種因素,美國與臺灣的國民黨當局重修舊好,關係日愈密切。

因為國際局勢的變化對政府日漸有利,使得臺灣政局亦漸趨穩定,兼以《自由中國》雜誌社裡頭這些充滿理想化的自由主義份子,天真率直的真想以民主自由來改造國民黨,於是《自由中國》與當局衝突的因子隱然埋下。

1951 年,夏道平在《自由中國》發表〈政府不可誘民入罪〉,針對政府金融管制引起的一宗情治人員貪污舞弊事件提出嚴厲批評,點燃與國民黨衝突之火苗。其後,1955 年又因為刊載一篇〈搶救教育危機〉的讀者投書,強烈指責「救國團」公然介入校園之不當,得罪了蔣經國,更引起高層不悅。原本與國民黨已關係緊張的雷震,更為此遭到國民黨開除黨籍。

但真正使《自由中國》與當局撕破臉的導火線是 1956 年,該年 10 月 31 日正逢蔣介石 70 大壽,蔣向全國發出「婉辭祝壽,提示問題,虛懷納言」的意思。信以為真的雷震,在該期的《自由中國》搞了一個「祝壽專號」,並請胡適、徐復觀、毛子水、徐道鄰、陳啟天、陶百川、蔣勻田、夏道平等人為文,分別對蔣及國民黨執政缺失,提出種種建言與檢討。該期問世,銷路大增,再印多次,當然高層是氣憤痛恨不已。

針對《自由中國》的甘冒大不韙,終於激怒了當局,國民黨透過各種媒體力量,展開全面圍剿。國防部甚至印行一本名為《向毒素思想總攻擊》的小冊子,嚴辭抨擊《自由中國》「思想走私,為共匪鋪路」。相對的自「祝壽專號」後,《自由中國》更是豁出去了,不僅對

時局的批評愈趨激烈，且探討問題直接切入核心。

1957 至 58 年間，《自由中國》接連提出 15 篇的〈今日的問題〉，以〈是什麼，就說什麼〉的態度立論，對政府施政的種種弊端，舉凡反攻大陸、軍事、財政、經濟、政治、美援、新聞自由、教育、反對黨等諸多議題，提出全盤的檢討。其後，《自由中國》的言論節節昇高，逐漸觸犯當局禁忌，1960 年後，更因「修憲風波」及「政黨承認」與「蔣連任問題」的討論，《自由中國》與執政當局的衝突對立已達白熱化的地步。

二、胎死腹中的「中國民主黨」

1960 年的「中國民主黨」組黨運動，在臺灣政黨史與民主政治發展史上，均有其劃時代之歷史意義。五〇年代的組黨運動，早先有蔣廷黻在美國倡導，欲拱胡適出來領導的「中國自由黨」的醞釀。後因胡適意願不高，且「中國自由黨」只是彼時海外「中國民主自由大同盟」運動之一環，故它雖曾制定了綱領，但最後仍不了了之，並未正式成形。

其後，海外雖有高唱「反共亦反蔣」的「第三勢力」運動，但在臺灣島內的政治活動倒是一片死寂。其故何在，原因為「228 事件」後，國民黨的高壓肅殺，使得臺灣人普遍將政治視為畏途，大家噤若寒蟬，不願從政。

五〇年代初，國府遷臺更是談共色變，在恐共陰影下，極力撲殺有共產主義思想嫌疑者，對象不管是本省人或外省籍，因此造成了所謂的白色恐怖，處此氛圍下，臺灣人更是對政治產生了莫名的恐懼症。

但是經過《自由中國》提倡民主自由理念後，這些原本在日治時代就有留學背景，或親炙「大正民主」時代的本土臺灣精英，本來就對自由民主政治不陌生，只因外在因素使其不敢訴求。如今，經由《自由中國》的鼓吹，又啟動了他們潛藏心底的從政熱情，所以五〇年代中後

期的情勢發展就順理成章了，即《自由中國》的知識份子與臺灣本土精
英的結合，欲透過選舉管道，達到其實踐民主政治的理想。

《自由中國》刊出「祝壽專號」半年後，1957 年 4 月，臺灣舉行
了第三屆縣市長及省議員的選舉。第二次競選彰化縣長的石錫勳，連絡
郭發與王燈岸，3 人計劃於選舉前籌組「黨外候選人聯誼會」，目的為
研究選務，並仿日治時期欲舉辦全省巡迴演講及民眾座談會。

是月 11 日，此構想終於初步成形，眾推彰化縣長候選人石錫勳、
臺中縣長候選人楊基振、臺中市長候選人何春木為發起人，在臺中召開
第三屆臨時省議會及各縣市長候選人關於選務改進的座談會，會後並提
出 5 項議案，同時共推民、青兩黨代表為本建議案向政府提出交涉，且
決議待本屆選完後，由青年黨的李萬居負責盡速召集一選舉檢討座談
會。

該次選舉，臺北市的郭國基、臺南縣的吳三連、高雄市的李源
棧、宜蘭縣的郭雨新、雲林縣的李萬居、嘉義市的許世賢均當選省議
員，此即以後省議會「五虎將」和「五龍一鳳」稱號的由來。雖然非國
民黨籍候選人頗有斬獲，但選舉期間，國民黨舞弊賄選等選舉不當傳聞
時有所聞。

故在選後，在李萬居的熱心奔走下，5 月 18 日，召集全省各地的
無黨籍及民、青兩黨人士假臺北市蓬萊閣召開選舉檢討會。雷震代表
《自由中國》也參加了這次檢討會，並在會上發表演說。此次檢討會
後，為進一步凝聚在野力量，李萬居、吳三連等決定擴大行動，乃聯合
與會的 78 人為發起人，決議籌組「中國地方自治研究會」，並於 7、8
月間兩度向政府當局提出社團登記申請，但未獲准成立。

雖然，該會未能獲准成立，但卻牽引出《自由中國》對此議題的
一系列深度探討，之前該刊已有反對黨問題的討論。其後，胡適返國，
又發表「從爭取言論自由談到反對黨」的演說，公開主張由知識份子，
民主人士與青年出來，組織一個在野黨之構想，在野勢力一度為之興奮

不已。此即所以當局批駁「中國地方自治研究會」的可能原因之一，因當局聯想到這種結社，或許是為組織在野黨鋪路。

誠然，「中國地方自治研究會」遭到封殺，但組黨運動仍沿著選舉改進座談會繼續下去。而《自由中國》扮演的角色，即為組黨運動提供理論後盾，且聯合青年黨的《民主潮》和李萬居的《公論報》共組連合陣線，互相呼應，擴大輿論的影響力。在「中國地方自治研究會」成立失敗後，在野人士仍不氣餒，反而覺得在野力量有保持存在之必要，所以乃用「民主人士聯誼會」名義，隨時互相聯繫。到了 1960 年地方選舉來臨時，又改稱「選舉改進座談會」，計畫作全省大規模的組合。

1960 年的選舉，直接促成了籌組在野黨的胎動，是年 3 月，省議員選舉前夕，李萬居、郭雨新、高玉樹、吳三連、許世賢、楊金虎等人，召開了一次「選舉問題座談會」，雷震與青年黨的夏濤聲、民社黨的蔣勻田亦出席參加。

選後，因國民黨舞弊，在野人士選舉結果欠佳，於是在 5 月 18 日，無黨籍與民、青兩黨人士在民社黨總部召開「在野黨及無黨派人士本屆地方選舉檢討會」。與會人員有雷震、吳三連、李萬居、楊金虎、許世賢、高玉樹、王地、郭雨新、謝漢儒、夏濤聲、朱文伯、許竹模、郭國基、蔣勻田、齊世英、成舍我、傅正、李福春等 72 人。

會中除嚴辭譴責國民黨操縱選舉、作弊不公外，最重要的是郭國基慷慨陳詞的一段話：「今天民青兩黨的力量委實太小了……所以我希望把民青兩黨整個全部解散，和臺灣一般民主人士共同來組織一個強有力的在野黨，發揮民主的力量。」

經由郭國基的一席話，刺激大家興起了組黨的念頭，當下決議即日起組織地方「選舉改進座談會」，並在各地設分會。此一組織的成立，再加上《自由中國》等在野雜誌的鼓吹，使得新黨的籌組工作進入緊鑼密鼓的階段，一連串組黨活動也積極展開。

6 月 15 日，「選舉改進座談會」正式發表一份聲明，強調團結海

內外民主反共人士，並與民青兩黨協商，立即籌組一個新的政黨，為真正的反共、真正的民主而奮鬥，務使一黨專政之局，永遠絕跡於中國。聲明稿並證實「選舉改進座談會」正式成立，在不分省籍黨派的原則下，遴選 55 位委員。

6 月 26 日，「選舉改進座談會」召開第一次委員會，推舉 17 名召集委員，並推雷震、李萬居、高玉樹 3 人為發言人，繼而展開一連串全省各地巡迴座談會、說明會。7、8 月間，分別於臺中、嘉義、彰化、中壢等地舉辦座談會，並公開一個名為「中國民主黨」的新黨即將成立，於此同時，國民黨當局與情治單位亦密切注意新黨動態，並詳細蒐集相關資料，待機反擊。

9 月 1 日，新黨針對國民黨的干擾提出控訴，聲稱：「由於組織新黨的運動已經是海內外民主反共人士一致的願望，而在國內是由下起來的潮流。我們現在對於新黨的政綱、政策、黨名及黨章等都已有了初步的定案，預定在九月底以前即可宣告成立，我們敢斷定這不是任何干擾所能阻止的。」

組黨的態勢與決心似乎如《自由中國》與之呼應的社論〈大江東去擋不住！〉的堅決，但這批本土精英與天真的自由主義份子，似乎低估了國民黨蠻幹硬幹的能力。9 月 4 日，警備總部即以涉嫌叛亂罪名，逮捕了雷震、傅正等人。

其後，雖然胡適、蔣勻田、李璜、左舜生等海內外知名人士積極展開營救雷震工作，但絲毫改變不了國民黨拘捕雷震的決心。「雷案」爆發後，「選舉改進座談會」旋即成立「中國民主黨籌備委員會」，然未幾，在國民黨一片恐怖肅殺的氣氛下，以及主客觀條件的不夠成熟，尚未正式面世的「中國民主黨」不得不胎死腹中，留下臺灣民主運動史上相當遺憾的一章。

三、《大學雜誌》的革新運動

《自由中國》雜誌與「中國民主黨」的籌組，因國民黨的鎮壓與雷震的被捕而風流雲散。《自由中國》停刊了，「中國民主黨」也瓦解了，整個六○年代的臺灣又籠罩到苦悶的政治氣壓。當中，雖仍有若干本土精英如郭雨新、郭國基之輩，透過議會管道向當局發聲或批判，但總的說來，國民黨專制高壓的金箍棒是緊緊栓住臺灣的政治環境，因此少數在野精英的個人活動，並無法凝聚成一股政治勢力而與國民黨對抗。

這種沉悶的氣氛，一直持續到《文星》雜誌的發揮言論功能，才略有改善。然畢竟《文星》探討的問題偏重於文化思想層面，所以即便後起之秀李敖筆鋒犀利橫掃千軍，並進而挑起「中西文化論戰」，但嚴格言之，其對彼時政治環境的影響仍甚有限。

1971 年 10 月，國府被迫退出聯合國，其後，日本、加拿大、義大利等重要國家紛紛與其斷交，尤以美國總統尼克森（Richard Milhous Nixon, 1913-1994）宣佈將於 1972 年訪問中國大陸，更給國府及臺灣民心士氣莫大的打擊。處此形同國際孤兒的情況下，國府當局了解到在國際上承認其合法性的地位既然動搖，退而求其次，有必要強化其在島內統治的合法性，而如何爭取臺灣人民對國民黨島內統治合法性的認同，執政的國民黨在蔣經國主導下，開始了一連串的政治革新運動。

不但國際形勢對國府不利，臺灣島內環境亦在悄然變化中。整個七○年代，隨著臺灣的社會變遷，經濟起飛及工業化後，促成中產階級的興起，這些中產階級基於切身的利害關係以及對國事的關心，開始要求表達意見，並且希望執政黨能拿出政治改革的決心，故島內呼籲政治革新的言論開始時有所聞。

而國府有鑒於在國際間日漸孤立，外交上節節失利，執政當局又面臨權力轉移的關頭。處此內外交迫時候，為呼應社會對改革的期待，

國民黨是應該要拿出具體行動。為此,當務之急是察納雅言,多聽取各方意見,尤其是青年知識份子的聲音。因此,國民黨中央乃辦了兩場青年座談,會中不少青年對時局提出愷切的批評,更有人提議召開青年國是會議,起用優秀青年,注入新血,貫徹政治革新。

後來,這批戰後新生一代的知識份子開始嶄露頭角,且為了集體表達其意見,必須有一發表言論之園地,而《大學雜誌》正符合他們的需求,所以這些參加過座談會的理想青年,最後都加入了《大學雜誌》,間接亦促成《大學雜誌》的改組。所以說,《大學雜誌》之所以能發揮重大影響力,是與這個時代背景有密切關係的。在此之前,《大學雜誌》於 1968 年就創刊了,但初期還只是一般普通的雜誌。

隨後,這批新一代知識青年加入《大學雜誌》,以該刊為園地,方才凝聚成一股政治改革的力量,做青年對國是的意見表達。1971年,《大學雜誌》改組後,內容開始大幅地呈現對現實政治的關心,劉福增、陳鼓應、張紹文以聯名方式發表〈給蔣經國先生的信〉,提出執政當局宜多傾聽年青人的聲音,尤其是真實的聲音,不僅如此,更希望人民的言論自由受到保障,不要動輒受到「安全紀錄」的威脅。其後張俊宏、陳少廷陸續為文,議題大體均圍繞在政治革新方面的建言。

在《大學雜誌》初試鶯啼後,「保釣運動」的爆發,美國尼克森總統的應邀訪問大陸,一連串的外交挫敗,更加深知識份子對國事的憂心,從而亦加速要求政治改革的企盼。於此同時,《大學雜誌》發表了一篇擲地有聲的文章,由張俊宏、張紹文、許信良、包奕洪連合執筆的〈臺灣社會力分析〉,該文建議政府要善用最有潛力的人力資源來從事社會建設。

是年 10 月,適逢開國 60 周年的雙十國慶,《大學雜誌》刊出由楊國樞、丘宏達、陳鼓應等多人署名的〈國是諍言〉,引起全國各界矚目。該文分別從國內人權、經濟、司法、立法、監察等問題作了深入的剖析,也對政治改革提出具體的做法,其中尤其對法統的挑戰,對萬年

國會的批判，主張中央民代的全面改選，更令朝野側目。

〈國是諍言〉披露不久，一顆更大的震撼彈轟然巨響，國府被迫退出聯合國，臺灣命運更是雪上加霜。為此，1972 年元月，《大學雜誌》發表了〈國是九論〉，提出 9 個急待解決的問題，此長篇讜論不但表現出知識份子感時憂國的情懷，更道出執政當局沉痾已久的積弊。基本上，《大學雜誌》只是一群書生集團議政的喉舌，它不像《自由中國》結合本土政治精英，欲組黨與當局對抗，雖其影響較大，但最後也付出慘重的代價。

《大學雜誌》作為一份理想主義知識份子的刊物，雖然它對社會面的直接影響不大，但它廣泛的流傳於大專校園中，對於後一世代的大專青年政治思想啟蒙，其貢獻卻不可低估。並且，這些受影響的後一世代，以後都是臺灣政壇明日之星。不諱言說，以後民進黨的領導人及中堅份子，都出自《大學雜誌》知識群及受其影響的下一代青年精英。

不僅如此，因為《大學雜誌》並沒有直接衝撞體制和挑戰國民黨的野心與行動，故國民黨對其戒心較小，且因其對國事的善意批評，當政者也比較聽得下，憑良心講，蔣經國主政後的諸多政治革新之舉，其原始構想不少是出自於《大學雜誌》。當然隨著《大學雜誌》後期言論尺度的節節飆高，逐漸超出執政當局的容忍範圍，前有「民族主義座談會事件」，陳鼓應、王曉波被捕之事的衝擊，後有鼓吹主張「學生運動」的嫌疑而為當道所忌。

為此，1973 年後，《大學雜誌》即告分裂，最後僅剩張俊宏獨挑大樑，然因成員的不同思想各有去路。張俊宏、許信良，轉而走向實際政治運動，為日後黨外運動的一個轉捩點；其他成員則觀點立場也不一致，平時亦缺乏連繫與溝通，至此《大學雜誌》終於完成其階段性的任務而逐漸走入歷史。

四、《臺灣政論》的薪火相傳

1972 年是臺灣政壇的關鍵年，後蔣介石時代的即將結束，開啟了蔣經國時代的來臨，而於此時的在野勢力也頗有斬獲。這年年底，中央民意與地方公職人員兩項選舉同時舉行，「中國民主黨」時代的老將許世賢、青年黨的黃順興、張淑真也當選立法委員。另外，黃信介胞弟黃天福、張春男當選國大代表，許信良則當選省議員，其中尤以從臺北市議員轉戰立委成功的康寧祥更具意義，他們的當選為臺灣日後的政局發展，埋下了重要伏筆。就在在野勢力即將破蛹而出之際，一份過渡性重要期刊的出現扮演了催生的角色，此即由康寧祥、黃信介、張俊宏等人合作出版的《臺灣政論》。

《臺灣政論》於 1975 年 8 月創刊，時正值蔣介石去世，臺灣國際空間遭打壓，政府面臨內外交困之際。因此，該刊的問世，希望是繼《自由中國》、《大學雜誌》之後，「在批判官僚制度的行徑上，在閉鎖的環境中所造成的諸種不合理的事象，發揮『掃除髒亂』的功能」。

《臺灣政論》內容探討的範圍頗廣，舉凡政治、經濟、外交、第三世界、社會問題、臺灣歷史均有涉及，多少已呈現出日後黨外雜誌的風貌。在創刊號中，康寧祥以〈如何促進臺灣的進步與和諧〉一文，一針見血的點出當時臺灣內部的三個隱憂，即政治權力分配不公、經濟財富分配不均與非黨籍者的工作機會不平等這三大問題。因此要求執政當局能朝向政治民主、經濟平等、消除政治偏見和省籍歧視的方向去努力。另外，張俊宏也為文要求政府要具體做到司法獨立、選舉公正、國會改選、務實外交等項，使國家形象能耳目一新，重新挽回人民對政府的向心力，也使國際對臺灣的觀感有所改善。

總之，《臺灣政論》繼《大學雜誌》後，苦口婆心的對政府提出諄諄諍言。但在蔣經國初掌大權之際，雖蔣氏本人，也許有聽逆耳之言的雅量，但整個國民黨及臺灣當時的政治環境，都還沒有成熟到可以無

所顧忌，大放厥詞的地步。因此《臺灣政論》僅發行 5 期，終因刊登了邱垂亮的〈兩種心向〉一文，被國民黨當局認為有「煽動他人觸犯內亂罪，情節嚴重」之名而下令停刊。

《臺灣政論》月刊雖然只有短命的存在 5 個月，但它卻扮演了承先啟後關鍵性的橋樑角色。誠如該刊要角康寧祥事後評論「藉著《臺灣政論》這個橋樑，在從民國五十八年的幾次選舉以來，已經形成的新生在野政治人物，與從《大學雜誌》時期政治改革運動分化出來的知識份子，才得以結合，這個結合使黨外的力量，素質提高了」。康寧祥的評論，基本上是相當貼近歷史事實的。

五、黨外運動的風起雲湧

1975 年的立委選舉，對「中國民主黨」時代的郭雨新，是他老驥伏櫪的人生最後一戰，但對臺灣的民主運動卻是開啟風潮之始。其因有二：1.為郭雨新於競選期間如國會全面改選、廢除戒嚴令、司法獨立、總統、省長、臺北市長直接民選、釋放政治犯、言論、出版、集會結社真正自由；生存、工作等基本人權的保障等訴求，成了以後黨外人士矢志不移的奮鬥目標；2.為當年因國民黨選舉賄選嚴重，造成郭雨新的高票落選，引起社會公憤，林義雄、姚嘉文為郭雨新打這場選舉訴訟案，雖遭高院駁回，卻也促成黨外人士覺醒，司法當局已淪為政治的工具，勢必動搖社會正義與公道的標準，臺灣要有救，只有直接投入現實政治，與這個不公不義的體制對抗才有希望。

因此，在郭雨新這生命的最後一戰，無形中卻為臺灣民主政治畫上幾道絢爛的彩筆，即當年為其辯護或助選的如姚嘉文、林義雄、田秋堇、賀瑞蕃、周弘憲、謝明達、蕭裕珍、吳乃德、吳乃仁、林正杰等理想主義青年，日後均成了臺灣民主政治的活躍份子。

1977 年是臺灣民主政治驚濤駭浪的一年，是年 11 月的 5 項公職人

員選舉，黨外人士可謂磨拳霍霍，蓄勢待發。黨外人士這次在康寧祥與黃信介的策劃下，展開重點突破全省串聯的策略，與國民黨競爭。其中，張俊宏的轉戰故鄉南投省議員、林義雄競選宜蘭省議員、許信良脫黨參選桃園縣長，更具特殊意義。

由於選情緊繃，11 月 19 日終於爆發了一萬多名選民包圍中壢警局的「中壢事件」。選民的怒吼，民氣可用，使得部分黨外運動者察覺到這是一股未來可用於政治後盾的群眾力量；但也使得部分黨外運動者醒悟到民眾的不確定性及潛在的危險性，這就埋下日後黨外運動溫和體制內改革與體制外激烈抗爭的分歧點。

此次選舉結果，黨外不僅頗有斬穫，張俊宏、許信良等人的當選，象徵意義更大，它不但提昇了問政品質，也帶動了知識份子參政的風氣，如以後呂秀蓮、王拓、陳婉真、陳鼓應、姚嘉文等人的投入選戰。

1978 年，積極投入選戰的呂秀蓮等黨外人士，為集中力量，宣佈決定組成「臺灣黨外人士助選團」。12 月 5 日，「臺灣黨外人士助選團」在臺北市中山堂召開規模甚大的座談會，這是 30 年來在野政治人物最多人數的集結，會議期間因「國歌」爭執，遭反共義士勞政武的鬧場，此為所謂的「中山堂事件」。

這次中央民意代表選舉忽因 12 月 16 日，美國突然宣佈自 1979 年元月起與中共建交，蔣經國總統以國家遭逢巨變而暫時停止選舉活動。選舉雖然暫停，但黨外運動卻進入多事之秋，1979 年 2 月，一千餘名黨外人士齊聚鳳山，欲為高雄黑派掌門人老縣長余登發祝壽。詎料，在 1 月 21 日，余登發、余瑞言父子突以「涉嫌參與匪諜吳泰安叛亂案」遭逮捕，「余案」發生後，旋即引發許信良、張俊宏未經報備的聚眾於橋頭之示威活動，是為「橋頭事件」。此事件許信良的桃園縣長遭到停職處分，此舉又引發一連串的街頭抗議活動。

1979 年對臺灣黨外政治運動而言，其策略是雙軌的分頭並進，此

即一條線為街頭路線，嘗試由不斷的抗議示威，達到引起社會更多的同情和支持；另一條線是繼續透過黨外雜誌的宣傳，將其理念與訴求經由輿論管道影響廣大的知識份子，進而吸收優秀青年加入其陣營。

　　為此，在街頭運動的同時，1979 年 6 月，先有康寧祥、司馬文武（江春男）的《八十年代》雜誌，後有 8 月份，以黃信介為發行人，許信良為社長，黃天福、呂秀蓮為副社長，張俊宏擔任總編輯的《美麗島》雜誌創刊了。

六、《美麗島》的「美麗島事件」

　　《美麗島》雜誌於 1979 年 9 月 8 日在中泰賓館宣佈創刊，隨即引來所謂愛國主義份子的不滿與抗議，在雙方支持者互不相讓的情形下，在成立酒會上，發生衝突事件，此即為「中泰賓館事件」。

　　《美麗島》幾乎網羅當時全臺各地的黨外人士，以雜誌社為首腦，在全臺各大城市設立分社或據點，每在一地成立服務處，便在該地展開群眾性演講會。《美麗島》雜誌有組織、有計劃的基層紮根之舉，引起了國民黨的關注與恐慌，雙方對決的引爆點，大有「山雨欲來風滿樓」之勢。

　　《美麗島》雜誌創刊號，無疑是一篇臺灣本土政治精英的悲壯詩篇，該文寫到：「今年是決定我們未來道路，和命運的歷史關鍵時刻，動盪的世局和暗潮洶湧的臺灣政治、社會變遷，在在逼使我們，在一個新的世代來臨之前，抉擇我們未來的道路，歷史在試煉著我們！」

　　「我們深愛這片土地，及啜飲其乳汁長大的子民，更關懷我們未來共同的命運。同時，我們相信，決定我們未來道路和命運，不再是任何政權和這政權所豢養之文人的權利，而是我們所有人民大眾的權利！」細閱這篇創刊號，不啻是一篇莊嚴肅穆的臺灣人民自救宣言，即便在多年之後，讀之仍令人心情悸動不已。

　　是年 12 月 20 日，《美麗島》雜誌在高雄舉辦「世界人權日紀念大會」，在示威遊行中與警方對峙，雙方發生流血衝突，震驚臺灣的「美麗島事件」於焉爆發。數日後，「美麗島」的重要核心份子，如許信良、黃信介、呂秀蓮、姚嘉文、張俊宏、林義雄、施明德、王拓、陳忠信等紛紛被捕，「美麗島」大審分別以軍法、司法起訴。1980 年 2 月 28 日，又發生震驚社會的「林宅血案」（林義雄），更是風聲鶴唳令人髮指，正當蓄勢待發的黨外運動，在國民黨強力鎮壓下，遭到最大的挫敗。

　　《美麗島事件》最重要的意義是，臺灣人沒有因為受到國家機器的迫害就退縮，積累已久的「反抗意識」更澎湃洶湧的展開。1980 年底的選舉，很多「美麗島事件」受刑人家屬，反而打出悲情牌而高票當選，如周清玉、許榮淑、黃天福及黃煌雄、張德銘等人。值得一提的是，參與「美麗島事件」辯護律師團，在此次選舉大獲全勝，尤清、蘇貞昌、謝長廷、陳水扁分別當選，奠定日後為臺灣政壇之主角。而游錫堃、林正杰等也自此崛起。

　　另外，《美麗島》雜誌被迫停刊後，黨外雜誌非但沒有消聲匿跡，反而如雨後春筍般一波接著一波推出，如《關懷》、《深耕》、《代議士》、《縱橫》、《蓬萊島》、《春風》、《鐘鼓樓》、《亞洲人》、《前進》、《生根》等琳瑯滿目，不勝枚舉，禁不勝禁，抓也抓不完。

　　這些雜誌有一共同特色，多以提供小道消息，挖掘國民黨內幕為尚。由於雜誌取向是平民大眾，故其文章水平，雖然不及《自由中國》與《大學雜誌》的深度，但因滿足普通百姓對蔣家和國民黨的窺伺慾望，且迭遭警總的查禁，反而引起大家的同情，故銷路與影響力，不容低估。

　　總之，七〇年代，是臺灣政治駭浪驚濤的年代，它折損了不少知識份子的青春理想，但也創造了臺灣民主運動的歷史契機，沒有那 10

年的風雨狂濤，掀起陣陣民主浪潮，就不可能在臺灣現代史，築起輝煌的豐碑。

尤以「美麗島事件」的發生，對於知識青年政治意識的啟發，極為重大，黨外民主運動，雖受殘酷打壓仍能萌芽抬頭，如浴火鳳凰絕地再生，都秉持著是一份對臺灣真摯之愛的「美麗島」精神。

「美麗島事件」，是臺灣社會從封閉朝向開放的一次重要的歷史儀式，通過這場莊嚴的儀式，許多青春夢想化為真實，昔日獄中受難者，今日成了政壇的耀眼明星，當年的抗議者，如今則是民主的實踐者。重點是，20 多個年頭過去了，當年理想主義甚濃的「美麗島精神」，在當今政壇仍能堅持的剩下幾許？這問題值得我們省思與探討。

七、民主進步黨成立的前夜

1982 年 6 月，康寧祥、尤清等人訪美，除了顯示部分黨外運動者，已意識到國際外交的重要外，更主要的是，藉此機會向美國及國際社會，發出臺灣人民的心聲。1983 年 3、4 月間，在謝長廷等人推動下，「黨外選舉後援會」開始醞釀，9 月 18 日，終於成立「黨外中央後援會」，為正式組黨邁出了一大步。

但黨外新生代也籌組「黨外編輯作家聯誼會」（簡稱「編聯會」），為公職選舉的遊戲規則，以康寧祥為主的老將，和年輕的新生代有了齟齬，黨外的爭執磨擦，日益浮上檯面。

1984 年 5 月，部分現任及曾任公職人員的黨外份子，組成了「黨外公職人員公共政策研究會」（簡稱「公政會」），以費希平為理事長，林正杰為秘書長。此會一度遭國民黨指為非法組織，準備取締，後因與國民黨妥協，事情才緩和下來。不料，此舉反而遭致陳水扁、邱義仁等黨外新生代的嚴厲批評。1985 年 3 月，費希平退出「公政會」，改選尤清為理事長，謝長廷為秘書長，風波才平息。

是年 11 月，地方公職選舉，黨外仍組織「後援會」全力衝刺，市議員部分頗有斬獲。較重要的是，陳水扁在臺南縣競選縣長高票落選，但競選期間陳水扁犀利的口才，靈敏的反應，鄉土的親切，在南部颳起一陣「陳水扁旋風」，不僅奠定其名嘴和魅力的角色，且為日後累積了雄厚的政治資本。

1986 年 3 月，「黨外公政會」開始在全省各地設分會，為此又和執政當局槓上，緊張態勢一觸即發。5 月 15 日遂由陶百川、胡佛、楊國樞、李鴻禧 4 位學者出面溝通緩頰。但不理會溝通結果的陳水扁、顏錦福仍率先成立「黨外公政會臺北市分會」，在陳等人的首開風氣下，全島各地分會，乃相繼成立。

「黨外公政會」一般咸認為是民進黨成立的前身，黨外政治運動經過數十年的身經百戰，期間有執政當局的打壓、黨內矛盾的衝突，流血流汗，坐監犧牲，為臺灣民主政治打拚，無怨無悔。最後，在臺灣人民的期待下，1986 年的 9 月 28 日，一個代表臺灣人民的政黨，終於在千呼萬喚下誕生——它的名字叫「**民主進步黨**」，從此它為臺灣，開啟了一個新時代的來臨。

3.3 戰後在野青年黨來臺的變革內幕及其分裂史

一、序言

　　戰後臺灣早期的政治史發展，在解嚴之前，有青年黨和民主社會黨兩大在野黨，作為執政的國民黨的「友黨」，因此，這兩黨既受國民黨的資金贊助，也蒙受國民黨的政治操控，無法發揮其在野黨的正規功能。但也由於這樣，最後，兩大在野黨終於無法適應臺灣解嚴後的嶄新政治環境，而宣告政黨泡沫化，並從此退出臺灣的政治舞臺迄今。

　　但是，這兩大在野黨，在大陸時期，是赫赫有名的政黨，不但創黨時有遠大的理想，創黨者也都是當時國中著名學者或賢達出任者，所以社會聲望很高，在實質上也曾使其所屬政黨發揮過相當大的影響力。所以這是近代政黨史的重要側面發展，無可忽視。

　　問題是，此兩大政黨，何以會隨國民黨於五○年代遷臺？它們來臺的政治目的又是為何？這是外界好奇但始終無法得知真相的政黨史內幕。如今本書為突破此一學術難題，特設法取得其中之一青年黨的內部機密資料，撰寫本章的精彩內容，先和讀者來分享。至於另一在野的民主社會黨，則須再等機會成熟時，再行撰寫，所以有勞讀者再等待了。

二、五○年代臺灣政治環境的回顧

　　五○年代，國府在風雨飄搖之際，敗退來臺。在面對中共隨時渡海「解放」臺灣的危急存亡之秋，幸「韓戰」爆發，美國積極介入並負起協防臺海之責，使得驚魂未定的國府當局，總算轉危為安。在情勢有

利國府後，蔣介石亦加緊其在臺灣之威權統治以鞏固政權。在此氛圍下，蔣開始整肅異己，不僅疏離「自由」派，吳國楨、王世杰、孫立人紛遭解職；雷震的《自由中國》言論也開始受官方關切。而臺籍政治精英迭受打壓，而所謂合法的在野黨青年黨與民社黨，亦受到國民黨的滲透分化而無法扮演其監督制衡的角色，此誠五〇年代臺灣政治史之悲劇。

三、青年黨分裂的導火線──「天馬茶房事件」

　　五〇年代青年黨來臺初期的大分裂，民國 40 年 6 月 4 日的「天馬茶房事件」曾被評為「中國政治史上一件大事」。而此一「天馬茶房事件」的爆發，在青年黨史上有其特殊的歷史意義，就青年黨而言，經歷這次該黨空前未有的大分裂後，似乎是宣告青年黨由盛而衰的最後高潮，亦為青年黨此後內部鬥爭白熱化，分裂頻繁的一個分水嶺。經此事件後，青年黨高層雖力求彌合，但整個黨已四分五裂，既便後來表面上又復合團結統一，然其只是貌合神離的假象。總的來說，青年黨是再也振作不起來了。

　　「天馬茶房事件」發生後，國民黨和黨外人士雖曾積極調解，其中雖有國民黨分化斧鑿之痕跡，但基本上亦標誌著在近代中國的政治文化中，沒有武力為奧援的「第三勢力」生存之不易；以及在威權時期在野黨存在之艱辛。由青、民兩黨的分裂，也可看出五〇年代臺灣政黨政治畸形發展之縮影。

　　事實上，國、共兩黨在中國欲追求實現的並非西方的民主政治，而是以民主為假象的徹底專制獨裁，故不希望有真正在野黨的存在。觀之半世紀以來，國、共兩黨在海峽兩岸的專制統治，雙方均玩弄「在野黨派」與「民主黨派」作陪襯點綴，可知在現代中國缺乏實力（武力）之在野黨的悲劇宿命。

再由青年黨分裂之滄桑，論述該黨之所以無法在臺灣發展茁壯之因。如此一來，即可使此一頁過去很少為外人所熟知的在臺分裂始末滄桑史，得以真相大白於人間。

四、「天馬茶房事件」之經緯

民國 40 年 5 月 7 日，青年黨領袖曾琦病逝美京華盛頓。消息傳回國內，震驚朝野。同年 6 月 3 日，臺北各界假徐州路臺大法學院舉行紀念追悼大會。未料翌日下午，卻爆發了青年黨有史以來最大的、影響最深遠的「天馬茶房事件」。所謂「天馬茶房事件」起因於陳啟天、余家菊兩位青年黨在臺領導人，在曾琦病故後，中樞無主，又鑒於該黨「現狀杌陧，步驟凌亂，非亟圖挽救，無以負荷重任，報國救民。」於是在 6 月 4 日假臺北市召開「臨時全國代表大會」（以下簡稱「臨全會」），希望藉由黨的改造，徹底整頓黨紀，調整不合時宜的組織制度。「臨全會」後發表了〈改革宣言〉、〈新組織綱要〉、〈告同志書〉等 3 份重要文件，新產生的中央主席團也發佈致各界電文，正式對黨內外宣告青年黨的改革。

但陳、余的「臨全會」落幕後，正是青年黨內鬨的開始。對陳、余所召開之「臨全會」，黨內贊成者固有之，但遭受排擠的黨內同志，尤以中央黨部之重要幹部更不甘心就範，乃迅速展開反擊。原中央檢審委員會主席，亦為黨內德高望重之領導人李不韙，也發表〈告同志書〉，嚴厲指責陳、余等人之行為非法。香港的老黨員呂偉東亦上書力陳「是會之產生，人皆謂於法無據於理不順，是未合於變之道也；欲變必先取得多數之同意，而後可通于道，否則徒貽人笑柄耳。」且直指「此次改革目的，意在使一二人去位而後快」，此行徑根本為「以不忍忿憤之心，而為小題大作之舉」更何況「此一二人者，過去之行為何若，未聞執事等為同志言之，就令彼所為不當，非去不可，亦不難循正

路以圖之，黨章可覆按也，遵黨章而行之，寧有反對者乎！」

「天馬茶房事件」後，反對者攻擊的矛頭，幾乎全部指向陳啟天，咸認為陳啟天是以改革為名，行奪權之實，目的不僅要獨攬黨務，且欲以主席之尊，從政府那邊撈到一些政治權位。

呂偉東代表留港青年黨員即指斥陳「忖先生改革發難之初，必自以為朝裡有人，內通外應，領袖之尊，垂手可得，功名祿位，指日可期，遂不顧黨之法紀，不恤人之笑罵，明目張膽，悍然為之，若以為愚公逝世之後，黨之領袖，非我莫屬也，庸詎知名不正則言不順，不順則人不從，自非薰心利祿，喪心病狂之徒，誰肯甘心從惡，相率而為偽乎！」並譏諷陳氏不甘寂寞，「人如不甘寂寞，則何事不可為？推此不甘寂寞之心，乃至忍心害理，同室操戈，為人之所不敢為，以至中人拆我陣營之詭計，不仁不智！負黨負友！不祥孰甚焉！」

另立場較中立之潘再中亦致函陳氏言：「此次革新動機，固屬正大光明，然一發而不能收，釀成僵局，黨譽與個人俱受無可彌補之損失，未識吾兄曾作長思檢討乎？⋯⋯縱大華方面有何小組織，企圖把持，及非禮舉動，以吾兄之德行與修養兼備，復以傳統代表人物，及老大哥之一自視，似宜循循善誘，因勢利導，運用智慧，儘可優容感化，以德代怨，弭患於無形⋯⋯大華方面固負激變之責，吾兄亦失寬大風度也。」、「吾兄既決心革新為己任，但事前未經統盤籌劃，徵諸多方意見，布署周詳，孰意晴天霹靂，絕大多數同志，突墮幽谷，張皇失措，撲索迷離，反致真理湮沒無彰。」甚至直指陳氏此舉簡直是師承史、毛強而從之，「自此整個黨務，乃呈囂張為幻，譎變閃忽莫測之局，決非極少數超然同志，憑一腔熱血，奔走呼號，補苴罅漏，所可澄清霾霧者矣！」

而原中央執行委員會，先是在各大報刊登啟事，說明該黨中央黨部仍在原址辦公。繼而亦發佈〈告同志書〉，反駁「臨全會」的一切改革主張。

　　至於兩方所辦的刊物，改革派之《新中國評論》與當權派的《民主潮》亦針鋒相對互不相讓，雙方對峙攻擊達數月之久。

　　就這樣青年黨一分為二，各立中央黨部及組織系統，一在臺北市新生南路 3 段 19 巷 6 號陳啟天宅，簡稱「新生南路派」，又稱「改革派」，由陳啟天、余家菊、胡國偉、胡阜賢、劉鵬九、侯俊、于復先、李萬居等 8 人為在臺主席團主席；港方為李璜、左舜生、何魯之、張子柱及鄭振文 5 人。以胡國偉任秘書長，對夏濤聲、王師曾、林可璣、王嵐僧及劉泗英等均予以排擠。

　　另一在臺北市和平東路大華新村 4 號，簡稱「大華新村派」，亦為「當權派」。此派由王師曾、王嵐僧、林可璣、夏濤聲所謂「王、王、林、夏」為實際領導人，委劉泗英為秘書長。

　　這兩派都奉左舜生、李璜為領袖。也都發表過批判國民黨當局的言論，但比較上，「大華新村派」反蔣更激烈些。

　　總之，「天馬茶房事件」使原本因曾琦去世，而真正有領導能力的李璜、左舜生又不在國內的青年黨更加暗潮洶湧。動盪的時代，特殊的環境，前此因權利祿位之爭而結下舊仇新恨的兩派青年黨人終於正式分道揚鑣。諷刺的是，這長達 5 年的大分裂，還只不過是日後分崩離析的第一道序幕。

五、分裂遠因：參加政府糾紛和中央民意代表選舉恩怨

　　探究五〇年代青年黨之分裂，可追溯自大陸淪陷前，潘再中在《我的及時微弱呼聲》書中，即坦承青年黨同志間開始有嫌隙變質，「實始於第十屆全代會（三十四年十二月重慶滄白堂）一幕表演縱橫捭闔，勾心鬥角，詐虞相乘，險惡場面，暴露無遺，無復當年精誠團結之跡象」。

　　時任青年黨中央組織部副部長的夏爾康亦不諱言：「民國三十四

年十一月本黨第十屆全代會，這時，正當抗戰勝利，國家主義似已抬頭，本黨為促進民主憲政，協助政府反共建國，參加了制憲國民大會，也參加了為結束訓政及準備行憲的過渡政府，因而造成本黨似可從此平步青雲的假象，許多疏離已久的同志，紛紛歸隊；而愛國反共人士為求展其政治抱負而參加本黨者，更是攘攘熙熙，趨之若鶩。因此，從表面看來，似為本黨發展的高峰，實則也是本黨紛擾與衰落的先兆。」

此期間有兩件大事對青年黨造成不小的影響，甚至可以說拖垮了青年黨。一為民國 36 年國、青、民 3 黨的合組聯合政府；一是隔年的國大代表與立、監兩院委員的選舉。

關於前者起因於 36 年 4 月 16 日，國民黨總裁蔣中正與青年黨主席曾琦、民社黨主席張君勱和無黨無派社會賢達人士莫德惠、王雲五等，共同簽訂「新政府之施政方針」，準備組織行憲後之新政府。4 月 23 日，新政府成立，青年黨參加政府，由曾琦、何魯之、余家菊、常燕生 4 人擔任國民政府委員，左舜生任政委兼農林部長，李璜為政委兼經濟部長，後因李堅辭不就，改由陳啟天任之。楊永浚（叔明）、鄭振文任政委。此外，復提出數十人任立法委員、監察委員、國民參政會、憲政實施促進會委員。

其實對參加政府，青年黨亦自有盤算，除向政府爭取名額外，尚進一步要求參加各省市縣地方政權（如省府委員、專員、縣長、校長若干人），及各級民意機構（如參議員十分之一）。欲藉此大量吸收黨員與掩護各地黨務之發展。

惜由於受參政的影響，反倒使青年黨得不償失，就高層而言，造成彼此革命情感的裂痕。青年黨第二號人物李璜，自始至終即反對參政，其理由之一，為要在國、共兩黨間維持均勢姿態；其次，他認為憲政的結果，只是使國民黨的一黨專政合法化，且國民黨乃革命出身，任何手段都可採取，不堪信任。

然曾琦、左舜生等贊成參政之領導人，則以為，青年黨的行動是

以國家的利益為前提，現在國家既有此需要，吾人便得不計利害而參
加。原本標榜以道義相結合之領導幹部，都因參政而欲為官，致使黨中
央高層的道德形象嚴重受損。余家菊在其《回憶錄》即披露一段秘辛說
到：「陳啟天任部長，本是由於曾琦派的擁護，後來漸漸又有不肯受其
控制的意味，在憲政第一次內閣的時候，王師曾等要求曾琦支持改換陳
啟天的主張，曾琦不許，當孫科掌行政院時，只給青年黨一部長、一政
委，陳啟天才下臺。左舜生是當首都在重慶時便已議定為農林部部長，
那時是要他安撫反對曾琦的人們，中間曾經擬議用楊叔明代替左舜生，
後來在上海選舉參政候選人時，楊叔明落選，所以未曾實現。直到立法
院議決取消農林部時，左舜生才下臺，當時有一位女同志何仲愚散發傳
單反對他戀棧。」因此，余氏曾無限感慨的說：「可惜大家只注意到自
己權勢的保持和擴張，而沒注意到黨的前途。南柯一夢，好景不常，到
後來行政院改組，青年黨有一個政務委員點綴其間，便無絲毫意義可說
了。」從余氏以上的《回憶錄》談話，不僅可以看出「以官為貴」的人
性通病，對青年黨參加政府之利弊得失，亦可一目了然。

　　另就基層而論，自從參政後，青年黨逐漸有黨務重於國事的傾
向，蓋以其為爭取進身政壇的終南捷徑，如此，也漸啟青年黨紛爭之
端。其實，共組聯合政府之事，以及對參政後黨員渴望為官的功利心
態，青年黨並非沒有察覺。早在民國 36 年 3 月 5 日，青年黨中央即特
別發出〈告同志書〉，試圖糾正很多青年黨人因參加政府之說而日漸浮
動的投機心理。唯效果似乎有限。

　　總之，該黨對參加政府原則上並無問題，唯對於參加國府委員及
行政院政務委員名額與所兼長之部會人選，其內部卻頗有爭執。且自參
加政府後，久欲嘗權力滋味之心態開始浮現，傳統知識份子的為官心理
也開始瓦解青年黨人的團結精神。為名額有限的祿位，同志之間彼此怒
目相向，相爭不休已大有人在。當時青年黨的中常委不過 12、3 人，然
自主席以下參加政府者已半數以上。高層領導幹部進入政府，熙來攘往

於權力間，黨務遂逐漸陷於停頓。

不僅如此，有鑒高層領導人已位居要津，上行下效的結果，中、下層幹部亦各個飛奔於京、滬間，以謀求出路。權力使人腐化，為謀職求差，青年黨的創黨理想與組織日趨渙散，剩下來的，只有利益的衝突與分割了。

例如朱文伯即沈痛指出：「抗戰勝利以後，青年、民社兩黨，因與國民黨共同反共之故，參加政府。在反對者與執政黨方面的某些人，指為這是『分一杯羹』。但就青民兩黨短期參政的經驗看來，這不是『一杯羹』，而是一杯毒藥。本來以道義相結合，以救國相期勉的一群書生，即因參政之故，引起互相猜疑，發生內部紛爭。別有企圖的『朋友』，表面上佯示同情，實際在推波助瀾，擴大裂痕。」

又說：「參加政府，和政治權位接觸，卻變成了黨的致命傷。因各人利害不同，看法殊異，派系滋生，內爭掀起了。同志的情感由密而疏，甚至同舟變成敵國了。大陸淪陷，政府遷臺，領導人曾慕韓先生客死美國，分裂遂表面化。二十年來，同志們多已離開行政機關，與政治權力絕緣，相互間團結合作與犧牲奮鬥的精神，已經大非昔比，黨勢『日益不振』，乃顯而易見的事。」甚至連胡秋原也說：「青年黨之衰由何時開始？以我所目擊的，由三黨參加政府開始。」可謂洞察入微，誠如斯言！

另一件使青年黨內部造成更大紛擾的，是中央民意代表的選舉恩怨，在制憲國大落幕後，其所制訂的「中華民國憲法」，於 36 年元旦公佈，是年 12 月 25 日正式實施，於是中華民國正式邁入憲政時代。而行憲後，首件大事即為國民大會代表、立法委員與監察委員 3 項中央民意代表的選舉。這項選舉使原本已暗潮洶湧的青年黨，為權力傾軋問題再度浮上檯面。

對於這項中央民意代表選舉，青年黨顯然非常重視，早在民國 35 年 3 月 5 日，該黨中央執行委員會發表的〈告同志書〉即強調「本黨今

後政治運動中心工作不在參加政府機關，而在積極參加各級民意機關」。職是之故，選舉伊始，青年黨中央總部即設立「普選指導委員會」，指示普選注意事項，而全國各省市黨部也先後成立。民國 36 年 9 月 1 日，青年黨在上海召開第 11 屆全國代表大會，即慎重其事的檢討參加國大及政府後之新形勢；及今後工作方針與參加全國大選問題。全代會閉幕後，旋即積極佈署競選事宜。

開始籌備選舉時，青、民兩黨本主張向政府要求國大代表、立委等名額實行 3：1：1 之比例（即國民黨 3，民、青兩黨、社會賢達各 1），再提名公開競選。然因實際上困難太大，且不合民主精神，未被政府採納。於是，青年黨復提出國大代表 400 名、立法委員 100 名，要求政府如額支持，保證選出。後因索求過多，幾經搓商，始決定改為 6 成。名單以政黨提名方式，送交選舉總事務所公布。

國民黨雖接受青年黨 6 成之人選，但時任國民黨秘書長的陳立夫，堅持要分區分縣分配名額，換言之，即是要國、青、民 3 黨中央議定某縣畫歸某黨選出，先行定案，然後再依此議定之縣區命令自家各黨的黨員去從事競選。陳立夫堅持此做法理由有三：1.一是減少 3 黨的競選活動，以免彼此競爭劇烈，力量相抵消，在地方上反為共產黨所乘；2.是許多縣區接近共區，不能因競選而影響戡亂；3.是任何縣區都是國民黨在當權，如果 3 黨不在中央早有協議，則青、民兩黨的候選人很有可能會在選舉中全軍覆沒。

仔細分析，陳氏所言之前二點顧慮得不無道理，唯後一點則未必，因為國民黨不見得在地方上可以處處把持選舉，而青、民兩黨在很多地方上仍有其實力與群眾基礎。令人錯愕的是，當時負責選務規劃的陳立夫，其代表國民黨中央的黨令下達，在很多地方並不生效，重要縣區的國民黨員都不服從黨令。因為按照當時各民意代表選舉法規定，候選人可以經政黨提名，也可以自由簽署提名來參選。所以倘有國民黨人在一縣區中若不願服從黨令者，也可以循自由簽署的方式來參選。如此

一來，又造成 3 黨各不相讓的競選局面。

　　此漏洞使得當時很多國民黨籍的候選人，因有必勝把握，而不願禮讓青、民兩黨。陳立夫等勸退無效，只好又以職業團體代表的餘額，以及邊區僻縣無人競選的席次來請青、民兩黨去參加選出以為補償。可是，縣區國代、立監委等選舉，必須其人是本縣區籍貫者，方能提名登記，無法冒充。如此一來，青、民兩黨又不得不臨時改推若干適合於該邊區僻縣籍貫的代表候選人，而原本推出的許多資深黨員候選人，在其縣區且已花了相當多的精力與費用，卻多數未能當選，但後來推出較資淺的候選人反而當選了。

　　試以丁廷標為例，朱文伯即談到：「同年冬季，政府辦理中央民意代表選舉，他（按：指丁廷標）原是我們通過選區的立法委員候選人，因過份相信國、青、民三黨協商原議，執政黨與政府應負責支持各政黨提名的候選人獲得當選，沒有回鄉競選，他的學生和同情者也認為他篤定當選，大家把選票投給另一同鄉，結果因得票不多，連候補資格都沒有。本黨同志被提名為立法委員候選人，絕大多數和他的情況相同，行憲後的立法院中，在野政黨席次奇少，原因即在於此。」於是一場黨內風暴乃無可避免。

　　因為，當初提名額時，在黨內已有遺珠之憾，也引來不少黨員的不滿。後來又遷就國民黨，同意只提出 6 成名額，更使黨內志在必得者爭的頭破血流，但最起碼，可以保證彼等有當選之可能。如今選舉結果，卻全然不是如此（該黨提名國大代表候選人 450 人，立委候選人 81 名，選舉結果，只當選國大代表 230 餘名、立委 16 名、監委 11 名）遠遠不及當初國民黨同意之 6 成保證當選名額。在捉襟見肘僧多粥少的情況下，青年黨中央顯然無法安撫這些落選黨員，資深落選黨員咸認為青年黨被國民黨所騙，甚至批評黨中央高層只會忙著做大官，領導無方，從此不再信任中央領導，好不容易原本因政治理念相同而結合之青年黨，因祿位名器之爭，置革命情感於不顧，分裂種子隱然伏下。

　　經過這一場混亂的中央民意代表選舉，不僅重挫國民黨的威信，也把青、民兩黨搞得烏煙瘴氣四分五裂。所以說，大陸淪陷前，青年黨為了共赴國難參加政府，及中央民代選舉造成黨內提名的雜亂無章，隱然已為黨的分裂埋下伏筆。

六、分裂近因：國民黨的「改造運動」與曾琦病逝

　　民國 38 年大陸淪陷，為中國現代史一驚天動地的劇變，面對此一時代變局，國民黨痛定思痛，檢討大陸的失敗，為反共大業，來臺後黨的改造乃成當務之急之事。為此，民國 39 年 7 月 22 日國民黨的中央常會遂通過「黨的改造案」，正式揭開國民黨的「改造運動」。針對國民黨的改造，一部分青年黨員也覺得為重振黨的精神，青年黨亦有必要改造，此乃「天馬茶房事件」改革行動之背景。

　　基本上，青年黨的「改造運動」雖然多少受到國民黨的影響。但，兩者改革的幅度和方向卻大為不同，因青年黨的〈新組織綱要〉遠比國民黨的〈改造綱要〉更加具體有物，且更側重制度面的變革。

　　以人事的調整處理而言：國民黨的〈改造綱要〉列有黨的「組織」、「幹部」、「作風」、「權利義務」、與「紀律」5 項，以整肅綱紀；青年黨的〈新組織綱要〉第 8 條則主張「黨員黨紀之開除由主席團作最後決定」。此新做法乃揚棄原有的中央黨務系統，全盤更動黨的制度、結構而形同「革命」，黨中央高層的權限大增，主席團的權力其大無比，故產生的效應也分外劇烈。

　　然而，雪上加霜的是，青年黨黨魁曾琦，於民國 40 年 5 月，病逝美京，使該黨頓失領導中心。這對當時正處於飄搖動盪中的青年黨來說，頓失黨魁曾琦的領導，無疑在欲凝聚內部的必要性上，是更為沉重的一大打擊！此因長期以來，曾琦早已成為青年黨的精神領袖與象徵人物。正誠如其所言：「夫一國之有『中心思想』，則國事所由而定者

也。一國之有『中心人物』，則國民所望而趨者也。」因而曾琦本人對於青年黨來說，即為此種中心思想與人物。事實上，青年黨自成立以來，不管是領導高層或基層黨員，也都大致上以曾琦馬首是瞻，連自視甚高的左舜生都坦承，青年黨內能談大政治的也只有曾琦。故長久以來，青年黨的黨務可說即是因曾琦的擘畫經營而茁壯成長。

然而，自曾琦因病體及精神不勝負荷，須遠赴美國療養，以致無法親臨主持黨務，兼以青年黨來臺之初，又須面對紛至沓來的政局情勢與糾葛之黨務人事，致使當時處於中樞無人主持，而主要領袖如李璜、左舜生等亦皆不在國內的情況下，導致青年黨的分裂衰象在當時也就開始若隱若現了。

由於青年黨來臺後，已出現群龍無首的窘境，黨務難以順遂推展，不得已之下，只得於民國 39 年 1 月，由陳啟天一人來擔任秘書長，並兼代理主席。不過問題在於，陳氏在青年黨內，其立場在此之前原已較傾向國民黨，到臺之後陳氏更決心定居臺灣，要「與國家共存亡，與政府共患難」。所以上任後，即親洽國民黨的行政院長陳誠，並使青年黨每月也能領取數萬元「反共抗俄宣傳費」時，以貼補該黨的財務支出；但陳氏此舉，卻被青年黨人士視為有辱黨格，因而立刻遭到黨內臺灣地方組織的強烈反對，導致最後陳氏也不得不為此股強大的反彈壓力所迫，而整個辭去其在黨內的原有本、兼的各職，黯然下臺。所以，此事也成為青年黨埋下日後分裂的遠因之一。

及至黨魁曾琦逝世後，青年黨內第一代領袖如陳啟天、余家菊等，對第二輩中生代如王師曾、王嵐僧、夏濤聲等較年輕而任職黨中央的幹部不服；而王師曾等較資淺黨員，又急於「世代交替」，亦不將老大哥放在眼裡。如此一來，青年黨的分裂也就勢在必然，只待時機之成熟了。

此所以陳啟天在其〈中國青年黨的改革運動〉一文中，屢屢提及「傳統代表人物」，意思即在彰顯他們這些「老大哥」們，才是真正青

年黨的代表人物。但在黨內，中生代早已躍躍欲試地想取而代之，及至曾琦這號老一輩代表性人物故去時，更增加彼等萌生已逐漸遠離黨中樞的危機感！因而，「天馬茶房事件」才會在曾琦逝世不到一個月，即告發生。這不僅時間上非常敏感，恐怕意義也非比尋常。可能的情況，應該說：「天馬茶房事件」原是一次有計畫的預謀，而從 5 月 7 日曾琦病逝，到 6 月 3 日臺北各界舉行追悼大會這期間，應即為此事件之醞釀期；至於隔天下午所迅速召開之「臨全會」，其實也只不過是要尋求黨內與朝野各界能承認此一結果而已。

故嚴格言之，「天馬茶房事件」不是青年黨分裂的原因，而是分裂的具體化；不是分裂的結果，卻是分裂過程中最關鍵的一環！

七、「新生派」與「大華派」爭議的焦點

「天馬茶房事件」後，「新生派」與「大華派」爭議的焦點有二：1.為「臨全會」的適法性問題；2.為改革方案的合理性問題。

其實，關於「臨全會」的召開，平情言之，並無任何的法律依據。因為按照青年黨第 11 屆全代會通過的黨章，青年黨的最高權力機關為全國代表大會，而全國代表大會閉會後，即以中央執行委員會為最高執行機關。所以青年黨全國代表大會召開之合法程序及出席代表之產生，是按如下方式逐步進行，即該黨的「全國代表大會每三年召集一次，由中央執行委員會召集之，如中央執行委員會認為必要時，或三分之一之省級黨部建議時，應即召開臨時全國代表大會，其職權與全國代表大會同」。至於「全國代表大會」則由下列方法產生之代表組織之：

（一）正式及臨時省級黨部，依照本黨選舉法選舉之代表。

（二）尚未成立省級黨部，而有相當組織之地方，及對本黨有特殊勞績，或有專門學識者，經中央執行委員會指派之代表，但其人數不得超過全部選舉代表名額之五分之一。

（三）中央執行委員及中央檢審委員為當然代表。

而陳啟天、余家菊等人，當時所主導召開的「臨全會」，顯然既非由中央執行委員會依法召開，也不是由三分之一省級黨部所建議舉行，且出席代表既未依黨內選舉法公開選舉，也沒有經中央執行委員會指派，其情況明顯已屬非法。因當時青年黨在臺的當然代表，尚計有中執委 37 人，中檢委 10 人，但這些合法代表全無一人接獲出席的書面通知。陳啟天等人居然就約集 10 餘位（一說 20 幾位）「來路不明」的所謂青年黨人召開了「臨全會」，其行徑自屬非法，也難以教人心服口服。

黨內大老李不韙，也立即指斥陳啟天等人的行為嚴重違法，並以黨章第 37 條說明，就算第 11 屆中執委、中檢委任職已逾期 3 年，但「如遇重大事故，致全國代表大會不得依照規定召集時，其任期得延長至下屆全國代表大會開會之日止」，義正詞嚴的強調原來黨務組織的「正統性」。

但是，陳啟天等人則堅持認為，這次的改革，是一種萬不得已的非常舉動，不能墨守成規完全依照正常手續來衡量。所以等於當時雙方各有堅持，互不相讓。但，其內幕究竟又是如何呢？

其實，有關青年黨在「天馬茶房事件」後，爆發嚴重內鬨之事，在目前已公開的《雷震日記》裡記載的很詳盡，故已可供有意研究者，對此做一瞭解時的佐證參考。此因雷震本人在大陸時期，即專門代表國民黨與民、青兩黨接觸交涉，因此他和民、青兩黨高層均甚熟稔，關係亦不錯，甚至在事件發生之後，互爭的兩派，還爭相拉攏其出面斡旋，故其所載內幕，可信度應相當高。

根據《雷震日記》裡所載：在「天馬茶房事件」隔天，雷震即親訪陳啟天於陳宅，而當時一同在場的該黨余家菊也不諱言的告訴雷震說：「夏濤聲、王師曾等胡為已久，篡竊黨部，此次忍無可忍，故採此革命手段，因無法採取法律途徑。因中常會、中執會無法召集，而主席

又無法產生。」

換言之，陳、余等人亦知道「臨全會」，若就法律面來論是有問題的，故很巧妙的以非常時期不得已之手段來解釋之。另一方面，從余氏之言來看，也確實反映了當時青年黨已面臨在中常會既無主席、也無合法產生的秘書長的嚴重窘境，故亦同時面臨無足夠法定人數的中委和合法選出的各省市代表。因而無論如何，該黨都沒有辦法召開全國代表大會。職是之故，陳、余等人才會認為他們此舉，並無不妥之處。

當然，他們也不否認這次行動形同「革命」，但「在革命之前，法律已經敗壞，違法亂紀，故無所謂法治。以無所謂法治之故，亦無所謂法統。法既不存，統於何在？唯有在革命之後，以新生的銳氣，藉眾意之成城，以建立一個堅強有力的法治體系」。

但是，對照於陳、余之行動，所謂「大華派」的要角如夏濤聲、王師曾等人的反擊也並不高明。此從《雷震日記》上便可看出：一開始夏、王等人即揭陳瘡疤，說：「陳對大家不滿之事有三：第一、在廣州時代他要做經濟部長而未遂；第二、陳辭修組閣，他要做政委而又未遂；第三、因政府補助之五萬元，他要幫助謝澄平之《自由陣線》一萬五千元，大家不答應，開了九次會，最後由渠等決定匯去一萬元與左舜生。」

而此事由左舜生致雷震函，也可得到應證。因左舜生在信函曾提及，「老兄與修平所談分配事，至今渺無消息，就這樣一件小事，老兄也可增加對青年黨的了解，在我卻是早已明白的。我希望有這筆款子的補償，才能抽出一部分錢跑一趟日本、一趟臺灣，錢是小事，但修平這樣一處理，妨礙了我的工作，實在是不可原諒的」。可見夏、王等言並非空穴來風。

此外，夏、王當時雖又曾對雷震說：「陳如不滿意可另組織一個，不必用青年黨之名義，不然則應用合理合法之途徑。」言中卻未見有對陳、余等召開「臨全會」是否合法來立論，反而只著重於私人恩怨

的糾纏，以致由於其內容根本缺乏辭嚴駁斥對方的正當性，當然也引不起黨內同志紛紛起而支持彼等的撻伐，自然導致所圖成空，不具實質意義。

其實，有關另一個改革方案的合理性問題，最遭「大華派」加以抨擊的一點，即是「新生派」在〈改革宣言〉所提到的：「本黨成立之始，原為革命政黨，故採中央集權制。……此種制度，顯不適合現實環境。本黨同人，有見於此，咸認為有及時改革必要，俾本黨成為民主政黨，切實負起救國救民重任。」但此一宣言，前半段屬實，後半段則非。

因青年黨自民國 34 年 12 月第 10 屆全國代表大會召開之後，於會中修改黨章時，即已將政黨屬性從革命政黨改為普通民主政黨。故「大華派」以事實反駁「新生派」此舉，根本是以偽亂真，欺騙內外，並且師出無名。所以「新生派」，針對來自「大華派」的這一強力批評，在反擊時，就顯得相對軟弱無力了。

基本上，青年黨當初改革的本意，只是純就制度面來考量，而當時陳、余等人皆以為現行的黨務組織，若不更改，便只有徒然讓「王、王、林、夏」等把持黨權不放，故主張此後必須採取：決策、評議與執行三者分立的制衡方式，才能使黨受制度的領導，而不會受人事的主觀影響。也因此，陳、余等人，才能理直氣壯的就制度面作辯護。

可是，在制度面的變革問題上，其間所存在的爭議仍不小。例如就「天馬茶房事件」後，「新生派」所發佈的〈新組織綱要〉一文來看，其中提到在制度面上，彼等已做了如下的 3 項重大變革：

（一）設中央主席團：在全代會閉幕後為最高決策機構，對外代表本黨，並依據中央評議會之立法，以總攬全盤黨務。主席團設主席 7 至 13 人，由全國代表大會選舉之，任期 3 年。主席團執行職權時採協商方式，必要時亦得採行服從多數決制。主席團對評議會所為之決議得交付復議，並得為否定之裁決，但評議會復議仍作同一之決議，主席團

不得作再度之否決。主席團對中央執行委員會所為之決議得指示變更或撤銷之。

（二）設中央評議會：由評議員 25 人至 45 人組織之。其中 25 人由全國代表選舉之，餘額得由主席團遴選之，且提交評議會裁決。評議會所為之決議經主席團裁可後，再提交中央執行委員會執行。每一評議員任期為 3 年。

（三）設中央執行委員會：由主席遴選中央執行委員 21 人至 41 人組成之。中央執行委員會在主席團指導下，籌劃並執行一切黨務。中央執行委員會下設秘書處及各種委員會。

可是，「大華派」的這方，針對「新生派」的所謂〈新組織綱要〉說辭，「大華派」則責以：1.「中央主席團」為黨的最高決策機構，根本就是權利分贓的假象民主與變相的獨裁；2.另外，更指出所謂分員審議建議和執行決策之責的「中央評議員」及「中央執行委員」設計的不妥。

因為除了 25 位評議員是由「全代會」選舉外，其餘俱得由主席團「遴選」，這是那門子的「民主」？且中執委又沒有任期的規定，凡不聽從己意者，皆可以朝命而夕免。總之，主席團的權力上自中央，下至地方，均可大權獨攬，包攬無餘。此乃「大華派」一口咬定是對青年黨民主精神最大的戕害！

針對「大華派」的強烈抨擊和質疑，「新生派」亦立即作出回應，並以主席團的權限為例，認為「主席團可以遴選評議員 20 名」，乃基於「現實環境的需要」，因為當時從海外及大陸來臺的同志仍不斷增加，為未雨綢繆，這 20 個名額係為他們而設。更何況，縱然由中央主席團遴選，在程序上，亦須經評議會通過方為有效，故其可否之權，其實是操之「在評議會」，而「不在主席團」，獨裁之說又從何而來呢？至於中央執行委員之由主席團遴選，「新生派」則主張這是主席團應有之權力，因為中執會既然是主席團的附屬機構，彼等自應對主席團

負責來執行黨務，若主席團對中執會並無任何主宰人事的權限，萬一出現上下統馭脫節，或決策與執行機構的意見相左，屆時黨務又該由誰或如何來推展呢？

如今，若客觀來評述所謂〈新組織綱要〉的原有內容，其中或許是會有些地方因規畫得不夠周詳，致有遭對手批評之處，但這應該不是重點。然而，在實際上，我們現在可以公平地說：當時新舊互爭的兩派，其所針鋒相對的，還是由於彼等的情緒之爭多於理智論辯，或者說明一點，在本質上是雙方對於權力爭取的考量，要大過對該黨制度或黨綱的重建。

因而當年青年黨新舊兩派互爭的這一過程，也宛如歷史上常見的新舊黨爭之翻版：因若自舊制度的維護者的觀點來說，彼等絕不乏藉以攻擊對方所提的任何改革理由；相對的，若從新制度建立者的觀點來說，亦不乏說詞來替自我辯護或反擊對方。況且有時縱然改革者所提的方向或許正確的，但若其是處在配套措施不足的情況下：如細部規畫的疏漏、條件的尚未成熟、政治氛圍的轉變等諸多因素，也往往都會導致改革者的原有改革企圖，在最後階段仍為之功敗垂成。

總之，不論就上述改革之爭來說，乃至任何一種改革運動的出現都一樣，若要其最終真能具有實效，首先必須看其能否有真正付實踐之可能，若僅只靠雙方各尋藉口，相互攻訐，或只是架空辯駁，而無能達成共識，則便無法憑空即有實質改革的成效出現！

八、從《雷震日記》看國民黨介入協商及破裂

五〇年代，青年黨出現嚴重分裂的初期，曾迅即引起朝野關注，當時任職國民黨秘書長的張其昀，還特為此事請示蔣介石總裁。當時，蔣的回答是：「本黨一向與青年黨打交道，只知道有曾琦、李璜、陳啟天諸位。此時當然只承認他們所領導的黨部。」

　　其後，由於雙方鬥得愈趨激烈，國民黨方面的態度，遂轉為保持中立，以靜觀其變。此從《雷震日記》中所載：陳啟天對其抱怨說，「接到張曉峰與袁守謙通知，對該黨兩方都不承認，表示失望」之語；以及他曾要雷震替他向王世杰進言等情形來看，當時其心中真是有苦說不出來。

　　事實上，打從青年黨一分裂開始，社會賢達如莫德惠、王雲五；民社黨的蔣勻田和國民黨的雷震等，均曾銜命奔走斡旋。並且這些過程在《雷震日記》中，都有很詳盡的紀錄。當時一般人常攻擊國民黨，說其是分裂青年黨之幕後黑手，居然介入青年黨的家務事去攪局，殊不知至少在青年黨分裂之初，其實是由青年黨方面主動央求國民黨派員來介入調停自己黨內紛爭的。

　　舉例來說，我們從《雷震秘藏書信選》可看得很清楚：在此書信選中，曾留有民國 40 年 7 月 2 日〈左舜生致雷震函〉，其中即提到：「青年黨事，弟及幼椿、魯之、子柱有調停案提出，王、夏一方表示可接受，陳、余一方則反對，弟意最好由老先生約啟天、景陶、泗英、師曾一談，勸他們接受調停。老先生為友黨領袖，亦即吾人之領袖。天下本來一家，吵吵鬧鬧總不成話，想老先生亦樂於玉成其事也（但希望不使他們知道是我的建議）。」

　　事實上，左舜生不僅致函雷震，是年 8 月 6 日，他也寫信給時任總統府祕書長的王世杰，請其出來調停青年黨的家務事，左在信中明白說到：「青年黨最近在臺所鬧糾紛，承公及莫、王諸公從中調處，在弟實且感且愧。弟個人對此事看法，以對事的意義多，對人的意義少，陳、余諸兄固弟多年老友，即王師曾、夏濤聲諸同志與弟私人情感亦殊不惡，現兩方均促弟赴臺一行，在弟實頗感左右為難之苦。以客觀判斷，王、夏等之不能領導青年黨，係屬事實，渠等另有小組織，對若干老同志過度予以難堪，亦無可諱言；然陳、余諸兄之舉措，似亦微嫌操切。因此，弟雖同情改革，但極不願雙方各走極端，致遭根本分裂。現

王、夏等又決定在本年 9 月 9 日召集全國代表大會。自慕韓去世以後，青年黨已無主席，亦無代主席，原有中常會留臺者既各走極端，實亦不足法定人數。此項會議之召集，顯然於法及過去習慣不合。在陳、余諸兄以革命立場，起謀改革，法的問題尚輕，王、夏等以舊法統自居，乃自陷於非法，自更屬不合。現青年黨多數重要幹部同志，均留居港九，在感情上均不以王、夏為然，雖已接到開會通知，但事實上將無一人到會，並已有 50 人以上之簽名函件勸王、夏不必另生枝節。如王、夏等不能接受此項勸告，則分裂勢將難免。……因此仍望公及徹寰諸兄設法予以疏導，勸王、夏不必有此一全代會之召集，同時政府有一部分撥交青年黨之宣傳費，亦盼直接交與陳、余，庶幾此一問題可漸趨解決，而最後則仍以不分裂為原則。」

　　從雷震秘藏的書信，所披露的國民黨與青年黨微妙的關係，可以看出：1.當年國民黨撥給青年黨的宣傳費，似乎兩方都給，但金額多少可能不同，因此引起較少一方的覬覦與不滿。此一紛爭問題的出現，或許真的是國民黨方面的無心所引起，但其對青年黨之出現分裂，卻難說國民黨方面的撥款不均，無有瓜田李下之嫌。2.若再細究當年青年黨之所以會分裂，正如本文以上所述，在表面上，雙方均提出甚多冠冕堂皇的理由，來攻擊對方的不是，但其實，骨子裡還是在搶食國民黨所施捨給該黨「宣傳費」的這塊餅罷了。

　　所以，當年該黨的如此行徑，使得臺灣社會各界的人士，要能對於青年黨的鬧分裂有一較佳之評價，恐怕是難上加難了。而這也反映在雷震於 40 年 6 月 15 日所寫的日記上。雷震當天的記載是：「上午陳啟天、余家菊來訪，我告以總須團結，應向此方向做去，並將妥協方法略為說出。啟天似不甚堅持，而余家菊認為只要有夏濤聲與王師曾在內，則什麼都不能談，假定他二人願意這樣做，則下面同志，亦不贊成這樣辦法。我謂如求妥協，只有雙方讓步，不然則變成一方投降了。他認為我提出之方案是要他們投降的。晚間以此事告知勻田，渠云余之見解甚

偏，陳啟天則比較穩當。」可見當時青年黨新舊兩派的意氣之爭，簡直已到了有我無你的地步。

民國 40 年 7 月 6 日，雷震與莫德惠、王雲五、蔣勻田等再度邀請陳啟天、余家菊會談。其調停雙方紛爭的辦法，是根據香港李璜、左舜生、何魯之、張子柱 4 人的提議：1.在中央設主席團，名額 7 人，以陳啟天、余家菊、左舜生、李璜、何魯之、于復先、李萬居 7 人充任；2.胡阜賢、胡國偉、劉鵬九 3 人為中常委，中央評議會議仍須保留，僅性質宜略有變更（變為諮議與建議），以免和檢審委員會功能發生衝突。但，當時陳啟天聽了之後，對此提議，卻頗有難色，因他認為：胡國偉應加入為主席團；而王、夏應離開中常委以及夏應離去組織部，而王也須辭去政委一職才行。

可是，雷震卻反勸陳、余接受原有的 4 人提議方案，並坦誠告訴陳啟天等，其所提的新條件，王、夏兩人也一定不會接受。果然，雷震的預料沒錯，其後「大華派」不僅要將劉泗英納入為主席團，且不願余家菊任主席團，對於胡國偉尤為反對，並認為評議會不合法，應候全國代表大會決定，主張兩個月後召開全代會。此外，我們還可以從《雷震日記》中清楚地看出：當時的新舊雙方，均欲厚植實力，並且都圍繞在人事職位上打轉，殊少有改革的理想可言。同年 7 月 11 日，《雷震日記》又透露：「今日晨間電劉泗英，希望再作一度之調停。與劉泗英商量，謂王師曾既已決定辭政委，何不此時確定。劉云可以商量，並說繼任人選已確為張子柱也。昨晚與陳啟天電話，渠對下面似無法統馭，故將蔣偉之、冷彭約來一談，勸其深明大義，不可固執，要能及時收蓬。除王師曾一事外，餘均照莫德惠三人所擬定之折衷條件。」然後，雷震又開始約青年黨較中立之丁俊生來談，希其從中斡旋。

根據雷震的看法，基本上，當時他看到「新生派」方面，仍希望胡國偉、劉鵬九能擔任主席團，但雷震則再三向彼等說明此議不可行。另一方面，雷震自己也發現到在「大華派」方面，有劉泗英其人，既不

忠實、也不誠意，一味以滿口敷衍來應付對方，表面似為緩兵之計，而內中實在對付陳、余等。所以他不盡感嘆這些青年黨人，昔日同志以道義相結合，如今卻爾虞我詐，實在可悲。

因而，就在雷震又接到〈陳、余毀黨事實真相〉傳單之後，更使其深感青年黨兩方面均無誠意，而他認為其中「大華派」尤甚也。但，紛爭仍然繼續惡化下去，並未因雷震的出面勸說而有所轉圜。在同年 8 月 22 日的《雷震日記》中，雷震對青年黨分裂之家務事，又有詳載：當天他曾前往拜訪王世杰（時任總統府秘書長），並將青年黨「大華派」開全代會一事，請其注意其後可能的三種發展：其一，今後分裂，無法使其團結；其二，則恐怕要打架；其三，則王、夏得勢後，今則後雙方合作會較困難。

因此，雷希望由政府出面，請「大華派」不要開會；另請莫德惠、王雲五及民社黨之蔣勻田繼續調停，調停意見如有一方不接受者，政府則承認其接受之一方。所以從雷震此處的日記可看出，當時執政的國民黨，對青年黨之內鬨已逐漸有攤牌的意味，即以是否接受其調停條件者，為該黨承認的對象。到了隔天，即 8 月 23 日，在《雷震日記》中又提到：「下午志希打電話謂，渠下山後，各方奔走，今日改造會一開頭，即討論此事，大家意見甚多，均不贊成大華新村之全代會，恐怕因此雙方裂痕過深，無法調停。最後總裁謂，如果開會必須有左舜生、李璜、陳啟天及余家菊四人參加，我們才承認，否則不願承認，因承認青年黨，包含有承認青年黨之領袖人物。對陳啟天方面之經費困難一事，袁守謙謂，過去渠提議貸款，陳啟天不肯接受云，我即以此意轉達陳啟天。」

不過，此處我們在雷震這段日記中，更值得觀察的是，他再度為我們清楚地披露了其中很重要的兩點玄機：

其一是，長期以來，很多人都說國民黨處心積慮分化在野黨，包括青年黨自己也如此說。但從《雷震日記》可清楚看出：最起碼一開

始，國民黨是沒有要分裂青年黨的，反而積極奔走搓合，為青年黨之事，該黨還排到「中央改造委員會」的議題來討論，不可謂對青年黨之事不重視，甚至連總裁蔣介石都親自過問之，可見其重視程度之一斑。

其二是，在該黨「中央改造委員會」的會中，也曾提到陳啟天經費困難事。可見，當年青年黨來臺後，合理的推測，國民黨是將較多的「反共抗俄宣傳費」撥給以陳啟天為主的「新生派」。這在青年黨新舊兩派普遍缺乏經費的情況下，居然只把較多的錢給予其中的一方，這是否會導致青年黨後來長期分裂的態勢，該是很耐人尋味之事。

可是，既然有關青年黨當前已在鬧嚴重的分裂，惡化的情勢也持續在擴散中，所以當急之務，就是再設法尋求解決之道，此外別無他途。於是在同年的 8 月 27 日，陳啟天又告訴雷震，李萬居已提新的調停辦法，即：1.全代會停開，左任臨時主席，李萬居任秘書長。2.陳、余、王、夏、林、劉均下來。

當時，陳啟天還對雷震說：如對方全盤接受，他可接受，因左舜生能出任主席；而「大華派」劉泗英，亦請雷震函邀李璜、左舜生來臺開會。兩派在此點上，總算有一共識之處，可藉為進一步接受的基礎。民國 41 年 6 月 20 日，《雷震日記》有：「上午與雪公通電話，請其速催對青年黨問題早作決定，因陳啟天支持不了，而大華新村態度不好，李幼椿不會來，左一人即來亦無用，不致能夠說服大華新村方面。雪公所提辦法，大華新村全知，對雪公咒罵備至。雪公謂中央對此事似不努力，他如不生病，此事早可解決。黨部方面意見不能一致，故解決不無困難。我說去年大華新村未開全代會時尚可解決，現已開會，困難必多。」

除國民黨積極協調外，對此家門不幸的黨內鉅變，青年黨在海外的幾位領袖，採取的立場各自不同。李璜此時對黨事早已心灰意冷，不願再相聞問。何魯之則因健康日損，且參與《自由陣線》工作，亦杜門謝客；只有在事後與左舜生、張子柱聯名致陳啟天一封電報云：「陳啟

天兄轉主席團公鑒：函悉。本黨改組，至表贊成，此後自當共同努力，貫徹主張。特此電達。」

在香港之青年黨 3 位元老中，以左舜生的態度較積極，當其聞之青年黨改革運動消息時，旋即致函「中央主席團」云：「兄等此次舉措，弟完全支持，以青年黨已有近三十年之歷史，前後為黨犧牲者，亦項背相望。過去的中委會，早已逾期，主席已死，代主席已另有活動，不肯到臺就職，萬不能聽其久久懸擱，一聽少數絕對不能領導本黨人物操縱把持。兄等須確認此次舉措係一種革命行為，承認者來，不承認者去，無所謂合法不合法。希望兄等堅持到底，萬不可中途妥協，即不幸分裂為二亦在所不惜。」

其時，左氏正熱衷鼓吹「毀黨造黨」主張。故此言論一出，黨內同志對他的行為頗多非議。然曾為青年黨「曾、左、李」3 巨頭的左舜生，情緒歸情緒，基於使命感，還是不願黨從此真正分裂，為能化解兩派之間的糾紛歧見，乃和其他 3 位中常委聯名提出「5 項辦法」試圖解決雙方之爭議。

此 5 項辦法為：1.曾琦、楊永浚、劉靜遠、段慎修 4 中常委缺，以胡阜賢、胡國偉、侯俊、劉鵬九 4 人遞補。2.推陳啟天為臨時主席。3.劉泗英仍為秘書長。4.增設副秘書長 1 人，由李萬居充任。5.中央黨部仍設大華新村 4 號。此「5 項辦法」其實是較有利於「新生派」，然鑒於黨內大老都出來斡旋，「大華派」亦不便反對。

反倒是「新生派」覺得這 5 項辦法只注意人事的安排，忽略其原先希望改革制度的初衷，故嚴辭拒絕之。並提出 4 點意見：1.王師曾、夏濤聲應即引咎告休，以謝同志，平息公憤。2.撤回王師曾之政務委員，中央主席團主席均不繼任其職。3.殘破不全之原有中常委，自動宣告停止職權。4.在新制度下，儘量容納原有中執檢委。這 4 點意見，「大華派」認為不啻叫他們「投降」，實在無法接受。左舜生見事無可為，兩派爭執幾無轉圜餘地，亦莫可奈何！

九、「大華派」逕自召開第十二屆「全代會」

由於「大華派」曾受到「天馬茶房事件」之刺激，所以民國 40 年 11 月 3 日至 8 日，「大華派」便自行召開第十二屆「全代會」。

對於這次十二屆全代會的召開，「新生派」立即表示堅決反對。其「中央主席團」，於會前便先發佈〈反對非法召開偽全代會宣言〉；會後又發表〈否認偽全代會代電〉，內容大體均是重申中常會已不合法，沒有資格召開全代會。亦即，在實際上，「大華派」此時也同樣落入其先前抨擊「新生派」之窘境。但，此事對雙方來說，其實都是因為大陸淪陷，才使不少該黨內的中執委、中檢委未能來臺，而該黨章原先規定的各省市代表，也根本無從選出，因此都曾以權宜方式，屢屢「相互指派代表」、「夫婦父子同充代表」、「以甲地冒充乙地代表」，因此形同一場鬧劇。

當此之際，在執政的國民黨方面，眼見青年黨的「大華派」欲召開十二屆全代會，為避免青年黨分裂到不可收拾的境地，在會議前夕，特指派無黨無派代表莫德惠、王雲五與民社黨的蔣勻田 3 人，銜命在兩派之間奔走穿梭協調；到了正式開會期間的 11 月 6 日中午 12 時，彼等終於從「新生派」手中，攜回 3 項調解方案，內含有「原則」、「人選」和「中執委新選委員」3 大項。

茲列其「原則」的 7 項內容如下：1.設立主席團三人，行使黨章規定之職權。2.中常會委員 19 人，除在海外之 5 人外，由兩方就中立黨員推舉 2 人，餘由兩方各佔半數。3.兩方中執委合併於中執會，但黨齡如有不合規定者改為評議員。4.評議會與檢審會並存。評議會之職權，為審議交議之黨務方針案，時局方針案，預算案，規程案等，並得提出建議案。其員額由 25 人至 45 人，如員額增加時，由主席團提交中常會通過之。5.秘書長之人選，由主席團提名。6.組織部長以中立黨員任之。7.參加政府之人選，由主席團提名。

在此一調解案中，「新生派」是在制度上做了些許讓步，但在執行黨務之人選上，幾乎完全排斥了「大華派」之人馬。故此種安排，「大華派」自然不能接受。既然協商不成，全代會召開的 7 日下午，「大華派」遂作出驚人之舉，開除了陳啟天、余家菊等人黨籍的決議！有關「大華派」的此一舉動，根據雷震在 11 月 9 日的日記披載，其經過如下：「青年黨大華新村已拒絕調停，以大會名義覆勻田三人之信，十分不客氣。聞選舉結果，李不韙任主席，于復先副之，陳啟天、余家菊開除黨籍，左舜生連中常委亦取消，劉泗英任檢委。目前政府採用什麼態度，應速決定。大華新村的作法，簡直是無視國民黨與政府，在黨方應早解決，拖延至少有此結果。」

其實，第十二屆全代會最大之意義，既非修正通過新的政綱；也不是確立今後黨務的發展方針。正如同「新生派」召開「臨全會」一樣，「全代會」的舉行只是要為「大華派」爭取「法統」地位，重新取得法律依據。並且，若細究起來，青年黨在大陸時期的組織系統，從民國 38 年來臺後已殘破不堪。因此在民國 40 年間，雙方各自召開的「臨全會」與「全代會」，其法源基礎基本上都是有瑕疵的。然而，倘從另一角度觀之，未嘗不是代表青年黨一股新生改革的嚐試。

十、由聯合到統一

從民國 40 年起，到其後的兩、三年間，青年黨一直處於分裂狀態中。然期間的整合努力未嘗稍歇，其原因為：對內而言，由於青年黨員彼此曾有一段患難與共的歲月，革命情感仍在，兼以該黨的屬性是一個較重團結的政黨；且對外而言，當時的政治環境亦不適合將在野力量肢解的如此零散互相抵銷，而國民黨此時也不希望黨外人士再行串聯，以免情況掌握不住。因此，無論黨內外及朝野，一直都有人扮演魯仲連角色，居中協調，希望搓合兩派復合。

　　到了民國 43 年 1 月，經由黨內外人士強力斡旋，又適逢國民大會召開第二次會議，左舜生、張子柱、鄭振文等大老來臺出席會議，始促成該黨的初步團結。並開始協議共推：李不韙、陳啟天、余家菊、于復先（大華派）擔任召集人，並設立通訊處。同年 5 月 7 日，乃正式成立「中央聯合辦事處」，組成臨時中央常務委員會，並有「中央聯席會議」為其議事機構。其中「中央聯合辦事處」分設外務、財務與總務 3 組：外務組由陳啟天、王嵐僧、陳祖貽（新生派）、劉東巖（大華派）、劉鵬九、王師曾共同負責。財務組由于復先、李頌啟（新生派）、丁俊生（大華派）、蔣偉之（新生派）聯合管理。總務組則委由李不韙、余家菊、沈雲龍（大華派）、俞康（新生派）、張伯倫（大華派）、嚴保三（新生派）一起執行。

　　這是一次徹底顧及勢力權力均等的「聯合」，唯此一聯合，實際上只是一種假象。所以當時左舜生即曾不諱言的向雷震表示：「對青年黨事覺得毫無辦法，因陳啟天領導不起來，而他與幼椿又不能來。」左氏此言不虛，因當時媒體《新聞天地》亦言：「左舜生回國參加國民大會第二次會議，經由左舜生和其他幾位地位超然的青年黨人士一再奔走團結，大華新村派與新生南路派兩派乃聯合成立了『青年黨中央聯合辦事處』。唯雙方仍是貌合神離，除了對外聯合發表意見外，兩派依舊壁壘分明，並無任何具體的成就。」然「大華派」的朱文伯卻認為左氏此次來臺，對青年黨的團結仍有若干助益，朱文伯說：「左主席那時旅居香港，大會開幕之後，才來臺出席；也由於他的來臺，促成黨內糾紛的初步和解，成立黨中央的聯合辦事處，擴大中央常務委員會的組織。」

　　有鑑於青、民兩在野黨的分裂，左氏與蔣介石會晤時，蔣曾建議青、民兩黨能商議合成一個強有力之在野黨，並希望左氏與蔣勻田今後多負些實際政治責任，左笑而未答，蔣勻田則表示願為之努力。民國 45 年 4 月 16 日，青年黨成立「中央黨務委員會」，重整中央組織，相約兩年以內召開全國代表大會，完成黨的真正團結，恢復正常體制，並

制定「團結統一方案」。

此一「團結統一方案」規定：「以第十一屆、四十年臨時全代會、及十二屆之中央執行委員，組織中央黨務委員會」；「以第十一屆、第十二屆之中央檢審委員，及四十年臨時全代會之中央評議員為委員，組織中央監察委員會」；「中央黨務委員會及中央黨務委員會常務委員會，設主席五人，由第十一屆代理主席李璜、左舜生、第十二屆主席李不韙、中央主席團推定之主席陳啟天及雙方黨部推定之主席張子柱，輪流擔任之」，對內綜理黨務，對外代表該黨，主席依次輪流，輪值之時間，以 4 個月為一期。「大華派」與「新生派」的中央黨部，暨中央聯席會議與聯合辦事處自即日起撤銷，新的中央黨部設在臺北市金華街 256 號。這是自「天馬茶房事件」以還，紛紛擾擾分裂達 5 年之久的青年黨，終於宣告統一。設 5 主席輪值制是「大華派」和「新生派」妥協的結果，但在李璜和左舜生拒不赴臺的情況下，其效果還是很有限的。

因為根據「團結統一方案」第五條規定：應「儘可能於兩年以內召開全國代表大會」，民國 47 年，該黨中央在臺北召開中全會，以便籌開全代會，不幸發生糾紛，黨務又告停頓。48 年底，離規定召開的期限早已超過兩年，全國代表大會因主客觀因素仍無法召開。為避免再度分裂，部分青年黨員如劉永濟、朱文伯等乃集會研議補救辦法，形成黨內所謂的「臨沂街座談會」。

此派乃決定於該年 12 月 2 日，於青年黨 36 周年黨慶之際在臺北舉行中國青年黨同志聯合護黨會議，並發表〈中國青年黨中央護黨委員會宣言〉，正式宣告成立中央護黨委員會。宣言中指出：「本黨揭櫫國家主義，主張民主政治，自創黨至於行憲，同志莫不一德一心，孜孜矻矻，以求實現其理想。」「不意遷臺以來，內部分裂影響黨務之進展，雖於四十五年曾作臨時團結，終屬貌合神離，糾紛不已。黨之名稱雖存，黨之靈魂已失。」

當時眾多忠貞黨員見此，莫不痛心疾首，因此，經同志聯合護黨會議決議，成立中央護黨委員會，主持護黨工作。而護黨委員會之主張則為：1.完成黨的團結：召開全國代表大會，對於各派所爭持之問題，唯有依據民主原則，直接訴之黨員。2.確立黨的政策：本黨既為參政之黨，政策中心，必在國內。同志言行，理應支持政府，反共復國，遵循憲法，推進民主。放言高論，徒聳聽聞，究無裨益。3.改進黨的制度：本黨內部行政，向採民主方式。在大陸的秘密時期，中央為應付環境，有時權宜行事，不意公開以還，竟為弄權者所援引，馴至中常會跳樑無忌，檢審會形同虛設，釀成獨裁劫持之局。今後在制度上應採執行與評議均權原則，以收行政、立法互相制約之效。

此外，聯合護黨會議還制定了〈中國青年黨中央護黨委員會組織綱要〉，規定「中央護黨委員會，由聯合護黨會議選出之中央執行委員及中央評議委員組織之。凡中國青年黨黨員黨齡在七年以上（但有特殊能力或貢獻者不在此限）贊成護黨運動者，均有當選資格。」

護黨委員會雖然用心良苦，但在此後的十餘年中，並未能改變中國青年黨四分五裂的局面。由於全代會一直無法如期召開，各方協調結果，待到 49 年改組中央黨部和臺灣省黨部，俾久陷癱瘓的黨務復歸正常。但屆時改組辦法未獲協議。青年黨前輩鄭振文於出席國民大會第三次會議時，曾在港、臺徵得陳啟天、余家菊、李璜、左舜生、何魯之等大老同意，於 50 年召開全代會，結束黨的紛爭。不幸，臨時全代會召開以後，因部份同志拒絕出席，團結願望未能達成，青年黨反而裂痕加大。當時黨內又重新分化組合成 3 派：分別是陳啟天領導的「中園派」；以余家菊為領袖的「整理委員會派」和以黨內民意機關代表為核心而組成之「臨全會派」。

基本上，這些組織派別泰半均為爭權奪利的產物，其政治主張大同小異，也沒有什麼原則。較為不同的是「臨全會派」的政治立場較激進，對國民黨的專制統治和操縱青年黨的做法，持反對及批判的態度。

其言論喉舌《民主潮》也較敢言，對臺灣在五、六〇年代的民主鼓吹有一定之貢獻。當時在一片高壓政治氣候氛圍下，與雷震的《自由中國》、民社黨的《民主中國》被譽為黨外的三隻孤雁。職是之故，六〇年代雷震的組黨運動，青年黨參與其事的即為此派，如夏濤聲、李萬居、王師曾、朱文伯等。

平情而論，青年黨來臺後，尤以在五、六〇年代的民主運動與組黨活動上，「臨全會派」是較有作為的。至於陳啟天之「中園派」，政治立場可謂完全倒向國民黨這一邊，嚴苛一點說，乃國民黨可以任意擺佈操縱的「政治花瓶」；而余家菊的「整理委員會派」則介於二者之間。

可悲的是這 3 派間，幾乎互不聯絡，彼此成見很深，昔日黨內倫理一團和氣早已蕩然無存。舉例言之，民國 49 年 6 月，政府再約青年黨推人參加行政院，欲保留兩位政務委員名額給青年黨，時「中園派」陳啟天本甚有意思，然在黨內誰也不肯讓步的情況下，陳啟天亦不得不以「黨內意見不一致而婉辭」。派別紛爭嚴重削弱了該黨原本就十分有限的力量，惡鬥的結果，更使其名存實亡。

十一、分裂之擴大──剩餘價值的最後利用

六〇年代末期，隨著臺灣本土意識逐漸高漲，島內追求民主的聲浪逐漸趨於昂揚。以本土意識為主體的黨外人士紛紛要求國民黨開放黨禁，解除戒嚴，進行政治改革，回歸民主常態。其中國民黨政權被批判最多的即為一黨獨裁，專制統治，缺乏在野監督制衡的力量。面對黨外人士義正詞嚴的撻伐和政治勢力的挑戰，為唐塞反對者的悠悠之口，國民黨當局才想到青年黨還有剩餘價值可供利用，於是又把長期分裂的中國青年黨拉上政治舞臺，以此作為反制黨外民主力量的擋箭牌。也因此，久經分裂的青年黨有亟需統合的必要。

民國 55 年 8 月 21 日，青年黨領袖左舜生自港來臺，並隔天接受《聯合報》記者張作錦訪問時，特別針對四分五裂的青年黨頗感無奈的說：「我這次回來，將不過問這件事；一個政黨，是以政治意見為組織的原動力。如果黨內人，因政見不同而分開，這是正常現象，不足為病。可是青年黨為什麼呢？大家在政治上意見，並無分歧，卻形成了今天的局面。我實在不瞭解原因何在？清官難斷家務事啊！」言下之意，對青年黨分裂所帶來之困擾相當覺得痛心與不解。

在當年的 9 月 1 日，左氏又再次諄諄告誡該黨在臺的青年黨員說，「青年黨既不是宗旨不同，主張不同；又不是政綱政策的不同，只是由於作風的不同而引起分裂的。既然什麼都相同，只有作風不同，有什麼不可調和呢」？

言外之意就是，左氏個人對於青年黨來臺後，從分裂伊始，期間所有的爭執紛擾，其實均圍繞在人事與職位的利益上打轉，所以他相當不以為然，才會再次有感而發地提及：「今日國家正在危急存亡的當頭，我們要抱著有國家後才有黨，有政府然後才有個人的信念。把國家的利益排在高於一切才行。試想假如沒有國家，我們還談你什麼黨，他什麼黨呢？如果無國家又無黨，還有什麼個人好談呢？」弦外之音，不言而喻。

最後，左氏並告誡青年黨的同志說：「青年黨當初創黨是一種道義的結合，不是一種利害的結合；是一種愛國情感洪流的聚會，不是一種為謀求自己利益的集團。因之今天黨內的分裂，已經離開當初創黨的精神甚遠。」因此，左氏希望青年黨同志能相忍為黨，相忍為國；從遠處著眼，從大處著手。

由於有此次的來臺經驗，所以民國 57 年 9 月，蔣介石又親自約請自港來臺的左舜生會談，請左舜生為青年黨的團結奔走出力。有感於蔣的盛意，更鑒於國家利益之迫切需要，左再度毅然挺身而出。乃挽請在臺之中青領導人陳啟天、余家菊共同具名邀約各方代表王師曾、朱祖

詒、冷彭、李公權、周寶三、胡自翔、柴毅、夏爾康、鄒人孟、董微、葉時修、崔沖漢、趙純孝、劉泗英、關德辛等 15 人，成立團結商談會。經過 9 個多月的協商，決定促請旅美的另一黨主席李璜回臺相助，卒促成中青團結統一之舉。

有關左舜生此次回國對青年黨之重要性，王師曾即表示過：「57 年夏天，左舜生先生來到臺北，蔣公懇切囑望他促成青年黨團結，益以青年黨同志對他有同樣的表示，左先生於是力疾從事，達成青年黨於 58 年 7 月，在臺北舉行第十二屆全國代表大會，重建統一的中央黨部。」王接著說：「左舜生晚年努力在臺青年黨的團結，為左先生繼 1938 年達成國、青兩黨合作後，對青年黨之另一重要貢獻。」

民國 58 年春，闊別多年的李璜終於回到臺灣，並在是年的 7 月 21 日，中國青年黨於臺北召開第十二次全國代表大會，而此大會可說是為結束該黨的分裂局面而開的。因此，鞏固領導中心，選舉中央領導機構，成為會議的主要任務。

但在開會前夕，余家菊與陳啟天又因為會議即將進行選舉的 5 位主席之排名順序發生爭執，余家菊主張依姓氏筆劃排列，陳啟天則認為要按年齡大小排列（按姓氏筆劃余在陳前，按年齡陳在余前），兩造相持不下，經過一番調解，陳啟天才接受余家菊之方法使會議能順利如期召開。此等小事猶如兒戲般意氣用事互不相讓，也可見雙方心結之深了。會議最後通過黨章臨時條款，選舉了中央執行委員會，選出余家菊、陳啟天、左舜生、李璜、胡國偉 5 人為中央主席，旋經中央評議委員會推選潘再中、劉鵬九、丁俊生、胡自翔、冷彭 5 人為該會召集人。並由主席們提名王嵐僧為該黨團結統一後中央執行委員會首任幹事長。

至此，中國青年黨在形式上才結束了長達 18 年的分裂局面。十二次全國代表大會雖然促成青年黨的團結，但隨著其後左舜生、胡國偉、余家菊等大老的相繼去世，兼以主要領導人李璜一直旅居美國，所以嚴格言之，十二次全會後，黨的活動是稍為走上正軌，但青年黨還是沒有

真正實現黨的團結和統一，因而在臺之政治作用仍相當有限。

　　七〇年代以降，臺灣因經濟的蓬勃發展，造就中產階級之興起，此中產階級乃成為社會一股新興的中堅力量。他們不僅要求經濟的榮景能持續外，更希望在社會改革與政治民主上亦能有所參與或改變。也因此，他們對國民黨政府要求改革的企盼和批判是相當強烈的。七〇年代末，有鑒於要求政治改革的聲浪來勢洶洶，國民黨為裝飾民主門面，擬把業已僵化的青年黨拿來堵住黨外攻擊之口實，乃有蔣經國隆重歡迎李璜來臺領導重振中國青年黨之舉。

　　民國 68 年 7 月 23 日，在李璜領導下，中國青年黨在臺北召開第十三次全國代表大會。會中制定了〈中國青年黨政綱〉，也通過了〈黨章修正案〉，並發表〈對當前時局的主張〉及大會宣言，選舉了中央領導機構。其中大會通過的〈黨章修正案〉規定，全國代表大會以後每 4 年召開一次；黨設主席 2 人，副主席 1 人，由全國代表大會選舉；中央設置中央執行委員會和中央評審委員會，也均由全國代表大會選出。中央執行委員會設一執行長，由中央主席遴選，中央評審委員會則設評審長，由評審委員互選之。全國代表大會為黨的最高權力機關，全國代表大會閉幕期間，以中央執行委員會為最高執行機關。

　　大會最後選出李璜和陳啟天為黨的主席，也選了一批中央執行委員和中央評審委員。中國青年黨第十三次全國代表大會的召開，使逐漸被遺忘的青年黨又獲得一些媒體和社會的關注，但隨著大會的落幕，很快的又消失在臺灣的社會版面上。且即便召開大會，然暮氣已深，與臺灣政治及社會脈動脫節，故難有所作為。不僅如此，大會期間所表現的因人設事（如從 5 位主席變成 2 位），和難以吸收新血，缺乏引進臺灣本土黨員，在在均顯示沒有改革的魄力。如此一來，欲立足紮根臺灣談何容易！

　　民國 72 年 11 月下旬，青年黨在臺北召開第十四次全國代表大會，會議內容和主張，仍是例行八股了無新意，會中李璜連任主席。時

移勢轉，隨著黨外勢力的快速膨脹擴張，國民黨依舊仍想利用民、青兩黨作擋箭牌，為表示對青年黨之禮遇重視，民國 73 年 6 月 26 日，蔣經國特地約見李璜，聘請李璜為總統府資政，9 月，李璜應聘為總統府資政。

然而，民國 75 年 9 月 28 日，臺灣本土的民主進步黨的正式宣告成立，這標誌臺灣民主政治邁入一個嶄新的里程碑，因為從此以後，臺灣將有一個強而有力的反對黨可以監督制衡國民黨，使今後兩黨競爭的政黨政治，得以逐漸形成。

於此同時，長期積弱不振的青年黨，也因受到民進黨成立之刺激，而有了想抹掉「花瓶政黨」重整旗鼓的雄心。惜已時不我與，因其之前的積弊已深，故此時雖有再起壯志，終抵擋不了時代潮流無情的淘汰。且因內部的渙散與分裂，就算有圖強之心，也很難有所作為。於是經過 20 餘年的紛擾變遷，時序已進入八〇年代中期，在臺的青年黨仍分裂為 3 大派：分別是以劉子鵬為首的「中圜派」（陳啟天已於 73 年病故）；陳翰珍、李公權、謝學賢為主的「革新派」；和以洪炳爐為代表的「南部中央派」。而在 3 派之間的紛爭仍相當激烈，其爭執之焦點，幾全集中於立法委員、監察委員的席位分配，與是否領取國民黨發給的「反共宣傳費」的這兩個問題上。

民國 77 年 11 月，已勢同水火的「中圜派」與「革新派」各自在臺北召開標榜「唯一正統」的「中國青年黨第十五次全國代表大會」。當時的兩派均尊李璜為主席，但李璜認定「中圜派」為正統，出席該派會議，並當選主席。而就在是年，臺灣政治的改革步伐已逐漸加快，除解除「戒嚴令」外，也宣佈實施開放黨禁的政策。因而，出現了眾多政黨紛紛林立的新政治氣象，迄民國 79 年止，在臺灣登記為合法政黨的就有 53 個之多。

而其中單是從青年黨分裂出來的，即有 11 個：除以李璜為主席的中國青年黨外，尚有推陳翰珍為主席的青年中國黨（由「革新派」演變

而來）。另外，還有洪炳爐的中國民主青年黨、費季良的中國鐵衛黨、張大政的中國民主正義黨、蕭琳祚之中國聯合黨、何茂松的中國統一黨、王明龍的民主行動黨、賴永清的中國青少黨、莫啟南的中國國安黨、吳志毅的中國團結黨、張茂森的中國自由民主黨。

這些光怪陸離莫名其妙的政黨，有趣的是尚互相潛派「眼線」，互相攻擊明爭暗鬥。但因為沒人沒錢，除了湊湊熱鬧外，都是空有招牌，徒有虛名的「泡沫政黨」，所以彼等對臺灣的實際政治運作，並無任何影響可言，也幾等於不存在一樣。

十二、分裂之後果

本文經過以上的長篇析論，如今已可在此處綜論其長期分裂後之結果。茲分下列幾點，來扼要說明之：

1、平情而言，青年黨來臺這半個世紀，紛紛攘攘不斷，其起因故肇始「天馬茶房事件」。然在基本上，「天馬茶房事件」並不是一次成功的改革運動。因其所欲改革的幅度雖然非常大，可惜從頭到尾，都存在著人事上的牽擾，使得最後演變是以不求人和始（與原來的黨務系統徹底決裂），卻以謀求人和終（由聯合到統一）。

2、儘管如此，若從另一角度來看，雖然在這次改革中，難免有些個人權利之爭摻雜在裡頭，但未嘗不可言，那是陳啟天等人正在為漸入下坡的青年黨做最後一搏，亦即彼等當時的作為，縱使出現了諸多紛擾，卻是為了要重振青年黨，並迎合來臺後的時代潮流，才努力設法調整黨機器以因應之。所以，雖成效不佳，做法可議，但其用心，似可加以肯定。

3、然而，期間因已曾歷經多次令人眼花撩亂的意氣之爭，故最後終於折損了這次改革的目的；兼以當時的時勢，已不容許青年黨有發展茁壯之良機，而陳啟天等大老又係老輩人物，故當彼等在「舊瓶裝新

酒」的時機點上，本身的精力又不如從前，於是彼等所致力的改革運動，不僅未能擴大其影響面，最後並且為牽就黨內派系，連改革本身也都不再堅持了。

4、彼等甚至於還將一場原本肇始於轟轟烈烈的「六四改革」運動，弄到最後只成了表面是一團和諧，內部卻是以暗潮洶湧、危機四伏來收場。所以在「統一」之後的第5年，青年黨又再度分裂。

5、後來，雖然該黨在左舜生、李璜等大老的搓合下完成團結，但該黨內各派系成見已深，以至於所謂的「團結」，充其量只是貌合神離的假象罷了。

6、其實，青年黨的分裂，究其根本原因有二：1.為是否繼續參政的爭議，此爭議乃延伸自大陸時期，來臺後亦復如此。例如「臨全會派」主張遵循歐美政黨政治的路線，青年黨既是在野黨，就應該保持在野黨的風格，切實負起監督政府的責任，不必派人參政，因為一參政就不好監督了。而「整理委員會派」與「中園派」則認為目前國家處於非常時期，不能與承平時期的政黨政治同日而語，如果政府保留名額，派人參政也不妨。2.政黨津貼的爭議，即是否領取政府每月發給的「反共抗俄宣傳費」的問題。基本上，「臨全會派」主張維持黨格應該拒領，但其他兩派則以為，青年黨在缺乏財源的情況下，欲維持生存，務實的領取政府的津貼並無不妥。

7、總之，青年黨的分裂，執政的國民黨是難辭其咎的，國民黨當局利用兩手策略，一手以「反共抗俄宣傳費」來豢養青年黨，使其乖乖俯首聽命，另一手再從其中製造分裂，使其無力抗衡國民黨。例如該黨大老李璜即一針見血的點出其癥結所在：「青年黨的問題不是不能解決的，最大的問題出在政府的津貼（按：指「反共抗俄宣傳費」）上。政府停止一切津貼，糾紛自然平息。還有，國民黨也不必多管閒事，說什麼承認張三，不承認李四，平空又增加許多意氣。……」

8、在臺灣當時的特殊環境中，在野政黨真要搞團結，也是說起來

容易，做起來並不簡單。因為當權的執政者，一直在強調：「唯有革命民主的中國國民黨，才能挺立中流，屹立不搖，高舉反共的旗幟，不再需要別人協力」；似乎要走回訓政時期「黨外無黨，黨內無派」的舊道路；在野黨派，不再是合作的對象而是統戰的對象。因此，在現實環境下，青年黨要不鬧分裂，恐怕也很難。

9、自戰後迄今，青年黨在臺灣所面臨的最嚴重問題，是為分裂與老化這兩大難題。其中尤以分裂，使其原本有限的力量更加分散，且常鬧分裂給人觀感亦不佳，更難吸收優秀黨員的加入，而阻礙其發展。於是，在內無新血加入，在外又受制於國民黨的分化，而黨內長期又被「資深」人物所把持著，所以連一些較想有為之士，都不僅無法參與黨的決策，甚至被打壓和遭到排擠。

10、如此一來，不但嚴重影響黨的發展，也使青年黨面臨老成凋零，人才斷層的局面。而這些現象，使得這個老牌政黨逐漸式微沒落，在今日臺灣政壇已消聲匿跡，毫無作為，形同整黨瓦解。

回首前塵，想當年青年黨初創當時，彼等又是以何等令人振奮輝煌的蓬勃氣勢崛起的；而如今其下場，居然如此淒冷黯澹，令人有不勝唏噓之痛感。

參考書目

《中國青年黨建黨五十週年紀念特刊》（臺北：中國青年黨中央黨部出版，民國 62 年 12 月初版）。

《中國青年黨黨史・政綱》（臺北：中國青年黨中央宣傳組輯印，民國 74 年 6 月出版）。

朱文伯，《朱文伯回憶錄》（臺北：民主潮社發行，民國 74 年 2 月初版）。

朱文伯，《懷舊集》（臺北：民主潮社發行，民國 63 年 12 月出版）。

余家菊，《余家菊（景陶）先生回憶錄》（臺北：慧炬出版社，民國83年元月初版）。

李璜，《學鈍室回憶錄》（香港：明報月刊社出版，1982年元月初版）。

呂偉東，《黨事留痕》（原稿）。

周淑真，《中國青年黨在大陸和臺灣》（北京：中國人民大學出版社出版，1993年11月1版）。

胡國偉編述，《中國青年黨簡史》（臺北：菩提文藝出版社出版，民國64年5月再版）。

孫子和編，《民國政黨史料》（臺北：正中版，民國70年10月初版）。

陳正茂，《左舜生年譜》（臺北：國史館印行，民國87年12月初版）。

陳啟天，《寄園回憶錄》（臺北：商務版，民國54年12月初版）。

《陳啟天先生紀念集》（臺北：中國青年黨中央黨部發行，民國74年8月出版）。

傅正主編，《雷震全集》（33-35）（臺北：桂冠版，1989年8月初版）。

傅正主編，《雷震秘藏書信選》（臺北：桂冠版，1990年9月初版）。

蕭傑英編，《王師曾先生遺集》（臺北：協林印書館，民國73年8月出版）。

3.4 戰後胡適來臺開展的禪宗史大辯論及其影響

一、序言

在臺灣戰後的各種學術與思想的重大爭辯中，無疑的，以胡適為中心而展開的關於禪宗史的大爭辯及其影響，最為重要和深具學術意義，其後續的發展，更是遺威不減，以致於在胡適過世後多年，臺灣學界和宗教界仍繼續為此課題而爭論不休。最後，由一代佛學大師印順撰出著名的《中國禪宗史》一書，而了此公案。所以本書特就此一課題，向讀者提供較學術性的研究史回顧。

二、日本學者柳田聖山的貢獻

但是，在說明此一課題之前，有必要先提一下，日本學者柳田聖山有關胡適禪學研究的貢獻，因為在 1974 年，他即曾收集胡適生平關於禪學研究的相關論文、講詞、手稿、書信等，編成相當完整且深具參考價值的《胡適禪學案》，由臺灣的正中書局出版。

在同書中，附有柳田本人所撰的一篇重要研究論文〈胡適博士與中國初期禪宗史之研究〉，將胡適一生的禪學研究歷程、學術影響和國際學界交流等重要事蹟，都作了細密而清楚的分析。

這是關於此一主題的極佳作品。可以說，透過《胡適禪學案》一書的資料和介紹的論文，即不難掌握了理解關於胡適禪學研究的詳細情形。

可是，在柳田的資料和論文中，仍遺漏不少相關資料。例如胡適

在戰後臺灣學界的回應，特別是戰後六十年代，在臺灣爆發的關於中國唐代禪宗史的大辯論，不但依然延續胡適博士生前研究的問題意識而發，更在大辯論之後由印順撰出了名著《中國禪宗史》一書，使此一學術的大爭辯，有了極大的突破和豐收，足以在國際學界揚名吐氣，相當不容易。而柳田因撰文較早，尚未能涉及這些方面。所以本章的撰寫，更有其必要。

三、戰後來臺之前的胡適禪宗研究

根據柳田聖山在其論文中的說法，1935 年，是胡適在戰後正式研究禪宗史的再出發之年，因「後來收編在《胡適手稿》第七集的〈宗密的神會略傳〉就是這年六月的執筆。」這意味著神會的問題，再度成為他關心的課題。

可是在戰後到 1935 年之間，關於胡適的禪學研究，仍有一些值得一提。

胡適從 1935 年發表〈楞伽宗考〉之後，所中斷的禪宗史研究，直到 1946 年 6 月，出席夏威夷「第二屆東西哲學家會議」，與鈴木大拙討論禪學，才恢復了禪學問題的探討。

當時胡適所持的論點，是堅持「禪」的本質，並非不合邏輯，是帶有理性成份，是在我們智性之內所能瞭解的。理由是，「禪是中國佛教運動的一部份，而中國佛教是中國思想史的一部份，只有把禪宗放在歷史的確當地位中，才能確當的瞭解。」

於是胡適在論文中，對中國禪宗史作了一些回顧後，接著指出禪宗的方法可分為三段。第一階段，是所謂的「不說破」原則。第二階段，是由九世紀和十世紀的禪師們，發明了變化無窮的偏頗方法，來回答問題，以便落實第一階段的不說破原則。第三階段，則是「行腳」，以探討適合自己開悟的方法。

鈴木大拙則在〈禪：答胡適博士〉這篇文章中，回答胡適對他在大會上發表〈佛教哲學中的理性與直觀〉的內容質疑。

由於鈴木大拙並不反駁胡適在禪宗史的見解，他承認胡適在這方面所知甚多，但對禪的本質則為門外漢，並不理解。如此一來，胡適在禪宗史料的發現和禪宗史的探討，便被此次辯論遺落了。可是，它們卻是胡適禪宗史研究的核心部份。所以胡適後來的禪宗史研究，依然是屬於歷史學的進路。

在另一方面，胡適在上述對禪思想本質的理解，其實有其根源，一是來自忽滑谷快天的著作，此在 1934 年於北平師範大學演講〈中國禪學的發展〉時，已明白交代過了。另一個參考資料，是來自朱熹的論禪家方法，此一部份，雖然亦曾受到鈴木大拙的批評，但胡適並未氣餒，反而在 1952 年 7 月，完成了〈朱子論禪家的方法〉初稿（收在《胡適手稿》，集 9，卷 1，上冊，頁 43-83）。因此可以確定，鈴木的〈禪：答胡適博士〉一文，對胡適的基本認知態度，可以說沒有重大的影響。

由於胡適在 1952 年之前的研究方向大致已確定，在 1953 年重新再出發之後，仍汲汲於搜集、校訂和探討與神會有關的新出史料。

我們不能忽略的，是繼續追蹤胡適到臺灣後的一連串演講、著述和發表，使得他的禪學研究，逐漸在臺灣學界產生鉅大的影響。

四、返臺就任中央研究院院長之後的胡適禪宗研究

胡適是 1958 年 4 月，離開滯留九年之久的美國，來到臺灣南港任「中央研究院」的院長職務。直到 1962 年 2 月 4 日去世為止，他的禪學研究是很勤勉的。例如到臺灣的當年十一月，他即撰成〈新校定的敦煌寫本神會和尚遺著兩種——校寫後記〉，發表在《歷史語言研究所集刊》第 29 本，內有胡適新考訂了神會的逝世是在 762 年 5 月 13 日，享

年 93 歲,而生年是在 670 年,即唐高宗咸亨元年。

　　同時,胡適也在文中第四節,「總計三十多年來陸續出現的神會遺著」,其中屬於胡適發現的史料就占一半,並且是首開風氣者。他還提到日本學者矢吹慶輝在 1930 年出版敦煌寫本圖版 104 幅,書名叫《鳴沙餘韻》(東京:岩波書店),但因未讀胡適的《神會和尚遺集》,所以目錄裡未標出卷名〈頓悟般若無生頌〉。

　　要到兩年後(1932),出版《鳴沙餘韻解說》(東京:岩波書店)時,才標出卷名,並引胡適的短跋。[1]可以清楚地看出他一擔任院長後,即開始總結他三十多年研究禪宗史的業績,並為自己的發現作一學術史的定位。

　　而由於〈新校定的敦煌寫本神會和尚遺著兩種—校寫後記〉的發表,立刻引起日本京都大學人文科學研究所的入矢義高注意,寫信報告他在 1957 年發現了原題《南陽和尚問答雜征義》的第三本《神會語錄》,原編輯人叫劉澄。兩人互相通信的結果,胡適在 1960 年 3 月,撰出〈神會語錄的三個本子的比勘〉一文,作為當時任職於院內「歷史語言研究所」的甲骨文專家董作賓的 65 歲生日禮物。胡適在此文中的結論,再度總結他研究神會三十年來的意見說:

　　　　這個「南陽和尚」是一個了不起的人。在三十年前,我曾這
　　　　樣介紹他:「南宗的急先鋒,北宗的毀滅者,新禪學的建立者,
　　　　《壇經》的作者,——這是我們的神會。」在三十年後,我認識

---

[1] 有關矢吹慶輝的說法,見其所編的《鳴沙餘韻》(東京:岩波書店,1933),他在〈自序〉中,清楚地交代收集資料和成書的經過。不過,此書最初是矢吹慶輝在 1930 年出版的。當時只有圖版 104 幅,而沒有解說。1932 年,他撰寫「解說」的部份,分上下兩卷,在 1933 年刊行。以後一再翻印,銷路甚佳。胡適在寫〈新校定的敦煌寫本神會和尚遺著 2 種〉時(1958 年 11 月),已見到《鳴沙餘韻》的第 78 版。不過,根據胡適的說法,矢吹氏最初並不知此卷為何人所作,是後來讀了胡適的說明,才在「解說」中稍作介紹。但胡適仍指出他疏忽致誤之處。見柳田聖山編,《胡適禪學案》,頁 324-29。

神會比較更清楚了，我還承認他是一個了不起的人：「中國佛教史上最成功的革命者，印度禪的毀滅者，中國禪的建立者，袈裟傳法的偽史的製造者，西天二十八祖偽史的最早製造者，《六祖壇經》的最早原料的作者，用假造歷史來做革命而有最大成功者，──這是我們的神會。」[2]

由此可以看得出胡適的基本觀點，只有更加堅持和更詳細補充，而未作任何修改。

1960 年 3 月，胡適又完成了〈神會和尚的五更轉曲了〉一文，這是幾篇和入矢義高討論的筆記式短文組成的，也是作為向董作賓祝壽之用。隔月（1960 年 4 月）又補了一篇〈校寫《五更轉》後記〉，連同之前的文章，構成論文〈神會和尚語錄的第三個敦煌寫本──《南陽和尚問答雜征義：劉澄集》〉，載於《歷史語言研究所集刊外編》，第四本。

1961 年 8 月，胡適撰成〈跋斐休的唐故圭峰定慧禪師傳法碑〉初稿，是距他逝世之前半年的事。但此文生前未發展，直到 1962 年 12 月，也就是逝世十個月之後，才由黃彰健加上胡適生前手訂定的「後記及改寫未完稿」，以〈胡適先生遺稿〉的名義，登在《歷史語言研究所集刊》，第三十四本。此一文的重點，是批評宗密的傳法世系依榜神會，有「偽造」的嫌疑。此一論斷，後來曾引起旅加佛教學者冉雲華的二次質疑。

除了以上這些公開發表的學術論文之外，胡適實際上勤於翻閱各種藏經資料，並且錄下了許多值得參考的禪宗史料：從胡適過世後所出版的《胡適手稿》第七、八、九集的篇目和內容來看，共計數十篇之多，真是洋洋大觀。假如仔細比對閱讀，即瞭解其中的佛教資料，時間

2　見柳田聖山，《胡適禪學案》，頁 354-55。

可概括從東漢到晚明。除禪宗資料外，連藏經版本、各種關於「閻羅王」的傳說和史料等等，都包括在內。他和入矢義高、柳田聖山的討論信件，也一併編入。因此，我們可以判斷禪宗史的研究，雖仍是他著力最多的部份，但關於佛教文化史的資料也用心在搜集，證明他的晚年時期，在整個研究構思上，是有意為《中國思想史》的下卷得以早日完成而在努力預備著。[3]

　　另一方面，隨著《胡適手稿》的相繼出版，以及柳田聖山《胡適禪學案》的編成問世（1975 年出版），胡適的禪學影響力，也逐漸散發出來，構成了極堪注意的臺灣佛教學術現象。不過，此一過程仍有一段醞釀期。

五、胡適禪宗研究初期在戰後臺灣造成的衝擊與回應 ——來自釋東初的批評

　　因為如就胡適的禪學在臺灣激起的反應來看，最早的時間，應是在 1953 年元月於「臺灣省立師範學院」（即今國立臺灣師範大學）演講〈禪宗史的一個新看法〉那一次。這是為紀念民初著名教育家蔡元培八十四歲誕辰（1867-1940）的一場演講，[4]在內容上和 1934 年在「北平師範大學」所講的那場〈中國禪學的發展〉，有極大的雷同性。而其中關於新史料的發現部份，胡適也曾在稍早（1952 年 12 月）於臺灣大

---

[3]　胡適在 1950 年底，即自己生日（十二月十七日）那天，曾作了如下的「生日決議案」：「……無論如何，應在有生之日還清一生中所欠的債務。……我的第一筆債是《中國哲學史》，上卷出版於民國八年，出版後一個月，我的大兒子出世，屈指算來已經三十三年之久，現在我要將未完的下卷寫完，改為《中國思想史》。（下略）」可見他的後來學術工作，是有著這樣的強烈使命感。見《胡適言論集》乙編，頁 89-90。轉引沈衛威，《一代學人胡適傳》（臺北：風雲時代出版公司，1990），頁 345-46。

[4]　此演講題目的左邊隔 1 行小字，即有時間、地點和演講目的的簡短說明。見《胡適演講集》，上冊（臺北：胡適紀念館，1970），頁 150-1171。柳田聖山，《胡適禪學案》亦收有此文，載頁 522-43。

學講演〈治學方法〉中提過了。胡適當時還未任「中央研究院」的院長，但他早有盛譽，故雖僅來臺作短期停留，仍深受學界和社會大眾的歡迎，而演講後，講稿即刊載於《中央日報》。

當時在北投辦佛教《人生》雜誌的東初法師（1907-1977），從報上讀到講稿，即於《人生》，卷 5 期 2（1953 年 2 月出版），以筆名「般若」，發表了一篇〈評胡適博士「禪宗史的一個新看法」〉。他認為「胡適的新看法根本是錯誤的」，他的主要反對理由是：胡適不能憑《六祖壇經》的「宋本較唐本加了三千多字」，就說「惠能傳法恐怕也是千古的疑案」。又說：「要是否認了六祖的傳法，即等於推毀了整個禪宗史的生命，也就否認了整個以禪為中心的唐代文化。所以我（東初）說胡適的新看法根本是錯誤的。」

東初法師是 1939 年後，自大陸來臺的第一代著名僧侶，擅長佛教史，[5]但此文把胡適的講詞化約為《壇經》字數比較後的錯誤看法，所以對澄清史料正誤的作用不大。然而，東初本人，自此文之後，還先後發表多篇批評胡適禪學觀點的文章，且時間延續到 1969 年以後。可以說是佛教界戰後在臺灣長期激烈反胡適禪宗史研究的先驅和代表性人物。

六、胡適的反佛教心態及其對虛雲禪師的連番質疑

可是胡適在心態上是反佛教的，他曾在《胡適口述自傳》（英文原稿在 1957 年，由唐德剛開始錄音：中文稿，1979 年由唐德剛譯出，臺北：傳記文學出版出版），對唐德剛表示：「佛教在全中國〔自東漢

5　釋東初的佛教史著作如下：《中日佛教交通史》（臺北：東初出版社，1970 初版）。《中印佛教交通史》（臺北：東初出版社，1968 初版）。《中國佛教近代史》，上下兩冊（臺北：東初出版社，1974 初版）。以上 3 種是主要的佛教史著作，但以近代學院的學術標準衡之，這些著作較接近編著或譯寫，並且水準不一，可商榷之處甚多。

到北宋〕千年的傳播，對中國的國民生活是有害無益，而且為害至深且鉅」。

由於他把佛教東傳，視為中國文化史上的大不幸，所以他雖研究禪宗有若干貢獻，卻仍堅持一個立場：「那就是禪宗佛教裡百分之九十，甚或百分之九十五，都是一團胡說、偽造、詐騙、矯飾和裝腔作勢。」而「神會自己就是個大騙子和作偽專家。」因此，他縱使「有些或多或少的橫蠻理論」，但對所持嚴厲批評禪宗的態度，是「義無反顧的」。——這是胡適來臺灣任「中央研究院」院長之前，在美國發表的《自傳》內容之一。赤裸裸地流露出他對禪宗史虛假作風的反映！

既然研究者的心態是負面的，則研究結論也容易流於「破壞性」的層面居多（胡適在《口述自傳》中坦言如此）。其必將激起佛教界護教熱忱者的反駁，當不難瞭解。可是，這終究是立足於史料和方法學的研究結論，要想說服或反駁胡適成功，也要基於同樣的條件才行，否則對胡適的研究是不可能造成改變作用的。例如胡適曾三次質疑岑學呂編的《虛雲和尚年譜》的正確性，就是如此。

岑學呂編的《虛雲和尚年譜》初版，是「虛雲和尚法彙編印辦事處」於 1953 年春天在香港出版的。由於流通快速，當年秋天即照原書印行第二版。因此，初版和二版的內容是一樣的。有更改的是第三版，但這已是遭到胡適在美國提出質疑後，由「香港佛學書局」於 1957 年出的新版本。而「臺灣印經處」是從「第三版」翻印流通的，時間在 1958 年 9 月。

胡適是在 1955 年至 56 年左右，從美國的紐約寫信給住在加拿大的詹勵吾，指出《虛雲和尚年譜》有一些不可信之處。因初版的《年譜》中，曾提到虛雲的父親在福建任官的記錄，如：

「父玉堂……。道光初年，父以舉人出身，官福建。戊戌己亥間，任永春州知府。」（原書，頁 1）

「翌年，父擢泉州府知府。」（同上）

「道光二十四年，甲辰，五歲，予父調任彰州知府。」（原
書，頁3）

「道光二十七年，丁未，八歲，予父調任福甯府知府。」
（原書，頁2）

「道光三十年，庚戌，十一歲，父復回任泉州府。」（同
上）

「咸豐五年，乙卯，十六歲，父任廈門關二年，調回泉州府
任。」（原書，頁5）

胡適根據上述資料，前往「美國國會圖書館」查證所藏的福建省
相關方志，是否有蕭玉堂其人的任官資料。當時館中所藏的新修府志
中，可以找到虛雲提到他父親做過知府的三府之中的兩府資料，其中清
楚地記載從道光二十年到咸豐五年的知府姓名、履歷、在任年歲，可是
絕無知府蕭玉堂的記載。詹勵吾接到信後，鈔寄給香港的岑學呂，後來
在出「第三版」時，即附有虛雲本人的親筆信，承認：「其中不無誤記
之處」。

但是，1959 年 12 月初，胡適在臺任「中央研究院」院長已一年
多，又接到張齡和蔡克棟的兩封信，都是討論虛雲的父親蕭玉堂是否在
福建做過三府的「知府」或僅是「佐治」的問題。其中張齡在信上質疑
胡適說：臺灣印經處的 1958 年 9 月初版，「是照原版一字不易翻印
的」。胡適的意見是根據何處出版的《年譜》而來？胡適說據此可以推
論虛雲活了一百二十歲是不可信的，但他反問：「父親沒有做過知府和
兒子年歲的多少有什麼連帶的關係？何以由前者即可以推斷後者的不
確？這是根據什麼邏輯？」

胡適接到信後，認為既然《虛雲和尚年譜》的記載，是信徒的信
仰依據，「是人生最神聖的問題」，所以他致函給當時《中央日報》的

社長胡健中，三日後（1959 年 12 月 5 日），全函刊登在該報上。[6]在信中，胡適的回答重點有二：

一、他根據的是初版；而張、蔡兩人隨信寄給胡適的臺灣版《虛雲和尚年譜》，其實是修改後的「第三版」，故資料有異。

二、《虛雲和尚年譜》是根據虛雲本人的口述資料而編的，是唯一的線索，如其中關於父親的任官時間、職務都不實，《年譜》的虛雲年齡，當然令人也跟著起疑了。

這就是胡適治學的典型作風，他要求的是可以查證的歷史事實，是比較不易作假的。因此他以「拿證據來」的方式，要求《虛雲和尚年譜》的編者和口述者，對社會作一明白的交代。至於虛雲的禪修經驗，他則未過問。於是虛雲這位民國以來最著名的禪師，在胡適眼中，只成了問題史料的提供者。

佛教徒關心的禪修經驗，對胡適而言，是要擺在客觀證據之後的。這種情形，無異是 1949 年 6 月在夏威夷和鈴木大拙論禪方式的翻版。也是他在《胡適口述自傳》中，所坦承的對禪宗史料作假持一貫嚴厲批判立場的延續。因之，他和以信仰取向為主的佛教界人士，會形成意見對立的緊張性，就不足為奇了。

可是，胡適的信，既公開刊登《中央日報》，他又以「中央研究院院長的學術領導人」在臺灣出現，學術的問題，就成了公眾注意的問題。例如當時的內政部長田炯錦，即將內政部擁有的《永春縣誌》借胡適參考。但該志卷 12「職官志」裡，未載湘鄉蕭玉堂的姓名。於是胡適將此《永春縣誌》的查證情形，連同登在《中央日報》的那封信，以〈虛雲和尚年譜討論〉為篇名，應《自由中國》雜誌的雷震的要求，發表在該刊的卷 21 期 12。可以說，此一問題也喚起知識界的注意。

當時任職「臺灣省文獻委員會」的陳漢光，接著又提供胡適另一

6　參考 1959 年 12 月 5 日，胡適發表在《中央日報》上的信文資料。

版本《福建通志》的資料。胡適借出查證後，寫了〈三勘虛雲和尚年譜〉，刊登在《臺灣風物》卷 10 期 1（1960 年元月出版）。胡適在文中指出，根據清同治七年（1966）修的《福建通志・職官》的記載，都未發現虛雲的父親之名。同時泉州府的「同知」在康熙二十五年（1686）後就移駐廈門了。「泉州二守」的孩子，決不會生在「泉州府署」。這就證明《年譜》各版所載「予誕生於泉州府署」，並非事實。總之，胡適對證據的考察興趣，是不曾衰減的！

七、胡適禪宗研究的教內同情者：圓明（楊鴻飛）與印順

另一方面，必須注意的，是胡適的這種處處講證據的治學方式，在佛教界同樣擁有一些同道。他們不一定完全贊同胡適對佛教的批判，但是不排斥以客觀態度來理解佛教的歷史或教義。而其中堅決遵循胡適禪宗史研究路線的是楊鴻飛。

他在 1969 年 5 月，投稿《中央日報》，質疑錢穆在演講中對胡適主張《六祖壇經》非惠能所作的批判，因而引起臺灣地區戰後罕見的關於《六祖壇經》作者究竟是誰？神會或惠能的熱烈筆戰。

但在檢討此一和胡適禪宗史研究有關的熱烈筆戰之前，應先理解楊鴻飛其人的思想背景。他原本是 1949 年後，因中共統治大陸才到臺灣的出家僧侶，法號圓明，是來臺僧侶的才學之士。他後來到日本留學，才還俗並恢復本名。

但在還俗之前，他已曾因質疑傳統佛教的治學方式，而在佛教界掀起批判他的大風波。他的質疑立場，可自《覺生》期 41，他所發表的〈獻給真正的佛教同胞們〉一文中看出。例如他在文中大膽地宣稱：

我們過去都被前人所欺騙，以為現存的大小乘一切經典，皆

是釋尊或釋尊的報法身金口所直宣。因而對經典中明明與事實，人情，正理相違背，講不通的地方，也都千方百計，……把它圓謊似的圓起來。……其中不知增進了多少世俗的傳說，神話，他教、私人的教權意識，非理攻擊他人等言論在內。反使正當教義，弄得神怪百出，偽話連篇，……尤其近代科學知識發達以來，自更多抵觸。……佛為大哲學之一，但並未言盡天下後世所有哲學。佛以耆那教婆羅門教為背景，產生自己哲學系統，與後人依佛教，產生法華、華嚴哲學系統，並無兩樣。[7]

他在文章中論「合時」的一段，更鼓勵佛教徒「不要為聖教量權威所迷，拾前人的牙慧」。

圓明的這些話，是受近代佛教文獻學和歷史學研究風尚的影響，在講求宗教客觀性的同時，還帶有強烈批判傳統佛教的意味在內，難怪教內長老東初罵他是「天下第一號狂夫怪物」，「洪水猛獸又來了」。東初甚至呼籲佛教界共同對付圓明，並做到下列四點：

不要以佛法當人情，要一致起來撲滅這種洪水猛獸的邪見！

一致請求中國佛教會宣佈圓明為佛教的判徒，是摧毀正法的魔子！

一致要求佛教正信的刊物，拒絕刊載圓明的邪見言論！

人人要勸請同道親友們不要看圓明的文章，其功德勝於造七級浮圖！

7　圓明（楊鴻飛），〈獻給真正的佛教同胞〉，轉引釋東初，〈以佛法立場談佛法〉，前引書，頁 156-57。

其實從上述教界兩派相對立的治學心態，可以窺見客觀求知的風氣，逐漸在保守的佛學界中出現。當時代表這一治學方向的典型人物，恰好是後來以《中國禪宗史》（臺北：正聞出版社，1971）一書，獲得日本大正大學博士學位的印順法師；而印順法師會撰寫《中國禪宗史》，卻是由楊鴻飛（圓明）和胡適激發的禪學辯論所導致的。因此，胡適的治學方式，實際上衝擊著處於變革中的臺灣佛學界。這一點學術史的內在關聯性，是在展開討論前必須先有所理解的。而印順的部份稍後會提到。

八、關於 1969 年在臺灣展開的禪宗研究大辯論

1969 年在臺灣展開的那場禪學大辯論，主要的文章都被張曼濤收在《六祖壇經研究論集》，列為由他主編的「現代佛教學術叢刊」一百冊中的第一冊。而張曼濤本人也是參與辯論的一員。他在首冊的〈本集編輯旨意〉中，曾作了相當清楚的說明。尤其在前二段對於胡適的研究業績和影響，極為客觀而深入，茲照錄如下：

> 《六祖壇經》在我國現代學術界曾引起一陣激烈諍論的熱潮，諍論的理由是：「《壇經》的作者究竟是誰？」為什麼學術界對《壇經》會發生這麼大的興趣，原因是《壇經》不僅關係到中國思想史上一個轉換期的重要關鍵，同時也是佛教對現代思想界一個最具影響力的活水源頭。它代表了中國佛教一種特殊本質的所在，也表現了中國文化，或者說中國民族性中的一份奇特的生命智慧。像這樣一本重要的經典，當有人說，它的作者並不是一向所傳說的六祖惠能，那當然就要引起學術界與佛教界的軒然大波了。這便是近四十年來不斷繼續發生熱烈討論的由來，我們為保存此一代學術公案的真相，並為促進今後佛教各方面的研

究，乃特彙集有關論述，暫成一輯。列為本叢刊之第一冊。

……

（2）胡適先生是此一公案的始作俑者，雖然他的意見，並不為大多數的佛教有識之士所接受，但由於他的找出問題，卻無意中幫助佛教的研究，向前推展了一步，並且也因是引起了學術界對《壇經》廣泛的注意，設非胡先生的一再強調，則今天學術界恐怕對《壇經》尚未如此重視，故從推廣《壇經》予社會人士的認識而言，我們仍認胡適先生的探討厥為首功，故本集之編，為示來龍去脈及其重要性起見，乃將胡先生有關《壇經》之論述，列為各篇之首。[8]

從張曼濤的說明，可以看出 1969 年的《六祖壇經》辯論，正反雙方，都是接著胡適研究的問題點而展開的。這一先驅性的地位，是無人可以取代的！但這場辯論的展開，已在胡適逝世後的第七年了。張曼濤的編輯說明，則更在胡適死後的第十四年。所以雙方諍辯的情形，胡適本人是一無所知的。這只能任由他自己的作品來說話或回答。

九、錢穆與楊鴻飛的連番交手

就引發辯論的導火線來看，是錢穆首先挑起的，他是在當年的三月，應邀在臺灣的「善導寺」作一場演講，題目是〈六祖壇經大義——惠能真修真悟的故事〉，內容是肯定惠能在禪學的偉大革新貢獻，強調能擺脫前代的義學負擔，自悟本心，且有十六年的實修經驗，所以是實際可靠的偉大禪學思想家，可以和南宋的朱熹相提並論。

錢穆的這場演講，並未直接提到胡適或他的神會研究結論，但錢

---

[8] 見《六祖壇經研究論集》，〈本集編輯旨意〉，頁 1-2。

穆長期以來，即質疑胡適否定《壇經》作者為惠能的看法，所以在演講
中他極力肯定惠能和《壇經》的關係，其實就隱含批評胡適論點的作用
在內。

不過，最先對錢穆講詞內容提出質疑的，並非楊鴻飛，而是王禮
卿和澹思（張曼濤筆名）在《中央日報》投書，對錢穆所作的〈六祖
偈〉解法和引用文句，提出異議。錢穆獲悉後，去信解釋講詞中「心中
無一物」，係疏忽所致，應為「本來無一物」才對；至於其內的惠能思
想解釋，他認為「與本講旨渺不相關也」。所以王、澹兩人的質疑，並
不構成和錢穆本人進一步的諍辯。又因此問題，和胡適的研究無太大關
連，此處可以不再討論。要注意的，是接王、澹兩人之後，楊鴻飛對錢
穆講詞提出的質疑，因為那是就胡適的研究角度所延伸的問題。

楊鴻飛在〈關於六祖壇經〉一文，[9]對錢穆的質疑，主要有下列意
見：

一、他認為錢穆在講詞中，所推崇的「惠能」，並非歷史上真
正惠能的原貌，而是經過後世所謂「南禪」人格化的惠能。換句話說，
《壇經》中的「惠能」，是神會在滑臺大雲寺及洛陽荷澤寺定南宗宗旨
之後，假託出來的權威，是被編造過或塑造過的。

二、他反對錢穆所說的惠能提高僧眾地位和擴大僧眾數量。他
認為，就「提高僧眾」言，應歸之「南禪或南禪者」。至於「僧眾之數
量」，則「南禪者」亦不曾「擴大」。而這一點，正是神會力改印度舊
習的貢獻。

三、他反對錢穆說禪宗頓悟心法，是因惠能一字不識，才能自
本心中悟出的。事實上依教奉行，契理忘言，才是真相。

四、認為《禪經》的作者和新禪學的建立者，是如胡適所說的
為神會。他知道日本鈴木大拙在《禪思想史研究第二》第五篇曾討論

---

9 載《六祖壇經研究論集》，頁 195-204。

《六祖壇經》，而不以胡適的看法為然 ；羅香林在〈壇經之筆受者問題〉一文，亦反駁胡適的看法。但他認為基本上還是胡適的看法較正確。接著，他又作了一些補充：（a）神會的著作和語錄，從未提及《壇經》，而《壇經》中十之八九，神會的語錄或著作中都可發現。（b）神會之前，並無嚴格的祖師崇拜，六祖以上的祖師單傳世系和袈裟為證之說，皆源自神會。（c）獨孤及在「南禪」正盛時，仍為文稱：「能公退而老曹溪，其嗣無聞焉。」可見惠能南返後並無大作為。

錢穆在《中央日報》讀到楊鴻飛的質疑後，也為文〈略述有關六祖壇經之真偽問題〉，在《中央日報》上答辯。錢穆認為楊鴻飛專據胡適之前說，認定《壇經》是神會自由捏造，但他十分反對胡適的此一創說。他並提到自己曾撰長文〈神會與壇經〉，質疑過胡說。後來又撰〈讀六祖壇經〉的短文，就版本問題辨明實際上竄入《壇經》的資料，宗寶更多於神會或神會之徒。接著，他又提出下列補充意見：

（1）胡適對《壇經》的考據，忽略了對其中思想本身的創造性，有合情合理的認識。因此考據的結果，變成不近情理的觀點。

（2）胡適過去所舉的幾條證據，他分析後都不能成立。這是胡適對思想無深刻體會，因此雖喜考據，其實包含太多主觀意見。

（3）依胡適的考據結果，很難重建新的合理的中國禪宗思想史，從而將其思想價值也降低了。

楊鴻飛對錢穆之文，再以〈「壇經之真偽問題」讀後〉，商榷錢穆的上述觀點，他說：

（1）錢穆的精誠衛道心過重，是信仰重於研究的衛道。別人以學者態度作研究，力求發掘真相，何嘗不是一種可以接受的衛道方式。

（2）錢穆以「近情近理」來批評考據，其實「近情近理」可能是一種表面的認知，離真相有距離。

（3）神會是《壇經》的作者，一樣可以凸顯其思想的偉大性。神會所以在《壇經》中以惠能作主角，只是如「挾天子以令諸侯」。實際

上其中思想，都是神會語錄或著作中現有的東西，創造自無困難。

　　錢穆原本在前文發表時，已聲明如無新看法，將不再參與討論。但讀到楊鴻飛的再質疑，他只好再發表一篇〈再論關於壇經真偽問題〉，為自己的立場答辯：

　　（1）錢穆認為過於重視考據，過於忽視思想，是當時學界的一種偏陷。而他是尊重思想家和思想境界的。

　　（2）《神會語錄》有許多部份和《壇經》相同，正如緒山、龍溪思想多與陽明相同，不能因此即認定後者思想是前者所造。

　　（3）就外在證據言，後世禪宗流行，是南方勝過北方，且重視《壇經》而忽略《神會語錄》，可見《壇經》的思想和《神會語錄》終究有別。

　　（4）他認為楊鴻飛所倡言神會以立知見、立言說，來證明神會之能立。恰好相反，此種知見、言說，違反南禪教法，正是《壇經》所戒，也是無相在指斥神會的地方。

　　楊鴻飛自不甘示弱，亦撰文〈「再論壇經問題」讀後〉，以反駁錢穆的看法。他的論點如下：

　　（1）錢穆批評考據是偏陷，但學術要進步，須有原則性的公是公非，若帶主觀感情，即失去此是非原則了。

　　（2）錢穆所說的師徒著作有雷同處，絕不能認為前者錄用後者。實際上並不適合《壇經》與神會之間的狀況。因惠能南返，據獨孤及的說法，並無大弘宗風之事。而神會在滑臺和荷澤定南方宗旨時，若有《壇經》，即不須捏造傳衣為信的故事。即就《神會語錄》引用的經典來看，各種經籍名稱一一列出，何以不列其內容幾十同八九的《壇經》呢？再說，《壇經》已有西天二十八祖，神會如何忘了這一家譜，反而以〈禪經序〉來敷衍呢？何況惠能未到北方，卻在《壇經》提到北宗的說法，並加以批評，豈非無的放矢？今查同時及稍後的禪宗史料，也一概未提惠能曾說了《壇經》。如《壇經》內容屬實，其他各派亦有《壇

經》傳承，如何在韋處厚撰文時，仍只神會門下尚作傳承的依據？同時弘忍所傳乃是《伽楞經》呢？凡此種種，皆證明《壇經》是神會或其門下一派所作。

（3）錢穆認為《壇經》流傳後世，神會自己的《語錄》卻被埋沒，是兩者思想有別，故後人對之態度有不同。其實是因神會既編《壇經》，自然須得掩沒自己的作品。並非思想有不同所致。

（4）錢穆所指神會立知見、立言說，是反《壇經》立場一事，實是誤讀古書。因這是後人竄入以批評神會。錢穆也瞭解此點。實際上，神會的「立知見、立言說」，是指「如來知見」、「佛知見」、「空寂之知見」、「無住無相之知見」、「無念之無見」、「般若之知見」，和頓教解脫禪完全相應，是不能以「知解宗徒」批評他的。

（5）錢穆指無相批評神會，其實是斷章取義，把意義弄反了。因無相提到神會的說法內容，如上點所述，並無批評之意。

對於楊鴻飛的第三次反駁，錢穆未再回應，兩人的辯論即告終結。但，楊、錢辯論甫告結束，對此辯論中所持觀點，再提出檢討的文章，仍相繼出現。彼等有何評論意見呢？是值得再作探討的。

十、澹思（張曼濤）在錢、楊交手後的批評及其謬誤

澹思在兩人辯論告一段落時，投稿《中央日報》，發表〈惠能與壇經〉一文。在開頭部份，曾就雙方的辯論，作如下的觀感評論：

> 關於《壇經》的真偽問題，《中副》已刊載了楊鴻飛和錢穆先生往返討論數篇文字，楊先生順胡適博士的考據路子，錢先生則順思想的解釋法，而辯駁此一真偽問題。究竟誰屬《壇經》的真正作者，按理，辯論到此，應該有一較清楚的眉目了，讓讀者們應該可以從二氏的辯論中，可以獲得一較客觀的印象，或代下

判斷了。可是細細分析一下兩位辯論的文字，結果印象還是模糊的，也好像公說公有理，婆說婆有理，兩者都有其道理似的。而在氣勢上，又似乎楊先生順胡適的路子，特別有力。錢先生只憑著《壇經》本身的內容和惠能的生平對看，堅持其解釋，應屬惠能所作無疑。此從現代人處處講「拿證據來」看，似乎要比胡適博士這個路子的說法，力弱多了。這樣的辯論下去，恐怕終難解決《壇經》的真偽問題。[10]

澹思此一評論，實際上點出了兩個難題，其一，辯論的結果，仍無法確定何者較正確？其二，錢穆為史學專家，但只憑《壇經》和惠能生平對看，仍無強有力證明《壇經》是惠能所作。可見胡適的「考據」也不是那麼不堪一擊的！

然而，學界要如何解決上述的難題呢？

從後來的發展看，是印順法師的系統研究，大致解決此一難題。但，澹思在同文中的一些建議意見，也值得重視。他的意見有四點：

（一）禪宗和禪宗歷史應該可以分開看作兩回事，不可混為一談。

（二）楊鴻飛順胡適的路子，否定《壇經》係惠能的思想後，進一步連惠能的影響力也否定了。但他批評惠能的求法過程，仍是取材《壇經》；何以在取材時就相信，在批評時就懷疑其真實性呢？可見楊鴻飛在資料引證時，並不客觀，原則也不夠分明。

（三）楊鴻飛引獨孤及的話，說：「能公退而老曹溪，其嗣無聞焉。」可是弘忍何以列他為十一大弟子之一呢？如無過人之處，何以文中稱他為「能公」呢？

（四）《全唐文》，卷 17，唐中宗有一篇詔文，是請惠能上京的，詔文中提到：「朕請安、秀二師，宮中供養，萬機之暇，每究一

---

[10] 澹思，前引書，頁 245。

乘。二師並推讓雲，南方有能禪師，密受忍大師衣法，可就彼問。今遣
內侍薛簡，馳詔迎請，願師慈念，速赴上京。」如此一詔文是假，則胡
適的許多理論都可以站得住，否則胡適的立論就大多站不住腳了，因為
詔文裡提到的惠能，和胡適的看法正好相反。

　　澹思的這四條意見中，以第四條他指出有詔請惠能的新史料最重
要。但，這條史料並非他的新發現，這是日本學者宇井伯壽在《禪宗史
研究》裡提到的。澹思不知道胡適在覆柳田聖山的長函裡，已經批評過
宇井引的這條詔文是偽造的；因為此詔是出於宋代以後修的《六祖壇
經》，若比勘〈曹溪大師別傳〉裡的「高宗」神龍元年正月十五日召惠
能的詔書，就知道此時「高宗」已死了二十二年了。這是比宇井引的那
條史料更早的版本，卻正可說明是偽造的史料。所以胡適相當不滿宇井
的引證方式。從而也可以反駁澹思在同文中提到的一些「推想」。澹思
那段文字是這樣的：

　　……就《壇經》問題的本身說，似乎也不須再多作討論，因
　為中日學者對這問題的探討文字，已不下數十萬言。在中國有過
　錢穆先生的〈神會與壇經〉，羅香林先生的〈壇經之筆受者問
　題〉。在日本則有宇井伯壽先生的〈壇經考〉、〈荷澤宗的盛
　衰〉，鈴木大拙先生的〈關於六祖壇經──惠能及惠能禪〉、山
　崎宏先生的〈荷澤神會禪師考〉。此外，還有關口真大、柳田聖
　山、入矢義高諸氏都曾討論這個問題。在這些文字中，除了錢先
　生的〈神會與壇經〉，[11]大多我都看過，日本的學者們對這個問
　題，大都花了很大的工夫，不是單憑己見或想像而立論的。他們

---

[11] 錢穆的這篇文章，是根據錢穆在〈略述有關六祖壇經之真偽問題〉一文的提示，才從
　　《東方雜誌》中找出的。錢穆並曾去函張曼濤，表示此文已重加修訂。參考《六祖壇經
　　研究論集》，頁108，205。

既重視考據，也重視思想，決不疏忽哪一邊。而在這些專家的學者中，幾乎有一個共同一致的看法，那就是不完全附和胡適先生的意見，他們決不想像《壇經》完全出於神會之手。他們祇認為敦煌本的《壇經》，必經過神會或神會一係的人的改竄，改竄當然不是作者，或《壇經》的原型。且據宇井伯壽的看法，《壇經》除了神會一係的敦煌本外，必還有其他的本子。（他的〈壇經考〉，主要的是根據惠昕本，和大乘寺本與敦煌本對勘立論。）同時，他又認為即使以敦煌本為最古本，為各本的所依，也不能就以敦煌本可以直接認識惠能。這使得他的意見，無形中代表了肯定惠能存在地位的正統。我不知道胡適先生在世時有沒有看過他這篇文字，（也不知道他是否能看懂日文？）就胡先生後來發表有關神會和尚的遺著，沒有直接答復日本學者們的相反意見看，可能他是未曾看過或未注意到的。雖然在民國五十七年十二月中央研究院重刊的《神會和尚遺集》208 頁後面附載的單頁上，胡先生題了宇井氏的《禪宗史研究·五、荷澤宗之盛衰》，山崎宏的〈荷澤神會考〉幾行字，但推想，他只是作為備忘，並未找來好好細讀一番，否則何以不見胡先生提出反駁呢？要不然就是胡先生已經接受了日本學者的若干意見，而不欲再作申辯。[12]

　　澹思的這一段說明和後面的推測，頗值得商榷。茲說明如下：

　　一、澹思說他將日本學界關於《壇經》問題的討論文章，幾已讀遍。可是，在楊鴻飛和錢穆的辯論後，他並未提出什麼有力的看法，來反駁胡適。反而在第四點建議中，引了一條宇井伯壽用過的假史料，正好是胡適本人親自批評過的。（158）由此證明，他是白讀了那些文

---

[12] 澹思的此段文字，見《六祖壇經研究論集》，頁 246-48。

章。

二、猜測胡適是否能讀日文，完全不必要，也是輕率的意見。首先，在澹思提到日本禪宗研究的學者，像鈴木大拙對惠能的看法，常在英文著作出現，而胡適早已和他交手過了。[13]至於入矢、柳田兩人，則屬和胡適論學的同道，胡適豈有不知他們的看法？此參看《胡適手稿》，集7上和集8下的通信即知。至於宇井伯壽在《禪宗史研究》第五章論荷澤宗的盛衰，胡適在覆柳田聖山的長文中，特別標出第196頁和第200頁，然後不客氣地說：「也都是信口妄語，全無歷史根據！」

三、胡適一直沒有採納日本學者的研究意見，因他還在找更多的證據。例如在1959年5月30日寫給入矢義高的信，即提到「晚唐入唐的日本諸大師將來的目標」，「除了神會的諸原件（包括《壇經》）之外，幾乎沒有別一位禪學大師的文件」，所以他「更覺得神會的歷史重要性」，[14]並還托入矢義高在日本發動界大索日本京都各寺院珍藏的古本資料。[15]胡適的此一企圖是否成功？那是那一回事，但他未如澹思所推測，是接受了日本學者的若干意見，而不欲再申辯，則是極明白了。

假如說，張曼濤以「澹思」發表上述看法時，《胡適手稿》的資料尚未出版，但編「現代佛教學術叢刊」的《六祖壇集研究論集》時（1976年10月），則應過目了。可見他的意見，是不足為據的。

不過，張曼濤的說明，已牽涉到日本學者的研究成果問題，後來

---

[13] 胡適的文章為〈中國禪宗──其歷史與方法〉（*Ch'an Buddhism in China, its History and Method*）。此文現收在柳田聖山編，《胡適禪學案》，第4部，頁668-89。而鈴木大拙所撰〈禪：答胡適博士〉，發發表於1953年4月號的《東西哲學》，卷3期1，附有胡適論文全文。本文現在引用的段落，是孟祥森譯的《禪學隨筆》（臺北：志文出版社，1974），鈴木論文前，由編者所作的胡適原文提綱內容的一部份。

[14] 見《胡適手稿》，集8，卷3下冊，頁443。

[15] 同前引書，頁444。

的學者無法不加以正視。例如印順的研究，就是由此一立場展開的！

十一、胡適禪宗研究大辯論後的新結晶
——印順的博士學位與《中國禪宗史》的研究

　　印順在《中國禪宗史》（臺北：正聞出版社，1971）的〈序〉中
提到：「依八、九世紀的禪門文獻，從事禪史的研究，中國與日本學
者，都已有了不少的貢獻。」「前年《中央日報》有《壇經》為神會所
造，或代表惠能的諍辯。才引起我對禪史的注意。讀了胡適的《神會和
尚遺集》，及《胡適文存》、《胡適手稿》中有關禪宗史的部份。日本
學者的作品，僅見到宇井伯壽的《中國禪宗史研究》三卷；關口真大的
《達摩大師之研究》、《達摩論之研究》、《中國禪學思想史》；柳田
聖山的《中國初期禪宗史書之研究》：對新資料的搜集，處理，對我的
研究，幫助很大！」[16]在同書第六章〈壇經之成立及其演變〉的第一節
〈壇經的主體部份〉，印順除略提胡適、宇井伯壽、關口真大和柳田聖
山的看法之外，又作了如下的聲明：

> 　　《壇經》到底是否惠能所說，法海所集記？還是神會（及門
> 下）所造，或部份是牛頭六祖所說呢？我不想逐一批評，而願直
> 率地表示自己研究的結論。[17]

　　從以上的二段引述資料裡，可以發現印順的《中國禪宗史》，是
因 1969 年《中央日報》上那場《壇經》作者是誰的辯論，所引起的。
換句話說，那場因胡適禪學研究論點所激起的諍辯，並未在錢、楊休兵

---

[16] 印順，《中國禪宗史·序》，頁4。

[17] 印順，前引書，頁 237-38。

之後即告終結，反而構成了印順做更大規模研究的導火線。

　　但是，印順的〈序〉言和第六章第一節的那段聲明，又顯示了下列的兩項事實：

　　一、印順的研究，不但參考了胡適的相關著作，連張曼濤（澹思）在文中提到的那些日本學者的相關著作，也大部份搜集過目，並坦承對自己的研究，幫助甚大。雖然他提到關口真大的著作時，弄錯了二部書的書名，即將《達摩之研究》，誤為《達摩論之研究》，將《禪宗思想史》，誤為《中國禪學思想史》，但基本上，他較之錢穆或羅香林等中國學者，更能善加利用日本學界的研究成果。

　　因此，就此點來說，印順的禪宗史研究，雖然是批駁胡適的，卻能在資料上和研究方向上，跟國際學者同步或交流。所以他是過去的中國學者中，除胡適之外，相當難得的新潮禪宗史研究學者。

　　二、由於印順宣稱：他不對各家的看法，一一提出批評，而直率地提出自己的研究意見。這在現代學術研究的方法上，是可商榷的。可能出現的弊端如下：（a）是否本身的研究，都屬前人未見的創見呢？假若不是，即有重複、沿襲的可能。（b）學術經驗，基本上是累積和銜接的，不交代他人對同一主題的看法和努力，即等於否定前人的努力。例如在柳田聖山的《初期禪宗史書之研究》，不但在書中詳注日本學界資料的出處，連對中國學界有貢獻見解者，亦詳加摘引和交代：胡適的資料，固然引注相當多；羅香林在〈舊唐書僧神秀傳疏證〉一文的看法，亦明白在書中交代。反之，印順除胡適的資料和看法之外，未提中國其他學者的任何研究意見。因此可說是一種方法學的缺失。

　　我如此批評，絕無忽視他個人敏銳的分析力，以及對史料的高度組織力；我也瞭解他並非現代學院訓練出身的研究者。但在學術史的探討立場，指出他的方法學缺失的一面，是有必要的。否則即違反了治學的基本原則，無法就事論事了。

　　印順在《中國禪宗史》一書中的主要研究著點，是想重新理解

「有關達摩到會昌年間」,「從印度禪到中華禪的演化歷程」。他在書中第三章敍述「牛頭宗的興起」,指出「牛頭禪」的老莊化,是「曹溪禪」從印度禪逐漸衍變為中國禪的關鍵。這個意見,是和胡適的視神會為轉變的關鍵,為相對立的看法。關於這一點,雖然柳田聖山、宇井伯壽、關口真大,都在書中討論過一些。[18]關口真大的著墨尤其多。但關口真大、吉岡義豐和福井康順三人,在〈日本大正大學博士論文審查報告書〉中,[19]仍稱讚此章為「本論文之中發揮得最惹人注目也最具特色」。

同報告中,對於《壇經》和惠能的研究評價,有如下的二段話:

(a)「為了表明曹溪惠能所確立的禪宗狀況,先把惠能的行曆詳予考證,更將後來發達成為中國禪宗基本思想——《壇經》,試行精密的考察。但是,關於惠能行曆方面的檢討,比之上來各章,則多有承認舊有傳燈說的傾向;對於被稱為惠能所撰的《金剛般若解義》二卷的存在未予留意。惟就《壇經》而言,對看作神會所作之說與是牛頭宗第六祖撰述之說,試行反駁,另一方面指出了《壇經》之中的『原始主體部份』與附篇所加部份,並加以區別,此一論列,提示了獨特的方法。」

(b)「論者就敦煌本古《壇經》之中對神會門下『壇經傳』及『南方宗旨』的補充部份加以判別,推定『壇經』主體部份的一種方法,如『惠能云』和『六祖云』,『我』和『吾』等

---

[18] 聖嚴法師在〈中國禪宗史〉,前引書,頁 428,最先指出這點。但他未提到宇井伯壽也探討牛頭宗。其實宇井才是開山者。見氏著《禪宗史研究》(1939),頁 91-134。

[19] 此報告文,由關世謙中譯,改名為〈《中國禪宗史》要義〉,收在藍吉富編,《印順導師的思想學問》(臺北:正聞出版社,1985 初版),頁 333-40。

用語的異同等，應該綿密的注意其考察的方法確實微密。」[20]

以上的評價，可以說除「考究新資料」的部份，尚待加強外，對作者印順的立論嚴謹而周密的優點，作了相當肯定的稱許。〈審查報告書〉最後的結語是這樣的：

本論文對舊有的中國禪宗史將可以促成其根本而全面的更新。於是，本論文的問世對於學術界貢獻了一部而卓越的精心創作。[21]

這也是本世紀以來，唯一以禪宗史研究，獲頒日本博士學位和擁有如此高評價的國人著作。可以說，由胡適發掘新史料和提出新問題開始，經過了將近半個世紀，才有了如此卓越的研究成果。播種者胡適和收穫者印順，都各自扮演了重要的角色。

十二、印順再次對胡適禪宗觀點的評破

不過，印順在《中國禪宗史》一書完成後，又針對《壇經》和神會的問題，再發表一篇考據更精詳的分析文章，叫〈神會與壇經——評胡適禪宗史的一個重要問題〉，集中全力評破胡適的原有論點！

關於印順的這篇文章，有些觀點，在前一節的結束之前已引用過了。我們大體上，可以將全文的方法和立場說明如下：（a）此文之作，是楊鴻飛引胡適的研究意見，以駁錢穆所引起的。（b）因胡適用考據提出研究意見，如不同意他的看法，也同樣要用考據方法加以檢證

---

[20] 關世謙，〈《中國禪宗史》要義〉，前引書，頁 338-39。

[21] 關世謙，〈《中國禪宗史》要義〉，前引書，頁 340。

才行。（c）胡適雖然「筆下刻薄」、「結論不足取」，但「並不以胡適論斷錯誤而輕視，覺得在禪宗史的某一環節上，胡適是有了良好的貢獻」！（d）考證的結果，只發現胡適關於「《壇經》傳宗」的部份偽造說法可以成立。但《壇經》的基本思想，是不同於神會的。所以胡適將神會視為《壇經》的真正作者，是不能成立的。

張曼濤對印順此文的評價甚高，除將其選入《六祖壇經研究論集》之外，並聲稱「此篇」是「最佳的批駁胡適先生對禪宗史的錯誤觀點」，因它「最有力而最有份量，不以衛教姿態表現」；而其他佛教界的文章，數量雖多，「但真有力而不涉及感情以學術立場就事論事者，則甚少」。基於這個理由，對於參與《中央日報》那場禪宗史辯論的其他文章，[22]此處即省略不談。

就胡適禪學問題的探討，到此應該暫告一段落了。其後雖也有其他的佛教學者，陸續撰寫如下列等（略目）的研究論文：

　　1.幻生，〈禪學隨筆讀後〉，收在《滄海文集》（臺北：正聞出版社，1991），頁 227-34。

　　2.幻生，〈關於《圓覺經》問題——讀《胡適禪學案》有感之一〉，收在《滄海文集》，頁 245-54。

---

[22] 收在《六祖壇經研究論集》的文章，還有蔡念生的〈談六祖壇經真偽問題〉，華嚴關主的〈禪史禪學與參禪——結束討論禪宗史學的爭論〉，是參與《中央日報》討論的。未收入的文章，包括登在其他刊物的，數量相當多，茲列舉如下：

野禪，〈世談壇經真偽商榷〉，載《現代國家》，卷 54（1969 年 7 月）。

趙國偉，〈評胡適對禪學史學觀念的錯誤〉，載《海潮音》，卷 50 期 7（1969 年 7 月）。

趙亮傑，〈壇經真偽乎？抑作者真偽乎？〉，載《獅子吼》，卷 8 期 7（1969 年 7 月）。

詹勵吾，〈揭破神會和尚與六祖壇經所謂真偽的謎〉，載《慧炬月刊》，卷 73-74（1969 年 10、11 月）。

半癡，〈評胡適遺著禪宗史的一個新看法〉，載《學粹》，卷 12 期 2（1970 年 2 月）。

褚柏思，〈神會和尚與法寶壇經〉，載《海潮音》，卷 52 期 8（1971 年 8 月）。

楊君實，〈胡適與鈴木大拙（禪學研究）〉，載《新時代》，卷 10 期 12（1970 年 12 月）。

3.幻生，〈宗密荷澤法統辨〉，收在《滄海文集》，頁 255-77。

4.楊曾文，〈敦博本壇經及其學術價值〉，收在《佛光山國際禪學會議實錄》（高雄：佛光出版社，1990），頁 157-58。

5.游祥洲，〈論印順法師對壇經之研究〉，收在《佛光山國際禪學會議實錄》，頁 190-205。

6.傅偉勳，〈壇經惠能頓悟禪教深層義蘊試探〉，收在《佛光山國際禪學會議實錄》，頁 206-25。

7.楊惠南，《惠能》（臺北：東大圖書公司，1993）。

但是，就解決胡適禪學研究的問題來說，上述著作的作用，仍不出本章之前所探討的。即以楊曾文所提的《敦博本壇經》來說，和原先《敦煌本壇經》在內容上是一致的，唯一的優點是錯字較少、文字較無脫落。但在研究的作用上，並不能有大突破的參考效果。所以不用再一一詳細介紹。

十三、本章結語

本章經過篇幅不算短的討論後，對胡適的禪學研究，大致可以歸納出幾點較明確的學術貢獻：

一、胡適的禪學研究，是近代中國學人中，研究時間持續最久的。由於時間久，才能不斷地向學界傳遞訊息，影響面也相對增大。

二、胡適的禪學研究，是伴隨著新史料的發現。而且他將此史料發現的學術效應，迅速推廣到國際學術界。不但開拓了新的研究視野，也使他在神會的研究問題與「楞伽宗」的確立問題上，據有先驅性的國際地位。這在中國學人中，是沒有第二人可相比的。

三、胡適的研究方法學，是以文獻的考據為主，用禪宗史的各種

史料相對比，以揭穿其中隱含的「作偽」成份。所以他是用找證據的方式，大膽地向傳統的禪宗史料挑戰。因此他自己承認：「破壞面居多」。雖然如此，如果沒有此一來自胡適的嚴厲質疑，中國禪宗史的研究，可能沒有今天這樣的面貌和水準。他實際上促使中國禪宗史研究，產生了一個新的反省，是一種必要的刺激品。這大概屬於開風氣大師的主要功用吧！

四、胡適是善於發現問題和勇於提出質疑的。假使沒有這一特質，他的學術影響面不會如此大和如此強。縱使他錯解了，或常被批評為「大膽」和「武斷」，可是批評者仍然在他的問題意識籠罩之下。

換言之，胡適的論斷，不管正確與否，都使別人有文章可作。若無胡適的論斷在先，中國禪學研究，在中國學人間，將寂寞多矣！

五、雖然印順在證據的解讀上，超越胡適。但我們必須將印順視為後期的禪學研究者，是在胡適去世多年後，運用各種新史料和新研究意見，來提升自己的研究水準。就這一點來說，他實受惠於胡適的先前貢獻。

但若非胡適發現新史料和提出新觀點，日本學界不會有如此多的回應和研究成果，同樣地也使印、冉失去了就此一主題發言的機會。因此，胡適的研究和印、冉之間，形成一種批判式薪傳作用。

胡適之後，中國學者之間已罕有新禪宗史料的重要發現。《敦博本壇經》，雖有校勘上的功能，但它在國際學界大量的史料發現和豐富研究成果的對比之下，顯得發現時間稍晚，作用較小。

因此，就國際禪學界來說，中國學界能發揮影響力的人也就不多了。印順可能是唯一的例外，但若無日本學者的既有史料整理，他也無從進行如《中國禪宗史》一書的深度研究。

3.5 戰後在政治威權陰影下發展的臺灣佛教

一、序言

本章擬從 1970 年代以後，發展最快速、信眾最多和最具社會影響力的臺灣本土佛教發展的，這一重要課題說起。

本來相關的問題，還可以提到基督教長老教會，在臺灣於 1970 年代退出聯合國席位時，所發出的臺灣前途由臺灣民眾決定的國是宣言之討論；或者，也要提及 1980 年待一貫道的合法化問題；以及解嚴前後，兩岸民間信仰系統，特別是以媽祖信仰為中心的交流問題，任何學者都可以加以論述。

但整體來說，不論在其大小規模上，對大多數的臺灣社會民眾來說，上述相關的問題，無論在思想性和倫理性方面——縱使以所謂臺灣鄉土神學，或出頭天神學，那種概念簡單的論述為例——基本上，也都可以將其視無太大討論或思維的空間；或最起碼，無法將其當作有學術深度的論述來看。而這是從思想性，或文化性觀點所出發的事實陳述，所以毫無貶抑之意

反之，近 15 年來，由一代佛學思想大師印順長老所在開創的「人間佛教」思想，不論在思想內涵的深度上，值得我們重視；連其對海峽兩岸人間佛教思潮發展有巨大影響的具體事實，也的確是我們這一代臺灣思想領域的時代高峰成就之一。

不過，臺灣佛教近六十年來的歷史發展，也是問題重重。基本上，可以這樣說，戰後臺灣佛教近六十年來的歷史發展，其實上是在政治的威權體制下展開的。這是在展開論述之前，必須緊緊記住的一點。

儘管如此，整個臺灣近六十年來，因政治環境有極大的變化，故

各種性質的社會運動如風起雲湧般地相繼出現，只是純就佛教的發展腳步來說，卻是除少數的異議團體如「萬佛會」，主張臺獨和從事體制外的抗爭外，可以說是相當安分地，在體制內的規定中進行著；甚至稱得上是跟執政時期的國民黨，最合作無間的臺灣宗教團體之一。

也由於臺灣佛教和戰後臺灣政治的環境，具有如此密切的關係，所以，在觀察的切入點上，即必須先就兩者合作關，係作一扼要的檢討。

而後，再觀察佛教界，如何逐漸具有較大的發展自主性。這在理解本書以下說明的戰後臺灣佛教發展，相當重要。

二、日本投降並撤離臺灣

日本在臺灣的殖民統治，長達五十年（1895-1945）。在此期間，日本佛教的各宗派相繼在臺灣佈教和成立道場。而臺灣本土的寺廟，亦在此一新的統治勢力的支配下，逐漸產生日本佛教化的新風貌。

特別是中日爆發大陸戰爭後，日本在臺當局，為免臺民離心內附，加緊實施「皇民化運動」（1937-1945），大舉組織和調訓臺籍僧尼、及相關佛教人士，使得臺灣佛教急速地日本化。其中為數達二十人以上的臺籍僧尼精英，都是出生於日治時代，受過良好的日語教育和日本本土佛教高等教育的薰陶，在此一運動期間，紛紛躍居新的領導階層。老一輩的精英，如善慧和本圓等法師，則暫退到第二線，或轉到海外發展。

日本戰敗投降，將統治權交還中國政府（1945 年 10 月 25 日），在臺的各日本佛教宗派亦隨之撤離。留下的大批寺產，除部分因當初興建或改隸時，帶有臺人的資金和產權之外，大都由政府視同敵產，而加以接管，或轉為他用。

在都會區或駐軍附近的臺人寺廟，也往往充作臨時辦公處和居住

的所在，連帶地使正常的佛教活動大受影響。不少典雅美觀的日產佛寺，不但迅速頹敗，甚至遭到改建和變賣。因此，臺灣佛教面臨戰後第一階段的徬徨期和轉型期。這是日本撤離所產生的後遺症。

另一方面，1947 年 2 月 28 日爆發了所謂「228 事件」，牽連的人數甚多，引起臺籍民眾的驚慌，省籍對立的問題也急遽表面化。政府為了避免局勢持續惡化，並沖淡臺人因受日本長期統治的「日本化」之深刻影響，逐漸加強日本語文的管制，在教育和文化的意識形態上，積極鼓吹和強調祖國意識，期使臺人早日恢復中國文化和統治正當性的認同。

在這種情況下，臺灣佛教界也逐漸感受到新壓力。其中最大的挑戰，是如何用中國語文來代替原本熟練的日本語文，為新的表達工具的問題。這對出生於日治時代、受日本語文教育、習慣於用日本語法來思考和表達的臺籍佛教界的知識分子，可以說絕大多數都有表達的困難。

即以在日治末期已私下勤學北京話，中文表達上也有相當程度的高執德（法號證光，臺南開元寺住持）來說，1947 年 5 月底，臺灣省佛教會公推他代表出席在南京舉行的全國佛教大會時，也大大感嘆話語不通、事事要依賴他人。

其他更等而下之的，可以說幾乎往後的大半輩子，都困頓在不會流利地使用中國語文這一件事上。例如晚年才創辦「法光佛學研究所」的如學法師（1913-1992），不論家世和教育程度都堪稱頂尖，卻因無法突破中國語文的表達障礙，而使生平所學無法一盡所長。這實在是臺灣佛教在戰後轉型過程，最令人遺憾的時代悲劇之一。

此外，因遭人誣陷，捲入「白色恐怖時期」是非圈，最後被逮捕和槍決（1955）的高執德，更是臺灣佛教界學術人才，無可彌補的損失。高執得應是臺灣佛教百年來最傑出的學者之一，在日本佛教駒澤大學受過最完整的佛學教育，師長中不乏世界級的佛教學者，卻在正要踏入學問高峰時，突遭橫逆，而宛若朝露般的消逝。

　　這一不幸的事件，震撼了同樣出身日治佛教界的本省精英，不少人轉而脫離佛教界或對佛教產生極度的失望。

　　雖然高執德生命晚期的女弟子之一葉阿月教授（現已退休），是日後畢業東京大學的臺籍第一位佛學博士，並長期任教於臺灣大學哲學系。但根據長期作田野調查的經驗，凡是經歷過高執德事件震撼的，雖在數十年後的今日，仍心懷屈鬱，似乎始終無法抹去那一道不幸的陰影。或許，這也是五〇年前，那一代臺灣佛教學者的共業和悲哀吧！

三、中央政府遷臺後的戒嚴體制

　　由於在戰後長達四年多的內戰中連番失利，1949 年 5 月 20 日當時警備總司令兼臺灣省主席的陳誠將軍，下令在臺、澎地區實施戒嚴。迄 1987 年由政府宣佈解嚴為止，一共經歷長達三十八年的「戒嚴體制」。

　　在戒嚴時期，宛如軍事管制一樣，大多數的集會和遊行的權利橫遭凍結，言論和出版的自由，備受限制了。

　　雖然，解嚴之前，民眾到國外深造、經商或旅遊，已大大放寬了，但出入境的門禁仍管制極嚴，和大陸的交流不用說是絕對違法；實施共產的國家，同樣不得前往。在這種處處嚴禁的體制下，臺灣的佛教界自然不得不跟著政府的政策走。

　　亦即，如何配合政策或利用黨政軍關係，以爭取各種活動上的特權跟方便，便成了臺灣佛教界主要的考慮因素了。

　　茲再分別舉例說明如下：

　　（一）在戒嚴期間，佛教界忠誠地配合政府的反共政策，竭力批判共產主義。僧侶出國或接待外籍來賓，都是以爭取國際友誼為名，做為削弱或對抗中共在海外發展佛教影響力的一部份。

　　而有幸擔任此種差使的僧侶，幾乎毫無例外地都屬黨員或幹部。

因此，在佛教的對外聯誼中，同時肩負著為黨國反共和效忠的重大使命的。

雖然在實際的成效有多大？可能是一大疑問；但若無此名義和某種程度上的效果預期，則佛教界要如何作境外聯誼？可能也是一大疑問。

（二）在戒嚴期間，反共和防諜是治安上的核心目標。因此犯禁或嫌疑者不論是否為佛教僧侶，都無法免於審問、逮捕或槍決，例如前述高執德的情況。據葉阿月教授的回憶，部分原因，係高可能曾接待1948 年來臺弘法的巨贊法師的緣故（此冤案的最新研究，認為是在寺中收藏彰化高家的左派親人，才被牽累遭槍決）。

事實上，由於戒嚴期間的治安重點是反共防諜，在來臺的外省僧侶之間，也發生了類似匪諜事件的大麻煩。最具代表性或最為人熟知的有兩件：

一是 1949 年秋天，陳誠將軍下令逮捕大批逃難來臺的無戶籍大陸僧侶，下獄和審訊達二十餘日之久（雖然逮捕的罪名是「取締無業遊民」，實際上是因謠傳新竹地區出現大批來路不明的大陸僧侶）。

二是印順法師的《佛法概論》，被檢舉有「為共產黨鋪路」的嫌疑（1954 年 1 月）。

而實際上只是提到北拘盧洲是古代的無憂之鄉，即被影射為嚮慕共產區。幸好印順法師有黨政要員從中護持，再加上自願認錯並修改部份內容，才沒繼續牽累下去。

而佛教界若非因被陳誠將軍的下令逮捕所驚嚇，否則不會想到在臺灣重新將全國性的佛教組織——「中國佛教會」——在臺灣設立辦事處，以便用來登記和擔保大陸僧侶來臺無戶籍的難題。日後，更藉著此一臨時組織權宜地恢復了「中國佛教會」，並因此得以在臺以中央的管轄權，控制著臺灣地區的各組佛教組織達數十年之久。

（三）戒嚴期間，由於人民自由結社的權利給凍結了，而來自大

陸各省的僧侶（以江蘇和浙江兩省佔絕大多數），雖僅少數具有原組織的理、監事身份，卻在黨部的默許和輔導之下，按各省的原配額（公然權充他省的名額者，所在多有），成立了「中國佛教會」。

此一「中國佛教會」的成員在 1953 年以後，應政府的要求，下鄉到全臺各地宣傳政令和佛法，一方面增進民眾對政府施政的信心，一方面藉佛法降低民間信仰中的迷信和浪費。

於是在以後的數十年間，這些成員，實際主導了臺灣佛教的意識形態和發展的方向。此一鉅大成效，張曼濤稱之為「大陸佛教的重建」。其中最堪誇耀的功績，是出家佛教傳戒的制度化，咸認是改變臺僧受日僧影響破戒娶妻的惡習。

但，實際卻是對日治時代，臺僧傳戒文化雙軌制的大誤解。因日治時代，僧侶受戒，有源自對岸福建鼓山湧泉寺的傳戒傳統者（即禁慾不娶妻者），也有改採日僧方式帶妻食肉者。

此外，傳統齋堂三派：龍華、金幢、先天，為在家佛教性質的帶髮修行者：龍華、金幢有嫁娶；先天則強調守貞。

結果，戰後的傳戒，除新出家者外，主要的對象，其實是強迫齋堂的在家修行者受出家戒。

此一改變，是對是錯是好是壞？或許可以見仁見智，但長期以來扭曲批評日治時代傳戒文化，似乎應該澄清和糾正過來了。

（四）在戒嚴期間，特別是 1971 年臺灣退出聯合國的代表權席位以後，「中國佛教會」的領導階層，每遇在野人士的政治異議運動，都會呼應政府的立場，強烈地指責異議者。然而，儘管忠貞無疑，正式解嚴之前，要成立類似「中國佛教會」的中央級僧伽組織，仍是不許可的。

最具體的例子是，中（臺）、美斷交後（1978），佛光山的星雲法師，發動各方人馬，擬成立「中國佛教青年會」組織，以利對外進行國民外交。雖有計劃、有宣傳、有組織、有步驟地大力進行，仍遭「中

國佛教會」的強力反對而迅速瓦解！

以上可見戒嚴體制對佛教發展的重大影響。由此看出，就政治的自主性來說，佛教界是相當保守的。

相對於此，臺灣的基督教長老教會，在臺灣退出聯合國席位後，不久即宣佈對臺灣政治前途要有自立性的新主張，以後更參與各項政治運動，包括 1986 年 9 月 28 日「民主進步黨」的正式宣佈成立在內。

因此，解嚴之前，佛教界和臺灣的政治異議運動，是相當疏離的。有改變，是到解嚴後。

四、戰後臺灣佛教所以能蓬勃發展的社會學視角分析

根據目前學界的調查資料顯示，臺灣各種現有宗教的發展，不論本土的或外來的，在 1971 年到 1980 年之間，是一個關鍵性的轉型期。

1971 年以前，臺灣還未退出聯合國，臺美雙方簽有協防條約，臺灣在美國軍事和經濟的雙重援助下，不只維持了臺灣政經環境的長期穩定發展，在宗教發展上，也因教會代發美國戰後剩餘援外物質，以及以歐美文化意識形態為主導趨勢的長期影響，而使和這些條件相關的基督教和天主教，有相對優勢的發展。

從教會人口的統計數字來看，信徒的快速成長也出現在此一時期。1972 年以後，因主客觀環境的變化，不但本土意識逐漸抬頭，外國教會的發展勢力亦隨之衰退，呈現長期的停滯現象，迄今仍無大改變。

相對於此，臺灣佛教的快速成長，雖可溯源於 1966 年左右，但真正顯著發展，仍要到 1980 年以後。為什麼中間有十幾年的轉型期呢？

首先，臺灣佛教的經濟來源，主要是靠信徒的捐獻，而信徒能大量捐助款項給寺院，需得本身經濟寬裕才行。這種經濟條件的轉變，是 1966 年以後才逐漸形成的。

從此以後，由於就業機會增多，人口的流動性大，都市化加深，心靈的疏離感也相對強烈。因此，吸收外地信徒以形成大道場的宗教條件，才逐漸具足。

例如星雲法師的佛光山，是遠在高屏溪中上游的大樹鄉，和大都會區的高雄市或臺北市，都距離相當遙遠，但是，他不仰賴當地信徒的經濟支援，反而設法讓包括臺灣全島各地的都會區民眾，來到偏僻的佛光山，參與精心設計的宗教活動並成為佛光山的忠實信徒。這當中的發展，也耗時多年才成功。

花蓮的慈濟功德會創立的年代，也在 1960 年代中期，但真正的快速成長，要到花蓮慈濟醫院的興建以後。而這已經是 1986 年左右的事了。

像星雲法師的佛光山，要靠外地信徒協助，再加上多年努力才成功，證嚴法師的慈濟事業，也靠遍及臺灣全島、乃至海外的華人區的捐款贊助，才能有今天的大規模發展。

但是，這種吸引大量信徒的魅力，又來自何處呢？能熟練運用大眾傳播媒體的鉅大影響力，幾乎是不可或缺的條件。

所以在早期發展的階段，不論星雲法師或其他法師，都重視語言表達能力的培養，以及設法擴充本身擁有的傳播工具。因此，在臺灣，善於通俗演講又擁有傳播工具者，較容易崛起。即使本身是以禪修聞名，或以靈驗感召，都不能例外地，要設法取得大眾傳播工具的協助，而後才能形成「大師級」的偶像人物。可見魅力和知名度相關。

就發展趨勢看，臺灣佛教是都市重於農村，女性多於男性，較高的文化區盛於較低的文化區。這樣的佛教發展，是因都市民眾的較強疏離感，能吸收大眾媒體的佛教信息，以及時間和經濟都許可才形成的。

在出家眾方面，也是女性佔絕大多數，她們是臺灣佛教各寺院的主力幹部、經濟大臣和庶務專家。這也是亞洲佛教史上罕見的宗教現象，是臺灣地區特有的佛教文化所形成的結果。

由此，我們可以瞭解，為什麼大型的法會上、教師的夏令營上，慈濟委員等，都是女性多於男性。臺灣的佛教界，其實是表面以男性法師為主，而實權在握是女性。

但，這難道和女性的教育水準提高、經濟能力佳和自主性的意識高漲無關嗎？答案是有關的。

臺灣的人口節育計劃，舉世聞名，但子女數減少的結果，使男性出家者阻力相對增大。臺灣實施九年國民義務教育，使女性出家人具備了吸收佛教知識的基本能力。普遍的各種就業機會，使得女信徒護持女性出家人變得較過去更容易。而女性的溫柔、細心和耐性，將佛教的大眾化形象及社會服務的功能，大大地提昇起來。

以上提到佛教文化的特質，就是推動當代臺灣佛教蓬勃發展的背後原動力。

但是，從 1971 年以後，為何臺灣佛教的發展，最受到社會的注目呢？是不是其他宗教都不能有作為呢？

其實，在 1971 年以後的十年轉型期間，一貫道的勢力發展，更為快速驚人。特別是它利用了大專院校在外住宿生的伙食問題，將宗教信仰順利傳入大專生的生活圈內，從而培養了更多的高級宗教新血，為 1981 年以後急遽變動的臺灣社會，添加了一股新生的宗教力量。

佛教在大專院校的發展，也是費盡心血，而時間要早得多。

不過，佛教採用的方式，是提供大量的佛教獎學金，讓大專學生申請。其條件除學業和操行成績的規定之外，還要寫佛學論文，或學佛的心得報告。

同時，也從臺大開始，在各大專院校成立學生的佛學社團。兩者的結合，使大專生接觸佛教，乃至成為信徒或佛教學者的人數，日益增多。

但是，在 1971 年以前，相對於天主教和基督教的校園優勢，佛教的社團影響力，只能說略有起色。

後來，隨著臺灣的退出聯合國，臺日斷交，臺美斷交，政治強人相繼謝世，本土化的呼聲日益響亮。這時佛教和一貫道之類本土化色彩較強的宗教，便日漸活躍了。

促成臺灣佛教日漸發展的因素，除上述外，也必須注意到 1980 年以後的社會變遷。因七〇年代外交中挫，並未造成臺灣經濟發展的崩潰，民眾依然有富裕的經濟生活；到 1980 年後，隨著社會運動的日趨頻繁，以及解嚴後各種團體組織管制的放鬆，於是在佛教界逐漸形成新理念的人間佛教運動，而使佛教的各種活動和思想，便深入地和社會大眾的生活內涵相結合，並開啟了新的佛教面貌。

由於解嚴之前，中國佛教會是唯一的中央領導組織，並受執政黨的幕後指揮，導致各地方的重要佛教道場，日漸和中央組織疏離。解嚴後，組織自由化，於是原先體制外的組織，變成合法化，並迅速發展為龐大的組織。

例如，國際佛光協會和慈濟功德會，都不受中國佛教會指揮，而如今勢力的發展，遠遠超過中國佛教會，使後者幾近瓦解。

另一方面，印順法師的卓越佛學著作，提供了知識份子接觸較人間化佛教思想的途徑，和佛光山星雲法師的注重服務面的人間佛教理念，形成互補的作用。透過佛教媒體的強力宣傳，使得佛教徒比較從前更能注意社會問題，因此關懷環境、淨化選舉等活動，也成了佛教徒的共識。

綜合以上所論，臺灣佛教的現貌，是由幾個階段的外在環境變遷和佛教界的多方努力，才能形成如此蓬勃的。但是，近年來社會的批評之聲，也時有所聞。

特別是中臺禪寺爆發集體剃度的風波之後，社會的質疑和不滿，更是近於沸騰。對於這樣的演變，我們不禁要問：它經歷了哪些發展和轉型？出現了哪些問題？而有了今天這樣的局面？

本書此章的撰寫，就是試圖提供一些社會學視角的分析和初步的

解答。至於在解嚴之後更詳細的發展介紹，可參考本書第四卷 4.2 及 4.3 章的深入解說。

參考書目

江燦騰，《當代臺灣佛教》（臺北：南天書局，2000 年）。

江燦騰，《臺灣佛教與現代社會》（臺北：東大圖書公司，1992 年）。

江燦騰，《臺灣佛教文的新動向》（臺北：東大圖書公司，1993 年）。

江燦騰，《當代臺灣人間佛教思想家——以印順導師為中心的薪火相傳
　　論文集》（臺北：新文豐出版公司，2001 年）。

江燦騰，《臺灣佛教百年史之研究》（臺北：南天書局，1996 年）。

江燦騰，《臺灣近代佛教的變革與反思——去殖民化與臺灣佛教主體性
　　確立的探索》（臺北：東大圖書公司，2003 年）。

闞正宗，《重讀臺灣佛教——戰後臺灣佛教（正續篇）》（臺北：大千
　　書局，2004 年）。

江燦騰，《新視野下的臺灣近現代佛教史》（北京：中國社會科學出版
　　社，2006 年）。

3.6 戰後京劇文化在臺灣的演變與傳播

一、前言

　　自 2008 年 7 月起，政府正式宣佈開放三通直航後，兩岸人民來往愈趨頻繁，無論是從事探親、工作、觀光或學術交流等活動，都逐年屢創新高。其中尤以在陸客開放「自由行」後，來臺人數更是節節攀升，相當熱絡。由於大陸經濟的快速成長，中國遊客在國際間的消費能力亦備受矚目，而陸客也成為來臺旅遊人數最多的國家（2016 年民進黨執政後，此情況已有改變）。有鑒於此，在迎接陸客來臺觀光之際，主管觀光事務的政府單位及民間旅遊業者，應如何佈局陸客來臺所帶來之商機；以及提升旅遊品質和競爭力，實為影響臺灣觀光產業之重要課題。

　　基本上，現在觀光客的旅遊心態，已由過去走馬看花式的「到此一遊」，轉為要求有品質的重點深度旅遊，而此深度旅遊，很大的一部分，是藉由各地方的文化資產來呈現。臺灣歷史雖短，但文化資產卻頗豐富，尤其是臺灣的戲劇，不僅內容豐富且繽紛多元，除臺灣的「國粹」歌仔戲與布袋戲外，更有傀儡戲、高甲戲、皮影戲、四平戲等；尤其是頗具「中國意象」表徵的京劇，從清領到日治迄於戰後，因特殊之時代背景，使其在臺灣劇壇，曾經有過輝煌燦爛之歲月。

　　京劇在臺灣，是最具「中國意象」的劇種，過去學界已有不少的研究成果，不論是專書或博、碩士論文，都有很好的成績。譬如，與戲曲藝術或史料相關的專門著作，王士儀的《戲劇論文集——議題與爭議》；在反映戲曲與環境的論述上，王安祈的《傳統戲曲與現代表現》二書，都有精闢的分析與探討。在專書方面，早期有呂訴上的《臺灣電影戲劇史》，該書是最早論及臺灣電影與戲劇的基本入門之作，書中列

有〈臺灣平劇史〉、〈臺灣光復後由大陸來臺的各種各類戲曲史〉等章節，對日治時期來臺的上海京班有所著墨；而許丙丁的〈臺南地方戲劇（三）〉，也曾言及當時上海京班在臺南的演出情形。

當然提到日治時期，中國京班在臺演出情況，研究最深入者，當推徐亞湘的《日治時期中國戲班在臺灣》一書，此書係其博士論文改寫而成，重點在詳論日治時期，中國京劇戲班在臺灣之表演，並分析其對爾後臺灣京劇發展之帶動，以及對臺灣地方戲曲的深遠影響。另邱坤良所撰的《日治時期臺灣戲劇之研究——舊劇與新劇（1895-1945）》一書，於論述臺灣京劇時，也提到來臺京班的活動情形及臺灣民眾的反應。而溫秋菊之《臺灣平劇發展之研究》，後易名為《臺灣京劇史》，亦以當年來臺的上海京班為其論述重點。

至於通論性的著作，除溫秋菊的《臺灣京劇史》外，王安祈之《傳統與創新的迴旋之路——臺灣京劇五十年》與毛家華的《京劇二百年史話》二書，堪稱是對京劇源流、歷史演變以及在臺發展過程的代表之作。其中，毛著的《京劇二百年史話》，除介紹京劇變遷之歷史外，亦簡述自清末民初以降，中國和臺灣具代表性的知名京劇演員之生平梗概，為一淺顯易懂之作。由宜蘭「傳統藝術中心」出版的《臺灣京劇五十年》，厚厚兩巨冊，詳述京劇在臺灣半世紀的演變與傳承。而大陸馬少波主編的《中國京劇發展史》和蘇移所寫的《京劇二百年概觀》，亦皆內容詳實豐富，有其參考之處。

此外，在京劇內容的介紹上，于瑛麗、張耀笳、趙之碩等 3 人合著的《中國傳統京劇服裝道具》一書，對京劇演員及角色扮演的服裝道具，有非常詳細之考究與敘述。而吳同賓之《京劇知識手冊》，係泛論京劇的初學之書，同性質著作尚有嚴明編著的《京劇藝術入門》；及國立臺灣藝術教育館所出版的《國劇的認識與欣賞》一書。中國大陸則有李克總策劃，周曉孟、沈智主編的《國人必知的 2300 個京劇常識》，更是如同「百科全書式」的引路之書，分門別類，非常易於查閱。

　　對京劇藝術的評論，邱坤良的《臺灣劇場與文化變遷》一書，多方面的探討文化政策對於戲曲發展的影響，對於政策與戲曲的互動關係，提供多元良好的思考方向。大陸知名作家余秋雨的《中國戲劇文化史述》，對中國傳統京劇之優缺點，亦有專業深刻的剖析。另外，朱棟霖、王文英合撰的《戲劇美學》專書，於京劇的美學呈現也有深入的探討。

　　關於京劇議題的研究論文，較著者有：蘇桂枝的博士論文〈國家政策下京劇歌仔戲之發展〉，該論文是以京劇和歌仔戲作比較，探究國家政策對此二劇種的影響及其後之消長情況。高小仙的〈從三民主義文化建設論我國文藝發展——以 1950 年-1990 年我國國劇發展為實例〉，高度肯定以三民主義精神作文化建設的基礎，有助於國劇之發展，其中匯集了諸多軍中劇隊發展及培植人才資料，是研究戰後至當代臺灣京劇發展的重要參考資料之一。

　　另周慧玲的〈「國劇」、「國家主義」與「文化政策」〉論文，係以國劇流變說明其與國家主義論述的契合，引申國府藉國劇之發展，來強化其代表中華文化傳統道統之合法地位。鍾寶善出版的《公營京劇團隊之回顧與展望——經由國立國光劇團之設置與營運藝文政策與京劇團隊之走向》，是以臺灣京劇團隊龍頭國光京劇團作個案探討，其論文採實務性探討，研究其藝文政策，有其前瞻性的看法。劉先昌的碩士論文《論軍中劇隊在臺灣京劇史上的影響——以陸光國劇隊為析論範圍》，則是以陸光國劇隊為案例，深入探討軍中劇隊對臺灣京劇史的深遠影響。外籍人士則有 Nancy A. Guy 所撰的〈臺灣所謂「國劇」的京劇〉，主要敘述國府以重視國劇作為對中共文革的諷刺，其觀點並無特殊之處，與一般國人的看法無異。

　　綜上所述，在前人研究的基礎上，本論文的論述重點有三：1.略敘京劇之源流、內容、發展與演變。2.敘述京劇在臺灣發展之歷史，及其對臺灣戲曲所產生之影響。3.討論京劇在臺灣已然沒落的今天，其式微

之因何在？及如何振衰起蔽之道。4.提出建議，在當今觀光產業蓬勃發展之際，探討京劇如何與之結合，並進而達到成為臺灣文化觀光產業不可或缺之重要資源。

二、梨園春秋──京劇的名稱、源起與發展

京劇亦稱「平劇」，其前身為徽劇。「道光年間，漢調進京，被二黃吸收，形成徽漢二腔合流。光緒、宣統年間，北京皮黃班接踵去上海，因京班所唱皮黃與同出一源、來自安徽的皮黃不同，而且更為動聽，遂稱之為『京調』，以示區別。」其後，京班掌握上海梨園，京皮黃改稱「京戲」；皮黃戲正式成為新劇種後，乃稱為「京劇」，亦即以皮黃為主，輔之以吹腔、崑腔、撥子及南鑼等多聲腔的完整體系。1928年，國民革命軍北伐成功後，北京易名為北平，京劇也隨之改為「平劇」；1949年中共建國後，北平復改回北京，京劇又恢復原名。

近百年來，京劇風靡於中國各地，在發展演變過程中，各地稱京劇名稱亦有多種，如「皮黃戲」、「二黃」、「京調」、「京戲」、「平劇」、「國劇」等均屬之。政府播遷來臺後，京劇在臺灣又形成另一種發展，臺灣習慣將京劇叫做「平劇」、「國劇」或「外江戲」、「正音」等稱呼。

說起京劇之發展，須溯源至清初，乾、嘉之世，正逢大清帝國由盛轉衰之際，亦是中國近世戲劇發展拉開大幕的時候，起源於民間的地方戲曲，正開始蓬勃發展。當乾隆盛世，宮廷流行崑、弋大戲時，被統稱為花部或亂彈的各地戲曲，如梆子、皮黃等也逐漸興起，在本地商業幫會的支持下，以各大城市的會館為據點，隨著商業活動四處流傳。

基本上，這些地方戲曲，比起崑曲更有鮮活的生命力與包容力，其戲劇形式採較活潑自由的「板腔體」，曲詞用較生活化的「詩讚體」，並融合崑曲及其他民歌小曲的藝術特色，以嶄新的風貌呈現。其

後，安徽、湖北的亂彈（當時稱為徽調與漢調）藝人先後到北京表演，又不斷吸收各種戲曲精華，逐漸提昇其藝術層次，形成皮黃戲，也就是後來的京劇（平劇）的表演體系。同治以後，京劇不僅流行於京師舞臺，也流傳於天津、上海等地，成為近世中國最具代表性的劇種。所謂「輾轉流傳，競相仿傚，即蘇州、揚州向習崑腔，近有厭舊喜新，以亂彈為新奇可喜，轉將素習崑劇拋棄。」

由上可知，京劇的勃興，主要還是在晚清的咸、同、光三朝，這又與朝廷帝后的酷愛與鼎力支持有關。當時清廷國勢已衰，列強侵略欺凌紛至，然朝廷的演劇活動仍不稍歇。舉例言之，當英法聯軍攻打北京（1860），咸豐帝倉惶逃奔熱河行宮之時，仍傳旨「昇平署」員工趕赴行宮，接著又挑選民間藝人到熱河當差承應。而咸豐帝妃慈禧，更是京劇發展的最大功臣，慈禧在晚清掌權近 40 年，宮中演劇從不間斷，在耳濡目染之下，同治、光緒二帝也都熱愛此道。光緒 34 年（1908）慈禧逝世時，宮中有習藝太監組成的班底，擔任「內廷供奉」的民籍教習達 89 人，幾乎網羅了當時北京最傑出的京劇演員。

當然，除高層掌權者的倡導與酷愛外，近代京劇的急遽發展，也與都市商業經濟的繁榮發展有關。清中葉後，中國各城市工商業在列強控制下，發展出空前的繁榮，作為市民主要休閒場所的茶館，是戲劇表演的主要平臺。當時茶館京劇可是名角輩出，各擅勝場。據張肖傖的《菊部叢譚》言：「幾於生旦淨丑，色色如春筍怒出。」而私人堂會的京劇演出亦甚頻繁，成為當時權貴商紳的重要社交與娛樂活動。在大清帝國一步步走向滅亡之際，以京劇為代表的戲劇，正呈現空前的蓬勃發展，這與現實社會顯得極不諧和。

總之，京劇之所以於有清一代獨霸劇壇，歸納其因有四：其一、京劇由民間進入宮廷，經過皇家不遺餘力的倡導支持，其本身也力求精進變化氣質，綜合各種腔調之所長，成為一種極精美的曲調，新腔一出，技壓各腔，漸成君臨天下之勢。其二、京劇人才輩出，康、乾盛

世，宮中已有南府藝人千人之多，其後又從民間戲班選調藝人當差，知名藝人為求青睞，銳意進取，努力創新技藝，於是產生一批出類拔萃的人才，如程長庚、譚鑫培等，他們的技藝，風靡了上自皇親貴冑，下至市井小民，誠所謂至使至尊動容，侯王交納，公卿論友，天下之美幾若蔽於是焉。其三、京劇劇本格調高雅，宮廷上演劇本，多為文人所寫，這些文士喜與藝人交往，文人藝術修養高，善製新腔，對京劇的推進助力不少。其四、宮中演戲，服裝道具樂器等均極考究，特別是戲衣，繡工上乘，堪稱藝術極品，至於戲中刀槍劍戟，打造精良，其美觀猶勝真品。

三、京劇的內容和表演藝術及其戲劇結構

（一）京劇的裝扮、服裝與道具

廣義的裝扮，包括演員面部的化妝與戲裝穿著，通稱戲裝或叫「行頭」，京劇稱為「扮戲」；狹義的裝扮係專指老生、武生、淨臉，俊扮的稱為「抹彩」，淨腳、花臉，小花臉又稱「勾臉」。通常在演戲時，京劇演員都以濃妝艷抹亮相，如此方能使遠處的觀眾看清演員的五官和表情，舞臺燈光之強弱也是一門學問，燈光強時，胭脂眉眼必須化的濃些，以避免讓遠處觀眾無法看清；此外，在燈光彩色顯著時，則臉色就不能化的過濃。

京劇角色的化妝，也極盡美化之能事，它不僅要表現人物的性別、身份、年齡、性格和職業特點外，還要富有獨特的民族風格，以誇張美化的手法，突出人物的精神面貌並予以褒貶。不同的腳角行當有不同的化妝方式，例如生、旦角色化妝，只要略施粉彩即可，因此稱為「素面」或「潔面」；而把塗面畫臉譜的稱為「花面」。中國戲曲的傳統精神，喜歡朝「類型」方面發展，無論角色的安排，衣著的規定，莫

不希望在演員一出場時，即讓觀眾能夠一目瞭然其身份與性格，臉譜的目的，也不外乎這一點。

大體上，京劇演員裝扮都自己打理，當然大牌演員會有專人侍候。一般而言，臉部化妝主要考量個人臉型，並無一定成規。例如旦角貼片子、畫眉毛、眼睛等，均可依演員臉型特色加以調整，諸如臉型大者，應將片子往前貼；臉型較小的，則須將片子往後貼等等。（旦角、青衣貼頭片，為京劇舞臺上之創作）另外，在服裝上，京劇是非常講究的，京劇的戲衣，五光十色，極有特點。清朝的宮廷戲服，很多是用明代織繡品改製的，不僅有歷史價值，且為極珍貴之藝術品。戲劇服裝，基本上是以明代服裝為基礎，再參酌唐、宋、元、清四朝的服制加以創造的，京劇對於服裝的穿戴，非常講究規範與制度，所謂「寧穿破，不穿錯」即為此意。

至於在道具上，那可是一門大學問，京劇的演出也如同其他傳統戲劇一樣，因為受制於舞臺空間，所以無法呈現戲臺上之實物，必須以象徵性的道具，配合演員的身段動作來表現。所以京劇的表演形式，觀眾要有其豐富的想像力，如此始能欣賞演員身段動作所隱含的意思。舉例言之，以戲臺的道具桌子為例，其含義端視桌面擺何物品而定，如放印信代表公案桌、如置文房四寶則是書桌；桌子除代表實物外，也可以象徵閣樓、城堡、橋樑、岸邊等等，不一而足。

總的說來，即在京劇的劇場中，舞臺道具是各有其不同的象徵意義，道具本身所代表的實物，是隨劇情的需要而改變，桌子不僅代表桌子，它同時也可以象徵山丘、天庭、屋頂等。換言之，道具所代表的含義是因應劇情的指涉而變化的。京劇當中最為觀眾所熟悉的道具，莫過於交通工具了，例如演員若手持船槳，身段左右搖擺，此動作即表示划船過渡；若演員執鞭跨馬，那就是馬上馳騁，但假如演員只是執鞭，那馬鞭還是代表馬鞭而已，所以京劇的舞臺道具，是隨演員之身段而賦予不同的意義。總之，京劇的舞臺道具所代表的意義，乃依演員身段、動

作而賦予，道具可隨角色不同或場合變化而象徵不同之實物，因此道具成為提供演員表演的輔助工具，觀眾有此認知，才能發揮想像力，體會道具在劇情中的隱含意義。

除舞臺道具外，其他道具如刀槍把子類有：戟、劍、錘、象鼻刀、開門刀、雙手刀、單刀、腰刀、戒刀、單槍、雙槍、大槍、小樣槍、白樣槍、荷苞槍、寶劍、雙股劍等。「砌末」指舞臺機關佈景與各種道具之總稱，如車旗、馬鞭、大帳子、小帳子、令旗、月華旗、門槍旗、素傘、紅羅傘、黃羅傘、方纛、聖旨、燭臺、酒壺及文房四寶等，種類相當繁多。

（二）京劇的腔調和音樂

談起京劇的腔調，宜先從「西皮」、「二黃」入手，西皮、二黃是兩種戲曲的腔調，合稱「皮黃」，乃是京劇的代名詞。西皮起源於秦腔，清朝初年，秦腔經湖北襄陽傳到武漢一帶，與當地民間曲調結合演變而成。湖北人稱唱詞為「皮」，因而稱陝西傳來的腔調為「西皮」，也有稱「襄陽腔」的。西皮有倒板、慢板、原板、快板、散板等曲調。多用來表現慷慨激昂，或是活潑愉快的情感。至於「二黃」，也是在清初，由「吹腔」、「高撥子」在徽班中演變而成。曲調包括倒板、慢板、原板、垛板、散板等，多數用來表現淒涼憂鬱的情感。西皮是漢調的主要腔調，二黃是徽調的主要腔調，這兩者合流演變而成京劇在各地的流傳。所以，「皮黃」有時也專指京劇而言。

又「花部」腔調中的「二黃」，雖被禁唱，但窮則變、變則通，一些演員就設法將其改頭換面，將「二黃」旋律加以變化，在伴奏上，改胡琴為笛子，結果演出效果更好。朝廷的禁令，意外促使「花部」諸腔更往前邁進一步。道光7年（1827），宣宗以儉約自命，降詔「南府民籍學生全數退出，仍回原籍。」又將南府改為「昇平署」，縮小規

模，大量裁退藝人。這些遭退藝人回到民間，為生存依然重操舊業，但卻把宮中演出的精華、規模格局以及劇本帶至民間戲班，如此無心插柳，反而加速了皮黃戲「京化」的步伐，促進了京劇之成熟。

至於說到京劇的音樂，京劇的後場分文、武場。文場的音樂為管絃樂器，主要有京胡（胡琴）、京二胡、月琴、絃子（小三絃）、笛、笙、嗩吶、海笛子（小喇叭）等；武場則以打擊樂器為主，像鼓板、大鑼、小鑼和鐃鈸皆屬之，其中鼓板更是京劇樂器之靈魂，它具有全盤指揮之作用。而在京劇的曲調上，主要也是以西皮、二黃為主，另外也有吹腔、崑曲、高撥子及地方小調摻雜其中。西皮唱腔多激揚，二黃唱腔則趨低沉，二者伴奏樂器以胡琴為主；崑曲和吹腔，笛子為其重要伴奏。另外如「打花鼓」、「探家親」、「小放牛」等地方小調，也是以笛子和嗩吶為主要伴奏樂器。

另外，值得一提的還有京劇的曲牌，即曲調名稱，俗稱「牌子」，「曲牌各有固定的名稱、句數、句格，以及曲調方面的板格式、板數、調高等，格律相當嚴謹。」句格尚包括長短不等的句數，字音的平仄等。如「點絳唇」、「風入松」、「將軍令」等。還有一種係部分曲牌無唱詞，或不用原來之唱詞，如「水龍吟」、「柳搖金」等，它們僅以其曲調作為樂器演奏的吹打曲牌，可自由反復，也可中途停止；此外，也有只唸不唱的干牌子。

總之，京劇建立了以皮黃為主調的聲腔體系，在徽班未入京前，北京劇壇是崑、弋兩聲腔的天下，但自徽班進京後，帶來了新劇目、新聲腔，形式已略有改變。接著湖北漢戲也進京，把皮黃融於徽班之中，形成徽、漢合流的局面。這時舞臺上處於諸腔競奏的時刻，除皮黃外，還兼有崑腔、吹腔、撥子、南鑼等地方戲曲腔調。當時有所謂「班是徽班，調曰漢調」的說法。即不同劇種在一起演戲，各自使用自己的聲腔曲調，缺少風格之統一及和諧感，後經京劇吸收當時北京所流行的各地方戲曲聲腔，分別主從加以改造，使其協調一致，從而形成以皮黃為

主，附之以崑腔、吹腔、撥子、南鑼等一多聲腔之完整統一體系。除建立聲腔外，京劇更要求唱法的豐富與美化，京劇除保有徽戲原有的曲調優美外，又吸收了京、秦、崑曲的各調優點，使曲調更為抑揚婉轉，流暢動聽。

（三）京劇的表演藝術

　　齊如山於〈談平劇〉文中曾言：「平劇（即京劇）有三種要素，一是扮演故事，二是有歌唱，三是有舞蹈。」換言之，即京劇的表演，主要是以「唱、唸、做、打」，所謂的「四功」串聯組合成的表演形式。現分別簡述如下：

　　唱功：唱功表演於京劇中最為重要，唱功講求各種發音技巧，無論是四聲（陰陽上去）還是五音（喉牙舌唇齒）；甚至分尖團（舌尖舌面）及上口（某些詞用湖廣、中州字聲），都要求面面俱到、樣樣精通。京劇演員即透過這種規範化的行腔、用氣、吐字、共鳴及潤腔等技巧，表達劇中人物豐富而複雜之情感。

　　唸功：指的是演員的對白、獨白或是旁白等方面的功夫。唸又有分韻白、京白和方言白等，韻白近乎吟誦，注重聲音的高低起伏與抑揚頓挫；京白採北京字音，講究其清晰流利；方言白則模仿山西、山東及蘇杭等地的語言，以表現劇中人物之地域性特徵。

　　做功：則係演員之身段與表情，在京劇中，如「水袖藝術」、「髯口功夫」、「耍翎子功夫」及「手眼身步法功夫」等，都是京劇演唱之基本功。水袖藝術如擺袖表示瀟灑自如，揮袖則示讓人離開；髯口功夫為擺弄長鬚之動作，通常用於老生，有表現人物情感性格之功能。至於翎子，是指京劇人物中，頭冠上所插的那兩根雉尾，可顯示地位身份，如繞翎舉動則表示憤怒或決斷，很有戲劇張力。手眼身步，是代表其每一動作，在京劇表演中都各有其意思，如擺手，明顯就是代表阻止

或罷了的意思。

打功：指的是京劇藝術中的武打功夫，京劇中有大量的武打劇目，如「四傑村」、「花蝴蝶」、「趴臘廟」等，都有非常多的武打戲碼。京劇中的武打，具有戲劇化及舞臺化的特點，不同於民間的武術或雜技，常用的兵器有刀、槍、劍、戟、斧、鉞、鉤等，演員精湛的演技，配上相關之兵器，常令觀眾看的目不轉睛大聲叫好。

「四功」的表演，具體落實到演出之角色，就有其「規範化」與「程式化」的嚴格要求。京劇的行當繼承了中國戲曲的悠久傳統，但也有些歸併及改變。崑曲分為生、旦、淨、丑四大行當，這四者又各有分支。京劇形成之初，生有老生、小生，只是將老生、小生各分文、武兩類。此外，又細分唱功老生、做工老生。小生又有翎子生（一般側重武功，但與以武打為主的武小生又有不同）、扇子生、窮生等。旦行崑曲中分得很細，京劇則歸併為青衣、花旦、刀馬旦、武旦、老旦等。

淨行則有大花臉、二花臉和三花臉，大花臉多半是銅錘，即所謂的「黑頭」；有些行家則把三花臉歸入丑行。丑行分為文丑、武丑，文丑又稱方巾丑（或稱大丑）、茶衣丑（小丑）等。武丑亦稱開口跳，或稱三花臉。此外還有丑婆子，專演婦人，亦稱彩丑、丑旦。由於不斷的舞臺實踐，京劇在表演上不得不要求規範化和程式化，一方面為遷就觀眾欣賞習慣，同時也便於演員在戲班之間的流動，如果沒有規範化，演員就不可能改搭其他戲班演出了。

至於表演的程式化，由來已久，京劇是程式化的表演藝術，譬如臺上的一桌二椅，演員的上下場，動作方面例如開門、關門、上樓、下樓、上馬、下馬、上船、下船等，都有一定的程式，把這些程式定型、規範化，觀眾一看就懂，無需加以說明。規範化的優點在於概括虛擬，提高其美感程度，它是技藝的高度結合，不是任何人所創造發明的，它是歷代伶人長期從事藝術創造的結晶，京劇在這方面集其大成，且得到豐富的發展。

（四）京劇的戲劇結構

京劇角色強調分類，此即所謂的「行當」。易言之，就是按照劇中人物之性別、年齡、身份、地位、性格與氣質來劃分。透過舞臺人物所屬行當化妝、表演、服飾及聲音等特點，表現此一人物的一般共性，有助於觀眾對劇情的了解與掌握。京劇的角色，通常粗分為生、旦、淨、丑四種。生又有老生、小生及武生等，如細分之，老生有文、武老生；又有唱功老生和做功老生之分。旦分的更多，如青衣、花旦、武旦、刀馬旦、苦旦、彩旦及老旦等。淨行按唱、唸、做、打，分銅錘（黑頭、正淨或重唱），架子花臉（副淨或重做）及武淨等。如依角色於劇中之重要性分，有大花臉及二花臉；丑行則分文丑與武丑，文丑又分方巾丑（大丑）和茶衣丑（小丑）等，武丑亦稱「開口跳」，此外尚有丑旦、丑婆等。

在服飾方面，傳統京劇服裝，戲衣類主要有蟒、帔（婦女披在肩背上的衣飾）、開氅（氅：用鳥羽做的裘或外套）、官衣、褶子、宮衣、八掛衣、鶴氅、法衣、靠、箭衣、馬掛、豹衣褲、戰衣裙、龍套衣、茶衣、裙襖褲及彩褲等。盔頭類則有冠、盔、帽、巾、箍和面牌等其他盔飾。髯口即是鬍鬚，依顏色、形狀之異而用於不同的角色，如陰陽髯為一邊黑一邊白的滿鬚，常於戲劇中扮演判官的角色用之，象徵判官斷案要黑白分明之意。鞋靴類有分厚底、薄底靴兩類，在舞臺上鞋底之所以加厚，主要目的在增加演員高度，便於搭配寬大、誇張的戲服，至於薄底靴子，是以扮演行動輕快演員量身打造。

臉譜是中國傳統戲曲中，用各種顏色在演員臉部所勾畫出的特殊譜式圖案，用以表明人物身分、背景與性格特徵，以求達到豐富舞臺美術色彩，強化演出效果。京劇的臉部化妝，包括描眉、畫眼等，藝術特點是用極誇張與程式化的手法表現，例如線條與色彩勾勒都非常清晰濃厚，不論生或旦行，均以紅、白及黑三色為基本色系。京劇臉譜之來

源，除生活本身外，大部分是從評書和小說演義裡而來，臉譜通常根據某種性格、性情或某種特殊類型人物，以決定其色彩。如紅色臉譜代表忠烈義勇，黑色臉譜則表示正直剛烈或魯莽勇猛；黃色臉譜常以殘暴凶狠角色出之，藍色或綠色臉譜泰半象徵粗暴、剛烈或暴躁之人物。水粉大白臉表陰險奸詐；油白色或表剛愎自用、亦代表陰險毒辣之角色。

四、日治時期京劇對臺灣戲劇之影響

清康熙 23 年（1684），臺灣正式納入大清版圖，隨後，來自閩粵的大批漢人亦開始移墾臺灣，在他們拓墾臺灣的同時，為解鄉愁，也將其原鄉的戲劇帶進臺灣，而成為民眾生活的一部份。這樣一種以「原鄉戲劇」移入、流傳的演劇形式，縱貫整個有清一代，並沒有太大的改變，此不僅為當時臺灣民眾閒暇時的主要娛樂，也是民俗節慶、寺廟祭典、婚喪喜慶不可或缺的儀式。

臺灣京劇出現歷史不長，其開始獻藝臺灣，一般咸認為光緒 11 年（1885），巡撫劉銘傳壽誕，曾自大陸招來一京班演出，但未對外公開，僅在府衙內招待地方士紳及官宦。因唱白均為京腔，觀者不免陌生，興致因而不高，壽誕過後，京班亦隨即回內地。又據連雅堂《雅言》一書記載，光緒 17 年（1891），時任布政使司的唐景崧為母做壽，特招上海班來演京調，此為臺灣目前可考最早之京劇演出紀錄。不管是劉銘傳還是唐景崧最早引上海京劇來臺演出，總之，在清朝統治臺灣的最後幾年，京劇已有來臺演出之紀錄為一不爭之事實。由於京劇完整的表演形式、豐富的演出劇目、整齊的演員陣容，皆與臺灣傳統民間劇種形成鮮明對比，深得官商士紳的喜愛，此亦造成以後酒樓藝姐由南管改唱京調的主因。但因這些演出，觀賞者多屬士紳階級的小眾，京劇對此時的臺灣影響仍有限。

當然，臺灣正式有京劇演出，還是在有了戲院之後才開始的。日

治初期，日本人為安撫臺灣人，對臺灣舊俗採取較寬容尊重的態度，並未加以干涉太多，使得臺灣傳統戲劇，仍能保留原來的演出模式持續發展。此時大量中國戲班渡海來臺的商業演出，進而對臺灣傳統地方戲劇帶來重大影響。1895 年（按：日治以後紀元，以西元為主），日本領臺後，首任總督樺山資紀，將「東瀛書院」改做文武官員娛樂場所，命名為「淡水館」，但並未普及於民眾。1897 年後，才開始有日人經營的「浪花座」、「臺北座」、「十字館」、「榮座」等戲館逐一出現。但因這些戲館多在城內，不便城外民眾觀賞，於是總督府又要求在大稻埕建一戲館，名為「淡水戲館」，凡是本地或外來的劇團，都可在「淡水戲館」上演。該戲館於 1915 年後，由辜顯榮購買經營，改名為「新舞臺」，積極引進福州、上海等地京班來臺演出。

「淡水戲館」在日人經營期間，曾由「得勝茶園」聘來京都「鴻福班」來臺演出〈李陵碑〉、〈楊香武三盜九龍杯〉、〈雪梅弔孝〉等大戲，票價不斐，但觀眾仍反應熱烈。至於辜顯榮經營的「新舞臺」，也曾於 1916 年，重金禮聘上海京班「上天仙」來臺公演，演出〈天堂州〉、〈精忠傳〉、〈賣絨花〉、〈孟姜女〉、〈忠孝雙全〉、〈八仙飄海〉等劇目，離臺前，尚有演員王春華、趙福奎、石炳奎等 3 人留臺，投入戲劇行當。其後，「新舞臺」復邀約北京「天勝京班」、「復勝班」、「三慶京班」、「德勝京班」；以及上海「餘慶」、「如意女班」等戲班，先後來臺演出，「新舞臺」可說一枝獨秀稱霸臺灣劇壇。直到 1924 年，大稻埕第二家戲館「永樂座」開幕，因內部設備新穎，京劇演出中心才逐漸由「新舞臺」轉移至永樂座，永樂座的成立，不僅結束了「新舞臺」的獨霸局面，也開啟了京劇在臺灣演出的黃金時代。

永樂座開幕，首邀「樂勝京班」來臺演出〈三搜臥龍崗〉、〈狸貓換太子〉等大戲，在臺連演 4 個多月，創下前所未有的佳績。不久，永樂戲院又聘請臺南的「全寶興」科班北上獻藝，「全寶興」是臺灣自辦的科班，是自己訓練出來的人才，第一次在永樂上演，自然意義非

凡,這是臺灣京劇史值得一記的事。繼永樂戲院之後,臺南也出現「臺南大舞臺」;斗六也成立「斗六座」戲院;臺北萬華也有「艋舺戲院」,這些戲院都是演京班戲的。唯從此以後,京劇開始在臺灣逐漸走下坡,這是因為經濟不景氣及面臨電影和歌仔戲興起的挑戰所致。且京劇因需請外班來演,費用浩大,票價稍高,也不無影響。1925 年以後,京劇演出已寥寥可數,此現象一直持續到 1937 年,中日戰爭的全面爆發,上海及各地的京劇中斷來臺,京劇在臺灣幾乎形同絕跡。

綜論日治時期的京劇,臺灣民間稱京戲(京劇)以「外江」一詞概括,臺人筆下則稱上海京班為清戲、申班、申江正戲、正音戲、上海班、支那班、支那官音、滬戲、華戲等等不一而足。其來臺演出時間集中於 1908-1936 年間,期間計有近 40 團的上海京班渡臺演出,是所有來臺演出不同劇種的中國戲班中,團數最多者。豐富的演出劇目,靠的是整齊的演員陣容來完成,當時上海各流派的京劇表演藝術,如梅(蘭芳)派青衣、黃(月山)派、蓋(叫天)派武生、譚(鑫培)派、汪(笑儂)派、麒(麟童)派老生等,亦隨上海京班的來臺演出而呈現在臺人面前。

當時京班來臺演出,多有布景畫師隨行,以備排演新戲需臨時畫製新布景所需。當時臺灣媒體即報導,京劇在臺演出之所以成功:「演戲之布景,將以實其事也。譬如演水門,若無佈置個金山寺,決海水,則場面平坦,貼幾個戲子,何足雅觀,助人興致也。今者京戲能識此意,特於布景一事,十分致力,為向來諸戲所曾未有,故能聳動一時,日夜滿園也。」從此開始,來臺京班莫不競演這種在寫實布景的基礎上,加上種種活動機關以製造離奇舞臺效果的戲齣,特別有利這些藝術表現的連臺本戲於是在臺灣蔚為風潮。這些活動機關布景的運用所造成擬真的舞臺效果,場景轉換的迅速多變,都讓觀眾嘖嘖稱奇。為了滿足商業劇場觀眾求新求變的觀劇口味,來臺各班無不在布景機關的設計製作上挖空心思、推陳出新,以確保其高上座率。

　　除絢麗的布景舞臺裝飾外，京劇在燈光與幻術的表現上，亦堪稱一絕。自光緒 8 年（1882）由上海最早引進電燈後，各京劇戲園立即採用，使得舞臺照明與燈光變化大為改觀。而臺灣自 1909 年第一座專演中國戲劇的劇場「淡水戲館」落成以降，每個劇場的照明也都使用新式的電燈設備，這也為來臺的京劇「五色電光」等燈光效果的使用提供了準備。五色電光其實是一種電燈轉盤，上面裝有不同色紙的數個透光孔，一啟動開關就會有不同顏色的燈光輪流出現，給觀眾一種視覺上的刺激，對場景氛圍也起著一定程度的烘托作用。幻術手法則是於演出連臺本戲時，與機關布景搭配使用，主要是用於神怪、武俠、偵探等戲，以製造緊張、神奇的戲劇效果，多為魔術師所設計創造。

　　日治時期，臺北、臺南都是當時京劇演出的重鎮，京劇愛好者不少，欣賞的人口也很多；尤其地方士紳亦多是京劇的支持者與愛好者，如辜顯榮、陳天來、板橋林家者，當時酒樓藝姐間都流行演唱京劇，票房皆佳。上海京班、福州戲班、潮州戲班等豐富的演出劇目，呈現在臺人面前後，隨即成為臺灣本地戲劇藝人仿傚的對象並加以移植，而改唱歌仔戲及採茶戲的曲調；另一方面上海京班及福州戲班留臺藝人，於歌仔戲、採茶戲班的搭演、排戲、傳藝之後，使得許多京劇劇目，亦逐漸為歌仔戲及採茶戲所吸收，擴大了自身的劇目內容，尤其在連臺本戲、時事戲及宮闈戲等部份。在角色分工及功能上，歌仔戲也受京劇影響，而開始發生變化。

　　總之，京劇為臺灣戲界所帶來嚴謹的程式化動作、整套的身段表演、排場、龍套等，尤其在歌仔戲及採茶戲，在它們形成初期之有武戲，京劇及其留臺演員是功不可沒的。當時許多上海京班和福州戲班的演員留在臺灣發展，有的應邀到地方戲班、業餘音樂團或藝姐間擔任教席，有的則於地方戲班搭班演出。從這些來臺中國戲班在臺灣的演出經驗和留臺演員與臺灣戲班長期的交流與互動之中，不僅豐富了臺灣傳統戲劇的藝術內容，同時也促進了本土京班與京調票房的興起，對往後臺

灣傳統戲劇的發展，更是有全面而深遠的影響。

此外，京劇服裝和化妝亦為歌仔戲所模仿、借用。所以說，中國的京劇對臺灣戲劇的影響是全面且深遠的，此一情況至今仍是。且日治時期的臺灣傳統戲劇，可說是由民間的鄉野廟會演出與城鎮的劇場商業演出平行發展所構成，這其中，當時來臺的京劇扮演了相當重要的角色，因為它不僅帶動臺灣城市劇場演出的風潮；也大大提升臺灣人的戲劇審美層次。

整體而言，日治時期京劇的來臺表演，不僅與臺灣戲劇交流，也對臺灣戲劇的發展，帶來重大深遠的影響，在內容形式上，它豐富了臺灣傳統戲劇漸漸演變為現今之樣貌。換言之，臺灣傳統戲劇發展至今所顯現的本土特色，一定程度上是反映在京劇的影響之上的。誠如研究者徐亞湘教授所評論的，「日治時期的臺灣戲劇史，乃是依循著廟會野臺戲演出與劇場商業演出兩條路徑平行發展，而當時至少有十二個劇種、超過六十個中國戲班的渡臺演出，他們正是後者的主要構成部分，臺灣之有商業劇場的發展與特有審美習慣的形成，他們功不可沒，今日的本土戲劇面貌，也多有當時他們深刻的內化痕跡。」

五、戰後京劇在臺灣之發展

（一）戰後京劇團的分批來臺

1945 年，臺灣光復後，第一個組團來臺演出的，是客家人的「宜人京班」，該班於 1946 年 1 月 4 日至 11 日，在臺北市中山堂演出〈三國誌〉、〈封神榜〉、〈貍貓換太子〉等劇。期滿後移至永樂戲院再演，演畢離臺。那時，大陸民間劇團來臺，約可分為前後兩批，第一批集中於 1946-1947 年間，主要的劇團和演員，幾乎全都來自上海，著名角色有徐鴻培、李如春、姜小樓、馬繼良、曹畹秋、張翼鵬、韓雲峰、

劉玉麟、何毓如等，由於當時電影上映尚未普及，故京劇演出，還是一項頗具號召力的娛樂，在臺灣演出也很造成轟動。

　　1948 年後，又陸續有好幾批大陸京劇來臺，第一批是「顧正秋劇團」，演員陣容最堅強，旦角有顧正秋、張正芬、梁正瑩、于玉蘭。老生有胡少安、李金棠。武生則有趙君麟；小生為儲金鵬，丑角係周金福、于金驊等人，他們經常在永樂戲院演出。第二批為「戴綺霞劇團」，著名演員除戴綺霞外，尚有徐鴻培、于占元、蘇盛軾、曹俊麟、張世春、季素春等，演出地點以新民戲院為主。第三批為「中國國劇團」，由王振祖領軍，卡司也很強，如言少朋、張慧鳴、金鳴玉、李桐春、李環春、李鳳翔、熊寶森、王永春、陸錦春、沈連生、景正飛、吳德貴、牟金鐸、郭鴻田、周長華、唐鳳樓、吳懋森等人，俱一時之選。

　　此 3 劇團，當以「顧正秋劇團」在臺灣知名度最響亮，「顧劇團」於 1948 年底來臺，原是應「永樂戲院」劉正明經理之邀，作為期 1 個月的公演。但因觀眾反應熱烈，臨時續約延長；兼以適值國內剿共戡亂失利，劇團無法回滬，遂在「永樂」演出 5 年（1948 年冬-1953 年夏）。「顧劇團」在臺灣之所以重要，是因為該劇團剛好填補了軍中劇團成立前之空窗期，成為聯繫中國京劇與臺灣菊壇間的橋樑。顧正秋出身上海戲劇學校，師承梅蘭芳，並曾得張君秋、黃桂秋等名家親授。她的「海派」來歷，頗為符合臺灣早期社會對於京劇的偏好。

　　而正宗「京派」的表演內涵，又是「京劇藝術全方位高品質的展示」。在「永樂」5 年期間，顧氏這種包括集梅（蘭芳）派、程（硯秋）派、荀（慧生）派、張（君秋）派之代表劇目與流派藝術；以及黃桂秋之唱腔特色等，都整體融入顧氏的行腔轉調與演藝風格中。這種凸顯且行全才的優質展演，更強化其作為臺灣京劇奠基者的地位。檢視「顧劇團」對臺灣京劇之貢獻有二：一則其在臺演出最久，從 1949 起到 1953 年夏，方告解散；二則其演藝精湛，唱做俱佳，能戲很多；兼有本省聞人許丙、陳清汾等人捧場，所以能一枝獨秀，其他劇團難望其

項背。唯幾年下來，雖說賣座尚好，但演出劇目已臻飽和，實無法再創新突破；且演出場地僅在臺北一地，市場有限，兼以電影日漸風行，故因觀眾銳減而解散。「顧劇團」解散後，永樂戲院雖仍有零星京劇演出，但大多不能持久。而中山北路的環球戲院和南陽街的大華戲院，也偶爾會有京劇演出，唯仍屬臨時性質，亦未能長期上演。

　　1969 年，臺北市峨嵋街有一個模仿過去上海遊樂場設置的「今日世界」，內有一個「麒麟廳」，由周麟崑負責的「麒麟劇團」在「麒麟廳」專演京劇，每天日夜兩場，日場演老戲，夜場以連臺本戲為主，演出了一段相當長的時間，雖未能帶動京劇的起死回生，但可說是京劇在臺演出的迴光返照，在「麒麟廳」最後另做他用，該劇團也隨之解體，此後，在臺灣已沒有一個專門演出京劇的民間職業劇團及演出場地了。

（二）特殊現象的軍中劇團

　　既然民間沒有專演京劇的劇團，也無演出京劇場地的情況下，此一維持和發揚京劇傳承的重責大任，非常特殊的，居然由國軍來撐持。基本上，三軍劇團的成立，是臺灣京劇發展史上一個非常奇特的現象。1949 年，國府遷臺，當時有不少京劇名伶也隨政府避秦來臺，後來這些名角即成為發展臺灣京劇的主幹。且在「顧劇團」解散後，大部分的演員也投向軍中，因此，軍中劇隊的陣容更趨壯大。從京劇在臺的組團情形和任務看來，不難看出其自抵臺始，即有可能已受政府津貼補助。

　　當時各軍種幾乎都成立了自己的劇團，如傘兵有「飛虎劇團」、「百韜劇團」、「勞山劇團」等。而「大宛劇隊」、「干城劇隊」（中部）及「龍吟劇隊」（南部）也非常活躍。1950 年，著名的「大鵬國劇隊」，即是由空軍所組成，由於其規模健全，對日後臺灣京劇的發展，有相當大的影響。海軍亦不落人後，1954 年，亦跟著成立「海光國劇隊」；陸軍則在 1958 年，「陸光國劇隊」也隨之創立；而聯勤總

部也於 1961 年，組織「明駝國劇隊」，於是三軍軍總和聯勤，都有了
屬於自己的國劇隊。茲將彼時各劇團之簡介表列如下：

劇團名稱	隸屬軍種	成立時間	主要演員	備註
大鵬國劇隊	空軍	1950 年 5 月	哈元章、馬榮祥、孫元彬、熊寶森、姜少平、孫元坡、戴綺霞、趙玉菁、馬元亮等。	原名「空軍大鵬劇團」，由原屬於空軍的「霄漢劇團」和傘兵部隊的「飛虎劇團」合併而成。該隊自己訓練人才，使「大鵬」成為陣容最堅強的劇隊，經常奉命出國表演，宣揚國粹文化，敦睦邦誼。
海光國劇隊	海軍	1954 年	胡少安、王質彬、常醒非、孫福志、劉玉麟、高德松、陳美麟、趙原、李環春等。	該隊亦仿「大鵬」，自己訓練培育人才，陣容也不容小覷。
陸光國劇隊	陸軍	1958 年 9 月	周正榮、楊傳英、張大鵬、張正芬、李環春、張義鵬、馬維勝、吳劍虹、夏玉珊等。	該隊除從陸軍所屬的劇團中徵求人才外，也大量羅致民間京劇演員。
明駝國劇隊	聯勤總部	1961 年	曹曾禧、秦慧芬、王雪崑、	該隊演員陣容亦不錯，但流動性

劇團名稱	隸屬軍種	成立時間	主要演員	備註
			牟金鐸、王鳴詠、于金驥、馬驪珠等。	高為其缺點；兼亦沒有附設訓練班，所以專演老戲，難出新戲，票房上受到相當影響。
大宛國劇隊	屬於國軍軍團級的藝工單位	1958 年 7 月	李桐春、王福勝、王少洲、周慧如、張慧鳴、金鳴玉、陳寶亮、李義利、陳慧樓、岳春榮、王秀峰等。	它是由「百韜」、「虎嘯」、「凱聲」3 個軍中劇團合併而成。
龍吟國劇隊		1954 年	謝景莘、朱殿卿、沈復嘉、佟世忠、李宗原、唐復雄、馬驪珠、董復蘭等。	該隊是以業餘的「烽煜國劇隊」為基幹，另外也網羅若干民間京劇好手所組成。唯該劇團因僻處南部地區，故較少作公開營業性演出，主要活動以勞軍為主。
干城國劇隊	陸軍裝甲兵種	1953 年	徐蓮芝、周麟崑、徐春生、張學武、張義奎、曲復敏、葛復中、唐復美、曹復永、蕭復山、林萍等。	該隊成立於臺中，它是由原來的「七七劇團」和「雄風劇團」合併組成。最初名稱是「軍聲劇團」，1960 年併入裝甲兵的「三三劇團」，

劇團名稱	隸屬軍種	成立時間	主要演員	備註
				1964 年改名為「干城國劇隊」。

　　由於京劇隸屬於軍中者多，國防部總政治作戰部乃成立了「振興國劇研究發展委員會」，陸軍總部也有「國劇研究發展委員會」的設立，空軍則有「大鵬劇校編纂委員會」等。政府方面陸續成立的還有1963 年「國劇欣賞演出委員會」，由教育部「藝術教育活動指導會報」遴聘國劇界 25 人組成。此外，1964 年成立之「中華國劇研究會」和 1972 年創立的「中華國劇協會」，其宗旨及目的不外乎為加強推行中華文化復興運動，弘揚國粹藝術。1974 年成立的「國劇劇本整理委員會」，更不諱言是務期主題意識能符合三民主義之立國精神，發揚傳統民族文化，而該會的主任委員由教育部長兼任，顯見官方主導的色彩極濃。

　　除軍中京劇團外，以學校為骨幹的則有「戲專國劇團」，該團前身為「國立復興國劇團」，成立於 1963 年，現為「臺灣戲曲專科學校」之附屬單位。團員陣容以復興劇校為主幹，知名團員有：趙復芬、葉復潤、曹復永、曲復敏、齊復強等資深京劇演員；青壯的後起之秀有朱傳敏、朱民玲、趙揚強、丁揚士、夏褘、郭敏芳、莫中元、楊莉娟等，各個都能獨當一面，挑樑演出。他們一面繼承古典，發揚傳統戲曲；另方面則積極創新，結合現代劇場概念，創編諸多反映現代精神的新作品。

　　該劇團曾經多次代表國家出國展演，足跡遍及歐、亞、美、澳等地，推動文化交流、宣慰僑胞等外交使命；於國內演出，更兼顧藝術展演、社區推廣、校園示範講演等多重文教功能，對培養戲曲觀眾、厚植戲曲生存命脈、對戲曲傳承與宣揚之社教任務，不遺餘力功不可沒。

另外，於 1995 年 7 月成立的「國光劇團」，表現成績也很亮眼，該團成員集合原三軍劇團精英，同時合併原海軍陸戰隊「飛馬豫劇隊」為附屬劇團，是個以京劇為主，豫劇為輔的綜合性劇團。該團演出目標兼顧「傳統與創新」，一方面保存經典劇目，同時針對傳統老戲進行整編，使其符合現代劇場精神與觀眾的欣賞取向；另方面以年度新編劇，展現京劇回歸文教體系後，戲曲現代化的創作成果。知名優秀演員有：孫麗虹、陳美蘭、劉海苑、李光玉、朱安麗、汪勝光、劉琢瑜、勝鑑、陳清河、劉稀榮、戴立吾、李佳麒等。劇團肩負文化傳承使命，雖成立僅 22 年，但全力推展京、豫劇，對臺灣菊壇貢獻良多，居功至偉。

較「國光劇團」稍晚，於 1997 年又成立一新的京劇團「臺北新劇團」，由李寶春任團長，以「新舞臺」為據點，定期公演。李寶春是京劇名家李少春之子，自幼習藝，繼承乃父表演風格，專攻文武老生。1980 年代末自美返臺，與和信集團辜振甫創辦的「辜公亮文教基金會」合作，演出父親的代表作「野豬林」、「打金磚」等戲。1992 年「辜公亮文教基金會」成立京劇小組，邀請李寶春等多位京劇名演員合作，連續推出多檔精緻京劇，最後終於催生出「臺北新劇團」。

該劇團最大的特色，是臺灣京劇與中國京劇的深度交流、實質合作。深度交流係透過排練、合演而得以落實；實質合作則在於幾乎每一檔戲，都會邀請一兩位大陸重量級演員來臺主演。換言之，臺北新劇團之成就，相當程度是建立在「兩岸交流」的基礎之上的，在傳統戲曲式微的年代，臺北新劇團以純粹民間劇團的經營模式，能和「國光」、「復興」兩個公立京劇團鼎足而三，可說相當不易，這也是企業界支持藝術活動成功之案例。

（三）培育新生代的戲劇學校

為培養傳承新人，各軍種劇團還附設戲劇實驗學校，為京劇在臺

灣的演出及發展，春風化雨貢獻心力不遺餘力，它們的薪傳做法迥異於
臺灣其他的傳統戲劇，這是一個非常饒富趣味的情況。現逐一介紹如
下：

1.大鵬戲劇職業學校

　　1955 年 9 月創辦，由空軍大鵬劇團招收幼年班 7 人，分別是：張
富椿、馬九齡、陳良俠、楊丹麗、嚴莉華、鈕方雨、古愛蓮；另外加徐
露 1 人，此「幼年班」可謂開臺灣公開招募京劇人才之先聲。1959
年，奉國防部核准，「大鵬國劇訓練班」正式招第 5 期學生，共錄取
51 人。1963 年 7 月，教育部同意訓練班改制為「大鵬戲劇補習學校」
繼續招生。該校師資陣容堅強，除授皮黃技藝外，也教普通學科。實習
主任為哈元章，教師有章遏雲、白玉薇、周銘新、張鳴福、蘇盛軾、馬
榮祥、張元彬、孫元坡、馬元亮等。該校後來培養徐露、鈕方雨、嚴莉
華、嚴蘭靜、邵佩瑜、朱繼平、郭小莊、張安平、高蕙蘭、古愛蓮等國
內京劇界的後起之秀，在臺灣京劇界，有舉足輕重的地位。

2.國立復興戲劇實驗學校

　　1957 年 3 月，名票王振祖在政府及各界的贊助支持下，於北投成
立「私立復興戲劇學校」，王自任校長，第 1 期招生 120 人。該校學雜
費用全免，學制分初、高兩級，6 年畢業，實習 1 年。教師有周金福、
張鳴福、丁春榮、牟金鐸、陳金勝、王鳴詠、曹駿麟、馬永祿、韓金
聲、李宗原、李慧岩、張伯玉、馬慶琳、張永和、秦德海、戴綺霞、馬
驪珠、秦慧芬、陸景春、張慧鳴等人。1959 年，國防部將所屬的國光
戲院租給該校，作為固定演出場所。1968 年元月，該校改制為「國立
復興戲劇實驗學校」，校址亦由北投遷至內湖。該校後來較具知名度的
京劇藝人有葉復潤、曲復敏（擅演老旦）、崔復芝、吳興國、鍾傳幸、
唐文華、章復年、王復蓉、趙復芬、閻興玉、夏興盈、徐中菲、李中
芳、白傳鶯、朱傳敏、張復建、曹復永等人。

3.陸光戲劇職業學校

初名為「陸光幼年班」，於 1963 年 10 月成立，隸屬於「陸軍總部藝工大隊」，1967 年學校遷至木柵。該校也採公開招生，學制為 6 年畢業，實習 1 年，共 7 年。教師除「陸光劇隊」的周正榮、楊傳英、穆成桐、李環春外，另聘請秦慧芬、白玉薇、孫元坡、馬元亮、周金福、朱世友等名師。該校畢業的傑出京劇人才有胡陸蕙、吳陸君、潘陸琴、李陸齡、林陸霞、朱陸豪、劉陸勛、劉陸嫻、汪勝光等。

4.海光戲劇職業學校

1969 年成立，學制與「大鵬」同，由楊殿勤任校長，畢業學員較著者有魏海敏、劉海苑、沈海蓉、呂海琴、張海娟、王海波等。上述 3 個軍中劇校，於 1985 年 7 月 15 日合併為「國光戲劇職業學校」，直屬國防部，由藝工總隊長兼校長。

5.臺灣戲曲專科學校

成立於 1999 年，係合併重組原有戲曲教育單位「國立復興戲劇實驗學校」與「國立國光藝術戲劇學校」兩校而成，為臺灣戲曲教育史上第一所採十年一貫制的專科學府。目前該校設有京劇科（含豫劇）、歌仔戲科、客家戲科、傳統音樂等科，並附有國劇團、綜藝團等單位。養成教育自國小五年級始，歷經國中三年、高中三年及專科兩年，成為國內頗為特殊的十年一貫制學程，積極培養傳統戲曲人才。而校方附屬之「國劇團」和「綜藝團」，更是任重道遠，每年多達數百場的展演，對規劃各類社區藝文推廣、中外文化交流等活動、傳統戲曲教育的推廣與研究，均成效卓著社會口碑甚佳。

此外，不屬於養成教育的還有「國立臺灣藝術專科學校」和私立中國文化大學「國劇科」。國立藝專成立於 1955 年，創辦時即設有國劇科，由梁秀娟負責，為臺灣京劇教育首次納入正規體系，但至 1959 年又因故停辦，共辦 4 期，畢業學生為 60 人，較出名的有沈灄、李居

安、宋丹昂、馬渝驤等人。該校於 1982 年，於夜間部增設「國劇組」，專門甄選「大鵬」、「陸光」、「海光」等劇校歷年畢業生，予以進一步深造教育。至於中國文化大學，早在其為「文化學院」時代，即已在戲劇系中特設國劇組，按大學學制，四年畢業，授予學士學位。

（四）七〇年代以後迄今的臺灣劇運

1970 年代，隨著國府在國際間的外交挫敗，臺灣的國際關係發生劇變，也激起國人開始反思臺灣的地位與文化。國府在國際間的政治合法性遭到質疑，逼使國府不得不正視其為代表中華文化的合法性傳承，以減低政治合法性遭質疑的窘境。於此氛圍下，在臺灣的國府當局，開始重新尋找傳統文化的精髓，各種傳統文化與戲曲音樂，再度受到重視。京劇因而成為許多傳統戲劇汲取養分的源頭之一。文化大學教授俞大綱不但呼籲大家重視京劇，對臺灣本地其他傳統劇種與音樂，也相當重視，此一期間，由於俞大綱之影響，郭小莊的「雅音小集」於焉誕生。

1980 年代，由於政治、社會的變遷，觀眾欣賞選向的多樣化，使得京劇在臺灣的發展與演出，面臨很大的困境與瓶頸。兩岸的開放與文化交流，對臺灣本地京劇劇團帶來重大衝擊，年輕世代不願意從事傳統戲劇演出，使得京劇命運如同歌仔戲一樣，快速走向沒落式微一途。如軍中劇團在國軍文藝活動中心的演出愈來愈少；於國家戲劇廳演出檔期也越來越短。

檢視臺灣傳統戲劇沒落的現象，包括京劇在內，其主因：不外乎觀眾群的快速流失，以及演員缺乏，人才斷層後繼無人，且更未培養編導、舞臺技術及後場音樂等人才，政府對劇運的推動工作，也不夠積極所致。1999 年 7 月，國光藝校、復興劇校合併改制為臺灣戲曲專科學校，期待該校能成為一所培育臺灣傳統戲劇人才的一流學府。此外，促

使現有戲劇學校與民間劇團積極交流、合作、落實臺灣傳統戲劇精緻化，培養傳統戲劇欣賞人口，將是挽救臺灣傳統戲劇的當務之急，否則，此等珍貴之傳統戲劇藝術將有可能失傳消失的一天。

另外，隨著兩岸文化交流的頻繁，或許也是重振傳統戲劇的管道之一，自 1992 年開放大陸表演團體來臺演出，迄今為止，已有超過百團以上的大陸戲班來臺獻藝；而臺灣的戲劇團體登陸演出也所在多有，此兩岸戲劇之交流，除相互切磋劇藝外，其交流層面的廣度與深度更勝於以往。平情說來，一部臺灣戲劇史的建構，是無法忽略對岸戲劇交流的探討，尤其是日治時期和戰後的臺灣戲曲發展，無論在劇目、表演、舞臺等形式，在在受到中國京劇的影響，而成為現今之面貌；亦即臺灣戲曲發展至今所顯現的本土特色，乃是在一定程度上反映在當初受到中國京劇影響之上的。

六、結論：與文化觀光相結合──京劇在臺灣的檢討

已故文建會主委陳奇祿曾言：「文化是應該保存在我們的日常生活裡，精緻文化應予普及化，而常民文化應予精緻化。」誠哉斯言，作為臺灣文化資產之一的京劇，也應該朝此「精緻化」、「普及化」的目標努力精進與轉型。不可諱言，傳統戲劇在臺灣的沒落，包含京劇亦如此，就是與基層民眾的生活脫節。戲劇往往不單只是表演藝術，而是社群的信仰系統和集體文化行為，是與民眾生活息息相關的社會活動。過去臺灣傳統戲劇，隨著社會環境的變遷和民眾生活的變化，分別呈現不同的風貌與時代特色，展現旺盛的生命力和包容性。但到了今日，傳統戲劇在快速變遷的臺灣社會中，觀眾已不斷流失，如何重現其魅力，成為重要的課題。

基本上，戲劇的演出通常具有強烈的現實意義與地域色彩，它經常隨著社會環境與民眾生活變遷，而呈現不同的風貌；尤其在今日，傳

媒發展瞬息萬變，人口的移動、價值觀的多元化，不同類型、相異文化背景的表演交流越來越頻繁。於此氛圍下，戲劇的未來，包含京劇在內，不但不是封閉保守，相反的，應該是更開放與更貼近社會潮流脈動的。筆者個人非常認同戲劇研究者邱坤良教授的一段評論：「所謂臺灣戲劇者，不是以它使用的語言或演出內容作為檢視標準，而是看它能否與臺灣社會文化及民眾生活產生密切互動。換言之，能夠在臺灣本土落地生根的劇團，不管它源自何處——中國、日本、西方或臺灣本土；也不管它所表演的情節是聖經故事、本土傳說或中國英雄傳奇，皆能視為本土劇團；他們所表演的戲劇不管其類型如何，皆能稱為臺灣戲劇。」

我們知道，戲劇的演出，是由演員團體以演出方式進行的藝術創造過程和觀眾集體產生的欣賞過程兩部分所組成的。一齣完整戲劇的演出，不單單靠演員的表演，還得靠觀眾的參與才算完成，二者無法孤立看待。尤其觀眾常常間接地影響並制約戲劇創作的過程，所以戲劇分析逐漸從過去「作者中心」、「文本中心」、「演員中心」；轉移至「觀眾」也列為另一中心的位置上來。京劇於戰後來臺，將其自身的藝術特色呈現於臺人面前，試探著臺灣人的藝術品味，而臺灣人在過去既有的傳統戲劇基礎上，接受新的藝術刺激後，又會產生一種交流後新的審美趣味，此舉亦使得京劇來臺後，必須在藝術表現上有所調適，以因應臺灣人的需求，於是就形成了一種藝術創作上的反饋流程。所以，在談及京劇來臺後，在這近 70 年的演變歷程，特別需要加進觀眾反應這個部分，這主要是從觀眾對京劇內容、形式、愛好等角度切入，才能比較看出京劇表演的完整面向。

1949 年以後，大陸京劇及各地方戲劇在臺灣雖有不同程度的發展，但基本上都與民間社會隔絕，不但脫離了其在中國的成長環境，也無法融入臺灣社會，以與本地文化傳統結合，迥異於日治時期的大陸各劇種，能在臺灣扮演多種社會文化功能，並成為臺灣戲劇的一種，兩者差距何其遙遠。為了使京劇能跟上臺灣新的時代，適應臺灣人的審美要

求，它就必須要進行現代化的變革，也就是所謂「戲改」的工作。京劇的現代化、臺灣化的問題是多方面的，但最重要的標誌還是京劇表演如何與現代生活相契合，這是一個古老的傳統戲劇，為了維繫生存、提高表演生存能力、延續長久藝術生命，最終必須面對及解決的問題。總之，京劇要革新發展，迎合時代潮流是必然的趨勢，戲曲要能反映今天新的生活，才能深植人心，為大眾所喜愛，也才有其立足點。此即余秋雨所說的「還戲於民」的工作，京劇的興衰，關鍵在於觀眾的多寡，我們常說的「戲劇危機」，也是因為觀眾銳減所致。

在京劇與現代庶民生活艱難對接的此刻，個人以為，現階段京劇在臺灣之發展，有幾條路可以嘗試走走看：

1.加強劇目建設：創作出更多、更好的，具有臺灣特色和時代精神的精品劇目。在資訊無國界的今天，我們可以參考世界各國好的戲曲，加以觀摩借鏡，進而豐富臺灣京劇的內容，但在借鑒的過程中，我們要保有自己的特色，不可失去自我的主體性，否則即為失敗。

2.在戲曲文化方面，要改變京劇的性格，使其由前一時期大眾娛樂在現今的殘存，轉型為當代新興的精緻藝術。要改變京劇觀眾的結構，除傳統戲迷外，吸引藝文界人士和青年知識分子欣賞京劇。此外，在京劇的審美觀部分也宜作調整，由傳統的注重「四功五法」，轉而要求劇作整體的質量。

3.普及深化戲曲教育：大力培植人才，尤其要側重高、精、尖人才的養成，臺灣只有幾間戲曲學校是不夠的，我們要在各縣市普設戲曲中學，至少每個縣市要有一兩間，不一定只是培養京劇人才，而是可以依劇種分頭發展。如宜蘭可設歌仔戲學校、雲林可置布袋戲學校、臺北以京劇為主等。此外，如編劇、導演、音樂、舞蹈、行政管理、理論研究、教師師資等相關人才的培訓，也是刻不容緩的當務之急。總之，無論理論也好，藝術實踐也好，若沒有頂尖優秀的人才，戲曲要現代化，包括京劇也是如此，都不可能深化、發展和完成。

4.京劇的庶民化與大眾化：加強京劇與人民的聯繫，還戲於民，是京劇發展的生命線，是走出困境的最終道路。至於如何做法，首先是積極扶植民間職業劇團，幫助其深入基層，政府機關及民間財團可以給予適當的補助，例如辜振甫的臺泥集團，其對京劇的支持與贊助，就是一個很好的成功例子。以京劇表現現代題材，似乎比較困難，但是，只要認真地遵循戲曲藝術特有的規律，精心製作，依然能大放光彩。

5.與文化觀光產業作結合：自上個世紀九〇年代以降，臺灣旅遊業的新趨勢，是與世界其他先進國家同步，開始朝向「文化觀光」（Cultural Tourism）之潮流邁進。為滿足旅客對於觀光的各種需求，文化觀光足以作為這樣的一個代表——包括靜態的風景名勝、動態的文化性活動、含有文化特質的生活方式等。因此，世界觀光潮流已然走向於文化觀光，也唯有蘊含於觀光中的文化，才能形成一強而有力的觀光吸引力。

基本上，觀光是一種對他國、他地的人文觀察，其中包括文化、制度、風俗習慣、國情、產業結構、社會型態、宗教信仰、民俗節慶等，其作用在增廣見聞、豐富知識及提高素質等。而上述所言的文化等項目，其實都可以歸類在「文化觀光」的範疇內，何謂「文化觀光」？Richard 說：「文化觀光包含歷史遺跡（過去的手工藝）和藝術觀光（當代的文化產物）。」主要目的是享受一些具有文化觀光的因素，這些元素包含音樂、戲劇表演、文獻及影片放映。McIntosh 言：「文化觀光是一種有趣的特殊旅行形式，基本上藉由文化的形式去吸引或激勵人們旅遊。」

「聯合國教科文組織」認為：「文化觀光為一種與文化環境，包括景觀、視覺和表演藝術和其他特殊地區生活型態、價值傳統、事件活動和其它具創造和文化交流的過程的一種旅遊活動。」「世界觀光組織」則將文化觀光區分為廣義與狹義兩種解釋，狹義指的是「個人為特定的文化動機，像市遊學團、表演藝術或文化旅遊、嘉年華會或古蹟遺

址等而從事觀光的行為。」廣義係言「文化觀光包含所有人們的活動，它為了去滿足人類對多樣性的需求，並試圖藉由新知識、經驗與體驗中深化個人的文化素養。」

綜合上述解釋，吾人可以對文化觀光下個最基本的陳述：文化觀光為區域外來的觀光客，被歷史遺跡或藝術表演所呈現全部或部分的歷史的、藝術的、美感的、知識的、科學的、情感的、心理的或生活的不同形式的活動與經驗等這些面向的東西所感動。

文化觀光的類型，大致可分為文化遺產觀光、事件型文化觀光、學習型文化觀光、宗教文化觀光與生活型態文化觀光五大類型。其中學習型的文化觀光，通常是指那些從事表演藝術與視覺藝術饗宴等活動類型的觀光。所以，京劇表演應該歸屬於此類，保存戲曲的傳統文化，使京劇藝術能完整地延續下去，使其成為一個活的「文物戲劇」。且藉由與文化觀光的緊密結合，將此世上獨一無二的戲劇美學，中國的國粹；或已傳承至臺灣的國粹發揚光大。

所以，誠摯的建議政府，不論是布袋戲、歌仔戲或京劇等臺灣最重要的傳統戲劇，保存國粹此其時矣！只要政府有決心，拿的出具體的辦法：如改革現行戲劇體制，定期作示範、鑒賞性演出，包括外地巡演。有計劃地錄製演出錄影，經常在電視臺播放，如霹靂布袋戲一樣。創作、排練新劇目，舉辦戲曲會演或比賽，但賽事不宜過多。可以建立一個實驗性的劇團，主要進行改革實驗與創作新劇目。與觀光旅遊業合作，甚至提供經費贊助，積極推動文化觀光產業，將欣賞觀看布袋戲、歌仔戲、京劇等，列為國內外遊客，旅遊臺灣必遊的行程之一部份，而相關的配套辦法，是政府文化部每年編列預算，提供各縣市地方政府，興建表演平臺等硬體設施，讓臺灣的戲劇展演在質與量的部份都能有所提升。相信在上述多管齊下的改革措施，對挽回瀕臨沒落的臺灣傳統戲劇，當有振衰起敝、起死回生的作用。

3.7　戰後布袋戲文化在臺灣的蛻變和創新

一、前言：研究成果簡介

　　布袋戲是臺灣的國粹，過去學界已有不少研究成果，不論是專書或博、碩士論文，都取得不錯的成績。在研究「五洲園」黃海岱的通論文章中，較著者有：民間田野調查專家江武昌的〈五洲江山代有人才出──臺灣布袋戲王黃海岱〉；和其〈臺灣布袋戲簡史〉。另吳佩的〈一家四代扛一口布袋──黃海岱布袋戲家族〉；紀慧玲之〈臺灣布袋戲的百年傳奇──黃俊雄家族〉；以及翁瑜敏所寫的〈偶戲傳家一世紀──黃海岱和他的布袋戲家族〉；蔡文婷撰〈掌上風雲一世紀──布袋戲通天教主黃海岱〉；羅詩城的〈布袋戲一代宗師──黃海岱掌上見乾坤〉等，都是研究黃海岱家族布袋戲史，不可或缺的參考文章。

　　至於探討另一布袋戲傳奇人物李天祿部分，較具代表性的論著有：周昭翡的〈掌中乾坤大，人生亦宛然──布袋戲大師李天祿〉；李宗慈之〈李天祿的布袋戲生涯〉；陳文芬在李天祿逝世後於《中國時報》發表的〈李天祿辭世，走過九十載戲夢人生〉；以及曾郁雯訪問李天祿時所寫的〈把傳統留下來──掌中戲大師李天祿〉；和臺北市文化局為撰寫《臺北人物誌》，委由李秀美書寫的〈掌中闖功名──布袋戲藝師李天祿〉等鴻文。

　　總結過去研究成果，在專著方面，由教育部為保留傳統藝術，特別出版的《布袋戲李天祿藝師口述劇本集》；以及記者曾郁雯專訪李天祿數回合後，整理付梓的《戲夢人生──李天祿回憶錄》，後者由李天祿口述而成，可說對李天祿的布袋戲藝術成就，提供最權威的第一手資料。黃海岱仙逝後，其忘年交邱坤良教授亦深情寫出《真情活歷史──

布袋戲王黃海岱》一書，高度肯定黃海岱家族對臺灣布袋戲的卓越貢獻。在通論性探討臺灣布袋戲著作方面，當首推呂理政與陳龍廷二氏，呂理政的《布袋戲筆記》，是以田野調查方式，對臺灣各地方布袋戲做深刻及洞察之理解。而陳龍廷之《臺灣布袋戲發展史》，係其博士論文改寫而成，其對臺灣布袋戲之全面且深入之調查，堪稱研究臺灣布袋戲史之扛鼎之作。

此外，在傳奇布袋戲大師黃海岱仙逝後，其接棒人二兒子黃俊雄接受採訪口述而成的〈我心目中的「師父」——亦師亦父文化百歲人〉，《掌中巨匠——黃海岱的藝術》；及黃俊雄等著的《掌上風雲一世紀——黃海岱的布袋戲生涯》一書，也為吾人提供近距離和第一手的權威資料，是研究黃海岱布袋戲成就的必備參考著作。在布袋戲研究論文部分，有江武昌之〈虎尾五洲園掌中劇團之流播與變遷〉，收錄於《國際偶戲學術研討會論文集》。林鋒雄的《布袋戲「新興閣鍾任壁」技藝保存計畫報告書》和陳龍廷探討〈戲園、掌中班與老唱片：南投布袋戲的生態〉，刊載在《南投傳統藝術研討會論文集》；另謝德錫之〈臺灣閣派布袋戲的承傳與發展〉，是由宜蘭傳統藝術中心委託的計畫報告書，這些都是後學研究者必讀的重要論文。而中國文化大學藝術研究所，詹惠登的《古典布袋戲演出形式之研究》，則是對臺灣古典布袋戲較全面論述分析的碩士論文，亦頗值得一閱。

在前人研究的基礎上，本文論述之重點有三：1.略敘布袋戲在臺灣發展之歷史及演變，及其在臺灣文化上之重要象徵意涵。2.以臺灣布袋戲百年史上，最具傳奇性的兩位人物黃海岱和李天祿為例，述說其生平重大成就；及其在布袋戲表演形式與傳承上之貢獻。3.以觀光產業之視角，探討布袋戲這項文化資產，在當今觀光產業蓬勃發展之際，如何與其結合，進而達到成為臺灣文化觀光產業不可或缺之重要資源。

二、常民文化──布袋戲在臺灣之演進

臺灣早期布袋戲,其起源是來自於兩百多年前的泉州、漳州、潮州等地,此係臺灣的移民潮,大多來自上述三地的人口結構有關。臺灣早期布袋戲的演出方式,大多沿襲自原鄉,但隨著來臺日久,經過長時間演變後,自然加入臺灣本地一些新元素在裡頭,所以若從「起源論」言,臺灣布袋戲當然來自於中國,但就文化生態的觀點來看,經過主客觀環境的變化,臺灣布袋戲的內容與形式,已發生相當明顯的改變與差異。故客觀說:臺灣布袋戲雖傳承於大陸,但改變自臺灣,是在這樣的一條歷史脈絡裡發展的。

基本上,布袋戲不斷推陳出新的表演形式與創作,展現的已是臺灣獨特的文化形態,以及濃厚本土色彩的藝術形象與觀賞品味,且整個的表演風格和內涵,已大大有別於中國內陸。至於說到臺灣布袋戲的承傳系統,若從歷史淵源來看,最早可分為南管與潮調兩種。後來又加入所謂的北管布袋戲,則是受到子弟戲曲館的盛行所致,是稍晚才出現的土生土長的承傳系統。(臺灣民間通稱的「北管」,搭配舞臺表演時正式的稱呼叫「亂彈」,係指地方戲的聲腔不純之意)。

而這三種布袋戲流派,都與臺灣各地布袋戲講究師承有密切關係,幾乎掌中班的主要承傳系統,都是由此演變出來的。經由這樣不同角度的觀察,我們將可以很清楚看到,布袋戲在臺灣的演變歷程,以及整個社會時代的氛圍。其實,任何戲劇的發展,都不可能脫離其生存的土地,當年從大陸移植到臺灣的戲曲相當多,但只有少數戲曲能於臺灣開花結果,其中尤以布袋戲的表現最為亮眼。揆其原因,均與臺灣的經濟發展和市集聚落,有著非常密切的關係,換言之,即與都市的休閒生活及市民的經濟消費能力有關。

清代臺灣繁榮重要的城鎮,都是臺灣物產及貿易行商的集散地,當時所謂的「一府二鹿三艋舺」,指的就是臺南府城、彰化鹿港與臺北

萬華這三個聚落城市。而臺灣布袋戲的發展，也是以上述三個城鎮為主要的傳播地。臺南、鹿港、艋舺等地，本是臨近河口之處，臺灣開港後，更是眾多「郊商」的聚集地。當時的臺南三郊、鹿港泉郊、臺北三郊等，都是名聞遐邇的大郊商。這些郊商不僅經商營利，對文化事業的傳播贊助也甚為熱心，他們直接或間接地將中國的地方戲曲引進臺灣，尤其對布袋戲的推廣更是居功至偉。

　　而臺灣民眾在文化展演的消費能力，亦是促成布袋戲在臺灣的落地生根和蓬勃發展的主因；也因此吸引大批優秀的大陸戲班及表演者，紛紛渡海來臺成立掌中劇團，此舉，更加速布袋戲在臺灣的茁壯成長。茲以臺北地區為例，說明其發展梗概：臺北地區的布袋戲發展，最早以新莊為中心，其後才漸次移至艋舺，新莊以前的布袋戲班，最有名者包括「小西園」許天扶、「小世界」許來助、「小花園」高文波、「錦上花樓」王定、「錦花樓」黃添丁、「新興樓」邱樹、「新福軒」簡塗等。這紙名單，幾乎囊括北臺灣掌中戲班的精英，且當時都已經改為北管後場的表演，而他們當中師徒傳承關係很明顯，如「小花園」高文波拜師「小世界」許來助，邱樹師承「錦上花樓」王定。

　　基本上，這些劇團的表演，在日治後期為新莊地區，帶來豐厚收入。據《臺灣日日新報》記載：「臺灣布袋戲，盛於新莊。新莊老大市街，自乘合車通行而後，商界愈益不振。獨布袋戲收入一途，年統計之得五、六萬圓之正資，自他方流入，宛然若華僑由海外送金於本國者，其裨益於地方繁榮，正自不少。」然從臺北城市聚落的發展來看，隨著新莊河道的日淺，新崛起的艋舺迅速取代新莊，成為臺北的政治經濟中心，也成為當時最負盛名的南管布袋戲之大本營。

　　在南管布袋戲中有兩位傳奇人物童全與陳婆值得一談，童全（1854-1932）外號「鬍鬚全」，雖不識字但記性好，聲音宏亮，操弄偶戲技術一流。據早期研究布袋戲甚有成就的文學家吳逸生記載：「光看他問案時那副動作，對於兩造，時而怒目而視，時而好語相慰，時而

沈思推理，手中那把摺扇搖來晃去，有板有眼，的確夠你瞧了。看他演那個推車的，動作的優美自然，在布袋戲中實難得一睹。」另一布袋戲大師陳婆，其成就相較於童全，可說不遑多讓。陳婆，泉州人，因為麻臉，外號「貓婆」。陳婆是讀書人出身，擅長南管布袋戲，演出文辭優雅，出口成章，其對布袋戲最大貢獻是傳承一批以後臺灣的布袋戲大師，如「小西園」的許天扶，其師父林金水；和「亦宛然」李天祿父親許夢冬，都是陳婆的拜門徒弟。

　　臺灣布袋戲在日本時代最為蓬勃發展，此與日本政府對臺灣民間文化的態度有關，除 1940 年代的「皇民化時期」外，基本上，貫穿整個日治時代，日本政府對臺灣的民間戲劇，無論是歌仔戲或布袋戲，都採取一種相對包容的態度，尤其對曲館活動更是鼓勵，也因此使得北管亂彈音樂非常盛行，一些原本非北管後場音樂系統的掌中劇團，也紛紛加入這一流行趨勢。戰後，對臺灣布袋戲最大變化的轉折點，為「228事件」後所帶來之巨變，當時政治氛圍恐怖肅殺，風聲鶴唳，由於實施「戒嚴」，嚴禁民間廟會等活動，深怕人潮眾多就會「非法集會」，使得原來靠廟會酬神活動演出的布袋戲，其表演空間受到嚴重擠壓，不得不從搭野臺演出的外臺戲，轉入戲院內演出，如此乃促成臺灣布袋戲「內臺戲」的崛起，以及陸續成立專門表演布袋戲的商業劇場戲院。當時赫赫有名的此班戲院如雲林斗六世界戲院、雲林虎尾戲院、嘉義文化戲院、大光明戲院、彰化八卦山戲院、豐原光華戲院等。

三、布袋戲之類別與表演特色

　　嚴格說來，臺灣布袋戲的類別有南管布袋戲、北管布袋戲、潮調布袋戲與外江布袋戲 4 大類。南管與北管是臺灣兩大傳統戲曲音樂，是臺灣傳統戲曲不可或缺之要素。所謂的南管戲，廣義指的是在中國南方語系地區流傳之劇種；而現今在臺灣流傳的南管戲，則係專指閩南語系

中以南管所演唱的戲劇。南管布袋戲的劇本均為文戲，內容則以男女情愛為主，無武打動作；唱腔部分使用南管，曲詞和說白均以泉州方言為主，伴奏自然也是以泉州管弦音樂為主，風格優雅纏綿。此外，南管戲的表演型式，如「進三步，退三步，三步到臺前」；「舉手到目眉，分手到肚臍，指手到鼻尖，拱手到下顎」等動作，基本上是受到傀儡戲的影響。

臺灣的南管由閩南傳入，最初流行於澎湖、嘉義、鹿港等地。後來臺灣各地陸續設館學南管，並特地從唐山聘請藝師來臺傳授唱曲及器樂演奏。日治時期臺灣的南管戲逐漸改良，加入大量武戲內容，唸白也開始以本地方言發聲，而成為演唱的「九甲戲」、「白字戲」的戲班。不過南管布袋戲在臺灣似乎維持沒有幾年的好光景，主因除了南管後場樂師凋零外，最主要的是，不合乎臺灣人「愛熱鬧」的口味，在文化生態的影響下，臺灣人較推崇「亂彈戲」，於是乎，不論是林金水、盧水土或許天扶，都競相將布袋戲改為北管，象徵臺灣北管布袋戲的到來。

北管戲又稱「亂彈戲」，與南管一樣是臺灣民間最盛行的劇種。廣義言，北管係指流行於中國北方的戲劇；南管則為中國南方戲劇在臺灣保存之部分。北管內容包含甚廣，如崑腔、吹腔、梆子腔、皮黃及一些民間小戲、雜曲等，這也是清初花部腔調戲曲的特色，而花部戲曲因為包含有京腔、秦腔、弋陽腔、梆子腔、羅羅腔、二黃腔等種類繁多的腔調，所以也稱之為「亂彈」。至於北管於何時傳入臺灣，可能在乾、嘉時期，此時花部戲曲正盛行，所以很有可能隨著移民潮渡海來臺。

當時傳入臺灣的亂彈戲，除了保留花部原型外，也帶來了皮黃系統的漢劇和徽調，它們也都成了臺灣亂彈戲的一部分。一般而言，臺灣的亂彈戲有福路與西皮兩大系統，依傳入的先後作區分。福路屬於老梆子腔戲路，被稱為舊路，主要樂器為殼子弦（椰胡），信奉西秦王爺；西皮（皮黃）為新路，樂器為吊鬼仔（京胡），信奉田都元帥。臺灣有句俗諺：「吃肉吃三層，看戲看亂彈」，可見亂彈在臺灣受歡迎程度於

一般。

　　清領臺時，亂彈戲已是臺灣最普遍的劇種，不但職業劇團林立，業餘劇團也相當多，甚至連布袋戲、傀儡戲也用亂彈作後場音樂，而演員、樂師很多亦是亂彈子弟，當時臺灣中北部的天師正乙派，不僅深習亂彈，其科儀中亦使用了不少亂彈戲的關目排場。日治時期，臺灣亂彈戲已十分風行，全臺各地都曾發生子弟團分類對抗的情形，各劇團之間競爭非常激烈。

　　至於北管戲的音樂，它是屬於較熱鬧喧雜的音樂，所以曾被片面地界定為迎神賽會或喪葬之鼓吹樂，確實若以音樂系統言，舉凡迎神賽會或喪葬的陣頭式鼓吹、道教及釋教儀式後場樂；甚至歌仔戲、布袋戲之後場樂等，都以北管音樂演奏為主。確實，當時的北管布袋戲已經成為流行的演出形式，早期臺灣有句俗諺：「食肉食三層，看戲看亂彈」這句話的意思是：上等的肉類，要五花肉才好吃；看戲，就要看樂聲昂揚激越的北管亂彈戲才會熱鬧精彩。總之，北管布袋戲以其鑼鼓喧天的熱鬧氣氛，較能貼近臺灣人的口味，故深受臺灣人喜愛。戰後，臺灣的北管布袋戲，分別以李天祿及黃海岱兩大布袋戲天王為代表。

　　潮調布袋戲在臺灣歷史亦相當久遠，至遲在清嘉慶年間就已經在臺灣落地生根了。在臺灣的地方戲曲生態中，潮調曲館並不普遍，潮調布袋戲一開始大多傾向家族傳承方式為之。潮調布袋戲也是以北管音樂為主，所謂「北管好暗頭，潮調好暝尾」，意指潮調音樂節奏輕緩，悠揚悅耳，文辭婉約，適合在夜深人靜時細細品味。潮調布袋戲流行於臺灣中南部，雲林斗六、西螺，彰化員林、埔心，臺南麻豆、新營等，都是潮調布袋戲的發展重鎮，著名戲班有竹山「鳳萊閣」陳君輝，集集「永興閣」張仁智，西螺「新興閣」鍾任秀，「福興閣」柯瑞福，彰化員林「新平閣」詹其達等。

　　潮調戲曲風格，在臺灣流行並不廣泛，潮調門徒出師後，後場音樂也是採用北管演出，僅保留少數自己的潮調音樂，由此可見，潮調布

袋戲雖是臺灣布袋戲的 4 大類別之一，但並非臺灣布袋戲的主流。至於「外江布袋戲」是戰後「亦宛然」的李天祿，將北管西皮系統（西皮派的戲曲音樂，其實是比較接近京戲）仿京戲的後場與戲齣，轉換為布袋戲的表演，而號稱「外江布袋戲」。

除南北管布袋戲外，臺灣布袋戲中還有所謂的武戲，此類武戲脫胎於武館文化。武館在臺灣開發史上，有其重要的社會功能，清代臺灣「械鬥」盛行，農村子弟為保衛家園，利用閒暇時學習拳術、陣法等技藝。布袋戲主演結合這樣的民間文化，進一步孕育出純粹以武打取勝的布袋戲，此即所謂的「武戲」。武戲演出時以刀、槍、籐牌為主，當中翹楚以臺南關廟黃添泉的「玉泉閣」和西螺鍾任壁、鍾任祥的「新興閣」為代表。此外，布袋戲類別中，還有一種敘事戲，其表演特色是以音樂抒情的美感為主，木偶的表演純粹只是搭配的次要角色，這種表演也符合一般戲劇界所稱的「三分前場，七分後場」的戲碼，南投陳俊然的「新世界掌中班」，是開臺灣敘事布袋戲的先河，其演出的後場配樂，堪稱一絕。陳俊然出版後場配樂的唱片，可說是從日治時代到戰後臺灣民間樂師對後場音樂改革的時代里程碑。

值得一提的是，戰後臺灣的布袋戲，有一段時間很流行「劍俠戲」，這種表演不是光憑故事就足夠，還必須搭配舞臺來「變景」，演出時常會設計一座「機關樓」或「活動機關」，由「變景師——電光手」來操控特效功能。如此千變萬化的技巧，不僅增加布袋戲的可看性，也將布袋戲的表演層次，提升到更高的層級。若從舞臺劇場概念或舞臺技術發展來看，臺灣的布袋戲演出可區分為傳統戲與金光戲兩類。傳統布袋戲指的是民間俗稱「彩樓」的木雕小戲臺，唯表面上他們雖採用傳統的彩樓，但實際上舞臺設計的觀念，卻是另有創新，不全然因襲傳統。與傳統布袋戲大異其趣的是金光戲，其演出最大之特色，是由一連串布景組合式的布袋戲舞臺，一律稱做「金光戲」。

除表演舞臺布景的變化外，布袋戲也從傳統戲曲吸收不少養分，

為配合劇本內容的演出，布袋戲也會針對劇中特殊角色配與適當戲曲音樂。早其布袋戲師傅如黃海岱、黃俊雄父子等，都會親自操刀演唱，後來則逐漸將曲牌交由後場師傅演唱或者歌手助唱，以便在這段時間內，主演者得以暫時休息。當時布袋戲音樂多由日本東洋歌曲改編，歌手也大半是布袋戲班出身，如本名劉麗真之西卿，即是由黃俊雄掌中戲班出身，最後下嫁給黃俊雄。至於表演場地也有分，基本上，布袋戲在戲園商業劇場中演出者稱之為內臺戲，而在酬神祭祀劇場的演出叫做外臺戲，或民戲、民間戲、棚腳戲、野臺戲等稱呼。一般而言，布袋戲的演出時間，分為日戲和夜戲，日戲有兩場，因觀眾群年紀較大，故演出戲碼以古冊戲為主。夜戲為一場，以其觀眾較多年輕人，所以劇團通常會安排自行創作的戲劇以增加其精彩度。

　　總而言之，若從表演技法及內容言，臺灣布袋戲所呈現的美學內涵有二：一種是以音樂抒情的美感為主的布袋戲，木偶的表演純粹只是搭配的音樂，故事並不是最重要的，這種審美態度與西洋的歌劇相似。另一種是以欣賞故事情節為主，觀眾的注意力都集中在懸疑的情節，木偶的表演是為了描述曲折離奇的故事，音樂變成陪襯或烘托氣氛的角色，這樣的審美態度與臺灣民間的「講古」類似。

四、結論——從文化觀光視角看臺灣布袋戲的前景與未來

　　藉由李天祿與黃海岱在臺灣布袋戲界的努力經營，使得布袋戲成為臺灣家喻戶曉的地方戲劇，也是臺灣文化真正的國粹，臺灣布袋戲因有黃海岱和李天祿的發揚傳統技藝，使得布袋戲終能薪火相傳下來，成為讓臺灣人至今引以為傲，「只此一家，別無分店」的傳統文化民俗。然此一傳統戲劇，因受到現代社會生活型態的改變，以及各種聲光電腦多媒體的衝擊，正隨著時光流逝而成為過往陳跡。尤其是年輕一代不肯

學習傳統技藝，使得傳承出現斷層現象，這是目前臺灣各類戲曲、戲劇最大的危機與隱憂，倘情況再惡化，很多的文化資產可能因此而失傳。

針對此一情況的改善之道，可以由戲臺上傳承布袋戲來著手，因為布袋戲的傳承，不是用講授或手藝的指導即可達成，必須長年在演出的戲班中琢磨技巧心領神會，才有可能培養出優秀藝師。因此，建議有關單位考慮在民族藝師之外，指定尚有在演出的布袋戲劇團，配合民族藝師之傳承計畫，讓藝生有機會在不斷的演出中，體會傳統戲曲的精華，其實這正是傳統學徒的傳習方法，也是布袋戲傳習最有可能成功的方式。

不僅如此，為迎合潮流時尚，傳統布袋戲逐漸失去其精髓。往昔傳統的布袋戲，一直是文人雅士寄情消遣的一項民間藝術，其劇本大多取材於民間故事或神話傳說，演出內容多為忠孝節義之典範，具有「寓教於樂」的社會教化功能。其間的起伏波折，也正如「戲如人生、人生如戲」的況味，惜現今的布袋戲，已失去往日那分雅樸的風味，在無情歲月的淘洗之下，臺灣布袋戲的明天將走向何方？實在值得吾人低頭深思。

平情說來，布袋戲雖來自於中國，但時間一久，早與臺灣風土結合，而具有臺灣特色。布袋戲的劇本，早期多出自於中國的歷史典故與文獻傳說，但當布袋戲「臺灣化」後，即新作不斷湧現，在劇團競爭、觀眾要求與時代變遷的衝擊下，作品出陳布新，屢有佳作。劍俠戲、金光戲（金剛戲）、歷史戲等表演類型的變化，不只與電視媒體結合，更申請電視臺專有頻道（霹靂電視臺），開創出新的展演藝術。這些改變脫離了傳統農業社會內臺戲或野臺戲的演戲型態，進入現代社會與現代人的生活空間，使得布袋戲成了臺灣意象的具體代表之一。

行政院新聞局曾舉辦「尋找臺灣意象」活動，票選結果，在 78 萬多人的投票者中，布袋戲以（130,266）13 萬多票拔得頭籌，其次才是玉山、臺北 101、臺灣美食和櫻花鉤吻鮭。以表演藝術項來看，布袋戲

獲得總票數的 24.95％，也遠遠超過雲門舞集的 2.1％和歌仔戲的 1.83
％，成為名副其實的臺灣意象之代表。但我們也憂心忡忡，傳統戲劇在
現代潮流的衝擊下，為求生存及永續發展，往往為迎合觀眾所需而作出
轉型與蛻變，除與傳媒結合外，更甚者，在力求精緻化下，逐漸脫離布
袋戲的基本原素「本土化」與「草根性」，這是布袋戲失去生命力的開
始。

　　當傳統戲院沒落，觀眾流失，技藝傳承斷層時，布袋戲如何因應
此一劇變。唯有年輕人繼續投入創作，新作品源源不絕，演藝者精益求
精，不斷更新，結合現代藝術技巧，創作更好的戲劇美學，才有可能重
拾布袋戲的活力與生命力。是以，文化唯有不斷創新，才能超越傳統，
成為活生生的庶民文化，與民眾在一起。布袋戲是要成為博物館懷舊的
對象，還是蛻變新生，維持強大的韌性與生命力，這是值得所有關心臺
灣文化的人士，認真嚴肅去思考的一個課題。

　　個人認為，欲求傳統戲劇復興，不論歌仔戲或布袋戲，有一途徑
可以嘗試為之，即與觀光旅遊業結合，發展有臺灣特色的「文化觀光」
布袋戲。近年來，國人開始重視臺灣文化資產的維護，這是一正確可喜
的現象，不少民間業者積極投入布袋戲或歌仔戲文物的收藏，此舉當然
值得鼓勵。但問題是，戲是用演的，不是收藏在博物館的，若不經過藝
師的表演，充其量只是一堆沒有生命的木偶。所以，我們要重視的是，
藝師掌中舞出精湛的戲，需要保存的是，在戲臺上演出的布袋戲，而非
博物館裡頭珍藏的布袋戲。

　　當然，我們不是說博物館的珍藏不重要，我們只是希望中央或地
方政府，即便要設立博物館或文物館的同時，一定要考量建立一個可以
演出和觀賞的劇場或舞臺，模仿國外旅遊必看的節目秀，如到澳門必看
「太陽劇團」、至巴黎必定觀賞「紅磨坊」、赴紐約會到百老匯欣賞節
目一樣，來到臺灣觀光，也一定會到黃海岱或李天祿偶戲館參觀表演。
如此，不僅可以讓臺灣布袋戲「國粹」發揚光大，也可以使布袋戲能永

續生存，否則空有「臺灣意象」代表，恐仍難挽回布袋戲沒落式微的命運。

　　另外，以創新來保存傳統布袋戲也不失為一條可行之徑，從布袋戲的發展歷程來看，特別是將布袋戲放在臺灣社會發展的脈絡中來看，僅僅默守布袋戲的傳統與陳規顯然是不行的，多元的統合發展才是王道。所以，布袋戲界自己也要力圖振作，以知識性的觀點，鼓勵知識份子的參與，藉以探索布袋戲從傳統到創新的途徑。譬如建立實驗偶戲，思考偶戲的合流，新劇場、兒童劇、諷刺劇等創作新徑，都是藝術創新的突破。

　　此外，布袋戲可以結合多媒體的創作，其表演藝術呈現方式，也要相當豐富多元，尤其是文化創意產業（creative industry）的觀點，更可以為人們提供不同的視野。另外，表演場合亦須多樣化，如傳統劇場、廣播、錄音、電視、電影等，均可嘗試為之；且劇場技術亦應與時俱進，與社會脈動和觀眾需求相結合。總之，臺灣布袋戲是否有明天，端視布袋戲劇團、戲院和觀眾三者間的互動關係，來決定布袋戲的前景與未來。

3.8 戰後歌仔戲文化的新傳播現象

一、前言

自 2008 年 7 月起，政府宣佈開放三通直航，兩岸人民來往愈趨頻繁，無論是從事探親、工作、觀光或學術交流等活動，均逐年屢創新高。其中尤以在陸客開放「自由行」後，人數更是節節攀升，相當熱絡。由於大陸經濟的快速成長，中國遊客在國際間的消費能力備受矚目，而陸客也成為來臺旅遊人數的最大宗。有鑒於此，在迎接陸客來臺觀光之際，主管觀光事務的政府單位及民間旅遊業者，應如何佈局陸客來臺所帶來之商機，以及提升競爭力，實為影響臺灣觀光產業之重要課題。基本上，現在觀光客的旅遊心態，已由過去走馬看花式的「到此一遊」，轉為要求有品質的重點深度旅遊，而此深度旅遊，很大的一部分，是藉由各地方的文化資產來呈現。臺灣歷史雖短，但文化資產卻很豐富，尤其是臺灣「國粹」的代表——歌仔戲，更是「臺灣意象」的表徵之一。

歌仔戲是臺灣的國粹，過去學界已有不少的研究成果，不論是專書或博、碩士論文，都有很好的成績。在研究論文中，較著者有楊馥菱的博士論文〈臺閩歌仔戲之比較研究〉；另外，黃秀錦的〈臺灣歌仔戲劇團結構與經營之研究〉；劉南芳之〈由拱樂社看臺灣歌仔戲的發展與轉型〉；以及林素春所寫的〈宜蘭本地歌仔之研究〉；黃雅蓉撰〈野臺歌仔戲演出風格之研究〉；施如芳的〈歌仔戲電影研究〉，邱秋惠的〈野臺歌仔戲演員與觀眾的交流〉；孫惠梅的〈臺灣歌仔戲劇團經營之研究——以宜蘭縣職業歌仔戲團為例〉；蔡欣欣的〈九〇年代臺灣歌仔戲表演藝術之探討〉；林鶴宜的〈臺北地區野臺歌仔戲之劇團經營與演

出活動〉等等，都是研究歌仔戲史不可或缺的參考文章。

　　至於探討歌仔戲傳奇人物部分，最具代表性的論著有：林美璱的〈歌仔戲皇帝楊麗花〉；楊馥菱的〈楊麗花及其歌仔戲藝術之研究〉、〈楊麗花歌仔戲之角色運用——兼論歌仔戲演員妝扮的幾個問題〉；以及臺視為捧楊麗花，於民國 71 年，特別出版的〈楊麗花——她的傳奇演藝生涯〉；以及邱婷所寫的〈明華園——臺灣戲劇世家〉；和黃秀錦為孫翠鳳量身打造，所撰寫的《祖師爺的女兒——孫翠鳳的故事》，最具代表性。

　　在專著方面，最早有呂訴上的《臺灣電影戲劇史》；以及黃石鈞、陳志亮整理付梓的《臺灣歌仔戲薌劇音樂》；林勃仲、劉還月合著的《變遷中的臺閩戲曲與文化》，以及臺大教授曾永義的《臺灣歌仔戲之發展與變遷》，曾之專著，可說是研究歌仔戲的權威之作。另邱坤良之《舊劇與新劇：日治時期臺灣戲劇之研究（1895-1945）》一書，全面探討臺灣戲劇，從舊劇到新劇的演變過程，其中亦提及歌仔戲的蛻變與轉型。在歌仔戲唱曲部分，有歌仔戲研究專家楊馥菱的〈也談臺灣歌仔戲「哭調」之緣起〉；而最詳盡的莫過於徐麗紗所撰之《臺灣歌仔戲唱曲來源的分類研究》，堪稱是全盤探討臺灣歌仔戲在「唱曲」方面的扛鼎之作。

　　至於較通俗之著作方面，楊馥菱之《臺灣歌仔戲史》，全面對臺灣歌仔戲做深入淺出之論述，可提供研究臺灣歌仔戲史之最佳入門首選。而陳耕、曾學文的《百年坎坷歌仔戲》；大陸廈門臺灣藝術研究所編之《歌仔戲資料匯編》；林鶴宜的《臺灣歌仔戲》；行政院文建會在1996-1999 年四年間，接連舉辦歌仔戲研討會所集結成的《海峽兩岸歌仔戲學術研討會論文集》、《海峽兩岸歌仔戲創作研討會論文集》、《臺灣新加坡歌仔戲的發展與交流研討論文集》等等之全盤通俗之作；與相關歌仔戲資料之整理，都有其可觀和貢獻之處。

　　在田野調查方面，有宜蘭縣文化中心委林鋒雄主持的《臺灣戲劇

中心研究規劃報告書》、徐亞湘負責之《桃園縣傳統戲曲與音樂錄影保存及調查研究計劃報告書》、陳進傳調查之《宜蘭縣傳統藝術資源調查報告書》；以及曾永義教授的《閩臺戲曲關係之調查研究計劃》、蔡文婷等著的《弦歌不輟——臺灣戲曲故事》等，均對臺灣幾個重要歌仔戲劇團，做了相當全面及深入的調查。

此外，早期作家王禎和訪問歌仔戲前輩導演陳聰明口述而成的〈歌仔戲仍是尚未定型的地方戲〉，王順隆撰稿的〈臺灣歌仔戲的形成年代及創始者的問題〉，張文義寫〈尋找老歌仔戲的故鄉〉，劉南芳之〈都馬班來臺始末〉，劉春曙的〈閩臺車鼓辨析——歌仔戲形成三要素〉，以及劉秀庭的期刊論文〈本地歌仔演藝初探：兼述歌仔戲的初期發展與影響〉；蔡秀女撰述之〈光復後的電影歌仔戲〉等諸多文章，或親訪歌仔戲導演，或研究歌仔戲形成之年代及創始，或尋根歌仔戲的原鄉，或探討歌仔戲最重要之元素「都馬調」；以及與歌仔戲淵源甚深的「車鼓陣」。總之，上述諸文都有其可觀之處，也都是後學研究者必讀的重要資料。

因此，在前人研究的基礎上，本文內容論述重點有三：1.略敘歌仔戲在臺灣發展之歷史及演變，及其在臺灣文化上之重要象徵意涵。2.以臺灣歌仔戲百年史上，最具傳奇性的兩位人物楊麗花與孫翠鳳為例，敘說其重大成就外，亦著墨其在歌仔戲之表演形式和傳承之貢獻。3.從觀光產業視角，探討歌仔戲這項臺灣最具代表性之文化資產，在當今觀光產業蓬勃發展之際，如何與其結合，進而達到成為臺灣文化觀光產業不可或缺之重要資源。

二、常民文化——歌仔戲在臺灣之源起與演變

一般人咸信，流行於臺灣社會的諸多戲曲，很多都來自於移民原鄉的大陸內地，尤其是閩粵地區。但據學者指出，歌仔戲卻是唯一源於

臺灣本土的傳統戲劇。《臺灣省通志》記載：「民國初年，有員山結頭份人歌仔助者，不詳其姓，以善歌得名。暇時常以山歌，佐以大殼絃，自拉自唱，以自遣興。所唱歌詞，每節四句，每句七字，句腳押韻，而不相聯，雖與普通山歌無異，但是引吭長歌，別有韻味，是即為七字調也。後，歌仔助將山歌改編為有劇情之歌詞，傳授門下，試為演出，博得佳評，遂有人出而組織劇團，名之曰：『歌仔戲』。」

另外，在《宜蘭縣志》也有類似的記載：「歌仔戲原係宜蘭地方一種民謠曲調，距今六十年前，有員山結頭份人名阿助者，傳者忘其姓氏，阿助幼好樂曲，每日農作之餘，輒提大殼絃，自彈自唱，深得鄉人讚賞。好事者勸其把民謠演變為戲劇，初僅一、二人穿便服分扮男女，演唱時以大殼絃、月琴、簫、笛等伴奏，並有對白，當時號稱『歌仔戲』。」從此，大家都認定宜蘭員山結頭份是臺灣歌仔戲的發源地，而歌仔助似乎也成了臺灣歌仔戲的創始人。

唯按照任何戲劇發展的模式看來，其實一種戲劇的醞釀與形成，都不大可能是以一人之力而完成的，它們應該都是集體創作累積的結果，歌仔戲自不例外。根據調查，在歌仔助之前，已經有貓仔源、陳高犁等人，與歌仔助同時期，也有林莊泰、陳阿如、楊順枝、簡四勻和鱸鰻帥等人。所以我們可以客觀的說，歌仔戲的原鄉為宜蘭，它是經由歌仔助等藝師的改良，而逐漸形成且發揚光大的，它是臺灣移墾社會的產物，也是臺灣最具代表性的本土文化。

歌仔戲是結合臺灣各種戲曲及音樂為一體的表演藝術。「歌仔戲在發展過程中，吸收北管、南管、九甲戲和民間歌謠等音樂曲調，引進京劇的鑼鼓點和武打動作，使用北管曲牌、服飾、妝扮和福州戲的軟體彩繪布景，並援用各劇種的戲碼、身段、道具、樂器，發展成一種兼容並蓄內容豐富的新劇種。」由上觀之可知，歌仔戲最初僅是鄉土歌舞形成的地方小戲，後由地方小戲汲取其他大戲的優點而發展成為大戲。

所謂「歌仔」，就是地方上的歌謠，而其舞，乃指「踏」的部

分，即所謂的「車鼓」。經由「歌仔」音樂與「車鼓」身段的結合，發展為歌仔陣與落地掃，並於宜蘭地區日益茁壯。據研究者言，歌仔戲是將福建泉、漳地區流行的採茶、錦歌等歌謠，佐以臺灣的民間小調唱腔，再加入傳統的演出形式，以閩南話演出的一種古裝歌劇。「錦歌」是流行於漳州一帶的民間小調，是以七字或五字為一句，每四句組成一段的一種民歌，由於是用方言俚語唱的，極為通俗易懂，因此廣為流行，臺灣歌仔戲即由閩南的錦歌演變而來。

其實，所謂的「錦歌」，就是我們一般認知的「歌仔」，早期民間藝人多賣藝走唱「歌仔」，也有人稱之為「乞食歌仔」。臺灣移民多來自漳、泉，這種「歌仔」即隨移民傳入臺灣。歌仔傳入臺灣後，所唱的「歌仔冊」，亦一併由閩南帶進臺灣來，清代廈門地區唱歌仔的風氣已很盛行，當時如文德堂等眾多書局，都以經營「歌仔冊」維生。歌仔冊的內容，大多是民眾耳熟能詳的故事，如〈陳三哥〉、〈英台歌〉、〈陳世美不讓前妻〉、〈王昭君冷宮全歌〉等；另有簡單情節故事的民歌，如〈過番歌〉、〈底反〉等。這些來自閩南的歌仔冊，即為臺灣早期歌仔戲說唱的唱本，由於歌詞通俗易懂，深獲臺灣人喜愛，它們對於歌仔戲的形成，有非常重大的貢獻和意義。如早期歌仔戲的兩大劇目〈山伯英台〉和〈陳三五娘〉，即源自於歌仔冊唱本，而〈雪梅教子〉、〈孟姜女〉、〈白蛇傳〉等劇目，同樣也是脫胎於歌仔唱本。

歌仔戲構成的重要元素，除歌仔外，歌仔戲的身段「車鼓」，更是不可或缺的部分。「車鼓」屬於歌舞小戲，盛行於福建民間，後隨移民播遷來臺。歌仔戲之「歌仔」，最初只是坐唱形式，並沒有人物的妝扮與身段動作，不合乎「演員合歌舞以代言演故事」的基本條件，因此不是所謂的真正戲曲表演。直到歌仔戲採用了車鼓戲的場面與身段和動作後，歌仔戲的雛型才算大體具備，它們於迎神賽會或廣場空地即興演出，稱之為「落地掃」。車鼓戲又稱「車鼓弄」或「弄車鼓」，一般是由丑、旦合歌舞以代言演出調笑逗趣的故事，屬於二人小戲。當車鼓出

現在民間陣頭遊行行列中，就形成我們所熟悉的「車鼓陣」。

車鼓戲是車鼓藝人作戲劇妝扮，配合身段在舞臺空間的一種表演，演出劇目泰半為大家所熟悉的〈桃花過渡〉、〈五更鼓〉、〈點燈紅〉、〈番婆弄〉等。車鼓戲的丑角扮相以滑稽逗趣為原則，手執「敲仔」當敲擊樂器之用；旦角扮相則以妖媚為主，左手拿手帕，右手拿摺扇。演出方式為丑、旦且歌且舞、相互對答，至於動作皆相當簡單，丑、旦兩人動作通常是互為相反，丑前旦退一前一後互為搭配，整個演出型態仍屬於「踏謠」的表演階段。

受到車鼓戲表演風格的影響，「歌仔」也由單純的坐唱，而為迎神行列作歌仔陣的沿街表演，到達定點後即作「落地掃」的演出，由此可見歌仔陣的「落地掃」與車鼓戲必定有非常密切的關係。據研究臺灣歌仔戲史的楊馥菱談到：「車鼓陣與歌仔陣的表演幾乎是相容並行，而歌仔陣、丑扮落地掃的表演又與車鼓陣、車鼓戲近乎同轍。而唯一不同之處，恐怕就在於曲調音樂，也就是在主要的曲調『歌仔』的唱念上。」「落地掃歌仔陣」可說是歌仔戲的原型，「歌仔」在宜蘭發展成為「本地歌仔」後，又模仿車鼓戲的表演型態，演出滑稽詼諧的民間故事，隨神轎遊行，稱為「歌仔陣」。「落地掃歌仔陣」是屬於歌舞小戲的表演，演出地點多在廟埕空地即席演出，或隨遊行陣頭行進至廟口廣場，簡單的以四支竹竿圍出表演區就可表演。落地掃演出之劇目僅有〈山伯英台〉、〈什細記〉、〈呂蒙正〉、〈陳三五娘〉等四齣。演員以丑、旦為主，多半不著戲服，也無繁雜身段，甚至於表演者多非職業演員。表演內容簡易，曲調音樂簡單，通常以一首或少數曲調重複進行，明顯看來，其趣味性遠高於藝術水準的要求。

因為原本以坐唱形式演唱的「歌仔」，在結合車鼓身段動作後，簡單的敘事性音樂便不敷使用，必須要有所變革，「七字調」、「大調」、「雜念仔」等戲曲唱腔，即由此應運而生，而這也就成為爾後歌仔戲的基本表演形式。換言之，歌仔戲是在吸收「車鼓陣」的藝術形

式，以滑稽調弄的舞蹈身段輔助演唱，變成了「歌仔陣」，迄於清末，歌仔陣在臺灣大為流行，且從平地逐漸搬到舞臺上表演，觀看群眾甚為踴躍。

　　如前所述，臺灣歌仔戲的原鄉是宜蘭，歌仔戲之所以會誕生於宜蘭，與宜蘭的移民有很大的關係。基本上，宜蘭移民以來自漳州人居多，在移民過程中，漳州人將原鄉的「歌仔」也帶至宜蘭，且廣為傳唱。當時流行於臺灣各地的「車鼓戲」，以用南管或閩南歌謠來演唱，但在宜蘭卻被改用「歌仔」來演唱，逐漸形成只有宜蘭地區特有的「本地歌仔」（老歌仔戲）藝術。「本地歌仔」因其表演內容豐富，相當有味道，因此頗受觀眾喜愛，並很快傳開，最終發展成為大戲。

　　本地歌仔戲不僅參考了車鼓戲的表演，在音樂上也以歌仔為基礎，吸收老白字戲和車鼓戲的俚語歌謠，如「七字調」、「雜唸」等曲調，來表達戲劇情境，讓歌仔戲能參照各戲精華，逐漸產生蛻變。日治初期，歌仔戲又更上一層，它又學習了「四平戲」及「亂彈戲」的服裝與身段，從而更豐富了表演的內容與形式，最終風行成為地方大戲。歌仔戲形成「野臺歌仔戲」大戲後，除逐漸向城市發展外，為增加表演的豐富性，壯大演出內容，其演出劇目也多了起來，而演員為了補唱腔之不足，乃紛紛吸收其他戲曲之腔調，如〈留傘調〉、〈送哥調〉、〈串調子〉、〈青春調〉、〈月月按〉、〈三月三〉、〈腔仔調〉、〈慢頭〉、〈五開花〉、〈牽君手上〉等，都是車鼓戲、亂彈戲、高甲戲、梨園戲等之樂曲。

　　《臺灣省通誌》曾有如下之記載：「民國十二年以前，各歌仔戲班所吸收的演員，大部份是亂彈戲、九甲戲的班底，當時有『日唱南管，夜唱歌仔戲』或『日唱歌仔，夜唱北管』的現象，此時所演的歌仔戲全屬文戲。」這是 1923 年以前的情形，到了 1923 年以後，歌仔戲又兼容並蓄向京劇汲取臺步身段與鑼鼓點；向福州戲班學習布景和連臺本戲，萃取各家精華，不斷成熟進步。期間，歌仔戲班還請這些京班、福

州班的演員指導武戲，從而使得歌仔戲開始有了武戲劇目，未幾即成為臺灣民間最受歡迎的鄉土戲劇。關於當時歌仔戲流行之程度，1926 年 6 月 27 日《臺灣日日新報》有如下之記載：

> 「近來思想複雜，習尚不辨雅俗，言動多趨卑鄙。觀于歌仔戲之流行可知。去歲以來，此樣歌仔戲，勢如雨後筍，層出不窮。聞某菊部改良一班，某鄉村新學一團，及製造工場，亦藉此以籠絡工人。乘佳辰月夕，則登臺試演，廣邀觀玩，不惜其精神誤用反多獎賞之。有心世道者。每隱憂及之。」

從有心世道者的憂心，可以想見當年歌仔戲在臺灣流行之一斑。而這樣的演戲文化，也成為民間糾紛罰戲謝罪的方式之一。1927 年 4 月 2 日《臺南新報》即有一篇報導：「前報霓生社女優班主周生夫婦唆使惡漢橫暴。誤毆邱浩等二、三觀客。致惹街民公債責其於媽祖廟前演戲一檯以為謝罪，並賠償損害品及醫療料等，始為息事。」從要求「演戲賠罪」之事可以看出，發展成大戲的歌仔戲，以野臺形式演出，深受民眾喜愛的程度。

三、臺灣歌仔戲的進程四重奏
——由內臺歌仔戲迄於現代劇場

談起歌仔戲在臺灣演進之歷史，可追溯自百餘年前，基本上，臺灣歌仔戲源於清末，日治時期逐漸茁壯發展，國府遷臺後開始轉型蛻變，期間曾一度遭受打壓而沉寂；迄於 20 世紀八〇年代，因威權體制崩解，臺灣本土意識高漲，為歌仔戲的蓬勃帶來新契機。由於外在環境的改變與政治社會的影響，臺灣歌仔戲不僅重獲再生，也產生了新類型。

　　有清一代長期的統治臺灣，臺灣成為中國的俗民社會，日本殖民統治以後，因著社會階級的分化，除統治者外，被殖民的臺灣人之間，階級逐漸有平等化的趨向。在此之前，臺灣承襲清朝之社會階層，仍具有濃厚的封建性質，例如歌仔戲團的演員和樂師常被視為賤民，社會地位極低，直到 1920 年代的「大正民主」時期，因文化啟蒙運動的展開，臺灣社會開始步入現代化，民智漸開，人們較能以理性眼光看待演戲工作者，歌仔戲的社會地位才逐漸提升。

　　1920 年代，臺灣的政經社會在朝向現代化之際，在此之前，原本依附於農閒之暇的歌仔說唱，發展成為民間廟會遊街遶境的「歌仔陣」。日治初期形成「本地歌仔」，到二〇年代已發展成「野臺歌仔戲」的大戲過渡。在整個社會氛圍改變後，歌仔戲亦逐漸走向精緻化及商業化，職業劇團紛紛成立，一個以賣票方式維持劇團營運的「內臺歌仔戲」的時代於焉來臨。而大都會的環境，亦給了歌仔戲良好的發展空間，促進了歌仔戲第一次黃金時代的到來。迄於日本治臺末期的「皇民化運動」，臺灣歌仔戲因遭受到政治力的蠻橫干預，統治當局宣佈禁演，歌仔戲的盛況才歸於沉寂。

　　1945 年，臺灣光復後，沉寂已久的歌仔戲如久旱逢甘霖般，又再度冒出蓬勃的生命力，全臺歌仔戲班紛紛成立，並進入戲院演出，觀眾人山人海，迎來了歌仔戲的第二波黃金時期。1949 年，國府遷臺後，實施土地改革及經濟發展計劃，使得臺灣社會快速邁入工業化，而臺灣社會由農業轉型為工業後，連帶著也改變了人民的生活、消費與娛樂習慣。五〇年代收音機逐漸普遍，廣播電臺看好歌仔戲的廣大觀眾群，於1954 年，臺灣開始有了「廣播歌仔戲」。而歌仔戲業者對於新興媒體亦抱持高度興趣，除與電臺合作外，也跨足電影，拍攝起「電影歌仔戲」來。六〇年代，電視進入家庭，歌仔戲更是獨具慧眼，早早與電視臺媒合，錄製「電視歌仔戲」，從此歌仔戲更是深入臺灣各個家庭，不僅締造歌仔戲的第三度黃金時代，其影響力更是無遠弗屆。

　　七、八〇年代，臺灣在遭受一連串的外交挫敗後，國府於國際間的處境日益孤立，於此之際，臺灣人開始深刻思索自己國家的前途與自我文化認同，本土意識逐漸高漲。1973 年，林懷民創立「雲門舞集」，1976 年，「鄉土文學論戰」爆發，雲門首先引進西方劇場的演出制度與技術，用布幕構成基本舞臺環境等劇場觀念，從而改變臺灣的劇場文化。於此西方新思潮的衝擊下，本土歌仔戲亦趁勢而起，朝精緻化戲路前進。1982 年，政府為推動文化資產之維護與民族藝術之弘揚，連續幾年舉辦「民間劇場」的演出，其中歌仔戲所帶來的熱潮，及萬人空巷的情景，令人振奮和印象深刻。此外，歌仔戲也開始進入現代劇場，登上國家藝術殿堂演出，結合現代劇場的科技，歌仔戲的精緻藝術終於轉型成功和完成。現依此演變進程略敘如下：

（一）紅遍全臺的內臺歌仔戲

　　歌仔戲的藝術表演形式有了長足進步後，1925 年以後，開始進軍都市戲館演出，成為所謂的「內臺歌仔戲」，並發展神速，全臺各地內臺歌仔戲團紛紛成立。歌仔戲進入內臺演出後，以其語言上的優勢，加上劇情角色的多變；以及舞臺調度的豐富等，對歌仔戲的進步與影響是無庸置疑的，而觀眾亦報以熱烈的迴響。1926 年 2 月 8 日，《臺南新報》提到：「臺南大舞臺假演歌仔戲以來，連續四個月，每日夜座席幾滿，可謂盛矣。」內臺歌仔戲風行後，使得來自中國的京劇票房，受到嚴重影響，於是京劇便與歌仔戲同臺演出，「日演京劇，夜演歌仔戲」成為當時普遍的模式，也是一種饒有趣味的現象。

　　歌仔戲走入內臺後，各項藝術內涵亦相對提升，音樂也隨之要求更豐，歌仔戲的重要元素「哭調」即興起於此時。「哭調」的產生與 1920 年代歌仔戲的走入戲館演出有關，當時歌仔戲開始有女演員的演出。由於女性聲音的柔美悽愴，直接造就哀怨吟詠特質「哭調」的產

生，與之對應的是歌仔戲的劇本，不得不增加許多文戲或愛情戲的演
出。這種纏綿悱惻悲歡離合的劇碼，大受女性觀眾的青睞，藉由劇情內
容，更多的女性產生自我認同和自我意識，對於提高女權運動，歌仔戲
「無心插柳」多少是有點貢獻的。

　　1940 年代，太平洋戰爭爆發後，日本在臺灣雷厲風行推動「皇民
化政策」，歌仔戲的演出遭受到嚴重的影響，當時歌仔戲在戲院演出
時，日本警察即坐在舞臺旁臨場監督，察看演出內容是否與申報劇目吻
合，大凡演出傳統戲被日本警察查獲，就難逃被勒令解散的命運。彼時
臺灣只有少數僅存的歌仔戲班能夠演出，而且還是演些不倫不類的日本
戲，如此一來，不但歌仔戲演出遭到箝制，而且樣板的演出，只能宣揚
日本皇民思想，如此氛圍，不僅歌仔戲快速沒落，臺灣人也不想看那變
調的歌仔戲了。

　　1945 年臺灣光復後，擁有旺盛生命力的歌仔戲再度復活，並以驚
人的聲勢風靡全臺，而臺灣人看戲風潮也十分熱烈。從 1949 至 1956 年
臺語片興起前，全臺歌仔戲班估計有 500 團，委實非常可觀。當時歌仔
戲的演出以內臺為主，演出方式千變萬化，立體化、機關化的變景，除
了有各式軟景外，還有種種的機關布景，乃至鋼索吊人等噱頭都有，令
觀眾看了歎為觀止。也因此戲院一票難求，買不到票的觀眾，常在每天
下午快散戲時，待戲院大門一開衝入「看戲尾」，聊過戲癮，形成一有
趣畫面。戲團在戲院演出是有固定的檔期，通常是以 10 天為一檔期，
但也有因為演出大受歡迎，而一再連演個不停。「明華園」團長陳明吉
曾回憶當年盛況：「光復後歌仔戲恢復演出，民眾因睽違已久甚是懷
念。明華園曾應邀到臺南府城『龍館』戲院演出……連演五十二天才下
戲。……真是十足風光熱鬧。」

　　就在歌仔戲的顛峰時刻，「都馬劇團」的來臺表演，為發展已然
有瓶頸現象的歌仔戲，又注入了新元素。歌仔戲研究學者楊馥菱即提到
都馬劇團在臺灣長年的演出，對歌仔戲也產生了幾點影響：首先是「都

馬調」（即邵江海等人所創的「雜碎調」和「改良調」）日益盛行，豐富了歌仔戲的音樂；其次是都馬班向粵劇學習古裝妝扮，取代了傳統的京劇路線。1954 年，「都馬劇團」開拍臺灣第一支歌仔戲電影〈六才子西廂記〉，雖然票房口碑不是很成功，但卻開啟了電影歌仔戲的時代。於此同時，政府也開始重視歌仔戲，於是掀起一波歌仔戲改良運動。1950 年 12 月「臺灣歌仔戲改進會」舉行座談，決定歌仔戲將以新型劇本及導演形式出現，1951 年政府公布歌仔戲改良原則，基本上以配合國策，各劇團應加強革新組織，籌設歌仔戲促進會等為主旨。1952 年正式成立「臺灣省地方戲劇協進會」，同年開始實施每年一次的地方戲劇比賽。

基本上，政府開始重視歌仔戲劇本的內涵，有意改進「作活戲」的習性，立意雖好，但其真正目的，在於將歌仔戲納入文化宣傳的行列，倡導所謂「民族藝術是文化的利器」，進而引導歌仔戲走向反共抗俄的政令宣導，政治色彩相當濃厚，但仍不足以改變歌仔戲的演出生態，官方大力推動歌仔戲的改良，但畢竟不敵民間自由演出的風氣，「自由」終究還是最重要的表演土壤。

（二）廣播與電影歌仔戲的時代

內臺歌仔戲的蓬勃景象，一直持續到電視歌仔戲開播才逐漸沒落，在此之前，其實內臺歌仔戲已先受到廣播歌仔戲的挑戰。歌仔戲走入廣播界，大概在 1954-1955 年間，當時臺灣收聽收音機廣播已十分普遍，這與內臺歌仔戲已無市場有很大的關係。廣播歌仔戲剛開始要先作內臺錄音，再由電臺播放，但因有時音效不佳，便改由電臺自行成立廣播歌仔戲團，直接在錄音間邊唱邊錄。1960 年代，是廣播歌仔戲的黃金年代，當時較著名的團有民生電臺的「金龍歌劇團」、民本電臺的「九龍歌劇團」以及正聲的「天馬歌劇團」。其中，1962 年成立的

「天馬歌劇團」更是將廣播歌仔戲推到最高潮，後來名揚臺灣的歌仔戲皇帝楊麗花，早期即是該團的成員。除楊麗花外，廖瓊枝、王金櫻、翠娥等，也都是唱電臺歌仔戲起家的。由於廣播歌仔戲的盛行，以往的曲調已不夠用，不得已只有轉向吸收流行歌曲，拿流行歌曲中具有起承轉合的七言四句型來唱，這些參考國、臺語流行歌曲或自編新創曲調，不僅豐富了廣播歌仔戲的內涵，也為歌仔戲添加了許多新的生命，當時歌仔戲演員均稱這種曲風為「新調」或「變調」。

　　廣播歌仔戲走下坡後，在電視歌仔戲還未大行其道前，還有一過渡階段，此即電影歌仔戲的時代。1955 年，「都馬劇團」拍攝臺灣第一支電影歌仔戲〈六才子西廂記〉，6 月 23 日該片在萬華大戲院首映，由於克難完成，諸多技術問題無法解決，再加上燈光不足，畫面模糊，影像和聲音搭配不良等缺失，使得觀眾大失所望，造成「都馬劇團」的巨大損失。〈六才子西廂記〉雖然失敗，但不減臺灣民眾對電影歌仔戲的期盼與熱情，陳澄三與何基明導演，以「拱樂社」為班底開拍〈薛平貴與王寶釧〉，有鑒於〈六才子西廂記〉的前車之鑑，為追求品質，不論外景、前製、後製作業，都慢工出細活，盡量要求盡善盡美。1956 年 1 月，該片放映造成觀眾人山人海大爆滿的景象，兼以宣傳得宜，成功營造出氣勢，應觀眾需求，還接二連三的拍攝續集、三集，掀起一股拍攝電影歌仔戲的熱潮。有鑒於〈薛平貴與王寶釧〉的成功，許多歌仔戲班也紛紛拍起電影歌仔戲，1955-1959 年是電影歌仔戲的黃金時期，但也因為一窩蜂的跟拍，資金短缺、粗製濫造的片子不少，造成電影歌仔戲觀眾的快速流失，很多戲班因為無法負荷成本而倒閉解散，電影歌仔戲雖然風光一時，但終究走入歷史。

（三）曾經輝煌的電視歌仔戲

　　臺灣進入電視時代始於 1962 年，是年 10 月，臺視首先開播電視

歌仔戲，推出由廖瓊枝飾演白素真，何鳳珠扮演小青的〈雷峰塔〉。其後，臺視又推出〈山伯英台〉、〈乾隆皇與香妃〉等歌仔戲節目。當時電視歌仔戲採「實況錄製」的作業方式，只不過將舞臺搬移到室內的攝影棚，演員必須配合播映的字幕當場演出。不過由於在草創階段，兼以彼時電視並不普遍，所以開播後仍不敵廣播歌仔戲。其後，隨著電視的逐漸普及，電視歌仔戲前景看好，臺視見有利潤市場，便開始闢不同時段演出歌仔戲，也吸引如「正聲天馬歌劇團」、「聯通廣播歌劇團」、「金鳳凰廣播劇團」等原本是廣播歌仔戲團，轉進電視歌仔戲團的演出。

電視歌仔戲到楊麗花演出〈雷峰塔〉後，聲勢達到最頂點，楊出身於宜蘭，未進入電視歌仔戲前，曾是「宜春園歌劇團」和「天馬歌劇團」演員，她是從內臺、廣播、電視歌仔戲一路走來，憑其天份與獨特魅力，俊美的扮相和優異的唱做，成為歌仔戲皇帝，享譽全臺歷久不衰。1969 年中視開播，歌仔戲進入競爭期，為和臺視抗衡，中視首推以連續劇的方式播出歌仔戲。「中視歌劇團」推出由柳青與王金櫻主演〈三笑姻緣〉當先鋒，除與楊麗花的臺視拚陣外，最大贏家是全臺觀眾，又多一臺電視歌仔戲選擇的機會。

1971 年華視成立，見電視歌仔戲正夯，也馬上加入競爭行列，而三臺歌仔戲也逐漸三分天下，各自擁有自己的收視群。但不久，因黃俊雄布袋戲的強力挑戰，讓歌仔戲觀眾流失不少。為挽回頹勢，網羅三臺歌仔戲精英，1972 年夏天成立了「臺視聯合歌劇團」，包括楊麗花、柳青、葉青、小明明四大天王；及許秀年、王金櫻、青蓉、林美照、黃香蓮、高玉珊、翠娥、洪秀玉等大咖。從此三國歸一統，三家電視臺只剩臺視有歌仔戲節目。聯合後的電視歌仔戲首推〈七俠五義〉，由楊麗花演展昭，葉青飾演白玉堂，播出後立即一砲而紅，大受觀眾歡迎，也將電視歌仔戲推至顛峰狀態。

於是臺視乘勝追擊，又推出〈薛仁貴征東〉、〈西漢演義〉、

〈萬花樓〉、〈隋唐演義〉、〈楊家將〉、〈三國演義〉、〈孟麗君〉、〈忠孝節義〉、〈大漢英雄傳〉、〈洛神〉、〈陸文龍〉、〈趙匡胤〉等一系列歌仔戲。其中，〈西漢演義〉和〈忠孝節義〉都創下播出百集以上的佳績，顯見當時電視歌仔戲受歡迎的程度，那也是電視歌仔戲最風光的美好時光。可是這種聯合只維持短暫時間，由於天王間的暗中較勁，不能精誠合作；加上新聞局對閩南語節目的設限，使得電視歌仔戲有每況愈下的趨勢，「臺視聯合歌劇團」被迫於 1977 年宣佈解散，電視歌仔戲也進入寒冬期。

　　1979 年，電視歌仔戲又再度重出江湖，首先是楊麗花在臺視推出〈俠影秋霜〉、〈蓮花鐵三郎〉、〈青山綠水情〉等三部歌仔戲，獲得觀眾熱烈回應，播出時段且從中午移至晚間，顯見電視歌仔戲對收視觀眾有信心。另一歌仔戲天王葉青則轉戰華視，並於 1982 年成立「神仙歌仔戲團」，一連推出〈瀟湘夜雨〉、〈霸橋煙柳〉、〈岳飛〉等膾炙人口好戲，為電視歌仔戲再創高峰。而原本在華視的小明明，不得不離開華視到中視去發展，但成效不如預期。而華視午間空檔就由離開臺視自立門戶的李如麟所獨佔，所推出的〈龍鳳姻緣〉、〈嘉慶君遊臺灣〉、〈浪子李三〉等，造成午間時段的高收視率，華視成了電視歌仔戲的最大贏家。

　　相對於臺視、華視，中視的歌仔戲節目顯的欲振乏力，為與其他兩臺爭雄，先是請「明華園歌劇團」擔綱，唯「明華園」以野臺戲為主，志不在電視，直到 1988 年，中視聘請「河洛歌劇團」，其歌仔戲才稍有起色。「河洛」為中視推出〈漢宮怨〉、〈正德皇帝遊江南〉、〈江南四才子〉、〈大漢春秋〉等歌仔戲，吸引不少觀眾收看。其後，黃香蓮繼「河洛」入主中視，亦演出〈羅通掃北〉、〈大唐風雲錄〉、〈逍遙公子〉等戲碼，收視效果也不錯。

　　1994 年，楊麗花所主演的〈洛神〉，創下歌仔戲諸多紀錄，包括遠赴國外出景、號稱最浩大的戰爭場面、力邀港星馮寶寶演正旦，且首

次於晚間八點檔黃金時段播出，在在均創下收視高潮。1997 年，楊麗花再推出〈紅塵奇英〉，自己已退居幕後，擔任製作人，而由弟子陳亞蘭擔綱演出。葉青則自 1992 年起，開始強調重質不重量的歌仔戲演出，1992 年〈玉樓春〉的「金蓮舞」排場；以及 1994 年與孫翠鳳合作的〈皇甫少華與孟麗君〉，都是歌仔戲的新嘗試，因此廣受好評。

　　總之，有了電視傳媒後，歌仔戲更是利用此傳播利器，新編劇本，推陳出新，曾經有其走紅的輝煌歲月，惜在媒體開放與多元化的影響下，電視歌仔戲已不若往昔風光；兼以閩南語連續劇及本土劇的興起後，電視歌仔戲的經營更加困難。一些歌仔戲演員甚至轉行到閩南語劇和本土劇演出，1997 年後，三臺已很少製作電視歌仔戲，2000 年公視的〈洛神〉，及 2001 年民視的〈鳳冠夢〉；和葉青於公視演出的〈秦淮煙雨〉等，可說是電視歌仔戲結束前的絕響之作，想來令人不勝唏噓。

（四）邁向精緻的現代劇場歌仔戲

　　1970 年代對臺灣而言，是個詭譎多變的時代，臺灣在遭遇一連串國際外交挫敗後，島內要求改革的呼聲日益高漲，不僅如此，文化認同的危機，也帶來傳統改革的浪潮。1973 年，「雲門舞集」創團，引進西方的劇場演出制度。1979 年，「雅音小集」的成立，首創於國父紀念館演出〈白蛇與許仙〉，開啟臺灣傳統戲曲進入國家藝術殿堂演出之先聲，此舉不但激起藝文界人士的關心與注意，也影響了歌仔戲的轉型與發展。1981 年，楊麗花在國父紀念館演出〈漁孃〉歌仔戲，即是受到「雅音」之影響。〈漁孃〉的演出，後來被視為是歌仔戲邁入現代劇場的開始。

　　1983 年，「明華園歌劇團」參與「國家文藝季」，從傳統野臺戲登上國父紀念館，演出〈濟公活佛〉，頗獲觀眾好評。1984 年，「新

和興歌仔戲團」也以〈白蛇傳〉和〈媽祖傳〉在國父紀念館演出，觀眾依舊報以熱烈的掌聲。基本上，在野臺跨向現代劇場，「明華園」和「新和興」都致力於歌仔戲的突破，例如對情節之構設，相當重視敘事手法，以豐富的想像力，顛覆歌仔戲既定之形象和概念，肆意嘲弄人情世態，突顯鮮活人性等，都頗獲學術藝文界肯定。但天下事就是「物極必反」，在「明華園」縱橫劇壇多年後，一股反思的聲音漸起，歌仔戲是否應該回歸傳統風貌說法再度引起劇壇討論。1989 年，廖瓊枝成立「薪傳歌仔戲團」，先後推出〈寒月〉、〈王魁負桂英〉、〈黑姑娘〉、〈三個願望〉等戲碼，細膩唱腔與做工的表演特色，與「明華園」的瑰麗炫奇和熱鬧風格，恰成明顯對比。

而由劉鐘元領軍的「河洛歌仔戲團」亦不落人後，1991 年起，連續兩年以〈曲判記〉和〈天鵝宴〉，進入國家戲劇院演出，也引起很大的轟動。至此，現代劇場歌仔戲，有別於野臺戲，逐漸受到官方、學者與藝人的高度重視。事實上，上述三個歌仔戲團，其差異鮮明的表演風格，也正是臺灣現代劇場歌仔戲不同的發展面向。1991-2000 年，可說是臺灣現代劇場歌仔戲的成熟期，無論在劇本主題、音樂燈光、舞臺布景以及演員之表演，都達到前所未有的高度，將歌仔戲的藝術內涵發揮到極致。而在現代劇場歌仔戲當紅之際，昔日電視歌仔戲天王楊麗花、葉青、黃香蓮等，亦寶刀未老躍躍欲試，楊於 1991、1995 及 2000 年，分別推出〈呂布與貂嬋〉、〈雙槍陸文龍〉、〈梁山伯與祝英台〉三戲，於國家戲劇院演出。葉青則以〈冉冉紅塵〉再現高潮，黃香蓮是〈鄭元和與李亞仙〉、〈前世今生蝴蝶夢〉、〈新寶蓮燈〉、〈三笑姻緣〉等贏得口碑。總之，不論老幹新枝，在現代劇場歌仔戲盛行之際，她們都為臺灣歌仔戲的精緻化，貢獻心力良多。

值得一提的是，1992 年成立的「蘭陽戲劇團」，有別於上述大卡司的豪華亮麗場面，而是改走肩負歌仔戲藝術保存與薪傳之使命，所演劇目雖多數以傳統戲碼居多，但因長駐宜蘭，以開創民間商機和拓展觀

光產業為主。2002 年，該團亦力求轉型，聘請著名小說家黃春明為其量身打造，推出一系列〈杜子春〉、〈愛吃糖的皇帝〉、〈小李子不是大騙子〉等精彩好戲，老少咸宜，為歌仔戲注入一股活力。

1993 年 3 月 10-12 日，臺大教授曾永義在《聯合報》副刊，針對現代劇場歌仔戲，提出「精緻歌仔戲」的幾點看法，包括：深刻不俗的主題思想、明快緊湊的情節安排、醒目可觀之排場、妙趣橫生的口語、豐富多元之音樂曲調和技藝精湛的演員等 6 大訴求。以此檢視這 30 餘年來之現代劇場歌仔戲，不可諱言，其進步確實是有目共睹的。總之，歌仔戲從演員為中心的表演體制，到走向以劇本為基底，導演為中心，演員為依歸的結合方式，提煉出歌仔戲精緻的藝術品味，而目前的現代劇場歌仔戲，即朝此方向邁進。

四、歌仔戲的表演藝術與結構

歌仔戲是一種屬於歌劇類型的表演藝術，身段和唱腔是其中非常重要的構成元素，所謂「有聲皆歌，無動不舞」正是歌仔戲的表演特色。歌仔戲的表演特色在其唱腔與音樂，在故事情節上，主要以歌謠及唱腔來陳述，其發聲方法使用「本嗓」，唱詞則是閩南語白話，親切通俗易懂，鮮有詞藻華麗的文詞。此外，歌仔戲中亦經常會出現臺灣俚語俗諺，以及句尾押韻的「四唸白」，充分展現臺灣話語的俗諺之美。另外，身段更是歌仔戲的另一欣賞重點，將日常生活中的動作轉化為戲劇演出，均須經美化與象徵，再以另一種藝術形式表現之，民間即將此身段稱之為「腳步手路」。

歌仔戲之演出因受限於舞臺空間，演員必須在有限的空間內呈現劇情，且還要講求戲劇的美感，所以身段做表更顯重要。以「捲珠簾」這項身段為例，通常由花旦表演，因昔日簾幕以竹製成，所以必須用捲的，其象徵動作為「踏左腳蹲下，雙手放低平，大姆指、食指、中指共

同往上捲動」，其後還要以手於簾幕兩端做打結的動作。而首次演出的演員出場，需要正衣冠「跳臺」亮相，使觀眾能清楚了解演員於劇中之造型扮相，且要親自報姓名與身世，讓觀眾知道其在劇中的背景和角色，然後再簡明扼要地說明劇情綱要，之後才能進行演出，這是歌仔戲相當有意思的地方。歌仔戲的講求身段源於車鼓戲，其中如主角的展扇花、駛目箭（送秋波）；丑角的闖雞行（半蹲行進），以及演員出場的「踩四角」走方位，都與車鼓戲相同。後來歌仔戲又吸收北管戲、南管戲與京戲的一些動作，逐步完成完整的舞臺動作。

　　至於歌仔戲的戲劇結構，有劇本、角色、服裝、道具等要素。以前歌仔戲演員，因缺乏受教機會，故教育水平較低，是以在演出前，通常先由先生講解劇情大綱，分場段落、分派角色，然後上臺。上臺後，演員可以根據劇情自由發揮，較結構嚴謹的劇本活潑許多，深受演員與觀眾喜愛。目前臺灣仍有諸多野臺歌仔戲，堅持不採用劇本演出，僅少數大型劇團使用劇本。在演員方面，以前歌仔戲就是由小生、小旦和小丑三種角色組成的「三小戲」，後來又從北管戲引進大花臉，才形成所謂生、旦、淨、丑四種角色。

　　「生」即戲中的男性角色，有文生、武生之分，而依劇中角色年齡，又有小生、老生之別。「旦」是戲中女性角色，同樣依年齡有小旦與老旦，但依性質則有正旦和花旦，其中正旦就是京劇中的青衣，因常演悲劇角色，因此又稱為「苦旦」，這也是歌仔戲特有的角色。小生、小旦的表演，非常重視眉目傳情的眼神，因此臺灣俗諺有所謂的「小生小旦，目尾牽電線」的趣談。「丑角」係劇中的甘草人物，在歌仔戲中分為三花和老婆。男丑叫「三花」，女丑稱「老婆」，如王婆、媒婆都是屬於劇中「三八型」的女性角色。老婆與京劇中的彩旦相類似，通常由男性反串，以增加戲劇趣味和效果。丑角的任務為搞笑，因此在舞臺上，丑角可以突破時空限制，任意說話製造笑料。由於丑角演出是「犧牲色相」，臺灣俗諺中的「上臺小，落臺大」，意謂丑角在臺上任人打

罵嘲弄，下臺後為彌補其委屈，大家對他要多加忍讓。

在服裝上，歌仔戲的戲服與其他劇種，其實並沒有太大的差別，戲服主要以角色身份和性別作區分，無須因劇中朝代不同而分類，換言之，在歌仔戲中，演漢代和清代的戲碼，演員所穿的戲服，可能是一樣的。歌仔戲在「落地掃」後，戲服逐漸講究，由於受到京劇和大陸「都馬班」的影響，汲取各劇種菁華；兼亦受到時代和環境之因素，歌仔戲的戲服開始大量使用亮片，因服裝華麗可增加舞臺戲劇效果，現代劇場時代後的歌仔戲戲服，更是朝亮麗、豐富、多元方向發展。

而至於在妝扮方面則頗為費時，演員在演出前，依角色要化妝抹粉，通常都是濃妝艷抹以突顯其五官，誇大色彩使遠距離觀眾亦能看清演員扮相及表情。以造型言，旦角及青衣要貼頭片，這是受到京劇的影響。但因歌仔戲較貼近本土社會，晚近歌仔戲已改成不貼頭片，不梳大頭，而是以髮髻造型亮相，小生則綁水紗，後來又演變成戴頭套，猶如古裝之造型。在以前野臺戲的時代，基本上戲服色系較樸實，充滿野趣。電視歌仔戲中期的神仙劇，因是科幻劇，所以服裝變化萬千，各種如蓬裙、大圓裙、金蔥布、水轉等都有，「葉青歌仔戲團」即為一例。而「楊麗花歌仔戲團」則以亮片和繡花著名。

音樂是歌仔戲相當重要的元素，一般可分為曲調的分類、運用及後場等方面。歌仔戲的原始曲調來自漳州的「歌仔」，後由歌仔逐步演變改編成「七字仔」、「大調」和「雜唸仔」等曲調。其後，歌仔戲又吸收其他劇種的曲調和民間歌謠，使其音樂更加豐富。例如歌仔戲中的「吟詩調」是源自於九甲戲、「梆仔腔」則學習北管戲、「送哥調」與「留傘調」脫胎於車鼓戲、「紹興調」來自紹興戲；還有如「三步珠淚」、「秋夜曲」、「思想起」和「農村曲」等係引自於民謠。另外，歌仔戲在發展過程中，亦創作許多新曲調，此種新編曲調，有的是歌仔戲班自行創作，如「文和歌劇團」的「文和調」，「南光歌劇團」的「南光調」，「寶島歌劇團」的「寶島調」等；但也有是因劇情需求而

創作，如「茶花女」、「狀元樓」、「深宮怨」等等，都屬於後面一類。

　　基本上，歌仔戲曲調的運用，並無固定模式，通常依劇情安排而安插曲調，但以「七字」和「都馬調」居多，「七字」和「都馬」常使用於一般敘述性場合，長篇則常用節奏輕快的「雜唸仔」，其他曲調則視劇情而定。譬如歡愉情境用「狀元樓」；哀怨用「望鄉調」；激動憤怒唱「藏調仔」；遊樂賞景誦「青春嶺」；串場用「百家春」；部分若祝壽、謝幕、打鬥等用廣東音樂。值得一提的是，歌仔戲的哭調，哭調有兩種，一種是地方哭調，有「宜蘭哭」、「彰化哭」、「臺南哭」、「艋舺哭」等多種；另一種是節奏哀怨緩慢的哭調，如「七字哭」、「白水仙」、「破窯調」、「都馬哭」、「嘆煙花」等曲調。此外，尚有「陰調」、「吟詩調」、「走路調」、「江湖調」、「卜卦調」、「乞丐調」等等，不一而足，大體都依其不同劇情或人物角色，而有其專門曲調。

　　在歌仔戲的唱腔中，有獨唱、對唱及齊唱三種，獨唱是一人單獨唱完一首樂曲，於歌仔戲中最常見；對唱是對答式歌唱，由演員一前一後以歌唱對答；齊唱是由兩人以上，齊唱同一樂曲，但因為歌仔戲演唱依靠口傳，同一樂曲，每個人所唱的音高及節奏並不相同。在後場方面，歌仔戲與其他劇種一樣，分為文平（文場）和武平（武場）。文場是絲竹雅樂，包含椰胡、大廣絃、笛子、月琴、簫、嗩吶等樂器；武場打擊樂器則有單皮鼓、堂鼓、梆子、鑼、鈔、搖板等樂器。目前有些歌仔戲團甚至增加笙、中阮、琵琶、南胡等國樂；有的還加上大提琴、電子琴、爵士鼓、電吉他、薩克斯風等樂器，這無外乎是為了增強歌仔戲的音樂效果。後場人員編制甚為簡單，一般大約是四、五人，武場為鑼鈔手和打鼓手各一人，文場也是一人兼奏數種樂器。大型劇團後場則有二、三十人，不過為節省成本，這種排場並不多見。

五、結論──酷愛看戲的臺灣文化與歌仔戲的未來

當年來自閩、粵的「羅漢腳」，到臺灣這塊新天地時，拋妻棄子，離鄉背井，其生活的孤寂艱辛可想而知。唯一能消解鄉愁的，便是從故鄉帶來的歌謠戲曲，聽聽故鄉的歌，看看故鄉的戲，成了這些「唐山客」心靈最大的安慰與享受。也因此，代代相傳，養成臺灣人愛看戲、愛演戲的傳統。

有關臺灣人愛看戲的習性，可謂淵源久遠，在《臺灣省通志》引《臺灣外記》一書中，提到荷蘭時代之通事何斌「家中又造下兩座戲臺；又使人入內地，買二班官音戲童及戲箱戲服，若遇朋友到家，備酒食看戲或小唱觀玩。」《諸羅縣志》〈風俗志〉即說到：「家有喜，鄉有期會，有公禁，無不先以戲者；蓋習尚既然。又婦女所好，有平時慳吝不捨一文，而演戲則傾囊以助者。」；又云：「演戲，不問晝夜，附近村莊婦女輒駕車往觀，三、五群坐車中，環臺之左右。有至自數十里者，不豔飾不登車，其夫親為之駕。」上述記載，道出臺灣人愛看戲之狂熱，已到如當今「追星族」的地步，婦女猶為甚者，要到丈夫親自駕車，送其往觀的情況，想來不禁令人莞爾。《臺灣縣志》亦載「俗尚演劇，凡寺廟佛誕，擇數人以主其事，名曰『頭家』，斂金於境內，演戲以慶，鄉間亦然。」臺灣縣即今臺南縣、市一帶，是最早漢移民定居之地，其民間風俗特別愛好演戲和觀戲，不管城裡或農村，都一樣熱心演戲之事，而且每次演出都是由幾位「頭家」輪流收錢，並聯戲團演出，已成慣例。

臺灣民間的戲劇演出大致可分為節日娛樂和祭神，雖然緣由不同，但能大家聚在一塊，欣賞故鄉風味的各種戲劇，亦是人生一大享受。節日演戲大致在除夕、春節、元宵、中元、中秋等時節演出，有些村社，每到除夕有演出「避債戲」的習俗，演出時債主不可以去向債務人催債，否則會引起公憤。另外，在元宵節也有扮戲觀慶的習俗。中元

普渡的盂蘭盆會更是重頭戲，一般而言「頭家」或廟祝會請藝人演戲到七月底，俗稱「壓醮尾」。8 月 15 中秋節，更是要歡慶，除祭報當地土地神一定要演戲外，還有「山橋野店，歌吹相聞」的「社戲」。

年節外，敬天求神等宗教祭祀也常以戲劇儀式演出，這是臺灣移民有趣的心理，認為神靈同己一樣愛看戲劇，好像聽了戲後才能心滿意足的去保佑移民們。《臺灣府志》曾記載：「二月二日，各街社里逐戶斂錢宰牲演戲，賽當境土神；名曰『春祈福』。」春天以「演戲」給土地公過生日，討他歡喜，帶來吉祥如意。「中秋，祀當境土神。蓋古者祭祀之禮，與二月二日同，春祈而秋報也。」春天演戲取悅土地公，中秋時節答謝土地公，仍是以演戲方式為之。由此可見，戲劇在臺灣這塊土地的重要性，漢移民透過演戲與臺灣土地的緊密結合，形成塑造臺灣人形象的特殊常民文化。

臺灣人愛看戲，什麼戲都有人看，《安平縣雜記》〈風俗現況〉有云：「酬神戲傀儡班。喜慶、普渡唱官音班、四平班、福路班、七子班、掌中班、老戲、影戲、車鼓戲、採茶唱、藝旦唱等戲。」臺灣人愛看那麼多類型的戲，對於歌仔戲那就更情有獨鍾了。基本上，臺灣的歌仔戲有本地歌仔戲、野臺歌仔戲、電視歌仔戲和現代劇場歌仔戲等四大類型。本地歌仔戲現僅在宜蘭地區還有傳習，至於電視歌仔戲因抵擋不住流行文化的衝擊，幾乎已走入歷史。至於野臺歌仔戲雖然生命力十足，但存演於民間也已乏人問津，只有現代劇場歌仔戲，因力求突破，朝精緻化路線去走；兼以透過媒體力量的傳播，現仍一枝獨秀且碩果僅存。

重點是，不管歌仔戲是沒落式微，還是逆境求新求變，迎合大環境與觀眾的需求才是王道。在媒體開放的今天，面對陸劇、韓劇、本土臺語片以及其他洋片的衝擊，歌仔戲如何突破重圍了，個人以為有幾點可以思考：

1.政府應該輔導補助歌仔戲團的經營，透過篩選機制，去蕪存菁，

留下來的給予經費補助，使其無後顧之憂，而能全心全意去追求更高品質的歌仔戲。

2.政府對發展臺灣「國粹」歌仔戲，宜作紮根的工作，要從基礎教育發掘培養歌仔戲人才，而不是到高等教育，才聊備一格有個歌仔戲學習的科系，這是絕對不夠的。為了歌仔戲不要青黃不接，人才養成刻不容緩，否則臺灣歌仔戲將有斷層的危機。

3.政府應該多提供歌仔戲演出的平臺與機會，雖然說，民主時代，一切自由化，政府也儘量不干預媒體，但歌仔戲的發展，關係臺灣文化資產的傳承與存續，絕對不可等閒視之。是以政府應該某種程度介入媒體，指定或調撥時段，供歌仔戲常態性演出，如此不僅可恢復過去電視歌仔戲的榮光，也可逐步找回失去的歌仔戲迷。

4.展望歌仔戲的未來，還是要朝向「傳統化」和「精緻化」發展，歌仔戲必須回歸到「歌劇」的原始屬性，讓唱腔重新取代對白，演唱技巧也要精進，運用豐富的曲調以加強歌仔戲的音樂性。

5.舞臺身段亦須美化，回復歌仔戲注重身段的傳統本質，才能展現歌仔戲的戲劇之美。

6.在精緻方面，劇本要能感人，劇情宜合理，結構嚴謹節奏緊湊，能帶來戲劇張力。

7.繼續發揮歌仔戲過去優良傳統，融合其他劇種長處，如身段、武打、曲調及劇目等；劇團方面也要跟上時代潮流，在燈光、音響、佈景及舞臺設計等，求新求變，以迎合觀眾之口味。

總之，歌仔戲是唯一源起於臺灣的劇種，它有其獨特的風格，其演出因能貼近臺灣這塊土地，所以過去深受臺灣人民的喜愛，但自從電視歌仔戲沒落後，歌仔戲的未來，實今吾人感到憂心忡忡。歌仔戲研究者林鋒雄在〈試談歌仔戲在臺灣地區的文化地位〉一文中，對歌仔戲在臺灣後期的演變，深有所感的說到：「特別是最近十年間（按：指民國72-82年）的歌仔戲，完全在歷史宮廷劇，以及神話劇中打轉，沒有辦

法再深層表現我們的共同經驗，這是歌仔戲的危機。能否再深刻表達不
同族群間的生活經驗，是歌仔戲能否浴火重生與重獲生命力所真正要面
對的課題。假如一個劇種不能表現觀眾經驗中的世界，這個劇種一定會
被淘汰，不是用任何感情可以取代的。」確實如此，觀乎後來臺灣歌仔
戲的快速式微，除「明華園」等少數劇團還在苦撐外，昔日歌仔戲的黃
金歲月已然逝去，如何重振歌仔戲的過去榮景，或許轉型與文化觀光產
業相結合，是一條值得思考及可以嘗試為之的路向。

▪ 第四卷 ▪

解嚴當代篇

4.1 解嚴以來兩大現代臺灣新文化詮釋史的思考邏輯

一、相關問題的提出

不論有關現代臺灣新文化史的新詮釋思維問題，或是與本書新詮釋體系有關的究竟要如何建構問題，追根究底之後，都能發現此兩者問題在其實質上，都必然要涉及有關「現代性」與其「本土性」兩者之間，究竟要如何交互詮釋的雙重辯證問題。

尤其是，在戒嚴時期（1949-1987）的所有臺灣民眾，彼等一切相關的歷史文化思維，在其接受外來的國際新文化資訊之同時，也必然要一併屈從於當時冷戰思維下的強烈反共意識形態支配。

因之，當時官方的戒嚴威權統治措施，不只得以長期持續強調其大中華文化正統性的繼承與再傳播，同時也藉以有計畫地排斥：攸關臺灣本土意識得以普遍滋長的各種潛在社會環境。

所以，直到解嚴之前，有關臺灣本土歷史與文化的思維，只有四類著名說法，曾被學界引述及討論過，此即：

第一類是由歷史學家李國祈教授（1926-2016）所主張的，清代臺灣漢人移墾與漢族統治模式，是朝向與大陸漢文化一致的「內地化」發展趨勢。

第二類是由社會學家陳其南教授（1947-）所主張的，清代臺灣開發史發展趨勢，是逐漸形成與大陸漢文化不同的「土著化」新區域社會文化形態。

第三類是研究早期臺灣史著名的曹永和教授（1920-2014），根據德國歷史學家黎斯教授在其《臺灣島史》的詮釋概念中，加以進一步衍

生的，以地緣特殊性為主的海洋「臺灣島史」定位。

第四類是特別針對日本在殖民統治時期，臺灣社會大眾對於外來政權的「殖民反抗史」與「殖民認同史」，彼此互相對抗下「統獨意識形態」分裂與糾葛的相關歷史定位。

至於解嚴以來，有關雙源匯流與在地轉型的新文化史觀溯源問題，則新出現的相關學術思維邏輯產物。

其中尤以楊儒賓教授與張珣教授兩者所提出的，有關：雙源匯流與在地轉型的現代臺灣本土文化新融合論（前者）與臺灣大眾信仰文化的宗教環境學新透視（後者），最值得列入本書的新教材內容來與讀者分享。

二、有關雙源匯流與在地轉型的新文化史觀溯源問題

首先，有關解嚴以來所出現的雙源匯流，及其在地轉型的新文化史觀的溯源問題，在其開展前後的時序上，唯有再次回溯至臺灣近代史上，所謂清末被迫「開港通商」與「國際化交流」的此一新轉型時代，才能清楚其歷史緣起。

此因從十九世紀末開始，臺灣因清廷對外戰爭相繼失敗之後，被迫開港與國際從事貿易與文化交流，於是現代性的國際思維，開始逐漸滲透臺灣全島社會生活領域。之後，再歷經50 年（1895-1945）之久的日本現代殖民統治與促成相關社會文化巨大改造變，於是逐漸形成與大陸地區同一時期的不同文化思維。

直到二戰後，臺灣社會大眾雖然再度歷經來自國府，以大中華文化的意識形態統攝一切的強勢支配與多方抑制本土藝術滋長，可是非主流的臺灣本土意識，仍在國際局勢大變化之下，開始與本土政治抗爭運動合流與日趨壯大。

於是，有關如何重新反思與建構現代臺灣本土新文化史的詮釋內

容問題，自從 1988 年李登輝總統開始執政長達 12 年（1988-2000）後，至今（2023）又已先後歷經兩次的不同政黨執政輪替，所以當代有關現代臺灣新文化發展與其歷史定位的主流思考，都不外於兩大主流政治意識形態——統與獨所主導下的分歧與對立詮釋邏輯。

其中又交雜著統獨雙方都企圖與臺灣主體意識密切掛鉤的社會認同訴求。但，其本質上又是根源於各自互爭多數選票的政權操控考量。所以，分離主義與相互否定的歷史文化思維，便長期瀰漫在當代臺灣社會的不同政治群體之中。

反之，在 2010 年時、由對岸大陸福建人民出版社出版的劉小新著《闡釋的焦慮：當代臺灣理論思潮解讀（1987-2007）》一書，便列出臺灣本土自解嚴以來，到陳水扁總統執政末期的六組詮釋理論的論述主張與相互爭鳴。這六組詮釋理論的分類如下：

一、後現代論爭與後殖民轉向。

二、臺灣後殖民理論思潮。

三、殖民現代性的幽靈。

四、本土論思潮的形成與演變。

五、傳統左翼的聲音。

六、後現代與與新左翼思潮。

之後，原作者在該書的第七章，便接著討論「寬容論述如何可能」？

但他並不清楚，就在他出書的這一年中，臺灣在地的楊儒賓教授，從 2010 年起，即率先提出的「a. 東亞視座下的臺灣。b. 1949 大分裂與再編成。c. 新漢華人文知識」。這樣的三位一體的雙源頭——雙繼承——在地轉化的新詮釋結構。並在 2015 年出版《1949 禮讚》一書。

雖然，此書出版之後，連王德威教授在內，都不免在高度肯定《1949 禮讚》一書新詮釋體系提出的同時，也為《1949 禮讚》的反潮

流書名而擔憂。可是，根據此後的臺灣社會文化史的當代新趨勢來看，楊儒賓教授在其於 2015 年出版《1949 禮讚》一書時，所提出有關戰後臺灣文化史觀的新定位，其實就是一種「雙源匯流與在地多元轉型」的新貌發展。

所以底下，有必要持續追溯，有關楊儒賓教授提倡 1949 年的臺灣新文化史觀的依據。

三、楊儒賓教授提倡當代臺灣本土新文化史觀的依據溯源

根據相關資料顯示，[1]楊儒賓教授在《1949 禮讚》一書，所提出的有關戰後臺灣文化史觀的新定位，就是一種「雙源匯流與在地轉型」的多元新貌發展，其實他早在 2010 年就已明確定型。

因在 2010 年時，是正逢所謂中華民國建國百年紀念與辛亥革命百年紀念的海峽兩岸互爭詮釋主導權之年，而楊儒賓教授本人，則是負責「百年人文傳承大展（文及與圖錄）整合型計畫」總主持人。

就時間點來說，這還是在國民黨的馬英九總統自民進黨手中重新奪回執政權的第一任中期，當時馬總統的政治聲望，仍如日中天，所以要風風光光地籌辦起中華民國建國百年的各項紀念活動，自然是水到渠成，勢所必然。

可是，當時楊儒賓教授的思維就領先的認為，有必要突破在此之前的各種民國百年人文學術傳承在戰後臺灣島上的單源流主導性詮釋角度，而是應該採取：包括 1895 年以來所傳承在內之雙源頭——雙繼承——在地轉化的新詮釋結構。其相關思考邏輯如下：

一、在臺灣紀念中華民國百年，有極特殊的歷史背景。在 1945 年

1　轉引楊儒賓，《2010 年國科會「百年人文傳承大展整合型計畫」》的〈摘要〉說明。感謝楊儒賓教授提供此一文件資料。

以前，臺灣在法理上不稱中華民國，它與中華民國是平行的發展線。
1945 年以後，臺灣屬於中華民國，但做為原來中華民國地理主體的中
國大陸卻另立政權。從國際的政治觀點看，「中國」這個概念分裂了，
「中華民國」與國際政治認定的「中國」也是平行發展的兩條線。

「中華民國」的實質內涵反而與「臺灣」高度重疊。百年的「中
華民國」具有複雜曲折的內涵，其領土、人民、國際承認各方面都歷經
急遽的變遷。這種複雜的結構是中國境內其他地區罕見的，這也是「中
華民國——臺灣」最特殊的構造。

「中華民國——臺灣」的複雜內涵在百年人文學術的傳承上，反映
得更加凸顯，臺灣的學術異於其他華人地區者，在於此島嶼的學術源頭
不是單元的，它明顯的具有中、日兩國的源頭。

二、做為滿清帝國最早進入現代化的一個省，這個島嶼的成員基
本上是由漢人與少數原住民組成的，其原始的學術表現不可能不奠立在
以漢文化為主軸的基盤上展開；但身為最早被編入日本帝國的這塊殖民
地，其殖民母國乃是近現代歐美地區外最早也是最成功仿效現代學術體
制的國家，所以臺灣的現代性學術機制也不可能不受到日本強烈的塑
構。

1895 年臺灣被併入日本後，臺灣被迫參加了日本的現代化行程，
這種殖民地現代化的規模極大，其變遷是結構性的，學術的現代化是其
中極重要的一環。論及人文學科的現代化，1928 年成立的臺北帝國大
學是個指標性的事件。

在此之前，帝國日本在語言調查、人種調查、風俗習慣調查方面
雖已投進不少人力物力，但直到爭議中的臺北帝國大學成立後，整個現
代學術的機制才有明顯的指標作用。

三、到了 1949 年，隨著史無前例的大移民蜂擁而至，也隨著史無
前例的大量文化學術機構渡海而來，學術生態丕變，臺灣學界不可能不
重新接上 1949 年之前中國大陸的學術傳承。

　　四、而中國大陸的人文學術研究在 19 世紀至 20 世紀之交建構現代的學術機制時，通常也會參考日本的經驗，至少在草創時期，我們明顯的看到現代日本學制的影響。中國在十九世紀末後有股「以日本為師」的風潮，它給現代中國人文學術的傳承烙下極深的印痕。

　　然而，現代日本在打造現代性的國家、國民、學術時，它所憑藉的思想資源往往來自於傳來的中國文化，比如朱子學提供的概念系統，即以曲折的方式進入了現代學術術語之林。臺灣處在中、日兩大政治勢力交鋒的前緣，它的歷史命運很明顯的深深烙上中、日兩國文化的影響，但臺灣人文學界的兩個源頭卻遠比字面所示的要複雜。

　　五、雙源頭的概念之複雜遠不僅在源頭處的「中」、「日」兩詞語的文化內涵互文指涉，更在於 1949 年之後的「中華民國—臺灣」的人文學術發展迥異於以往的階段。[2]

　　此所以在《1949 禮讚》一書中，就收有兩篇堪稱全書詮釋主軸的「東亞視座下的臺灣人文科學」與「1949 大分裂與新漢華人文知識的再編成」。由此可以清楚看出，楊儒賓有意超越當代統獨之爭的幾個新詮釋概念之提出：a. 東亞視座下的臺灣。b. 1949 大分裂與再編成。c. 新漢華人文知識。

　　而根據這樣的三位一體的雙源頭——雙繼承——在地轉化的新詮釋結構，也同樣重復出現在《1949 禮讚》一書中的幾篇論文：

　　1.歷史災難與文化傳播。

　　2.歷史災難與歷史機會。

　　3.中華民國與後 1949。

　　4.不只是苦難的故事。

　　5.在臺灣的創造力與中華文化夢。

2　轉引楊儒賓，《2010 年國科會「百年人文傳承大展計畫」》的〈摘要〉說明。感謝楊儒賓教授提供此一文件資料。

6.在臺儒家與渡臺儒家。

7.兩岸三地：新中國與新臺灣。

都是對於上述新文化觀的原始思維根據。但是，之後又有新的發展與再詮釋。此即有關張珣教授所新建構的：「臺灣大眾信仰文化」與「宗教環境學」相關交涉的互動理念之提出。

四、相關繼承、反思與再詮釋的最新發展

（一）有關雙源匯流與在地轉型的多元文化新貌的現代臺灣社會透視

在討論有關張珣教授所新建構的：「臺灣大眾信仰文化」與「宗教環境學」相關交涉的互動理念之提出之前，此處有必要先行對於本書中，所謂「現代性」的概念認定，提出一些界說。

就主流發展趨勢來看，我們大致可以認為已有以下的基本社會現況存在：

一、戰後臺灣社會中的城鄉發展，已高度趨向都市化，且現代交通網構建逐漸完善，民眾跨地域流動率常態性頻繁，國際性資訊聯絡密度高且具顯著的開放性，職業多元而分工且具一定程度的專業性教育基礎，公共輿論允許自由傳播並保障合法批評或容忍異議，社會性公益事業有經營績效和無階級或族群歧視等，所謂「現代化」社會發展的主要特徵。

二、所謂當代臺灣社會的最新發展特徵，在本書中是認為必須能對應如下的內外情勢變化，才算是真正的「現代性」社會發展特徵：

1.以服務業為主軸的未來產業發展方向，已躍居主流的社會發展趨勢。

2.快速和高度適應網際網路時代的全球化及國際化，已相當普及發

展和有一定的社會共識。

3.數位化知識經濟，逐漸成為臺灣高等教育的重點和科技產業的大宗。

4.無國界的金融世紀，與臺灣大多數的民眾生活消費，已息息相關。

5.綠生活的環保世紀，尚未全面普及，環境汙染和民眾抗爭，則頻繁出現。

6.企業國際化，已是臺灣工商業經營的主要趨勢。

7.臺灣佛教眾多慈善團體的急難救助，不但未在全球化的公義世紀中不缺席，並且表現亮眼，聞名遠近。

8.全球資訊通信科技的持續發展，當代臺灣是主要的推動力量之一，不論民眾或官方，數位化的傳播或休閒消費，都相當拿手和具有相當高的意願。[3]

因而，上述這樣的「現代化」社會發展特徵或變化流行趨勢，本書中其實是根據既有的歷史狀況或其和戰後臺灣現代新文化史發展有關者，才舉例說明和進行相關討論。

（二）有關現代臺灣新文化「本土性」的概念認定及其最新發展

至於有關「本土性」的概念認定方法，在本書中同樣也是以其對於長期居住地的各族群無有強烈排斥感、或已能夠習慣並且已高度認同當地社會的常態性生活模式及其相關的價值理念，來作為有無「本土性」的判斷基準。

因為，臺灣原本就是移民之島，不管是土著或漢人，都帶來了外地的文化成份，所以講「純粹性」是不能成立的。確切的說，應是指具

---

[3] 此處的相關內外情勢變化的各項評估，其基本構想曾參考景文科技大學的【98 至 102 學年度中程校務發展計畫書】頁參-1。

有本身文化上的自覺,亦即有「文化的主體性認知」,並本此「認知」,去吸收各種文化精華以創作出和臺灣社會心靈相應的作品。

因而,本章就是基於如此的「文化的主體性認知」,來進行有關戰後臺灣本土文化發展歷程上的「在地轉型史觀詮釋」。因此,對於張珣教授及其率先提出有關臺灣本土宗教環境學的新建構概念,就值得提出來為本章的讀者們介紹。

五、有關何謂「宗教環境學新視野」釋義

(一)如何展開釋義時的基礎認知切入點?

在理解這個問題之前,我們要先理解,有關現代臺灣新文化史各層面的發展與變革,其實都與現有的既存臺灣社會整體的環境的生態及其生活形式有關,此兩者互相長期對話並互相施加影響。

亦即,我們其實也可從既有的當代本土各類大眾文化詮釋方式,來據以重新觀察所謂「宗教環境學新視野」,又是何種相關認知意涵?

首先,對於我們當代臺灣本土的社會大眾的最基礎認知角度來說,縱使不是學術性的專業研究者,也可以從日常生活中所長期觀察到、甚至曾參與各類的臺灣民間信仰活動中,清楚的認識到:

所謂當代臺灣大眾宗教信仰,基本上就是源自是我們庶民大眾的當代集體信仰經驗,但也是承襲我們累代先民信仰智慧的歷史結晶。

這是由於透過相關當代臺灣史的著作論述,我們多數民眾都以能夠了解現有臺灣大眾形形色色宗教信仰習俗,其實主要是承繼三百多年前閩粵移民入臺後,在艱困的篳路藍縷的生活環境中,所逐漸開創出一片新故鄉的大眾宗教信仰精神。

讀者須知,彼等當時是在不同的生活環境下,必須嚴酷地面臨來自黑水溝海洋滔天巨浪的危險挑戰,以及陌生陸地的無數風險考驗,其

中還包括原住民族之間的衝突，漳泉客之間的族群械鬥等種種困難，都
須一一加以克服才能僥倖存活下來。

　　等到進入 21 世紀以來，則又要遭逢更多的環境變遷，極端的氣候
變遷，乃至高速的社會複雜變遷，凡此種種變遷因素，無一不逼迫民眾
做出抉擇，風雨中勇往直前。

　　而我們社會大眾所能賴者，除了現代環境科技，醫療衛生技術，
國家福利政策等，是必不可少之外，在日常生活中，仍須不時藉助信仰
習俗中所祈求的：免災、免窮、免病的信仰心靈慰藉。

（二）舉出現有幾種「宗教環境學新視野」的相關實例說明

　　在相關的現代性認知上，我們臺灣社會大眾不管是否曾研究過，
在現實上都有不同時代的學者提出各自不一樣，但都與「宗教環境學新
視野」相關的透視角度。以下，我們試舉數種有代表性的例子來幫助說
明：

　　1.我們可以舉日治時期的戴炎輝先生為例，因他是認為臺灣民間大
眾信仰與清代村庄組織有關，而日治時期的丸井圭治郎，在其從事臺灣
的總督府第一次宗教調查，同樣指出臺灣民間大眾信仰與中國帝國有密
切關係。

　　至於日治時期的另一位觀察者柴田廉，則曾主張臺灣民間大眾信
仰的各宮廟主神與地緣組織有關係，所以在其之後的增田福太郎，則依
據在臺灣的總督府第二次宗教調查成果，撰寫出民間信仰有五個發展階
段是與部落（村落）的發展息息相關。

　　上述這些研究，都指出民間信仰是社會環境發展的一環。讓我們
從宗教信仰看到社會的存在，也在社會發展中看到宗教力量的共作因
素。

　　2.二次世界大戰後，臺灣學術界關於民間信仰的調查，有至今仍被

稱許的中央研究院策畫，跨領域多學科合作的濁水大肚溪計畫（簡稱濁大計畫），其計畫倡導者之一的王崧興，與年輕調查者許嘉明與施振民等人，企圖以環境史的角度來說明民間信仰的發展路線與成因。

3.至於當時國際學界，則有兩個模型可以參考，一個是美國施堅雅（William Skinner）提出的市場理論。一個是日本岡田謙提出的祭祀圈理論。二者都認為民間信仰的組織與地緣組織有密切關係。

差別在於前者看到民間信仰的發展與空間分布與市集市場有密切關係，後者看到民間信仰組織與（彰泉客）族群分布有密切關係。

前者的原始模型是從四川盆地發展出來，在彰化平原測試之後，不太理想。後者原始模型是在臺北士林地區發展出來，經過許嘉明與施振民兩人在彰化永靖地區測試，頗具成果。

許、施兩人也分別提出他們對祭祀圈理論的修正版本。之後，此一祭祀圈理論，在 1980 年代被林美容重新用在南投縣草屯土地公廟的調查，她發現土地公廟的分布與村落角頭組織的發展密切相關。

4.接著，林美容使用祭祀圈理論到彰化南瑤宮的調查，發現不盡吻合而提出信仰圈的補充。

此因祭祀圈的信徒居住範圍與主神所在的廟宇，是位置緊密結合的。反之信仰圈的信徒，其居住地與主神廟宇所在地，則容許脫鉤（不在同一地區）？。亦即，信仰圈可以覆蓋更大範圍的地理面積。

5.然而，無論是祭祀圈或是信仰圈，都是重視宗教組織的地緣因素。於是在張珣首先對上述詮釋理論，詳細展開其回顧百年來的臺灣漢人宗教研究詮釋理論變革反思，[4]並且其中一篇，是針對祭祀圈的理論局限性，做出深刻的系統反省。[5]

---

[4] 〈百年來臺灣漢人宗教研究的人類學回顧〉，刊於黃富三主編《臺灣史研究一百年：回顧與研究》，頁 215-256。臺北：中央研究院臺史所籌備處，1997。收入張珣、江燦騰主編，《當代臺灣本土宗教研究導論》，頁 201-300，臺北：南天書局。2001。

[5] 〈祭祀圈研究的反省與後祭祀圈時代的來臨〉，《國立臺灣大學考古人類學刊》

6.再者，戰後臺灣民間大眾信仰研究的另外一股潮流，即是來自美國人類學家的影響，這時由於當時他們無法進入已被時人稱為鐵幕的中國境內，於是轉而紛紛來臺，以臺灣漢人社會的大眾宗教信仰，作為彼等研究中國宗教的另類實驗室，所展開學術性調查的不得已替代品。但何謂實驗室呢？

此即當時彼等認為：中國宗教在其本土中國大陸中原地區或是閩粵地區發展之後，又相繼渡海來臺已三百多年。而且，臺灣歷經西班牙荷蘭的治理、明末鄭經與清朝的治理和日本五十年的殖民地統治之後，又再次迎來戰後新一波大陸各省宗教的大舉傳入。

於是，彼等認為，可以從中據以觀察臺地漢人大眾信仰習俗，是否仍然維持與原鄉相同的宗教信仰嗎？亦或已有了同質異貌的發展？

由於這是當時很多來臺西方學者所好奇的相關疑問，於是自然也水到渠成地成為彼等開始展開臺灣民間大眾信仰研究的重要課題。亦即，彼等想進一步探明：究竟是大眾宗教信仰習俗的傳承力量大？或是由於社會巨大變遷所帶來大眾宗教信仰習俗變化的環境因素影響大？

（三）提出「宗教環境學」與當代臺灣人類學宗教新研究的相關性

根據以上的各階段的不同發展，我們以下接著以臺灣人類學宗教研究視野為中心，進一步列舉實例來說明：為何張珣教授會提出「宗教環境學新視野」的相關詮釋思維？

1. 讀者須知，一般來說，人類學家對於宗教的田野調查程序，是在前提上，是把當地社會的大眾宗教信仰，就當作社會文化組成成分的一個環節來看待。亦即，把當地社會的大眾宗教信仰文化與其他成分認

58：78-111，2002。收入張珣、江燦騰主編，《研究典範的追尋：臺灣本土宗教研究的新視野與新思維》，頁 63-108，臺北：南天書局。2003。

為是相依相賴的，因而舉凡當代社會的一切經濟、政治、法律、親屬、族群、性別、教育等等，都與宗教信仰環環相扣。

2. 以 1970-1990 來臺的英美人類學家，在臺灣南北各地均有蹲點調查的民族誌報告出版來看。我們必須知承認：他們的確立下了很多足資後人學習的典範。例如葛伯納的彰化小龍村，武雅士的臺北縣三峽鎮，焦大衛的臺南保安村，桑高仁的桃園大溪，王斯福的臺北縣石碇鄉，甚至是後來的艾茉莉的臺南西港鄉，都是膾炙人口的調查。

3. 期間，日本也有一些戰後來臺調查的人類學家，例如渡邊欣雄以「術」的概念分析民間信仰，以及三尾裕子長期研究雲林馬鳴山五年王爺。這些著作的介紹或是其中幾位代表作，都分別被收入張珣與江燦騰主編的三本系列性的論文集。[6]

4. 戰後，臺灣社會另一個最大的社會變革來自 1987 年的解除戒嚴。解嚴以來，政治朝向民主自由，帶動了經濟貿易自由，民眾結社自由，與宗教自由發展。

內政部開放新宗教登記，從戰後的傳統五大宗教（佛教、道教、基督教、天主教、回教）到 2007 年全國共有 26 個合法宗教。

另外，宗教社團數百個，宗教財團法人也近百個，宗教呈現蓬勃發展。新興宗教的大量出現，曾經有一段時間擠壓到民間信仰，但是終究來看，民間信仰並未萎縮，而是信徒趨向多重認屬。

亦即，信徒同時擁有著多個宗教信仰，其中，民間信仰是最基本的一個信仰，也是民眾最多人擁有的信仰公約數。

此乃因民間信仰不排斥任何宗教，不需要任何形式的認屬。更是因為臺灣民間的大眾信仰，其實是一種社會大眾的生活哲學，或一種社

6　張珣、江燦騰主編，《當代臺灣本土宗教研究導論》，臺北：南天書局。2001。張珣、江燦騰主編，《研究典範的追尋：臺灣本土宗教研究的新視野與新思維》，臺北：南天書局。2003。張珣、葉春榮主編，《臺灣本土宗教研究：結構與變異》，臺北：南天出版社。2006。

會大眾的生活方式，存在於庶民大眾的生活底層。

5. 而且，自臺灣 1987 年正式政治解嚴以來的大眾宗教變化，我們當代宗教學界，也已有了豐富的調查與分析。

其中，例如丁仁傑研究新興宗教的趨勢，張珣研究女性信徒的地位提昇與大量參與宗教活動，林本炫研究社會網絡在個人宗教信仰變遷中的作用，王見川回顧鸞堂信仰的復甦，蔡錦堂反省國家對於宗教政策的制定，余安邦與許麗玲研究宗教經由占示或是各種醫療儀式提供民眾在急速變動社會中，多種安定身心靈的方式。

更進一步，臺灣在人權方面的成就，也開始重視動物權，民間信仰每年在全臺各地廟宇舉行的殺豬公儀式引起社會撻伐，其存廢問題引起討論，面臨宗教價值與社會發展之間的矛盾。

6. 事實上，解嚴之後的臺灣民間信仰與經濟發展之間的矛盾最早起於 1980 年代的社區環保運動，例如鹿港杜邦建廠抗議運動，貢寮核四廠抗議運動，高雄後勁五輕煉油廠抗議運動。民間信仰成為社區民眾反抗外來汙染性的工廠建設的最大支持力量來源，民間信仰的神農大帝與媽祖是愛鄉愛土以及保護海洋的價值基礎。

2017 年，臺灣社會更出現抗議民間信仰長期大量使用不符合現代環境保護的金紙、香枝、鞭炮等等物質，嚴重汙染空氣，環保署在輿論壓力之下，促使臺灣南部地方政府雷厲風行減香政策，引起民間宮廟集結信徒前往總統府前的凱達格蘭大道舉行「眾神上凱道」的示威活動。

7. 至此，我們理解到宗教信仰在現代社會的存續，牽涉到多元宇宙觀與價值觀的協調，是一個牽一髮動全身的問題。

民間信仰與現代社會價值必須有更新的結合與鑲嵌，民間信仰必須轉型，而現代社會也必須重新解讀民間信仰在臺灣面臨全球性與區域性危難時候，對社會帶來穩定與和諧的貢獻。

8. 不過，臺灣大眾信仰除了漢人的信仰之外，還有數十萬原住民族的信仰。1950 年代之後，原住民族紛紛改宗，這是西方基督教與天

主教在原住民族地區的傳播成果。

數十年來，經過學界的調查與研究，亦累積有相當豐富的論著。原住民族承受日本人與漢人的政治與經濟治理之下，不只是在傳統的山田燒墾，採集農業，部落政治，親屬婚姻各方面有了巨大變遷，在信仰與宇宙觀方面也都有了深刻轉變。

基督教與天主教的神職人員取代了部落以巫師為主的宗教權威，舊日的播種祭、收割祭、豐年祭等等歲時祭儀加入了基督教與天主教的年節儀式。

臺灣 16 個原住民族，某些部落接受天主教，某些部落接受基督長老教，甚至是真耶穌教派等等，其中的改宗原因與過程各有差異，而舊日的祖靈觀與西方宗教的聖靈觀的競合，在不同部落也有不同表現。

1980 年代以來，原住民族的正名運動與文化復振運動，讓許多舊日的信仰習俗，例如阿美族豐年祭或是排灣族五年祭等等傳統祭儀得以恢復，排灣族巫師的治病儀式或是卑南族巫師的境界驅邪儀式，也重新獲得重視。可以說目前原住民宗教信仰是新舊並陳，多元發展。

而在以往，臺灣本土宗教研究選集，比較少挑選原住民族宗教研究論著。然而，在討論宗教變遷，是否受到各種生態與人文環境改變的影響時？原住民族的個案，更能夠呈顯環境變遷與宗教變遷之間的因果關係。

例如黃應貴（1947-2022）的布農族研究，即指出布農族從原有的小米耕作與採集狩獵方式，轉變成日本時代的水稻耕作，再轉變成戰後的經濟作物例如水果耕作，使得原有與布農族的山田燒墾有密切關聯的宗教信仰活動，難以發揮作用，加上無法處理生態變遷帶來的新疾病與生活問題，才讓西方宗教可以趁虛而入。[7]所以，能夠對於原住民族宗

7　黃應貴〈東埔社的宗教變遷：一個布農族聚落的個案研究〉，中研院民族所集刊 53:105-132，1982。陳志梧、鄧宗德〈東埔社布農族生活空間的變遷(1945-1990)〉，臺灣社會研究季刊 3(1):51-94，1991。

教變遷的關注，也凸顯「宗教環境學」架構，其實是可以涵括漢人民間信仰與原住民族信仰的。

張珣教授就是基於上述解嚴以來，既有的諸多各類大眾宗教信仰的豐碩研究成果，才體認到必要再有一個更新穎、更具整體性的新的架構，亦即，「宗教環境學」架構的提出。

六、張珣教授提出「宗教環境學」架構的相關學術概念史

2020 年初以來全球受到新冠肺炎的肆虐，不只限制人們的行動自由，導致經濟停滯，政治抗爭，族群衝突，貧富更加不均，更重要的是也讓長久以來蟄伏的環境議題與全球生態危機，更加迫切，成為全球共同需要反省並改善的問題。

其實，環境危機早已被提出，並非新產生的危機。此因早在 1960 年代，美國的一位基督教史學者懷特 （Lynn White）就已指出，更多的科學與科技並無法解決我們的生態危機，除非我們重新思考如何擺放人類在大自然中的位置。

因為以基督宗教為主的西方思考方式，根據聖經創世紀說，上帝授權給人類主宰大自然，人類開發大自然是天經地義的事情。以人類為中心的自然觀就此形成，一切萬事萬物得以服務人類的需求。

事實上，世界上多數宗教也是主張萬物有靈，萬物共生的，人與其他萬物，都在共享一個宇宙靈體。因此諸如佛教的六道輪迴、道教的氣化宇宙論、各地原住民族的宗教、以及東亞薩滿教的泛靈論等等，都是倡導萬物相關的宇宙論概念。

而西方各國在 1970 年代以後，也紛紛出現新世紀宗教運動（New Age Movement），意在反省基督教的以人類中心主義，所衍生出來的，改由許多宗教紛紛推行出來的諸如：素食主義，簡食主義，節約運

動,愛地球,愛環境,反科技等等信仰等。

不用說,我們臺灣民間的大眾宗教信仰,本質上也是屬於一種泛靈信仰,同樣相信萬物均有靈性。例如在臺灣民間的大樹公崇拜,十八王公的義勇犬崇拜,石敢當崇拜,門神崇拜,灶神崇拜等等都是此類。

如果我們專以媽祖信仰為例,來討論華人宗教信仰中感應式的思考方式。亦即其中所具有的天人感應思考方式,甚至擴大而說,是人與非人之間的感應思考方式。本質上,這一種思考方式,其前提是以人類與其他萬物具有共同本質:氣。

而由於人與其他萬物,是具有氣的共通性,因此包括生物與非生物,動物、植物、礦物、山川、星辰、大地,也均由氣所生成。所以,我們作為人的一份子,自當珍惜並關注周圍的氣,無論其來自生物或是非生物。

據此,我們可以說,風水,流年,洞天福地,煞,等等的時間與空間的吉凶信仰,都讓華人關注其周圍的萬事萬物的存在與運行。

若我們自此,轉為改用當代語詞來說,上述這些關聯性,其實都是一個靈性生態學(spiritual ecology)或說是靈性環境學(spiritual environmentalism)的思考方式。環境在此處,自然就必須包括社會文化環境、自然環境、超自然環境等。因而,這也是張珣對「宗教環境學」架構的提出的主要學理依據。

換言之,張珣在本書中,對「宗教環境學」架構的提出,其實是來自其本身具有長遠研究媽祖信仰的學術背景,才能據以解釋當中的宗教變遷各因素,尤其是媽祖信仰變遷的大環境因素。

而我們知道,大眾宗教是社會大眾文化的一個環節,大眾宗教變遷與社會文化變遷息息相關,因果相扣。

並且,由於我們對於以往對於單獨的宗教變遷因素比較可以掌握,或是族群接觸所造成,或是政權政策轉移所造成各類因素。

而隨著學術進展的日新月異,目前我們已有了更多的相關研究成

果累積，於是可以清楚地知道：生態環境因素也可以影響大眾宗教信仰的變遷新貌。

再者，雖然生態因素，對於宗教變遷影響力的層面與尺度廣大，難以明確釐清直接相關性，但是從原住民族的宗教與生態變遷研究，已經可以證明。

其實，漢人的社會與大眾宗教信仰之間的關係比較複雜，牽涉到歷史文獻與宗教的神學教義等等。但是，宗教環境學應該是最大範圍的提出所有可能的人文與自然環境因素，也是未來研究宗教變遷的趨勢所在。

所以作者張珣在其 2016 年的〈同神異貌的天后〉文章中所指出的，關於媽祖天后信仰在香港與臺灣兩個不同地區，所發展出來的不同面貌與神格，以因應信徒需要的同神異貌天后樣態。

其次，在《兩性海神》（2019）[8]一書中，由江燦騰與張珣、蔡淑慧三位編者所提出的：以「媽祖環境學」一詞，來解釋海神的不同性別，亦即海神有男有女，既有在金門的男神蘇王爺，也有在閩臺的女神媽祖；而彼等都先後各自經歷了，從海神到陸上守護神的變遷；且其神祇的神格、功能、儀式與祭祀組織，也因應做出了多樣變遷新貌。

就此來說，此處所謂的「媽祖環境學」新詮釋視角，即異於當代臺灣宗教學界現有的研究模式。換言之，凸顯現代媽祖宗教信仰與其社會生活環境，是互相辯證存在的。

其後，在江燦騰與張珣兩位主編的《臺灣民眾道教三百年史》（2021）[9]一書中，主編之一的張珣教授，又再次強調「媽祖環境學」的新視角的必要性，以解釋其在媽祖信仰上的有效性。

---

[8] 江燦騰、張珣、蔡淑慧合著，《臺灣民眾信仰中的兩性海神》，臺北：前衛出版社，2019。

[9] 江燦騰、張珣合編，《臺灣民眾道教三百年史》，臺北：學生書局，2021。

最後且新發展則是，張珣教授再次將「媽祖環境學」擴大提出成「宗教環境學」。亦即，彼等認為，不只是媽祖而已，其實也可涵蓋其他神祇的民間信仰的詮釋角度。

4.2 解嚴以來臺灣佛教四大事業道場的崛起與轉型新風貌：佛光山、慈濟、法鼓山、中臺山

一、前言

本書讀者，若要認識自解嚴以來，當代臺灣本土佛教發展的巨大變化與其轉型新動態，至少已有四大指標性的本土佛教事業道場：佛光山、慈濟、法鼓山、中臺山。雖然此四大指標性佛教道場各自的現有的事業經營，不只彼此的規模大小不一、發展的時間有先後、甚至彼此所側重的事業特性也差異甚大，但也實質出現各自發展出不同面向的相關事業特色，所以我們正好將此四大指標性佛教道場合併觀察，據以了解自解嚴已來，此臺灣本土佛教四大事業道場的各自崛起的歷程與其轉型後的新發展。

二、「經營大師」星雲大法師封山盤整與政商關係

如今才以九十六歲高齡圓寂不久星雲大法師（1927-2023），在其解嚴以來的道場事業經營與急速擴張的過程中，所出現過最大的挫折時期，應屬李登輝總統執政中期突然出現的「封山」事件。

此一事件的出現之前，臺灣社會各界並未察覺其將爆發的相關徵兆，然而作為當事者的星雲大法師，卻選擇其在參與 1996 年 8 月 5 日巴黎的國際佛學會上，突然宣佈下一年度，即在 1997 年 5 月，當佛光山過完三十周歲後，將會正式「封山」的勁爆新聞，所以當此消息一經傳出，當即在引起國內外引起各界人士的極端關注，並紛紛想探知其發

生的背後原因。

事實上，在其近宣佈正式「封山」之前的近五十年來，佛光山一向是南臺灣重要的地標之一，非但是國內、外遊客必定前往朝山的旅遊勝地，每到選舉期間，佛光山的人脈更是各方政治勢力必然拉攏的物件。

星雲大法師於 1967 年 5 月 16 日到高雄縣大樹鄉，一來為興建佛學院培育專業神職人員以提高僧伽素質，二來為廣開佛門普渡眾生，而入山開荒，如今卻一度興起封山謝客的念頭，這種與開山初衷背道而馳的轉折，的確十分耐人尋味——儘管如今已重開山門，並於 2012 年底啟用大型的佛陀紀念館，欲圖更創生平佛教事業的另一次高峰。

但是，能否如其所願，仍有待歷史的考驗和當代臺灣廣大民眾的是否依然對其熱烈支持而定。

（一）佛光山組織龐大，寺院分佈海內外

據過去長期接近佛光會的人士表示，星雲大法師提倡富裕、華美、快樂的佛教，這種入世的宗教思想，與傳統上佛教給人清貧的刻板印象極為不同，因此頗能迎合臺灣一些大企業主的口味，隨而政界人士亦趨之若鶩。

星雲大法師現今能夠成為宗教界的傳奇人物，最主要的原因是，他是一名組織和企畫方面的天才。首先，他禁止門下弟子濫收信徒，俾免日後結群成黨，在佛院內形成派系相互勾心鬥角。再者，星雲大法師應用佛光山教團每年培養的一百多名僧尼，分發到海內外各級道場，積極弘揚佛法、服務信眾，因而逐日建立起他的「佛教王國」。

依據康樂、簡惠美在《信仰與社會》一書的統計，佛光山屬下的寺院道場，截至 1995 年為止已擴增至一百多個左右，其中有四十五個在臺灣，其餘則散佈在全球五大洲，計有亞洲十二個、美加十三個、歐

洲七個、紐澳十個、中南美三個、南非六個。各寺院道場並依所在地人口數及經常性集會人數，區分為別院〔如臺北普門寺、高雄普賢寺、美國西來寺、東京別院和雪梨佛光寺〕、分院〔極樂寺、圓福寺、慧慈寺等〕及禪淨中心〔永和、花蓮、豐原等禪淨中心〕三個等級，分院若非以傳統寺廟形式，則又稱為道場或講堂，三級之下還有若干布教所，組織相當嚴密，較之在臺灣已逾一百三十幾年的基督教長老會組織架構，毫不遜色。

此外，有別於僧伽系統的信眾方面，佛光山的信眾共區分為職事、功德主及國際佛光會會員三類，其中佛光會的膨脹相當迅速，自一九九二年五月創辦以來，全球已有三百多個分會，領導幹部將近四千人，會員人數則遠遠超逾十萬名。據一項非正式的統計數字顯示，海內、外與佛光山有關的信眾，大約在一百萬人上下，而這些信眾都必須是年滿二十歲、皈依三寶的佛教徒，有關宗教信仰的純度自然比不依這些條件為入會資格的慈濟功德會高出許多。

（二）名門正派紛起，獨佔地位不再

若單就組織發展的角度而言，佛光山的教勢擴張至今，已達至必須區隔信眾與非信眾的地步，以「內外有別」來加強信眾對佛光山本山的向心力。尤其，佛光會邁向國際化的步伐年年加快，「聖化」佛光山為聖地的壓力也就愈來愈大。把會員與閒雜人士區隔開來應是自然的趨勢。所以前幾年的「封山」行動實屬必要。

不過，佛光山在 1996 年時期的打算採取「封山」的行動，就好比股市進行盤整一樣，但最終的目的是在財力不濟的狀況下想保住命根子。所以這幾年的發展，還是決定重新開山，並積極闢建新的大型佛教觀光樂園：佛陀紀念館，以免最後導致事業整個崩盤的嚴重後果。

若再進一步分析，則他在 1996 年時期的「封山」舉動，應和下述

五點原因有關：

首先，佛教界的名門正派近年來紛紛輩出，譬如北投法鼓山的聖嚴、福隆靈鷲山的心道、萬里靈泉寺的惟覺和尚及花蓮慈濟功德會的證嚴比丘尼等都各擁有自己的一片天地，致使佛光山先前獨領佛教界風騷的地位不再。而這些大牌的所設立的大型道場，又可供各大企業主作自由選擇追隨的對象，佛光山的原有資源遂而漸次被瓜分，導致向社會吸取的大量財力日漸窘困。

其次，臺灣佛教徒的特色之一，便是流動性大。而佛光山最大的弱點，就是商業味道較濃，世俗化太顯著，難免會招來一些批評，長期累積下來，信徒自然容易流失。

第三，不論佛光會的擴張有多快，事實上它的財務根基仍在臺灣，由於佛教界各門派彼此都在競爭募取財源，再加上臺灣近幾年又遭逢經濟不景氣，自然更使佛光山的財務壓力明顯地與日俱增。

（三）聖化大本山，截斷政治糾葛

第四，雖然星雲大法師當初創設佛光山的目的非為旅遊，但佛光山已成為觀光旅遊勝地則是不爭的事實。倘若旅遊業對道場收入的貢獻不大，倒不如多找幾位大企業主來支援。可是他們的忠誠度與認同感，都需要聖化本山來提高信仰純度，否則反會加劇內部的不滿情緒，加速流失現有的信眾。

第五，星雲大法師過去與政界人士來往密切，在上一次的總統大選，星雲大法師曾經介入撮合第三勢力與國民黨對抗，整合失敗後又被認定為公開支援陳履安的人士，結果陳的得票率僅 8％左右，這種慘狀令外界對星雲大法師號召信眾的能力備受質疑，選票縮水形同影響力銳減，如此自曝其短，已使佛光山的支持者向心力大降，內部的危機感同時上升。

因此而對外宣佈「封山」，適可截斷佛光山與政界的進一步糾葛，甚至可以抹去星雲大法師曾與陳永和等黑道人物往來所留下的不良觀感。不過，佛光山當時封山決定其實仍留有「但書」，星雲大法師在當年九月五日的記者會上並未言明封山的期限，暗地留下相當的彈性，避免任何意外發生而擴展到不可收拾的地步。所以，他說封山的意義是「先縮小自己，以後再擴大自己」，他當時曾特別強調說，封山不是封閉，「佛光山要像鯤魚一樣潛入大海，有朝一日，蛻變成大鵬鳥時，要舒展寬大的雙翼，庇護更多更廣的無盡眾生。」

（四）當年封山是逆勢操盤，以擺脫各方壓力

按理說，佛光山應是一個不斷擴張、成長的道場，然而幾年前星雲大法師同意僧團的決議，斷然採取封山的決定，那項舉動頗有逆勢操盤的意味，這或許正透露出佛光山的教勢已進入高原期的訊息。

事實上，在臺灣各大佛教派激烈競爭社會資源的情況下，許多功德主早已「一頭牛被剝了好幾層皮」，況且星雲大法師正積極推動「佛光大學」，開銷比從前更大，財力的負荷十分沈重，而資源並未豐沛如往昔。再加上高雄縣的有些地方人士，對佛光山介入歷次選舉的動作頗不以為然，部分高縣的政治人物甚至採取政治手段來對付佛光山，其中尤以《臺灣時報》與佛光山在 1996 年 3 月間所爆發的爭執最引人注目，可見佛光山歷來所擁有的崇高聲望，如今已大不如前。

如果說，在 1996 年時採取「封山」手段的壓力，是源自信眾的流失以及財力上的緊縮，同時星雲大法師在此時也正需「盤整」他自己與政界等的複雜關係，那麼「封山」的行動或許可以力挽步向下坡的教勢，給佛光山一個調養生息、重新出發的機會。所以他才會在陳水扁當選總統之後，又重新開山；以及其後的積極闢建、並已在 2011 年 12 月間，風光開幕和熱鬧啟用的大型「佛陀紀念館」。

（五）星雲大法師的貴人——李決和與其促成開拓的佛教新事業

青年時代的星雲大法師隻身來臺，經過多年的辛勤奮鬥終於成就了一番大事業。可是，不會說臺語的星雲大法師，是如何在臺灣鄉間立足起家的？

當年廿二歲的星雲大法師是因逃難才來到臺灣。在這之前，中國國民黨內一批改革派的出家人，曾主張把佛教與社會活動結合在一起，因此，在江蘇省舉辦了中國佛教會務人員訓練班，年輕的星雲大法師曾參加受訓，後來隨同大部分受訓的出家人避難到臺，隸屬於孫立人部隊的救護隊成員。1949 年，陳履安的父親陳誠，因爲擔心這些人中夾雜著「匪諜」份子，因此下令逮捕這批出家人，後來經由孫立人夫人張清揚的搭救才得出獄。

擺脫牢獄之災的星雲大法師，最先在苗栗的法雲寺「看山」，他初期的作品《無聲息的歌唱》一書，便是在這段期間寫成的。不久，新竹的一些出家人在青草湖舉辦臺灣省佛學講習會，星雲大法師在會中負責教臺灣出家人的國文，因此他也趁便學八個月的日語，從閱讀日本佛學的著作中吸收了比較生活化的佛教觀，這可說是他潛修佛學經歷上的一大收穫。

處在白色恐怖期間的大陸出家人，當時爲求自保便組織了「中國佛教會」，星雲大法師獲得人數較多的蘇北同鄉推舉爲南京區的佛教代表，並於 1952 年當選該會常務理事。1953 年底，李決和邀請星雲大法師前往當時仍是窮鄉僻壤的宜蘭分會演講。李決和早年曾在中國大陸經商，北京話非常流利，如今已是宜蘭地區的一位大商人，過去一直參與雷音寺的活動。李決和結識星雲大法師後，兩人就非常投緣，李決和立刻協助星雲大法師於翌年取代因病無法視事的雷音寺住持，自己也成爲星雲大法師在宜蘭弘法的熱心支持者，他即是目前佛光山慈莊的父親。

星雲大法師在臺拓展事業，一開始即獲得宜蘭本地李決和家族的

全力配合，這是他一生中非常重要的轉捩點，通過這項結合，星雲大法師很輕易地便贏得宜蘭士紳的認同，又由於當地沒有大和尚，從臺北總會移居的星雲大法師立刻居於「老大」的地位，從此一位原先沒沒無聞的小和尚，在很短時間內便雄踞一方，倘若星雲大法師當初沈迷於臺北，那麼他恐怕會卡在多位大和尚的聲威之下，難有施展拳腳打下一片江山的機會。

（六）小廟留不住大和尚，星雲大法師尋求外援

然而，雖說蘭陽信眾對星雲大法師十分崇拜，當地一般居民既少又窮的事實，終使雷音寺這間小廟留不住企圖心旺盛的星雲大法師大和尚。就在星雲大法師投下近十五年心血穩定宜蘭這片江山的同時，他每個月幾乎有一半時間都來往於宜蘭和高雄兩地，試圖「收集」各地的零星散戶。這段期間，他順便還到鳳山會晤知音煮雲，他們兩人都同樣主張通俗的佛教路線。

為求另闢一片天地，星雲大法師著手嘗試各種快速而有效的吸引信徒的辦法。譬如他一方面積極辦活動、發傳單；另一方面一有機會，就用樂隊迎送星雲大法師遊街，以這種方式來引起民眾的注意。然而，在這些廣告攻勢中，最具成敗關鍵的語言溝通問題，是星雲大法師占盡其他競爭者優勢的地方，因為他擁有一件秘密武器，就是後來擔任星雲大法師專屬翻譯秘書的李決和。由於李決和通曉國、臺語，又熟識佛經，故而星雲大法師的每場演講都能有精彩的臺語翻譯，使他力足以通吃本省及外省籍的佛教徒，這種優勢較之其他同輩的外省，因語言隔閡而走不出都市顯然有天壤之別。

除了全力推動宣傳攻勢外，星雲大法師本身擁有很強的發表能力，在當時臺灣資訊十分匱乏的情況下，他非常勤於為電臺撰寫佛學廣播稿，還經常在佛教刊物上發表文章，連自掏腰包買篇幅都願意。我們

必須知道，文字、聲音媒體都是跨地域性的傳播工具，而當年傳播工具的數量甚少，人們沒什麼選擇，所以如此長期累積下來，便使他逐漸享有全國性的知名度。

（七）結合高雄主流商賈，人脈深入黨政軍

星雲大法師到高雄活動的期間，正巧當地傳統的一些老士紳因爲不喜歡正在逐步擴張的基督教，因此就邀請星雲大法師襄助，請星雲大法師協助他們住持貌似基督教堂外觀的佛堂「高雄佛教堂」，於是星雲大法師便從香港聘來他的師叔月基和尚在該佛堂擔任住持，並因此和高雄地區的主流商賈搭上線了（＊近幾年，更設法將其納入旗下的佛教寺院之一，堪稱是其生平靈活手段最機敏運用的成功範例）。[1]

非但如此，星雲大法師再度展現他過人的社交才華，成功地說服軍方，允許他在高雄海軍管制區壽山公園內，修建壽山寺。蓋起了壽山寺，就等於證明星雲大法師的人脈關係已經深入高雄地區的國民黨、政、軍社交圈內，經過這一段奮鬥的歷程，才讓四十歲的星雲大法師於 1967 年抓住機會，買下高屏溪上游大樹鄉麻竹園十幾甲的山坡地，終於奠定他的佛教大叢林，實現他所倡導的「佛教人間化，生活佛法化」的理想。

（八）經營佛光山開創商業化典範，星雲大法師一手拈出無限
商機

堪稱臺灣佛教事業「經營之神」的星雲大法師，他一手闢建的佛光山向來是海內外佛教界爭相仿效的典範，他非常善於利用媒體替佛光

---

1 參考闞正宗、侯坤宏、卓遵宏訪問，《人間佛教的理論與實踐：傳道法師訪談錄》（臺北：國史館，2009），頁 20-31。

山廣作宣傳，深悟不斷投資來擴張教勢的道理，依不積蓄的原則把錢財轉手投資於佛門事業，既是最先懂得利用現代傳媒工具的大師，又是極富超時代經營理念的佛門中人。

星雲大法師首先在臺灣運用經營「百貨公司」的手法來促銷佛光山，四十餘年來獲致空前的輝煌成果。同時，他擷取現代消費文明的「精華」，利用普遍參與原則和分期付款的方式，讓許多信眾得以共同參與開山建寺的功德事業，藉以分散經濟來源，其結果還可以防止少數功德主對佛光山經營權的干預，真可謂慧心獨具。

星雲大法師一向與臺灣的政、商界人士，維繫既廣泛又友好的關係，並以佛光山為場所促進信眾間的聯誼，或讓彼此尋找到商機，或讓他們結交成摯友，經由宗教信仰進行情感交流。星雲大法師首開臺灣豪華型大法會普及化的風氣，借著擴大參與和聚少成多的收費原則，使佛光山的各種宗教活動，在他刻意經營下，頗有「星雲大法師俱樂部」的輕鬆、休閒氣息，旗下又大又堂皇的寺院，特別能夠凸顯出佛光山信仰大眾化、人間化的宗風。

（九）運用四大理念，奠定事業根基

高雄佛光山的經營管理方式，主要受四大理念的影響：第一，星雲大法師早期在中國大陸接受叢林道場家長式權威的熏陶，寺院內部階級分明，師徒、師兄弟之間嚴守倫理，絕對服從。為了不讓錢財變成寺院裡糾紛的來源，在經濟上星雲大法師採取不積蓄和輕微負債的作法，使信徒的捐獻不斷用於投資事業上，絕不留在師父或弟子的身邊，如此很快地便把現金轉化為資產，大家兩手空空，減少彼此眼紅的機會，更沒有被倒債的困擾，所以星雲大法師永遠叫窮，但佛光山的投資活動卻向來就未曾中止。

既然寺院的財源主要來自信眾，因此佛光山非常注重動用居家信

徒的資源，星雲大法師花費很大的心血來結合地方士紳名流的力量，藉以穩固佛光山的社會支援根基。據說，立法院的目前資深院長王金平，以前在高雄競選區域立委時的宣傳品，每次都經由佛光的系統代爲分發。然而，不論外界如何抨擊星雲大法師爲「政治和尚」，他都少公開辯駁或只低調自辯。最近幾年，則以選擇性的支援，分散支援對象，因此所曾進行的多次大型賑災活動(包括島內和國際的)，也屢屢成爲被媒體報導的社會新聞焦點。

　　第二，佛光山的管理制度實際上是沿襲自蔣氏父子時代的軍隊管理辦法，這可分爲：

1.採取軍中輪調制

　　各道場職事的調動一年檢討一次，避免道場內部結合爲子弟兵，出現山頭，瓜分了中央〔大本山〕的權力。這就好比蔣家在臺治軍的方式，部隊經常輪調，士兵與司令官之間難有地緣、血緣和其他密不可分的袍澤關係。所以，佛光山一開始便確立職事的輪調制，各道場的發言權份量相同，這與慈濟功德會的經營方式十分不同，佛光山把這個制度發揮得淋漓盡致。

2.實施政工思想教育

　　佛光非常注重宗門思想，強調出家人必須服從、奉獻等，把日常的勞動視爲修行的一部分，每一個幹部都必須善於處理雜務，進行全方位的鍛鍊，這就好比是國泰人壽的幹部培訓方式，與慈濟以非僧伽爲骨幹的組織型態形成鮮明的對比。

（十）方便信徒參與捐獻，分期付款積少成多

　　第三，佛光山受日本寺院和企業的經營理念影響甚深，這可追溯到一九六三年星雲大法師第一次出國的經驗，他從日本寺廟學習到怎樣

向遊客收香油錢的訣竅，如何安排多功能的文物展示以及如何舉辦大型的法會活動來刺激信徒的信仰熱忱。星雲大法師經營學的特徵之一，即是採用當時日本寺院及企業的經營方式來管理臺灣的道場。星雲大法師把佛光山建設成一個綜合性的組織團體，儼如百貨公司一般，以信眾所有的消費需要作爲規畫的重點，例如有托兒所、小學、中學、娛樂設施、文物館、坐禪設備等，而朝山會館落成時，足可媲美高雄的觀光豪華旅館。換句話說，佛光山把空間的利用規畫到極限，包納人一生之中衣、食、住、行的需求應有盡有。

第四，佛光山擅長利用臺灣原有的宗教資源，把一般寺廟裡傳統的東西轉化成佛教商品，創造無限的商機，譬如佛光山也有讓信眾或遊客抽籤問卜的地方，只是求籤者拿到的並非籤詩，而是佛教的格言罷了。又如，佛光山改變地方財主捐贈石雕門柱等給寺廟的方式，透過大眾化的價格讓更多人能夠參與捐贈活動。譬如，傳統的寺廟都依賴少數幾位財主捐輸大筆款項來建廟，可是佛光山卻鼓勵許多人以小額款項共同捐獻的辦法來籌措同樣一筆數額的善款，如此一來，鈔票分文未少，信眾反而增加得更多。所以，一片牆壁可由很多人一起捐款來修繕，一根門柱同樣如此，佛光山到處蘊藏著無限的商機，他們甚至允許功德主分期付款來認捐，達到建佛寺的目的。

星雲大法師心知肚明，捐錢的功德主倘若過分集中就會衍生問題，這些少數人可能功高震主，左右佛光山的決策，但是，允許很多信徒共同參與，就等於降低大功德主的發言份量，如此方可避免受少數人操縱的危險。這種集資的手段，彷彿臺灣中小企業主通過標會的管道累積資金一樣，不必擔心受制於大金主或股東，因此佛光山一直不受大財團的影響，而「普遍參與、分散經濟來源」的經營策略，實屬佛光山運用得最爲成功。對照之下，慈濟的榮譽董事組織，力足以左右事工的推展方向，而且這些榮譽董事都具有雄厚財力背景，無形中就掌控了中央的部分許可權。

由此我們可以看出，佛光山是一個具備多功能的超大型道場，足以提供信眾各類需求，實際上是一座類似「百貨公司」的佛教道場，把所有的佛教文物與知識集中在一起來販售，這也是星雲大法師經營學的特徵。相形之下，過去臺灣寺廟的經營方式，就好像傳統的雜貨店，格局小，貨色又不齊全，面對佛光山百貨公司式的競爭，根本毫無招架之力。

此外，他更善於採取所謂「置入式行銷」的操作手段，大方揮灑獎助經費，使港臺和大陸的許多佛教學者和研究機構，陸續成為類似星雲大法師本人御用的以及不斷為其大力公開鼓吹所謂「人間佛教思想：星雲大法師模式」的特製學術傳聲筒，因而彼等實已堪稱是新佛林外史的最佳典範人選。

（十一）佛教道場精緻化，挑戰佛光山轉型

然而，隨著臺灣社會形態的快速變遷，現階段的佛教道場已經逐漸走向專業分工，呈現高度組織化和精緻化的趨勢，如此迫使佛光山不得不面對本身組織轉型的問題，這可說是臺灣社會由先前的農業文化，迅速轉型到如今以服務業為主，各企業之間彼此的競爭加劇，反射到宗教界的一種社會趨勢，佛光山自然脫離不了臺灣社會轉型所出現的暴風威力之衝擊。

在目前各家奇招盡出，以競逐社會資源的趨勢下，例如全身投入慈善事業的慈濟功德會，每場大型活動都經王端正等專業人士精心擘畫，法鼓山的聖嚴也深悟個中三昧，曾特聘在家居士「安佳奶粉」的老闆葉益和參與各項活動的設計，花蓮和南寺傳慶也專精於多媒體的經營，這些精緻的現代化經營方式，都已經超越過去星雲大法師所熟悉的經營手法，佛光山的未來發展與存活，就必須跟上時代丕變的腳步，從中小企業的發展型態提升到高度的企業化經營管理。換句話說，佛光山

今天面臨的是如何轉型爲現代化的專櫃百貨公司和經營分佈各地連鎖店的問題。

特別是，今後佛光山到底能推銷什麼商品來吸引信徒？從前佛光山把臺灣傳統寺廟所販售的各種商品，集中在一起來供民眾選購。

信眾想要看大佛，佛光山就蓋一尊全臺最高的山門接引佛立像，佛教文物的展覽多以佛光山最齊全，而香客的住宿設備，也以佛光山最豪華舒適。

此外，從山下沿著上山坡路的兩旁，一路上，每隔幾步遠，就有一尊使用機械模具壓製塑化材質而成標準尺寸完全一致的站崗衛兵佛，豎立在樹叢之間。這些佛像由於材質特殊，能夠不分晝夜、不計春夏秋冬、更不畏懼任何風吹雨淋、或烈日高溫下的強光曝曬，都如永恆般的在笑臉迎賓。所以其整體看來，宛若呈現一座真實萬佛城般的巨大裝飾性效果。這對初次抵達佛光山的任何朝山客，都是很有震撼力的。

反之，臺灣傳統寺廟石雕師的笨重佛像作品，既費時太多又價格不低，根本無法和佛光山這種超現代化裝飾性的佛像風格相比，彼等除了甘拜下風或者立刻轉行之外，實別無他法(※我們很難想像，今後臺灣還會出現比目前「佛陀紀念館」上那尊達幾十層大樓高的鋼骨水泥所塑造的龐然大坐佛更高的大佛像)。

可是，在臺灣未來的宗教文化必然走向精緻化的過程中，論佛學造詣不如印順、論禪學名氣比不上聖嚴、惟覺、論推廣慈善事業仍稍遜證嚴比丘尼的星雲大法師，他雖集各人之所長但未必專精如他們，面對這些大牌宗師的聲勢挑戰，將來怎麼引導佛光山轉型以保持住現有的優勢，實在耐人尋味(例如寬謙比丘尼目前在臺北市北投區所新規劃：佔地達十甲大的新佛教藝術文化生活園區，其重視綠能和生態保育的新潮規劃，並結合日本名家安藤俊雄主導的精緻佛寺建築風格，將很可能使碩大無比的「佛陀紀念館」整體景觀，也為之黯然無光，或難以企及)。

三、臺灣奇蹟造就慈濟王國

慈濟功德會慈善事業的創辦，時間上與佛光山相近，但實際崛起的時間則甚晚，並且與臺灣在 1970 年代末，外交環境的丕變及經濟快速起飛，有著非常密切的關係，再加上當時臺灣社會對東部原住民的原罪感，進而激發慈濟聲望的急遽膨脹，締造臺灣空前龐大的慈善事業。

因在 1971 年以前，臺灣社會基本上還是相當貧窮，而慈濟功德會在 1966 至 67 年間即已出現，但當時即使在花東地區活動了將近十五年，它會員的成長一直非常緩慢。在此之前，1955 至 65 年間可說是基督和天主教會在臺灣發展的黃金時代，當時的教會在臺灣是一個資源豐富的宗教，包括提供麵粉、奶粉及醫療等極具民生價值的物品，神職人員既有學問又有拯救世人的道德使命，教勢的發展可說如日中天，吸引了大批的臺灣知識份子加入傳播福音的行列。

然而，隨著臺灣於 1971 年退出聯合國，繼而於 1979 年與美國斷交，從前在經濟上和人員上積極支援在臺各教會的外國機構及資源，便逐漸退出臺灣，或把人力和資源移轉到比臺灣更需要的中國大陸，所以一度在臺迅速擴張的基督教聲勢，便開始走下坡，但也因此促使臺灣的教會走向自力更生的道路上。

（一）四大因素輔助，慈濟成長神速

當證嚴比丘尼於 1979 年前後向臺灣社會發出在花蓮蓋醫院的呼籲時，正巧基督和天主教會的資源已開始萎縮，無力再在東部蓋新的醫院，非但如此，教會醫院在此時也無法免去與其他醫院相類似的陋規，其中尤以開刀之前必須先繳保證金的規定最受外界詬病。證嚴比丘尼在目睹一位山地婦女因繳不起保證金而被醫院拒收，因此血流滿地的慘狀，方才立下助人的心願，從號召社會善心人士捐錢蓋醫院開始，一步步搭建起慈濟功德會一呼萬應的慈善事業。

因為這時的東部原住民就好比被政府遺忘掉的一群，當地的醫療資源極端缺乏，生活異常困苦，故而原住民的問題便成為當時臺灣社會有良知者的原罪。

這也便是後來臺灣女權運動，一開始即從關懷原住民雛妓問題著手的原因。所以，要怎樣關懷東部原住民，在當時是一項相當能夠打動臺灣社會人心的議題。

1.蓋一座不必繳保證金的醫院

證嚴比丘尼希望蓋一座不需繳交保證金就能醫病的醫院，在別人有難之際及時伸出援手，這是一種佛教普渡精神的具體表現。因此在這段期間的佛教雜誌，都一致贊同支援證嚴比丘尼的呼籲，在社會上也獲得極大的回響。

事實上，全臺灣教會的牧師、神父、修女等神職人員，他們過去對臺灣醫療方面的貢獻是任何佛教界人士或團體都無法與之比擬的，可是證嚴比丘尼發願的時機，正值基督教聲勢處於退潮時期，教會的力量伸展不開來，蓋一家在東部的佛教醫院已經沒有面臨教會醫院競爭的威脅；同時在臺大醫學院的全力支援下，為慈濟醫院的成功奠下了極佳的基礎。

此外，到了 1981 年之後，臺灣已出現了一批靠炒作土地而發財的大暴發戶，這些人為求贖回良心，便把具有濟貧扶弱特色的慈濟醫院當作一個著力點，樂於出錢、出力來幫助東部的居民，使濟貧扶弱的傳統民間道德力量再度擡頭，蓋一家醫院來照顧東部的民眾，此刻變成大家都樂意的事。由於這些主、客觀條件的成熟，證嚴比丘尼的心願很順利地便得到實現。

2.小手冊大功效，證嚴比丘尼聲望家喻戶曉

不過，出乎大家意料之外的是，慈濟功德會在蓋好醫院之後，它的聲勢立刻扶搖直上，會員的增加非常神速，的確令人始料所未及，但

這首先還須歸功於一位名叫陳慧劍的居士，由他所寫成的《證嚴比丘尼和他的慈濟世界》這本小書冊，隨著慈濟醫院仁心仁術的濟世表現，把證嚴比丘尼的個人魅力散播到全臺各地，使臺灣樂善好施的道德傳統，再度從社會上的各個角落甦醒了過來。

據瞭解，這本書一經出版便流通了三十多萬冊，威力的確驚人，書冊把證嚴比丘尼描述得儼如現代的活觀音，如此既滿足了人們對傳奇性人物的仰慕心理，又樹立了證嚴比丘尼在宗教上的權威，讓許多真正熱心公益的人找到了追隨的對象。

另外，證嚴比丘尼擁有一項在當時佛教界比較缺乏的優點，那就是在錢財方面絕對公私分明。在那個時代裡，一般道場的帳目通常都是黑盒子，勸募而來的善款往往會不知去向，因而社會上對少數住持在道德或操守上所產生的質疑都會不分青紅皂白地怪罪整個佛教界。

3.帳目絕對清楚，臺大醫院共襄盛舉

可是證嚴比丘尼的作法明顯地有所不同，她即連靜思精舍的產權都是由自己家人替她買下的，一切自食其力，絕不虧欠信徒分文，也沒有錢被師父私下用掉的懷疑。而一旦牽涉到錢財的用途，證嚴比丘尼都會完全交由董事會來共同決定。因此，證嚴比丘尼很快地就成了佛教界崇高道德的典範。

再就經營手法來說，證嚴比丘尼為要取信於社會，她把慈濟醫院的所有權和經營權分開，把經營權委託給在臺灣最具公信力的學術機構，也就是每年聯考都是最高分的臺大醫學院。慈濟醫院的院長、醫師等重要幹部，最初都是從臺大聘請過來的，這等於是兩個機構的共生結合，使慈濟醫院就好像是臺大在花蓮的分院，這項十分巧妙的安排，讓慈濟醫院在東部輕易地建立起醫療權威的地位，同時也使證嚴比丘尼由此而贏得了世俗社會的權威。

4.媒體資源豐富，慈濟效應所向披靡

　　慈濟功德會臻至今日的成功，其實還得感謝證嚴比丘尼的弟弟王端正，這位出身自媒體記者的人物，非常瞭解掌握媒體關係的重要性，他不斷利用各種管道讓媒體替慈濟造勢，包括買廣播時段、電視時段，慈濟又擁有自己的刊物，可說是目前掌握臺灣媒體資源最豐富的團體之一，而它在媒體宣傳上的投資，恐怕也是最多的。所以，慈濟只要在政治上不犯錯誤，不要讓國民黨感覺到它有支援反對黨的傾向，那麼它就不會像佛光山一樣，三不五時地總要遇上政治麻煩。

　　多年來，政府對慈濟功德會的褒獎幾乎持續不斷，國際上的表彰也接二連三，再加上媒體的推波助瀾，「慈濟效應」在短短幾年內便深深地撼動了臺灣的社會民心，使佛教與慈善事業緊緊地相扣在一起。

　　依此說來，證嚴比丘尼發迹的時代背景，係在臺灣社會處於轉型期之際，時機上正是外在環境逐漸對佛教發展有利的時刻，她經過十多年的長期摸索，終於發現到能夠扣緊時代心弦的社會議題，一俟她在「後山」發出照顧弱者的人道呼籲，就打中當時社會心理的弱點，因為大多數的人對東部原住民都有一種原罪感，所以社會上的回應極為熱烈。

　　然後，證嚴比丘尼在經營慈濟功德會的策略上，把宗教性和非宗教性的慈善事業作區隔，讓事業體由臺灣的主流精英來籌辦和管理，非常正確地規畫了事業發展的方向，再倚靠造神運動及自食其力的優勢，在媒體的充分配合下，很迅速地便征服了臺灣社會，威力之大所向披靡，影響力還漸漸擴散到亞洲之外的地域。

（二）臺灣本土新典範的形成：證嚴比丘尼「慈濟賑災團」的救援模式

　　釋證嚴比丘尼是臺灣籍的比丘尼，長期關懷臺灣本土，一直是她

佛教事業的重點。她不像出身大陸叢林的星雲大法師法師，有濃厚的大陸情結；對她而言，「慈濟功德會」的四大志業，只是在關懷臺灣本土社會之餘，進一步對臺灣以外的全人類提供救助與關懷而已！

因此，在 1991 年以前，雖然有許多臺灣著名的法師或宗教團體，紛紛前往大陸朝拜或交流，但證嚴比丘尼則從未踏上大陸本土一步。直到 1991 年 7 月中，中國大陸遭遇半世紀以來最嚴重的水災，死傷幾近二萬人之多，災區遍及數省，民眾受困或無家可歸者，更數以百萬計。

在這種情況下，臺灣的宗教團體，都本著「人溺己溺」的精神，號召信徒和社會大眾，捐款或藥品、衣物和糧食，以協助彼岸的同胞。

以佛光山星雲大法師為例，雖然中共當局對他協助「民運人士」猶存芥蒂，但他前後仍透過紅十字會及其他管道，捐款達五十萬美金之多。

其他的宗教團體，如一貫道等，也捐了大批的款項。可以說，救人第一，而沒有計較是否有信仰上的差別。

但，證嚴比丘尼的作法，則較之其他宗教人士或團體，在手法上要細膩得多。她本人仍未踏上大陸一步，但她和「慈濟功德會」的一群主要幹部，經過仔細協商後，決定成立「大陸賑災評估小組」，以「佛教慈濟慈善基金會」的名義，前往大陸。這也是中共在 1991 年 5 月中旬，宣佈停發出家人的「臺胞證」以後，首度有臺灣方面的宗教團體，正式申請進入大陸，成員包括：慈濟志業總管理中心副總執行長王端正、慈濟醫院院長曾文賓、臺大醫學院公共衛生系教授陳光和、慈濟榮譽董事張來鴻、慈濟委員李憶慧、以及慈濟醫院社會部工作人員張月昭等，可說是一支很專業性的隊伍。

此一小組在 1991 年 8 月中旬抵達北京。交涉的對象，是設於中共「民政部」內的「中國抗災賑災協會」。由於該「協會」的李姓副秘書長，是由「民政部救災司」的司長兼任的，因此，慈濟的「評估小組」實際是和中共官方打交道。而慈濟又是來自「佛教」的慈善團體，雙方

要如何打交道呢？

　　本來，依據臺灣方面「紅十字總會」的秘書長陳長文的看法，如果要避免大量由臺灣各界捐出的款項和救濟物品，被經手的中共官員中飽，最好是悉數透過「紅十字總會」來處理，並可指定用途；而該會保證會按照指定用途，有效地及時送達大陸的十九個省分災區。的確，當時臺灣的各界捐款和救濟物品，也透過此一管道來進行。唯獨「慈濟功德會」突破性地另尋交涉途徑，那麼可能出現怎樣的狀況呢？

　　其實慈濟的「大陸賑災評估小組」，在臺灣籌組時，已擬定行動的方針：計畫從經濟支援、物質援助及醫療防疫著手；而原則上，將儘量利用大陸當地的人力，再配合臺灣方面能提供的經濟支援，以便全力投入救災的工作。證嚴比丘尼解釋說：「『慈濟功德會』決定將賑災物品，直接送到大陸災區的災民手中，是有雙重意義：（一）將臺灣捐款人的愛心涓滴不漏地送達大陸災民；（二）更深的意義則為啟發大陸同胞的愛心。」顯然地，證嚴比丘尼有更深一層的打算，並非只是單純的作慈善救助而已！

　　而王端正代表「評估小組」，在「中國抗災賑災協會」作簡報時，更具體、周詳地提出慈濟的賑災構想：

　　一個目的：賑濟受災地區同胞，讓他們能渡過難關熬過秋冬。

　　二項原則：（一）直接原則。（二）重點原則。

　　三種不為：（一）不談政治。（二）不搞宣傳。（三）不刻意傳教。

　　四種物質：提供（一）醫藥。（二）食品。（三）衣物。（四）金錢。

　　五個希望：（一）雙方合作。（二）人力支援。（三）交通運輸協助。（四）資料提供。（五）工具配合。

　　由於慈濟的「評估小組」已表示將會避開宗教和政治的問題，剩下來的，只是如何將錢和東西送出去而已，中共方面豈有拒絕之理？

但中共方面仍然要求慈濟，能比照聯合國的方式：將所有的物質折合現金，交由「中國抗災賑災協會」統籌使用，為災民蓋房子。

因當時光是安徽一省，就有三百萬戶安置。至於各災區的醫療隊，及災民的吃、穿等物質，不但有國內外的大批救濟品，中共本身也有能力調度和設法維持。然而，這和慈濟的原先構想，可謂大有距離。於是雙方再盡力協商。

最後原則上，決定維持慈濟的原構想；可是慈濟也同意考慮中共所提，為安徽省災民蓋房子的問題。

結果，慈濟的「評估小組」，將實地勘察資料帶回臺灣後，決定先在安徽的全椒縣為災民蓋 14 個「慈濟村」，可安頓 945 戶，並希望在農曆新年前可以搬入居住。另外，為全椒縣的老人，也蓋了 9 所「敬老院」，以及在江蘇省興化縣為災民蓋了 569 戶房子。而這些房子不但附有完善的衛生設備，甚至向當地政府爭取到土地所有權，連同房子的所有權證書，一併交給分配到的災民住戶，於是中國佛教史上前所未有的「慈濟村」，就這樣出現在對宗教一向敵意甚深的中共統治區內。

在房子和土地之外，慈濟的工作人員，在元旦後還派人去災戶家裡，發放棉被、棉襖、種子和化學肥料，「敬老院」的無依老人，也發給人民幣六十元的大紅包。難怪災民要感激的說：「又有衣服、又有被子、又有錢、又有化肥、又有種子！有了衛生衣，還有棉襖褲，一切的生活所需都被你們包了，我們永遠忘不了臺灣！」

而慈濟的工作人員，只在發放大紅包時，要那些老人唸一聲：「阿彌陀佛！」以表示是屬於「佛教」的關懷。這樣的輕微「犯規」，也不致引來中共的干涉。可以說，雙方皆大歡喜。

從以上的描述，我們可以發現慈濟的作法，是非常有計畫，並且也的確收到了原先的預期效果。雖然對數以百萬計的災民來說，慈濟只照顧了其中的某些幸運者，但在宣傳效果上，卻是難以衡量的。所以上述「慈濟模式」的突破性作法，堪稱是臺灣本土新典範的形成。

　　而這也是為何近年來，慈濟能正式被大陸國務院核准，成為唯一可以在大陸合法立案和公開活動的臺灣佛教慈善團體的真正原因。[2]

（三）慈善托拉斯吸力大，弱勢團體備受威脅

　　再就是，慈濟早已是大家公認的慈善事業托拉斯，它壟斷了社會上的大部分慈善資源，幾乎使得慈善事業一元化，結果造成一些弱勢團體籌措經費發生困難，長此以往，這種現象是否合乎社會正義，目前已經引起各方的議論紛紛。甚至慈濟時下所進行的物資救濟，是否為宗教上的必要性，也同樣引發佛教界人士的爭議。可見這種社會資源過分集中的負面效應，事實上已經越來越明顯了。

　　急難救助永遠受歡迎，尤其是對弱勢族群的支助，更容易贏得大眾的敬意和喝采。但是，自從全民健保實施以來，窮人醫療不再是社會上最迫切的話題，這種轉變無疑地將使得以協助窮人解決醫療困境而起家的慈濟，褪去以往工作成績的光環，讓慈濟失去工作的著力點。此外，如今慈濟的事業已經擴展到全臺灣，西部的民眾不再對東部的原住民抱持原罪感，證嚴比丘尼的呼籲不再代表花東，民眾支援的目標反而變得不明確。

2　慈濟在大陸的最新發展是，2010-08-20 起，已在江蘇蘇州市正式掛牌成立，成為大陸第一家由境外非營利組織成立的全國性基金會。根據 2010-08-21《中國時報》【大陸新聞中心／綜合報導】〈大愛遠播　慈濟在江蘇掛牌〉：「據「新華社」報導，經大陸國務院批准，慈濟慈善事業基金會廿日在江蘇蘇州市正式掛牌成立，成為大陸第一家由境外非營利組織成立的全國性基金會，海協會長陳雲林、大陸國家宗教局副局長齊曉飛等出席成立儀式。報導指出，一九九一年大陸華東、華中遭遇特大洪水，慈濟功德會開始在遭受重創的三省四縣進行大規模的急難救助，並落實中長期的援建工作，近廿年來，慈濟已在大陸累計援建四千四百多戶「慈濟大愛屋」、五十多所學校以及敬老院、婦幼中心、醫療大樓等，並長期開展義診。目前慈濟在大陸進行的慈善援助工作涵蓋廿八個省市自治區，工作項目包括汶川大地震災後重建、甘肅集水抗旱水窖工程暨移民遷村援助、貴州扶貧暨邊村工程等，同時大規模開展貧困學生助學項目、骨髓捐贈、醫療援助、環境保護資源回收等工作。」http://news.chinatimes.com/mainland/0,5245,110505x112010082100224,00.html。

近年來，佛教界對慈濟的批評也逐漸加劇，火力集中在佛學所教誨的普渡與別渡的問題。就以慈濟到大陸蓋住屋給水災受難戶為例，因為受災者遍及數省，慈濟只在一小地方賑災，這種作法明顯犯了選擇性救濟的偏失，也就是別渡，不符合佛教「眾生平等」的主張，慈善事業一定要著眼於普渡眾生的作法。加上中共在對臺灣連續進行試射飛彈的恫嚇，慈濟當初到大陸賑災目的之一，希望減輕兩岸敵意的目標，顯然沒有達成，據瞭解，這檔子事現在慈濟會員都儘量避免談及。

（四）大陸賑災引發非議，期待諾貝爾解危

證嚴比丘尼過去各種傳奇性的故事，由於重復性太高已經不新鮮了，而佛教界人士期待她站在宗教專業的立場，從比較根源性的問題著手，推動涵蓋普遍性的社會改革或照顧。但因慈濟經營慈善事業的方向並不在這裡，預計雙方的意見差距一時之間仍難化解。故而，證嚴比丘尼一方面必須面對臺灣社會多元化的價值觀，致使內部意見難於統合的困擾，另方面像過去能夠用單純的道德問題作訴求的議題，由於臺灣政治民主化的腳步加快，再也很難找到勁道足以一下子打動全社會脈動的議題。

在這種處境下，除非慈濟獲頒諾貝爾和平獎，藉由國際重要機構的再一次肯定，來加強她周身的光環，否則慈濟功德會難免要停滯在高原期，所以它未來將要採取甚麼樣的經營策略，來重振雄風以與臺灣各大道場爭逐社會資源，外界唯有拭目以待了。

四、現代禪學與都市企業結合

——聖嚴的法鼓山獨樹一幟——

1996 年 10 月 6 日，聖嚴在經過三年多的籌畫後，已正式舉行開發第一期工程，占地達六十甲的「法鼓山」奠基大典，於西元兩千年完

工，工程經費約十二億元。

典禮當天，聖嚴並邀集內政部長林豐正、縣長尤清、考試院副院長關中、教育部長吳京、各黨立監委及影藝圈名人到場觀禮，來自全國各地出席的信眾也多達萬餘人，過程中還舉行了一項別開生面的地宮安寶儀式，把 170 件佛教文物埋入地底，等到公元三千年之際才予開啓，而這些活動的最主要目的，據稱都是爲了勸募第二期工程款項所作的暖身運動。據釋果選表示，下一期的建設重點是把法鼓人文社會學院擴充爲大學，加上其他建築的經費，預計約需七〇億元。

聖嚴於十四歲時，便在江蘇狼山廣教寺出家，1949 年隨軍隊逃難來臺而入伍，1960 年從國防部情報偵查單位正式除役，不旋踵即投奔農禪寺東初老人門下，第二次剃度出家。

（一）聖嚴從小出家，勤於文字弘法

聖嚴是一位勤於撰述的佛學作家，所以在他投奔東初門下之際，早已是佛教界大眾媒體的聞人，經常用「張采微」、「醒世將軍」等筆名，在刊物上以文字弘法。他的師父東初當時在北臺灣佛教界也是一位大山頭，孫立人將軍的夫人張清揚曾協助農禪寺最先在臺出版大藏經，東初還發行《人生月刊》，即連星雲大法師在臺初期，也得靠這份佛教雜誌打開知名度。

然而，東初、聖嚴這二位師徒因都是佛教界的名人，所以他們二人的結緣可謂相得益彰，但也可以說是微妙相克的。據指出，東初老人收納聖嚴爲弟子的盤算之一，是希望聖嚴一手接辦《人生月刊》，但是聖嚴自忖出家的目的並非替東初作廉價勞工，故而他入門一年多就因不願編寫佛學刊物，而轉往高雄美濃朝元寺閉關六年，專心潛修、著述，再經由張曼濤居士的介紹，於 1969 年 3 月，負笈前往日本立正大學留學，並在歷盡艱辛的求學生活後，於 1975 年拿到文學博士學位。

（二）榮列國建會代表，返臺接任農禪寺住持

　　湊巧的是，聖嚴在日本的這段期間，臺灣社會剛好面臨一連串重大事件的連續衝擊，首先是臺灣於 1972 年退出聯合國，緊接著是臺日斷交與蔣介石過世，而 1975 年 4 月間蔣經國正式上臺後，便運用召開國建會的方式，每年邀請學者返臺，藉以網羅人心。聖嚴剛好從立正大學獲得博士學位，便因此獲列爲佛教界的國建會代表。

　　獲選爲第四屆國建會代表，可說是聖嚴一生的重要轉捩點，因爲當時的國建會代表都是眾所欽羨的社會名流，因此他有機緣得以與蔣經國、蔣彥士、李煥、潘振球、姚舜和謝東閔等人認識，其中特別是時任教育部次長的陳履安，還特地邀請聖嚴到他家談佛學與學佛的問題，由此而打開了聖嚴與高層政要間的方便之門。

　　雖說如此，聖嚴在國建會上出盡風頭，卻也在臺灣佛教界引起不同的評價，再加上美國方面有教界人士邀請，所以他沒有停在臺灣發展，反而束裝前往美國，在紐約等地自立門戶改行當禪師，自立門戶。經過一年多，東初老人突然於 1977 年圓寂，這項噩耗逼使聖嚴不得不立刻回國，但也有助於他回臺接收道場的機運。

　　從 1960 年投靠東初門下，到 1977 年這段長達十六、七年的時間，事實上聖嚴可說兩手空空，沒有一處屬於自己的道場可供發揮，所以他必須把握住農禪寺更換接班人的機會。

　　聖嚴自知本身對農禪寺貢獻很少，倘若單憑博士學歷和佛教界聲望就想晉身住持之位，恐怕很難服眾，因此聖嚴就趁辦喪禮的時機，把全省佛教界有名望的和國民黨黨政大老全都邀到農禪寺，因爲這些「貴賓」都會贊同讓東初的「博士」弟子接班，藉以提升佛教界的學歷水準，大家同沾一份光榮，所以聖嚴就順理成章地繼承農禪寺的住持。

　　可是中華佛學研究所目前的所在地，則由東初的另一弟子接管，聖嚴回臺接班的結果，事實上已使得一個王國分裂爲二。

此外，聖嚴一向用臺灣的「第一位佛學博士」來標榜自己，但是他所主持下的中華佛學研究所，雖然還稱得上是佛教界較具規模的，但因定位不清，一直都沒有建立起本身應有的學術地位，它仍然是臺灣佛學生到外國留學的預備學校。

（三）興建法鼓山基業　肩挑佛學教育重任

自從 1989 年起，聖嚴開始興建法鼓山基業，作為他人生第二個事業的起點。聖嚴必須這麼做的理由是：第一，農禪寺的土地將因「關渡平原開發計畫」而遭徵收；第二，中華佛研所需要一個永久的所址，而現在租用的地方，並不利於長遠的發展。「智慧型」的聖嚴深知自己起步較晚的不利處境，為求從佛光山、慈濟兩大勢力之中突圍而出，他必須設法作市場區隔。

聖嚴頭上頂著「海外博士」的光環，當年返國後便獲張其昀邀為文大哲研所教授及中華佛研所所長，因此他就把興辦佛教高等學府「法鼓人文社會大學」的成敗，拿來當作是佛教界有沒有明天的訴求，使推展佛教高等教育的重責大任，很順利地落在他的肩膀上。

如此一來，法鼓山事業的興衰就變成是臺灣佛教界，未來能不能發展的整體性問題。這種運用經營佛教百年大計的高等教育作策略性的訴求，很容易就能與積極傳燈的佛光山以及關注慈善事業的慈濟，形成市場上的區隔，難怪法鼓山的名號，很快地就傳遍各地。

可惜的是，法鼓山興學的訴求，其實本身具有階段性的限制。它在 1989 年至 1992 年間提出時的確非常有效，但教育部隨後決定開放設立私立大學，緊接著華梵人文科技學院、慈濟醫學院、佛光山附屬下的南華管理學院就相繼搶先成立，由中國佛教會籌辦的玄奘大學也將開始招生。

這種客觀佛學教育形勢的重大轉變，使得法鼓山創辦佛教高等學

府的時效性盡失，再也不像當初那般吸引人了，再加上 1990 年代國外一流大學的佛教界博士人才，如雨後春筍般湧現，聖嚴在佛學教育界原先所擁有的高學歷優勢，如今已經不再特別突出了。

（四）講禪結合都市企業

備感市場行銷管道日漸困難的聖嚴，數年前趕緊提出「心靈環保」、「人間淨土」的口號，以臺北市的安和分院爲活動重鎮，力求結合企業人士，把宣教弘法的中心指向都市，推銷「禪與企業管理」等新產品，希望經由這種新的行銷策略來擺脫困境。

聖嚴推出法鼓山的企畫案時，一般信徒的反應都異常熱烈，初期每個月的善款據說曾有多達千萬元以上者，如今恐怕全盛時期已過。

現在爲要成就法鼓山事業，各種開銷必定大增，而如果臺灣經濟景氣沒有大幅度的改觀，未來的募款活動能否在這次奠基大典之後，順利恢復盛況，實在很難預料。同時，佛教界大家爭相興辦大學的結果，是否會造成教育資源的嚴重浪費，對佛教的長遠發展可能會帶來非常不利的後果。

處在佛教大學市場競爭如此激烈的景況下，聖嚴想要把法鼓山建設成一個世界性的佛教修學中心，這椿宏願的實際達成與當前的預期目標，中間的差距到底會有多大，未來將是外界衡量法鼓山基業成功與否的最佳指標。樂觀的人士認爲，法鼓人文社會學院成功的機率相當大，可是道場的經營恐會遭遇困難；相對地，悲觀者則預料兩者成功的機會都不大。看來聖嚴努力從目前的農禪寺轉型爲超大型的佛教企業，仍將有一番苦心的掙扎。

（五）特工、博士、大法師

1996 年 10 月 6 日當天，出席法鼓山奠基大典的人士都曾聽到一陣

陣悅耳的樂聲，那是由國防部示範管弦樂團的六十名官兵所演奏的，另外還有由軍方色彩較濃的華視，包括總經理張家驤親自出馬，派員替這場相當熱鬧的盛典撐場面，可見國防部與聖嚴交情之深。

其實聖嚴和國防部的淵源甚早，他在部裡待了三年多才退役。據聖嚴於 1994 年獲行政院新聞局頒發「金鼎獎」的自傳式著述中，表明在 1956 年 8 月，他的工作單位改到了臺北，「那是因爲考取了國防部的一個情報偵搜單位，從事於無線電通信情報的偵搜工作。」，他對工作的內容進一步描述稱：「那時候，雖然跟中共隔著臺灣海峽，但是，每天都面對著中共的無線電通信人員，連他們的性別、姓名，甚至年齡都清楚。雖然他們不知道我們的存在，或者是已經知道，可是不知道我們究竟是誰。這種工作，完全是看個人的勤惰而向上級提供成績。我還算是一個相當盡職的工作人員，所以也得到了幾次獎勵。」

聖嚴從小出家，經歷了戰亂、軍旅生涯、二度出家，到如今已是名聞國際的一位禪學大師，如此傳奇性的人生經歷的確罕見。

但是，身體一向不太健朗的聖嚴，在 2005 年雖正式宣佈自己的法鼓山是新命名的「中華禪法鼓宗」根本道場，卻在 2009 年 2 月 3 日下午四點多，以多種併發症病死於從臺大醫院返歸法鼓山途中。

在其〈遺言〉中的第三條提到：凡是由他所創立及負責的道場，「均屬法鼓山的法脈」；第四條則說：「法鼓宗本山方丈一職，不論由內部推舉，或從體系外敦聘大德比丘、比丘尼擔任，接位之時亦接法統，承繼並延續法鼓山的禪宗法脈，亦不得廢止法鼓山的理念和方向，是為永式。」

可是，「中華禪法鼓宗」的理念和方向，就其禪學的精確內涵來看，其實是含混和不完整的，因此，他的繼承者究竟要如何對其繼承和再詮釋，也有待考驗。

五、剃度風波嚇壞信眾的惟覺老和尚與中臺山

被媒體過度吹捧爲「大修行者」的惟覺老和尚，1996 年 9 月 1 日爲一百多人集體剃度，由於牽涉太多，事先不知情的家庭一聽到消息，立刻有多位家長前往中臺山一探究竟，而因寺方又推說不知道參加佛學夏令營學員的下落，就更加激起家長們如焚的心情，自此事態一發而不可收拾。

1987 年以前，惟覺只是一名獨居苦行的和尚，由於因緣際會，他苦修的茅棚因陽明山國家公園開闢的一條產業道路路過，他才爲外界所知曉，慕道而來的賓客漸多後，惟覺便與四名弟子在臺北縣的萬里鄉修建靈泉寺。築寺後，名建築師李祖原、電視製作人孫春華、電影明星陸小芬、政界要人陳守山、鍾榮吉、許水德、陳履安等常是座上客。

（一）「一代宗師」黃袍加身，媒體製造惟覺聲勢

一段時日後，媒體替惟覺的造勢逐漸加大，過度吹捧他是得道「高僧」，圓滿而有智慧，從此奠定了他在禪學界的聲望。自從 1991 年起，他連續舉行七期精進禪七，又於翌年舉辦一場萬人規模的弘法大會，湊巧陳履安的兒子又皈依剃度在他的門下，這椿新聞事件遠比任何廣告更具宣傳威力，於是乎，惟覺也就像媒體的寵兒般，一舉一動都成各媒體爭相報導的焦點，而由於名聲達至鼎沸，「一代宗師」的虛譽就宛如黃袍加身一樣，輕易地落在他的袈裟上。

（二）忽略戒律引發爭議，擴張教勢操之過急

據報導，惟覺老和尚爲要拓展中臺山的大基業，急需一大批幹部來協助他開設一百多個道場，所以他透過具有哈佛大學企管博士高學歷的弟子見鐸，擔任小星辰夏令營主任來現身說法，非常有效率地吸引一

百多人剃度追隨老和尚。

但是，經過一個短短的夏令營便替多位在學女學生和應屆畢業女學子剃度的作法，事實上存在多方面的問題或瑕疵。臺大哲學系教授楊惠南就批評說，惟覺和尚大可不必爲要擴張教勢而操之過急，替自己惹來一大堆是非。

傳統的佛教戒律規定剃度必須經過一年的觀察期，這是具有相當的傳統智慧作基礎的。對婦女而言，這項規定與民法之中限制女性在離婚之後，於半年內不得再結婚的道理是一樣的，因爲婦女有懷孕及生兒育女的生理現象，假如不經一段時間作生理上的觀察，一旦出家女懷孕的問題出現，便會造成寺方極大的困擾。因此，中臺山在九月初省略了觀察期便剃度那麼多婦女，倘若其中有人在剃度後懷孕生子，那麼中臺山將如何向社會大眾作交代？

其次，依據過去的經驗，有些人出家的原因是來自躲避債務或逃避法律的追訴，這些情況都會替寺方惹出連帶責任的困擾，所以寺方實際上也需要一些時間來瞭解要出家者的底細。

第三，寺方還必須利用一年的觀察期間來探知他們有沒有傳染病、精神病或其他嚴重的疾病，特別是一些慢性病往往需較長的時間才會發作，俾免危及他人。

第四，新人大都需要一段期間才能適應僧團的生活，省略這段緩衝期，就必然會提高還俗的機率，這對當事人和寺方而言，都是一種煎熬和信仰上的損失。

（三）利用道場感化學生，投機政客見風轉舵

近幾年來，不論是政府官員抑或教育機關，經常把佛教的道場當作是改造問題學生，或改善社會風氣的一種輔助力量。許多學校的教師和學生社團的課外活動，都紛紛邀請道場來進行輔導，每到寒、暑假期

間也會到這些道場去參加佛學講習的活動,因而這種互動關係早已變成正規教育體制下的一種延伸,不少道場甚至是接受教育機關的委託,內政部也曾是許多佛教活動的協辦單位。

令人噴飯的是,平常表現得相當熱心贊助的政府官員和民意代表,一俟中臺山事件引起社會的指摘,都趕忙撇清自己與各處道場的關係,有人甚至還大叫政府應深入調查道場與各學校之間的往來,投機政客的習性完全表露無遺。

不過,過去教育機構利用政府資源支援佛教道場的作法,如今似已到了應加強全面檢討的時候了,因為道場的質量參差不齊,政府官員根本很難掌控,把它們當作感化問題學生的教育工具而任加補助,卻從未對接受輔導的學員之行為進行追蹤,這種作法其實是相當不負責任的,未來也容易再滋生弊端。

針對這些社會趨勢,必須指出:濫用政府、社會和家庭對佛教道場和佛學夏令營的信賴,是相當不智的,應在今後有所反省,這才是中臺山剃度事件所凸顯出來的問題所在。

(四)中臺禪寺基業的當前發展現況

倘若我們從一個佛教組織是否具跨地域性的擴張能力,以及它的大本山組織架構是否健全這兩項因素,來觀察惟覺和尚所領導的「靈泉——中臺山教團」,未來能否與佛光山、慈濟功德會及法鼓山等佛教勢力,在北臺灣以外的地方相抗衡,目前看來的確相當成問題。

以商業的眼光來看,「靈泉——中臺山教團」一向只販賣「禪」和靈骨塔位這兩項產品,缺乏全方位的競爭能力,同時它在北臺灣興起的時間很短,而惟覺和尚的年事又大,早期也沒有明顯的接班人出現,因此教團的組織鬆散而活動力不大。

就因為這些原因,之後惟覺才會設法招來一大批有高學歷的男女

知識青年，將其剃度成為大力栽培的入門徒弟，希望藉她們來充當幹部，以提升中臺山教團的擴張能力。此舉，日後也的確成效顯著，所以是四大佛教事業道場中，最具滲透臺灣各地區佛教地方行政組織的強勢領導者。

再者，惟覺老和尚在南投埔里經歷十年之久，耗費五十億元的工程款之後，終於築起廣達一二〇甲大面積的中臺山禪寺，並已落成啟用多年。然而，外界的對其責難，一直不斷。批判性極強的《壹周刊》雜誌，也曾大篇幅登載其侵佔國土的弊端，所以其擴張的合法性問題，也將是會被持續質疑的宗教環境衝突問題。

回顧當初，惟覺老和尚所以立下這項弘願壯舉的最初想法，是希望經由引導信眾悟禪，來了卻生死的人生大關，並巧妙將其跟側重醫療、慈善事業的慈濟功德會作區隔，在信仰市場上與慈濟一較長短。因此在其徒眾之間，遍傳「中臺了生死，慈濟做功德」的說法。

不過，這種宗教市場區隔的行銷手法，也被證實確有巨大實效，因此其影響力，縱使在惟覺老和尚死後，依然繼續發揮其宗教市場魅力。

六、結論與討論

根據以上介紹，我們可以將其歸結為，自解嚴後以來，前述當代臺灣本土這四大佛教事業道場勢力的興起，顯然都與臺灣社會早期的經濟起飛，以及 1990 年代臺灣國際政治形勢變化，形成密不可分的關係。

例如星雲的佛光山勢力和證嚴比丘尼的慈濟功德會，便是在這種時代背景下嶄露頭角的。亦即隨著臺灣的政治解嚴，社會力奔放和經濟實力也再度提升，才使得佛教界找到發展的空間。

而起步較晚、但以推銷現代禪學切入信仰市場的法鼓山與中臺山

兩股勢力，也是趁著這股浪潮，才得以突出既有兩大道場的範圍，先後在北、中兩地建立或擴充基地。

因此，首先要說明的，是崛起較早的南臺灣佛光山勢力，在星雲的帶領下，其實早在於 1960 年代後期已逐漸奠定其後大舉擴張的事業基礎，但是由於它是處在遠離臺北的高雄縣大樹鄉，所受到政治或中國佛教會的干擾相對減少，是它可以擁有較大自主性拓展佛教事業體的得天獨厚條件。

再者，佛光山初期教勢的拓展，幾乎與臺灣社會的脈動同步。因正當星雲從宜蘭移居到高雄逐漸站穩腳步之際，臺灣南部正好陸續出現加工出口區，在這段時光裡，臺灣的經濟形態開始急遽轉型，導致農村年輕的勞動力紛紛投入大都市邊緣的加工廠，而這時星雲的佛光山剛好在高雄的大樹鄉出現。許多離鄉背井的「田莊少年」，為要尋找精神上的慰藉和寄託，便在精於宣傳、擅長說教的星雲的引導下，成為佛光山初期的基本信眾，何況佛光山又是他們假日休閒的好去處。

更重要的是，星雲不但具有全臺的知名度，他還首開風氣之先，在電視臺上製作第一個弘揚佛法的電視節目。星雲的作法相當新穎，他把人間佛教包裝成歡欣快樂、突破守舊形象的宗教，致使臺灣的佛教徒對自己的信仰感到驕傲，面對西方宗教的評比，再也不必退縮，讓人們對臺灣的佛教大大地改觀，這可說是星雲最重要的貢獻之一。

如果從擴展至今極其複雜但又有條不紊的佛光山組織看來，星雲不折不扣是一位擅長組織規劃和經營策略的良才。自他立足的宜蘭雷音寺開始，經過十餘年的苦心照料，成績斐然；然後星雲大膽嘗試作跳躍式的擴張，把教勢一下子延伸到南臺灣的重鎮高雄。他接著又向全臺各縣市攻堅，使佛光山的寺院及道場遍佈各地，除了佛光山大本山之外，規模較大的別院計有 5 個，國內分院有 30 多個，國外分院也有 10 來個，皈依佛光山的信眾據稱已達一百萬人以上。

非但如此，星雲於 1992 年在美國西來寺成立國際佛光會以來，佛

光山的觸角馬上伸展到全球五大洲，國內的佛光會至今已成立 348 個，國外則有 70 餘個。1997 年時，該會還特地把年會，安排在中共收回主權後的香港舉行。

換言之，國際佛光會於 1997 年 11 月正式登陸中共的管轄區。由此可見星雲領導下的佛光山組織，滲透以及擴張的能力，真可謂強韌無比。

在佛光山之外，另一支稍後在東臺灣發述的佛教勢力，就是赫赫有名的慈濟功德會。這股力量的快速成長，其實主要歸功於下列一些因素：首先，慈濟的證嚴比丘尼個人是一位說故事的天才，她能夠用既通俗又流利的國、臺語，運用簡單且生動的比喻講解佛經，勸人向善。

在她許願替東部居民蓋一家不用先繳保證金，即可接受醫療的醫院後，這項深具時代意義的人道呼籲，立刻贏得廣大民眾的讚賞和支援，使她無意間掌握到畢生難逢的機會。其次，她透過臺大醫學院的全力配合，讓慈濟醫院順利地落成，更成為東部的醫療權威，連帶地也令她一躍而為臺灣民間的傳奇性人物，而她原已具有的個人魅力，從此就更加耀眼奪目。

而證嚴比丘尼在建立世俗的權威地位之後，內部自然衍生出類似直銷式的緊密組織，自上而下層層負責，一般捐款的信眾為最底層，每個月都有專人到戶收款，平時便積少成多。一旦證嚴比丘尼為特定事件發出呼籲，捐款的數額就更加可觀了。她全然以投入公益事業的經營手法，來領導遍及全臺的會員組織。

又因證嚴比丘尼堅持一生不受信徒供養，故而她對信眾捐獻的錢財，處理得清清白白，讓人找不到操守上的缺憾。舉凡涉及大宗經費的使用，她都交由董事會來共同決定，如此更加提升慈濟功德會的公信力，這就難怪慈濟的會員得以從原先的 30 人，於三十年間激增到 400 萬名。

人多好辦事，慈濟如今的會務也從當初的濟貧賑災，擴充至慈

善、教育、醫療、文化四大方面，於今在花蓮本會之外，國內分會共有
4 個，支會和辦事處則遍及全國，海外分會計有 4 個，聯絡處有 20 多
個，會員據稱多達 400 萬人。

　　除了佛光山和慈濟這兩大佛教勢力之外，聖嚴的法鼓山和惟覺的
中臺山教勢，都因爲講禪和修禪造成社會轟動而竄起於北臺灣。工業化
之後的臺灣社會，爲現代人的心靈所帶來的疏離感，迫使每日熙熙攘攘
在都市裡求生活的上班族，對探討人的內心世界感到有迫切的需要，而
禪學講求心法和解脫的技巧，相當符合都市人的需求，再加上各種媒體
的渲染，頓使學禪坐禪變成既時髦又有智慧的商品，所以政客、名人都
來加入打禪七的行列，禪學便因此有逐漸脫離佛學研究、自立門戶的味
道。

　　現代人迷戀禪學的結果，便往往將禪當作是清除社會罪惡的萬靈
丹，連許多的政府單位過去都曾在經費和名義上，大力支持許多道場所
舉辦的禪學活動，儼然把學禪視爲改良社會風氣及輔導少年犯的教育工
具。其實這種作法原本無可厚非，但是教育單位在事後，很少作過效果
評估，也罕能追蹤各道場的經營狀況，因此才會爆發出令不少家庭悲痛
不已的中臺山剃度風波，這件事從中央以及地方主管教育單位都有失
職，實在難辭其咎。

　　據瞭解，目前法鼓山的教勢發展迅速，除了原有的農禪寺、法鼓
人文社會學院、中華佛學研究所、中華佛教研修學院、美國紐約東初禪
寺之外，目前已有 4 個分院，國內各縣市都設置了辦事處，臺北則有 1
個法緣會正在運作中，估計支援的信眾約有 30 萬名。相形之下，現階
段備受 9 月剃度事件困擾的中臺──靈泉寺教團，如今的教勢規模並不
算大，計有 30 多個精舍，600 餘位出家的師父，尚有一所中臺佛學研
究院，信眾部分則人數仍不明確，但應不會超過法鼓山。

　　綜觀自臺灣政治解嚴以來，本土佛教急遽擴展的近期現勢，可以
說，主要是以這四大教團各領風騷，四個四大教團負責人雖都是魅力型

的領導者，然而，弟子們在他們師父魅力光芒四射之下，實在很難有出頭的機會。

其次，處在臺灣經濟長期未見好轉的情況下，這幾個超大型的道場所面對事業的轉型，就特別困難，因為過去財源滾滾而來的景況，恐怕時機已不再復返。可是各教團卻又爭相開辦佛教學院或大學。長此以往，則將造成佛教教育資源的重複浪費。此一棘手的問題倘若無法解決，那麼，這種趨勢的走向肯定會把臺灣的佛教推向一個臨界點。

屆時若出現任一教團因財力不堪負荷而崩盤，那麼最大受害者，也顯然必是整個佛教界都在內，這是我們不能不密切注意的。

4.3 解嚴以來臺灣本土漢傳佛教的多元創新與逆中心互動傳播

一、前言

　　本章的豐富內容與多層次的詮釋呈現，可說是對於前章所介紹的，自解嚴以來，臺灣本土佛教四大佛教事業體的時代特質與其社會巨大影響，提出更進一步兼具深化與廣化兩大詮釋效能的多層次解說。

　　此因，有關戰後臺灣地區官方所宣佈戒嚴或解嚴的相關法律，不論其在政治上的相關考量內幕為何，但其在政策轉換上的巨大實質效應來說，由於全都屬於有關現行國家憲政體制的大變革或大調整的問題，所以它的影響也幾乎是全面性的。

　　但是，執政當局之所以會在臺灣地區實施戒嚴和宣佈解嚴，其實又是由特定歷史條件和相應的社會變革才正式形成政策的。因此在1987 年 7 月 14 日，當政府宣布解除戒嚴時，也一併發佈了〈中華民國政府發佈正式解除臺灣地區戒嚴之聲明〉。

　　此〈聲明〉強調：解嚴後，將撤消 30 種在戒嚴期間，據戒嚴法所制定的法令，代之以〈動員勘亂時期國家安全法〉。〈聲明〉中表示，解嚴的實施，至少具有下列三方面的實質意義：

　　1.軍事管制範圍的縮減與普通行政及司法機關職權的擴張──例如解嚴後山地管制區由原有的 119 處縮減為 61 處；平民不再受軍法審判，縱使是現役軍人，如其所觸犯者，為較輕微的犯罪行為，也不受軍法審判；入出境及出版品的管理，今後將分別轉由警察機關及行政院新聞局負責。

　　2.人民權利的大幅增進──例如人民從事政治活動的權利，今後將

以法律保障並促成之。因此，待立法院通過〈人民團體組織法〉與〈集會遊行法〉以後，人民將可依法組黨結社及集會遊行。

3.行政必須依據法律——解嚴後許多事項不再管制，各主管機關的行政裁量權，必須以平常法律為依據，民意機關更能發揮監督功能。

在以上幾點的〈聲明〉內容中，對佛教界影響最大的，是關於〈人民團體組織〉和〈集會遊行法〉的訂定，將使佛教團體組織多元化的可能性出現，以及佛教徒在策劃相關的集會遊行時，有合法的法律依據。

因而，臺灣本土漢傳佛教組織的趨向**國際化、多元化和本土化**，應是政治解嚴後，對整個臺灣佛教生態最大的衝擊，其影響可謂既深且大。

此因臺灣本土佛教的組織，原先基本上是屬於民間性質的宗教社團組織，故其權利和義務，都是相對。所以就法律的觀點來看，對佛教徒並沒有強制性。「中國佛教會」的長期組織一元化，既然只是由於特殊的「戒嚴體制」環境，才能維持下來的。正如在「戒嚴體制」下，立法院、監察院和國民大會的老代表，也長期藉口「維護大陸法統」而拒絕改選一樣。

所以，解嚴後，由於〈人民團體法〉已在 1989 年元月公佈，第一章〈通則〉的第七條規定：「人民團體在同一組織區域內，除法律另有限制外，得組織二個以上同級同類之團體。但其名稱不得相同。」這一法律上的更動，使「中國佛教會」在中央組織長期主控的權力，宣告終結。佛教組織的多元化，在臺灣成為常態的可能。[1]

假如說，「中華佛光協會」是在佛光山的道場系統開展起來的全

---

[1] 即以「傳戒」而論，也由於組織的多元化成為可能後，便出現佛光寺和光德寺的兩個不同系統的寺院，在同一年（1993）內，各自傳授「出家戒」的情形。「中國佛教會」長期壟斷主控權的局面，在臺灣地區正式被打破。也可以說，又恢復了各寺院自主「傳戒」的常態。

國性組織，是有別於「中國佛教會」性質的。但在 1991 年 8 月 31 日
在高雄市鼓山成立的「中華佛寺協會」，則是「以結合全國佛教寺院」
為對象的，依據也是〈人民團體法〉的規定。目前此一組織，加入的全
臺寺院，已接近百個單位，也是擴展快速的佛教組織之一。

此外，還有「中華民國佛教青年會」、「中華民國現代佛教學
會」等全國性組織，也各有其開展狀況。

同時，關於海峽兩岸的佛教交流，也在稍後（1987 年 11 月 2 日）
政府宣佈開放大陸探親政策正式實施，而有了快速地發展。所以，我們
本章稍後會就此點提出，對於兩岸漢傳佛教在戰後交流史上，新近出現
的「逆中心式回饋傳播」互動現象，進行其相關歷程的辯證性觀察。

而此處，本章擬先就解嚴以來臺灣本土「漢傳佛教」文化思想特
色、及其多元發展的各項新趨勢，提出系統性的相關探討。

二、解嚴以來新宗教節慶文化的變革和現代性宗教倫理新思維的提倡

和上述變化最有關聯的當代臺灣本土新佛教節慶文化的變革、及
其現代性宗教倫理新思維的提倡，是首先值得我們加以觀察的對象和必
須加以探討的新課題。

此因解嚴後，當代的臺灣社會中有不少政治人物，彼等為了選舉
能夠獲勝的現實考量，不但自己造型百變地以新扮裝姿態，來取悅選民
大眾，更藉著新年的大型跨年晚會、元宵的大型燈會，以及各種雖光耀
於美麗夜空，但卻耗費大筆來自珍貴政府經費所舉辦的大型炫爛煙火秀
等。

然而，像上述的這些活動，雖是在解嚴之後才逐漸變大和變新，
但作為社會文化史的實質創新來看，意義並不大。因其作品是粗糙的，
缺乏藝術性之美的精緻呈現，連煙火秀也無法和亞洲近鄰較專業的煙火

秀相比。

至於三月的媽祖遶境，雖極熱鬧瘋狂，甚至於各重要媽祖廟，也開始標榜使用多少數量的黃金，來精心打造自己本廟的「金身媽祖」。但是，不論此種作法，對於吸引更多信徒有多大用處，都不是此處討論的重點。就好像根據電腦繪圖，以及用雷射刀製作出來的，任何宗教的仿古名器，都不能當作新創的藝術品來看一樣。

此因在當代臺灣宗教的各種節目中最受民眾重視，或和民眾生活最親近的，應該是農曆元月的春節、元宵、3 月媽祖遶境、5 月端午節、7 月中元普度、8 月中秋節這幾個傳統節日了。而其中與佛教傳統節日最相關，即浴佛節和農曆的 7 月 15 日的「盂蘭盆法會」，看其在臺灣政治解嚴之後有何新變化？

以浴佛節來說，由於現代臺灣佛教的人數非常眾多，社會影響力也相對提高和擴大範圍，所以在解嚴之後，即逐漸展開將「佛誕日」所舉行的「浴佛節」，力爭成為全國性的法定紀念日。

以佛教弘誓學院的釋昭慧法師所率先發起推動的，此一「佛誕日」要求被立法通過而成為全國性的法定紀念日訴求，立刻在各佛教團體之間，引起廣大的共鳴和行動上的強烈支持。各佛教山頭的重量級大老如星雲、淨心等，不分省籍、不分派系，一概公開發聲呼籲或出面力挺，於是短期內即匯聚為一股聲勢浩大的請願訴求力量。

當時執政的李登輝總統，其本人雖是一個虔誠的基督徒，也不得不順應此一來自佛教各階層的佛教選民的強烈訴求，官方配合立法通過「佛誕日」為國定紀念日的新請願運動，於是 1999 年 6 月 22 上午，在立法院在院會的二、三讀中，將「佛誕日」訂為國定紀念日的提案，終於順利通過。[2]

2　釋昭慧，〈佛誕放假運動始末——運動背景、決策考量、運動過程與運動成效（五）〉，《弘誓》第 106 期（2010 年 8 月）。http://www.awker.com/hongshi/mag/106/106-13.htm

　　如今，每年在「佛誕日」所舉行的各類型「浴佛節」相關活動，不但花樣一再翻新，且規模更形龐大，儼然成為另一種各佛教團力展現本身強大組織活動的動員能力和展示開創新佛教節慶文化的雄厚實力，以及彼此都在相互較勁地爭取廣大的社會認同，和潛藏於其後的龐大佛教新社會資源的得以在精算之下順利地獲取。

　　而像這樣的新型「浴佛節」活動之蓬勃發展，若非有解嚴後的開放活動環境，是不可能如雨後春筍般地紛紛出現。

　　因而，這其實也算是深植臺灣本土生活實踐的文化燦然結晶之最新產出，亦即真正是一種屬於我們臺灣本土生活的實踐哲學與宗教倫理思維的辯證發展現象。

　　當然，在此一背後的相關現代佛教思想之有力啟蒙，也是促成臺灣本土現代漢傳佛教僧尼，彼等在解嚴之後，會陸續從事佛教社會運動或生態保護等入世關懷行動的重要指導綱領。例如，花蓮慈濟佛教功德會的創辦人釋證嚴尼師，在解嚴之後，不斷開創自己新風格的「佛誕日」相關各類型「浴佛」活動，成為近年來臺北每年重要「浴佛節」新文化活動的景觀熱潮之一，縱使在傳統充滿禁忌[3]的農曆七月中旬之「盂蘭盆會」的舉行，她同樣也根據她的「學佛」心得，加以新的詮釋和賦予新的生活事件意義（下詳）。

　　可是，為何此事此一新節慶文化活動的內涵變革，有必要加以重視和進行相關的討論呢？其實，溯本追源，有關七月普渡的批判，早在日治中後期，就已成為當時臺灣佛教文化知識精英份子如林秋梧、林德林、曾景來等人的反迷信運動之主要訴求之一。此因，「日治時代臺灣

---

[3] 雖然在解嚴後的當代臺灣，到了農曆七月，即一般所稱的「鬼月」，還是存有不少傳統的各式各樣的禁忌，但情況已大有改善。並且，新崛起的基隆市地區，其長達一個月的大型「老大公」熱鬧祭祀活動，如今已逐漸享譽全臺，正如宜蘭縣頭城著名的「搶孤（爭奪祭鬼禮品）」活動一樣。但這些，和現代性有意義的觀念之改變關係較少，故此處仍可省略不談。

佛教的啟蒙改造運動」最大的特徵是希望改變臺灣傳統民間宗教信仰中的巫術和過度功利主義化傾向。[4]

　　這是由於臺灣傳統的宗教信仰，不論佛教還是民間宗教，都以儀式崇拜和靈驗信仰居絕大部份，缺少知識性和自主性，於是形成多神信仰和充滿巫術性格的功利主義傾向——這當然和移民的新環境極其艱苦又不安全有關，但移民本來的家鄉信仰就具有上述這些特徵才是主要的。如此一來現代化的建設要進行時，和傳統宗教有關的意識形態或價值觀便會產生懷疑和反抗。[5]

　　日本統治臺灣以後，由於了解民族間存在著巨大的習俗差異，如果為求快速認同而採取強烈的手段，雖可收一時的效果，卻可能萌生更大的不滿和造成更強烈的反抗，所以在初期儘量探取不干涉的手段。

　　可是從統治的立場來看，對日本文化和國家的認同，是一定要解決的問題，否則臺灣的民眾是不會效忠和臣服的。

　　所以在殖民治臺的後半期，亦即從第一次世界大戰到第二次世界大戰結束這段期間，臺灣總督府便著手處理同化的問題，並且由慢而快，在最後 10 年遂行所謂「皇民化運動」，將啟蒙改造的問題推到極端和全面的地步。這當然是反人性的，所以在戰後便被廢止了。

　　不過，日治時期臺灣佛教的啟蒙改造運動，並不只涉及到殖民地統治技巧的層面而已，純就宗教的層面來看，如果要讓宗教現代化，一定要提升知識的水準和增強理性的成份，否則傳統宗教是無法成為現代社會的精神指導者的。

4　這是因為在日治大正四年（1915），曾發生大規模利用「宗教迷信」進行抗日暴動。這一事實，說明臺灣民眾雖然已經在日本高壓統治下，仍然未完全對日本統治當局馴服和信賴，遇有委屈或不平，仍隨時有被野心家利用「宗教迷信」來煽動並蘊釀大小規模民眾暴動的可能。為了避免再度發生類似的事件，所以才要進行改造運動。

5　例如清末要在臺灣北部進行採礦和築鐵路時，都遭到民眾因怕破壞風水而有所反抗的情形。

　　解除魔咒和增強人的自主性，其實是現代社會普遍性的要求，並不只是存在於殖民地統治地區，也因此縱使沒有日本統治當局在臺的推動，臺灣社會的精英知識份子仍然會自行推動的。

　　雖然如此，如果純就日本時期臺灣佛教的改造經驗來看，則是以現代的禪學觀念和現代的淨土思潮來進行佛教啟蒙改造，的確有其時代意義的。這一改造的特徵是，釋尊的非超人化、淨土的社會化人間化、神佛分離和內涵提升。

　　所以，當時的佛教思想，都強調人性化，強調「此岸」、「人間」的淨土，高舉理性之光，反對迷信。這是社會主義思潮衝擊傳統佛教思想的結果。「人間佛教」的根本動力，不論大陸或臺灣都是一樣的來自西方社會主義思想影響的結果。連太虛和印順的「人間佛教」思想也不例外。

　　如此一來，佛教走上知識化、社會化、人間化、自主化，便成必然的結果。所以說，反對民間宗教的巫術化和功利主義化，是啟蒙改造運動的最大特徵，就是這個意思。

　　可是，在戰後，隨著日本的敗戰而和日本官方一起離臺的各派日本在佛教僧尼，其所影響的宗教儀式、服飾、法器、以日語唱誦經咒等日式禮佛慣習，都被新一波的「去日本化」運動所去除和頓遭改變。所以，1949 年之後的臺灣本土「漢傳佛教」的新發展，是在特殊的「雙源匯流」之下，朝向「在地轉型」的多元創新模式來開展的。

　　在此同時，雖然臺灣戰後初期，佛教界在思想詮釋上曾經爆發過的激烈爭論，但主要仍是關於大乘佛教的信仰來源，是否符合原始佛陀教義的問題，在一定程度上是反映戰後自大陸逃難來臺的僧侶們，對於日本佛教學者所主張的「大乘非佛說」的不滿和質疑，所以其後便曾發生過印順導師遭到指控其佛教思著述中有涉嫌沾上紅色「共黨思想」的思想危機。

　　因此，儘管印順本人在此之前，早已講過「淨土新論」的反傳統

淨土思想的前衛觀點，但是當印順在其僥倖地以道歉和修正部份觀點、並從原先所面臨的紅色思想的嚴重指控之中脫困之後，便一再宣稱自己是主張「大乘（義理）是佛說」，因而除了其《淨土新論》一書，曾被其他佛教人士搜羅和遭焚毀之外，大致上並未被其先前的對立者繼續糾纏或不斷地追擊批判。

　　反之，在逃難來臺的大陸僧侶中，有釋煮雲法師以高雄縣的「鳳山蓮社」為中心，釋道源以北臺灣為中心，以及山東籍的李炳南居士以「臺中蓮社」為中心、並宣稱是近代中國淨土宗大師釋印光的忠實追隨者，於是在彼等大力宣揚下，中國傳統佛教中所謂「稱名唸佛」的淨土法門信仰，以及連續七天不斷地誦唸佛號和繞著佛像而走的所謂「打佛七」的修持方式，很快地便擴散成為戰後臺灣地區佛教徒的主流信仰內涵和最風行的修持方法。

　　因此，解嚴之前，保守的傳統思想，只是指導追隨者熱切尋求往生的虔誠稱名念佛行為而已，淨土宗佛教徒日常性的各種善行或積德行為，都是彼等祈求冥福善終的具體表現，所以根本不涉及介入社會不義行為的批判和相關反思，更不能有積極從事社會運動以訴求改革的任何激進舉動。

　　如此一來，傳統民俗的禮儀改進，是針對豐富祭品的金錢浪費或相關鋪張祭儀的不當奢華行為而發起的，注重的是外在祭儀或祭品形式的改變而非其精神文化內涵的實質提升。

　　但在另一方面，與其說臺灣民眾之所以重視農曆 7 月此一（或源自道教的）「中元普度」節日，或是歸諸民眾是對（源自對佛教的）「盂蘭盆會」節日，有很深刻的理解，因而才衍生出對此節日的重視，毋寧說是，彼等其實是為了因其與傳說中的 7 月被號稱為「鬼月」，所以彼等其實是為了款待這些「好兄弟」，因而在農曆 7 月 15 日這天，選擇以豐盛祭品，對其殷勤地供奉的習尚有關。所以，與其說，臺灣民眾重視佛教節日的「盂蘭盆會」，不如說，臺灣民眾重視的是混合佛道

和民間仰的「中元普度」了。

因而一般說來，臺灣民眾對此一宗教節日中的慶祝行為，不論多麼熱烈，實際上只是傳統宗教習俗的延續或遵循，而沒有深入的歷史理解，和深刻的宗教心理反省。

於是，每年當農曆 7 月 1 日開始，人們便在言談和行動中，充滿了關於「鬼」→「好兄弟」的種種禁忌。例如：熱戀中的男女，或提前在六月舉行婚禮，不然就延到八月，以避免在 7 月舉行，而娶到了所謂「鬼婆」。搬家或開新店營業，也儘量避開 7 月。

因而，論到實際，人們其實是在惶恐和戒慎的心理下，戰戰兢兢地度過了充滿「好兄弟」氣氛的 7 月。而在 7 月半這天晚上，是月亮最圓滿、最光亮的時刻，人們便像以款待遠方來訪的親友一樣，設盛宴以供饗之。請試著回味一下「好兄弟」的這一稱呼，不是彷彿因怕得罪了對方，才勉強自己裝出微笑的臉和發出誠摯的友誼之聲嗎？

其實，「盂蘭盆」是梵名 Ullumbana 的音譯，是梵語 avalvmbana（倒懸）的轉訛語，比喻亡者的痛苦，有如倒懸，痛苦至極。而佛教的「盂蘭盆會」印度習俗，早在道教的「中元普度」出現之前，已從中亞傳入。

西晉時，西域的僧侶竺法護其人，譯出《佛說盂蘭盆經》，將目蓮（按即目犍蓮 Maudgalyaana，為佛陀十大弟子之一，以神通聞名，晚年在王舍城行乞時，被敵對的婆羅門教徒害死）救母的故事，引介到中國來。

但，「盂蘭盆」的宗教習俗，在印度本土起源甚早。印度兩大史詩中的《摩訶婆羅多》已多處提到有關「盂蘭盆」的宗教行為。

另外，在《摩奴法典》和《摩訶婆羅多》二書裡，也提到 purra（子息）的語源說明，強調男兒必須拯救梵（trayate）於地獄（pum）的父親之涵義。

因印度古來，即相信無子嗣者，死後必墮入惡處，所以婆羅門教

徒，在二十歲修業圓滿後，必須回家娶妻生子，以祭祀祖先之亡靈。

因此，我們可以說「盂蘭盆」在宗教上最原始的意義，是為人子嗣者，擔負起祭祀血親亡靈的宗教行為。換言之，即是孝道倫理的宗教行為之深刻表現，而非對「無緣鬼魂的崇拜」。

後來，佛教徒將此宗教習俗，改換成佛教信仰的宗教內涵。此即《佛說盂蘭盆經》中所說「目蓮救母」的故事。其實目蓮救母的故事，在經文中只是做為一個引線，目的在說明聲聞弟子的大神通之無用，而必須藉著供養在 7 月 15 日「結夏安居」後精進的僧眾才有效。

這也是戰後臺灣佛教僧尼，常在每年農曆的 4 月 15 日至 7 月 15 日，進行「結夏安居」的由來。並且，在解嚴之後，又有大規模供養僧侶的大型活動在各地舉辦，與會者有多達幾萬人之多，可見其盛況。

可是到政治解嚴之後，在臺灣的出家僧尼中，聞名國際的花蓮慈濟功德會創辦人證嚴尼師，是首先最能掌握到「盂蘭盆會」的現代意義的。所以她曾在臺中新民工商的一場演講中，提出一個「七月原是吉祥月」的新看法，她從「普度」要孝順父母，講到要注重環保、珍惜自然資源，以及改善個人不良習慣，很精闢地表達了她對鄉土文化和社會救濟的關懷。[6]

她以積極、向善的意義，取代了原先充滿禁忌和感性的宗教文化觀。這的確是有建設性的新祭祀概念之提倡。

事實上，當代臺灣已不再是過去戰後初期那樣物資缺乏的社會了，就應該從更同情的角度，來發掘其在臺灣現代社會生活中的意義。而戰後解嚴以來，既有證嚴尼師其人，能特別針對當代臺灣的現行「盂蘭盆會」的活動方式，提出上述有正面意義的新詮釋，可以說，是對當代臺灣社會民眾一個很重要的新啟發，所以作為其後繼者，更應進一

6　參考江燦騰，〈佛教盂蘭盆會在臺灣的現代生活意義〉，收在《當代臺灣佛教》（臺北：南天書局，2000），頁 213-221。

步，去發揚它才對。

三、解嚴以來臺灣漢傳佛教藝術創作的在地轉型新貌

除了上述的節慶文化的內涵與其相關行為的改變之外，在解嚴之後的臺灣現代佛教藝術開展，在文本的表現方面，可以 2001 年陳若曦所創作發表的現代佛教女性小說《慧心蓮》為代表（後詳），在具象的藝術創作表現方面，則可以各類佛像的雕塑創新作為代表。

而其中有關如何界定所謂「本土化風格」的相關討論，尤其是觀察漢傳佛教是否在地轉型的顯性指標，所以本文也在下一節接續詳細討論此一問題的來龍去脈。和當代性表現的文化在地轉型意義之所在。

（一）戰後臺灣佛教現代藝術創作的突破及其展出的相關說明

事實上，有關戰後臺灣佛教本土藝術的創作和展覽，是直到臺灣政治解嚴後的數年內，才很快地在北臺灣的大都會區的宗教文物流行圈內，逐漸形成一股新的風尚。所以，1992 年 3 月號的《當代》雜誌上，筆者當時即曾根據個人在生活周遭所親自觀察到的此一現象，特別撰文發表〈臺灣宗教藝術 1991〉一文，並於其中提到：在 1991 年所舉辦的「第二屆當代佛藝創作展」，已可以算是臺灣自戰後以來，在佛教本土藝術的創作和展覽方面，最大的一次性突破。

但在過去，有關佛教藝術的創作問題，卻一直是當代臺灣藝壇人士，較罕致力的研究領域。究其原因，可能係創作佛藝，必須兼顧傳統佛教的既定儀軌，另方面又必須能掌握佛法具象化的宗教神韻，因此一般藝術家，不敢輕易嘗試創作。所以長期以來，除少數傳統的藝匠外，幾乎看不到新一代的藝術家致力於此。但臺灣近年來，拜經濟長期繁榮之賜，佛教的各項弘法活動日趨熱絡，佛教人口也迅速增多，加上佛書的銷售極其發達，因此民眾從單純的信仰層次，提升到精緻佛教藝術的

欣賞,亦逐漸可能。

因而,當代長期執教於私立文化大學歷史系、並從事佛教藝術史專業教學的陳清香教授,即在這一新發展趨勢之下,基於本身對佛教藝術的專業訓練和愛好,極力鼓動青年藝術家從事佛教藝術創作。1990年曾在京華藝術中心展出第一屆;但當時所展出的作品,以傳統派和革新派的居多,新潮流派則幾乎沒有,這和第二屆比起來,可謂遜色甚多。可是,創作風氣的突破,終於踏出第一步了。

於是到了 1991 年的「第二屆當代佛藝創作展」時,便開始散放了燦爛的光彩。參加「第二屆當代佛藝創作展」的作品,可分成繪畫、雕塑、書法和工藝四個項目。其中以雕塑的成就較顯著。

有關戰後臺灣地區的本土佛像雕塑,根據陳清香教授的分類,可分傳統派、創新派、新潮派等三大系統。其中傳統派下,還有唐山系、工整系之分。創新派則又可分為學徒派及學院派。新潮流派則融和現代抽象筆法為之。

在此次參展品中,李松林的木雕觀音像,是傳統派唐山系手法的代表作,沈靜優雅的蓮座觀音木雕像,技法之老練、流暢,可謂已臻爐火純青的境地。

在創新派的作品中,則詹文魁的石雕佛像,已逐漸由唐宋的傳統石雕造型,轉為現代的風貌;同時在功能上,也由殿堂的供奉,變為生活起居的藝術品鑑賞。這一發展,和臺灣佛教強調「人間化」的思想,是相應的。

至於楊英風的塑像,此次基本上,仍以北魏雲岡的石佛為基準,銅塑的善財禮觀音像,具有北朝晚期的秀骨清相之作風。而楊氏的弟子,如朱銘、陳漢青,則以直線抽象來表達形相,但由於和傳統的細緻流暢略有不同,一般鑑賞者還是有點不太習慣。而楊英風及其弟子的作品,通常都被歸入新潮流一派。

如果從市場需求和創作趨勢來看,可能「創新派」的發展潛力,

會較「新潮流派」要大。這是值得我們注意的一個觀察點。[7]

至於繼 1991 年的「第二屆當代佛藝創作展」之後，在 1992 年的 5 月中旬，由臺北的京華藝術中心於市內新光三越百貨公司的文化館內，所舉辦「第三屆當代佛藝創作展」，究竟要如何加以討論與定位呢？

臺北的京華藝術中心，要在 1992 年的 5 月中旬舉辦「第三屆當代佛藝創作展」，呈現出國內藝術家的新作品。首先，當代一些熟悉戰後臺灣佛教文化新動向的人都知道：能夠將文化展覽帶進百貨公司，並被社會大眾所接受，乃屬李登輝正式接任總統大位之後近幾年內所逐漸出現的新事物。而在臺北市的新光三越百貨公司，就是首開風氣者。這當然是當代臺灣佛教本土文化傳播狀態，最具突破性的發展現象之一，因其能夠使得原為商品交易的大商場，也同時兼具了領導精緻文化流行的重要功能，從而改變了都市民眾的消費意識和生活內涵。

而假如我們以上對這一消費市場的改變及其新增功能所作的相關觀察，是大致不錯的話，那麼處在臺北的京華藝術中心此次能夠將「第三屆當代佛藝創作展」安排在這樣的場所展出，毋寧是深具意義和值得肯定的。

因為，眾所皆知，在近代以前有關佛教藝術的創作，主要都是針對佛教信仰上的需要而從事的；作為藝術品來鑑賞，乃是其第二義的功能。因此，通常都是以寺院的供奉為主，作為純生活的裝飾，則甚罕聽聞。而在國外美術館所見的收藏和私人擁有者，則往往都是歷經慘烈戰爭下的外來強勢文化掠奪或其他因素所促成的宗教藝術品的淪落所致。若非如此，從佛教藝術創作的儀軌來看，即很難瞭解斷頭或斷臂菩薩，會被單獨陳列出來。何況即就戒律衡準，身體殘缺，也不符僧格的師範形象。因此，過去臺灣的佛藝展，所創作的頭像或胸像，如非得自國外

---

[7] 見江燦騰，〈臺灣宗教藝術 1991 年的評述〉，《當代》第 71 期（臺北：合志文化，1992 年 3 月），頁 108-115。其後，又收在江燦騰，《當代臺灣佛教》，頁 187-196。

美術館收藏品的暗示；即創作者有意突破傳統，從藝術創作自由化的角度，對自己理解的佛教信仰內涵賦予新時代的意象詮釋。此一現象，說明當代臺灣佛教藝術創作，正處於轉型期的風格特色。

　　我們作如此分析，意在替當代臺灣佛教藝術創作展所出現的一些新風格，先作一些藝術史的定位。以下我們擬分數點說明：首先是，此次第三屆的相關展出作品，和第二屆所展出的相關作品來相較，可以說在整體性的風格轉變，並無太大的差異。亦即就個別的作品來看，像楊英風先生刻的「觀音頭」，或如臺北市長黃大洲先生臉龐的「佛首」，雖在造形上略有改變，但如熟悉楊先生過去佛藝作品風格的人，仍可以捕捉到前後風格的連續性。

　　同樣的，像此次朱雋的「佛頭」，雖然在頸部插了一根細不鏽鋼條，但就其頭部的造形和顏面的圓胖線條表現來說，仍是和過去類似。像這樣的作品，實驗的意義大於風格上的意義。換言之，這僅是在材料上和局部軀體造形上作強調，既脫離傳統佛教的儀軌，又尚未形成新的藝術風格，只能以轉型期的特徵來界定。

　　其次，在傳統中國的佛教藝術造形上，能中國化而又開創新典範的，就屬濟公、彌勒和觀音三者了。

　　而這三者的造形，其實是經歷「唐宋的變革期」後，才出現新的風貌。瘋瘋顛顛、不禁酒肉，卻又有神通和愛心的濟公，一方面是十八羅漢之一的降龍羅漢，一方面又是梁代寶誌和尚的宋代新版，使庶民和藝術家，都不約而同地喜歡這樣「世俗化」的有趣造形，並流傳迄今魅力不衰。而大肚子笑呵呵的胖彌勒，以及穿白衣或全身穿戴時髦若唐代舞女的觀音菩薩，也同樣結合了中國民眾的本土信仰意識，才出現與印度本土截然不同的造形風格。宋代的木雕觀音，即是在這樣的藝術養份之下，而達到了中國佛教藝術雕刻的頂峰。

　　假如這一創作的歷史經驗可供借鏡的話，那麼李松林先生的木刻作品，正是唐山傳統風格的繼承，證明在臺灣民間的藝師中，依然長久

保守著這一藝術傳統。同時，他也依臺灣民眾特愛的「白衣觀音」造形，不斷地刻出他的優秀作品。因此，我們在觀賞李松林先生的木刻作品時，不能忽略了他和傳統結合的一面，以及他充分「本土化」的表現內涵。

而此次曾崑祿的作品，雖造詣上稍遜李松林先生，但其創作方向，依然是可以肯定的；原因就是他能具有「民俗」成份的鄉土風格。

筆者接著要特別提出來檢討的，是侯金水的石雕作品。他的「墮落佛」是充滿批判性的諷刺作品，原由《佛教文化》創辦人李政隆先生收藏。

從佛教徒的信仰層面來看，創作這樣的諷刺作品，是對佛陀的不敬，也是對出家僧侶的無禮。試想佛陀和僧侶，皆屬有道之士，為眾生而奔波，豈可譏彼等為享受太過、肚肥欲墜？但從批判的類型來看，則實只針對某些佛教弊端而發，不盡然是無的放矢。

假如從藝術創作和社會批評的角度來給予定位，則應是有「原創性」風格和有文化意義的代表性作品。

（二）解嚴以來關於臺灣佛藝術的現代化與本土化創作概念的發展

在說明以上的當代臺灣本土佛教的新藝術創作之後，本節有必要再進一步就其與藝術創作的「現代化」與「本土化風格」概念的相關問題有所論述，和能系統性地對其相關的研究史進行有意義的清楚追溯，以了解其概念的本質和其所涉及的一些相關創作背景的真相之所在。

可是，有關臺灣佛教藝術創作「現代化」與「本土化風格」概念論述，在解嚴之前，除零星的評論文章外，學術界一向甚少注意及此。此種情況，是直到臺灣官方於 1987 年間正式宣佈政治解嚴之後，才開

始有了明顯的改變。[8]以 1991 年這一年為例，由於創作和展覽的活動開始熱絡起來，連帶也吸引了研究者的極大興趣，而有數篇專論出現。

例如：（一）陳清香在 1991 年 5 月號《普門》雜誌發表的〈現代佛教藝術〉；（二）鄭水萍在 1992 年 3 月於《白聖長老圓寂三週年論文集》上發表的〈臺灣佛教藝術之反思與前瞻：看 1991 年臺灣佛教藝

8　除了當代臺灣本土佛教文化的改變之外，根據筆者所收集的資料，臺灣地區的天主教在 1991 年一年，有二項歌舞的表演，甚具宗教藝術的創新意義。其一是夏秋間，在臺灣北、中、南三個地方展開表演活動的「黎明之歌演唱會」。這是由「聖保祿修女會」的張靜蓉修女所主辦的，是天主教首次將有關「聖歌」的演唱活動對外公開表演，內容除歌唱之外，還有信仰生活短劇、名人獻唱、趣味談等節目。但此次演唱會最重要的意義，是天主教宗教歌曲創作，逐漸朝「本土化」發展的趨勢。雖然保守性甚強的天主教會，一直到約一九七五年才開始有教徒擺脫傳統上直接承襲、翻譯歐美教會的「聖歌」習慣，嘗試用自己的本國語言，來從事「本土聖歌」的創作。但一九八〇年後的臺灣社會，是各種街頭運動和意識形態皆急劇朝向「本土化」發展的狂飆時期。宗教的社會關懷與政治活動的參與，也逐漸蔚為新的潮流。在這種情況下，若仍抱殘守缺，與社會隔絕，則保守的教會本身必將面臨信徒流失，教會影響力衰微的困窘處境。於是在形勢比人強的不利狀況之下，為重新尋回信徒，並拓展新的宗教資源，連保守性極強的天主教會，也在一些有遠見的教會人士和信徒共同推動之下，先後展開新的社會活動參與以及「本土化」宗教藝術的提倡。因此，最近一、二年來，針對青少年而作的「國語聖歌」，逐漸在天主教的信仰圈內，形成一股風尚。這些「國語聖歌」，在某種程度上，是受到所謂「校園民歌」的影響，曲調比較活潑自然，歌詞也較生活化。儘管宗教性的氣息依然濃厚無比，但「黎明之歌演唱會」的新嘗試，仍是值得肯定的。天主教的另一項深具特色的宗教藝術表演，是一位印度籍的神父巴布沙博士在九月中展開全省表演的「信仰之舞」。這位印度籍的巴布沙神父是天主教神職人員中首位獲得印度古典舞「巴拉他納雅」的舞蹈博士，也是全世界首開風氣將天主教信仰和印度古典舞蹈結合，作公開表演的神父。巴布沙神父十六歲起，便投入印度古典舞蹈的研習；迄一九七五年，深造歷十年之久，根基相當紮實。巴布沙即在是年晉升為神父，同時也開始結合天主教信仰和印度古典舞蹈結合的表演創作。他用古典印度舞的豐富手勢和多變化的臉部表情，重新詮釋天主教基督信仰的神學內涵和《聖經》的各種傳奇意象。由於古典印度舞，源自宗教性濃厚的祭典表演而來，如今再融入西方的基督信仰，儘管在聖跡的意象上須有新的舞蹈語言，但那和強烈靈動的內在揭露，仍然可以透過新奇而多變化的舞姿，源源不斷地湧現。如果從宗教文化的傳播來看，巴布沙神父顯然成功地開創了新的天主教的宗教藝術領域。這樣的新嘗試，在臺灣這樣非歐美文化系統的天主教信仰圈來說，尤其具有極大的啟發性。從一九八九年來臺首次演出後，本年九月，巴布沙神父雖應國家戲劇院之邀，再度來臺表演。可是一來一般觀察對此種宗教舞蹈的表演，仍很陌生；再者，他在臺灣各地的表演，主要還是以教內人士為對象，因此他的表演到底會有多大的影響，恐怕是個疑問。這也是令人惋惜的文化資源浪費。

術展覽與「新佛教藝術」的開展〉；[9]（三）筆者個人在 1992 年 3 月號
《當代》雜誌發展的〈臺灣宗教藝術 1991〉，[10]以及在 1992 年 5 月於
「第三屆當代佛藝創作展」畫冊上發表的〈處於轉型期中的當代臺灣佛
教藝術〉等，都是針對臺灣佛教藝術的「現代」部分，提出一己的研究
心得。

　　到了 1992 年 8 月份，由國立藝術學院傳統藝術中心召集、佛光山
文教基金會贊助、金陵藝術中心協辦的「佛教藝術創作研討會」，在高
雄佛光山的麻竹園會議廳與行，一連二天，共發表七篇論文及一場專題
演講。這是臺灣佛教界戰後首次以當代佛教藝術的創作為主題，展開正
式的論文發表會。一些重要的藝評家和創作者，像陳清香教授、林保堯
教授、黃才郎先生、邱忠均先生、李光裕先生、釋寬謙尼師、吳永猛先
生、詹文魁先生等，都參加了大會的討論，並發表了許多精闢的意見。

　　而筆者個人也以〈臺灣佛教藝術的傳統與現代〉為題，發表了長
篇論文，來檢討所謂「本土化風格」的創作問題。[11]

9　見鄭水萍，〈臺灣佛教藝術之反思與前瞻：看 1991 年臺灣佛教藝術展覽與「新佛教藝
　　術」的開展〉，收在編審委員會，《白聖長老圓寂三週年論文集》（臺北：能仁家商董
　　事會，1992），頁 181-196。

10　見江燦騰，〈臺灣宗教藝術 1991 年的評述〉，《當代》第 71 期，頁 108-115。其後，
　　又收在江燦騰，《當代臺灣佛教》，頁 187-196。

11　在本文中，我們並不探討越南佛教藝術或藏傳佛教藝術在臺灣流傳的相關問題，因為它
　　們都離已真正轉變成為本土化的程度尚遠，所以此處只提及解嚴初期所出現的少數實
　　例，來略加說明而已。首先是，在 1991 年的年初起，有越南華裔畫家李雄風的七彩佛
　　畫即是一例。李雄風的畫主要是受到藏密的影響，因此菩薩像的背景，有彩的光圈，即
　　藏密的「虹光」。但從創作理念來講，李雄風明顯朝「結合漢藏」和「藝術生活化」的
　　途徑走。因此，未來多元化的藝術性格與人間化的佛法表現，仍是李雄風佛畫的主要方
　　向。其次，和藏密佛教藝術有關的是 1991 年 11 月中旬，於臺北來來香格里拉飯店地下
　　樓展覽的「西藏文物」，以及在展覽之前，由寧瑪派貝諾派王率徒在臺各地表演的「金
　　剛喇嘛舞」。但這些文物展覽和「金剛喇嘛舞」的表演，文化傳播的功能並不大，因臺
　　灣的佛教徒很少能瞭解其真正宗教內涵。反而是藉「消災祈福」的名義，讓臺灣求福報
　　的信徒多多捐錢的作用更為顯著。將宗教文物和藝術表演，淪為「商品化」的層次，誠
　　然有點「焚琴煮鶴」，卻是現實無法避免的現象。這也是臺灣佛教徒必須反省之處。在
　　藏密藝術表演之外，佛教界在 1991 年裡，其實還有更大規模和意義更為重要的藝術活

　　這是由於當代臺灣佛教藝術創作所面臨的最大問題，是不知如何界定自己創作的路線？以及不容易釐清何謂「本土化風格」的創作？因此，儘管不少創作者在作品推出後，銷售狀況都不錯，可是一談到創作路線問題，便難免產生許多歧見，不容易有「共識」的建立。

　　但是，我們又都知道，歷來各種佛教藝術的創作，基本上都和當代流行的佛教信仰形態，息息相關。並且，從整個佛教藝術史的發展來看，我們也不難察覺到代表不同時代風格的式樣，就如犍陀羅式樣受希臘藝術影響，而唐代龍門石窟的巨大石佛則和當時流行的《華嚴經》大盧舍那佛的思想有關。

　　然而，由於長期以來，關於臺灣佛教藝術史的資料收集和研究分析，都欠深入和詳盡，所以要如何精確掌握其創作的「主體性」，或評定其是否真正具有「本土化的風格」，都相當困難。[12]因為，事實上，假如我們只是純就傳統佛教藝術品的保留現況來看，目前我們仍可在一些古老的寺廟裡，看到早期閩南風格的精緻雕刻或塑像，其中如鹿港龍山寺的佛像、菩薩像，淡水鄞山寺的燃燈古佛像，以及臺南開元寺的四大天王像，都是相當珍貴的文化遺產。不過這些作品，都是當初建寺時，聘請對岸的木工名匠來臺雕刻的，是一種橫的文化移植，不一定具有「本土化風格」的意義。何況，這些大陸風格的雕塑作品，在很大的成分上，是沿襲大陸寺廟同類型的作品風格而來，因此保守性極強，如無新觀念的刺激，則很難有新風格的作品出現！

動及文物展覽。

[12] 臺灣佛教藝術的「本土化的風格」，究竟要從何處來觀察呢？根據陳清香教授在 1991 年 5 月發表於《普門》雜誌的〈現代佛教藝術〉這篇文章的看法，她認為：自從明鄭以來，雖然常受外來文化的衝擊，但就臺灣佛教文化和藝術來說，卻始終未能建立「本土化的獨特風貌」。在她探討的繪畫、塑像、交趾陶等共八項的作品中，她指出有：繼承傳統大陸作風、延續鄉土式樣、汲取東洋遺風、接受西方新潮和自我獨創一格者。然而，所謂自我獨創，可能是缺乏典據的新潮作品，不一定有「本土化風格」的意義。在少數的代表性作品中，她僅肯定日治時期的黃土水（1891-1930）和二戰後的李松林所刻的「釋迦出山像」，是具有「本土化」的風格。這是值得我們注意的。

　　而是要直到黃土水（1891-1930）在日治時期所刻的「釋迦出山像」，才能突破傳統的閩南風格，而有了現代化的「本土化風格」出現。此因他雖在青少年時期學過傳統的佛教雕刻，但他其後則曾前往日本的「東京美術學校」長期深造，接受最專業的現代西洋雕塑技巧和東方木雕精神的洗禮，因而能創作新風格的佛像作品。[13]

　　況且，當時黃土水之所以要精心創作出「釋迦出山像」，原本就是為了紀念艋舺龍山寺的改建完成，因而本質上就具有開創新局面的意義。所以他在創作初期，先是採用了中國南宋梁楷的「釋迦出山圖」做為藍本，再物色體形合適的男性模特兒為造型的參考，經過數次的試雕、翻模後，才以樸素的上等櫻木正式雕刻完成。除描金線條外，不上彩漆，可使人感受到藝術品的質樸與真實。這和印度犍陀羅式樣，或中國北魏的式樣，都截然相異。

　　所以，黃土水的「釋迦像」，是人性化的「釋迦像」。它描述了佛陀在雪山苦行六年後，決定捨棄此一非正途的修行方式，改以合乎中道的修行法，要前往尼連禪河畔去證得無上的解脫道。換句話說，這是人生最重要的反省與抉擇，是象徵新生命的開始，所以黃土水以結合古典與現代的模型，創作出具有新風格意味的佛像作品。就這一特質來講，也是海峽兩岸最具獨創性的先驅佛藝作品。所以當代研究臺灣佛教藝術史的陳清香教授，會將其稱為是樹立了「臺灣本土化的風格里程碑」，自然是有道理的。

　　但，所謂臺灣佛藝的「本土化風格」，應非只是指「臺灣人」，在「臺灣島」上，以「臺灣題材」為創作的純粹性。因臺灣是一個移民

13　黃土水在 1926 年接受艋舺龍山寺的委託，雕刻一尊「釋迦像」之前，他已是在日本的權威美展「帝展」中，連續入選四次，聲名大噪，1925 年更因入選「聖德太子奉讚會展」，獲皇叔久邇宮邦彥親王的激賞，由皇室貴戚收購許多黃土水的作品，使他的生活大為改善。另外，在風格上，他也和業師朝倉文夫決裂，更加朝臺灣本土化的風格發展，以臺灣農村水牛為題材的系列作品，便成了他後期作品的最愛。而「釋迦出山像」的創作，就是屬於這一創作時期的成熟作品。

之島，不管是土著或漢人，都帶來了外地的文化成份，所以講「純粹性」是不能成立的。

確切的說，應是指具有本身文化上的自覺，亦即有「文化的主體性認知」，並本此「認知」，去吸收各種文化精華以創作出和臺灣社會心靈相應的作品。

而這樣的「文化自覺」，在黃土水創作「釋迦出山像」時，是否已具備了呢？從之前的說明，我們已知道黃土水的創作過程，他為了創新及有儀軌根據，先是以南宋梁楷的「釋迦出山圖」為藍本，再結合現代男性模特兒的實際體型，經塑模、修正後，始轉刻為正式的木雕作品。就作品的風格來說，是理想與現實的統一，兼又涵蓋了祖國佛教文化的傳統，以及日本美術學院傳授的現代寫實技巧，例如南宋梁楷的水墨畫，是大陸文化的產物，又深受日本社會喜愛，如今改以男性模特兒的轉雕式樣，於是變成了具有傳統成份，卻又完全創新的佛教藝術品。

作為雕刻家的黃土水，可說是以「臺灣人的立場」，「意識到自己位於中國、日本之間的地理與歷史人文的意義，進而保持發展自己的本色」。於是本為自己家鄉的龍山寺，雕刻了這樣的作品。而是具有文化自覺的「主體性」，並本此「自覺」，吸收各種藝術精華，以創作出和臺灣社會心靈相應的優秀作品。所以黃土水的「釋迦出山像」創作之所以能夠成功，就是他以洗鍊的新藝術手法，賦予了傳統的「釋迦出山像」以新的風格。

這對臺灣佛像的創新，具有絕大的意義。例如出身鹿港木雕世家的李松林老先生，在他所雕「釋迦出山像」裡，也一樣反映了黃土水的人性化創作風格，為現代的藝評家所讚嘆。當代的《新雨佛教文化》，更自 1992 年 4 月起，在每期封面，以這樣的「釋迦像」來代表「臺灣佛教」，可見其影響的持久性。

除了黃土水的作品之外，陳進女士的「膠彩畫」，也為戰後臺北法光寺留下了十幅精美的「釋迦行誼圖」。陳進女士曾在日治時期進

「東京美術學校」深造過，她和法光寺的如學法師，都是留日的臺籍婦女精英，因此這十幅的「釋迦行誼圖」雖創作於戰後，但意識形態上，仍是戰前東洋畫的風格。在臺灣佛教發展史上，是有它的特定意義的。它反映了臺灣佛教在日據時期受日本文化影響的軌跡。它和劉耕谷在戰後同樣以「膠彩畫」來表現具有西洋抽象風格的大陸佛像作品，像「無量壽佛」、「雲岡感懷」、「敦煌再造」等，表現出截然不同的文化意識內涵。因而，像劉耕谷這樣的新佛像作品，只有放在戰後臺灣藝術史的變遷過程中，才能理解他為什麼使用抽象的手法，來表達他對隋唐佛教藝術風格的嚮往和感懷！

但在另一方面，我們不禁要問：為何佛教藝術的創作路線問題，會成為戒嚴以來，當代臺灣佛教藝術工作者和研究者關心的重點呢？其實，這是因為臺灣本土佛教在戰後的發展，已到了相當繁盛的時期，不論宗教活動、經濟收入、社會關懷、以及信眾大量皈依等，各方面都顯示佛教在臺灣當代社會的優勢地位和高度影響力；而這樣的繁榮發展，在經過海峽幾十年的間隔後，也使臺灣佛教面臨「本土化」的轉型期，不得不開始反省所謂臺灣佛教的「主體性」問題。[14]

亦即在戰後第一批大陸來臺高僧相繼謝世或垂垂老矣之後，新一代的出家僧侶和在家居士〔包括信徒和學者〕，必須以新時代的佛教觀點，來檢視臺灣的佛教現況，並對今後的發展路線提出新的深刻反省，而「主體性」的建立──以臺灣「本土化」的角度來看待佛教問題，便

---

[14] 其實，所謂「臺灣本土化的風格」，並非只是「臺灣人」或在「臺灣島」上的創作。而是具有文化自覺的「主體性」，並本此「自覺」，吸收各種藝術精華，以創作出和臺灣社會心靈相應的優秀作品。例如日治時期黃土水新佛教藝術創作的成功，就是他能以洗鍊的新藝術手法，賦予了傳統的「釋迦苦行像」以新的風格。這對臺灣佛像的創新，具有絕大的意義。其後，出身鹿港木雕世家的李松林老先生，在他所雕「釋迦出山像」裡，也一樣反映了黃土水的人性化創作風格，為現代的藝評家所讚嘆。當代的《新雨佛教文化》，更自 1992 年 4 月起，在每期封面，以這樣的「釋迦」來代表「臺灣佛教」，可見其影響的持久。

是其中最主要的發展趨勢之一。[15]所以當代臺灣的佛教藝術創作以及藝術史的研究，也同樣必須對此趨勢有所反省，創作路線的釐定自然而然就成為上述兩者的關懷重點。

問題在於創作者要如何創作他們的佛教藝術品呢？是否創作前一定要接納藝評家的研究意見呢？

就大體來說，臺灣佛教藝術生戰後的創作過程中，不論是走中國傳統水墨畫傳統的大師，像張大千、溥心畬等，或以西洋美術技法為表現重點的新一代藝術家，像楊英風、劉耕谷等，他們佛教藝術品，都是以中國古代佛教藝術風格為典範的。雲岡、大同、龍門、敦煌等著名的佛藝寶庫，便是他們的精神故鄉。也因為這樣，我們無法界定這樣的藝術風格，是和「本土化」有關的。他們其實是今之古人！

在另一方面，由於「本土化」的風格並不太容易界定，學術界探討的時間，也遲至近 90 年代初期才開始，所以現代的臺灣佛教藝術創作，也出現了不少「獨創一格」的實驗性作品。如李光裕先生在佛掌挖洞、朱雋以佛首插不鏽鋼條、楊英風的腫頸佛首等都是。這是屬於「殘軀創作」，和被毀損的佛教藝術品非常類似。我個人認為這是受到國外美術館收藏品斷臂殘軀的暗示，也是近代佛教藝術品被破壞和掠奪後的殘留，所以我曾一再為文批評：創作這種災難作品的不當。[16]

此外，「殘軀創作」和佛教戒律的精神是相違背的。因佛、菩薩等為人天師範，殘缺則有損法相莊嚴，故戒律規定：身有殘疾，不得受大戒為「僧寶」。可見形象的要求，在傳統佛教界是存在的。因此，筆者過去才會將上述的現代佛藝作品，都視之為過渡性或轉型期的作品，[17]而極力加以批判！

---

15 可參考江燦騰，《臺灣近代佛教的變革與反思：去殖民化與臺灣佛教主體性確立之新探索》（臺北：東大圖書公司，2003）。

16 見江燦騰，《當代臺灣佛教》（臺北：南天書局，1997），頁 184-185。

17 見江燦騰，《臺灣佛教百年史之研究》（臺北：南天書局，1997，初版二刷），頁 433-

但是，在詹文魁的作品中，那種未全刻的佛像表現法，給予人無窮的想像空間，是值得稱許的。而批判性甚強的侯金水作品：「墮落佛」，以腹肥欲墜的慵懶醜態，來暗示佛教界的某些弊端，在反映現實的意義上，是相當突出和具代表性的。我認為這種作品，是新時代的開創性作品，不論其藝術的表達技巧是否完美，都值得加以重視。

以上這些關於臺灣佛教藝術的「現代」問題，在未來仍將被爭論。但是，有關「創作本土化風格」的佛教藝術品，是臺灣佛教界無法不去面對的現實問題。我們期望這一代的佛藝作品，能繼黃土水、[18]李松林之後，再開創一個新的藝術傳統。

四、解嚴以來臺灣本土人間佛教思想的形成及其社會實踐的不同路線之爭

（一）印順與星雲兩大當代人間淨土思想路線和相關詮釋的新擴展

可是，在解嚴之後能與上述變化互相呼應的現代化宗教思想，曾相繼出現過兩個極重要的觀念，分別是：一、來自臺灣佛教界的「人間佛教」思想，和二、是來臺灣自基督教長老教會的「向前神學」思想。

但，什麼是「人間佛教」呢？簡單的說，這是近代以來，中國佛教特有的思想名詞，即在六道眾生中，以人類為優先，並以人類生活的所在「人間」，為改善的重點；亦即重視當下的解脫主體「人類及生活環境」。至於死後的往生和臨終關懷，則是較其次的。

436。

[18] 有關黃土水的相關討論，可參考江燦騰，〈日據時期臺灣知識份子的自覺與佛教藝術的創新──黃土水創作龍山寺釋迦像的背景及其對今日臺灣佛教藝術的典範作用〉，收在《臺灣佛教百年史之研究：1895-1995》（臺北：南天書局，1996），頁155-182。

　　不用說，這樣的佛教思想，是受到清末到民初以來，近代源自西方社會主義思想向東亞強力傳播和其反宗教運動浪潮衝擊下的一種相關反映，而其中，世俗化的強烈傾向，當然是很明顯的。

　　印順是戰後臺灣佛教僧侶中，詮釋此一佛教思想的主要奠基人。但他為了避免此種思想的過度世俗化，所以主張以初期大乘的菩薩思想來作依據：即一方面，信守佛法精神；一方面又積極入世從事教化和社會服務。也因此，他對臺灣某些道場的過度「世俗化」，他是不以為然，並有所批判。

　　而前臺大教授的楊惠南，和生命關懷協會的昭慧尼，則是此種人間佛教思想最具代表性的弘揚者。

　　至於「向前神學」呢？據基督教長老教會的董芳苑牧師所作的詮釋，他認為「向前神學」是有別於「向上神學」。

　　所謂「向上神學」，在他看來是逃避塵世的責任，而以進天國為最優先。「向前神學」則不然，因「向前」即是直接面對社會和人群，如不解決所面對的社會和人群的問題，即是不負責的「向上」逃避，他是不以為然的。

　　因此，他主張：先「向前」，而後「向上」。他認為，基督教長老教會所以積極介入臺灣的政治運動和社會改革，理論的依據就是此種「向前神學」。

　　而其實以上的兩種宗教思想，若非臺灣退出聯合國，以及臺日和臺美外交的挫折，此種思想不會在臺灣的社會快速蔓延的。思想與環境互動，兩者密不可分。這是我們不該忘記的。

　　可見，解嚴以來，此一最重要的新佛教思想的新開展，其實就是上述有關佛教思想如何入世關懷的人間化問題之重新被提出，和其被相繼進行具體的各種社會實踐。

　　但是，就其戰後階段的源淵來說，如前所述，其實是導源於臺灣戰後初期佛教界在思想詮釋上的激烈爭論，主要是關於大乘佛教的信仰

來源，是否符合原始佛陀教義的問題。

　　所以在一定程度上，其實也是反映戰後自大陸逃難來臺的僧侶們，對於日本佛教學者所主張的「大乘非佛說」的不滿和質疑。

　　此後，則是傳統的往生西方的淨土思想及其虔誠地稱名念佛方式，形成戰後臺灣佛教信仰的最大主流。

　　不過，此種淨土思想的首次遭到質疑，卻是遠自海外首次應邀來弘法的漢籍密教上師陳健民所提出的。1980 年 11 月 21 日起一連五天，陳健民上師假臺北市建國南路慧炬雜誌社的淨廬地下室，主講「淨土五經會通」。講演綱目分十一章，第二章的內容講是「罪福會通」，所以他批評傳統中國淨土古德所提倡的「帶業往生」說法，是經文無載的錯誤觀點，他主張以「消業往生」代之。

　　由於涉及傳統信仰權威，引起佛教界的大風波，各種責難和商榷的文章紛紛出現。後來由天華出版公司收為《帶業往生與消業往生》一書，由祥雲法師主編，列為天華瓔珞叢刊第五十九種。

　　但是，爭論的聲浪始終未能平息。並且，類似這樣的事件，背後涉及的思想層面都是相當複雜的，也意謂臺灣傳統佛教的信仰意識形態，在解嚴之前的仍是相當牢固和保守的。

　　可是，1986 年臺灣新一代的宗教學者以未註冊的方式成立「東方宗教討論會」，開始每年一次進行嚴格的宗教學研討和當代佛教學新學術議題之倡導，次年期末年會召開，由於道教學者李豐楙的建議，由就讀於臺大歷史研究的筆者提出以印順導師的淨土思想為中心的相關論述，並邀請任教於臺大哲學系的楊惠南教授擔任筆者論文的評論者，當代臺灣學術界的精英多人亦曾參與此一論題的討論。

　　所以此一新佛教學術議題，宛若被點燃的火藥庫，立刻爆炸開來，成為此後多年海峽兩岸佛教學者大量重估印順、太虛兩者的人生佛教與人間佛教之別的契機。

　　等時序進入 1989 年時，當時的臺灣地區。由於已是到了官方宣佈

政治全面解嚴之後的第三年了，並且蔣氏在臺政權的第二代強人領導者蔣經國，也在其嚴重的糖尿病所引起的心臟疾病惡化後，導致提早死亡，而繼其位者正是當時當擔任副總統的臺籍人士李登輝，於是臺灣現代史上首次出現無強人統治的民主化時代。

當時反映戰後臺灣社會各種弊政的大型街頭群眾運動，也因之立刻如風起雲湧般地，經常出現臺北市離總統府不遠的各街道上，所以當時，不只官方在政治權力的運作曾遭到民間各種不同政治立場的反對勢力之連番挑戰，連各種宗教團體的社會關懷活動也快速增加。

正是在這樣的氛圍之下，1989 年當年，代表戰後臺灣人間佛教思想的兩大路線倡導者：印順和星雲，分別提出其相關的著作和新觀點的詮釋。尤其後者星雲，他曾於 1989 年以「如何建設人間佛教」為議題，在 1990 年舉行一場國際性學術會議，表明他對人間佛教的看法，並以佛教現代化為主題，作為改善佛教的準繩，強調佛教「現代語言化」、「現代科技化」、「現代生活化」、「現代學校化」等四項。為走入時代，將佛法散播各角落，可見星雲有意將人間佛教引領到現代化。其後，則繼續加以詮釋系統化，而成為所謂「星雲大師的人間佛教」。

因而，在解嚴之後的 1989 年時，已經在當代臺灣佛學界歷時三年多的關於印順人間佛教思想的爭辯問題，立刻在印順本人當年出版新著《契理契機的人間佛教》（新竹：正聞出版社）的有力學術背書之下，成為代表其一生佛教著作的正式且唯一的思想標籤。

以此作為分水嶺，從此臺灣佛教界所爭論的人間淨土思想問題，已被化約成為贊成或反對兩者立場，以及印順和星雲兩者的人間佛教理念，何者更具有社會的實踐性問題。

筆者是當代首先將印順視為是對太虛思想的「批判性繼承」者，而認為依星雲所走的佛教路線，他應該算是太虛思想的「無批判繼承」者，並公開指出：印順曾對星雲人間佛教思想中的融和顯密思想，有所

貶抑的情形。[19]

可是，作為印順思想的忠實追隨者的邱敏捷博士，在其博士論文中，則一反筆者的並列方式，而是以印順的人間佛教思想，作為其評判他人佛教思想是否正確的最後依據。所以她因此一舉將包括佛光山、慈濟功德會和法鼓山等，當代臺灣各大佛教事業場的人間佛教思想，一概判定為屬於「非了義」等級的「世俗化」人間佛教思想。[20]

事實上，上述邱敏捷博士的各項論點，並非屬於她獨創的新見解，而是延續其博士論文指導教授楊惠南，對慈濟功德會和法鼓山，這兩大佛教事業道場的人間佛教思想之批判觀點而來。

因為楊氏認為，不論是慈濟功德會所主張的「預約人間淨土」或法鼓山所創導的「心靈環保」，都是屬於過於「枝末性」的社會關懷和過於「唯心傾向」的淨土認知。他認為此兩大佛教事業道場，不敢根源性地針對官方和資本家的汙染源，提出徹底的批判和強力要求其改善，[21]反而要求一般的佛教信眾以《維摩詰經》中所謂「心淨則國土淨」的唯心觀點來逃避問題，[22]所以他指責這是「別度」的作法，而非「普

---

[19] 印順導師曾指出，臺灣推行人間佛教傾向，以目前：「現代的臺灣」，「人生佛教」、「人間佛教」、「人乘佛教」，似乎漸漸興起，但適應時代方便多，契合佛法如實，本質還是「天佛一如」。「人間」、「人生」、「人乘」的宣揚者，不也有人提倡「顯密圓融」嗎？釋印順，〈契理契機之人間佛教〉，頁 65。

[20] 邱敏捷〈印順導師人間佛教思想：臺灣當今其他人間佛教之比較〉，此篇文章早期發表於《人間佛教薪火相傳：印順導師思想理論實踐學術研討會》，之後，作者又略事修改，已收入邱敏捷，《印順導師的佛教思想》一書（臺北：法界，2000 年 1 月），頁 133-160。

[21] 楊惠南於 1994 年 12 月，以〈當代臺灣教環保理念的省思以「預約人間淨土」和「心靈環保」為例〉，提出社會關懷解決方案。直接針對慈濟功德會所發起「預約人間淨土」，和法鼓山「心靈環保」，認為當代佛教推動環保最具成效兩大團體，這方面的成就是有目共睹，就事論事，這兩大團體只在「『量』上限定於幾環保面相」，更值得注意的是，工業污染（化學污染）、核能污染，這些都是「來自於資本家和政府」。見《當代》，第 104 期（1994 年 12 月 1 日），頁 40-41。

[22] 楊惠南的批評是：檢視當代臺灣佛教環保運動，之所以侷限在「浪漫路線」的「易行道環保運動」的範圍之內，原因固然在於主導法師保守的政治理念態度，……把環境保護

度」的作法。[23]

所以，邱敏捷博士上述的持論立場，其實是將其師楊惠南教授的此一論點，再擴大為包括對佛光山星雲的人間佛教思想的理念和做法在內的全面性強力批判。[24]

其後，在佛光山方面，雖然立刻遭到由星雲女徒慈容尼師的撰文反駁，[25]但如純就佛教義理的思維來說，慈容的反駁觀點，是無效的陳述，所以同樣遭到來自邱敏捷博士針鋒相對地論述強力回擊，[26]因此，其最後的發展是，雙方既沒有交集，也各自仍然堅持原有的觀點，[27]不曾有任何改變。

和保育，視為「內心」重於「外境」這件事，如果不是錯誤，至少是本末倒置的作法。見楊惠南，〈當代臺灣佛教環保理念的省思以「預約人間淨土」和「心靈環保」為例〉，《當代》，第 104 期，頁 40-41。

[23] 楊惠南認為，「大乘佛教所發展出來的『（半途型）世俗型』的普渡眾生」，「還是同樣強調物質的救渡」，相反的，「大乘佛教的普渡眾生，有出世的意義，『目的型』的救渡」。並指出：「世俗」型的物質救渡，又可細分為二種：其一是一個一個、小群一小群，或一個區域的……筆者（楊惠南）稱之為「別渡」……以致成為「頭痛醫頭，腳痛醫腳」的「治標」救渡法。……他們寧可假日到郊外檢垃圾，然後回到廟裡說「唯心淨土」，宣說「心靈環保」，卻不敢向製造污染的資本家的政府抗議。另外一種「世俗」型的救渡，乃是透過政治、經濟、社會制度，全民……這樣的救渡，筆者才願意稱之為「普渡」。楊惠南，〈臺灣佛教現代化的省思〉《臺灣佛教的歷史與文化》，頁 288-289。

[24] 邱敏捷，〈印順導師人間佛教思想：與當今臺灣其他人間佛教之比較〉，曾發表於 1999 年弘誓文教基金會主辦，【第二屆「人間佛教薪火相傳」學術研討會】（臺北：南港中研院國際會議室），其後收入邱敏捷，《印順導師的佛教思想》（臺北：法界出版社，2000），頁 133-160。

[25] 慈容，〈人間佛教的真義——駁斥邱敏捷女仕的謬論〉，《普門》第 243 期（1999 年 12月），頁 2-3。

[26] 邱敏捷，〈答《普門》發行人之評論：「人間佛教的真義」〉，《普門》第 245 期（2000 年 2 月），頁 16-19。

[27] 見邱敏捷，〈當代「人間佛教」的諍辯——記數年前的一場大風暴始末〉，《當代》復刊 97 期（2005 年 7 月號），頁 54-61。

（二）解嚴後臺灣佛教界的社會關懷與兩性平權運動

二戰後，臺灣佛教的社會關懷，在解嚴之後和傳統思維或作法相比，有極大的革新和進步。就整個亞洲佛教來看，也有先驅的地位。

例如 1995 在高雄宏法寺舉辦的「佛教與社會關懷學術研討會」，主題環繞生命、生態、環保、空間文化和建築等領域，結合學界現有的精英，加以探討。這些探討不只有理論的層次，同時，也深入綜合了臺灣佛教界和社會的實際共同經驗，因此，具有極大的現實性與開創性的意義。

本來，傳統佛教重視的是放生和老年安養。日治時代，佛教已注意到受刑人出獄後的照顧、民眾的醫療、職業技能的培養，和現代化知識的灌輸等。像今日猶存的臺南家專和臺北泰北中學，都是這一潮流下的產物，也的確造福過不少人。

但是，戰後迄 1986 年左右，臺灣佛教界雖已朝觀光化和慈善救助企業化，邁向一大步，但基本上，傳統的心態是不變。甚至對於日趨頻繁的社會運動和政治反對運動，採取疏離和批判的保守態度。這要到解嚴以後，臺灣佛教界才有較具自主性的反省與作為。

解嚴以後，有關僧人參政或參選的問題，屢屢被提出討論。器官移植和死後捐贈的號召，也每能引起很大的回響。環境汙染和原住民的關懷，在佛教刊物上出現，再不是稀奇的事了。

1995 年的那項會議後，陸續有學者投入，探討佛教與生態的關係，以及性與婚姻的爭辯等，使佛教界的批判意識，終於較全面性的覺醒和展開行動，並且研討的主題論文集，也相繼問世。[28]所以，如今幾

---

[28] 這方面的最新論文，可考玄奘大學宗教系等主辦，第二屆用倫理學國際會議，《宗教文化與性別倫理會議論文集（上、下）》（桃園：弘誓學院文教基金會，2007 年 11 月 24-25 日）。中央研究院民族所研究所主辦，《宗教動物與環境──臺灣放生現項研究國際學術研討會論文集》（臺北：中央研究院民族學研究所，2007 年 9 月 29-30 日）。

乎在任何佛教的學術會議中，都會或多或少的觸及佛教與生態或環保的相關議題，無人敢對其作用和實質的影響力輕估。

然而，本章對於所謂「雙源匯流」以來迄今（2010）的當代臺灣佛教「在地轉型」的發展史詮釋，無法不涉及解嚴以來的佛教兩性平權問題。

可是，解嚴以來，臺灣佛教兩性平權運動與與女性新禪學家的出現，雖直到 21 世紀初才躍上歷史舞臺，但其發展歷程卻為時甚久，故我們在論述時，也必須對其起源和發展進行必要的說明。

1949 年之後，大量大陸逃難來臺的出家僧侶，以白聖法師等為首，透過匆促在臺恢復組織和活動的「中國佛教會」所主導的，傳授戒律活動與頒發受戒證明，成功地以大陸「江蘇省寶華山式的佛教傳戒制」度為基調，在臺順利地重塑出家女性比丘尼的清淨神聖形象，並成為戰後臺灣社會最能接受與認同的主流。

彼等從此就代替類似臺灣傳統「齋姑」，在「齋堂」的功能和角色那樣，擔負起全臺灣佛教大大小小各佛寺內，各種日常性事物的處理。

例如，彼等須妥善應對來寺功德主，或信眾們宗教需求等，所以彼等其實是寺中事務處理重要負責人。也就是說，彼等在寺院中，是各種雜務或大小庶務的主要的擔綱者，同時也是寺中男性比丘的重要助理。正如家庭主婦在一般家庭中，無可代替的地位一樣。可是，其實質地位並不高。

其背後真正原因是，儘管戰後臺灣佛教出家女性比丘尼的清淨神聖形象，已被社會或佛教信徒認可，但由於受到傳統印度佛教戒律中，「男尊女卑」的落伍意識形態的深層影響。所以從戰後初期到解嚴前，臺灣佛教的出家女性寺內地位，相對於寺內出家男性來說，仍甚卑微。

儘管在事實上，她們的總人數，要多於出家男性的三至四倍之多，並且彼等在出家資歷、佛教專業知識、教育程度，和辦事經驗等各

方面，除少數例外，一般來說若與出家男性相比是毫不遜色的，甚至於尤有過之者。

但是傳統宗教意識形態之積習難改，所以在相對的成熟條件不具備時，就是有心要改變，也不易成功。此種情況的改變，正如解嚴後政局劇變一樣。

亦即，臺灣佛教兩性平權運動，在解嚴後的新發展和最後能成功，除有昭慧尼及其眾多追隨者的堅毅努力之外，不可諱言，是亦步亦趨地，繼之前臺灣社會婦運的成功而展開的，故曾受惠於之前婦運的經驗和成果，也是無庸置疑的。

我們須知，臺灣社會在解嚴前後，在婦運團體所出現爭取新兩平權運動中，曾分別針對現代女權新思潮、兩性平等新概念，在教育、立法、公共輿論三方面，提出強烈訴求；再結合相關社會運動的急遽催化，不久即大有斬獲，並大幅度地改善或提升臺灣社會兩性不平權的非正常狀況。

從此以後，這一重大成就，就成為已通過立法，和可以透過教育傳播的臺灣現代主流思想和生活模式的重要內涵。

於是，受惠於此社會改革成功的影響，以改革急先鋒的昭慧比丘尼為首，戰後新一代的臺灣的佛教女性們，也相繼提出彼等對傳統佛教戒律中「男尊女卑」的落伍觀念強烈的質疑和絕不妥協的凌厲批判。

而彼等之所以能以出色精研的新佛教戒律專業知識為依據──主要是吸收一代佛學大師印順的原有相關知識精華──作為與其出家男性對手論辯時，才得以致勝的強大利器。

因此，在歷經一場激烈的相互論辯與對抗後，當代臺灣佛教，兩性平權的改革運動，終於渡過其驚濤駭浪般的爭議階段，逐漸走出開放的坦途。[29]

---

[29] 此一發展歷程的最新相關研究，可參考李翎毓，〈由臺灣佛教比丘尼女權發展看「廢除

五、解嚴後的臺灣佛教界在兩岸交流中所扮演的角色及 其衍生的「逆中心互動傳播」新現象的出現

雖然海峽兩岸從 1949 年起，即長期分隸於不同的政府，但在 1952 年秋季之前，海峽兩岸的佛教團體，由於彼此不相往來，所以不產生如何交流的問題。

直到 1952 年秋天，因在日本曾召開第二屆世界佛教徒聯誼會，而臺灣地區是由「中國佛教會」所派港臺的代表五人參加。

彼等回臺後，還由蔣中正總統（1887-1975）親自接見，並巡迴各地演講，於是使佛教界對外的作用性提高，連帶提升了在島內的社會地位。

而對岸的佛教界，在釋圓瑛（1878-1953）等人的領導下，也幾乎在此期間於北京廣濟寺成立了中國佛教協會。

從此，兩岸的佛教團體，都必須在各自所屬政權的指揮下，進行境外的佛教交流或互相對抗。

臺灣佛教界和大陸佛教界的恢復交流，是隨著 1987 年 11 月 2 日的「大陸探親」的政策開放，而逐漸展開的。

可是兩岸的政權，在宗教政策上，是存有巨大差異的。就臺灣方面來說，儘管佛教組織的變革、佛教人士的出國和佛教辦高等教育各方面，長期以來都受到政策或法律上的約束。但基本上，政府並不管佛教的活動方式，不論是公開的或私下的，只要不觸及政治的禁忌，即可自由行動。換句話說，臺灣方面在宗教活動方面，較無意識形態的管制。因此擁有極大的發展空間。如非如此，像佛光山道場和花蓮慈濟功德會這樣大規模的佛教事業及其巨大的社會影響力，是無從建立的。

反之，在大陸方面，政治思想的意識形態，形成了嚴密而立場鮮明的宗教管制政策。不過有關大陸方面的宗教法律或政策的形成，受

八敬法運動」〉，2005 年政治大學宗教研究所碩士論文。

馬、列思想影響的即為明顯。因此，共國務院宗教事務局和國務院臺辦所制定的〈關於宗教方面對臺交往的若干暫行規定〉也相當反映了此一情況。

此一〈規定〉的頒佈日期，是在 1989 年 11 月 13 日，因此已是臺灣方面開放「大陸探親」之後的兩年了。可以說，是大陸方面和臺灣方面的宗教人士兩年實際接觸後的新產物，雙方接觸後的問題點，也隨之在〈規定〉中有了反映。

此一〈規定〉共有 12 條。在其引言中，開宗明義地強調：此一〈規定〉的制定，是為了使海峽兩岸宗教界之間的交往，有正常的發展和相互的瞭解，以「促進祖國統一大業的實現」，又要保持高度警惕，防止「臺灣當局利用宗教交往」，向大陸推銷所謂「臺灣經驗」進行政治滲透。[30]而這 12 條的〈規定〉，其具體內容又是如何呢？

就基本原則來講，大陸要求兩岸宗教的交流，應以大陸為主、對大陸有利，擴大大陸的政治影響。其中完全排斥臺灣宗教團體或個人干涉大陸的宗教事務，或利用宗教進行對大陸的政治滲透。

也因此當臺灣宗教人士或宗教團，到大陸旅遊、探親和進行宗教交往時，若在宗教場所作一般性的會見，或在開放的宗教場所過宗教生活，皆是合法的，不須特別申請核准。

除此之外，各種宗教活動的舉辦和交往，皆要經相關主管機構的批准，才得進行。臺灣的宗教人士，在大陸投資，或幫助建設家鄉，「不得附加宗教條件」。

由於規定這樣嚴，當然不允許臺灣的宗教團體和宗教人士，在大陸進行傳教、發展教徒、建立組織和活動場所、散發宗教宣傳品等活動。對於一些已明令取締的會道門，大陸的宗教團體不得與其交往和建

---

30 陳啟章，《大陸宗教政策與法規之探討》（臺北：行政院大陸委員會，1993），頁 151。

立聯繫。但屬於個人的信仰,則不予干涉。

在宗教學術交流方面,不論邀請臺灣宗教界赴大陸,或應邀來臺參加宗教學術文化交流和宗教活動,都須報國務院宗教事務局商請國務院臺辦審批通過才行。在第 11 條中的後半段,還特別提到說:「對於條件成熟、經過充分準備且我方(大陸)有優勢的交流項目,我(大陸)宗教團體作出計畫逐級上報,積極爭取進入臺灣進行交流。」[31]

可見以學術的某些強項,作為影響臺灣宗教學界的工具,是很明顯的,因此〈規定〉中才會出現這樣的字眼。

而在第 12 條中,則更直接了當地提出如下的政治立場:

> 在有臺灣參加的國際宗教組織和這些組織舉辦的活動中,我宗教團體和個人必須堅持反對「兩個中國」或「一中一臺」的原則立場。在未妥善解決這一問題前,任何團體和個人均不得以我宗教團體名義加入該國際組織或參加其舉辦的活動。[32]

不過雖然規定如此,事實上在以上的各條規定,除第 12 條外,基本上是屬海峽兩岸在各自的法律管轄權內,對宗教交流事務所的規範。

因此,臺灣佛教界要赴大陸作交流,只有奉行游祥洲教授在〈論兩岸佛教互動及其定位與定向〉的論文中,所提示的定位原則:「承認現實差異,尊重彼此立場。」否則即有觸法犯禁和受罰的下場了。但在實際的兩岸宗教交流中,是否真能作到「承認現實差異,尊重彼此立場」呢?

據游祥洲教授的觀察,在 1988 年以前,兩岸的佛教代表,曾分別參加了 1984 年在斯里蘭可倫坡的第 14 屆和 1986 年在尼泊爾加德滿都

---

[31] 陳啟章,《大陸宗教政策與法規之探討》,頁 151。

[32] 陳啟章,《大陸宗教政策與法規之探討》,頁 151。

的第 15 屆「世界佛教友誼會」（World Fellowship of Buddhists）。在這兩次大會中，大陸代表在大會中反對臺灣代表使用「中華民國」的名稱。

不過，此第 14 屆的大陸代表，只在大會中發表聲明反對，而未有進一步的抵制。至第 15 屆時的大陸代表，則透過外交關係，由尼泊爾政府責成大會，要求臺灣代表必須接受「中國之臺灣」（Taiwan, China）的名牌參加開幕遊行。

臺灣代表則決定以「退出本次大會，但不退出組織」，作為抗議的回應。主辦單位最後以撤消全部書寫國家名稱的名牌，使雙方代表得以到會議桌上，並決定「世界佛教友誼會」此後不提任何政治性的議題於大會上。

此一原則確立後，1988 年第 16 屆在美國洛杉磯舉行，雖主事者為來自臺灣的星雲法師，因大會期間未懸掛各代表的國旗和使用國名名牌，兩岸代表得純就佛教議題交流，而無政治立場的衝突。[33]

游祥洲教授又提到，1990 年在韓國的漢城舉行第 17 屆「世界佛教友誼會」。由於南韓當時和臺灣仍有邦交，故在釜山五戒大會的會場同時懸掛兩岸的國旗。大陸的代表一度退席抗議，但旋即重返會場。大陸代表事後並主動邀請臺灣代表公開舉辦了一場座談會，以化解尷尬的氣氛。

而當大會宣佈 1992 年的第 18 屆在臺北舉行時，大陸的首席代表明暘法師（當時的現任「中國佛教協會」副會長）立即上臺祝賀，並技巧地說：「我們很高興下屆大會將在中國臺北舉行。」[34]可見其對政治立場的表白，雖無時或忘，但在表達手法上更為靈巧。

---

[33] 游祥洲的此段說明，收在靈鷲山般若文教基金會國際佛學研究中心主編，《兩岸宗教現況與展望》，頁 146-147。

[34] 游祥洲，靈鷲山般若文教基金會國際佛學研究中心主編，《兩岸宗教現況與展望》，頁 146-147

　　事實上，只要不涉政治議題，兩岸的宗教學術交流並不成問題。像 1989 年時，臺灣的佛教學者藍吉富先生，曾出席由日本學者和大陸的「中國社會科學院」合辦的「中日佛教學術會議」；而香港的「法住學會」，由會長霍韜晦教授籌辦的「太虛誕生一百週年」的國際會議，包括香港、臺灣和大陸等地區三十餘位佛教學者，都共聚一堂交換論文意見。

　　不過，兩岸的佛教學術交流，在經濟方面是有重大差異的。例如臺灣學者出席大陸舉辦的國際佛教學術會，要繳鉅額的「出席費」；而大陸學者來臺，則全額招待。因此在臺灣的宗教學界，近年來也逐漸萌生對差別待遇的不滿，相對的也減低不少交流的意願。

　　從整體的發展狀況來看，兩岸的佛教交流，在臺灣實施解嚴後，是朝向更開放的態度。例在 1994 年 6 月 28 日的《中國時報》第 4 版報導說：

> 　　行政院陸委會策員會議昨日通過〈大陸地區宗教人士來臺從事宗教活動許可辦法〉，將擴增大陸宗教人士來臺從事宗教活動的範圍，並放寬對宗教人士身份的認定標準，以大幅推動兩岸的宗教交流活動。
>
> 　　根據現行相關法令的規定（按：即 1992 年 9 月 22 日，行政院大陸委員會（81）陸文字第 4180 號函的〈大陸宗教人士來臺參觀訪問申請須知〉），大陸地區宗教人士來臺僅能從事參訪活動。
>
> 　　但依據最新通過許可的辦法，大陸地區宗教人士來臺後的活動範圍，將擴大至宗教有關之學術研討，佈道、弘法、演講、參觀訪問、會議、展覽或其他公益性活動。
>
> 　　同時，經由在臺依法設立有案之寺廟、教會或宗教團體邀請來臺的大陸宗教人士，其資格認定標準，從原有的寺廟、教會或

宗教團體之負責人，放寬至實際負責從事宗教事務之主管人員，
以及宗教學術研究人員。

這是在〈千島湖慘案〉風波剛過不久，臺灣主管兩岸交流事務的
「陸委員」最新的決定。顯然是在兩岸的宗教事務方面，具有遠較過去
更大的自信和自主性。不過臺灣當局迄今，仍未訂出類似大陸方面在
〈關於宗教方面對臺交流往的若干暫行規定〉第 11 條後半段的，要在
條件成熟、充分準備、且大陸方面佔優勢的交流項目中，積極爭取到臺
灣進行交流的情形。

這可能是臺灣方面，對宗教學術一向都干預較少的緣故吧？所以
也連帶不在政令上作出積極的規定。只是，今後兩岸在佛學交流上，是
否僅限在大陸佔優勢的項目上，就說不定了。

因為近年來，臺灣慈濟功德會首次獲准在大陸合法登記和進行相
關活動、《印順導師全集》也透過北京的中華書局，在大陸地區開始全
面發行、慈航在臺金身複製木刻漆金像更被迎回對岸福建祖庭供奉、臺
灣佛教首先激起的人間佛教思想大爭辯，同樣也在海峽對岸形成不同詮
釋型態的新學術熱潮。凡此種種，都是解嚴之後，在當代臺灣漢傳佛教
界所出現的「逆中心互動傳播」新現象。但是，何謂「逆中心互動傳
播」互動現象的新詮釋概念之意涵呢？為何它是可以用來建構兩岸佛教
發展新情境的「互動交流式」傳播狀況呢？

其實，此一「逆中心互動傳播」新詮釋概念的形成，所指涉的真
正內涵或其精確的定義所在，是意指：現代性臺灣本土的「漢傳佛
教」，從其早期只是處於「邊陲性的被動接納（無主體性的依賴）」階
段開始，其間由於政權的多次鼎革，曾歷經不同型態的「在地轉型」之
相關變革歷程後，再逐漸又開展為屬於我們「當代階段（解嚴以來）」
的已然「多元創新」局面。

於是，此一具有現代性社會傳播特徵的臺灣本土「漢傳佛教」

中，蘊蓄已久的豐厚文化資源，在其已然形成「新傳播中心」之同時，又逆轉其本身原先所處位於大陸東海波濤中之「邊陲性的被動接納」狀況，並反向朝著原先傳入途徑另一頭的「舊傳播中心（大陸地區）」各地，開始主動地漸次發揮其回饋式的傳播影響力。

而此一逆向傳播狀況，正如當代大批臺商的分批大舉西進大陸，並將其「臺灣經驗」充分發揮一樣，原為明清移墾臺灣地區的「邊陲佛教」，如今也逐漸展開其逆向「舊中心（大陸地區）」各地的新一波「反傳播（互動交流）現象」。

因而，這其實也算是深植臺灣本土生活實踐的文化燦然結晶之最新產出，亦即真正是一種屬於我們臺灣本土生活的實踐哲學與宗教倫理思維的辯證發展現象，故值得吾人對此一新趨勢及其內容加以觀察，並進行初步的反思。

六、解嚴以來的尼眾教育、新文學創作與社會功能

除上述各點之外，若要繼續列舉可以具體反映自解嚴以來，當代臺灣本土人間佛教思想的社會性各類關懷行為的現象或狀況，事實上還可以透過其他三個相關領域來進行觀察：其一、臺灣尼眾教育的多元成就；其二、陳若曦的現代佛教女性小說創作。其三、當代臺灣「漢傳佛教」在現代社會中所能提供的功能或貢獻。

（一）臺灣尼眾教育的多元成就

臺灣尼眾教育，並不開始於臺灣解嚴之後，甚至早在日治時期就已開始了。但是，戰後初期的尼眾教育，始終是局部性的和非長期性的持續教育，所以是相當於基礎班的等級程度而已。

其後，雖陸陸續續有不少道場相繼開辦，但是師資不夠、經費不足和教材博雜等缺陷，都是開辦後難以長期開展的要原因。

　　然而，以戰後受戒的僧尼比率來看，臺灣尼眾人數，是比丘僧侶人數的數倍之多，因此從整體來說，臺灣佛教界的現有比丘尼人數之多和彼等對當代臺灣社會所產生的巨大影響力，乃是佛教史上罕見的宗教現象。

　　因此，在當代臺灣佛教的任何寺院和教團裡，若無比丘尼的協助，甚或全權處理，則幾乎凡事都很不容易進行。

　　不過，我們必須了解，臺灣佛教比丘尼的人數之多，其實是臺灣佛教史上自近代以來，歷史上長期存在的現象，並且這又和臺灣社會逐漸地走向開放的性格有關。

　　可是，在未解除戒嚴以前，臺灣充滿了政治的禁忌，社會運動也不易公開進行，所以比丘尼的社會影響力，一時也不易為外界所察覺。

　　因此，臺灣比丘尼的專業性、自主性的出現，以及社會給予的高度評價，都是發生在近十幾年裡，可見外在環境的變化——臺灣社會的巨大變革、政治威權的式微，都是發生於這一時期；而這一時期也是女權運動的全盛期——也是促使臺灣佛教比丘尼崛起的不可或缺的因素。

　　而目前臺灣佛教比丘尼的現代化教團，可以舉出香光尼僧團為代表，其出家眾的教育提升、庶務的磨練、民眾教育的舉辦等等，可以說無一不講求；在設備方面，圖書館、出版社、電腦管理等，也頗具水準。特別是其在佛學資訊方面，更是國內極具專業性代表的道場之一，此所以舉香光尼僧團代表臺灣佛教現代女性教團的原因。

　　而以上的發展，就教團看，現代化是其成功的必備條件，就個人看，亦是如此。

　　例如以釋昭慧法師個人為例，她所主持的「中華民國關懷生命協會」，是臺灣少數有影響力的社會團體，曾在反挫魚運動中，大顯身手，如今也盡力於動物權的提倡。她所著的《佛教規範倫理學》[35]和

---

[35] 釋昭慧，《佛教後設倫理學》（桃園觀音：法界出版社，2003）。

《佛教後設倫理學》[36]等書,其中觀念之新和開放,可以說在亞洲佛教界居於先驅的地位。

　　凡此可以看出:能夠專業化、現代化和自主性,才是臺灣當代比丘尼整體表現所以傑出的原因。

(二)陳若曦的現代佛教女性小説創作

　　不過,我們若從陳若曦的創作歷程,及其所出版的海峽兩岸第一本現代臺灣佛教女性小說來看,才可以說是上述情形已真正朝其他社會文化開展,並有最重要的當代臺灣漢傳佛教本土文學初創期的特殊優秀表現。

　　此因解嚴以來,臺灣現代佛教女性的活躍與各種表現雖很傑出,所反映在當代臺灣本土文學創作上的表現,自然也相當出色和具有開創性與獨特性兩項特質的劃時代文學典範意義。其中,最具代表性作家,就是陳若曦,[37]而她所創作的相關作品《慧心蓮》一書,也才堪稱是二

36　釋昭慧,《佛教後設倫理學》(桃園觀音:法界出版社,2008)。

37　丁敏曾對陳若曦其人和文學創作,有如下的精要介紹:「一、陳若曦本名陳秀美,1938年生,臺灣臺北市人,美國約翰霍甫京斯大學寫作系碩士。陳若曦從大學時代便開始從事小說創作,迄今已逾四十年,期間曾一度中斷,但整體而言是位創作力持久,且作品質量均豐的作家。七〇年代以反映大陸文革的小說《尹縣長》、《耿爾在北京》等,聲名鵲起成為舉世知名的作家。研究陳若曦作品的短篇、長篇學術論文及學位論文也就迭有所出。從其早期作品,至近期作品(《完美丈夫的秘密》(臺北:九歌,2000))皆有學者論述。截至目前為止,唯有她最新發表的兩部有關臺灣佛教與女性的小說:《慧心蓮》(臺北:九歌,2000)、《重返桃花源》(南投:南投縣政府文化局,2001),尚未被學界討論過。可見,陳若曦已是當代臺灣最受矚目的小說家之一。二、陳若曦的小說創作一直具有濃厚的寫實主義色彩,誠如有學者指出她的小說向來亦步亦趨地隨著整個現實政治社會局面而發展(可以說她走過哪裡,故事就說到哪裡),反映出身處每一個特殊階段的各種人物正在醞釀或已展現的生命型態。她的女性意識當然也不例外。陳若曦的作品往往與其經歷的時空環境和意識型態有密切的相關聯,現實中的作者陳若曦,和作品中的隱含作者(陳若曦的「第二個自我」),往往距離不大,彼此之間有著千絲萬縷的聯繫。」見〈陳若曦佛教小說中女性生命情境之探討──以《慧心蓮》、《重返桃花源》為中心〉,江燦騰主編【光武通識學報】創刊號(2004 年 3 月),頁15-17。

十世紀的近百年間，在海峽兩岸首次創作和正式出版的現代臺灣佛教女性小說。

事實上，陳若曦的第一本現代佛教女性長篇小說《慧心蓮》，是出版於 21 世紀的初年春天，並在當年底，她即獲得象徵臺灣文學最高成就之一的「中山文藝獎」，其得獎速度之快，甚至超過她享譽國際文壇已久的第一本短篇小說集《尹縣長》。

可是，為什麼我們要以「20 世紀第一本新女性主義的現代臺灣佛教小說」，來為其此一出色的文學（《慧心蓮》）表現上，做出如此重要的歷史性定位呢？[38]

38　因為《尹縣長》是在一九七六年由臺北的遠景出版社出版，但隔年才首度獲「中山文藝獎」。並且，根據丁敏的研究，她認為這是陳若曦受女性主義的文學創作思潮影響，但同時也是一種「世紀之交的邊地發聲」，其重要論點如下：「（前略）一、當代臺灣女性小說的興起，和當代臺灣女性主義的提倡有密切的關連。當代女性主義的流派眾多，但基本上都服膺女性主義的啟蒙者西蒙·波娃（Simone de Beauvoir）所指出的女性不是天生的，是被文化和語言構造的結果。女性是被男性文化想像和價值取向所造就出來的。臺灣女性主義思潮的發展，不僅與國際性的後現代、後結構、後殖民主義等哲學思潮有密切的發展關係，更重要的是臺灣的女性主義運動將婦女面臨的問題與困境，從個人層次提昇到社會層次，深刻的反省在臺灣父權體制的社會結構下，兩性互動不平等的結構根源與模式，希望消除在父權體制下遍存於各個制度領域內的性別歧視，並促進女性之意識覺醒。八〇年代伊始，女性作家呼應著女性主義的思潮突如雨後春筍般一一崛起。施叔青、李昂、蘇偉貞、蕭颯、蕭麗紅、廖輝英等，有些自少女時代開始執筆，至八十年代步向成熟；有些則如深水炸彈，平地竄起，文名大盛。這些作家，作品大異於八十年代前的女作家，不僅文風殊異，且探討之主題內容，更遠非從前可以想像。我們可說，此類作家作品，代表國內女性主義的覺醒，也推動女性自省及男女互動的嶄新局面。她們從不同的視野來書寫女性，儘管各自表述關注的觀點不同，但可以看到尋找婦女主體身分和在社會生活中確定女性主體地位，建立女性自身的獨立身分，始終是女性寫作中若隱若現，乍明乍晦的主線。二、更進一步，如果放在二十世紀末、二十一世紀初的世紀交替之際，來看臺灣女性作家有關女性小說書寫的脈絡，則可發現九〇年代臺灣小說的一大特色便是出現許多以性別跨界及情色頹廢為題材的作品。有關女性情欲及同性戀的小說紛紛出籠，兩類小說均成了大大小小文學獎的常客。書寫女性情欲的作家包括李昂、朱天文、朱天心、成英姝、陳雪、曹麗娟、洪凌、邱妙津、章緣、平路、杜修蘭、張亦絢等女性作家。就異性戀關係而言，像朱天文、成英姝筆下均出現了反愛情的傾向，愛情被調侃為幻想，其真實感不如欲望。女性變得自戀而實際，對頹廢男性抱以嘲諷或鄙夷。即使極端陷溺的如李昂《迷園》的女主角最後也發現愛情的虛幻，而其覺醒的歷程則凸顯強烈的女性性欲。女同性戀小說反而出現了對愛欲的歌頌，像邱妙津、曹麗娟、朱天心、陳雪、洪凌筆下女女之愛都是女主角自我追尋的一部分。然而由

首先，我們須知，當代臺灣佛教文學的題材特殊性，不論是寫在陳若曦此書之前的——即張曼濤所著長篇臺灣佛教反基督教小說《曉露》（臺中：1956），或出版在此書之後的作品——即梁寒衣的長篇佛教靈修小說《我們體內的提婆達多：菩薩道上的棘刺》（臺北：2009），此兩者，事實上皆不曾真正觸及當代臺灣佛教僧尼的教團實際問題。

所以，陳若曦的《慧心蓮》佛教小說，的確堪稱是，此一主題和此一類型最優秀的第一本新佛教女性作品。

再者，正如本書在之前各章中所曾多次提到過的相關特殊歷史背景那樣，我們已知臺灣地區在戰後，曾歷經長達 38 年（1949-1987）之久的政治「戒嚴時期」，所以連帶地，在臺復會的中央級佛教組織「中國佛教會」，已被壟斷成為一元化領導的黨政當局外圍之操控佛教工具。平時，彼等除高舉反共抗俄的意識形態大旗之外，其餘各種保守作為或種種弊端，都可靠其所自誇並擁有的傳統戒律之聖潔外衣來包裝，

於異性戀社會壓力，許多女女關係也充滿了紛擾與糾纏。陳雪、邱妙津、洪凌、朱天心、章緣、張亦絢小說中，女女情欲常對照出異性戀關係的空洞或不足。而有關變性、扮裝、雙性戀等性別跨界的小說，女性作者則有洪凌、成英姝、陳雪等。綜而言之，性別跨界的交混、女性身體與政治權力的交換、角力，怨懟與縱情的情色頹廢，都成了新舊世紀交替之際，女性小說書寫的主流。相對於此主流議題，陳若曦所書寫的有關女性與宗教，比丘尼與佛教的小說，就彷彿是邊地發聲了。三、但邊地發聲映照在實際人生中，可能正是相對多數女性所會接觸、尋求支持的層面。女性與宗教，是一個既傳統又現代的議題，自古以來中國婦女常藉著宗教信仰，得以在父權體制中賢妻良母，深閨女子的角色框限外，尋找開拓家庭私領域外的立足或活動空間（如比丘尼不需走入婚姻；而良家婦女得以藉由至寺廟走動而拓展活動空間與人際關係、心靈支持等）。正因女性與宗教是相當普遍而平凡的議題，沒有成為小說捕捉鮮奇的焦點。而主流小說中光怪陸離的頹廢情色、性別跨界、戀戀同志，映照在現實人生中，可能卻只代表世間女子中的蕞爾少數。通過上述主流與邊緣的辯證歷程，來看陳若曦有關女性與宗教，比丘尼與佛教的兩部小說《慧心蓮》、《重返桃花源》，則可知在小說中的邊地發聲，卻可能是反映現實人生相對多數的女子生命境遇的可能性。」參考丁敏，〈陳若曦佛教小說中女性生命情境之探討——以《慧心蓮》、《重返桃花源》為中心〉，江燦騰主編【光武通識學報】創刊號（2004 年 3 月）.頁 18-23。但是。筆者的觀點，與丁敏略有不同，因筆者的關注點，是其創作題材的獨特性和表現內涵的當代臺灣佛教在地性和時代意義所具有的歷史開創性。

並藉以強化其中諸如「男尊女卑」或「僧主俗從」的各種傳統落伍宗教心態。

因而在此特殊的宗教氛圍下，不論戰後臺灣文藝界所演出的傳統戲劇或現代電影中所出現的劇情，若有任何負面佛教僧尼聖潔形象的情節出現者，必遭來當代臺灣佛教僧尼的集體嚴重抗議。此所以具有現實社會學意義的當代長篇佛教小說，在海峽兩岸的漢人佛教文化圈都出現得很晚。亦即，約當臺灣解嚴前後才相繼出現。

即以出書早於陳若曦的大陸作者郭青其人為例，他原是有共黨背景但其後已還俗的松青和尚，並且他和 1949 年逃難來臺的星雲法師，也算是同輩的舊識。

可是，當他發表得獎的長篇佛教小說《袈裟塵緣》（四川：1986）時，即已是大陸改革開放多年之後的不同時空環境了。[39]

所以，無論從哪一個角度——諸如從新的佛教素材、新的佛教意識形態、新的佛教女性生活遭遇或轉型等各方面來看——陳若曦在 2001 年時，以新佛教女性思維所出版的《慧心蓮》一書，都稱得上是海峽兩岸「20 世紀第一本新女性主義的現代臺灣佛教小說」。而其中，尤以書的內容，能主張僧尼兩性平權、肯定佛教女性自主、以及強調對現代性社會關懷的專業能力之擁有等，最為人所稱道。

不過，問題在於陳若曦當初是如何創作《慧心蓮》一書的？並且她的創作相關背景因素又是哪些？有關這些問題，我們若進行深入的探索之後，即可清楚地發現，陳若曦當初在創作《慧心蓮》一書時，的確曾受幾個相關因素之影響，茲再分述各點內容如下：

（一）陳若曦的創作此書，確曾受到解嚴之後，臺灣地區所出現

---

[39] 雖然大陸評論家杜宣曾說，「此書向讀者打開了禁閉的佛教之門」，但也僅是繼承蘇曼殊在 1912 年時所創作的《斷鴻零雁記》的表現法，亦即其書是以出家僧人難捨舊情緣的悲泣佛教文學傳統為基底，再新加上紅色共黨和尚的抗日英勇表現而已。除此之外，其全書並不存在具體描述有關當代大新佛教尼眾改革的任何情節內容。

的快速社會多元發展之新開放環境的有利影響。亦即由於有此一因素的適時出現，才使得其後各種新興宗教能相繼崛起和使不少外來宗教的在臺急遽發展成為可能。

所以在《慧心蓮》一書的豐富內容中，也才能有大量此類新興宗教崛起的相關說明、或外來宗教在臺傳播狀況的簡明介紹、以及出現宗教信徒頻繁改宗的抉擇流程之描述、乃至對於藉宗教歛財及騙色性侵的弊端進行嚴厲的批判等──這些種類繁多的知識說明，和相關情節的描述之段落出現。

（二）1996 年時，當筆者和陳若曦認識不久之後，筆者即將所剛出版的有關近百年來臺灣現代佛教發展史的書籍多種相贈，並將筆者一向批判當代臺灣佛教的理念和人間佛教思想的傳播背景知識和她交換意見，她當時也頗能有所共鳴。

同時，筆者也介紹她參訪一些現代性臺灣女眾道場的節慶活動狀況，使她擁有第一手的田野經驗。所以她當時觀察的眼光，即是知性的掃描，而非純信仰取向的盲從。

在此一因素的影響下，陳若曦在她創作書中的「杜美慧」一角時，雖曾在一開頭，即戲劇性地描寫其落髮剃度時的悲愴和前往受大戒及點香疤時的有趣情節等，並使其因：婚後曾受家暴、中計離婚和曾被繼父強暴等不幸，而無奈剃度出家和前往受大戒的諸多背後細節，能逐一呈現。

但，更重要的意義在於，「杜美慧」出家後，成為法號「承依」的新戒尼師，經過不斷精進和各種歷練之後，不但已是一位處理寺中事務的高手、善於廚藝和園藝、又是一位能奉行改革派所主張的「人生佛教」新理念者，故其後赴美留學得碩士學位回來，既接新住持職位，又能相繼推行尼眾專屬道場制度、援助原住民受害雛妓、推行新環保概念、主張無墳的樹葬方式，所以她已是一位當代臺灣尼眾界不可多得的新典範。

　　然而，若對照陳若曦本人生平所堅持的新女性主義思維，即可發現：她在此一典範的描述上，其實也有不少成分，是以其書中的新住持「承依」尼師的這一典範角色，來投射其宿志和心影的。

　　（三）此書亦曾受美艷歌星方晴受辱事件（1991）和其後自殺（1999）的因素之重要影響。此因早在 1999 年方晴自殺之前多年，筆者已和施寄青兩人都力主應由陳若曦本人，以長篇佛教小說的形式來批判和披露此事，並使當時宗教界的一些色魔，能有所鑒戒。而筆者和施寄青兩人，則將再以另外的方式，分別對其加害者，進行口誅或給予筆伐。

　　可是，陳若曦當時雖已答應，卻可能仍心有顧忌，所以遲遲未能正式開筆書寫。直到方晴本人於 1999 年 6 月 8 日，在美國華盛頓州艾佛瑞特市的一間律師樓舉槍自殺之後，第二天早上，陳若曦基於不能失信於死者，才正式草擬《慧心蓮》的寫作大綱。

　　所以，《慧心蓮》一書中，要角之二的「杜美心」，就是以方晴本人作樣本，並以其親歷受騙過程和遭辱後又被逐出師門的各種悲慘史，來建構全書中最富戲劇性張力的豔情悲恨之章的曲折內容。由此可知，正如陳若曦在《尹縣長》一書的寫作不是虛構，而是文革事件真實的呈現一樣，陳若曦在其《慧心蓮》一書的寫作，同樣也非純屬虛構，而是有真正歷史背景和現實樣本作其基底的當代臺灣佛教寫實文學之呈現。

　　（四）此書中主場景的部分，與作為臺灣地理中心的南投縣埔里鎮，有最密切的關聯性。此因南投縣的埔里鎮，既擁有山川美麗的動人景觀，又盛行多元宗教信仰，更兼具臺灣中部原住民平埔族最後棲息地遺址，和早期臺灣漢人及諸多外來者相繼遷入的複雜生活型態和經驗等，所以陳若曦在 1999 年 9 月 21 日當臺灣中部遭逢大地震災難之後，她即隨著慈濟功德會的賑災人員，來到災區中心的南投，之後便開始有了強烈的鄉土認同。而這也就是在《慧心蓮》後半部的主場景，大多選

在南投縣或埔里鎮的原因。[40]

可是，作為解嚴以來的當代最優秀的現代臺灣佛教女性小說創作典範的《慧心蓮》一書，在其文學藝術上的高度成就，又是如何形成的？根據筆者的精讀全書之後，可以歸納出以下數點意見：

一、在經過多年的相關佛教史閱讀和參訪各佛教道場之後，陳若曦在寫作《慧心蓮》一書時，其實已能將當代臺灣佛教道場的日常性生活用語，應用到相當熟練的高水平。

這使得她在處理書中相關情節的必要說明時、或進行佛教的相關活動描述時，可擁有不亞於佛教圈內人的清晰度和自然呈現狀態。而透過這一基礎能力的擁有，她基本上便能保證在其書中所呈現的相關佛教知識說明，能具有高度的可信性和強大的說服力。

二、《慧心蓮》一書中的情節進展和其能多元視角呈現，是透過三個不同世代、但有同一家血緣的四個女人（杜阿春、杜美慧、杜美心、王慧蓮），分別呈現出來的。

而這三位不同世代的第一代傳統臺灣女人，只有一個，她正是新住持「承依」尼師的母親杜阿春。她原是一貫道的道親，曾有兩段不如意的婚姻。

其中第二任丈夫，更因其在 1949 年來臺之後，曾謊稱大陸無妻、故成功再娶已有雙女的杜阿春，又一度強暴其前夫的長女杜美慧，所以在其晚年非常後悔，故曾暗中設法捐款贊助出家後的「承依尼師」和其道場開銷，還使其因此能順利出國留學及取得碩士學位回來。

並且，「承依尼師」在其取得碩士學位回臺之後，因其所從事的即是新佛教改革運動，故之後也曾影響其俗家母親杜阿春離開其原有一

---

40 陳若曦又於當年獲選為首位的南投縣駐縣作家，為時一年（2000 年 7 月至 2001 年 6 月），所以她的下一本長篇佛教小說《重返桃花源》（南投：2002）主場景，同樣是以災後重建的南投縣或埔里鎮為描寫的重點。

貫道信仰,而改信其所奉行的「正信佛教」。

　　所以,陳若曦其實是以母親杜阿春的眼光來看女兒的出家,在初期當然是會悲悽和不捨。但陳若曦同時也能藉著母親杜阿春原先信奉一貫道的宗教經驗,來看待臺灣傳統宗教的多神信仰和日漸盛行於當代臺灣的各種新興宗教之傳播狀況。因此,母親杜阿春的非單一宗教信仰的流動性追尋經驗,正好呼應了傳統臺灣婦女,在臺灣解嚴前後的宗教多元發展和「承依尼師」奉行具現實性社會關懷的新佛教之必要性。亦即,母親杜阿春最後選擇與出家女兒「承依尼師」的同一「人間佛教」的信仰路線,即成其後情節發展的必然性結局。

　　三、再者,由於認同出家女兒「承依尼師」的佛教事業,她又獲知第二任丈夫生前曾暗助出家女兒「承依尼師」的留學經費,和曾捐款護持女兒道場的開銷,所母女兩人,最後是以諒解和無怨的方式,來饒恕原加害者(即第二入丈夫或其繼父)。

　　四、接續書中故事發展的第二段敘述者,已改由母親杜阿春的二女杜美心接棒,所以已故美艷紅星方晴的生平事蹟,如其家庭背景、幾度婚姻不順、美艷多藝卻嗜好名牌和癡迷新奇宗教經驗等,都被適度地採用為形塑「杜美心」的角色樣本。

　　五、而陳若曦透過書中「杜美心」曾在密教上師的「男女雙修法」中失身經驗,以及其後與上師活佛的一段複雜情慾糾葛,陳若曦藉此強烈批判了密教上師在臺以「男女雙修法」騙財騙色的諸多流弊行為。最後,並藉 1999 年 9 月 21 日大地震的「天譴」,來使方晴的宗教加害者,腳趾頭被折斷數根,以及其豪華的宗教建築幾近全毀。

　　但,陳若曦並未在書中提到「杜美心」的真正死亡。所以她是側重描述「杜美心」在其宗教痴迷追尋中,曾殘酷遭到幻滅打擊後的新生歷程,而非以真實版的方晴之死,來從事其悲慘史的複製、或進行其文學性實況的再描寫。

　　六、順此邏輯,陳若曦在其《慧心蓮》一書第三段的故事描述

中，就是以「承依尼師」（杜美慧）的俗家女兒王慧蓮，作為導引其書中情結開展的最後擔綱者。

可是，王慧蓮本人並不迷戀男女私情。所以她雖在清華大學受過高等教育，卻仍以出家的母親作為當代臺灣新尼師的典範，故她同樣也選擇出家為尼，法號「勤禮」。

七、可是，上述情節的戲劇性張力，在其文學性描述的過程中，並不易顯現。因此，共同構成本書最後結尾布局的，就是陳若曦對其宗族遺產的繼承問題進行善後處理、或者分析是否要對其不倫長輩的犯行給予諒解？以及其出外替亡靈助念時曾萌生的特殊感應經驗、和其有必要提倡一種無墳塔設施的新樹葬概念等各種情節，便與「921」大震災後的重建問題，交織成為全書尾聲的整個內容。

陳若曦的《慧心蓮》一書，自 2001 年出版以來，除大受好評並榮獲該年的「中山文藝獎」之外，尚有一疑問必須說明的，就是其書內容在當代臺灣比丘尼間的接受度，又是如何？據筆者的多年來觀察，其情況發展大致如下：

一、陳若曦在其書中，雖有對負面的教界行為之描寫和嚴厲批評，但從未遭到來自佛教界尼眾的任何抗議。反而是其書出版後，即普遍推崇其對當代臺灣比丘尼新形象的建構和精采的描述，並將其視為值得閱讀的當代重要佛教書籍。

此因在其書中，雖有一些對教界負面行為的描寫和批評，可是，其所描寫和所批評的，皆曾為當時臺灣社會廣為流播之事實，故不易反駁。並且，杜家二代女性作為受害者的悲慘際遇，正如美艷歌星方晴的不幸遭遇，其實是相當能普獲各界同情的。

二、臺灣的政大中文系丁敏教授，曾於 2003 年時，撰寫有關此書的研究專文，並參與由臺灣現代比丘尼所主辦的「人間佛教與當代對

話」的學術研討會，[41]而當時其所邀擔任此論文的回應者，正是對方晴事件有高度同情心的著名婦運家施寄青女士。所以當天討論時的空前熱烈和大轟動狀況，自然不出大家在邀請當初所預料者。

（三）當代臺灣「漢傳佛教」在現代社會中所能提供的功能或貢獻

本章透過前述各節的討論之後，本書在此擬回到現實面的相關說明。亦即任何宗教組織的發展，都無法不涉及其與寄存其間的母體社會的連連或互動，否則既不可能有持續存在的可能，甚至也可能根本無存在的必要性。因此，底下本者擬扼要地例舉當代臺灣「漢傳佛教」在現代社會中所能提供的功能，或其所表現出來的對社會的貢獻主要有哪些方面或相關項目，茲簡明分述如下：

一、自二戰後以來，臺灣本土的「漢傳佛教」，其所能提供的各種現代社會功能，在當代臺灣社會的發揮，可謂已達淋漓盡致的程度，所以其貢獻之巨大和出色表現，早已聞名國際。

例如 1999 年 9 月 21 日，臺灣中部遭遇百年來最大的地震災變，災區民眾屋毀、人亡者甚多，而最先、最有效、最獲災民和社會肯定的救災民間團體，必然包括佛教界的慈濟功德會等各類佛教團體在內。

事實上，戰後以來，迄今為止，臺灣的「漢傳佛教」團體，在島內外和大陸地區，也一再不惜人力、物力，為當地災民解困（如對四川地區遭逢汶川空前大震災的救援，或對臺灣南部近年來遭逢的巨大莫拉克大水災的救援等），而廣受讚譽。

---

[41] 此文丁敏先以〈陳若曦佛教小說中女性形象與主題意識——以《慧心蓮》、《重返桃花源》為探討〉，發表於該研討會，其後以〈陳若曦佛教小說中女性生命情境之探討——以《慧心蓮》、《重返桃花源》為中心〉，正式刊登於江燦騰主編，【光武通識學報】創刊號（2004 年 3 月），頁 15-53。

　　二、不過，除上述大家都已耳熟能詳的著名賑災實例之外，當代臺灣的佛教人士或各種團體組織，在社會所曾提供的各種功能，仍有下列能夠被提出來討論的：

　　（一）它還可提供有關臺灣宗教節慶活動的新文化內容，並擴展佛教人生觀對社會的影響。例如當代臺灣地區農曆歷七月的 盂蘭盆會 、農曆四月的 浴佛節 ，以及勸人戒殺、戒淫等，臺灣地區的「漢傳佛教」，都能以新的現代詮釋方式，來提供民眾的當代需要。[42]

　　（二）它能夠提供新社會或跨地域、跨血緣的信仰聯誼。因臺灣的各省移民來臺，常有原鄉區域或血緣的情感之隔，故在其宗教信仰上，也往往受故鄉神或族群神的影響。但這一區隔，在佛教無分別的信仰圈內，即可完全超越。

　　尤其臺灣地區近代以來，交通發達，人口流動快速，城鄉的高度都市化，使得傳統社會逐漸解體，新故鄉、新社區的定居和認同，成為社區居民新的需求。這時有哲理文化和宗教倫理思想內容的佛教信仰，在相當的比例上，就能取代傳統社區的民俗信仰。

　　因此，我們可以說：臺灣佛教的重要社會功能之一，就是為現代社會提供跨地域或跨血緣的信仰內涵與宗教社群聯誼。

　　此一具體證據，可從幾萬到數百萬的佛教信眾組織，如國際佛光會、如慈濟功德會等，有名的例子即可看出。

　　（三）可提供社會救助的解困需要。此一功能，縱使在物資不豐的臺灣傳統中華佛寺，也常年不斷地在進行，尤以濟貧、醫療、臨終關懷等項目最常見。在當代，則是以提供教育獎學金，逐漸成了常態，不但名額多，金額也大，因此對一些窮學生的能夠順利就學上進，幫助甚

---

[42] 例如證嚴尼師宣稱的「七月是吉祥月和歡喜月」的佛教界的 浴佛節 各種慶祝活動，也已成為公定的放假日，並且是臺灣各地許多民眾都願意熱烈參與的現代性大眾化社會新形態宗教節慶盛會等，即是其代表性的著名例子。可參看江燦騰主編《戰後臺灣漢傳佛教發展史》（臺北：五南出版社，2011）第十一章的相關內容討論。

大。

（四）不過，當代臺灣的「漢傳佛教」，和傳統「漢傳佛教」不同之處，是敢於批判臺灣的社會弊端，也敢積極參與各種社會運動。

例如對環境保護和關懷生命，即是結合了理論建構和行動實踐，所以表現最為傑出。近年來，更在反對澎湖縣是否可以設置賭場的公投中大獲全勝，可謂達至其空前未有的大成就和新個案。[43]

（五）在大學教育方面，戰後臺灣佛教界已創辦數所大學，如南華大學、慈濟大學、玄奘大學和華梵大學，對社會教育的推廣，貢獻甚大。而其中，佛光山所辦的南華大學，自建校以來，即採學費全免制度，曾造福了不少就讀該校學生，也算是另一種社會功能的提供。只是此一制度，如今已停辦了，相當可惜！

（六）當代臺灣佛教現代圖書館的相繼設立、佛教數位博物館的有效運作和佛教電視臺開播弘法的和佛教大藏經的數位化，應是對佛教資訊公有化的社會分享，幫助最大，也影響最能持久和深化。所以，其社會功能，雖非盡善盡美，但其在現代社會中所能扮演的多功能角色，應是無可置疑。

---

[43] 昭慧法師和她創辦的生命關懷協會，即是最典型的代表。因昭慧法師和性廣法師兩人，結合一群有志者，共同在桃園觀音鄉建立了佛「教弘誓學院」的校舍和圖書館以為推廣，所以是具有指標性的現代例證。此外，在江燦騰主編《戰後臺灣漢傳佛教發展史》第七章所涉及的〈捍衛自教立場？抑或維護信仰自由？〉一文後半段部分，也可以看到昭慧法師生平從事佛教社會運動的具體深入報導。

4.4 關於《臺灣民眾道教三百年史》的新思維

一、前言

此一有關《臺灣民眾道教三百年史：現代詮釋與新型建構》，是對於歷來臺灣民眾道教三百年史的最新編輯構想與詮釋體系。

更重要的是，這是由本書二位主編（江燦騰、張珣）網羅當代臺灣研究「民眾道教」學者的最前沿精英群（林富士、李豐楙、康豹、王見川、謝聰輝、謝世維、張超然、張珣），精選其最具原創性的相關論文數篇或單篇不一，並費時多年才完成此堪稱開創性的，有關《臺灣民眾道教三百年史：現代詮釋與新型建構》[1]最有系統的有機精萃論述。

它的最大特點就是：能夠從大跨度研究視野，來系統性、歷史

---

[1] 本書的關鍵性用語是「臺灣民眾道教史」，但何謂「民眾道教」呢？其實，此處的「民眾道教」一詞，就是戰後日本宗教學界常用「民俗道教」的同義詞。

不過，本書中有關「民眾道教」一詞的使用，是根據興亞宗教協會 1941 年，在北京出版《道教的實態》一書，在歷史發展部分的劃分，將道教史從古代到 1941 年，共分七章：

第一章「道教思想的萌芽」：從佛教傳來以前到西元前二世紀。

第二章「道術道教的成立」：從西漢末（西元前 2）到東漢時代（西元 219）。

第三章「教理道教的建設」：從三國時代（西元 220）到南朝北末（西元 531）。

第四章「道教的完成」：從隋（西元 532）到北宋末（西元 1126）。

第五章「教會的革新與新興道教的活動」：從南宋（西元 1127）到元至元末（西元 1294）。

第六章「法派的分立與教權的衰退」：從元成宗（西元 1295）到明神宗末（1619）。

第七章「信仰的變化與民眾道教的形成」：從明萬曆末（西元 1620）到現在（1941）。

而本書基於所謂《臺灣民眾道教三百年史：現代詮釋與新型建構》的歷史形成，實可溯源其書第七章「信仰的變化與民眾道教的形成」：亦即可以「從明萬曆末（西元 1620），再延伸到當代的（2020）」，並借用其「民眾道教」一詞，而不用「民俗道教」一詞。

性、共時性、現代性、當代性與本土性的、多詮釋角度所相互交織而成；且其詮釋的主題與我們之所以編輯的動機，其實只有一個共同聚焦之處，那就是試圖有機地總檢視一次：有關我們《臺灣民眾道教三百年史：現代詮釋與新型建構》學者精英，當其在關涉《臺灣民眾道教三百年史》實態研究的縱深解讀與廣博詮釋時，彼等的整體業績，是否真能名符其實的有異常出色表現？

事實上，目前本書的詮釋建構體系，可以說已是當代臺灣民眾道教三百年史最新類型的完整結構，它有別於日本戰後最富盛名的三卷版、由福井康順與酒井忠夫等監修《道教》（1983）一書，那樣高水準總合性研究的主題多元與條目細分的大合輯；但本書卻能只專注於《臺灣民眾道教三百年史》來的、歷史實態的、各議題「現代詮釋與新型建構」之多層次深入解析。這是兩者性質的最大分野，且能各領時代風騷，無法互相取代。

因此，在結合研究方法學與實際田野經驗的交互辯證方面，也使本書現有體系建構及其有機系統呈現，較之前書的綜合性經典輯性質，更顯精煉、更能聚焦，致使其對於《臺灣民眾道教三百年史》的實態，所能兼顧歷時性與共時性兩者逐次開展的有機性風貌，也更具鮮明強烈的草根性色彩。

本書現有的全體內容結構呈現，分三大部，第一部是「**相關研究方法學與實際田野經驗的交互辯證**」的特別設計與挑選，共有五篇解說。本書的第二部分，是關於「**臺灣民眾道教三百年史的核心主題及其現代詮釋建構之開展**」，共納入九篇相關論文，與第一部分形成鮮明的對照。在本書第三部有關「**現代研究典範學者的相關介紹**」方面，只納入兩篇最重要的，即第十五章，〈作為臺灣人類學宗教研究的二位典範學者：劉枝萬和李亦園的研究特色及其方法學的相關檢討〉。以及第十六章〈作為當代臺灣道教文化詮釋的典範學者：李豐楙的研究特色及其方法學的相關檢討〉。

以下，本文分別介紹本書三大部分的各章新內容詮釋的主要學術史觀點。

二、第一部：相關研究方法學與實際田野經驗的交互辯證

有關本書既成新詮釋體系建構的實際內涵，其真相究竟有何優質之處？本書現有的全體內容結構呈現，分三大部，第一部是「**相關研究方法學與實際田野經驗的交互辯證**」的特別設計與挑選，共有五篇解說，依次是：

第一章由臺灣師大國文系道教學者謝聰輝教授所撰述的，〈關於撰述當代《臺灣道教史》的詮釋建構試探：兼論臺灣本土世業道壇與道法傳承譜系的相關研究突破問題〉。此篇文章的性質及其呈現的學術意義，堪稱非同小可。因這是謝教授首次提出關於撰述當代《臺灣道教史》的詮釋建構試探性構想，並公開在大陸最具全國性核心期刊之一的《世界宗教文化》雙月刊上刊出。我們之前，也在前言與致謝詞中提及過。

第二章也是謝聰輝教授所撰述的，主要是介紹其所出版的兩冊本《追尋道法：從臺灣到福建道壇調查與研究》專書的詳細導論，同時也是構成謝聰輝教授所在本書第一章的主要論述依據之所在。並且，在此之前，我們兩位主編之一的江燦騰博士，曾如此推崇此兩冊專業著作的傑出成就，其原文如下：

> 1.任教臺灣師範大學國文系的謝聰輝教授，2018 年在新文豐出版公司出版他的最新力作，兩巨冊的《追尋道法：從臺灣到福建道壇調查與研究》。我也承蒙他的好意，送我一套。
> 2.他是當代臺灣青壯派、調查與研究臺灣與福建兩地兼營道

教儀式與巫法教儀式混融型的在家世傳從業者歷史傳統源流與現況的最具代表性學者。這是他十多年的心血結晶，在當代臺灣，堪稱最全面性的巨著。我在此恭賀他！

江燦騰博士之所以會如此推崇他，是因為長久以來，江博士一直深入大量閱讀相關史料後，曾不客氣地如此批判道：

臺灣的道教歷史，早期的一直是糊塗帳，一大堆道士家譜史而已。而且，這些世傳道士，都只是職業儀式的演唱藝人，全靠表演賺錢謀生而已。沒有文化深度，知識淺薄，雜用各類巫道法術，美其名道法二門兼用，其實是一種道士專業的墮落。

可是，謝教授卻能深入田野去探究道壇道法源流與真相，所以非常難能可貴，因此才會高度對他推崇。

第三章是出自當代臺灣道教學研究權威李豐楙教授的著名論文，〈制度與擴散：臺灣道教學研究的兩個面向——以臺灣中部道壇為例〉。他率先獨到地提出：在臺灣漢人宗教史的研究中，有關「道教正一派火居道」的研究人力及成果，國外學界較國內從事的人口多、課題廣而成果亦多可觀。其原因自是與道教學術研究的歷史長短有關，表現出研究的理論與方法，妥善運用人類學的田野調查方法，還進一步廣泛使用其他學科拓寬宗教史的研究領域，如此才能深入觀察其宗教現象與理解其宗教本質這一前人未曾涉及的研究領域。

李豐楙教授認為，由於人類學在發展過程中，形成對他者對異己文化的調查、研究，所專擅的是部落社會、非制度化宗教；然則面對正一派這種複雜社會的制度化宗教，歷史多傳承既久、文化的累積經驗豐富，所承擔的社會文化功能亦多樣，故需從貫時性的歷史理解其制度的形成、衍變，其中包括中國道教史及區域性的如閩粵宗教史，又需特別

關注火居道的道壇道士如何隨兩省移民遷移來臺，分布在各移民區而在地發展。並且這些史料由於較少被保存於方志，而須有賴相關道教人士的私家收藏：諸如族譜、師承譜系及經書抄本之類，始能建立其與地方開發史的密切關係。

於是李豐楙教授主張：有必要針對現存的道壇及其社會活動，就需作並時性的參與觀察，深入這類宗教性的社群，從人群學的角度理解其組織傳承、禮儀實踐及其與常民社區生活的關係。——這是基於火居道的世俗生活具有擴散性，以致常與民間信仰、民間教派混同，因此在此將先釐清研究史上的這一基本問題，然後確立其兼具制度化與擴散性的兩個面向。

因此，李豐楙教授主要是以臺灣中部為例，說明其道壇制內部的傳承譜系，及其中所見的相關史料；其次則是逐步說明其：從地方史、族群史的史料說明其與社區聚落的關係，如何形成其與族群間的依附性，從而逐漸形成其地盤作用，使其與地方公廟及社區民眾建立密切的社會網絡，能在各個區域的社會活動中自成其「行業圈」。

所以他最後確信：根據制度與擴散的兩個面向，可以理解宗教史、道教史的歷史重建，確實需要兼顧其宗教本質與地方社會，才能重建一個移民社會所移殖的宗教，如何經由在地化而有其獨特的宗教面貌。這的確是精闢之論。

第四章是謝世維教授的〈當代臺灣道教研究略覽〉一文，他主要是認為：臺灣道教的研究起始於西方學者的考察，第一代學者自行開展出不同的研究方向，同時也受到歐美研究的啟發。在第一代道教學者的耕耘後，學術研究逐漸形成系譜，研究重點在回應歐美、日本之研究，但也反映出臺灣道教研究的特點。所以謝世維教授本文的討論，集中在三個世代的研究成果，回顧臺灣道教研究的特色與主體性。

謝世維教授是當代臺灣道教研究學者中，少數接受美式研究理論訓練的新銳頂級學者，所以其解讀不但精確而且分類新穎周到，開拓新

多新視野，值得有志者參考。

第五章〈從宗教人類學的現代詮釋視野出發：檢視包括道教在內臺灣漢人宗教的近百年來研究趨勢〉的長篇淵博解析與論斷，是本書兩位主編之一的張珣所長，最用心的力作。

由於本書第一部分的前四篇，都是由李豐楙教授及其兩位高徒所撰述的研究經驗心得，十分專業，也相當宏觀。但彼等畢竟不是純人類學研究背景的專業學者，也不能夠實際根據中央研究民族學研究所的長期引領戰後臺灣宗教研究潮流，並溯源日本殖民統治時代的首次大規模全臺宗教調查狀況與解說。

於是，張珣所長此篇宏文，便自然成為第一部分「研究方法學與實際田野經驗的交互辯證」的壓軸之作，她清晰無比地透視：「包括道教在內臺灣漢人宗教的近百年來研究趨勢」之真相之所在。

這對很專業的宗教研究者來說，也是一篇必讀之作。

三、第二部：臺灣民眾道教三百年史的核心主題及其現代詮釋建構之開展

本書的第二部分，是關於「**臺灣民眾道教三百年史的核心主題及其現代詮釋建構之開展**」。所以，共納入九篇相關論文，與第一部分形成鮮明的對照。茲分別介紹如下：

第六篇〈清代臺灣的巫覡與巫俗：以《臺灣文獻叢刊》為主要材料的初步探討〉，原是刊載於《新史學》，16:3（2005），頁 23-99。至於有關這篇文章的主旨，據作者林富士博士自己說：

> 他是在於探討巫者在清代臺灣社會中的活動、角色與地位。因為以信仰對象來說，巫者主要奉祀瘟神和「厲鬼」。次要的主祀神則有媽祖、城隍、七娘、何仙姑、水仙、九天玄女等。

以儀式特質來說，迎神賽會是巫者現身於公眾的主要場合，「憑附」與「視鬼」則是他們「通神」的主要方式。

他們在儀式過程中的裝扮以裸露和披髮為基調，並以各種利刀「自傷」，有時還會有爬刀梯、「過火」、坐釘椅的展演。至於他們所使用的法器，則是以用以「自傷」的利器為主，另外還有符和紙錢等物。

就社會角色來說，基本上，巫者扮演神人之間的「媒介」，主要工作在於替人「祈福解禍」。具體而言，其職事包括替人治病、逐疫、求子，或以咒術傷害或迷惑別人。

就社會處境來說，巫者曾遭受士人的蔑視、貶抑、痛恨和批判，同時也受到官方的禁斷和壓迫。士大夫主要為了維護社會秩序、政治控制、經濟發展和禮教規範，因而以律令和政治權力禁止巫者的活動。不過，巫者在臺灣社會中始終擁有相當多的信徒。

基於這個原因，所以本書主編之一的江燦騰博士，強力推薦將此文納入，以及將本書的第十一章有關〈當代臺灣漢人社群的屬鬼信仰略論：以臺北縣境內的有應公信仰為主的初步探討〉這篇，也一併納入。

但起初，他是反對的，他在臉書上私訊告江燦騰博士說：

燦騰兄：謝謝您的青睞。您的書是以道教為主題，但我那兩篇文章基本上都不是從道教的角度入手，而且，我向來無法認同將巫覡的傳統納入道教研究之中，事實上，這兩者有一些根本性的差異，道士也常以巫者為競爭、打擊、收服的對象。有應公和屬鬼信仰也是如此。當然，道教在發展過程中確實也吸納、轉化了不少巫覡和屬鬼信仰。總之，您如果要將我這兩篇文章收入，請您想想要在導言中如何交代。

可是，江博士立刻回答說：

> 我的觀點很簡單，我處理的道教是明清帝國邊陲的枝末民眾道教，是混融的民俗道教，在同一宗教生態中，其實是不存在道士的純粹性。道士在臺灣只是在祭典的禮儀中存在，它面對的世界就是巫與鬼神的世界，所以納入大作，體系才完整。我不是處理清代之前的中原全盛時期的正統道教，所以無問題。

江博士並且在臉書上貼文說：

與幽交涉者：林富士學長

> 林富士博士，是我（江燦騰）在臺大讀歷史研究所時期的學長，治學能力一流。他是中研院歷史研究所的研究員，幾年前才卸下副所長的繁重行政工作。他研究中國古代的巫，屬鬼，也研究臺灣的鬼，巫與乩童。最近的研究，則是有關檳榔的文化史。
>
> 我非常佩服他的治學態度，所以，在我主編的臺灣本土宗教學術叢書中，一定收有他的力作。
>
> 2020-12-12 早上，我收到他在廣東人民出版社剛出版的精裝本新書《巫者的世界》，他也是橫跨兩岸古今的巫者主題專業研究者，有多篇非常精彩的臺灣本土論述。
>
> 我認為最有新意的一篇，當然是我曾約稿並在大陸全國核心期刊《世界宗教文化》發表的那篇，關於臺灣乩童的服飾裝扮問題專文。這當然只是我如此認為，但我是第一流的讀者，我相信我的眼光。

所以，林富士博士最終還是同意他的兩篇大作，都納入本書。

至於第七篇〈清末日治初期的新竹道士林占梅與江西龍虎山張天

師：兼談其時臺灣北部宗教人物的龍虎山朝聖〉，則是王見川博士的得
意之作。

　　他利用他最擅長與獨到搜集最原始紀錄的相關文獻資料，首次披
露其到「龍虎山朝聖」之旅的相關狀況。之後，王見川博士又在其文中
指出：如法國道教學者施舟人教授、日本道教學者大淵忍爾等人之於臺
南道士、田仲一成對香港道士、法國漢學家、宗教史和民族志學者勞格
文對臺灣北部道士。這些成果均引起道教學界極大的注目。不過，其中
有一個例外，即蘇海涵（M.Saso）的新竹道士莊陳登雲的研究，招致
一些批評。

　　但，王博士無無意替蘇海涵翻案，只是想在蘇海涵建立的基礎
上，根據新的資料如教內資料《萬法宗壇分司正一嗣壇傳度表》、教外
文獻《臺灣日日新報》等，對他所描繪的清末、日治初期臺灣新竹城道
士的活動情況，有所回應；並對當時臺灣北部宗教人物到龍虎山朝聖的
歷程有所呈現，試圖提醒近代道教或區域道教研究者注意，當時是有真
正道教領袖的：即正牌的江西龍虎山張天師是也。

　　因此，不管是對近代道教派別或是地方寺廟的理解，恐怕不應忽
略張天師的角色。因此，王博士就此展開其十分精彩的解說。

　　第八章也是王見川博士的最出色道教史學批判論文之一：〈二戰
後迄今臺灣張天師研究新論：有關六十三代天師張恩溥及其後繼者的紛
爭商榷〉。

　　由於王見川博士原是當代最權威的張天師研究專家，因此他對此
議題的全盤脈絡掌握之精到，可謂在當代學界實罕有能出其右者。所以
他在此篇論文中，特別針對戰後江西龍虎山張天師來臺之後，已在當代
臺灣所發生的最富爭議性事件，亦即有關六十三代天師張恩溥及其後繼
者在當代臺灣所發生複雜紛爭商榷，提出最新的溯源性探討。而他在本
文的論述問題意識和其對於相關事件的前後脈絡解說，主要是聚焦在下
述幾個關鍵性課題：

一、六十二代天師張元旭去世時間與張恩溥繼位。二、張恩溥天師的第一次秀；到漢口主持羅天大醮。三、張恩溥天師的首次上海行：五省和平祈禱大會與逃難。四、張恩溥及其家人與中共。五、六十四、六十五代張天師繼承問題。

因此，本書的內行讀者，屆時當可從其論述中，讀到王博士的一流解析內容。

本書第九章係出自美籍在臺教授康豹博士（人稱「康王爺」）的專書：*Images of the Immortal. The Cult of Lü Dongbin at the Palace of Eternal Joy*（夏威夷大學 1999）。後被譯成中文（山東齊魯書社「道教學譯叢」，2010）。全書對中國宗教聖地──永樂宮進行了全面考察，詳細敘述了永樂宮的歷史，介紹了民眾對呂洞賓的崇拜與信仰，集中研究了永樂宮的碑文及壁畫，並對永樂鎮周邊地區的人們對上述文本的接受情形進行了著重探討。本書是迄今為止研究永樂宮及呂洞賓崇拜較有代表性的著作之一，具有較高的學術價值。

事實上，康豹教授在本書的導言中，即已清楚敘述他當時是如何運用各種不同形式的文獻和資料，並特別著重其文本性（textuality）的討論。

他說，這些資料包括：《道藏》中有關呂洞賓的傳說和全真教的記載、永樂宮建置的碑文、永樂宮三座主要宮殿內的壁畫，以及各種以呂洞賓為題材的小說和戲劇，和流行於永樂一帶的民間故事。為了剖析上述資料所蘊含的意義，特就其文本性作深入的探究，從各種文本編撰的過程（production）、內容的流傳（transmission）、以及其為人接受的程度（reception），一一討論。

而由於有此種文本的分析做為基礎，使得本書對山西呂洞賓的信仰、以及其和全真教的關涉，能有更為深刻的剖析。

的確如其所述，所以本書兩位主編請康豹教授將其導言全文的中文版，授權納入本書中之第九章，並請其又補充了一些新資料，所以更

具參考價值。

本書的第十章是王見川博士最近才寫出的讓人驚艷之作。它的篇名在本書上是「你實際認識祂嗎？保生大帝吳本史料的真偽問題：兼談其與淨明道吳猛、扶乩的關係」。最前一句疑問號是新加上的。

王見川博士的文章，主要是對於保生大帝發展與相關文獻進行真偽的探討行為。因他曾引述過不少新發現或轉引最有證據價值的文獻資料，據以重新構建出最接近原始風貌的保生大帝其人其事，並破除歷來被偽史料構造的非真相的道聽途說之不當。相信看完其全文之後，你對於自己先前的研究可信度如何？也將是一大考驗。

至於本書的第十一章，當代〈臺灣漢人社群的厲鬼信仰略論：以臺北縣境內的有應公信仰為主的初步探討〉，是當代論鬼最大權威林富士博士所寫的。此文原載《儀式、廟會與社區：道教、民間信仰與民間文化》一書（2010 年），頁 327-357。

這是由於林富士博士早在 1995 年時，即曾替當時的臺北縣立文化中心，寫了一本經典之作，《孤魂與鬼雄的世界：北臺灣的厲鬼信仰》，所以才援用來討論「臺北縣境內的有應公信仰為主的初步探討」。其細節不用多論，重要的是林博士是臺灣當代研究歷史巫俗與傳統「厲鬼」祭祀的一代大學者，所以我們要注意他對此研究的總結觀點。他說：……基本上，古人非常畏懼那些在非正常的狀態下去世，或無人葬埋、奉祀的死者，並且稱之為「厲」或「厲鬼」。「厲」這個字，在古代文獻中，往往蘊含有「疾病」（尤其是流行病，或特指痲瘋病）、「罪惡」（惡行、惡德）、「惡鬼」的意思。這三層意思，事實上也常常互相糾結在一起。

而當「厲」用來指稱鬼魂時，一則是指那些沒有後代子嗣供養的死者。例如，東漢王逸注《楚辭》〈九章〉，便以「殤鬼」解釋「吾使厲神占之兮」一語中的「厲神」而所謂的「殤」，據《小爾雅》的定義，就是「無主之鬼」。同樣的，唐代成玄英注《莊子》〈人間世〉

「國為虛厲」一詞，也以「宅無人」解「虛」字，而以「鬼無後」釋「厲」。其次，「厲」也被用來指那些橫死、冤死的亡魂。例如，春秋時代的鄭國大夫子產便說：「匹夫強死，其魂魄猶能憑依於人，以為淫厲」，[2]而所謂「強死」就是「無病」「被殺」之意。當然，「厲」有時也兼具這兩層意思，例如，遭滅門之禍者便是。

於是，他借用李豐楙先生的概念來說：

人若「無後」、「乏嗣」的死者就是「非常」（「非正常」）之鬼，橫死、冤死者就是「非自然」的亡魂。[3]無論是死後的喪葬、祭祀之事未得妥善處理的「非常」之鬼，還是在「非自然」狀態（指死亡時的年齡、所在的處所、或終結的方式「異常」）去世者的鬼魂，或是「非自然」死亡又不得「正常」善後者，都有資格成為「厲鬼」。

而且，這種厲鬼，會由於無人奉祀，或是遭受冤屈或各種慘痛的意外災害而死，故無法在另一個世界獲得安息。因此，他們往往會回到活人的世界，以威嚇、恐怖的手段，求覓飲食、供養，或是復仇、洩恨。若要平息厲鬼所造成的災害，最簡單的方法，就是為無後乏祀者立後，使之奉祀先人。

舉例來說，魯襄公三十年（543 B.C.），鄭國人殺了伯有。八年以後，也就是魯昭公七年（535 B.C.），伯有的鬼魂出現於鄭國境內，到處作祟，並且殺死了二名仇人，弄得舉國惶惶。子產於是立伯有的兒子良止為大夫，以奉祀伯有。伯有獲得了安撫，災害果然因而止息。有人問子產這是什麼道理，子產便說：「鬼有所歸，乃不為厲。」[4]這意思是說，人死之後成鬼，鬼有了歸宿，有了歸附的對象（一般而言，就是

2　《左傳》（《十三經注疏》本），「昭公七年」，頁764。

3　參見李豐楙，〈行瘟與送瘟——道教與民眾瘟疫觀的交流與分歧〉，收入漢學研究中心編，《民間信仰與中國文化國際研討會論文集》（臺北：漢學研究中心，1994），頁373-422。

4　《左傳》，「昭公七年」，頁763。

其子嗣），才不會為害於人。

不過，歷代以來，絕後者恐怕不在少數。因此，祭祀的責任往往會落到社群體或是其主政者身上。

而他在史語所介紹自己時，也提到：

我最主要的研究領域和研究興趣有四：（一）宗教史（以巫祝傳統和道教為主），（二）疾病與醫療史，（三）文化史，（四）生活史。最近五年的研究工作，主要是以宗教史研究為主軸，所探討的課題包括：

（一）宗教發展與疾病、醫療文化之間的關聯。主要探討中國社會疾疫流行的情形和各個宗教對於這種社會危機的回應，及其醫療活動和醫療文化。

（二）巫覡與巫覡文化研究。主要的研究重點在於論述巫覡的生活、信仰、儀式和信徒，以及巫覡與佛、道二教之間的互動。此外，也論及當時巫覡文化的特質及其和政治權力之間的關係。

（三）厲鬼信仰。探討的重點在於中國的漢人社會（乃至各個宗教傳統）如何處理和對待非正常、非自然死亡的死者。

（四）道教研究。具體的研究成果集中於有關《太平經》的研究（主旨與性質、疾病觀念、神仙觀念等）。另外，還探討道教與夢的關係；綜合評述近五十年來歐美和臺灣地區在「道教研究」上的成就和偏失。

總結來說，這些研究的主要目的在於開拓一些傳統史學較少關注的領域和課題。在研究方法和研究途徑上，則強調比較研究的重要性，著重社會與文化的整體性，並且援用歷史人類學的若干觀點，企圖為中國宗教史和文化史研究建構出一些參考性的理論架構。[5]

5　最新版的研究資料全文，請參考本書（四）：特別附錄：《林富士研究員聘期內（2001-2017）學術研究成果及未來研究方向》的完整介紹。

以如是之學術背景來研究本章主題，可謂手到擒來，小菜一碟而已！

再者，有關本書第十二章與第十三章內容，其實都是取材於謝聰輝教授收在其大作《追尋道法》的第十二章〈南臺灣和瘟送船儀式的傳承與其道法析論〉，現則改為本書的第十二章；其第八章〈臺灣道法二門建醮文檢研究：以基隆廣遠壇乙酉年七朝醮典演法為例〉，現為本書的第十三章。

之所以挑選這兩篇，是因其撰述水準非常突出，雖是處在當代臺灣民眾道教儀式研究環境的過度氾濫重複性因襲中，他卻能別開生面又出類拔萃地將其整個流程層次分明的清楚描述。

由此可知，本書之所以納入謝聰輝教授的這兩篇論文，即其分別討論兩種有關當代民眾道教儀式的整個過程之出色論述，的確具有嚴謹學術性與精確出色地解說其流程與內涵意義，兩者都有其過人優點；並且又能將其儀式意義的根源及其操作慣習都一一梳爬析論，而沒有落入泛泛之流的平庸羅列式宛如儀式節目單一樣的介紹，是值得再三參考細讀的精彩論著。

並且，若將此兩篇仔細閱讀之後，再親自到儀式活動現場去實際觀摩，則對於謝聰輝教授已在其大作中解說過的全部意義，便不難透徹了解。因此，謝教授堪稱繼劉枝萬先生前已豎立精緻描繪型的道教齋醮儀式調查報告之後，更具有現代性的一流書寫。換言之，他既專業又能文筆雄辯滔滔。所以，我們能夠清楚地看到謝教授在本書第十二章，對於〈南臺灣和瘟送船儀式的傳承與其道法析論〉一文的全面性深入論述。

他其實是結合著歷史文獻、道壇抄本與實際田野調查認知，來析論南臺灣和瘟送船儀式所傳承的道法體系，及其身體技法表演的功能特質，以充實臺灣道教作為「活傳統」的意涵。並且，謝教授的此文，除前言與結語外，共分三節：

在其第一節是以溯源的方法，整理相關歷史文獻中較早的和瘟送船習俗，並藉由經文的比對和考述，以驅瘟逐疫主辦者的私密性與公眾性作為問題意識。探討臺灣道壇禳災和瘟古抄本與《道法會元》中神霄遣瘟道法，以及閩南明清《送彩科儀》的關係，並探究其中所蘊藏的意涵，以見其所保存道法的可能來源與體系。

在其第二節則是討論有關臺灣清代和瘟送船抄本所傳承的送船情境和參與營造的各種角色職司，以及奉旨行瘟與解瘟的瘟神使者，被送回去繳旨地點的名稱內涵與象徵；並分析 1821 年屏東新園五朝王醮的文檢所反映的歷史意義與價值。

其第三節則以〈關祝五雷神燈〉、〈宴祀天仙〉、〈和瘟押煞〉與〈禳災祭船〉四項關鍵科儀，比較「臺南道」與「鳳山道」兩大區域道法的異同，以及行法者身體技法表演的特質內涵。

至於第十三章，謝教授在其〈臺灣道法二門建醮文檢研究：以基隆廣遠壇乙酉年七朝醮典演法為例〉一文的背景解說之詞，就是交代其：選定曾拜師並長期參與觀察的基隆廣遠壇為對象，主要蒐集乙酉年（2005）松山慈惠堂七朝慶成醮典科儀田野資料作為文本。其既是在傳統道法二門「五朝慶成清醮」的基礎下，又加上為瑤池金母祝壽科儀，所以不僅規模是道法二門醮典少見的，文檢種類與數量的運用也是謝教授調查該壇所見最齊全的一次。

因此，根據謝教授的觀點，他認為：除可與《莊林續道藏》中〈文檢卷四·陳氏文檢〉所列〈五天醮事表文關牒疏文〉，及其所載相關符、榜等文檢比對，重視其傳承的部分之外；還可就主壇的廣遠壇李游坤道長，因應實際需要所「新創」的文檢探究。

所以，他首先即重點地論述了慶成建醮的程序結構、道教科儀與文檢運用搭配的關係，並特輔以多種詳細表格，而希望能更細膩地呈現配合科儀道法的實際運用內涵。再析論上行的詞疏狀類文檢與下行的關牒符榜類文檢的體式功能，並以基隆廣遠壇製作的文檢體例格式為例，

分析其道教「文檢」一詞意義中「內在的文」與「外在的檢」的內涵。

因前者即道教「文檢」的「內在的文」，其作用在於能分別以公文結構、文章風格、平闕格式、簽畫批朱與具職、印信、花押、文體、質材、字體等等探究；後者，則「文檢」的「外在的檢」，即是以：可漏、方函與摺角實封等分析其檢署規矩。希望盡量累積其相關起源與傳承跡證，能逐漸建構道教文書學的實際內涵。

在之前，根據謝教授在其《追尋道法》的一書導論的最後，曾如此回顧：「作道教田野調查研究雖有許多收穫與樂趣，但相對也有許多諸如時空久遠，道法廣泛，不易考證；資料不足、時間匆促，不易深入；規矩頗多，完全獲得信任不易的困難，而常遭受到失敗與挫折的苦惱。因為道壇道士結婚生子和信眾伙居，平時生活與常人無異；但一旦牽涉到專業道法，他們即是一群非常人。」

他知道，像這些作為人鬼神中介儀式專家者的道長法師，得承擔科儀法事醮首齋主人等的虔誠委託，依據其所秘傳的道法建立壇場，請神召將，闡行相關度生度死的職能，希望所有的非常鬼魔邪煞威脅都能被驅除斷離，以達到闔家闔境平安、五穀豐登順遂的願望功能。

他藉著此一回顧，而更加了解：因為道士行業經法道術之傳授，深具神聖與私密性，非其族親或正式收錄為弟子者，不輕易教付。加以部分研究者與商人，不顧「道門傳承規矩」與「學術倫理」等諸問題，曾以「蒐購轉賣」、「強行公布」或「借而不還」方式破壞田野，因此後進者要取得道壇信任不易。

反之，謝教授卻是因其能與許多知名前輩學者皆採用正式拜師的方式入道，面對這些困難，他通常採「不急、等待」的心態。先經由熟悉的前輩、道士引見，再多親自觀看其儀式演行，送上自己的研究著作，讓其瞭解自己的研究態度與目的；遂能逐漸取得其信任，告知其相關科儀與文檢運用功訣內秘，並獲得其經文資料。

所以，謝教授近二十多年來，的確是本者他那誠懇實在的態度與

孜孜不倦的精神，才能在臺灣道教研究與實際田野調查上，得到許多師長貴人的幫忙；而這十年來，他更在科技部計畫的支持下進入福建田野調查，又得到更多的道長信眾信任協助。

再者，據謝教授在其《追尋道法》一書導論最後的自我表白，我們可以得悉：他平時至少一週得擔任八個鐘點以上的教學工作，能跑田野調查的時間就相對有限，加上許多主客觀的因素，失敗的經驗也不少。但他總是能本著「有志者，事竟成」的信念，期待「天道酬勤」，盡量解決所面對的困難。因此整體而言，成功考察的個案還是較多，遂能累積有非常可觀的成果與突破。

這就是他最珍貴的田野經驗心得，卻能無私地對本書讀者分享，值得為其喝采！

第十四篇是第二部的壓軸之作，又是由本書的兩位主編之一張珣所長提出的：「當代臺灣道士儀式市場中的新對手：略論宗教與文化創意產品下的神明公仔流行潮」。

這是當代最前衛的人類研究主題之一，特別是對於當代臺灣道士儀式市場中的可能出現狀況，她先假設地提問：若當前臺灣社會的消費市場上，頗受此地大眾普遍好與逐漸被接受的新型現代宗教與文化創意產品下的神明公仔流行潮，有可能會成為當代臺灣道士儀式市場中的新對手？

而她後續推論邏輯並未採取武斷的決定論主張，因她接著即表示：這完全要取決於神明公仔的廣大喜愛者，是否會逐漸喪失其對的臺灣各類神明或鬼神的神聖性或恐懼感？正如每年的西洋流行的萬聖節來臨時，頓時在當代臺灣社會各地民眾也為之競相戴上各種造型的鬼臉面具並搭配適合的鬼妝飾，來自娛娛人，毫無真正遇鬼的莫大驚懼那樣。所以，她又接著說：這是值得我們持續觀察的信仰變革現象，假若神明公仔的廣大喜愛者也將當代臺灣道士在相關齋醮中的儀式佈置與身體姿態，當成娛樂片中的有趣虛擬佈置來看，則職業道士的儀式市場，就一

定要出現巨大轉型，否則必日趨式微。

但是，她此文的重點並非全文都在討論當代臺灣道士在儀式上場的處境問題，而是討論什麼是「神明公仔」？為何有此消費市場存在？

所以，她接著清楚說明：若我們能通過人類學對於「身體」與「物」的理論來分析人與物的關係，並針對臺灣近年來的宗教文化創意產品之一的神明公仔，其引起年輕人喜愛之原因進行討論。則傳統神像以木、泥、陶、瓷、銅或石等物質為材料進行雕塑，為何會引發信徒的崇敬與膜拜。

她特別舉例說明，當代臺灣的新型態消費市場上，近年來已開發出以塑膠、樹脂纖維等材質，限量製造小巧可愛的神明公仔，於是引發年輕世代族群的收藏與把玩一陣熱潮。但她卻又提到：雖說宗教被世俗化了，卻也同時伴隨了商品被神聖化的現象。這是值得繼續追蹤的現況主題發展研究對象。

四、第三部：現代研究典範學者的相關介紹

在本書第三部有關「現代研究典範學者的相關介紹」方面，只納入兩篇最重要的，即第十五章，〈作為臺灣人類學宗教研究的二位典範學者：劉枝萬和李亦園的研究特色及其方法學的相關檢討〉。以及第十六章〈作為當代臺灣道教文化詮釋的典範學者：李豐楙的研究特色及其方法學的相關檢討〉。

所以，第十五章，便是交由同為民族所資深的人類學家張珣來介紹，其對於該所的前輩著名道教學劉枝萬的研究特色及其方法學，並將其和其與李亦園的研究特色及其方法學的進行比較。

總結來說，張珣認為：介紹臺灣人類學界兩位前輩學者，劉枝萬與李亦園。出生於 1923 年的劉枝萬延續了日治時代流傳下來的全島性宗教寺廟庵堂普查方法，繼而轉入道教建醮儀式的調查，獨沽一味，針

對道教派別與從業人員的分類，以及道教儀式的細膩描述。其方法學是
依照日本民俗學的作法將調查對象鉅細靡遺地描述以便完整保留。

　　相對地，李亦園在戰後從福建到臺灣學習人類學，從臺灣原住民
宗教研究轉入漢人宗教研究，因而重視代表整體漢人文化的民間信仰，
其研究特色是採取宗教人類學理論來涵蓋性地檢視漢人宇宙觀與民間信
仰包括祖先崇拜，風水信仰等的關係。其方法學是採取歐美人類學的田
野調查法，具有重點性與選擇性的深入觀察。

　　讀者須知，在本書第五章中，張珣已有更詳盡的解說，所以此處
就不多做重複說明。

　　至於本書的第十六章，則是交由李豐楙教授門下最優秀之一的張
超然博士來撰寫。張超然博士寫來得心應手，精確無比的介紹其師的最
得意與最擅長的，在道教的學術研究上，橫跨文學、文化與宗教等領
域，其研究方法綜合使用歷史、文獻與實地調查等，又強調親自「實
踐」，以求掌握道教的文化底蘊。這種研究態度與方法貫串他所投入的
學術領域。

　　所以他試從道教文學、文化思維、道教教義與實踐、中國宗教中
的道教等方面，評介其研究方法與特色。

　　但是，他先提到：「李豐楙，是政治大學中國文學研究所博士，
現任政治大學講座教授、中央研究院中國文哲研究所合聘研究員。上個
世紀七〇年代，國際道教研究方興未艾，當時正攻讀博士學位（1974-
1978）的李豐楙將其研究領域由文學批評轉向道教，不僅從此踏上與傳
統中國文學研究不甚相同的道路，同時開創了臺灣道教學術的新領域。
時至今日，臺灣幾所擁有宗教相關系所的公私立大學多由他的學生負責
道教課程，而他個人則投入政治大學宗教研究所的華人宗教、道教與民
間教派等課程，並於近期成立『華人宗教研究中心』」。

　　之後，他即接著指出：其師李豐楙教授的學術研究橫跨文學、文
化、宗教諸多領域，但他不以學術工作者自限，多強調具體的實踐，諸

如早年轉向道教研究,隨即從事當代道教調查並拜師學藝;[6]少年起即持續的武術習練與內丹修持,亦多反映在其內丹研究;而近年展開的道教文物收藏整理與出版,將為區域道教與物質文化研究提供豐富素材。因此如須概述其研究特色,可以如此描述:即「設身處地」回到研究對象所處的歷史文化脈絡,甚至通過親自參與的方式,儘可能掌握其中的文化底蘊,最終又能通過微觀研究成果,得出具有涵蓋範圍的結構性觀點。

上述的介紹,堪稱是最簡明的精確描述了,不愧是大手筆!也同樣適合作為本導論的最美好結語。

---

[6] 謝聰輝,〈度己與度人:訪道教園丁李豐楙教授〉,《臺灣宗教學會通訊》第 6 期(2000),頁 118。

4.5 解嚴以來現代臺灣本土書法哲學的新詮釋

一、前言

有關現代臺灣本土書法哲學基礎問題的新詮釋，之前從未出現在任何有關臺灣新文化史教材或課程的介紹範圍，究其根本原因有可能是：

一來此類介紹知識範圍，主要是涉及到現代臺灣本土新書法哲學的新詮釋問題，可是，基本上過去很缺少這方面的相關教材，若無教師指導，就要自行理解與討論，當然是不易的，因而教材上也就不會提及。

二來有可能是，此類現代臺灣本土書法哲學的課題，其實對於當代臺灣社會大眾來說，雖然人人可能都認識一點有關傳統中國書法的幾種字型表現法，或者彼等雖也不時常會在媒體上看到有各類書法家的作品展示。可是，在彼等之間，除了一些真正的書法作品的愛好者之外，我們過去幾乎也從未見過有人討論現代臺灣本土書法哲學基礎問題。因而，自然不會在課堂上提到此一新文化史課題。

既然如此，為何本書此處又為何要將其列入自從臺灣政治解嚴以來，所出現的幾項現代臺灣本土新文化主題之一，來為本書讀者介紹呢？其理由有三，如下所述：

其一，既然本書是一本開創性的現代臺灣新文化史教材，理應儘可能納入當代已有的新文化認知主題，而有關現代臺灣本土書法哲學基礎問題，對於作為當代新文化教材的構成元素之一，也並非全無道理可說。

其二，提倡從新書法哲學的角度，來加深鑑賞當代臺灣紛紛出現的各類新書法表達風格，也是文化認知邏輯的思考層次。

其三，本章所據以介紹的一本相關著作——林慶文博士的新書《書法哲學基礎問題》——正好具有此一新文化課題的各層面介紹。因此，本章將其納入全書內容之一部分，是有其充分考量的結果，並非隨興之舉。

以下本章的介紹，便藉著林博士的此一新著出版的相關內容，作為本章討論時的相關問題思考導引依據。之後，本書讀者就可以自行發展出更大或更新的詮釋視野。

二、有關現代臺灣本土書法哲學基礎問題的新教材介紹

林慶文博士的新書《書法哲學基礎問題》，是在 2019 年 4 月，才在臺北市著名的蕙風堂筆墨有限公司出版，平裝。書的封面非常純白素淨，右上側是直排典雅的書名與林博士的纖細黑色字體，卻具有強烈聚焦效用的極簡主義現代藝術的美感。

但，此書並非傳統漢字書法哲學的新詮釋，也不是書法藝術哲學的形式與風格的思想探討，而是根源性地從——手寫軀體姿勢變化與現實環境或自然景觀之間，所存在的書法美學的根源性產生及其歷史變革中，——各類書法形式的再現或複製設計的相關基礎認知問題，來展開體系性結構的多層次新詮釋。

林博士的此一新書，無疑的，可稱它是當代臺灣地區歷來的此種類型的具原創性新作品。此書的相關全部內容，主要是包括四大類主題歸納：

壹、傳統筆法的現代詮釋。其各篇主題有：（a）〈筆法與身體經驗歷程——書法與身體美學初探〉、（b）〈線條象形及

其表現形式〉、（ c ）〈漢字書寫基礎課程——「字」的完
成及其應用〉、（ d ）〈書寫的意志——關於自我的書寫及
其可能〉。

貳、書法與空間精神。其各篇主題有：（ a ）〈對米芾《吳江舟
中詩卷》所作關於「水上書寫」的猜想〉、（ b ）〈招牌的
隱喻：走讀城市的街道文字〉。

參、書法與當代文字的書寫觀念。其各篇主題有：（ a ）〈看見
書寫的條件〉、（ b ）〈在複製的時代看書法臨摹的作
用〉。

肆、書法與文化主題。其各篇主題有：（ a ）〈神聖的書寫——
寫經的宗教與審美蘄向〉、（ b ）〈竹林七賢：文化主題的
形成與運用〉。

以上這些內容，都是近年來，此書作者林慶文博士近年來，陸續
發表的多篇相關論文，此次才改以體系性彙編出版的新原創性專著的。

另外，在此書圖示（頁 44、159、315、316）中，是在呈現幾件此
書作者林博士個人的書法實例，大概是：以隸、草為主，隸書多取隸意
結字，參酌楊淮表、石門頌一路的古隸，不刻意依傍一家；草書則嘗試
結合米芾的靈動與于右任的醇厚，在碑帖風格看似對立中，用發勁速度
輕重快慢等節奏流暢的互補寫法來呈現。

這也意味著此書作者林博士個人有相當的書法素養，並非只是透
過閱讀書法典籍中的相關概念，來理解其所論述的書法哲學的知識而
已。

至於書後附錄此書作者林博士幾項有關書寫的專利發明，也可見
其探索各種書法研究的可能性之所以。

而以上就是全書內容的體系架構與附錄等參考資料。至於全書內
容的相關理念分析，則可以在本章的以下各節，持續地分別加以簡潔的

陳述，以及進行必要的相關學術思維及其研究法之檢視、或者針對其所涵蘊的現代書法意識形態，也同樣進行歷史性進程的必要反思。

三、有關現代性臺灣本土書法哲學基礎問題的解析

不過，在進行上述相關學術思維、研究法，或其現代書法意識形態的歷程反思之前，仍有必要先檢視：在此書出版之前的當代臺灣本土學界既有論述業績（如對於傳統書法藝術的鑑賞、歷史發展、或其書法藝術哲學的研究專書及論文集等），究竟又是如何的狀況呢？

否則本章內容的相關論斷，就會只流於無憑無據的主觀臆測，也可能會招致學界質疑本章內容有何根據，是可以確認此書的論述，的確已具有高度原創性的呢？

因而，針對於此一可能招致來自學界質疑的相關回應，其實可先根據此書作者林博士在其序（二）所引述的，由葉碧苓教授所整理與分析的〈五十年來臺灣博碩士「書法」論文之研究動向〉一文[1]，即可大致了解到如下的情形：

一、從 1965 年傅申所作的〈宋代文人之書畫評鑑〉一文開始，至2010 年為止，所累計的總數雖已達 803 篇。並且，當中還不包括只登錄在畢業學校，或未登錄至臺灣博碩士論文知識加值系統的篇目在內。所以此估計總數，當尚有遺漏。

二、儘管如此，我們若檢視這篇研究，可以看出，此文作者葉碧苓教授，雖是先將全書主題分為七大類型，但若整合其主要趨勢則可以見出是為兩大類，其第一類是傳統風格流派的典範研究；第二則是電腦軟體及產業應用的開發。由此可見手寫藝術與機器軟體複製呈現，是同時存在的當代現象。

---

[1]　葉碧苓，〈五十年來臺灣博碩士「書法」論文之研究動向〉，（《書畫藝術學刊》，10期，2011）。

三、因而，各類藝術創作在現代主義精神的發揚下，常有創新的焦慮，同樣的在手寫的書法藝術方面，亦不能倖免。但相較於其他藝術類型，還是比較偏於延續傳統的選擇。

故而，前述兩條研究路線，其實還可以依照其使用工具，區分為手寫與電腦軟體應用。換言之，只有如此討論，才能大致符合現代臺灣本土書法傳承文化與產業發展脈絡。

再者，由於當代對書寫的認知，既已因為工具不同而產生相應的各種變化，可據以推知，其影響在大腦作用方式和身體記憶，當然也會有所不同。

這是根源於人類本能在於適應環境變遷所致，因而當今書寫方式改變自然亦屬大規模人類行為變化所致，故而我們研究者，亦應該從不同領域提出各種新看法。

尤其文字書法藝術，是文化概念與情感表述的根本基礎。但其核心與生成原理的哲學，我們對其相關認知看法又是什麼？

在現有著作中，我們若檢視此書（序二）中所提及的，只有少數如：

一、董友知所著的《書法理論與書法百家》一書中，有關〈書法的哲學觀點〉一章，是純套用唯物辯證法來詮釋。

二、其餘的相關著作，如：卞雲和著的《書法哲學》、周膺著的《書法審美哲學》、劉孟嘉著的《書法哲學：哲學視角下的中日書法思想演變研究》、以及吳立敏、蔡孟宸、蕭元朴等人所編著的《書法與當代哲學／美學學術研討會論文集》等，所論內容，則又多屬一般書法學通論與歷代思想影響比附研究。

三、甚至連比較晚近出現的陳慧玲的博士論文，《鑑賞書法的哲學觀點之研究——以《莊子》與六朝書論為重心》[2]，也只是以時代思

2　陳慧玲，《鑑賞書法的哲學觀點之研究——以《莊子》與六朝書論為重心》，（臺北：

想影響下書風的論述，其討論方式，就是先確定其論文主題所設定擬探討的時代範圍，接著就是進行對其時代特色及其影響的必要相關研究而已。

四、不過此類著作中，也有例外。如此書作者林博士所參考過的孫曉雲等研究，就頗能以書法研究作為核心又兼顧歷史變化的較佳探討模式。

所以，此書作者林博士就是從此一新討論模式，進一步修正成為更整全的新詮釋方法：此即指涉書法書寫方式與身體動作姿態相互間，所呈現的各類型動態書法哲學藝術的新陳述觀點。

四、呈現在臺灣歷史上各階段的相關書法風格回顧

除上述狀況的檢視之外，也必須注意到，對於相關研究史的學術史檢討，其實還有另一類不同於上述的討論視野，是無法對其有所忽略的。

此即採取透過長時段的歷史進程，來對臺灣整體文化與思想變遷發展從事其必要的考察。亦即此書讀者，若想真正理解此書的論述方式及其相關的詮釋角度，則除非放在臺灣本土書寫文字發展史的脈絡來理解，否則是很容易導致對此書內容上的誤讀。

此因，臺灣本土歷史上曾出現的相關文字書寫，若撇開 17 世紀荷蘭聯合東印度公司在臺灣南部的傳教士以羅馬拼音教導當地西拉雅族所留下的「新港文書」不算之外，則從明鄭時期到當代臺灣本土社會（1661-2019）的主要書寫工具，其實是漢字文化的傳承。當然其間曾經日本殖民時期。

然而，日本語法雖不同於漢語，但是在書寫上，日語拼寫文字、書道，受漢字書法影響之深，則是明顯的事實。

文化大學，哲學系博士論文，2014）。

所以，我們如果把臺灣文化透過書法來觀察，可以發現相應於政權轉移間，文化傳承迂迴多元的辯證過程，則此類相關既有著作或論述，便可以揭示如：

一、麥鳳秋所著的《臺灣地區三百年書法風格之遞嬗》（1661-1945 年）[3]、《四十年來臺灣地區美術發展研究──書法研究》（1949-1989 年）[4]兩書，通論涵蓋臺灣書法史時間較長。

二、李郁周所論的《臺灣書家書事論集》一文[5]匯集百年來臺灣書法相關論述，其中如〈二十世紀前期新竹書壇概觀〉，考鏡清代至日本殖民時期書壇風格面貌，對長期研究新竹宗教者而言，是相當熟悉的內容。

三、黃華源所論〈清末到日治（1885-1945）社會變遷下的臺灣書法發展考察〉一文[6]，以近代「社會變遷」的歷史動力與速度勝於以往，鎖定清末到近代書法發展的社會變化，例舉清代傳統文人書信酬酢，日治時期轉為毛筆在明信片上書畫，許多新興事物，例如書法競賽、展覽、學生作品展、甚至函授書法，都是清代未有。

四、葉碧苓教授所論〈日治時期臺灣公學校書法教育之研究〉一文[7]，指出日本殖民時期的書法教育兼具「同化」和「近代化」的目標，當時臺灣公學校書法教育，雖然初等教育階段一直未獨立設科，但

---

[3] 麥鳳秋，《臺灣地區三百年來書法風格之遞嬗》，（臺北：中國文化大學碩士論文，1988）。

[4] 麥鳳秋，《四十年來臺灣地區美術發展研究──書法研究》，（臺中市：省美術館，1996 年）。

[5] 李郁周，《臺灣書家書事論集》，（臺北：蕙風堂筆墨有限公司，2002）。

[6] 黃華源，〈清末到日治（1885-1945）社會變遷下的臺灣書法發展考察〉，（書畫藝術學刊，10 期 2011）。書後附表（表一）國家圖書館臺灣博碩士論文系統 2010 年 5 月前引得臺灣書法研究相關論文；（表二）清末到日治（1885-1945）社會變遷下的臺灣書法發展考察相關記事係年。

[7] 葉碧苓，〈日治時期臺灣公學校書法教育之研究〉，（國立臺灣師範大學歷史研究所，碩士論文 1999）。

是有專業師資、完整的課程設計、授課要旨與教科書，其實已具備獨立學科的特徵。這種教學規劃超前當時中國與光復後臺灣的小學書法教育。

五、〔日〕香取潤哉所論〈臺灣日治時期的日人書家活動與足跡——以山本竟山的書法成就與對臺灣影響為例〉一文[8]，考察日治時期的書法面貌，有臺灣總督府「官方」推動的書法教育制度化；民間文人的「私人」交流。

尤其臺日書畫家的交流與相互影響，以日治時期來臺 8 年的山本竟山（1863-1934）為主軸，其人為日本「明治書聖」日下部鳴鶴（1838-1922）與清朝金石、歷史地理學者楊守敬（1840-1915）的高徒，活躍於日本明治末期至昭和初期的關西書壇泰斗，1904 年應臺灣總督府聘來臺提倡書法活動，留下碑刻書蹟，對臺灣書壇影響很大。

從書法教育觀點來看，山本竟山其人書法造詣，得於清、日兩國文化傳承，再宣講於清朝割讓的日本殖民地，此一事實雖很諷刺，但其理無他，此即通常都是文化程度高者，相對較能吸納多元文化精華。

可見唯有先能釐清臺灣本土書法的發展特色，才較有可能會吸收其他文化的相關知識，以便進一步運用在其人才教育上及產業發展的相關規劃上。

舉例言之，書寫內容與閱讀、理解、溝通能力有關，是技術合作、創新發展之必需；書法線條造型是審美基礎，也是相關工業設計、文化產業從事者必備能力。

因而，此書作者林博士取向，就是根據上述的這些歷史認知，才能在異於一般對個別書法家風格影響、區域書風流派、書法社團教育等

---

[8] 〔日〕香取潤哉，〈臺灣日治時期的日人書家活動與足跡——以山本竟山的書法成就與對臺灣影響為例〉，收入《二十世紀臺灣書法發展回顧學術研討論會論文集》，（國立臺灣藝術大學·國立歷史博物館，2010）。

論述之外，更能紮根於基礎問題與書法入門的緣由。

亦即顯示，唯有了解上述這些道理，才能對臺灣本土傳統書法知識可以有所掌握，同時對現代技術應用層面的開發也較能進行。譬如對於機器書寫與感測器（Sensor）開發等都是。此即意味者，古代書所論其語雖多真切，但其相關書法實踐也要時間歷程，才能有效達成。

至於其中的相關譬喻及一些境界體會語，則要回到操作說明來理解，才有助於書法推廣——此即此書作者林博士，大概嘗試溝通當前臺灣本土書法研究的這兩大趨勢，因而，昭然可見其用心寄託之所在。

五、換軌道的新思考：以新出現的當代新聞事件為例

再者，我們若想以當代新出現的新聞事件為例來詮釋，其實也可藉以看出此書作者林博士的論述構造方式，在事實上，是可以毫無困難地將其作為相互對話的指涉對象來對待處理。

例如在此之前，當本書作者在觀看 CNN 製作的網路系列視頻「Great Big Story 」時，曾無意中發現，其中一則介紹〈為什麼世界一流的數學家要囤積粉筆〉的報導[9]，赫然提到：

一、美國國家數學科學研究所所長 David Eisenbud，在一次訪問東京大學時，意外發現羽衣文具株式會社（Hagoromo Bungu）出產的粉筆，書寫時讓人感到相當滑順，有助於推理過程順暢而愉悅。

二、這品牌在美國數學界傳開後，許多數學家甚至認為這款粉筆能幫助運算自動完成，使推理更完美。

三、當 2015 年傳說製造商將停產時，結果引起哥倫比亞大學、史丹佛大學幾位數學教授當中，甚至有人預估退休時間，而提前囤積達 15 年的用量。[10]

---

[9] CNN「Great Big Story」系列"Why the World's Best Mathematicians Are Hoarding Chalk"

[10] https://www.ettoday.net/dalemon/post/43437#ixzz5nyZqMHmI Follow us: @ETtodaynet on

四、而這些傳聞,經過友人輾轉求證在柏克萊攻讀數學的臺灣學生,也得到證實,因為這名學生當時手上也有兩盒。

不過,更引引起筆者個人關注的,其實是:這些數學家運算時,因為書寫材質所引發一連串身體動作的效益反應。

或許我們因此該接著追問,為什麼是書寫,而不是鍵盤輸入?

答案之一,是這可能與書寫這項古老的優雅無關。畢竟強調創造,是要對古老抱持敵意才行。

答案之二,或許是存於傳統書寫過程中,從推理中逐步展開,演示從無到有的創造力。

因此,相較於一目了然的 PPT,傳統的書寫行為,箇中確實有其奧妙,這也的確得到許多數學、物理學界習慣粉筆黑板書寫者的認同。

我們須知,在當代歐洲地區,相當重視研發學校教育新方法的芬蘭,於 2014 年的課程改革中修改了書寫課程,提高書面印刷與數位資訊認知的地位,伴隨書寫方式變革與觀念的議題在國外早已引起多方跨領域的討論。

因為工具與文字紀錄方式直接與文化內容相關,工具本身不是中性的介面。

目前正在大英圖書館展出有關書寫的主題,「**書寫:留下你的印記**」(Writing: Making Your Mark),是透過大約 40 多種書寫系統,並記錄了 5000 年來人類文字書寫的演變。可以看出,文字在對抗時間的記憶方式上,所使用材質與文化內涵的關係。

還有,在 2011 年時,美國好萊塢名導演馬丁·史柯西斯(Martin Scorsese)拍攝一部 3D 作品—《雨果的冒險》(*Hugo*),用目前最新的技術手法,介紹法國電影史上重要的實驗與實踐者喬治·梅里埃(Marie-Georges-Jean Méliès)。除了向他致敬,主要用意也在提醒世

Twitter | ETtoday on Facebook

人影像保存的重要。

「時間對老電影很無情」，這是裡頭一句重要臺詞。當中還有修復一架寫字機器人的主要情節。目的是讓它恢復書寫功能，重新執筆繪製並簽名梅里埃傳世經典「月球之旅」的手繪稿。

這個機器人書寫的靈感，來自瑞士鐘錶匠皮耶‧賈桂-道茲（Pierre aquet-Droz）1774 年的作品（Mechanism of the writer, automaton），所以影像保存與恢復書寫功能，暗喻人類對抗時間與記憶的努力，也就是文化生命延續的強大意志力。

反觀我們居住的東亞地區，以書法漢字而言，使用時間綿延之長，影響範圍之廣，在形塑其文化內涵之地位，實屬人類重要資產，應該與其他學科及文化跨域研究。

因為書法是一門綜合性學問，可以聯結反映多元智能學習風格（multiple intelligences learning styles），所以常看到附會音樂、舞蹈等技藝的論述。

六、從身軀動作到書法風格表現：有必要再次重新思考的幾個相關問題

歷代書論、書蹟之多，學習者雖常起望洋之嘆。但若就其論述的立意與全書詮釋的體系性內容，則林慶文博士此本專書《書法哲學基礎問題》，則是第一次接地氣與當代臺灣本土現代社會時潮的文化意識形態相呼應。

雖然，本書作者初讀林博士其書的內容時，常深感林博士在其全書的行文用語修辭方面，時而細密，時而纏繞；行文引用，則文白夾雜，及常呈複雜句翻譯之拗口語法。但綜合其全書內容的主要立意，明顯是著重在深化傳統書寫觀點，並進一步將書法作為吸納與結合其他學問的基礎，以扣問的態度，來看待當前的書寫現象。

　　例如，此書中的各篇標題和其寓意，都導向問題核心，即：現代臺灣本土書法的相關表現，如何可能？

　　而我們若從其書名內容看，則是兼顧人的書寫能力及一切表現形式，頗有索緒爾（Saussure）《普通語言學課程》的意味——但其論點，又不依從結構主義的形式，且其行文預設的方法，接近現象學對意識的直觀；又把書寫的時間歷程，與心理意識合起來看，凸顯其書寫意識的特殊性質——從模仿的本能到創造的風格體驗，都舉傳統實例或說法與現代觀點對照，一一縷析——因而各篇看似獨立，而彼此間則實息息相關。

　　而由上述論述方式與全書構想的命題看來，此書作者林博士的論思出發點，可說是意在告訴我們讀者：

　　一、如果文字是人類精神的寄託，那麼其中表現臺灣本土當代書法哲學的問題意識，自然也是同樣在透過書法，來迂迴的探討我們生活其間所承襲、並歷經現今時代思潮衝擊後所顯現的當前人文思想處境，又是怎樣的構造型態或是否能多元創新？

　　二、亦即，就我們當代臺灣地區的情況來說，在各類型的文字生產技術與圖像資訊氾濫的世界潮流下，傳統原有漢字文化表現形態，如今處於各類新產業發展下，使得新漢字表現形態方面，也不得不跟隨著各種資訊硬體製造的先進技術及設備的不斷更新，而陸續出現形形色色的各種型態轉換現象。

　　三、同樣的，傳統漢字手寫書法藝術雖也逐漸有趨向式微現象。但在面對如此大環境的轉變之下，當代臺灣地區的手寫書法藝術，在學術研究相應的認知情況又如何？這是值得我們思考的一項新課題。

　　此因，我們若溯源探索，不難發現，自古以來人類書法文字的生產方式，就是人以單手偏用執筆而書的身體運動。此即所謂千古不易的筆法。

　　四、事實上，人類身體生理與工學原理的兩者運作一致，是不分

古今的，因而我們每當談臺灣本土書法哲學時，就必須也兼顧筆法這項歷來特別珍秘的功夫。也就是說，書法哲學必須「想法」與「寫法」一起探討。

尤其此書的詮釋理路，又時採取從意識及意志出發，然後才透過身體運動及工具使用而形成文字。因而，文字書寫即是思想的內容表達、以及其間人的動作結合人的視覺審美作用的而產出。所以綜觀這段歷程，也是從自覺的結合時間與空間範疇的體會才形成的，而非只靠歷史性的自行發展來形成。

亦即，當我們寫出與古代字帖上非常相似的字形時，就在經歷一段與原來林博士非常相近的身體動作。

五、所以，文字的不同形體，是不同時期採用的記憶方式。對書法技術的理解要透過運動方式的體會，而非字形上的描摹。因為兩者的身體用力方式不同，從而影響筆下字形的審美判斷。

七、結論

從以上這些詮釋方法，我們都可以見到此書作者林博士的書寫體會。而以上這些觀點，原先在歷代書論中多只散見，或只隱晦提示而已。

因此，此書作者林博士嘗試將其條貫而明朗，又能以人存在的先天範疇，及其時空觀念去理會。然後，逐次談到，書寫的心理意識及時間歷程、運筆時的空間開展等。而此一書法藝術的意識空間，並非物理想像，而是在運動中體會。亦即在日常生活的環境場所實際體驗而萌生，並非單靠主觀想像而成。

例如，此書中的一篇，〈對米芾〈吳江舟中詩卷〉所作關於「水上書寫」的猜想〉，即是藉米芾書畫船及〈吳江舟中詩卷〉，來論證其書法風格與其水上生活的經驗種種。

　　尤其是在論述中提及，當水上船艙空間的移動時，相較於陸上書齋，則顯見更有呈現水的波動搖晃狀態，卻也因此助長其筆勢的動感體會。

　　林博士藉著此一〈吳江舟中詩卷〉的內容與筆法，來清楚試圖再現其能充分反映記錄當時書寫空間的狀態與真實事件，因而得以凸顯其間所蘊涵自然動態書寫的空間意義。

　　其實水上、陸上的書寫差異，這些觀點，早在 2003 年，傅申一篇〈董其昌書畫船——水上行旅與鑑賞、創作關係研究〉[11]中，就已提及。但此書作者林博士卻能特別提到其移動間書寫時，人的身體重心之平衡、運筆時在書寫介面上下的作用力與反作力，因此，發揮比傅申一文更深入。

　　而且此書作者林博士的新貢獻之處，是能獨到地挑選出，以影響董其昌深遠而時代居前的米芾為主，專注〈吳江舟中詩卷〉所反映的動態書寫空間與身體運動的相互關係，堪稱是主題明確，具有研究上後出的實際優勢，並在「水上書寫」主題研究上取得往前溯源與內容深化的作用。

　　對比古代生活，此書的另一篇〈招牌的隱喻：走讀城市的街道文字〉，則是以城市招牌書法及其文字樣貌變遷，說明現代生活的實境或自然物的景觀等。這些在各時代都是曾引起各種主題詩歌創作或文字書寫靈感的來源。但在當代則已被各類形形色色的商品製造物所取代。

　　可以說，從現代各類建築到一切日常用品，甚至在蛋殼上的保存期限，也都有文字線條的作用。但也可以認為這是從人類使用文字開始，已經預見現代生活的樣貌，文字在空間中已不只是「被造物」而已，反過來，卻是對居住者、行人閱讀時，也同時產生相關的宰制的作

---

[11] 傅申，〈董其昌書畫船——水上行旅與鑑賞、創作關係研究〉，（國立臺灣大學美術史研究集刊，15 期，2003 ）。

用。

　　當然，這是伴隨消費意識而來的日常生活複製。這些觀點大概隱藏呼應海德格（Martin Heidegger）有關棲居（dwelling）的思想，都別具批評反省的用心。

　　此書整體架構就是從書法看人的存在狀態，依身體、心理及環境互動展開。但是身體如何保持非工具目的，不像現代工廠作業線的機器人。

　　這就要在心理層面保有奧秘的所在，而不是被編碼的程式運算控制。這也是當前 AI 與機器人開發的關鍵和矛盾，因為沒有孤獨感的機器人，雖有助於生產效率，但孤獨感卻是創造力的來源，而書法藝術哲學創造力的來源，帶有宗教存而不論的況味。

　　此書作者林博士所採取這種的觀察視野，其實來自此書作者林博士先前在其博士論文中，對臺灣宗教小說敘述上「世界觀」的理解方式。另外，此書中還涉及書寫運筆細微的體驗語。這大概要有實際操作經驗者，才比較能體會？

　　例如，本章內容前面提到 CNN 製作報導的〈為什麼世界一流的數學家要囤積粉筆〉。其理由即可以參考《書法哲學基礎問題》第三篇〈筆法與身體經驗歷程──書法與身體美學初探〉。可見，此書的詮釋內容，是多元、豐富、又可以進行理論與現實事件相對照的。

4.6 解嚴以來臺灣人新族群意識的出現：「新臺灣人意識」與「新客家人意識」

一、當代新臺灣人意識出現的歷史淵源

（一）序言

1998 年 12 月，在陳水扁競選其連任第二屆臺北市長的決勝之夜，當國民黨的主席李登輝總統，在另一巨大的競選造勢場面中，親自用手抬高其競選愛將馬英九的手，並感性的問馬英九說：他是否為一新臺灣人？而馬英九立刻回應說：「是！」的那一刻，有關「當代新臺灣人意識出現」的這一論述課題，已不再只是空洞虛構的選舉口號，而是今後處理臺灣島內族群問題時，所不得不直接面對的現實政治問題。

因而，如何論述，或如何促成族群和諧，以及彼此互相認同的問題，就成了當代臺灣民眾，從上到下，都必須去面對、和必須去慎重思考的現實問題。所以本書即針對這一現實的重要意識形態的問題，提出較有系統的長期觀察結果，和較深入的思考面向，以供讀者的參考。

（二）歷史淵源的回顧

有關此問題的歷史淵源，在臺灣四百年歷史中，其實已長期存在，最關鍵的時期，是因清朝統治 212 年時間，以漢人發展為主體的社會，就形成了新的族群問題。在當時，臺灣民變很頻繁，有「三年一小反，五年一大亂」的諺語，然揆其實情，很多的造反者雖略帶民族主義色彩，但即便像朱一貴、林爽文之變，打著「反清復明」口號，但其實

所要「復的明」，只是模糊的漢族文化意識而已。

　　且從 1683 年清領臺始，到 1885 年臺灣正式建省止，超過 200 年臺灣一直是隸屬於福建省的一個府，因此嚴格言之，當時臺灣對中國，只是地方與中央的關係，臺灣人對中國，也只有傳統的地方意識罷了，尚談不上立基於「臺灣」這塊土地認同的「臺灣意識」。

　　且清朝當時在臺灣的行政區域劃分，是根據臺灣的自然地理來界分的，臺灣島的山脈是南北走向，河川則是東西流向，如此自然就將臺灣全島，分割成南北幾個區域；兼以臺灣雨季長、雨量豐富，每逢雨季漫長，大水四溢，主要河川河床寬且難行，造成交通受阻，不便往來。當年郁永河來臺採集硫磺，從臺南至淡水，行程月餘，即為明證。

　　因為河川山脈阻隔，將臺灣無形中劃出好幾塊老死不相往來之區塊，造成每個區域，獨自發展之人文社會及城鎮經濟。島民受限於地理環境的阻隔，無法凝聚成以全島為認同對象的土地認同（Terri – torial identity），職係之故，以「土地認同」為基礎的「臺灣意識」之建構，不得不等到日治時代才開始萌芽。

　　1894 年，中日甲午戰爭清廷慘敗，隔年馬關議和，清朝將臺灣當犧牲品，割讓予日本，「宰相有權能割地，孤臣無力可回天」，一種被遺棄的「孤兒情結」迅即在臺灣發酵。懷著一種被拋棄出賣的怨恨，臺灣逐漸與中國疏離，「亞細亞的孤兒」情結，再加上日本殖民臺灣的客觀情勢發展，終於促成了臺灣人的「臺灣意識」（Taiwan consciousness）。何以致此，上述談及清領時期臺灣開發，因仍僅限於臺南一隅及其他零星開墾之地，兼以當時交通不便，故族群間之來往，並不頻繁，共識自不易形成。

　　日治後，日本在臺成立「臺灣總督府」以治理全臺，並將本島及外島的澎湖、蘭嶼等 84 個島嶼，都統稱為「臺灣」。日本人稱呼臺灣島民為「臺灣人」或「本島人」，相對地自稱自己是「內地人」。臺灣總督府的這種行政劃分和稱謂，提供了臺灣島民形塑了現代化國民意識

所必備的，以「土地認同」為對象之基礎。不僅如此，總督府頒布的〈支那人勞動者取締規則〉和〈渡華旅券條例〉等措施，有效的切斷了長達幾世紀的臺海兩岸移民潮。

其後，逐年取消漢學教育，阻止漢學傳承，強行灌輸日本文化，及引進西方思潮，在在強化臺灣島民對中國的疏離感。「孤兒情結」的割臺之痛，兩岸地理、文化之阻絕，使得臺灣人原有的「祖國意識」越來越淡薄，臺灣人的現代國民意識——土地認同，因日本殖民當局刻意的阻絕來自中土的影響，而得以進一步滋長。

而臺灣總督府對臺灣人，所採取的民族歧視政策，尤其在教育上厲行不平等的差別待遇，更令臺灣人感到憤怒與不滿。但令日本殖民當局意外的是，總督府處心積慮的在臺灣社會，設計一套「制度化」（Institutionalized）的不公平民族歧視政策，旨在維護確保日本在臺的統治霸權，而日本人為在臺灣培育現代化基礎建設人才，所推行的普及國民教育，卻大大提昇了臺灣人的知識水準，促成知識階層的崛起。

日本人的民族歧視政策，除讓臺灣人心感不平外，更加深臺灣人與日本人「非我族類」的民族意識，終於激發臺灣人與日本人不同的「民族認同」，「臺灣意識」於焉產生。日本的民族歧視政策，固然催化了臺灣人對土地認同的臺灣人意識，並轉化成「臺灣意識」，然該意識之進一步強化，則有賴於日本統治當局對臺灣的現代化工作。

日本在臺灣進行現代化的殖民統治，使全島性的交通、經濟、農工業體制次第建立起來，有了整體化的社會生活和經濟生活，就必然產生全島性休戚與共的「臺灣意識」了。所以說，現代化的社會經濟條件，使散居臺灣各地的漢人意識逐漸高漲，最終變成了全島性的臺灣意識。

總之，臺灣意識的成長，是經過四百年在臺灣獨自的移民、開拓發展出來的。臺灣社會在漫長的移墾過程中，長期以來，漢人移民與不同的外來統治者，一直存在著緊張對抗的關係。透過不斷的武力鬥爭，

漢人移民在臺灣社會便無可避免的，會發展出本土意識。

這種愛鄉護土的本土意識，在割臺給日本時，臺人自發性組「臺灣民主國」的表現最明顯。「臺灣民主國」的成立，最起碼是臺灣人已有模糊的臺灣土地認同觀念，當然，以現代國民意識的理論言，當時的臺灣社會尚未形成「臺灣意識」或「臺灣民族」的客觀條件，更何況「臺灣民主國」。基本上，「臺灣民主國」的構想，也並不是主張建立一個立基於「臺灣民族」的民族國家。但不管怎樣，「臺灣民主國」雖然失敗，但它在臺灣意識的凝聚上，仍有其某種程度之歷史意義，因為在思想意識上，它確實給臺灣漢人建立了本土自主的信念。

日本在臺灣的殖民統治，催生了臺灣人原本潛存的反抗意識，這種反抗意識歷經荷治、明鄭、清領，以迄於日治時代，源遠流長，從未間斷。日治初期，又經過「臺灣民主國」之政治觸媒，並透過殖民體制的強化，一種鮮明的臺灣意識，即在此情況下形塑出來。

例如，1920 年代的非武裝抗日時期，東京的臺灣留日學生，突然將具東洋味的「高砂學生青年會」，易名為「東京臺灣學生青年會」。從此，開啟了所有臺灣的抗日組織，都冠以「臺灣」之名，如臺灣文化協會、北京臺灣青年會、新臺灣聯盟、《臺灣青年》、《臺灣民報》、臺灣農民組合、臺灣民眾黨、臺灣共產黨等。

此現象並非小事，它是臺灣人，以母親臺灣為榮，刻意凸顯臺灣處於殖民統治的悲哀和現況，意涵有勉勵凡我臺灣子民，應該義無反顧，為臺灣努力打拚的意思。當時，臺灣左派甚至還提出了「臺灣民族論」的激進主張，進行臺灣獨立運動，以建構理想的「臺灣共和國」。所以說，1920 年代，臺灣知識份子所進行的抗日運動，實際上是立基於「臺灣意識」的民族革命運動，期以實現「臺灣為臺灣人的臺灣」的，這個長期夢寐以求的理想。

當然，不可否認，當時臺灣的獨立主張有一部分，是受到美國總統威爾遜（Thomas Woodrow Wilson, 1856-1924）所提出「民族自決」

的影響，但更大原因，是日本帝國主義在臺灣所進行的殖民統治，激發島民的「臺灣意識」，才是主要的原因。

　　平情言之，日治時代臺灣意識的強化，很大一部分的原因為，它是臺灣人對抗日本殖民統治的思想武器及精神武裝，只有基於這種本土性、全島性的臺灣意識，臺灣人在日治時代，才有一堅強牢固的思想據點，藉此與日本展開政治、經濟、文化等鬥爭。

（三）當代新臺灣人意識出現的現實意義

　　基本上，「當代新臺灣人意識」的出現，對臺灣人而言，其最大的現實意義為，當代臺灣人終於逐漸擺脫對中國的「祖國意識」認同；既使仍有不少人認同，並且儘管中國是臺灣文化精神的原鄉，以及雖然早在日治時期，或在此以前，不少臺灣人就已具有濃厚的「祖國意識」。但那畢竟只是長期精神原鄉的「文化認同」而已，和現實上的認同，是截然有異的。因為，貫串整個日治時代的對日鬥爭，不論是武裝，或非武裝抗日，究其運動本質，最後仍是歸結到，以臺灣意識為中心。臺灣文化協會、臺灣民眾黨、臺灣共產黨、農民組合及臺灣文藝聯盟等政治文化團體之活動，無疑的是以臺灣意識為最堅強的思想武器。

　　臺灣的成長，自然有其艱苦坎坷的一面。在日治時代，在戰後以來，都持續受到政治力量的高壓干涉。但是，這種外在因素的阻撓，並不能使臺灣意識消失。相反的，種種橫逆挑戰的力量，反而使定居在臺灣的人民，更勇敢團結鍛鍊出一種命運相繫的「生命共同體」之感。

　　在六〇年代以前，因著國民黨大中國意識宣傳的成功，曾經一度模糊了臺灣人意識，但隨著七〇年代，臺灣國際地位的劇變，國府的被迫退出聯合國，國際地位的孤立，前途命運的黯淡，都無疑加深了島上人民的危機感。自七〇年代始，以臺灣人為主體的新臺灣人意識的出現，即因整體經濟性的發展，而深入社會各個層面，而其中最明顯具體

表現為，政治上的民主運動和文學上的本土運動。

前者，強調以臺灣意識為指導原則，追求臺灣未來的前途與方向；後者，則以臺灣意識為重心，以文學形式，反映臺灣的歷史經驗和現實生活，這兩股運動風潮，正是新臺灣人意識在其衝擊下，必然出現意識形態的產物。新臺灣人意識的自然成長，隨著臺灣民主運動的頓挫與繼起，並配合鄉土文學的傳播與影響，逐漸成了七〇年代，臺灣社會意識中的一股主流思想。

臺灣的黨外民主運動，便是因為臺灣社會的整體化，已達到相當成熟的階段，才產生強烈的新臺灣人意識，因此要求打破國民黨長期以來加諸在臺灣島上，種種與現實意識不合理、不合時宜的結構及制度。如中央民意代表不改選，形成貽笑大方的「萬年國會」、缺乏民意基礎的國會結構、虛幻的中國主權論等，均因脫離現實，而顯得捉襟見肘，窒礙難行。所以，彼時黨外民主運動之能蓬勃展開，在於它貼近現實的民意，提倡民主，並高舉臺灣意識，為其政治訴求的主體，故能得到廣大臺灣人民的支持。

假如吾人將當代新臺灣人意識，簡化成臺灣人的本土意識，或反抗意識，其實也未嘗不可。四百年來，移墾社會所塑造的臺灣精神，即是對這塊自己胼手胝足、披荊斬棘，所開拓鄉土的熱愛，而紛至沓來，外來政權的統治，雖於表面上征服了臺灣，但其實無法屈服臺灣人的反抗精神。

但觀之近年來，島內因政治立場的紛歧，和政黨間的惡鬥，使得堅持臺灣優先、以臺灣人意識為主體的認知，又逐漸模糊甚至消解中。此種情形，委實令人憂心。當務之急，就是國人要不分族群、不分藍綠的觀念，秉持大家都同在一條船上的「命運共同體」，來堅定新臺灣人意識的現實主體性，這樣才能確保臺灣本土的真正安全。

二、解嚴後客家族群在當代臺灣社會的表現

（一）從客家籍文學家李喬的新書《文化、臺灣新文化、新國家》談起

2001 年，21 世紀才剛開始的第一年，著名的臺灣客家籍文學家李喬，出版其重要新書《文化、臺灣新文化、新國家》（高雄：春暉出版社）。這是他繼 1992 年出版《臺灣新文化造型》（臺北：前衛出版社）之後，又一費盡其多年心力，卻無法如願完成全書建構體系的半成品著作，但他還是以無奈的心情先將其出版了。並且，在他書中「後記」，有一個宛若將以殉難的臺灣文化聖鬥士自命的目標宣示：「認知與行動──一種遺書」。但，為何他會有如此悲壯的烈士心態呢？這是外人不深入理解，即會對其萌生滿腹疑惑和誤解的奇異論述。

因為，縱使此書作者李喬自認，確實比別人更關懷《文化、臺灣新文化、新國家》的各種問題，或自己確曾努力以赴地精研過此問題，但居然到最後，依然還是無法成書。於是，他一方面，仍將其未完成全書建構體系的半成品著作，先行出版；另一方面，則又在書中宣示，其本人生前至死後的悲壯遺願，以及自己，生前曾採取、死後則轉由他人，代其繼續完成的，相關實踐行動。

但，這是多奇怪的想法？為何會這樣？這幾可說是臺灣文學家中的唯一例外，也是近代臺灣文化史上，前所未見的驚人之舉！這難道是著名臺灣客家籍文學家李喬，在創作其大量的優質文學作品之餘，又費盡心機搞文化研究，最後由於本身已呈後繼無力之勢，才走火入魔地在其新書中玩這種把戲？

2003 年 11 月 29 日，李喬親將此書，贈交給筆者，上面有其題字：「江博士燦騰兄雅教」。既然如此，筆者決心一窺書中究竟？此處不深入討論其書中，各項精闢的，關於建構新臺灣文化體系的新穎觀

點。儘管作者個人認為，其書中像閃著光般射線的文化論術之語，其精彩程度實不亞於葛蘭西（Antonio Gramsci, 1891-1937）在其《獄中札記》論述文化霸權的片段書寫。所以，還是回到先前提到的「後記」中，「認知與行動——一種遺書」之引人疑惑問題。

略去李喬所列的諸多條目不談，因那不是本書論述的重點。而是在其〈序〉尾，即可以看到，他清楚地說明，他提到：

> 「個人未來歲月，文化部份，對於『臺灣基督教神學』部份可能再表達一些意見之外，可能要封筆封口了。個人生死不易，敬愛母親：臺灣！可是，對『臺灣的人』，好失望！好失望！……個人（對此半成品）還期待，身後還會有二三臺灣子弟能接續它。」

最後，他毅然決然地寫道：「作者很寂寞，但作者拒絕，不寂寞於當代！」

雖然「作者拒絕，不寂寞於當代！」一語，不太能真正了解其真意，但他的「遺書」之意，就很明白了。李喬可說是特立獨行的文學家或文化人；而他的真誠和坦率，也令人印象深刻。因此筆者認為，他不只是以一位著名的臺灣客家籍文學家出現於當代。同時，他雖已自承絕望與失敗，但在認知的本質上，還是能夠超然於閩客族群意識之別的重量級新臺灣文化的論述者。故而以下所述，即依循李喬超越族群的典範性思維，來論述有關當代客家族群在當代臺灣社會的表現問題。

（二）三百年來客家移民臺灣苦難史的回顧

在當代臺灣政治動員的各族群中，臺灣客家人的關鍵性地位，和其日益的重要性，似已不容置疑。但在現實的政治發展上，是否有可能

形成另一種微妙的閩客對立關係？也是很值得我們來關切的。因此，針對「當代客家族群，在臺灣社會的表現」這一現實課題，本節提出了如下最新的系統觀察和思維，以供各界參考。

話說從前，一部四百多年的漢人來臺移墾史，即傳說當時最早移墾來臺者，當屬與臺灣一衣帶水的閩省、長於航海漁業的泉州人，也因為泉州人移民最早，所以捷足先登，先佔據臺灣西部平原、港灣、都市等精華地帶；其次尾隨而來者，是漳州人，亦擁有港灣以外的盆地丘陵區。

而因漳、泉移民，憑其入臺早、人數多的優勢，才漸次形成掌握支配臺灣經濟命脈的「福佬人」族群。之後，在泉、漳移民來臺後，為來自粵省惠州、潮州、嘉應州的客家人。在他們來臺後，也因為好的良地沃土已為泉、漳人所有，因此，只能落腳於較接近內山之地，從事墾殖，或做泉、漳等福佬人的佃農或幫傭。以上就是過去有關臺灣漢移民潮之傳統說法。

（三）客家人來臺的另一種說法

但，有另一說詞是，客家人其實是早於福佬人來臺，他們大約在明朝時期就率先來臺，有不少客家人深信此說。因為廣東省的客家人，泰多居處內陸，生活不易，不少人為謀生計，或不滿現實生活的客家人，離鄉背井，出外打拚。他們雖說雄心萬丈，企求改善現狀。但在大環境的農業社會時代，就業機會難逢，兼以立志出鄉關，而盤纏即將用盡，所以不少客家族群，選擇海上飄泊為船員，甚至淪為海盜。

中國海盜為患最猖獗時期，是明嘉靖、萬曆年間，時著名海盜吳平、林道乾、林鳳、張漣等，常出沒閩粵海上，這些海盜不少都原屬客籍人士，職是之故，其部下很多同鄉客籍，是理所當然的。當時，縱橫中國東南沿海的海盜巢穴有多處，臺灣、澎湖都是其理想藏匿之地。

《臺灣縣志》即記載：「明嘉靖四十二年，倭寇入北港，其黨林道乾從之，尋遁去。……都督俞大猷追之至彭湖，道乾熟港道，遂勾倭遁入臺……」，林道乾即客屬廣東惠來人。

　　所以此說，也有一種可能性存在，因為當初追隨海盜的客家人，原本很多是農民出身，其後隨海盜來臺後，發現臺灣沃野千里，適合農耕，於是興起落腳臺灣從事墾殖之念，並呼朋引伴，號召同屬客家人，速來臺開墾。此情況是甚有可能的，故言客家人，不無可能較福佬人早先來臺拓殖。

　　黃榮洛在〈客家人的臺灣史〉文中亦提出一有利證據，今彰化溪湖鎮有一臺灣最早的「三山國王廟」，名叫「霖肇宮」。據其沿革記載，該廟係「明神宗萬曆十四年歲次丙戌年（1586），廣東省揭陽縣弟子馬義雄、周榆森二人，恭奉故鄉霖田廟『敕封三山國王』香火來臺，于鹿仔港登岸，轉抵本廟現址，為紀念國王奉旨蒞臺開基，顯化濟世，即以故鄉之名，正式命名此地為『荷婆崙』。翌年萬曆十五年次丁亥（1587），地方眾弟子倡議建廟，就地取材，搭建茅屋，命名本廟為『霖肇宮』……萬曆二十七年歲次己亥年翻脩為『土埆』廟……。從廣東揭陽縣子弟馬義雄、周榆森二人於明萬曆十四年來臺至民國七十四年已經四百年」。由黃榮洛引證之文可知，假如「霖肇宮」沿革無誇大之處，那麼客家人早於福佬人來臺是很有可能的。

（四）客家移民來臺的守護神與三山國王廟

　　雖然臺灣宗教研究的後起之秀學者邱彥貴，在其最新研究論文中，已提出新證據：「三山國王」，並不只是客家人信仰，連閩南人也有信仰者。但在傳統上，「三山國王」的主要信仰族群，還是以客家人為主。其實，談到守護的崇拜，客家族群也和其他漢人一樣，對宗教信仰非常虔誠。在原鄉，他們亦奉祀佛祖、媽祖、關帝聖君、觀音、三界

公等。但在臺灣，他們卻選擇其移墾臺灣的守護神，為「三山國王」。

　　之所以選擇「三山國王」，是因為其屬於「山神」，而山神可以制伏臺灣非常剽悍的「山中之生番」，故雀屏中選。由此可知，山神的「三山國王」，被客家人選為守護神，可想客家移墾臺灣時，對所受番害之懼怕。「三山國王廟」是客家人自有的守護神之廟，所以常言道：「有三山國王廟的地方，就有客家人」，即為此意。

　　目前，臺灣中南部彰化、員林、高雄、屏東等地仍有不少「三山國王廟」，其中有些廟宇興建年代，可追溯自明朝末葉，如員林的「廣安宮」、高雄縣橋頭的「義安宮」、屏東九如鄉、高雄市的三山國王廟等。準此而論，客家人所流傳的，較福佬人率先來臺的說法，也是不無可能。

　　關於客家人確切來臺的時間，最晚當不會晚於崇禎年間。崇禎末清兵南下，兵鏑進犯江南、華南一帶，亂世難民，部份福建、廣東等省的福佬人，及客家人避秦來臺，移居臺南附近拓殖。另外，在西班牙佔領北臺期間，由基隆市亦出現一座三山國王廟看來，當時臺灣北部，已有客家人之聚落生活。

　　1661 年，鄭氏王朝開府臺灣，為與清對峙，採寓兵於農的持久之計，獎勵土地開發，積極招募閩之漳州、泉州和粵之惠州、潮州的客家人等移民來臺。所以此時移民來臺的客家人，為數必不少。即以明鄭執兵符大將劉國軒為例，劉為福建省汀州府之客家人，汀州為一純粹客家人府治，故明鄭軍隊當有不少客家人，對客家人的移墾來臺，肯定起了不小作用。《重修鳳山縣志》即記載：「臺自鄭代挈內地數萬人來居慈地，半閩之漳泉、粵之惠潮民」，即言明鄭時期，客家人來臺移墾人數之多。

　　清領時期，對客家人而言，可說是夢魘之始，清初頒布「渡臺三禁令」，其中第三條即衝著客家人來的。該條言粵省（廣東省）是海盜窩巢，禁止粵省人渡臺，此粵省人指的幾乎就是客家人。《臺灣府志》

也記載：「臺灣始入版圖，為五方雜處之區，而閩、粵之人尤多。先時，鄭逆竊踞海上，開墾十無二三。迨鄭逆平後，招徠墾田報賦。終將軍施琅之世，嚴禁粵中惠、潮之民，不許渡臺；蓋惡惠、潮之地，數為海盜淵藪而積習未忘也」。

（五）清朝厲行禁令下受害最大的客家人

在清朝厲行禁令期間，受害最大者當屬客家人，因其一時未能來臺，使其往後在臺灣的族群之間處於劣勢。直到康熙中葉，禁令較弛，客家人又陸續渡海來臺，到康熙末，來臺之客家人已遍佈臺灣西部地區，可見其移墾之盛況。

但因遭禁令影響，來臺之客家人已失先機，臺灣較好地區均為漳泉福佬人佔為己有，客家人只能在福佬人不要的廢棄之地從事開墾，如內陸山區等地。此處常有原住民出沒，時原住民常「出草」，故客家人常是冒生命危險，來開闢荒地，其艱辛困難，可想而知。

關於客家人在臺灣之移墾情形，《諸羅縣志》曾有如下記載：「自下加冬至斗六門，客莊、漳泉人相半……斗六以北客莊愈多，雜諸番而各自為俗」；又說：「諸羅土曠，漢人間占草地，與土番錯。我朝置縣，流移者踵相接……潮人尤多，厥名曰客，多者千人，少亦數百，號曰客莊。……及客莊盛……莊主多僑居郡治，借客之力以共其狙，猝有事，皆左袒……」。此記載中提到，田莊客家人多，尤以潮州人多，不僅如此，客家人的主人都僑居郡治，意即屬於福佬人地主之佃人，可見渡臺之客家人多仍做閩南人的佃人或農工。

此外，藍鼎元在〈經理臺灣疏〉曾說到：「臺民素無土著，皆內地作奸逋逃之輩，群聚閭處，半閩、半粵。粵民全無妻室，佃耕行傭，謂之『客子』，每村落聚居千人、百人，謂之『客莊』。……統計臺灣一府惟中路臺邑所屬，有失妻子女之人民，自北諸羅，彰化以上、淡

水、雞籠山後千有餘里，通共婦女不及數百人。南路鳳山、新園、瑯𤩝以下四五百里，婦女亦不及數百人。……」說明客家莊嚴重缺女人的處境。總之，渡臺禁令對客家人的傷害是十分明顯的，它不但造成客家人成了臺灣的少數族群，更造成客家人因失著先機，經濟命脈被支配的貧困生活史。

客家人入墾臺灣，雍、乾年間曾出現一個高峰期，臺中地區，大埔的客家人張達朝，曾於雍正年間積極墾殖中部地區。據《彰化縣志》記載，乾隆晚期「彰邑庠分閩、粵二籍，讀書各操土音，各有師承。」一個地方發展到有學校成立，想必要有不少人數才可行，且閩、粵各半，亦足見彼時大臺中地區客籍人數必不少。

嘉、道年間，客家人仍源源不絕的入臺墾殖，唯人數已明顯下降許多。道光 6 年，發生的閩粵大械鬥後，對客家人移墾臺灣的心理顧忌影響蠻大的。基本上，客家人的入墾臺灣，在康熙年間以屏東近山平原為主，此外高雄、臺南、嘉義一帶也有零星入墾。雍正年代，大批客家人北上開墾，先是中部地區的雲林、彰化、臺中都有客家人的足跡，其後的乾隆一朝，客家人更北進桃竹苗甚至臺北地區拓殖。有清一代，客家人的拓墾臺灣，大致亦呈現今日臺灣客家族群聚落分布的格局。

綜上所述，我們若從臺灣移民史來看客家人的移墾臺灣，剛開始其實客家人與福佬人的移民人數應當是不相上下的。只因為清初領臺的渡臺三禁令，使客家人頓時變成少數族群，才造成了客家人在臺灣的苦難史。

因為在大移民潮之際，客家人因政治禁令，不克來臺開墾，反觀此時閩省漳泉福佬人卻紛至沓來蜂擁進入臺灣。未幾，臺灣西部肥沃平原全為閩南人所佔，而解禁後到的客家人只有往偏遠山區內路發展，如此一來，經濟上的競爭，客家人便居於明顯的劣勢地位。

但，客家人憑其團結、勤奮、節儉、不服輸的「硬頸精神」之族群特色，很快的在經濟上，取得與福佬人並駕齊驅的情況，而引起福佬

人的忌恨,才發生道光年間「閩粵大械鬥」的悲劇。之後,客家人仍秉持著堅忍韌性的精神,為臺灣這塊土地的開發,立下不少汗馬功勞。

(六)獨特的臺灣客家習俗與文化

客家的音樂——山歌是客家音樂文化的重心,也是客家人精神文化的支柱。客家之音樂有三大類別:一為聲樂類,以山歌、兒歌為主,山歌有老山歌、山歌仔、平板;兒歌則有大人唱給嬰兒聽的歌及兒童朗誦詩。另一類是器樂類,客家人稱為「八音」,八音又細分吹場樂和絃索樂。還有一種是戲曲類,戲曲,客家人稱為「採茶戲」,採茶戲除道白外,所唱之歌均以地方小調為主,山歌仔、平板為輔。目前八音和採茶戲已漸沒落,只有山歌被保存下來,且有愈來愈盛的趨勢。

(七)傳統客家山歌

客家山歌之所以能在東、西洋樂曲及臺語歌曲強敵環伺下,依然屹立不搖,最主要是它能具體充分反映客家族群的特性。由這些民族特性所創造出來的山歌,不僅獨具客家人的特質,且客家人亦充份利用山歌來表達其思想、生活與情感。因此一般人,即使對客家的歷史文化不甚了解,甚至聽不懂客語的人,也能從客家山歌中體會出客家殊異的風土民情,及特有的民性特質,這就是客家山歌特殊音樂性格所在。

客家山歌趣味之所在,是置重點於男女之間的因問作答,與即興創作,因此,一對客家男女因問作答,即興對唱的歌唱方式,就成為客家山歌的音樂表現特徵。茲舉一首對唱山歌為證:

> 女:日頭落山出月光,月光照河又照江;
>
> 　　萬丈深潭照到底,月光難照郎心腸。
>
> 男:阿妹不必太多心,阿哥一定有真情;

天長地久同妹好，絕毛丟妹尋別人。（毛：無）

女：月光一出雲就開，阿哥約妹妹就來；

　　今夜相會嫌夜短，鈍刀破竹難分開。

男：蓮塘邊上種苦瓜，那有三寸就開花；

　　百萬家財哥唔想，就想同妹共一家。

此男女因問作答的即興對唱方式，將客家男女，普遍擁有對等性與獨立性之觀念，表露無遺，尤其與漢人社會「男主外、女主內」的社會結構有別。

此緣於客家所處的環境山多田少，與生存不易的關係，因此，有許多女子，必須扛起耕田種地、操持家務、侍奉公婆、教養子女的重擔。而也由於客家女子能有機會，長期與男子共同從事耕種、養殖等工作，自然而然增加男女對唱山歌的環境，久而久之，蔚為風氣，成為客家男女的最愛。

另外，伴隨著男女對唱，山歌的音樂表現形式，就是即興創作的音樂性格，此性格可說與客家人在應付險惡的自然生存環境，和社會環境挑戰時，其所表現的隨機應變靈活性，和善於取捨的現實性格，息息相關，密不可分。由此可知，有客家才有山歌，而山歌的音樂表現，也恰如其分的反映客家的族性與民風，這二者是相輔相成的。

（八）深思問題：當代客家音樂的危機即轉機？

音樂是人類精神文明最深邃的語言，它對人類的歷史文化的延續、對宗教的虔誠、對族群的凝聚力、對情感教化都有絕對的影響力，客家的傳統山歌，即顯現如此的特色。目前，傳統山歌仍流傳於客家社會，但已出現每況愈下的危機，年輕客家族群，對傳統客家山歌的熱愛已一代不如一代。

並且，隨著社會環境的快速變遷，人們對音樂的口味，亦迥異於前，因此對傳統山歌音樂的表現方式，亦亟思要求改變。殊不知，傳統客家山歌之所以稱為山歌，是因為它不僅代表了延續過去客家人勤奮、純樸、實在的民性，其特殊的音樂旋律與風格，也代表著客家音樂的文化根源，並非窮則變，變則通，要改就能改的。所以，當代客家音樂的危機，即同時為其轉機之時？仍有待繼續觀察今後的發展。

（九）有特色的客家採茶戲

至於客家音樂的另一特色採茶戲，其形成是由民歌配上扮飾，而後逐漸發展成簡單故事的小戲。據《大中國百科全書》記載：「採茶戲最初為茶農採茶時，所唱的採茶歌，後與民間歌舞相結合，形成了載舞的採茶燈。每逢燈節或收茶季節，茶農常以這種形式即興演出，以採茶為內容的節目，因以茶籃為道具，亦稱：『採籃燈』。後來，內容、唱腔、表演形式不斷豐富，逐漸發展成活躍於廣大農村的採茶戲。早期採茶戲以演生活小戲為主，只有三個角色（二旦一丑，後發展成小生、小旦、小丑三行），故又稱『三腳班』」。

根據歷史記載，粵人大約於乾隆年間移民臺灣桃竹苗一帶，而且大多來自嘉應州，臺灣客家三腳採茶戲所用的四縣腔，也正是嘉應州一帶客家人所用。可見「三腳戲」是由嘉應州傳到臺灣的，時間可能在道光之後。自「採茶戲」傳入臺灣後，逐漸流行，到了清末民初達到鼎盛。戲班相繼成立，競爭激烈，因此各戲班乃以民謠為基礎，倣效「三腳戲」，自編新劇目。

有的以山歌自編歌詞，對白演出簡單小故事；有的以小調對唱加上對白、表演，這兩種形式都以丑、旦戲謔、調情對唱為主，所以又被稱為「相褒戲」。相褒戲的娛樂性甚合中下階層民眾之口味，故反映頗為熱烈。傳統的採茶戲，有固定戲碼，每個戲碼，都有固定唱腔，共有

九種不同的腔，十八種不同的小調，稱之「九腔十八調」。而改良的採茶戲，則以平板為主要唱腔，山歌仔為次要唱腔，「九腔十八調」反而成了點綴性的唱腔。

平板與山歌仔曲調，其音符會隨歌詞變化而改變，使得一個固定的平板曲調，能唱出愉快、悲傷、生氣等劇情之表現。臺灣客家採茶戲，有其政治、經濟、娛樂、社交、教育等多重功能，惜在大環境快速變遷下，現已逐漸凋零沒落，十分可惜。

（十）活躍在臺灣戰後的眾客家籍男女歌手

20 世紀末臺灣流行音樂創作，已被公認為華人地區之最，客家歌的小眾音樂，也出現在桃竹苗等攤子上，與傳統的八音山歌放在一塊。吳勝智、林展逸、鄧百成、魏海姍等名字你聽過嗎？另外，美黛、邱晨、池秋美、陳盈潔、羅時豐、彭佳慧，他們都是客籍歌手，但除了「細妹按靚」，或者大選時刻板的客語競選歌外，我們對客家流行音樂了解多少。

當臺語歌都隨著潮流轉型之際，客語歌是否該與時俱進，讓自己的母語傳揚。我們聽到陳昇和黃連煜的「新寶島康樂隊」混血專輯，顏志文於 1997 年出版的「係麼人佇 唱山歌」專輯，是客語音樂頭一回在主流市場發行。在客語音樂逐漸受重視時，其觸角也伸入到地下樂團，「交工樂團」專輯，即從「觀子音樂坑」琢磨客語，搖滾後定位，現在在南臺灣，為美濃反水庫發聲。

如果說，客語歌是小眾，那麼海陸客家歌，更是小眾中的小眾，但在顏志文發片後，出身新竹關西的陳永淘，和桃園新屋的謝宇威，開始嘗試以海陸客語演唱，樂風或者悠揚、濃重。這些均屬客語音樂創作的突破。

（十一）傳統客家年俗活動的昔與今

年俗是客家人最重視之民俗節慶，客家人過年，從臘月 24 日的送神揭開序幕，當天，客家人要煮湯圓，以封灶神之口。同時，全家大掃除，上街購年貨，以迎接隔天的「入年假」。25 日入年假，也叫「落年架」，意指從這天起，家家戶戶要升火蒸製各種應景的粄外，自此前後 10 日，一直到出年假為止，一定要「封甕封碓」，更嚴禁罵人、打人、說不吉利話等。

入了年假，家裡門窗，一定要貼春聯，祖先牌位或神案前，要燃香不絕，表示「點長年香」。除夕拜天公，天亮後，還得分頭到村莊中角頭廟敬神，名謂「完神」，意指感謝神明過去一年的庇佑。除夕夜，吃團圓飯前，先祭祀祖先、門神、井神等，然後全家到正廳吃「長年酒」，餐後放鞭炮。

與閩南人最大差別是，客家人不守歲，過年亦不興拜年，但喜到附近寺廟上香。年初二媳婦回娘家，初四則是婆婆回娘家，之所以婆媳錯開，是避免家中全無婦人，無法接待來訪客人，同時也表現出彼此的倫常關係。

元宵節時，客家人熱衷「新丁粄」競賽，「粄」是客家人稱糯米做成糕點的名稱，「新丁」是指家人新添之男丁，「新丁粄」即為慶賀新添男丁的糯米糕點。客家人不僅在每年元宵時節製作新丁粄，更熱衷「鬥粄」，也就是賽「新丁粄」。新丁粄比賽由來已久，主要是扣謝伯公，添丁賜福之意。新丁粄的源起，顯然最初是希望將喜氣與同信仰的父老鄉親分享，擇定每年元宵為期，則是承襲新春的歡樂氣氛。

況且元宵是小過年，大家尚在休假，有充裕時間「打粄」。只要在去年元宵前添丁的人家，都可以到土地公（伯公）前表達謝意，並將喜氣與大家分享。後因人們爭相出鋒頭的心理，做紅龜酬神，紅龜越做越大，遂正式演變為比賽，且成為客家一項特殊的元宵風俗。

每年的新丁粄比賽地點，大多在每里的角頭廟，大家提燈籠忙著，往返各廟瞧一瞧誰家的粄做得最大，那一座廟的新丁粄多或少，如此來來往往的人潮，將歡樂帶到最高潮。生動的新丁粄之夜，一直持續至深夜，各廟主事，拿出「福份簿」，開始按照參加福份的名冊，一一點名發給新丁粄。一個福份可以得到各種大小不同的糕餅，大家滿心喜悅的扛回家，充滿甜蜜及滿滿的福份。

（十二）熱鬧的客家義民節慶典活動

客家人另一重大節慶，是義民節大祭典，每年 7 月 20 日，新埔義民廟都會舉行盛大的「義民節」，吸引數萬人相約至義民廟觀賞「神豬競賽」，或者受邀至輪值普渡的庄頭打牙祭，熱鬧非凡，堪稱客家人首要的歲時節俗。義民節登場前，要先「豎燈篙」，燈篙豎過後，另一重頭戲是夜間的「安大士爺」，大士爺也就是普渡公，民間亦稱為「鬼王」。大士爺安置後，七星燈開始點燃，義民節的普渡活動準備工作已就緒，只待隔天的放水燈。

放水燈是中元普渡前一日最重要的習俗，主要作用是普渡水中的孤魂野鬼，以免他們作祟為害渡江，以及在水中討生活的人們。施放水燈後，義民節事前活動已暫告一段落，接著是輪值普渡區，人們運來的神豬大羊，普渡義民節。

義民節最高潮的活動，是普渡的神豬比賽，所有普渡的豬隻，必須按名次及廟方繪好的地方擺設，奇數神豬屬陽，擺左側；偶數神豬屬陰，擺右側。運到現場後，主人忙著設高大、裝飾華麗，甚至掛滿金牌的豬羊棚，待所有豬羊棚設好後，義民節的熱鬧氣氛，終在七彩的棚架，與隨風飄揚的小旗幟飛舞中展開。客家人的義民節，熱鬧無比，兼以客家人好客早在普渡前，已廣邀親友，故普渡夜，常是燈火輝煌人山人海，在把神豬肉分給諸親友中結束。

（十三）其它種類的客家民俗活動

除了上述之外，其實客家人的民俗還很多，如六堆的昌黎伯祭、敬字紙與聖蹟，平安戲和二月戲等，不一而足，但每樣民俗最重要的意義，都能具體反映客家文化的特色。幾千年來，處處為客，處處家的客家人，因長久以來，迫於耕地、糧食之不足，以及深居山區、交通不便的生活形態，使客家人在不斷遷徙中，無暇與其他文化交流融合，因此保有許多傳統的語言、文化與風俗。

舊時客家人，在念念不忘中原血統，與受壓迫流離失所的情結中，養成團結排外的習性，甚至於不肯接受其他民族更好的文化。羅香林在《客家研究導讀》，即不諱言的說：「客人尚自重、喜自尊，無論走到那裡，都不肯捨棄固有的語言和習慣……，往往足跡所至，即有其特別村舍，一切習俗，不肯與外人同化……這確是一種特殊現象」。

客家人最引以自豪的是，族群之間合作無間的精神，舊時農忙之時，客家庄中大家互相幫工，「今日我幫你做，明天別人幫我做」的精神，顯然留有昔時顛沛流離，患難與共的精神。而長期的飄泊流浪，有家歸不得，讓客家人忘不了中原正朔血脈。這原本是慎終追遠的美德，但在客家人心中，長期發酵的結果，反而成了孤臣孽子的悲劇情結，而反映在文化上，最典型的，莫過於喪祭禮俗中的「金斗甕」。

金斗甕為安置祖先之所，在客家人生活範圍內隨處可見，因早期客家人認為，祖先之骨必須奉回中原故土始能安魂，後來遂演變成撿骨的習俗。

在客家人的觀念中，家長擁有絕對權威，父權的尊嚴不容置疑，高度的父權，使得客家家族非常龐大，一般而言，在同一父系下，若父系仍健在，是不容分家的。子孫愈多，倘房屋不夠住亦不允許分家，只是在外圍，不斷增加護廊使用，故客家建築有許多圍龍屋存在。

在高度父權下，婦女的地位當然不高，對子女的教育，也是重男

不重女，而教育的重點，大都以飽讀詩書的儒學為主，以考取功名為目標。對子女的婚姻，「門當戶對」是唯一標準，婚嫁儀式，必須是古禮的「明媒正娶」，最好還能廣邀親友，風光有面子。

上述的文化特徵中，可以很清楚看到，客家人的幾個特性：保守、頑固、勤奮、堅毅、互助、權威與好面子，這些特徵各具優缺點，但無論如何，它們都構築成客家人特有的文化特徵。

（十四）近代臺灣客家文學的輝煌成就

近代史家羅香林在《客家研究導論》書中提及，客家人是個重視真才實學，講求文教的族群，他說：「客家社會，凡年富力強，而不能自食其力的，最為朋輩，或尊長所不齒；但有錢而沒有『功名』、『地位』，和『品格』，亦不能見重鄉曲。」

捐納所得的功名，亦不為社會所重，「故必有真字墨，能做詩做文，能講幾句起碼經史，至少也要進學遊洋，到了相當年紀，纔得稱為紳士，才有資格於春秋祭祖祠或祖墳時，列名與祭，說起話來，才有斤兩。……科舉廢後，……群起鼓勵子弟出就新學，沒在中學以上學校畢業的人……就是有錢有勢，也還是銅臭，不為社會所尊；反之……就是貧苦一些，亦無傷其人的社會地位……講究體面，注重文墨，所以讀書的人，也就特別多了。」

由羅香林的敘述可知，客家族群相當重視教育，讀書識字人，極為普遍，也因此造就一批學有專精的知識份子，或創作力豐富的作家並非難事。但因客家人的讀書觀，是建立在功利主義求取功名之上，因此歷代客籍作家，文學表現並不如預期，大部分均努力於詩，其他文藝創作平平。

（十五）過去客籍作家文學不如預期的原因分析

　　彭瑞金分析這種原因，提到，「客家學子或因居地皆屬崇山峻嶺、地方棉薄的邊地，既無經濟之餘裕，也少生活上的閒暇，先天上缺乏文藝滋養的條件，或由於後天的，客家地方每為盜寇所困，學子不能肆情文藝，即有文藝，也『質直而少風趣』」。所以彭瑞金不無遺憾的說，文藝創作應該反映現實生活，反映族群歷史和命運，客家族群空自擁有那麼多知識份子，卻錯過將自己族群的血淚成長史，以及由悲愴歷史造就的民族特質，寫成屬於自己的文學作品。而從有限的舊詩文來看，既反映不出客籍作家的族群意識，也看不到客族生活或族群特質的表達，比擬於其他族群作家的作品，無論質與量都顯得單薄，因此彭瑞金說，所謂客家文學，只不過是客系文人的遊藝作品而已。

　　至於遷移入臺的臺灣客家文學，從清領到日治初期，並無刻意凸顯客家意識的客籍作家，更遑論具有客家使命自覺的作家或作品。基本上，整個臺灣舊文學時代，都是以移民生活為色彩的社會，縱有文學，也無閩客之別；一直要到新文學運動崛起後，文學觀念丕變，臺灣客家文學，由於客家族群獨特的族群背景，才大鵬展翅湧現出非常多的傑出作家和優秀作品。

（十六）戰前與戰後優秀臺灣客家籍作家群像

　　無論戰前、戰後，客族作家人才輩出，客族作家及其作品，無論質與量，在臺灣文壇都佔有非常重要的一席之地。茲以戰前作家而言，龍瑛宗、吳濁流、鍾理和，可說是客籍作家的三巨頭。

　　龍瑛宗，新竹北埔人，1937 年以〈植有木瓜樹的小鎮〉入選《改造》的徵文獎，一躍為著名作家，其作品表達了知識份子在殖民統治下的挫折與徬徨，被認為是臺灣小說裡，率先將心理描寫、哲學的冥想，和濃厚的人道主義，揉合起來的小說家。

其戰後，在擔任《中華日報》日文版文藝欄主編時，對延續臺灣新文學香火，亦貢獻卓著，鼓勵知名作家繼續創作，亦培養不少優秀新作家。其作品充滿時代感，批判不公不義社會不遺餘力，展現了堅韌的文學生命力。著有長篇小說《紅塵》、短篇集《杜甫在長安》，日治時期的小說輯結成《午前的懸崖》。

吳濁流，新竹新埔人，37 歲才開始寫小說《泥沼中的金鯉魚》一舉成名。太平洋戰爭期間，冒著生命危險起草以探討臺灣人命運及處境為主題的長篇小說《胡太明》，即《亞細亞的孤兒》，為臺灣文學在戰爭期間最具份量之鉅著。

戰後，吳濁流仍筆耕不輟，繼續以日文從事寫作，作品具有強烈的社會批判意識，並創辦《臺灣文藝》刊物，對臺灣文學影響深遠，著有長篇小說《無花果》、《臺灣連翹》等。

鍾理和，屏東高樹人，後遷居美濃，曾遠赴中國瀋陽、北平謀生及寫作，曾以長篇小說《笠山農場》獲中華文藝獎，死後作品整理為《鍾理和全集》8 冊。

鍾肇政，戰後的客籍作家，首推鍾肇政，鍾為桃園龍潭人，是戰後從中文出發寫作的第一代，先後完成《濁流三部曲》、《臺灣人三部曲》、《高山組曲》等，首開臺灣文學大河小說寫作之先驅，對臺灣文壇貢獻良多。與鍾肇政同時代的還有鄭煥、林鍾隆、詹冰、林海音等，鄭煥擅長描寫農民生活小說，在臺灣文學堪稱首屈一指。詹冰為《笠》詩刊創始人之一，詩作具有隱逸及知性之雙重特色。林鍾隆以從事兒童文學出名，林海音自幼生長北平，作品喜以北平為背景。

李喬，稍後於鍾肇政，以臺灣歷史為背景的長篇巨構《寒夜三部曲》，是繼鍾肇政後另一寫大河小說的能手。

鍾鐵民，為鍾理和長子，其小說文字細膩，作品對農村，土地的變遷做長期的觀察。著有《煙田》、《雨後》、《余忠雄的春天》等。

此外，優秀客籍作家尚有：黃娟、余阿勳、江上、陌上桑、梁景

鋒、謝霜天、劉慕沙、林清泉、林柏燕、黃文相、丘秀芷、杜潘芳格等。

而在戰後新生代中，也有曾貴海、鍾樺、馮輝岳、林清玄、彭瑞金、林清玄、陳雨航、陌上塵、吳錦發、焦桐、鍾延豪、劉還月、吳鳴、藍博洲、莊華堂、張芳慈、利玉芳、雪眸、黃恆秋等，也都各具文彩，令人印象深刻。

（十七）李永熾在戰後臺日文化書寫的重要性

特別值得一提的是，前臺大客籍教授李永熾，他著有《徒然集》三冊（臺北：稻鄉出版社，1991 年），以及譯介多種新思潮和新文學作品，因而在論述近代日本的文學、文化、及思想等多方面，有獨步當代的成就；甚至於也稱得上是，解嚴以來，當代臺灣學界在論述東亞文化方面，屬於最重量級的優質學者之一。

更不用提，還有在戰前曾活躍一時，來自高雄美濃的客籍臺灣新佛教學者，曾景來、李添春和李世傑，以及戰後活躍於新竹、苗栗地區，屬於重量級的地方文史專家，客籍大老陳運棟的優異表現了。

總之，不管老幹新枝，這些優秀的客籍作家或學者，都能充分將族群的強項精神，與特有文化質素，表現於作品中，為臺灣多元的文學特色添上亮麗的彩筆。

（十八）當代臺灣客家人新出現的族群認同問題

八〇年代起，隨著臺灣政治氛圍的驟變，在政治反對運動颳起「本土化」的訴求中，也刺激長期沈默的客家族群，開始嚴肅思考客家族群的課題，而由此帶動客家文化運動的興起。基本上，長久以來擺在客家族群所面對的問題有二：1.為語言文化處於危機的焦慮；2.為在政治權力結構中，如何爭取更公平合理的待遇，使客家族群與別的族群一

樣，同享權力和尊嚴。

　　以語言文化論，客家族群與其他本土族群一樣，在國民黨長期以來「國語至上」的大中國意識教育和文化政策下，客語長久遭到壓抑，幾乎沒有發聲的機會。因此，在解嚴後，隨著臺灣本土意識的高漲，客家意識的自覺運動亦隨之而起，1988 年由客家人透過社會運動，發起「還我母語運動」，就是對官方國語和「福佬沙文主義」強勢臺語的不平之鳴。

　　客家族群，經由民意代表向執政的國民黨施壓，希望爭取包括客家文化在內的本土語言文化上的權益。具體做法，包括在各大專院校設立「客語系」，成立「客家電視臺」，使客家族群的語言和文化，不會在官方國語與強勢臺語的夾殺下，流失甚至滅絕。

　　基本上，客家族群對語言文化的危機意識，可說是一種我族「文化身分認同」之焦慮，這是基於對客家族群本質特殊性的了解或覺醒而產生的心理情結。至於如何在新的政治權力結構中，爭取自己應有的政治地位與權益，此牽扯到客家族群如何與其他族群相處問題，及客家族群如何改變自我封閉的族群習性，而獲得其他族群的認同與支持，這關係到客家族群的行動策略。

　　畢竟客家族群，在臺灣人口較少，因而在國家或社會資源的分配，於政治上無法與外省族群匹敵；在政經上無法和閩南族群抗衡，這是一個不爭之事實。臺灣客家人，長久以來始終扮演勤奮認真、默默耕耘的冷漠旁觀之「客人」心態，如此心態，欲渴求其他族群的尊敬或奧援，那是不可能的。

　　因此，當務之急，是客家族群在強烈自我認同之際，也要拋棄傳統的旁觀客人心態，以臺灣主人之一的身分，去建構「新的客家人」之族群認同意識，以積極行動，和其他族群努力打拚，共同創造形塑「新臺灣人」的歷史使命。這才是臺灣各族群自我認同的最有意義之事，也是對全體臺灣人最有利之事。

參考書目

李喬，《文化、臺灣新文化、新國家》（高雄：春暉出版社，2001 年）。

安東尼奧，葛蘭西，《獄中札記》（臺北：谷風出版社，1988 年）。

王甫昌，《當代臺灣社會的族群想像》（臺北：群學出版有限公司出版，2003 年 12 月 1 版）。

王東，《客家學導論》（臺北：南天版，1998 年）。

臺灣客家公共事物協會主編，《新個客家人》（臺北：臺原出版社，1991 年）。

臺灣客家公共事物協會主編，《臺灣客家人新論》（臺北：臺原出版社，1993 年）。

江運貴著、徐漢彬譯，《客家與臺灣》（臺北：常民文化出版，1996 年 9 月 1 版）。

邱彥貴、吳中杰著，《臺灣客家地圖》（臺北：貓頭鷹出版，2001 年 5 月初版）。

吳澤主編，《客家學研究》（上海：人民出版社出版，1990 年）。

吳澤主編，《客家史與客家人研究》（上海：華東師範大學出版社出版，1989 年）。

《歷史月刊》，〈封面主題：社會變遷下的臺灣族群關係〉，131 期（1998 年 12 月 5 日）。

林美容，〈族群關係與文化分立〉，《中央研究院民族學研究所集刊》第 69 期（1990 年）。

孫楚華，〈客家人來臺的歷程〉，《常民文化通訊》9 期（1998 年）。

孫楚華，〈客家人的二次遷徙〉，《常民文化通訊》9 期（1998 年）。

施正鋒主編，《族群政治與政策》（臺北：前衛版，1997 年版）。

施正鋒，《族群與民族主義——集體認同的政治分析》（臺北：前衛版，1998 年）。

施正鋒，《臺灣人的民族認同》（臺北：前衛版，2000 年 8 月初版）。

徐正光，〈臺灣的族群關係：以客家人為主體的探討〉，見張炎憲・陳
　　美蓉・黎中光編，《臺灣史與臺灣史料》（二）（臺北：財團法
　　人吳三連臺灣史料基金會，1995 年 9 月 1 版）。

徐正光主編，《徘徊於族群與現實之間：客家社會與文化》（臺北：正
　　中版，民國 80 年 11 月初版）。

徐正光主編，《歷史與社會經濟：第四屆國際客家學研討會論文集》
　　（臺北：中央研究院民族學研究所，2001 年）。

徐正光主編，《聚落、宗族與族群關係：第四屆國際客家學研討會論文
　　集》（臺北：中央研究院民族學研究所，2001 年）。

徐正光主編，《宗教、語言與音樂：第四屆國際客家學研討會論文集》
　　（臺北：中央研究院民族學研究所，2001 年）。

黃榮洛，《渡臺悲歌——臺灣的開拓與抗爭史話》（臺北：臺原出版
　　社，1989 年）。

陳運棟，《客家人》（臺北：聯亞出版社，1978 年）。

陳運棟，《臺灣的客家人》（1989 年）。

陳運棟，《臺灣的客家禮俗》（1991 年）。

邱彥貴，〈臺灣客屬三山國王信仰淵源新論〉，江燦騰、張珣編，《臺
　　灣本土宗教研究的新視野和新思維》（臺北，南天書局，2003
　　年）。

張茂桂等著，《族群關係與國家認同》（臺北：業強版，1993 年 2 月
　　初版）。

楊長鎮，〈族群運動的理念重建〉，《客家雜誌》第 13 期（1991 年 1
　　月 25 日）。

楊國鑫，《臺灣客家》（臺北：唐山出版社，1993 年）。

《義民信仰與客家社會：兩岸三地學術研討會》（桃園：國立中央大學
　　客家研究中心主辦，2001 年 12 月 3-4 日）。

羅香林，《客家研究導論》（臺北：南天版，1992 年重印）。

劉還月，《臺灣客家風土誌》（臺北：常民文化出版，1999 年）。

劉還月，《臺灣的客家族群與信仰》（臺北：常民文化出版，1999 年）。

戴國煇，〈臺灣客家的認同問題〉，《臺灣結與中國結》（臺北：遠流版，1994 年）。

戴興明、邱浩然編，《客家文化論叢》（臺北：文化復興總會出版，1994 年）。

簡烱仁，《臺灣開發與族群》（臺北：前衛版，1995 年）。

4.7 解嚴以來臺灣文學論述的統獨大戰

一、當代臺灣文學統獨論戰的回顧

在 20 世紀七〇年代的臺灣文壇，雖曾爆發了鄉土文學論戰。然而，並未因此而解決臺灣文學屬性的問題，反而如陳映真所言：「七〇年代論爭所欲解決的問題，不但沒有得到解決，反而迎來了全面反動、全國倒退和全面保守的局面」。

因此，是否全面反動、保守姑且不論，但隨著政治上本土政權的確立，伴隨著臺灣意識的高漲，連帶著也鼓舞著臺灣文學臺獨論述的昂揚，這是不爭的事實。雖然學界目前對此問題的討論才剛起步，但仍不可忽視其重要性。特別是，繼之前的臺灣鄉土文學論戰之後，於八〇年代起，臺灣文學領域又逐漸颳起了一陣全面反中國的文學論述，中國認同的民族意識，逐漸已被新臺灣人的國民意識所取代。

在葉石濤、張良澤、彭瑞金、陳芳明等文學評論者不遺餘力的鼓吹下，臺灣文學中的「文學臺獨」論述，在政治力的推波助瀾及大環境的轉趨有利因素下，在臺灣文壇已成一股來勢洶洶不可輕忽的力量。所以有必要於此時，對其進行觀察和討論。而這也是本書在此議題上，超前於其他類似臺灣史教科書的前衛學術探討，很值得讀者和學界參考。

二、解嚴後文學臺獨論述與政治臺獨思想的相關性

事實上，解嚴後的當代臺灣文學臺獨論述，是伴隨政治臺獨的成長而發展的，尤其在海外臺獨力量歸隊，本土政黨民進黨成立後，臺獨的勢力益發不可擋。在那個動盪的年代，國民黨的官方意識形態逐漸崩

解，臺獨的力量，則透過各種管道，將觸角伸入臺灣社會各階層。這當中藉由意識形態、文化思想來論述分離主義，是最有效的方法。也因此從八〇年代始，臺灣島內圍繞著「臺灣結」與「中國結」、「臺灣意識」和「中國意識」，「統一」及「獨立」的論述爭議，成為那個詭譎多變年代最熱門話題的焦點。

當代文學臺獨的論戰，始於 1983 年因著〈龍的傳人〉侯德健赴北京進修而起的，這年 6 月，《前進週刊》刊登了楊祖珺的文章〈巨龍、巨龍，你瞎了眼〉，對侯德健的「愛國的孩子」，作了批判的反諷。接著陳映真發表了〈向著更寬廣的歷史視野〉鴻文來回應，並對〈龍的傳人〉這首歌廣為流傳而熱烈的愛國激情，表達深情地傾訴他心中緣於「中國情結」而迸發的愛國激情。

陳映真文章一出，立即遭到圍剿，並被冠上是無可救藥的「中國結」的「漢族沙文主義」、「愛國沙文主義」與「中國民族主義」者。論爭很快的就激化起來，首先是陳樹鴻的文章〈臺灣意識——黨外民主運動的基石〉，粗糙的以二分法將「中國意識」等同於不民主，主張為了民主就必須排除「中國意識」。

緊接著陳映真透過與戴國煇的對談，批判「臺灣結」是「恐共」、反共的表現，實際上，是臺灣島內分離主義的「臺獨」勢力，對大陸的抗拒，並明確表示其背後有臺獨理念在支撐，和臺灣緣於六〇年代興起的資產階級的理念。說穿了「這實在是階級的問題，而不是什麼『民族』的問題」。

此時陳芳明以宋冬陽筆名，發表〈現階段臺灣文學本土化的問題〉跳出來了，陳芳明從臺灣文學切入，回顧了八〇年代以來臺灣思想界、文學界有關臺灣意識的論戰，對陳映真等人的主張進行了攻擊。《夏潮論壇》上的〈臺灣的大體解剖〉專輯，即是因陳芳明此長文而起。

三、親左《夏潮》與《臺灣年代》針鋒相對

與《夏潮》針鋒相對的是《臺灣年代》，它特別推出〈臺灣人不要「中國意識」〉專輯，發表林濁水〈《夏潮論壇》反「臺灣人意識」論的崩解〉、高伊哥的〈臺灣歷史意識問題〉來痛斥《夏潮》的「中國意識」與「中國情結」。不久，《八〇年代》也加入抨擊《夏潮》的行列。在諸多反中國意識文章中，有一特點值得注意，即開始美化日本殖民臺灣，對臺灣現代化開發的重要影響，換言之，把「崇日」情結兜攏到臺獨的思想體系來。

《夏潮》在島內不僅遭圍剿，在美國的《美麗島週報》也隔海砲轟，加入論戰陣營。這場以「臺灣結」與「中國結」；「臺灣意識」和「中國意識」為切入口的大辯駁，文學臺獨主義者，不但痛勦陳映真、戴國煇，最主要也是藉機鼓動風潮，檢驗臺獨論述在島內市場的接受程度。

而反觀以陳映真為首的《夏潮》立場，仍是秉持「中國民族主義」的立場，「對於中國歷史、文化和人民抱著極深的認同和感情」，「願意跳出唯臺灣論的島氣，學習從全中國、全亞洲和世界的構圖中去凝視中國（連帶地是臺灣）的出路」。這場爭論一直延續到「解嚴」之後，激烈程度減退，臺獨勢力的新分離主義，又進入另一階段。

四、李登輝與民進黨的推波助瀾

九〇年代後，隨著李登輝的上臺，國民黨政權迅速本土化，其後「兩國論」的拋出，更不掩飾其變相臺獨的立場。而時為最大在野黨的民進黨，於 1991 年 10 月在黨綱寫下「建立主權獨立自主的臺灣共和國暨制定新憲法，應交由臺灣人以公民投票方式選擇決定」的所謂「臺灣前途決議文」。

1992 年 5 月「刑法第 100 條」的廢除，使鼓吹和從事非暴力的臺

獨活動合法化。2000 年，政黨輪替，民進黨的陳水扁上臺後，便公開拋棄「一個中國」原則，整個臺灣政治格局的大變動，原本的「臺灣意識」意識形態，被「臺灣主體性」之說所取代。

以文學場域而言，1991 年陳芳明在〈朝向臺灣史觀的建立〉文中，提出在臺灣史建構「臺灣主體性」的概念，並主張在臺灣文學中，亦是如此。這種不願將臺灣文學視為中國文學一支的文藝思潮，從八〇年代延伸下來，到九〇年代又更進一步發展，於此氛圍下，理所當然地，激化臺灣新文學思潮領域的統、獨大戰。

臺灣文學主體論最早的淵源，可追溯自 1965 年復出文壇的葉石濤，在《文星》發表了〈臺灣的鄉土文學〉一文，該文提出從理論解釋「鄉土文學」的概念問題。1977 年 5 月，「鄉土文學論戰」方酣之際，葉石濤在《夏潮》又撰寫〈臺灣鄉土文學史導論〉，從鄉土中衍生出「臺灣人意識」的問題。葉石濤將臺灣人意識推演到「臺灣的文化民族主義」，雖然認同臺灣人在民族學上是漢民族，但在長期變遷下，早已發展了和中國分離，屬於臺灣自己的「文化的民族主義」。

五、葉石濤與陳映真的論戰

葉石濤的文章甫一披露，隨即遭到陳映真的批判，陳映真強調「臺灣新文學在表現整個中國追求國家獨立、民族自由的精神歷程中，不可否認地，是整個中國近代新文學的一部分」。陳映真隨後即以「民族文學」為準的，極力頌揚「三十年來在臺灣成長起來的中國文學」，並稱許這些作家「使用了具有中國風格的文字形式、美好的中國語言，表現了世居在臺灣的中國同胞的具體社會生活，以及在這生活中的歡笑和悲苦，勝利和挫折……。」

陳映真的批判，葉石濤並不示弱，1982 年元月，他糾合鄭炯明、曾貴海、陳坤崙、施明元等人於高雄創辦了《文學界》雜誌，鄭重其事

的認為，臺灣文學離「自主性」道路尚有一段路要走，希望臺灣作家作品，要勇敢的去反映臺灣這塊美麗土地的真實形象。

葉石濤的宣言，立即獲得海外臺獨文學評論家陳芳明的聲援，陳芳明欣喜若狂的歡呼，臺灣本土文學終於與「本土政治結合起來」，而邁向一新的里程碑。陳芳明積極肯定葉石濤臺灣文學本土性、自主性的論述，認為在文學史上是極為重要的發展，陳芳明甚至樂觀預估，「臺灣民族文學的孕育誕生，乃是必然的」，陳斬釘截鐵的說：「把臺灣文學視為中國文學的一部分，是錯誤的」，至此，陳芳明的「文學臺獨」主張已十分明確的表露出來。

總之，在解嚴前夕，圍繞在臺灣文學屬性的論辯，兩種文學思潮的鬥爭已是壁壘分明了。一邊是以陳映真為代表的「臺灣文學係中國文學之一環論」；另一邊是葉石濤、陳芳明為首的建構「臺灣文學主體性」的論述，此南轅北轍的兩種主張嚴重對立，雙方各有其支持者，如詹宏志、呂正惠等認同陳映真之說；李喬、彭瑞金、高天生之流則附和葉石濤、陳芳明的看法。

六、旅美作家陳若曦試圖調解無效

從七○年代延燒迄今仍方興未艾，形成於 20 世紀末臺灣文學的統、獨大論戰。後來，旅美作家陳若曦，曾試圖化解兩派之歧見，然彼此仍堅持己見，已無調和的空間了。

1986 年，因為臺灣作家李昂與鄭愁予，在國際文壇遭到歧視事件，引發了《臺灣文藝》推出臺灣作家定位問題之探討。向陽、李敏勇、羊子喬等本土作家紛紛撰文，強調臺灣作家認同臺灣，寫出臺灣特殊面貌的重要性。否則既不寫臺灣情事，又不被中國認同，最後成了可悲可嘆進退失據的邊緣作家。

七、龍應台的再度掀起波瀾

此事件之所以掀起波瀾，是龍應台的〈臺灣作家哪裡去？〉文章中，認為臺灣作家在國際社會備受歧視，絕大部分的責任是在國民黨政府的外交關係及中國正統觀，把問題焦點鎖在臺灣的「國家定位」上。藉此機會，具臺獨意識的本土作家，決定順水推舟，以「臺灣國際地位」問題，回應「中國立場」的挑戰。

例如李昂，就直接訴求「臺灣文學劣勢一定存在，因為臺灣在國際上，一直是『名不正、言不順』」。所以，臺灣作家以後要用什麼稱呼，在國際上定位，恐怕是政府、文化官員，乃至作家，應當認真思考的問題。

八、李昂趁機拋出臺灣文學劣勢的新議題

李昂拋出的議題，立即得到陳芳明的響應，陳芳明在《臺灣新文化》發表〈跨過文學批評的禁區〉，把「臺灣文學」、「臺灣作家定位」的問題與臺灣前途糾結在一起，進一步認定，「臺灣文學」反映臺灣這個「經濟生活共同體」實質，和「中國定位」，是如何隔閡不入。

因此，陳芳明不客氣的批評，臺灣文學中的「中國」，根本是虛構性與虛偽性。隨著臺灣意識的高漲，臺灣人急於「出頭天」的渴望，在政治解禁的情況下，九〇年代後，文學臺獨勢力，達到登峰造極的地步。

九、陳芳明的崛起及其 vs 陳映真的論述大對決

在大環境轉趨有利的情況下，旅美臺獨大將陳芳明，發表一系列鼓吹文學臺獨的文章，如〈是撰寫臺灣文學史的時候了〉、〈在中國的臺灣文學與在臺灣的中國文學〉等，突顯陳芳明是葉石濤之後，執「文

學臺獨」的牛耳地位。在上述幾篇文章裡，藉由文學史的編寫問題，陳芳明繼續鼓吹「臺灣沒有產生過中國文學」，攻擊「臺灣文學是中國文學的一部分」的統派主張，強調臺灣文學與中國文學分離獨立的事實。

陳芳明是以移民社會的角度，來詮釋其理論。他說「臺灣是移民社會，中國移民到了臺灣以後，無不是以全新的『臺灣人心態在開墾、生活的，他們的經濟、生活方式，逐漸因地域、環境的條件，與中國隔離，而形成他們的特色』」。準此而論，在與中國隔離的臺灣社會，所產生的臺灣文學，當然與中國文學是互不隸屬的。

十、生力軍彭瑞金的強力奧援陳芳明

陳芳明的文學臺獨論述，得到生力軍彭瑞金的強力奧援，彭瑞金特別還提出「臺灣民族文學」的概念，並以「臺灣民族」的理念，強調建構「臺灣民族文學」的重要性。彭瑞金的論述，得到林央敏、宋澤萊等人的支持，他們提出的「臺灣民族文學」，就是要和中國文學劃清界線，他們最後的目標，是要建立一個優良的「新民族文化」、「新民族文學」，此目標的前提，則是奠基於與臺灣命運的契合。

新生代彭瑞金的高擎文學臺獨大纛，立獲老驥伏櫪葉石濤的強而有力聲援，他接連撰寫了《沒有土地·那有文學》、《走向臺灣文學》、《臺灣文學的悲情》等著作，開始明確宣揚文學臺獨的理念。

十一、葉石濤再度加入戰局 vs 陳映真

葉石濤強調，「臺灣人屬於漢民族，卻不是中國人，有日本國籍，卻不是大和民族」，所以說到最後「臺灣是臺灣人的臺灣」、「臺灣是主權獨立的國家」、「臺灣和中國是兩個不同的國家，制度不同、生活觀念不同，歷史境遇和文化內容迥然相異」。

葉石濤並回擊：「陳映真等新民族派作家是……民族主義者，他

們是中國民族主義者，並不認同臺灣為弱小新興民族的國家」。

當然這場文學統、獨大論戰的殿軍仍是陳芳明，在世紀交替之際，陳芳明在《聯合文學》連載其〈臺灣新文學史〉時，又挑起了文壇統、獨兩派的激烈論戰。

十二、陳芳明以「後殖民史觀」建構臺灣新文學史的分期與論述再度激發爭辯的新戰火

先是 1999 年 8 月，陳芳明在《聯合文學》發表〈臺灣新文學史的建構與分期〉一文，陳芳明稱其史觀為「後殖民史觀」，他指出臺灣新文學運動，從發生到現在，穿越了殖民、再殖民與後殖民等三個階段。殖民時期，指 1895 至 1945 年的日本帝國主義的統治時期；再殖民時期「則是始於 1945 年，國民政府的接收臺灣，止於 1987 年戒嚴體制的終結」；至於後殖民時期，「當以 1987 年 7 月的解除戒嚴令，為象徵性的開端」。

這一史觀之所以特別，是陳芳明發明了「再殖民」一詞，且將此再殖民，含攝在國府統治臺灣到戒嚴以前的這一個時期。陳除了批判國府的「戒嚴體制」外，也痛斥國府強行灌輸的「中華民族主義」，陳芳明說：「就像大和民族主義，對整個社會的肆虐，戰後瀰漫於島上的中華民族主義，也是透過嚴密的教育體制，與龐大的宣傳機器，而達到囚禁作家心靈的目標。這樣的民族主義，並非建基於自主性、自發性的認同，而是出自官方強制性、脅迫性的片面灌輸」。接著，陳芳明將臺灣作家，因對民族主義的認同分歧，而歸納為兩類：

一為接受政府文藝政策指導，以文學形式支援反共政策，宣揚民族主義，此為官方之文學；另一為抗拒中華民族主義，他們創造的文學，以反映臺灣社會的生活實況為素材，對威權體制採批判態度，此屬於民間之文學。

　　換言之，陳芳明以認同民族主義與否，來二分官方或民間文學，作為其貫穿戰後臺灣文學史的主軸，雖頗富創造性，但亦有其盲點之所在。

十三、陳芳明論述中具爭議性的概念——「殖民」與「後殖民」的解釋問題

　　陳芳明論述中，最具爭議性的，是「殖民」、「後殖民」之概念問題，在社會科學領域中，「殖民」一詞是有其特定含義的，故使用時，宜遵守邏輯上的「同一律」，方能為學術界所接受。一般而言，「殖民」這個概念，係指資本主義發達國家為掠奪資源、榨取財富，採用軍事征服之手段，對落後地區加以佔據的行為。

　　它基本上有三個前提，一是其行為主體，是某個資本主義強國；二為它是向海外擴張，侵略他國，為奪取資源為目的；三為在其殖民統治下，殖民地被剝削壓榨，導致經濟凋敝，民生貧困。準此而論，國府治下的臺灣，明顯是不符合「殖民地」標準的。

　　陳芳明之所以將國府治臺期間，比擬為「再殖民時期」，原因是國府在臺灣實施統治嚴苛的「戒嚴體制」，他認為這種近乎軍事控制的權力支配方式，較諸日本殖民體制毫不遜色。所以說從歷史發展的觀點來看，將此階段，視為「再殖民時期」，並不為過。問題是，「戒嚴」、「統治嚴苛」能否等同「殖民」，恐怕有待斟酌。

　　其實陳芳明何嘗不知這些概念是有區隔的，基本上，陳芳明此舉尚有另一層用意，「殖民」本有一個民族侵略另一個民族，一個國家對另一個國家侵略之意涵。用「殖民」一詞含概解嚴前國府治臺這一段，顯然有將國府視為外來政權侵略霸佔臺灣之意味，如此一來，將臺灣民眾反抗國民黨的鬥爭，提昇至擺脫殖民統治，爭取民族或國家的「獨立」鬥爭，符合了其政治臺獨的企盼。

十四、陳映真對陳芳明論述的強烈反駁

陳芳明文章發表後，陳映真隨即在 2000 年 7 月的《聯合文學》發表〈以意識形態代替科學知識的災難〉一文，加以批駁其濫用「殖民」一詞之不當。8 月份出刊的《聯合文學》，陳芳明不甘示弱，以〈馬克思主義有那麼嚴重嗎？〉，回敬陳映真加以反撲，尤其在創作文學的語言上，陳芳明說：「臺灣新文學運動者，自始就是以日文、中國白話文、臺灣話三種語言，從事文學創作」。

其中，用臺灣話書寫致使臺灣「與中國社會有了極大的隔閡」，陳芳明還說，「國民政府在臺灣『不僅繼承』了『甚至還予以系統化、制度化』了『日本殖民者對臺灣社會內部語言文化進行高度壓制與排斥』的『荒謬的國語政策』。依賴於這種『國語政策』，中國的『強勢的中原文化，才能夠透過宣傳媒體、教育制度與警察機構等等管道，而建立了霸權論述』。而這種存在於臺灣的霸權論述，與日治時期的殖民論述，『正好形成了一個微妙的共犯結構』」。

對此，因著陳芳明的「多語言文學」的說法，陳映真指出陳芳明所說臺語遭到歧視，是有陰謀的，他其實是指，「中國國語」對臺灣地區「閩南」和「客家」兩種漢語方言的「壓迫」，從而暴露了陳芳明妄圖把通行於臺灣地區的漢語閩南方言、客家方言，說成是和漢語、日語一樣獨立的民族語言，以證明臺灣是分離於中國之外的獨立國家。

其實，閩南語固然是福建南方的方言，但在臺灣它已是絕大部分福佬人的共通語言，它有其主體性，未必一定要附屬於國語的語言霸權下。但陳芳明刻意說明，國府是如何的壓迫宰制臺語，也有言過其實處，因為當時在教育體制內，固然強迫人人要說國語，但在廣大的臺灣民間社會，政府並沒有用公權力，強行制止臺語之流通。

且陳映真還舉日本、法國、韓國為例，說明世界各國，為了維護「國語的中央集權的統一」，普遍強制推行某種針對方言的特殊文化政

策，國府治臺後的「國語政策」，亦為這種文化政策的體現，這種世界各現代民族國家都做的事，何來「殖民統治」的「語言文化歧視」呢？所以，陳映真認為陳芳明別有用心，故意泡製一種臺灣話來，把臺灣人講臺灣話和中國人說國語，看作是絕對對立的鬥爭，從而證明此鬥爭不僅是語言的，而且，甚至是文學、民族乃至國家的對立鬥爭。

9 月的《聯合文學》，陳映真再度出擊，寫了〈關於臺灣「社會性質」的進一步討論〉，痛批陳芳明對臺灣社會性質認識之膚淺與謬誤。陳映真攻擊陳芳明的焦點，集中在其「社會性質」上。陳映真特別舉出「228 事件」期間，倒在血泊中的宋斐如，在 1946 年元旦於《人民導報》的〈發刊詞〉及其後的〈如何改進臺灣文化教育〉證明，戰後當時臺灣的知識份子，提出要改變日據臺灣時「文化畸形發展」的局面，「教育臺胞成為中國人」，「隨祖國的進步而進步」。

對於宋斐如、蘇新、賴明弘、王白淵等思想鬥士而言，要克服日據時期殖民地文化的影響，唯一之途，只有回歸中國，做主體的中國人。即便在 1947 至 1949 年，臺灣《新生報》的〈橋〉副刊發生過一場「如何建設臺灣新文學」爭論時，歐陽明、楊逵、林曙光、田兵，甚至包括後來走向獨派的葉石濤，都強調建設臺灣新文學的課題，和建設中國新文學的課題相關聯，強調臺灣文學始終是「中國文學的戰鬥的分支」，臺灣文學工作者，是中國新文學工作者的「一個戰鬥隊伍」。

到了七〇年代，鄉土文學論戰時期，葉石濤、王拓等人，仍迭次宣稱「臺灣文學是中國文學的一環」，即使是陳芳明自己，也是到鄉土文學論戰前後，才和中國文學 Say「Good Bye」。而楊逵在〈橋〉副刊的文藝爭論中，以及 1949 年發表的〈和平宣言〉中，也屢屢疾言，反對臺灣獨立論，或臺灣托管論。

總之，針對陳芳明所謂外來中國對臺灣再殖民統治的說法，臺灣文學與中國文學分離說，陳映真是費力最多，以大批資料史實，予以強烈批判的。

十五、雙陳各說各話
——一場沒有共識即告暫停的文學統獨大對決

10 月，同樣在《聯合文學》，陳芳明再拋出〈當臺灣文學戴上馬克思面具〉，嚴厲譴責陳映真對他的批判，是「在宣洩他的中國民族主義情緒」，用馬克思主義「作為面具，來巧飾他中國民族主義的統派意識形態」，虛掩其「統派立場」。12 月，陳映真以論戰已經失焦，不願繼續糾纏下去，乃寫了〈陳芳明歷史三階段論和臺灣新文學史論可以休矣！〉，以示「論戰結束」。

陳映真指出：「陳芳明有關日據以降，『殖民地』社會——『再殖民』社會——『後殖民』社會『三大社會性質』推移的『理論』，既完全不合乎陳芳明不懂而又硬裝懂得的，馬克思主義歷史唯物主義，有關社會生產方式性質（＝社會性質）理論和原則，也經不起一般理論對知識、方法論、邏輯等要素的，即便是最鬆懈的考驗。因此，不能不說，陳芳明『歷史三大階段』論，所謂『後殖民史觀』不論從馬克思主義的生產方式論、或其他一般理論的基本要求看，都是破產的理論和史觀」，「因此，以破產的、知識上站不住腳的『三階段』去『建構』和『書寫』的、他的『臺灣新文學史』之破滅，也是必然之事」。

十六、爭辯後的吾人省思

樹欲靜而風不止，《聯合文學》上的二陳統、獨論戰，雖暫告一段落，然而，只要臺灣還不能成為一個正常國家，只要政治上的統、獨爭議仍在，只要國家認同的問題一日不解決，文學上的統、獨論戰就會持續下去，且情勢還會更趨激烈，更錯綜複雜。

其實，這無關對錯，而是因著政治信仰所導致的對臺灣文學的信念，唯一的問題是，哪方的論述，能較吻合臺灣歷史發展的現象；哪方的分析，能貼切臺灣人民的情感；哪方的說詞，能獲得臺灣人民的支

持，此一問題，短時間可能還無法得到圓滿解決。

參考書目

古繼堂主編，《簡明臺灣文學史》（臺北：人間版，2003 年 7 月初版）。

朱雙一，《臺灣文學思潮與淵源》（臺北：海峽學術出版社，2005 年 2 月出版）。

呂正惠，《殖民地的傷痕——臺灣文學問題》（臺北：人間版，2002 年 6 月初版）。

宋冬陽（陳芳明），《放膽文章拼命酒》（臺北：林白出版社，1988 年 3 月出版）。

李昂，〈臺灣作家哪裡去〉，《臺灣文藝》106 期（民國 76 年 7 月）。

陳芳明，《探索臺灣史觀》（臺北：自立版，民國 81 年 9 月 1 版）。

陳芳明，《鞭傷之島》（臺北：自立版，民國 78 年 7 月 1 版）。

陳芳明，〈跨過文學批評的禁區〉，《臺灣新文化》13 期（民國 76 年 10 月）。

陳芳明，〈是撰寫臺灣文學史的時候了〉，《自立早報》（民國 77 年 2 月 13-14 日）。

陳芳明，〈在中國的臺灣文學與在臺灣的中國文學〉，《民進報》（革新版）第 9 期（民國 77 年 5 月 7 日）。

陳芳明，〈臺灣新文學史的建構與分期〉，《聯合文學》178 期（民國 88 年 8 月）。

陳芳明，〈馬克思主義有那麼嚴重嗎？〉，《聯合文學》190 期（民國 89 年 8 月）。

陳芳明，〈當臺灣文學戴上馬克思面具〉，《聯合文學》192 期（民國 89 年 10 月）。

陳芳明，〈有這種統派，誰還需要馬克思？〉，《聯合文學》202 期（民國 90 年 8 月）。

陳芳明，《後殖民臺灣——文學史論及其周邊》（臺北：麥田出版，2002 年 4 月初版）。

陳映真，〈向內戰·冷戰意識形態挑戰〉，《聯合文學》第 14 卷第 2 期（民國 86 年 12 月）。

陳映真，〈向著更寬廣的歷史視野〉，《前進週刊》第 12 期（民國 72 年 6 月 18 日）。

陳映真，〈建立民族文學的風格〉，《中華雜誌》171 期（民國 66 年 10 月）。

陳映真，〈以意識形態代替科學知識的災難〉，《聯合文學》189 期（民國 89 年 7 月）。

陳映真，〈關於臺灣「社會性質」的進一步討論〉，《聯合文學》191 期（民國 89 年 9 月）。

陳映真，〈陳芳明歷史三階段論和臺灣新文學史論可以休矣！〉，《聯合文學》194 期（民國 89 年 12 月）。

陳映真·曾健民編，《1947－1949 臺灣文學問題論議集》（臺北：人間版，1999 年 9 月初版）。

許南村編，《反對言偽而辯》（臺北：人間版，2002 年 8 月初版）。

陳樹鴻，〈臺灣意識——黨外民主運動的基石〉，載施敏輝編，《臺灣意識論戰選集》（臺北：前衛版，1988 年 9 月出版）。

曾健民，〈「戰後再殖民論」的顛倒〉，《聯合文學》195 期（民國 90 年 1 月）。

曾健民編，《清理與批判》（臺北：人間版，1998 年 12 月初版）。

曾慶瑞·趙遐秋合著，《臺獨派的臺灣文學論批判》（臺北：人間版，2003 年 7 月初版）。

彭瑞金，《臺灣文學探索》（臺北：前衛版，1995 年 1 月初版）。

彭瑞金，《臺灣新文學運動 40 年》（臺北：自立版，民國 80 年 3 月出版）。

尉天聰編，《鄉土文學討論集》（臺北：遠景版，民國 67 年 4 月初版）。

楊祖珺，〈巨龍、巨龍，你瞎了眼〉，《前進週刊》第 11 期（民國 72 年 6 月 11 日）。

葉石濤，《文學回憶錄》（臺北：遠景版，民國 72 年 4 月出版）。

葉石濤，《臺灣文學的悲情》（高雄：派色文化出版社，民國 79 年 1 月 1 版）。

葉石濤，〈戰前臺灣新文學的自主意識〉，《臺灣新聞報・西子灣》（民國 84 年 8 月 5 日）。

葉石濤，〈戰後臺灣新文學的自主意識〉，《臺灣新聞報・西子灣》（民國 84 年 8 月 12 日）。

葉石濤，〈臺灣文學史上的鄉土文學論爭〉（下），《臺灣新聞報・西子灣》（民國 84 年 10 月 28 日）。

葉石濤，《臺灣文學史綱》（高雄：文學界雜誌社，民國 80 年 9 月）。

葉石濤，《臺灣文學的回顧》（臺北：九歌版，2004 年 11 月重排初版）。

趙遐秋・呂正惠主編，《臺灣新文學思潮史綱》（臺北：人間版，2002 年 6 月）。

龍應台，〈臺灣作家哪裡去？〉，《中國時報》（民國 76 年 4 月 27 日）。

4.8　解嚴以來臺灣的武士道精神文化

　　以在地的觀點，來考察當代臺灣地區自解嚴（1987）以來，有關臺灣武士道精神文化的變革史，是相當必要的。因為當代臺灣社會的武士道精神文化，在李登輝（1923-2020）前總統的長期執政期間（1988-2000），曾屢屢躍上當時各大新聞的版面，並曾深深震撼過當時多數臺灣社會大眾。

　　但，這其實也是一種被執政當局以特定政治意識形態強力操控，並曾非常態地宰制了相當長歲月的多數臺灣社會大眾認知視野與本土意識的形塑進程。所以，對於這種非常態的變形認知模式，如今似乎已該面臨反思和再超越的時期了。

　　因此，本書的章節中，特列一章，分別從政治意識形態史和學術文化史的各自發展，來透視和反思其在解嚴時期所開展或變形的歷史樣貌中，究竟具有何特定的社會效應與相關的臺灣本土精神文化史的奇特構造模態？

一、解嚴後臺灣政治意識形態下的武士道精神文化構造模態

（一）相關卻不同的兩種理解進路

　　對於臺灣地區解嚴以來日本武士道精神文化的理解和追索，可以從常態性和普遍性的「社會觀點」來切入。

　　但此種觀察，通常只會發現到社會大眾對「武士道」精神文化的刻板印象，亦即是「去脈絡化」的「化約式」認知方式與刻板印象。

例如臺灣社會大眾，一般都會認為：日本「武士道＝切腹謝罪」或「日本精神＝清廉守法」或「日製優質品＝好用可靠＝是日本精神表現」等。

但是，這樣的認知方式，其實就是類似「哈日族」的認知方式，並且是一種不涉及國族認同或不觸及對軍國主義「十五年戰爭時期（1930-1945）」的被迫害仇日情緒下的「常態式」認知角度。

問題在於，這樣的認知區塊，幾乎人人皆知的「常態性」普遍呈現。所以，除了在經濟或文化之資訊的消費市場，有其流行的波動現象之外，並不會引伸出與政治意識形態紛爭的激烈衝突。

而是要涉及「主權焦慮」的「統 vs 獨」問題時，才會在「民族主義」的高昂基調中，引伸出「政治意識形態」操作下，臺灣武士道精神文化之集體爆裂式的紛擾現象。

因而，臺灣自政治解嚴以來，幾乎是每四年一次，在中央統治權的輪替變革年前後，以「李登輝前總統」及其附從者所代表的「殖民地時期日本精神＝政治化約的武士道」，就會成為鼓動或操縱為（統 vs 獨）「主權焦慮」者的最大傳播工具。

如今，只要再度回顧自 1987 年政治解嚴以來，當代臺灣「武士道精神文化」相關的發展線索，立即可以發現：先是已故（1996.2.12）日本著名歷史小說司馬遼太郎（1923-1996）於 1993 年，因旅日臺灣作家陳舜臣（1924-2015）受當時現任總統李登輝前總統之託，介紹其來臺三次參訪，並與年歲和早期經驗皆相近的李登輝前總統，對談「臺灣場所的悲哀」。[1]

因而，其書《街道漫步──臺灣紀行》中譯本，於 1995 年在臺發

---

[1] 李永熾提到，日文原文稱為「場所的悲哀」。臺灣卻將之翻譯為「對談，生在臺灣的悲哀」。見李永熾等編，《臺灣主體性的建構》（臺北：群策會李登輝前總統學校，2004年），頁 15。

行時，作為前期日本人經驗回憶的李登輝前總統，便開始透過司馬遼太郎在其書中介紹和描述，並以其作為日治時期臺灣「日本人」標準的象徵。

而作為參觀引導人的「老臺北」蔡焜燦（1927-2017），更是視司馬遼太郎為其精神導師和同為日本皇軍時期的前輩長官。所以，他除被馬遼太郎在書中稱其為，所謂「老臺北」的角色扮演之外，更以「愛日派」自居：甚至在司馬遼太郎過世之後，他還透過日本在臺有教團組織的新興宗教「生長之家」所屬的出版社「日本教文社」，於 2000 年出版其所著的《臺灣人と日本精神──日人よ胸を張りなさい（臺灣人和日本精神──日本人啊，請抬頭挺胸吧！）》，由長期旅日的激進臺灣主義者金美齡撰文大力推薦。[2]

於是，結合金美齡和蔡焜燦兩者特殊的「貶中崇臺」史觀和「愛日派」情感，並透過剛出任新總統陳水扁前總統國策顧問金美齡的激進史觀之導引、以及蔡焜燦在臺出面當東道主的「慷慨招待」、再加上和蔡焜燦同屬在臺「愛日派」的臺籍南部大企業家許文龍個人的《日治臺灣史講義》內容及其肯定論之補強，於是有 2001 年時，日本漫畫家小林善紀發表其《臺灣論》中譯本，所引發的以李登輝前總統和許文龍共同作為「日本精神」象徵的驚人效應。[3]

2004 年，李登輝前總統，更先後在日本和臺灣出版《『武士道』解題──做人的根本》一書，當時其書雖很熱賣，卻衍生出諸多極端對

---

[2] 蔡焜燦，《臺灣人と日本精神──日本人よ胸を張りなさい》（東京都：日本教文社，2000 年）。

[3] 黃昭堂等，《臺灣論風暴》（臺北：前衛出版社，2001 年）。陳光興、李朝津編，《反思《臺灣論》──臺日批判圈的內部對話》（臺北：臺灣社會研究季刊社，2001 年）。李壽林編，《三腳仔──《臺灣論》與皇民化批判》（臺北：海峽學術出版社，2001 年）。李登輝前總統、小林善紀著，楊子瑩譯，《李登輝前總統學校的教誨》（臺北：先覺出版社，2001 年）。濱崎紘一，《我啊：一個臺灣人日本兵簡茂松的人生》（臺北：圓神出版社，2001 年）。李壽林，《海峽時評「日本精神在臺灣」批判》（臺北：海峽學術出版社，2004 年）。

立的評論意見。

所以，根據上述的事實，可以說在此下一斷語說：李登輝前總統自 2000 年 5 月 20 日卸任的當年開始，幾乎每隔四年就有週期式地一次，以日本「武士道精神文化」的議題炒作，並每每能引起各方的熱烈回響和強烈爭議。

（二）由盛轉衰的分水嶺與馬英九新政府的和緩外交政策

但是，上述以李登輝前總統所代表的週期式「日本武士道精神文化」的炒作和每次幾乎總能在臺灣社會中引發熱烈效應的媒體文化現象，首次出現明顯衰變的時間，是出現在 2008 年 5 月 20 日之後。

亦即因為臺灣地區的中央統治權，又改由中國國民新一代的政治明星馬英九擊敗民進黨的候選人謝長廷、並取代民進黨現任總統陳水扁前總統在 2008 年 5 月 20 日宣誓就職成為第 12 任新總統之後，才開始產生新的變化現象的。

因此，可以馬英九當選並就就任新總統的 2008 年 5 月 20 日起作為分水嶺，來觀察李登輝前總統所代表的日本武士道精神文化，在馬英九新總統採取「不統、不獨、不武＝維持臺海情勢現狀」的新政策後，過去一向與非國民黨的臺獨論者掛鉤的在臺日本武道精神文化，是很難同時在臺灣和日本兩地產生如過去有上述條件時期的快速熱烈效應。

即以李登輝前總統在 2008 年 9 月 23 日的發言內容及其效應來看，其轉變的跡象，即相當明顯。因為在此之前的兩個多月，雖在臺灣官方、社會和大眾傳媒都注意：臺灣漁船在釣魚島附近海域，曾被日本船艦驅趕和遭辱因而反應相當激烈。但正是在此高漲憤慨氛圍之下，李登輝前總統還是毅然前往日本南端的琉球，並似乎有意針對性地，在日本官員和大眾媒體面前，發表幾點相當令人側目、或幾近「爆炸性新聞彈」的觀點，其內容摘述下：

（一）他先是毫不客氣地指責馬英九政府派巡邏船護衛抗議船進入日本領海一事，說：「這是政治手段，和漁場問題沒有關係，最好不要神經質。」

（二）接著，他於 2008 年 9 月 23 日，在沖繩縣知事仲井真弘多主辦的午宴上說，「釣魚島是『日本的領土』，不存在主權和捕魚權的問題」。

（三）最後，他在談及日本學者井尻秀憲所著的《李登輝前總統の實踐哲學》新書時，同時發表談話說「要是貪污瀆職，日本人都會『切腹自殺』謝罪」[4]

若照過去的經驗，上述李前總統的這三項發言，都能立刻引爆正反激辯的輿論效應的，亦即李登輝前總統會在一定的時期內，將臺灣各界甚至包括日本和對岸，都成為其所投出「新聞議題震撼彈」的餵食者和反映者。

可是，正如上面已提及的，在三者之中，馬政府幾乎不回應第一點批評，第二點者則是由中華民國駐日代表處代表和新外交部長歐鴻鍊兩者，分別將其定位為「純屬李的個人看法」、「我國政府就釣魚臺列嶼屬於中華民國領土之一的立場從未改變」和外交部「不會對個人言論發表評論」，然後就將其冷卻和擱置於一旁了。[5]

換句話說，只有第三點關於陳水扁前總統夫婦涉貪污弊案的嚴厲評論——「要是貪污瀆職，日本人都會『切腹自殺』謝罪」——引起兩岸媒體高度的興趣和熱烈的迴響。

這當中，除民進黨的反應之外，即關於登輝前總統在 2008 年 9 月 23 日，於日本琉球參訪時所說：「要是貪污瀆職，日本人都會『切腹自殺』謝罪！」這句嚴厲批評，雖然仍是與當代政治意識形態相結合的

---

[4] 2009 年 9 月 23 日《聯合報》記者陳世昌的琉球新聞報導。

[5] 2009 年 9 月 23 日《聯合報》記者陳世昌的琉球新聞報導。

臺灣「武士道精神文化」典型反映,卻能無異議地成了當代臺灣社會各界普遍認知共識。

甚至在大陸方面,連平素最反對李前總統政治立場和親日言論的各種公私網站和傳媒,儘管彼等在引述時,不無幸災樂禍和藉機嘲諷之嫌,但是,彼等所表現的無異議一致性的認知模式,卻很明白。

(三)連民進黨也同意的「武士道」詮釋模式:「切腹謝罪＝武士道」

雖然自陳水扁前總統於 2008 年 8 月 14 日,公開承認在海外有巨額密帳的事實之後,由於陳本人也宣佈自動退出民進黨,所以儘管有前國策顧問的臺獨大老黃昭堂博士,一臉尷尬地公開呼籲,要他趕快從人間消失(電視上一再播出的談話),以及有人向民進黨主蔡英文反映要貪污的陳水扁前總統「切腹自殺謝罪」。

但是由於陳水扁前總統也公開指稱,李前總統同樣有「A 錢」,所以陳水扁前總統在民進黨中親信子弟兵的高志鵬,便對李前總統在琉球的批扁說法,大為不滿,也公開要求李前總統,比照對陳水扁批評的同樣邏輯和道德標準,轉而要求他自己像日本人那樣,若涉及「貪污瀆職」就「切腹自殺謝罪」。

換言之,縱使民進黨認為陳水扁前總統,未必須因「貪污瀆職」就「切腹自殺謝罪」,卻也不曾對「日本人若涉及「貪污瀆職」就「切腹自殺謝罪」」這樣的說法,出現有任何異議或反駁。

可見,在當代臺灣社會,不分黨派,都承認日本武士道傳統中的「切腹自殺謝罪」行為和道德標準的,是歷史的真實現象。然而,這種認知其實是過於「化約」和「缺乏脈絡性」的,並不足取。

（四）「切腹＝日本商人之魂？」：兩位臺灣資深外交官的化約與盲釋

事實上，當代臺灣對上述看法的普遍認知，並不只出現在複雜政治的領域。

最具體的例子就是，中華民國的資深外交官劉青雷，於 2000 時所精心撰寫的《切腹：日本商人之魂——探究日本成功的祕密》一書，在遠流出版社為其所寫的說書中內容文宣裡，有一段是這樣的：

「從二次大戰後的一片廢墟，到傅高義所稱的『日本第一』，幾十年內，在商業領域內幾乎打遍天下無敵手，這種近乎神蹟的成就，究竟是如何做到的？本書作者（劉青雷）指出關鍵點：融入企業體內的武士道精神；切腹，正是體現武士道的極致。不論仇日、親日、恐日、媚日，要了解『大日本株式會社』，請從切腹制度開始。」[6]

對於劉青雷的說法，曾擔任中華民國駐日本的「亞東關係協會會長」的資深外交官林金莖博士，他雖曾於早年留日研究國際法，並獲法學博士學位，以及從 1959 年開始，長期擔任駐日外交官達四十年之久，堪稱是臺灣外交圈中的「日本問題專家」，但是他在替劉青雷之書作序時，仍以「獨到客觀的日本研究」稱之。

劉氏並提到臺灣與日本的普遍認知是：「歷史上，日本各朝武士，傳統的以『切腹』自決表示對其行為負責，表示對其主公的忠貞不疑。西元 1703 年赤穗武士以大石良雄的『四十七武士』集體切腹，以及現代史上 1970 年所發生無人不知的文學家『三島由紀夫』侵入自衛隊『切腹』的故事，均膾炙人口。有人稱此為『武士道精神』，有人以『大和魂』與予肯定和讚美。最近我國國防部長伍世文又在立法院答覆質詢時表示：『自己如涉及尹清楓命案，將以切腹表示負責』，可見按

---

[6] 劉青雷，《切腹：日本商人之魂——探究日本成功的祕密》（臺北：遠流出版社，2000年），封面說明。

正常看法，無論古今中外，『切腹』均屬願以死表示負責之勇敢態度，
此非貪瀆敷衍、自私苟且之徒所能作到。」[7]

　　然後，劉氏又為「切腹」不等於「軍國主」和「侵略」辯護，並
引證和強調「日本不可能再度成為軍國主義國家」。此外，他還批評臺
灣的「哈日風」文化，雖很盛行，但不論親日或仇日者，都對日本的了
解「甚為不足」，對「日本歷史、文化、社會的詮釋，常陷於感情的成
見之中」。[8]

　　雖然劉氏是如此地以資深的日本專家，對日本的武士道倫理作了
過於「化約」的解釋，也沒有察覺在日本的傳統倫理中，除了上層的
「武士道」倫理之外，還有和商人企業經營關係最密切的「町人倫理」
或「商人道」，以及和製造業或工藝發明關係最密切的「職人道」。

（五）反思臺灣「化約武士道精神文化」的萌芽

　　基本上，可以據此來斷定：在臺灣地區對於日本武士道的精神文
化的理解，除在 2005 年時由李登輝前總統在詮釋新渡戶稻造的《武士
道》思想時，[9]曾加入李氏所理解的基督教信仰內涵之外，其餘的《武
士道》新翻譯者或研究者在認知上，可以說都不出 2000 年時劉青雷和
林金莖兩者，在其對《切腹：日本商人之魂——探究日本成功的祕密》
一書內容和書名，所陳述「武士道即切腹負責」的相關認知水平。

　　所以，以下我們將觀察的視野，轉向從解嚴前到解嚴後：學術史
上的臺灣武士道精神文化的相關知識發展史及其涉及的各類不同觀點。
之後，本書讀者可以將此兩種不同的觀察視野參照來看，則其完整的歷

7　劉青雷，《切腹：日本商人之魂——探究日本成功的祕密》，〈序〉，頁2。
8　劉青雷，《切腹：日本商人之魂——探究日本成功的祕密》，〈序〉，頁4。
9　李登輝前總統著，蕭志強譯，《『武士道』解題——做人的根本》（臺北：前衛出版
　社，2004年）。

史畫面呈現，便可以清晰地一目瞭然。

二、從解嚴前到解嚴後：學術史上的臺灣武士道精神文化

（一）從戰後到解嚴之年（1945-1987）的日本武士道研究

　　要想清楚而完整地觀察解嚴後的臺灣武士道精神文化模態為何？基本上，不能忽略學術史上的表現和變革，才是正確的認知角度。因為，儘管相對於解嚴後當時政治意識形態影響下的週期式大波動、和經常引起各種不同立場的激烈紛爭，出現解嚴後當時學術史上表現的武士道精神文化，則是屬於呈現出靜態和被動的模態，亦即其學術的活動圈是狹小和封閉的。因此外界很少知悉，其研究內容和了解其在學術史上的意義。

　　因此，有必要先重新理出另一條，與當代受政治意識形態操控模態交織出現的當代臺灣本土的武士道學術文化發展史。不過，在重理的時序上，仍必須先從「戰後」關於武士道論述的情況出發。

　　我們若回顧臺灣戰後關於「武士道」和「日本精神」的認知學術史相關文獻，馬上可以發現：從 1945 年到 1984 年之間，除了由洪炎秋和李迺揚所撰兩篇扼要的介紹短文之外，並無任何臺灣本土學者的「武士道」研究專書問世。

　　但，洪炎秋 1955 年在〈日本武士道〉一文的介紹，是一篇簡明和精確的「日本武士道沿革史」的說明。這也是直到 1982 年時，才由臺灣的蘇癸珍，從英文第 10 版直譯出新渡戶稻造的《武士道》全書、並以中英對照出版之前，最重要的一篇關於日本武士道史的脈絡性精要介紹文獻。

　　另一篇是李迺揚 1958 年所寫的〈大和精神〉之文，雖後於洪炎秋

之文數年，但內容平常，可以不多評論。[10]

　　至於 1982 年，蘇癸珍雖由英文第 10 版直接譯出新渡戶稻造的《武士道》、並以中英對照全文對照出版；然而，正因為她不像其他人是從日譯本轉譯的，所以她的譯本，也沒有其他日譯本所補充的大量註解，可供讀者進一步參考，她甚至連其翻譯的相關說明，也一片空白。故此書的臺灣閱讀者甚少，或完全不為人知。

　　再者，此書雖早於北京商務印書館 1993 年所出版由張俊彥譯自矢內原忠雄的日譯本第 14 版多年，但因後者曾譯有〈譯者前言〉、〈日譯者序〉和譯出原日譯本的新增補註解，所以大受好評，銷售量極大，單是 2006 年的第九刷，就印行二萬本，可見閱讀者之廣。

　　目前海峽兩岸，先後共有七種日譯本，但因其內容差異不大，故雖可以看出此類書籍，在當代市場的需要量甚大，但做為武士道學術史的演進來看，實無進一步討論的價值和必要。

　　因此，話說回頭，在臺灣高等學院研究所中的武士道研究論文方面，是直到 1985 年，才開始有東吳大學日本研究所的劉梅琴，以〈山鹿素行之日本中華主義〉（此全名有點費解？）作為碩士論文。這應是戰後臺灣學界研究德川時期的武士道先驅性研究，故她也算得上是臺灣地區土產的第一位研究武士道的碩士。而她是以如下的民族文化主義者觀點，來論斷山鹿素行的思想性質、重大影響和受中華文化影響的早其淵源，例如她說：

　　　　本論文之目的乃是從山鹿素行之日本中華主義來看日本思想史上中華思想與日本思關係之演變，以期對日本文化特別是日本思想之演變與發展有更深一層的認識，進希望透過這一層認識能

---

[10] 王博文曾批評其以「忠君愛國」美德論述武士道的不當。見王博文，〈日本初期武士道之研究〉（中國文化大學日本研究所碩士論文，1988 年），頁 125。

有助於將來中、日關係之發展。

山鹿素行為德川時代開創武士道學派，山鹿流兵學以及古學、日本中朝主義之始祖。

以形式上而言，「中朝事實」為研究日本古典歷史之著作，全以漢文書寫，不過與「聖教要錄」比較，其旨趣卻大相庭逕，兩者雖同是復古精神之表現，但崇拜的對象卻由對中華聖人之崇拜，轉向為對日本神聖之崇拜。故而提倡誇耀日本精神之「日本中朝主義」，認為「中華（指日本）之文物，與天地參。非萬邦可並比」，所以日本當稱為「中華」、「中朝」、「中國」，而非「夷人之東夷」，故寫「中朝事實」而證明其「日本中朝主義」，而此一主義，可說是與「華夷論」相對抗之思想，亦即日本主義與中華主義之對抗。

因此之故，日本思想史上長久以來之中華崇拜就此改觀了。以至後世，排斥中華思想者亦不乏其人，甚有以日本為世界之中心，欲征服世界必先征服中華之主張，因此，可說「日本中朝主義」為日本脫離中華思想束縛之先端，因此一改以往之中華崇拜而為日本崇拜了，無疑的為日本思想史開創了獨立之新機運。而原本居日本思想界之領導地位之中華思想，從此也就一落千丈而為日本思想所支配了。

了解乎此，不難想像今日「日本第一」之原動力竟源乎於此「日本中朝主義」，雖其「日本中朝主義」不過是「華夷論」之另一種翻版，但觀乎今日中、日兩國地位之逆轉，自忖對於將來關係之演變將該有所惕勵了。（劉梅琴，〈論文摘要〉）

此種是解嚴之前愛國主義式的標準論述，既不違背歷史事實，也可不必顧慮有任何親日的政治指責。但也因此無法有突破性新見解被提出。可是，作為此領域研究的先驅性地位，應無疑義。

　　所以在劉梅琴之後，即在解嚴之前一年（1986），又有淡江大學日本研究所劉長輝首開風氣，以〈山鹿素行與日本武士道道關係之研究〉作為碩士論文，並得出如下觀點：

　　一、「基於往日歷史所塑成的情懷，『武士道』一詞，常使吾人二次大戰時與日本交戰時之國家公民，於心中泛起莫名的憤恨與憎惡感。無可諱言地，有不少人誤認神風特攻隊那種『人機與敵艦俱毀』的自殺式攻擊，以及窮途末路，迫不得已而切腹時，仍然高喊『天皇陛下萬歲』諸如此類的血腥行徑，乃是『武士道』」。

　　二、然而，「真正的『武士道』，其內涵絕非淺薄如此。山鹿素行是日本江戶初期思想、學術、教育、兵學各界的巨擘，同時也是日本『儒教古學派』」與『武士道學派』的創始者。其『實學思想』在當時的學術界掀起軒然大波。而其有關『武士道學』方面的思想與主張（例如：《武教小學》、《山鹿語類》的〈士道篇〉、〈士談篇〉、《聖教要錄》等），於江戶期間廣為武士階層奉為圭臬。其影響深植後世日本人的心中，例如：赤穗義士的元祿義舉，吉田松陰、木希典與自信心，而於《中朝事實》一書中，高唱『日本中華主義』。但很遺憾的，他的這項學說主張卻被後世的侵略主義者錯誤援用。也正因如此，更須研究其真相，藉以窺見其在日本近世、近代史上的重要性。」

　　三、「回顧江戶以降的日本思想史，山鹿素行的影響可說至深且鉅。因此透過本篇研究，應可探知所謂以『武士篇』為代表之日本精神文代的根源，並且究明其思想在江戶以降之日本歷史發展轉換過程中，所扮演的角色與重要性。」[11]

　　劉長輝的此一觀點，可以說，已逐漸顯示臺灣年輕一代欲擺脫過去日本武士道與軍國主義兩者是惡質負面形象的陰影，而改以德川時期

---

[11] 劉長輝，〈山鹿素行與日本武士道道關係之研究〉（淡江大學日本研究所碩士論文，1986 年），〈論文提要〉。

作為「儒學武士道」正面形象代表的山鹿素行及其所主張的「實學武士道思想」，來呈現近代正統日本武士道的歷史形象。

此種論述的趨勢，到了隔年（1987，解嚴之年），是由中國文化大學日本研究所的王博文延續，他以〈日本初期武士道之研究〉作為碩士論文，而有如下觀點：

> 初期武士具有相當的獨立自立性與濃厚的進取，自私性格，對主君不惜無條件犧牲自我、家族之「武士道」傳統的解釋，事實上並未存在於當時的武士社會中，而忠君與愛國亦非「武士道」的本質，而是於江戶的時代受中國儒家正名思想影響而產生變質，明治時代天皇制國家再度成立後，為要求國民對天皇、國家盡忠而將「武士道」又改造為忠君愛國的國民道德，二次世界大戰時，日本更利用這種改造成忠君愛國的「武士道」以為軍國主義及侵略主義的工具，但這種忠君愛國的「武士道」並非「武士道」的本質，而不過是一種虛像而已。[12]

此一論文是上溯初期日本武士道的基礎研究，但是王博文卻以此作為比較日後日本武士道發展，而得出明治時代以後的「忠君與愛國」的風尚，是經過改造的「武士道」，因此是屬於「非本質」和「虛像」的批判結論。

但是，迄 1989 年為止，臺灣高等學院中的武士道學位論文，都是出自日本研究所的研究生，相對於此，臺灣高等學院中非日本研究所的研究生之所以不進行日本武士道的研究原因，可以合理斷定，應以彼等是遇到「不能閱讀」日文學術書籍的「理解障礙」為關鍵因素。

---

[12] 王博文，〈日本初期武士道之研究〉（中國文化大學日本研究所碩士論文，1988 年），〈論文提要〉。

（二）解嚴（1987）之後的日本武士道研究

在 1990 年時，雖首次有兩本與日本武士道相關的專書出版，但兩位作者毫無例外，若不是在臺灣大專學院的資深日文教師，就是先由日本學者親自執筆、然後再請人中譯出版。兩者中林景淵是屬於前者，山口宗之是屬於後者。

林景淵的《武士道與日本傳統精神──日本武士道之研究》，是由自立晚報社文化出版部，於 1990 年 8 月出版。由於林景淵曾在其〈序論〉，綜合中國和臺灣兩地近代學者關中日武士道的各種見解，如新渡戶稻造、奈良本辰也、梁啟超、顧頡剛、戴季陶、余又蓀、劉澤華、洪炎秋、龔鵬程、山本七平等人的不同定義和觀察。

但其重點，基本上是在呈現中日武士道的差異和日本武士道的特色及優點。除此之外的課題，他便一概興趣缺乏，或沒有繼續探索。

因此，他雖是兩岸學者中首次引述日本山本七平的《日本資本主義の精神》[13]和森島通夫在《なぜ日は『成功』したか（日本為何成功？）》[14]對日本武士道與商人道的差異和互動觀察的說明，[15]但此一引述的用意，在書中只是在回應當時臺灣社會所矚目的美國學者傅高義（EZRA F. VOGER）在其《日本第一》一書所指出的，日本的今日的成功是與日本特殊「組織架構、政策綱領以及有意識的計劃」有最大關連。

所以，林景淵引述森島通夫對江戶末期武士、商人、農民三者的相互影響，特別指出「武士道」在今日日本的存在方式。於是，林景淵在〈序論〉的最後，是這樣說的：

---

[13] 山本七平，《日本資本主義の精神》（東京都：光文社，1984 年）。

[14] 森島通夫，《なぜ日は『成功』したか》（tbs britannica.1984 年）。

[15] 林景淵，《武士道與日本傳統精神──日本武士道之研究》（臺北：自立晚報社文化出版部，1990 年），頁 12-13。

　　對於開發中國家而言，現代化龍頭老大的日本，乃日最後的
借鏡。那麼，「武士道」不也是可以幫助追尋日本現代化過程的
蜘絲馬跡嗎？[16]

　　林景淵的此一論述，雖是進一步對日本武士道的去污名化，作了
有力的訴求，但這也是泡沫經濟時代社會普遍的認知，並無特殊之處。
並且，他在〈序論〉之後，在全書的主體部分，他只以有系統取材日本
相關的武士道著述內容，再改編寫成類似一本圖文並茂的日本武士道的
導覽手冊；又在〈結語〉中，廣引清末和民國初期的中國學者，如：黃
遵憲、劉大杰、羅牧、戴季陶等人的過去評論，以證明日本武士道的
「實踐性」遠勝中國，以證明他的說法其來有自，並非空穴來風。故全
書在 1990 年刊行初版，而第二刷是 1993 年出版，可見相當受歡迎。

　　但是，林景淵在出版此書的第二刷時，在〈前言〉中，曾表示：
他是海峽兩岸華人有史以來，第一位武士道研究專書的作者。問題是，
「專書」的定義，是否僅限於正式出版者？這雖是可以考慮的基準之
一，卻不能作為「實質內容」的有效認定。

　　因為知道在他之前，臺灣已有東吳大學日本研究所的劉梅琴、淡
江大學日本研究劉長輝、中國文化大學日本研究所的王博文三者，以學
位論文的方式，完成「準專書（即：雖未出版但內容足夠）」武士道研
究。

　　就臺灣武士道研究學術史的立場來看，林景淵在相關著述中和評
論研究文獻時，都完全無視彼等之存在（因他事實上，在書中也根本未
提及）。所以他在認知和判定上，是有待商榷的。

　　諷刺的是，林景淵這本肯定傳統日本武士道的書，其後雖沒有被
李登輝前總統寫《『武士道』解題——做人的根本》時，列為參考書之

---

[16]　林景淵，《武士道與日本傳統精神——日本武士道之研究》，頁 13。

一，連簡曉花在其《新渡戶稻造研究——『武士道』とその後》一書的
參考書目，也同樣不存在。但在對岸大陸的學界，此書卻獲得極高度的
共鳴。大陸研究日本史的資深學者萬峰，甚至撰寫長篇書評在專業的歷
史期刊發表和讚揚。[17]

　　但是，從書評的內容來判斷，林景淵書關於武士道資料的完整性
和相關說明的新鮮度，才是其被肯定的主要部份。所以，大陸學界參考
了此書資料的線索之後，在短期內就超越了此書的論述內容；其後，相
關研究也迅速展開。[18]

　　但是，我們的論述主線，在此必須再轉回和林景淵同年（1990）
出版的另一本和日本近代武士道發展有絕大關係的專著，即山口宗之日
文原著、馬安東中譯的《吉田松陰》一書。此書是以傅偉勳和韋政通主
編【世界哲學家叢書】系列專書之一出版的。

　　所以，在臺灣的讀者，除研究「日本近代武士道史」或「明治維
新史」的學者，才會知道吉田松陰對明治維新之後，天皇絕對崇拜和為
以天皇意志及思想作為「大和魂」與「國體」為象徵的特殊概念發展，
是關鍵性的主導原動力，否則是不會將其和日後「皇軍」的狂熱效忠
「精神」，加以直接關聯來合併思維。

　　因此，此書的存在，對臺灣武士道精神文化的擴大傳播，並未有
明顯的助益或效應出現。但，這不妨礙它以一本優秀的吉田松陰著作，
繼續列入臺灣的出版市場上的好書林和圖書館中有用的相關參考書之
林。

---

[17] 萬峰，〈臺灣學者的武士道觀——評介林景淵著《武士道與日本傳統精神》〉，《世界
　　歷史》1994 年第 3 期，頁 102-107。

[18] 2001 年劉金才出版北大博士論文改寫的《町人倫理思想研究——日本近代化动因新論》
　　一書和 2003 年由同校李文出版北大博士論改寫的《武士階級與日本近代化》一書，分
　　別代表了新視角研究的兩個高峰。

（三）十年（1991-2000）「研究冬眠期」的到來

在 1990 年的林景淵和山口宗之的兩本武士道的專書後，在學院中對武士道探討，似乎陷入了令人不解的「十年冬眠期」（1991-2000）。

而這一段時期，也是李登輝前總統兩次當選總統的活耀主政期和兩岸關係急遽變化的一段關鍵期。並且，儘管有 1995 年的所謂「馬關條約簽約百年紀念」的各種活動，以及日本著名的歷史小說家司馬遼太郎之前的訪臺和此次與李登輝前總統在與其對談時，所發出的「生為臺灣人的悲哀！」之巨大震撼，但是，並未因此轉為日治時全面肯定論和主張臺灣擁有戰前的「日本精神」反而戰後的日本卻失去、故須取法臺灣「日本精神」經驗的「返本論」之出現。

所以，在此一期間，除開一些具有日治經驗的仇中臺獨論者（此一立場的對立面，即親中與統一論者）的相關著作之外，臺灣高等學院中的武士道研究，似乎在擇取適當的研究視角時，遭到了拿捏分際不易的尷尬窘境，才會乾脆不去碰觸此一議題。但是，這也反映出臺灣學院中，研究者「主體性」的蒼白和研究者「自主性」的軟弱。

（四）2000 年總統大選後大變局與日本武士道精神文化的逐漸風行

然而，2000 年是臺灣政局石破天驚的大地震之年，中國國民黨因總統大選慘敗而黯然下臺，而民主進步黨的陳水扁前總統，則是此後連任二屆共八年（2000/5/20-2008/5/20）之久「戰後世代當家期」的第一位民選總統。

但是，「戰後世代當家期」的第一位民選總統陳水扁前總統，本身無特殊「殖民地時期」（1895-1945）「日本精神」的素養和經歷，卻在所領導的政府中，聘任了各種具有特殊的「殖民地時期」（1895-

1945）的「日本精神」素養和經歷的總統府資政和國策顧問；加上剛下任的李登輝前總統，因輔選失利而被迫辭去中國國民黨主席一職。

　　所以他只能以「卸任總統」之尊和具有特殊的「殖民地時期」（1895-1945）「日本精神」素養和經歷的「臺籍知識精英」這雙重身分，逐步地產銷其各種「李登輝前總統牌」的「日本武士道精神」產品和進行周邊相關的文宣傳播。以下列舉數種為例：

1. 李登輝前總統、小林善紀合著，楊子瑩譯《李登輝前總統學校的教誨》，臺北市：先覺出版社，2001。
2. 小林善紀，《臺灣論》，臺北市：前衛出版社，2001。
3. 李壽林編，《三腳仔——『臺灣論』與皇民化批判》，臺北市：海峽學術出版社，2001。
4. 黃昭堂等著，《臺灣論風暴》，臺北市：前衛出版社，2001。
5. 陳光興、李朝津合編，《反思『臺灣論』——臺日批判圈的內部對話》，臺北市：臺灣社會研究季刊社，2001。
6. 小林善紀，《第二『臺灣論』》，臺北市：前衛出版社，2001。

　　這些書都是在 2001 年中出版的，其中除第一冊和第六冊之外，都是各種不同立場的集體呈現和互相批判。

　　但這樣大規模的政治意識形態所形成的爭論龍捲風，除了有上述的各書出版之外，日軍臺籍「慰安婦」的問題，居然成為最後、也最關鍵的聚焦處。然而，此事落得如此不堪的下場，可以說，完全喪失其應有社會關懷的比例及其成熟認知的平衡考量。

（五）《臺灣論》風暴爭論中各方的學術表現

因為這當中，雖不乏臺灣戰前和戰後數代的知識精英社群介入此一爭論，但其表現的專業性，完全不是原先其應有的更高水平。因彼等認知的片面性和故意發出反諷的各種充滿意識形態但無嚴肅認知意義的口水語，可以說所在皆是。

反而是由「臺灣社會研究季刊社」邀請來的幾位日本學者，彼等不但各撰有收在《超越小林善紀〈臺灣論〉》一書的優秀論文，[19]對於相關問題，也都各有獨到的解析和相關知識背景的「脈絡性」說明，所以其適時所提供的日本國內學術圈認知狀況和態度，頗能及時化解當時臺灣學術圈對小林善紀《臺灣論》在日本巨大負面效應的過度憂慮。

（六）《臺灣論》風暴爭論之時和之後的相關學術反映

1.高錦泉的研究

另一方面，由於小林善紀《臺灣論》所颳起的殖民地時期「日本武士道」優越論、或戰前「日本精神」在戰後臺灣依然殘留的問題旋風，促使淡江大學日本研究所在職班的高錦泉，在 2001 年時，以〈明治時期日本軍隊之精神教育〉為碩士論文。

亦即，他是從在他之前（1987）劉長輝的〈山鹿素行與日本武士道關係之研究〉，轉為封建武士道制度瓦解之後的明治時期「日本皇軍」「精神教育」的探索。

但是，此一議題在臺灣地區，無太大的開創性意義，因為早在1994 年 12 月，臺北的金禾出版社，就出版由葉延燊中譯的梅瑞翁（Meirion）和蘇西・哈瑞斯（Susie）合著的《日本皇軍興亡記》

---

[19] 陳光興、李朝津合編，《反思『臺灣論』——臺日批判圈的內部對話》（臺北市：臺灣社會研究季刊社，2001 年），頁 18-125。

（*Soldiers Of The Sun——The Rise And Fall Of the Imperial Japanese Army*）同書的前兩部：第一部〈皇軍的建立，1868-1890〉、第二部〈戰時的皇軍，1890-1918〉，就有明治時期「皇軍」的「精神教育」說明。[20]但是，高錦泉的最新研究，除了資料更豐富、細節更多之外，還提出如下的觀點：

> 日本之武人，自古以來堅守武士之道德，稱之為武士道。此種武士道精神，既非法律，亦非約束，僅僅口傳或學者之著述所書。武士階層，嚴守此種規矩。不敢逾越。惟在明治維新時期，廢藩置縣，舊制崩壞。其武士道精神，應隨階級制度之廢止，崩壞消失。但明治政府竟將應消滅之該武士道精神，灌輸於新成立之軍隊軍人。使此輩軍人養成武士道之精神。加之徵兵制施行，原非武士階級之農、工、商三民亦能服兵役而在軍營接受武士道精神教育。
>
> 軍人退役後，回鄉工作。因而武士道精神隨該退役者擴散全國。國民既有愛國家及對天皇盡忠之精神，乃造成明治、大正、昭和時期，許多日本軍人為對天皇盡忠而犧牲生命。
>
> 此乃因明治時期對軍人灌輸為天皇盡忠，視死如歸之武士道精神，係《葉隱》之「獻身之道德」，而非江戶時代之「士道」，因此，為國捐軀之軍人，實乃因明治政府此種精神教育所致。[21]

20　梅瑞翁（Meirion）和蘇西·哈瑞斯（Susie）合著，葉延燊中譯，《日本皇軍興亡記》，頁 5-106。另外，HELEN HARDACRE 原著，李明駿譯，《神道與國家，1868-1988》（臺北：金禾出版社，1995 年），此書對明治時期軍人精神教育，也有詳論。

21　高錦泉，〈明治時期日本軍隊之精神教育〉（淡江大學日本研究所在職班碩士論文，2001 年），〈論文提要〉。

　　從以上畫線的引文最後一段來看，顯然是與歷史實情部分不符的錯誤解讀，因為《葉隱聞書》的從禁書到開放成為「皇軍」中的「精神教育」教材，雖是肇端在日俄戰爭之後的 1906 年，但正如前面已提過的，那種鼓勵「狂死」的《葉隱聞書》要到昭和時代的「十五年戰爭時期」，才普遍成為軍中大力推廣的「精神教育」教材。

2.張崑將的研究

　　相對於臺灣高等學院中日本研究所的研究取向，以國際學界視野為取向、以東亞思想史的交涉為中心的「德川時期武士道」的相關思想研究，從 2002 年起，也在臺灣大學歷史研究所出現。

　　換言之，繼日本研究所系統的劉梅琴和陳蔡煉昌之後，重新探討此依相關課題的，是以歷史學的進路出發，並把研究從東亞儒學研究的比較觀點，作為擴大和深化探討議題的重點，其代表性的人物和相關著作，就是臺大歷史所的新科博士張崑將及其博士論文。

　　張崑將的博士學位論文為〈日本德川時代純忠與至孝思維的典型——以陽明學與兵學為中心〉，是此領域最具代表性的力作。

　　但必須指出的是，張崑將此論文的重點，並非直接討論武士道的制度和相關倫理，而是以「日本德川時期的儒學思想」、但帶有「韋伯、貝拉和丸山真男的問題意識」；亦即，其中探討「日本近代化成功的傳統因素為何？」的思維線索，構成了各種層次和不同表達方式的國際學術對話。

　　所以，此一思維線索和問題意識在展開探索時，一定會針對：德川時期、明治維新和戰後日本復興的歷史發展，尋求其內在的相關性；反之，惡名昭彰的負面「十五年戰爭期」，因已屬全面的軍事動員時期，是非常態性的發展，所以討論時雖會涉及，但只是附帶性的，而不當成主體來處理。

　　特別是在張崑將的論文脈絡裡，在一定程度上，其實是受來自丸

山真男在其名著《日本近代政治思想史研究》的觀點之啟發。所以之後，張崑將以其博士論文改寫，而於 2004 年 6 月，出版此重要著作時，是作為【東亞文明研究叢書】第 10 種，由「國立臺灣大學出版中心」出版。因此，這是以日本「兵學家」和「陽明學者」的諸家思想，作為研究的切入點，大量吸收和補強日本學者丸山真男在其《日本近代政治思想史研究》一書所提出的前驅性重要相關觀點；亦即德川時期的忠孝觀念和武士道的思想，是被視為日本傳統精神的成熟期和啟發其後明治時期「近代化」作用甚大的思想根源。

可是，從世界學術史來看，張崑將的此一著作，雖也是在馬克斯・韋伯關於「近代資本主義精神」問題意識影響下、以及在貝拉的《德川宗教》一書關於日本近代化動因的著名研究之後，又一次在思想層面上，做了有力地擴大探討。但不可諱言的是，因此書尚缺乏對德川時代「町人倫理」和「武士道」互動的探討，所以是屬於帶有相當片面性的殘缺研究性質。

但是，若考慮到丸山真男在其重要相關著作《丸山真男講義錄【第五冊】——日本政治思想史 1965》中雖對德川時代傳統武士道倫理的社會思想史變革和《丸山真男講義錄【第六冊】——日本政治思想史 1966》中對近代日本基督教思想和活動以及江戶時期儒學精英知識份子的思想和意識形態的深刻分析，卻是直到 1999-2001 才先後出版。

而連最關心此議題的臺灣歷史學者江燦騰本人，也是遲至 2008 年秋冬之際才購讀此書，並據以傳達給學術至友張崑將使其知悉；則由此看來，張崑將在 2004 年 6 月，出版其重要著作《德川日本「忠」「孝」概念的形成與發展——以兵學與陽明學為中心》一書所呈現的片面性，毋寧是一種常態性的學術新發展。

3.賴素綢的研究

因此，2004 年，淡江大學日本研究所碩士在職班的賴素綢，以

〈山岡鐵舟及其武士道思想研究〉作為主題時，她所得出的論斷如下：

> 戰後的日本急速富饒，享受著便利舒適的生活。然而，一味模仿西方物質文明社會的結果，也逐漸將昔日日本優良的傳統給遺忘。由於重視物質的價值觀，也逐漸造成了金權腐敗、貪污、惡德商法等金錢利掛帥的社會現象。孩童的世界也有學級崩壞、因錢的欲求所產生之恐嚇、殺人及援助交際等所謂賣春的社會現象發生。不免令人執疑原來存在於日本社會中先人所留存下來的智慧、及人們自身應遵守的道德都是否已遺忘殆盡。昔日儼然存在的政治倫理、教育倫理、商業倫理等，也就是所謂的道德精神是否已從日本社會中消失。二十一世紀的今日，若將社會的頹廢現象等閒視之，不免要為日本文化的崩壞憂心。
>
> 為了打破現狀，重新檢視日本民族所共同創造之文化遺產——「武士道」的精神實屬必要，更有人提出唯有武士道的精神才能為這混迷的社會帶來一絲光明的希望。
>
> 本論文主要是以明治中期至後期，與勝海舟、高橋泥舟同稱為「幕末三舟」之山岡鐵舟的武士道論為研究對象，探討其思想的整體現象為目標。
>
> 而向來能將山岡鐵舟及其歷史事實部份作有系統研究者並不多。本論文在考察山岡鐵舟所扮演的歷史角色的同時，也想借此學習今日日本人所喪失的身心智慧，亦即禮節與至誠。再則付予昔日孕育自日本土壤中之「山岡鐵舟之無私無欲」的精神，於現今社會的新義。[22]

---

[22] 賴素綢，〈山岡鐵舟及其武士道思想研究〉（淡江大學日本研究所碩士在職班碩士論文，2004 年），〈論文提要〉。

　　但是這樣的言論，其實是 2001 年以來，臺灣社會和知識圈在認知上最紛歧的，因為儘管賴素綢選擇的是明治中期至後期的山岡鐵舟的武士道，其人也的確有值得肯定之處，但是否能擴充為上述引文中所顯示的過度主觀性期待之效應？很令人質疑。

（七）不同視角且無交集的對話

　　臺大歷史系黃俊傑教授在 2001 年 2 月 10 日時，曾於「臺大鹿鳴堂一樓會室」，對「諍社」所召開的〈「臺灣論」或「皇民論」？評《臺灣論》漫畫的軍國主義〉座談會上，作為第一順位的「引言人」，他用「少數人」的「集體記憶」企圖用「非正式管道」來改變「多數人」的「集體記憶」和把「日本去脈絡化」，因此，他強烈質疑：「日本漫畫歌頌作為日本精神的種種美德」、「講日本對臺灣的建設」，「這些都是事實，但問題是在何種『脈絡』來推動所謂『日本精神』，推動這種『現代化』建設呢？」[23]

　　可是，推動小林善紀來臺、並撰文推薦全力支持其言論的黃文雄，在 2008 年 6 月時，依然在臺灣的前衛出版社，出版其中譯本的《日本留給臺灣的精神文化遺產》，此書原先是用日文撰寫在日本出版。[24]

　　但從其書第一章開頭的幾個小標題來看，如「臺灣人繼承的『日本精神』」、「戰後的日本人為什麼失去『武士道精神』？」、「沒有武士道精神就不可能有日本近代化」、「現在的『否定傳統』將使日本滅亡」。[25]

---

[23] 李壽林編，《三腳仔——『臺灣論』與皇民化批判》（臺北市：海峽學術出版社，2001年），頁 162。

[24] 黃文雄，《日本人が臺湾に遺した武士道精神》（東京都：德間書店，2003 年）。

[25] 黃文雄，《日本留給臺灣的精神文化遺產》（臺北市：前衛出版社，2008 年），頁 9。

像這樣的論述,其實是和蔡焜燦、李登輝前總統等人是同調的。

至於日人佐桑徹,於 2004 年,將他當時所接觸的七位臺灣受訪者:

1. 「臺灣人日本精神」作者:蔡焜燦。
2. 臺北駐日經濟文化代表處代表:許世楷。
3. 亞東關係協會長:羅福全。
4. 總統府資政:許水德。
5. 民進黨立法委員:唐碧娥。
6. 臺灣銀行總經理:李勝彥。
7. 中華歐亞教育基金會副董事長、執行長:曾永賢。

的談話,編輯成書時,但其發言內容,正如從其日文書名為《日本人よ、もっと自信を持ちなさい(日本人啊!請更有自信些!)》,[26]看到的,與前此所提到的黃文雄等人之書,也是屬於同一調性的。故此處對於此書之同一調性觀點,實無多加討論之任何必要。

(八)影響臺灣武士道研究兩位政治人:李登輝前總統(顯性)、陳水扁前總統(隱性)

但是,2004 年時,正值總統大年,陳水扁前總統是否能成功連任?其實是充滿不確定性的。因此,如何處理陳水扁前總統就任以來,已歷時一任四年之久(2000-2004)的相關事宜,將是考驗論述者的洞察力和審慎性的最佳時機。

例如當年(2004)由「群策會李登輝前總統學校成員」的成員如:李永熾、李喬、莊萬壽、郭生玉所組成的編撰小組,根據李登輝前總統的政治思維路線,出版上述成員合寫的《臺灣主體性的建構》一

---

[26] 佐桑徹,《日本人よ、もっと自信を持ちなさい》(東京都:日新報道,2004 年)。

書，於當年 5 月 20 日，即民進黨的總統候選人、也是當時的現任總統陳水扁前總統，詭異地以「兩顆子彈的嫌疑」，終於再度險勝「連戰、宋楚瑜」這兩位新搭擋之後的「大震盪期」（選後總統府前，多次出現空前大規模的群眾聚會和激烈抗議行動，全臺震動），於臺北縣淡水鎮，由「財團法人群策會李登輝前總統學校」出版。

臺大李永熾教授，是負責此書：第一章「什麼是臺灣主體性？」、第二章「從個人主體到國家主體」和第六章「臺灣主體性與全球化」的撰寫。

可是，李永熾教授儘管在文章中，十分肯定李登輝前總統在其長達十二年總統任上，已完成戰後第一階段「臺灣主體性的建構」（原書，頁 28）；又提到「李登輝前總統的『心靈改革』就是希望藉由心靈或精神內再轉換達成近代個人主義的形成」（原書，頁 21）。

並且，就在同一年，李登輝前總統也於其中文版的《『武士道』解題——做人的根本》一書中，也為李永熾教授的上述論述，加上其更詳細的個人註解，例如他說：

> 對於統任內十二年的奮鬥，我自詡確實能一貫始終地朝理想奮進，而我內心最大的支柱，當然就是早年「日本教育」打下的「大和魂」，也就是「武士道」精神。
>
> 換言之，當我有機會為臺灣民眾做事情時，我便試圖在臺灣讓武士道精神以獨特的發揮，其中我最期待的便是進行「心靈（精神）改革」，希望藉此奠定「新臺灣人」精神的穩固磐石。
> （原書，頁 77）

但是，上述兩者這樣的作為和思考，如果是可信賴的話，那麼下述的這段話，再過四年後（2004-2008），一定會令他（李登輝前總統）懊悔不已。因他當時（2004），還自信滿滿地，如此說道：

> 我的理想與目標未能在十二年之間徹底完成，2000 年退任
> 之際，便把未完成的工作交給最信賴的後進年輕世代（按：即陳
> 水扁前總統）（原書，頁 77）

可是，他的口中所說的他「最信賴的後進年輕世代」政權接棒人
陳水扁前總統，正是他所不能預期和能掌控的。所以當 2008 年 9 月 23
日，他在日本沖繩演講，並出售其新書《李登輝前總統的實踐哲學》
時，他雖曾在書中首度直言：

> 陳水扁前總統妻子吳淑珍可以花 3 小時吃飯逛街，為什麼就
> 不能出庭？

也曾嚴詞批評：

> 在日本如果貪污，是要切腹謝罪的，陳水扁前總統應該比照
> 辦理。

但是，李登輝前總統當時（2008.9.23）的「武士道」精神表現，
除了顯示他也能憤怒地指責陳水扁前總統貪污並要其自殺謝罪之外，事
實上他連帶也把自己迄目前為止，所累積「李登輝前總統式」的「武士
道」或「日本精神」之超絕表現，及其所有的全部「公信力」，都因
（2008.9.23）此一活生生出現在眾人面前的相反事實、和其前後自相
矛的批扁行為，所全部推翻。

連帶地，李永熾教授關於他上述所說李登輝前總統的「心靈改
革」曾如何又如何的肯定論述，也因李登輝前總統本人先前曾過於自
誇、誤判和輕信，所以此刻，他也只能無奈地跟著李登輝前總統的矛盾
和狼狽後塵，而將本身原有的專業學術「公信力」都一起陪葬殆盡。

三、解嚴後對「武士道」與「商人道」交涉史的相關反思

（一）研究基督教「武士道」的侷限性與研究「商人道」的先驅性

　　有關高等學院的武士道研究，由於涉及「武士道」和「商人道」的交涉史最新發展問題，所以另立一新節來探討。並且，在時序和相關議題上，是銜接先前簡曉花對此研究的相關課題的討論，來展開探索和說明的。

　　簡曉花（現職中華大學外國語文學科教授）曾留日，並在東北大學攻讀文學博士課程畢業（2003），正如之前曾提過的，她是繼李登輝前總統於 2004 年出版其中文版的《『武士道』解題——做人的根本》一書之後，在 2006 年 7 月，於臺北的南天書局，發行其以日文書寫的論文集新書：《新渡戶稻造研究——『武士道』とその後》。

　　簡曉花在此書中特別值得一提的是，她曾詳編〈新渡戶稻造關連年表〉，並主張新渡戶稻造的英文版是出版於 1899 年（38 歲），[27]而非李登輝前總統在其中文版的《『武士道』解題——做人的根本》一書，極力堅持的 1900 年。[28]

　　並且，在新渡戶稻造著《武士道》的相關精神背景上，簡曉花是順著日本著名的文化史學家石田一良在《日本思想史概論》的歸納分類，指出：自幼由日本武士家庭出身，年長後又成為著名與活躍的基督教（新教）崇信者的新渡戶稻造，和其「札幌農學校」的同學內村鑑三等，是同屬當時日本三大基督教信仰俱樂部領導者之一的「札幌掛」，

---

[27] 簡曉花，《新渡戶稻造研究——『武士道』とその後》，頁 239。

[28] 李登輝前總統，《『武士道』解題——做人的根本》，頁 112。

新島襄之下的小崎弘道和海老名彈正等，是屬於「熊本掛」，至於以植村正久為肇始的，則被稱為是「橫濱掛」。[29]

於是，簡曉花將日本基督教思想家內村鑑三，本於自己基督教的信仰理念，於 1891 年，因他不向明治天皇的〈教育敕語〉敬禮而引爆輿論嘩然和眾多嚴厲責難的「不敬事件」，作為當時日本已面基督教崇信者在理念堅持和存續發展的危機時期。

因而，她在書中認為：舊武士家庭出身的基督教崇信者新渡戶稻造，之所以要撰寫《武士道》一書，其原因之一，就是試圖對此一當時日本基督教信仰倫理，所面臨的重大非難社會壓力，藉著對比西方的宗教倫理和傳統武士道倫理的融合性詮釋，來緩和或化解此一重大危機的動機而來。[30]

但是這種觀點，並無太強的證據力，可以確立新渡戶稻造本人當時之所要撰寫《武士道》一書動機之一，是和先前爆發的內村鑑三「不敬事件」有關。

因為內村鑑三本人，對於傳統的日本武士道倫理，其實是持肯定態度的，並不認為和其基督教的信仰倫理互相牴觸。他只是不願以身為基督徒的信仰立場，將明治天皇的「教育敕語」也視同基督徒敬禮上帝那樣，在公開場合對其禮敬。所以「不敬事件」的關鍵點，其實是日本的國家最高神（明治天皇）和基督教上帝是否同樣崇高和同樣神聖的「禮儀之爭」而已。

因此，從 1899 年所刊行英文版的《武士道》全書內容來看，不論是有意或無意，新渡戶稻造可以說完全避開了與「不敬事件」的關鍵點——日本的國家最高神（明治天皇）和基督教上帝是否同樣崇高、神聖的敏感現實問題。

---

29 簡曉花，《新渡戶稻造研究——『武士道』とその後》，頁 2。

30 簡曉花，《新渡戶稻造研究——『武士道』とその後》，頁 2-4。

　　但是，相對於李登輝前總統在其《『武士道』解題——做人的根本》一書中，大談來自本身基督教信仰的「愛」與「公義」理念，而不觸及在他成長教育中——當時的日本，是舉國一致都須禮敬天皇、視天皇為日本「國體」象徵和以之作為日本國民倫理的依據或「日本精神」根源——的絕對天皇崇拜的問題。

　　所以，在李登輝前總統之後，才展開對新渡戶稻造的《武士道》「思想」探索的簡曉花，在其參考了當代日本學者，如：松隈俊子、武田清子、鶴見俊輔、鵜沼裕子、角谷晉次、船津明生等，關於日本武士與基督教的大量相關研究之後，她選擇以植村正久和武士道的相關事跡，作為切入點，用以對比、和意圖藉植村正久之口，來批判新渡戶稻造所詮釋的「武士道」觀點之不確。

　　這其實也等於間接批判了李登輝前總統所詮釋的「新渡戶稻造＋李登輝前總統＝日本武道倫理和基督教倫理同等、但各有特色」的融合性折中思維。

　　然而，自另一角度來說，也由於簡曉花並不直接摘述、或轉引在她之前李登輝前總統於其《『武士道』解題——做人的根本》一書所談及的李氏個人經驗，和其對臺灣當代政治臧否的爭論性議題。所以簡曉花其後又從東西洋思維思想作用的糾葛層面，來探討新渡戶稻造後期的思想，並以新渡戶稻造在其 1927 年的著作《西洋事情と思想》為依據，論斷出新渡戶稻造的《武士道》一書，「既在新渡戶稻造個人的思想展開上，具核心課題鑿啟延展之意義，且在日基督教史上亦具有向國家主義臣服之重大意義」。[31]

　　根據以上所述簡曉花迄目前為止的《武士道》研究學術成果來評斷，她的相關論述其實是非日本傳統武士道歷史的脈絡性深入探討，並且對當代臺灣學術界其他的研究，了解也相當有限——這是從她論述的

31　簡曉花，《新渡戶稻造研究——『武士道』とその後》，頁 60。

內容，往往過於直線和觀點過於狹窄，就明顯能查覺其所面臨的侷限性。

因此，她的研究除了順著新渡戶稻造在其《武士道》中所提及的部分之外，並不涉及日本傳統武士道長期歷史的發展與變革；此外，她對於日本「武士道」與「商人道」的長期互動和多次轉型的相關課題，也僅只於最基本程度的涉及，而無專業等級水準之認知表現。

例如，她在未收入《新渡戶稻造研究──『武士道』とその後》一書的另一篇相關論文〈新渡戶稻造之武士道與商人道〉，雖是在臺灣的學術圈開風氣之先探討由新渡戶稻造所代表的日本「武士道」與「商人道」互動的轉變史，並得出如下的結論：

「1868 年明治維新後，原本與商業活動無緣之武士階級，失去了昔日之俸祿及地位，因此，其生存方式以及其所講究之武士道亦隨之遭受嚴苛考驗；然而，新渡戶家族卻是當中少數成功轉型經商之武士家族。」[32]

「當在理解掌握新渡戶之思想時，其對於武士道與商業倫理（商人道）二者關係之處理，便不容忽視看漏」。「對此（臺灣）學界無人論及之議題」，若能「嘗試依時序分別以新渡戶之論著《武士道》與〈武士道と商人道〉為考察範圍，重新分析考證，其結果獲出，在新渡戶氏之問題意識中，武士道與商人道二者聯繫之問題，不但前後三十年一貫存在，且歷經長期摸索之結果，新渡戶至終肯定了武士道運用於商業之效果，其主張以重義知恥之武士道精神行商，並提出了一種結合了武士道的日本之商人道以及其普遍性，而該主張可謂日本具人格主義、國際主義色彩的商業倫理主張之先驅。」[33]

---

[32] 簡曉花，〈新渡戶稻造之武士道與商人道〉，《教育暨外國語學報》第 2 期（2005.12），頁 27-41。

[33] 簡曉花，〈新渡戶稻造之武士道與商人道〉，《教育暨外國語學報》第 2 期（2005.12），頁 27-41。

　　問題是，在現實田野上的發展狀況，並非如新渡戶稻造所理解和其主觀上所期盼的發展進路。

　　所以，簡曉花的這篇論文最大意義，是引燃了兩位臺灣歷史學者江燦騰和張崑將，順著簡曉花在論文中所提出新渡戶稻造本人關於日本「武士道」和「商人道」的兩者互動問題，於是分別展開對國際學界，特別是針對日本學者的現有研究成果，快速但有系統地閱讀和吸收。而兩人之中，尤以張崑將個人，對此一新學術取向的探索進展突破速度最快，變化幅度也最廣。其初期的具體成果，就是於 2009 年 3 月 7 日所發表的相關研究論文〈從前近代到近代的武士道與商人倫理之轉變〉。

（二）當代臺灣「武士道」與「商人道」交涉史的肇始探索

　　由於張崑將在此之前，雖已是臺灣地區少數研究日本德川時代儒學「忠」「孝」思想與「兵學家」的武士道思想有成的專業學者，但在其研究的武士道分類上，並未觸及日本近代的「基督教武士道」和「武士道與商人道」的學術課題。

　　但，由於他透過和江燦騰交換彼此對於從新渡戶稻造的《武士道》、李登輝前總統的《『武士道』解題——做人的根本》著作和簡曉花的《新渡戶稻造研究——『武士道』とその後》論集及其〈新渡戶稻造之武士道與商人道〉論文的不同評論觀點。從此，張、江兩人都認為：除了必須以日本近代「基督教的武士道」倫理，來理解新渡戶稻造和李登輝前總統的「武士道」相關詮釋的思想背景之外，彼此也同意，今後唯有回歸日本歷史的脈絡性長期發展和演變的本質性探討，才不會與國際學界的研究現況脫節。

　　尤其是針對岸中國大陸的學界，以北京大學為首的日本近代化研究，目前已能對於「武士階層與日本近代化」和「町人倫理思想研究」兩者，都擺脫向來的仇日史觀，並在接受多位的日本專家的指導和協助

之下，於是有相當出色的學術成果出現。所以臺灣學界在此議題上，也必須立刻相對有所提昇才行，否則臺灣地區會成為被邊緣化的相關學術區塊。

基於上述這樣的考量，張崑將於 2008 年底，所提出兩年期（2009-2010）的新國科會研究計畫，便是擬針對日本的基督教武士道所涉及的多重歷史變革和相關人物的理念史，進行有系統的解析。[34]

除此之外，他也開創性地在臺灣地區的當代學術圈，根據其先前關於日本武士道與宗教倫理的國科會研究計畫，於 2009 年 3 月 7 日，在臺灣大學召開小型的「東亞視野中的武士道與文化」國際會議，並發表其最新論文〈從前近代到近代的武士道與商人道之轉變〉，使得臺灣地區自解嚴以來，李登輝前總統以政治意識形態操作和個人虛榮心議題操作下的爭論性化約武士道倫理詮釋，重新回歸到純學術的多元認知探討。

可以預見，此一問題仍有很大的開展性，但這仍必須看今後的實際發展才能論斷。

參考書目

一、中文專書

新渡戶稻造著，蘇癸珍譯，《武士道》，臺北：協志工業叢書出版有限公司，1982。

丸山真男著，林明德譯，《現代政治的思想與行動──兼論日軍國主義》，臺北：聯經出版事業公司，1984。

山口宗之著，馬安東譯，《吉田松陰》，臺北：東大出版社，1990。

---

[34] 此資料承蒙張崑將博士本人提供全文讓作者參考，非常感謝。

林景淵，《武士到與日本傳統精神——日本武士道之研究》，臺北：自立晚報文化出版社，1990 初版一刷，1993 初版二刷。

（美）麥可‧沙勒（Michael Schaller）著，郭俊鉌譯，《亞洲冷戰與日本復興》，臺北：金禾出版社，1992。

（美）Cleary 著，黃驤譯，《日本人的兵法》，臺北：金禾出版社，1992。

（英）麗月塔著，陳守桂、孫志民、林和生譯，《紳士道與武士道——日英比較文化論》臺北：淑馨出版社，1991 初版，1993 年初版 2 刷。

R.J.史麥赫斯特著，郭俊鉌譯，《日本軍國主義的社會基礎》，臺北：金禾出版社，1994。

Meirion & Susie Harries 著，葉延燊譯，《日本皇軍興亡記》，臺北：金禾出版社，1994。

Helen Hardcre 著，李明峻譯，《1868-1988 神道與國家——日本政府與神道的關係》，臺北：金禾出版社，1994。

山本七平著，芒景石譯，《日本資本主義精神》，北京：生活、讀書、新知三聯書局，1995。

井上靖著，宿久高等譯《日本帝國主義的形成》，臺北：華世出版社，1997。

（澳）加文‧麥考馬克著，郭南燕譯，《虛幻的樂園——戰後日本綜合研究》，上海：上海人民出版社，1999。

家永三郎著，石曉君、劉燕、田原譯，《家永三郎自傳——一個歷史學家的足跡》，香港：商務印書館有限公司，2000。

劉青雷，《切腹：日本商人之魂——探究日本成功的祕密》，臺北：遠流出版社，2000。

李登輝前總統、小林善紀著，楊子瑩譯，《李登輝前總統學校的教誨》，臺北：先覺出版社，2001。

濱崎紘一，《我啊：一個臺灣人日本兵簡茂松的人生》，臺北：圓神出版社，2001。

黃昭堂等，《臺灣論風暴》，臺北：前衛出版社，2001。

李壽林，《三腳仔：臺灣論與皇民化批判》，臺北：海峽學術出版社，2001。

劉金才，《町人倫理思想研究——日本近代化動因新論》，北京：北京大學出版社，2001。

新渡戶稻造著，吳蓉辰譯，《武士道——影響日本最深的力量》，臺北：先覺出版社，2003。

李文，《武士階級與日本近代化》，石家莊：河北人民出版社，2003。

李登輝前總統著，蕭志強譯，《『武士道』解題——做人的根本》，臺北：前衛出版社，2004。

李永熾等編，《臺灣主體性的建構》，臺北：群策會李登輝前總統學校，2004。

（美）赫柏特‧比克斯著，《真相——裕仁天皇与侵華戰爭》，北京：新華出版社，2004。

張崑將，《德川日本「忠」「孝」概念的行成與發展：以兵學與陽明學為中心》，臺北：國立臺灣大學出版中心，2004。

王屏，《進代日本的亞細亞主義》，北京：商務印書館，2004。

陳光興、李朝津編，《反思《臺灣論》——臺日批判圈的內部對話》，臺北：臺灣社會研究季刊社，2005。

沈宇，《日本大陸政策史（1886-1945）》，北京：社會科學文獻出版社，2005。

司馬遼太郎著，李金松譯，《街道漫步——臺灣紀行》，臺北：臺灣東販股份有限公司，2005。

李壽林，《海峽時評「日本精神在臺灣」批判》，臺北：海峽學術出版社，2004。

宮本武藏、柳生宗矩著，何俊譯，《武士道的精神——五輪書與兵法家傳書》，臺北：遠流出版事業股份有限公司，2005。

新渡戶稻造著，張俊彥譯，《武士道》，北京：商務印書館，2006。

家永三郎著，何思慎譯，《戰爭責任》，臺北：臺灣商務印書館有限公司，2006。。

鈴木大拙著，陶剛譯，《禪與日本文化》，臺北縣新店市：桂冠圖書有限公司，1992 年初版，1997 年初版三刷。

張崑將，《德川日本儒學思想的特質：神道、徂徠學、陽明學》，臺北：國立臺灣大學出版中心，2007。

孔祥旭，《櫻花與武士——那些決定日本的細節》，北京：同心出版社，2007。

高橋哲齋著，黃東蘭譯，《靖國問題》，北京：生活、讀書、新知三聯書局，2007。

向卿，《日本近代民族主義》，北京：社會科學文獻出版社，2007。

王煒，《日本武士名譽觀》，北京：社會科學文獻出版社，2007。

山本常朝口述，田代振基筆錄，李東軍譯，《葉隱聞書》，臺北：遠流出版事業股份有限公司，2007。

司馬遼太郎著，江靜芳譯，《最後的將軍德川慶喜》，臺北：遠流出版事業股份有限公司，2007，。

鶴見俊輔著，邱振瑞譯，《戰爭時期日本精神史》，臺北：行人出版社，2008。

山本博文著，趙佳誼、黃碧君譯，《武士道圖解》，臺北：商周出版、城邦文化事業股份有限公司，2008。

新渡戶稻造著，林水福譯，《武士道》，臺北：聯經出版事業公司，2008。

二、中文論文

洪炎秋，〈日本的武士道〉，收在《中日文化論集（二）》（臺北市：
中華文化出版事業委員會，1955），頁 1-18。

李迺揚，〈大和精神〉，收在《中日文化論集（續篇二）》（臺北市：
中華文化出版事業委員會，1958），頁 427-441。。

劉長輝，〈山鹿素行與日本武士道道關係之研究〉，淡江大學日本研究
所碩士論文，1986。

胡蘭成，〈哀悼三島由紀夫〉，《新聞天地》，1960 年 29 日。

王博文，〈日本初期武士道之研究〉，中國文化大學日本研究所碩士論
文，1988。

萬峰，〈臺灣學者的武士道觀——評介林景淵著《武士道與日本傳統精
神》〉，載《世界歷史》第 3 期，1994 年，頁 102-107。

蔡錦堂，〈日本治臺時期所謂「同化政策」的實像與虛像初探〉，載
《淡江史學》第 13 期（2002/11），頁 181-192。

三、日文專書

釋悟庵，《禪と武士》，東京都：光融館，1907。

永吉二郎，《日本武士道史》，東京都：中文館書局，1932。

藤田親昌，《支那問題辭典》，東京都：中央公論社，1942。

邱永漢，《サムライ日本》，東京都：中央公論社，1959。

奈良本辰也，《日本の歷史 17——町人の实力》，東京都：中央公論
社，1966。

鈴木鐵心編，《鈴木正三道人全集》，東京都：山喜房仏書林，1962
初版，1988 八版。

長坂金雄，《類聚傳記大日本史第十二卷：实業家篇》，東京都：中文
館書局，1932。

土屋喬雄，《日本資本主義史上の指導者たち》，東京都：岩波書店，1939。

土屋喬雄，《日本経営理念史——日本経営哲學確立のために》，東京都：日本經濟新聞社，1964。

横尾賢宗，《禪と武士道》，東京都：国書刊行会，1916 初版，1978 重刊。

丸山真男，《丸山真男講義錄（第五冊）：日本政治思想史 1965》，東京都：東京大學出版社，1999。

臺灣史研究部會編，《臺湾の近代と日本》，東京都：中京大學社会科學研究所，2003。

蔡焜燦，《臺湾人と日本精神——日本人よ胸を張りなさい》，東京都：日本教文社，2000。

池上英子著，森本醇譯，《名譽と順應——サムライ精神の歴史社會學》，NTT 出版株式會社，2000。

黃文雄，《日本人が臺湾に遺した武士道精神》，東京都：德間書店，2003。

佐桑徹，《日本人よ、もと自信を持ちなさい——臺湾から「武士道国」へのメツセージ》，東京都：日新報道，2004。

渡边誠，《禪と武士道》，東京都：kk ベストセラーズ，2004。

簡曉花，《新渡戶稻造研究——『武士道』とその後》，臺北：南天書局，2006。

佐藤鍊太郎，《禪の思想と劍術》，東京都：日本武道館，2008.

四、日文論文

新渡戶稻造，〈武士道と商人道〉，收在《內觀外望》（実業之日本社，1993）和《新渡戶稻造全集第六卷》（教文館，1969 初版，

2001 三版），頁 324-336。

船津明生，〈明治期の武士道についての一考察——新渡戶稻造『武士道』を中心に〉，載《言葉と文化》第 4 號，2003，頁 17-32。

賴素綢，〈山岡鐵州及其武士道思想の研究〉，淡江大學日本研究所在職班碩士論文，2004。

簡曉花，〈新渡戶稻造之武士道與商人道〉，《教育暨外國語學報》第 2 期（2005.12），頁 27-41。

五、報紙與網路

陳華昇，〈小林善紀「臺灣論」風波評析〉，財團法人國家政策研究會「國政評論：內政（評）090-018 號。」2001 年 2 月 28 日，網路資料。

蔡瑋，〈小林善紀與《臺灣論》〉，《聯合報》，2001 年 3 月 6，網路資料。

李敏勇，〈為失憶的歷史補白〉，《自由時報・鏗鏘集》，2001 年 5 月 5，網路資料。

李壽林，〈歷史的失憶、臺灣人的悲哀——評李敏勇的「三腳仔」臺獨〉，原載《海峽評論》第 126 期，2001 年 6 月，網路資料。

吳錦發，〈武士之魂臺灣之魂：由死而知生非輕生而尋死〉，《臺灣日報》2004 年 2 月 17 日。

舒文，〈懲惡殘酷無情「武士道」是戰爭之道〉，《環球時報》2005 年 4 月 14 日，第 23 版，網路資料。

〈櫻花背後惡靈完結篇：武士道精神的不歸路〉，《新華網》2008 年 8 月 14 日，網路資料。

《維基百科，自由的百科全書》「武士道」，2008 年 8 月 14 日，網路資料。

4.9 慈悲歡樂的行腳：當代臺灣媽祖旅遊文化

一、本章導言

　　將明清時代即已傳入臺灣各地，民眾信仰超級熱門神廟與主神的臺灣本土媽祖信仰旅遊文化，作為本書的最後一章，是有深層意義的。因為媽祖信仰旅遊文化，不再只是像過去那樣僅以祈福免災、風調雨順、國泰民安的大眾信仰功能為主，而是已超越傳統的活動型態，蛻變成當代臺灣社會各階層群眾如潮湧匯聚參與、且每天經常出現大量新聞媒體的各種活動報導，凡此種種都已躍居當代臺灣本土文化形形色色戶外旅遊文化中，最為耀眼的一顆桂冠明珠。且其每年舉行的規模之大、活動時間之長與影響社會大眾的層面之大，更被譽為世界三大宗教活動之一。

　　所以，本章的內容，沒有將其放在明清時期的媽祖信仰文化來專章報導，也未將日本殖民統治時代的相關跨境出巡的媽祖信仰活動來專章報導，而是將其全部事蹟彙整在本書最後一章，才來詳細書寫。

　　再者，當代臺灣的本土意識高漲，已達史上之最，可是當代的臺灣媽祖信仰旅遊文化，仍被高度接納，且已從海神信仰蛻變成海陸統包的萬能女神。所以在當代臺灣的社會中，兩岸當前既已在國際複雜形勢的互動下，迎來新局勢發展的緊張關係；且在近年來，因臺灣執政當局教育部所新頒佈的，以東亞史為新視野的新歷史課綱也正在早期的實施階段。——此兩者的結合預期將對當代臺灣社會新世代的歷史認知，產生新的知識效應的連鎖變化，同時也將對臺灣當代大眾文化的現有認知模式，帶來漸進式的深遠影響。

　　因而本書也敏銳地體認到這一新的巨大變化趨勢，所以，將本書內容的編寫，也同樣重新放寬歷史視野——不再過於強調傳統東亞或傳統中國文化獨尊的意識形態，不再以聖殿崇拜為主流的知識解釋——更接地氣，更適應當代臺灣社會生活的新主流趨勢與核心價值。

　　換言之，本章的編寫目的，意在密切呼應當前這一波新轉型時代的浪潮，所以才會以「慈悲歡樂的行腳：當代臺灣媽祖旅遊文化」，當成全書最後一章的論述內容。緣此，本章的編寫構想，就是提供不同專業領域大眾思考交融的文化主題，藉以提升視覺娛樂選擇外的大眾閱讀水平。至於本章的「文化旅遊」一詞，最早源起於 1977 年，係指「文化實際上概括了旅遊的各個方面，人們可以借助它來了解彼此之間的生活與思想。」[1]

　　目前，文化旅遊一詞已被廣泛使用，但由於文化本身即為非常廣泛的概念；旅遊本身亦可謂之為一種文化現象，是以學界仍難對文化旅遊一詞達成一致的共識。基本上，文化旅遊當前有四種說法：

1.文化旅遊產品說

　　認為文化旅遊是指旅遊產品的提供者，為旅遊產品的消費者提供的以學習、研究考察所遊覽區域文化的一方面或多方面為主要目的的旅遊產品。例如歷史文化旅遊、宗教民俗旅遊、文學旅遊等等。[2]

2.文化旅遊活動說

　　認為文化旅遊以旅遊文化為消費產品，是旅遊者用自己的審美情趣，透過藝術的審美和歷史的回顧，得到精神上與文化上全面性享受的一種旅遊活動。例如歷史文化之旅、建築文化之旅、宗教體驗之旅、美

---

[1] 羅伯特・麥金托、夏西肯特・格波特合著，《旅遊學：要素・實踐・基本原理》（天津：古籍出版社，2006 年 11 月 1 版），頁 8。

[2] 《中華人民共和國文物保護法》（2007 年 12 月 29 日第 2 次修正版），頁 21。

食饗宴之旅皆屬之。

3.文化旅遊概念說

許多人認為文化旅遊不是產品，而是一種抽象的概念。所謂文化旅遊，關鍵是在文化，旅遊只是形式。文化旅遊中之「文化」，應解釋為對旅遊之效用及旅遊之目的所作的定性。因此文化旅遊可定義為：「通過旅遊實線感知、了解、體察人類文化具體內容之目的的行為過程。」由此衍生出，若以旅遊經營者的角度言，文化旅遊是一種產品設計或產品創意；若以旅遊者視野觀之，文化旅遊是民眾對文化認知的期望所採納的旅遊方法。所以說，文化旅遊不是一個獨立的旅遊產品，而是一種觀念意識的反映，是旅遊經營者設計旅遊產品的一種創意思維，是旅遊者從事旅遊活動的一種方法。

4.文化旅遊體驗說

即透過某種具體的表達方式，提供機會讓遊客鑑賞、體驗和感受旅遊的地方文化之深厚內涵，從而豐富其旅遊體驗的活動。文化旅遊既是一種旅遊產品，也是一種體驗，旅遊者在消費文化旅遊產品的同時，也得到了一種經歷和體驗。[3]

基於上述四種學說，吾人可將「文化旅遊」的定義界定為：旅遊者基於被異地文化旅遊資源所吸引，透過觀光、參與、學習、考察等方式，體驗到旅遊目的地的不同文化內涵，從而達到精神上高品質享受的旅遊產品。以旅遊經營者創造的觀賞對象和休閒方式為消費內容，使旅遊者獲得富有文化內涵與深度參與旅遊體驗的旅遊活動之集合。[4]

羅伯特‧麥金托、夏西肯特‧格波特合著，《旅遊學：要素‧實

---

[3] 關維，〈旅遊文化新解〉，《重慶科技學院學報——社會科學版》（2009 年第 1 期），頁 101。

[4] 媽祖文化旅遊研究課題組著，《媽祖文化旅遊研究》（北京：人民出版社發行，2011 年 6 月 1 版），頁 3。

踐‧基本原理》一書中指出：旅遊文化是「在吸引和接待遊客與來訪者的過程中，遊客、旅遊設施、東道國政府和接待團體的相互影響所產生的現象和關係的總和。」[5]受此定義的影響，沈祖祥認為「旅遊文化是以旅遊活動為核心而形成的文化現象和文化關係之總和。」周謙則以為「旅遊文化是旅遊與文化的一種深層次的結合。」劉愛萍則把「旅遊文化」視為係指「一定區域或特定民族的旅遊活動方式和特色，它包括旅遊活動本身及其結果。」[6]

至於「媽祖文化」一詞，係源於 1987 年於福建莆田舉行的「媽祖千年季學術研討會」上提出的，其定義為「基於對媽祖的崇拜信仰而形成的相關海商社會的具有海洋文化特色的民俗文化，亦即謂媽祖文化是人民千年來尊崇信仰媽祖的過程中，遺留和傳承下來的物質和精神財富的總稱。」[7]它以遍布各地的媽祖廟為中心，以祭祀、傳說、文學、民歌、舞蹈等為傳播途徑，寄託人們對媽祖帶給人類社會安寧祥和博愛的感激和崇拜。媽祖文化圈以福建沿海為中心，散播至臺灣及整個環中國海域，甚至也擴及到中國內地及世界其他國家。[8]

基本上，媽祖信仰是一種動態文化，它具有群眾性和長期性；在社會變遷中，媽祖文化是具有多重功能的。媽祖文化旅遊是以媽祖文化為基礎，組織實施的文化旅遊活動。其形式有觀光旅遊、祭祀旅遊、考察旅遊、媽祖文化展館遊等等，具有深厚的歷史文化基礎。目前媽祖文化旅遊在臺灣逐漸風行，各地盛行的媽祖文化祭，實際上也是傳統媽祖

---

5 羅伯特‧麥金托、夏西肯特‧格波特合著，《旅遊學：要素‧實踐‧基本原理》，同註1，頁 9。

6 關維，《旅遊文化新解》，同註 3，頁 102。

7 蔣長春、余建輝等，〈媽祖文化旅遊的回顧、現狀及展望〉，《媽祖千年季學術研討會論文集》（福建：人民出版社，1987 年 10 月 1 版），頁 187。

8 劉福鑄，〈論清代福建的媽祖信仰特色〉，《浙江國際海運職業技術學院學報》（2006年第 3 期），頁 46。

文化與現代旅遊發展相結合的產物。[9]

二、媽祖神蹟演化與媽祖信仰及其在臺歷史

（一）媽祖神蹟與傳說

媽祖姓林，因其出生時不哭，故取名為「默」，小名「默娘」，宋太祖建隆元年 3 月 23 日（960）生於福建泉州府莆田縣湄洲島東螺村。媽祖生時，相傳有一道紅光由西北射入室中，晶輝奪目，異香氤氳不散，忽而王氏（媽祖母親）腹震，生媽祖於寢室，里鄰皆異之。父母以生女大失所望，惟其誕生頗奇，甚愛之。生後經過數月未聞哭聲，因命名為默。[10]媽祖幼聰穎，甫 8 歲，從塾師訓讀，悉解文義。10 歲餘，喜淨几焚香，誦經禮佛，旦暮未嘗稍懈。13 歲時，老道士玄通往來其家，媽祖喜捨之，道士曰：「若具佛性，應得渡入正果。」乃授玄微秘法，媽祖受之，悉悟諸要典。16 歲時，窺井得符，遂靈通變化，驅邪救世，屢顯神異，常駕雲飛渡大海，眾號為「通賢靈女」。其後 13 年成道，白日昇天，時為宋太宗雍熙 4 年（987）秋 9 月初 9 日也。

有關媽祖的靈驗神蹟頗多，《天妃顯聖錄》有甚多記載，茲舉一、二例說明之：

其一、窺井得符：相傳媽祖少時與群女遊，照粧於井中，忽見神人捧銅符一雙，擁井而上，有神侍之仙官一班，作迎護狀。諸女見之駭奔，僅后受之而不疑，由此得法力玄通，身雖在室內，精神外遊四方，談吉凶禍福，不可思議地無不奇中。

9 　徐菊風，〈旅游文化與文化旅游：理論與實踐的若干問題〉，《旅游學刊》（2005 年第 4 期），頁 62。

10 　《天妃顯聖錄》（臺灣歷史文獻叢刊）（南投：臺灣省文獻委員會出版，民國 85 年 9 月出版），頁 17。

其二、機上救親：又有一次媽祖父兄渡海北上，值西風正急，狂濤震起。媽祖正在家機織中，忽在機上緊閉眼睛，臉色頓變，手持梭，足踏機軸，其狀宛如惟恐失所挾者，怪而急呼之，梭遂掉落。媽祖泣曰：「父親無恙，兄已歿」。少頃報至，果其然。蓋閉睫之間，足踏著父之舟，手持梭乃兄之舵。被叫醒時，腳踏機軸，故父雖幾溺，仍得獲救，但手持之梭掉，兄遂舵碎舟覆，救獲無及矣。

其三、湄山飛昇：媽祖 29 歲時，宋太宗雍熙 4 年（987），秋 9 月初 8 日，媽祖與家人說：「我心好淨，塵寰無所愛之處，明朝幸當重陽之節，擬獨登高處，因此預先告知。」家人皆以為乃趁秋晴登山，並不介意。至翌晨，媽祖焚香誦經，向諸姊曰：「今日擬登山，以遂平素之願，但路險而遠，深以不能與諸姊同行為憾。」好似無精打采，不知為何事的諸姊，笑慰之，答以只是一日山遊，何需掛心。媽祖乃渡海赴湄洲嶼，登最高處。忽見濃雲橫在山穴，白氣亙天，天樂的妙音響遍空中。媽祖翼風乘靄，油油然翱翔於蒼旻皎日之間，繼而被彩雲所遮而不復見，昇天也。[11]

另外，有關媽祖的傳說也非常有意思，清朝史學家趙翼曾記一則很有趣的媽祖傳說。其說到，若遇海難向神明呼救時，稱「媽祖」，媽祖就會立刻不施脂粉來救人，若稱「天妃」則媽祖會盛裝打扮，雍容華貴地來救人，所以會比較晚到。故海上都稱「媽祖」不稱「天妃」，即希望媽祖立刻來救海難中的人。[12]而媽祖與大道公的鬥氣鬥法，也令人莞爾，民間傳說道教神明之一的保生大帝（大道公），在凡人時是天上聖母林默娘的婚約者。某日保生大帝將迎娶媽祖時，因前一日媽祖家中

---

[11] 《天妃顯聖錄》，同上註，頁 18、19、25。

[12] 趙翼的《陔餘叢考》提到臺灣人特別崇敬媽祖的故事：「吾鄉陸廣霖進士云：臺灣往來，神跡尤著，土人呼神為媽祖，倘遇風浪危急，呼媽祖，則神披髮而來，其效立應，若呼天妃則神必冠帔而至，恐稽時刻。媽祖云者，蓋閩人在母家之稱也。」趙翼，《陔餘叢考》卷 35（天妃條）（臺北：華世出版社，民國 64 年版）。

一頭母羊難產而死，讓媽祖萌生退婚之意。

　　大婚之日到來，保生大帝率迎娶隊伍迎娶媽祖，媽祖卻斷然悔婚，隨後入山出家修道。保生大帝大怒，後來也遁入空門得道成仙，然仍嚥不下此怨氣，遂每至媽祖誕辰時必定下雨，打算淋落媽祖臉上的脂粉，使得媽祖羞於見凡人信徒。而媽祖也不甘示弱，也在保生大帝壽辰出巡時，必颱風打算吹落他的冠帽。因此民間流傳「大道公風、媽祖婆雨」。[13]

（二）媽祖信仰的源始

　　媽祖的年代，時福建為陳洪進所割據，百姓生活困苦，民不聊生，媽祖結合宗教的力量，造福鄰里，故莆人敬愛如母。死後，莆人為之立祠。自此，媽祖信仰開始在民間私下流傳，但當時仍屬淫祠性質。直到北宋徽宗宣和 4 年（1122），以顯靈庇護使節船，朝廷賜「順濟」廟額，媽祖始成為合法祠祀。[14] 所以說，媽祖的神蹟自北宋開始神格化，而民間對媽祖的信仰也逐漸普及化。南宋高宗紹興年間，陳俊清以宰相之尊，在故鄉莆田捐地建廟，公開宣揚媽祖信仰。紹興 26 年（1156），媽祖被朝廷封為「靈惠夫人」，成為朝廷承認的神祇。元朝以後，復以媽祖庇護漕運，被誥封有 7 次之多。

　　明太祖洪武 5 年（1372），誥封媽祖為「昭孝純正孚濟感應聖妃」；成祖永樂 7 年（1409），以媽祖庇佑鄭和出使西洋，加封為「護國庇民妙靈昭應弘仁普濟天妃」。明鄭時期，鄭氏父子沿明遺緒，信仰北極真武玄天上帝，故媽祖並未受到特別崇信。反而是因為明鄭水師將

---

[13] 于國慶編著，《天后聖母神迹錄——媽祖傳奇故事》（北京：宗教文化出版社出版，2011 年 8 月 1 版），頁 31-32。

[14] 蔡相煇編著，《臺灣社會文化史》（臺北：國立空中大學發行，民國 88 年元月初版 2 刷），頁 232。

帥士兵，莆田籍貫者多，為收買兵心，清朝乃大力提倡媽祖信仰，並利用群眾依附宗教的心理，先促成莆田籍明鄭水師副將朱天貴率舟 3 百艘、將士兩萬餘人降清，其後施琅即以此支武力逼降臺灣。媽祖為清收復臺灣立了大功，朝廷當然給予更大的回報，康熙 23 年（1684），將媽祖由天妃晉升為天后，康熙 59 年（1720），更正式將媽祖列為朝廷祀典，春秋兩季遣官致祭。雍正 11 年（1733），令沿海各省建祠致祭，其祭儀與關聖帝君同。[15]

　　總之，媽祖的靈驗顯著，使其信仰在民眾之間甚為廣泛，基本上，媽祖成為民眾信仰的神，其實只是靈驗中心的信仰而已。依照中國宗教行政的慣例，新神被一地方的人民非常崇信時，由地方官將其靈驗事蹟奏報朝廷，由朝廷賜頒匾額、稱號或封號，此即所謂的「褒封」，亦即視為公認其廟的一種形式。[16]另外，也有學者研究指出，媽祖是南島民族的海神 Mata，和中國閩、粵地區的巫覡信仰演化而來的，在發展過程中，又吸收了其他的民間信仰，如千里眼、順風耳等神衹，而影響力逐漸擴大。其後，更納入儒家、佛教和道教因素，終於從眾海神中脫穎而出，成為閩臺海洋文化及東亞海洋文化的重要元素。[17]

（三）媽祖信仰在臺灣

　　臺灣媽祖信仰之盛，舉世罕見，甚至連媽祖的原鄉福建亦不如。媽祖為航海的守護神之一，先民渡海來臺，需經過臺灣海峽，橫渡黑水溝，風濤之險無法預知，為祈求航海平安，先民將媽祖供奉於船上，一

---

[15] 蔡相煇編著，《臺灣社會文化史》，同上註，頁 233。

[16] 增田福太郎原著、黃有興中譯、江燦騰主編，《臺灣宗教信仰》（臺北：東大版，2005 年 5 月初版），頁 317。

[17] 媽祖的崇敬，由其傳說視之，具有道教色彩，由祭祀的形式觀之，具有儒教性格，由信仰的實質見之，有佛教性質。可作為道、儒、佛三教混淆的一事例。增田福太郎原著、黃有興中譯、江燦騰主編，《臺灣宗教信仰》，同上註，頁 322。

併將媽祖信仰帶至臺灣。清代，媽祖信仰在政治力的介入下不斷擴展，使媽祖信仰更深植民心。清代，媽祖信仰在臺灣興盛的原因有四：

1.臺灣海峽風濤險惡，先民渡海來臺時常發生海難，需藉由媽祖的保佑，尋求心靈的安全感與寄託，因此媽祖信仰，自然成為漳泉移民的航海守護神。

2.媽祖神威顯赫常顯神蹟，臺灣亂事多，民變械鬥不斷，番亂頻仍。民間傳說媽祖顯靈，庇佑地方居民的事蹟非常多，無形中更提升媽祖在民眾心目中的威望。

3.臺灣當時多瘴氣，惡疫流行，先民常因瘴癘之氣致病，有時亦受「番刀出鞘」原住民的侵擾，在生命朝不夕保之際，只有藉由媽祖的保佑祈求平安。

4.朝廷的褒揚。施琅平臺灣，上奏媽祖神威相助，康熙 23 年（1684）清廷乃加封媽祖為「天后」，此後，媽祖廟稱為「天后宮」，並大力宣揚媽祖神威。[18]

康熙 60 年（1721）臺灣發生「朱一貴事件」，朝廷派提督藍廷珍渡海平亂，藍廷珍認為亂事能順利平定是媽祖庇佑所致，乃奏請朝廷褒封，雍正 4 年（1726），皇帝賜頒「神昭海表」匾額。乾隆 51 年（1786），臺灣又爆發了規模更大的「林爽文事件」，乾隆命陝甘總督福康安率軍來臺平亂，事後，咸認為又是媽祖神威庇護，為感念聖靈，由朝廷賜金，於臺南府城及鹿港擇地敕建天后宮，為官建的媽祖廟，此二廟分別是今日臺南的海安宮和鹿港的新祖宮。

清代的媽祖信仰，因為受到官方的重視，連帶的也加深民眾對媽祖的重視，當時在府城的天后宮（即今之臺南大天后宮），每年於媽祖誕辰之日，都舉辦遶境祈福活動，並邀請北港三媽至府城參與遶境，成為

---

[18] 陳仕賢，〈媽祖信仰在臺灣〉，見其著，《臺灣的媽祖廟》（臺北縣：遠足文化出版，民國 97 年 10 月 1 版 2 刷），頁 10-11。

府城的重要節慶之一,民間的交流藉由信仰,維繫的更頻繁更緊實。[19]

日治時期,常有所謂「媽祖宴」的舉辦,例如大正 4 年(1915),臺南士紳邀請北港朝天宮媽祖至臺南與國姓爺合迎遶境。大正 6 年(1917)臺中區長林耀亭邀請中南部媽祖至臺中舉行宴會,當時參與盛會的有來自鹿港、北港等 7 尊媽祖,所以也稱作「七媽會」。大正年間,當時日人並未阻撓進香活動,是以,臺灣各地媽祖紛紛前往湄洲祖廟進香。大正 11 年(1922)鹿港天后宮即由總理施性瑟率領,前往湄洲祖廟進香。而在大正 14 年(1925)日本領臺 30 周年,臺灣總督邀請日本皇室秩父宮來臺參觀,於臺北大稻埕舉行媽祖遶境活動,號稱「始政 30 周年」遶境遊行,更是盛況空前。[20]

總之,日治時期,臺灣各地的迎神賽會活動都非常盛行,各地方廟宇藉由邀請媽祖參與廟會,不但提升了知名度,也促進地方的產業發展,更為日後修廟經費的募集,奠定了基礎。遺憾的是,日治末期推動的「皇民化運動」,對臺灣的宗教發展帶來莫大的傷害,當時全臺約有 361 座廟宇被毀,800 多座寺廟轉為他用,部分廟宇則轉入日本佛教體系,成為分寺以避免遭到拆除。不僅如此,臺灣民間信仰的宗教慶典也禁止舉辦,直到臺灣光復。[21]

光復後,「228」悲劇的發生,以及戰後的民生凋敝,一度影響了民間信仰的發展,但是媽祖仍是離亂時期臺灣人信仰的寄託。國共對峙的冷戰時期,不少臺灣青年子弟徵招前往金馬前線,在禍福不可預知的情況下,許多信士更是祈求媽祖庇佑自己的子弟,如此對媽祖信仰更加虔誠。近年,大甲鎮瀾宮與苗栗通霄白沙屯拱天宮的進香活動,在媒體

[19] 陳仕賢,〈清代媽祖的信仰與傳播〉,見其著,《臺灣的媽祖廟》,同上註,頁 12-13。

[20] 陳仕賢,〈日治時期媽祖的信仰與傳播〉,見其著,《臺灣的媽祖廟》,同上註,頁 14-15。

[21] 陳仕賢著,《臺灣的媽祖廟》,同上註,頁 16-17。

的宣傳下，成為每年媽祖遶境的盛事，吸引數以萬計的信徒參與徒步進香的活動，同時也展現民眾對媽祖的虔誠之心。尤其是大甲鎮瀾宮的進香遶境，將原本只是大甲地區 53 庄的信仰廟宇，躍升為臺灣最負盛名的媽祖國際文化節。[22]在臺灣，從南到北各地方的媽祖廟，因地理環境與人文背景的差異，各自呈現截然不同的祭典風貌，使得媽祖廟會活動顯得十分多采多姿。[23]

　　總的說來，早年媽祖只是航海的守護神，如今媽祖已成為臺灣民間信仰的主要神祇之一，舉凡祈福、生產、生意興隆等，莫不以媽祖為祈求對象，使得媽祖成為當今臺灣民間信仰的「萬能之神」。[24]媽祖信仰既然如此興盛，是以臺灣沿海各地，都有天后宮或媽祖廟的分布，臺灣最早的媽祖廟為澎湖的天后宮，至於臺灣本島最早的媽祖廟則欠缺明確的文獻記載。

　　有學者認為，臺灣本島的媽祖廟，早於明鄭時期即有信徒出資興建，嘉義縣布袋鎮的魍港天妃宮，為鄭芝龍招募來臺墾殖者所興建，大約建於明崇禎年間。而臺灣也有不少媽祖廟，將其源流追溯到鄭成功時代，如安平開臺天后宮、本協朝天宮、下橋頭朝安宮等廟。就近年來的研究，有學者認為臺南的大天后宮，早在施琅入臺之前便已建成，是為「東寧天妃廟」。[25]

　　一般相信鄭成功收復臺灣時、在黑水溝和臺江內海（今澎湖──安平）一帶，見海水退潮，無法行舟，遂於戰船設香壇，焚香請媽祖庇佑

---

[22] 黃丁盛撰文‧攝影，《臺灣的節慶》（臺北縣：遠足文化出版，民國 94 年 8 月出版），頁 78-81。

[23] 黃丁盛，《跟著媽祖去旅行》（臺北：晴易文坊媒體行銷有限公司發行，2007 年 4 月出版），頁 3。

[24] 江燦騰，〈增田福太郎對於媽祖信仰與法律裁判的神觀詮釋〉，《臺灣文獻》第 55 卷第 3 期（民國 93 年 6 月 30 日），頁 231-248。

[25] 葉振輝，《臺灣開發史》（臺北：臺原出版社出版，1995 年 5 月 1 版），頁 194。

助其收復臺灣，焚香後三日，果大潮至，鄭軍乘海勢直指擊破荷蘭人的
普羅民遮城（今赤嵌樓）；再趁水勢尚未完全消退之際，從一鯤鯓進
攻，遂一舉攻破熱蘭遮城（今安平古堡），荷蘭守將見大勢已去，只好
向鄭成功投降，媽祖亦被鄭成功於鹿耳門蓋廟祭拜，成了今日的鹿耳門
天后宮。[26]

清領時期，由於施琅利用媽祖信仰助長軍威，並將平臺功績歸於
媽祖顯靈，奏請朝廷將媽祖冊封為天后，而後清朝政府來臺處理民變
時，也多假藉媽祖助佑名義，在官方推廣下，媽祖信仰在臺灣得以蓬勃
發展。約在嘉慶年間，媽祖信仰的主力，逐漸由朝廷、官軍轉為民間，
例如臺灣府城的重要媽祖廟（大天后宮、海安宮、溫陵媽廟等），多由
府城三郊管理。此外，清朝晚期形成的府城迎（北港）媽祖活動，串聯
起北港到臺南沿途多座重要媽祖廟，亦使得媽祖信仰更為興盛。[27]

清末，甲午戰爭期間，因為戰亂，兼以有不少廟宇遭日軍佔用之
故，使得包括媽祖信仰在內的臺灣民間信仰受到嚴重影響。1896 年，
首任總督樺山資紀下令「保民治安」，各地廟宇才逐漸恢復宗教活動。
1915 年，「西來庵事件」發生後，為避免再次利用宗教信仰號召群眾
抗日，總督府開始針對臺灣宗教進行調查，其成果由臺灣總督府編修官
丸井圭治郎在 1919 年彙編成《臺灣宗教調查報告》，該書除提供政府
施政參考外，也是日後進行臺灣宗教調查的藍本。[28]而在日本大正年
間，由於政府利用廟會慶典來促進地方繁榮，所以大力支持迎神賽會，
例如 1923 年 5 月 15 日的《臺灣日日新報》便報導臺南州知事吉岡荒造

---

26 黃丁盛，《跟著媽祖去旅行》，同註 23，頁 130。

27 清代媽祖信仰達到巔峰，隨著福建海商的壯大，媽祖信仰更加迅速地傳播至沿海各地，
而後又擴大到世界各國。劉福鑄，〈論清代福建的媽祖信仰特色〉，《浙江國際海運職
業技術學院學報》（2006 年第 3 期），同註 8。

28 宋光宇，〈試論四十年來臺灣宗教的發展〉，宋光宇編，《臺灣經驗（二）——社會文
化篇》（臺北：東大版，民國 83 年 7 月初版），頁 183。

等官員參與臺南大天后宮與祀武廟同日舉行的祭典。[29]然在 1937 年中日戰爭爆發後，殖民當局開展皇民化運動，企圖以日本神道教來取代臺灣的其他宗教。1938 年的「寺廟整理運動」，據臺北帝國大學教授宮本延人統計，全臺有 361 座廟宇被毀，819 座廟宇被移作他用。[30]

1945 年 8 月，臺灣光復後，來臺的國府軍隊如同當初來臺日軍一樣，佔用各地廟宇，如臺南大天后宮在 1945 年 10 月，即為 62 軍軍眷佔住，引起民眾不滿，對此石覺將軍在 1949 年下令軍眷不得佔住廟宇，以免引起更多民怨。[31]戒嚴時期，臺灣宗教信仰自由受到相當大的限制，廟會活動被視為迷信、鋪張浪費的活動而遭到禁止。為此政府還在 1963 年頒布了「臺灣省改善民間習俗辦法」，但即使受到限制，各地廟宇仍有變通辦法，如讓宗教慶典與政治活動結合，臺南的媽祖廟與金安宮便曾以「開國紀念」的名義來藉機進行遶境活動。

總之，在 1987 年以前，臺灣尚未解嚴，宗教儀式的慶典活動，常需假借「紀念先總統逝世周年」或「拔荐三軍陣亡將士」等名義，始可舉行宗教遶境活動，且需先向警備總部報准，方可舉行，真是個荒謬的年代。[32]

1970 年代，臺灣經濟蓬勃發展，民間信仰大量重修、擴建廟宇，原本僅於私宅或是神明會供奉的祀神也開始建廟，使得臺灣廟宇數量大增。1987 年解嚴後，兩岸恢復交流，有不少臺灣媽祖廟赴福建湄洲祖廟進香，並從湄洲分香回臺。

另外，臺灣媽祖信仰在傳播多年後也逐漸「在地化」，如各地的媽祖常會稱為「某某媽」，像是鹿耳門媽、茄萣媽、梧棲大庄媽等等。

---

[29] 《臺灣日日新報》（1923 年 5 月 15 日）。

[30] 《臺灣省通志》卷 2 第 4 冊（南投：臺灣省文獻委員會，1971 年版），頁 289-295。

[31] 〈媽祖信仰—媽祖——臺灣媽祖信仰〉，《維基百科》。

[32] 陳仕賢，〈光復後媽祖的信仰與傳播〉，見其著，《臺灣的媽祖廟》，同註 18，頁 19-20。

除了在地化外，臺灣的媽祖信仰也向海外發展，並分靈回中國，由臺商在中國崑山新建慧聚天后宮，即依照鹿港天后宮的格局，分靈鹿港天后宮媽祖至崑山慧聚天后宮供奉。而在文化大革命時遭到嚴重破壞的湄洲媽祖祖廟，也在臺灣各媽祖廟的捐獻下得以重建，1998 年更開始增建南軸線上的建築群，除湄洲媽祖祖廟外，福建的賢良港天后祖祠、泉州天后宮、莆田文峰宮也都有得到臺灣各地媽祖廟的捐助。[33]

　　綜上敘述可知，媽祖信仰是宋元以來，從福建莆田地區藉航海和漕運而興起的海神信仰，由於國際水域的背景和福建移民海外的風潮，使得此一信仰遍及東南亞和東北亞的鄰國地區，成了跨地域性的著名海上保護神信仰。雖歷經千年，而迄今在臺灣、福建、南洋各地，都依然有廣大的媽祖信仰群眾。並且，隨著信仰圈的擴及內陸和都會區，原先作為海上女神的角色，也逐漸多元化和提高層次而成了全方位的萬能女神。[34]

三、媽祖文化旅遊的參訪重點

　　媽祖信仰是臺灣信眾最多的民間信仰，每年每日至媽祖廟參拜的善男信女不計其數，這些虔誠信徒到媽祖廟如何祈求？以及寺廟是以何儀式來展現神祇的靈驗和信徒的堅定信仰，這些都是吾人從事宗教文化旅遊時參訪的重點。以媽祖文化旅遊為例，基本上，我們可以體驗媽祖廟的信仰行為與祭拜儀式，宗教信仰是人與神之間的事，其間涉及祈求、指示與感應諸事，但因神像係由木雕、泥塑或金屬鑄成，只是一種象徵，不能真的對人有所指示，因此必需要有一些儀式來作為人與神的

33　張珣，《媽祖‧信仰的追尋（續編）——張珣自選集》（臺北：博揚文化出版，民國 98年 11 月初版），頁 395-397。

34　江燦騰，〈媽祖信仰與法律裁判——以增田福太郎的研究為中心〉，增田福太郎原著、黃有興中譯、江燦騰主編，《臺灣宗教信仰》，同註 17，頁 18。

溝通輔助。

在臺灣的寺廟文化上，一般而言，人神溝通所使用的工具，包括線香、香爐、詩籤、筊等。而信徒在祭拜神明時，先準備牲禮素果鮮花，安置妥當後再點香拜拜，俟酒過三巡再進行祈求。祈求時口中默唸所求何事？希望神明指點迷津，其後再卜筊或抽籤詩。卜筊是人神間的溝通儀式，這種溝通是由信徒自己與神明溝通，不藉第三者之乩童來完成，所問之事大多與自己運勢或家庭有關之事居多；而籤詩則需要靠第三者解籤人來完成，當然籤之好壞與自己的運勢有莫大關係。[35]

至於遶境與進香，更是寺廟的年度大事，亦為臺灣民間信仰的重要儀式，尤其以媽祖廟為最。民間信仰行為，除在廟宇內進行祭拜儀式外，大規模的戶外群體活動，也是廟會的一大盛事，其中又以遶境和進香最為重要。所謂「境」是指都市中的某一區域，雖非政府管轄的行政區分，但在民間各種社會活動中，卻自成一個群體的活動單元。如清代之北港街，即分為公館、仁和、益安、福安、賜福、三益、華勝七境。每一境在日常生活自成一單元，也往往有屬於自己的廟宇。遶境即是本境信徒迎請該境神明至轄內各街巡遊，並接受信徒路祭、隨香的宗教活動。[36]

遶境通常全區總動員，舉辦時間以該區寺廟主神之誕辰為主，或在誕辰當天，也有在前幾天進行者。以北港朝天宮為例，其遶境活動一年有兩次，分別是農曆元宵節和農曆 3 月 19、20 兩日。遶境範圍包含北港及北港溪以南之嘉義縣新港鄉南港村，幾乎是清代笨港的全部範圍。[37]遶境活動是件繁複的事，所以事先要有周全的準備，通常會選值年爐主、副爐 2 人，其下設委員若干人，分項辦事。

---

[35] 蔡相煇編著，《臺灣社會文化史》，同註 14，頁 238-239。

[36] 陳正茂、陳善珮，《文化觀光：臺灣文化資產》（臺北：五南版，2013 年 12 月初版），頁 162。

[37] 蔡相煇著，《北港朝天宮志》，（雲林：北港朝天宮董事會，民國 84 年版），頁 66。

　　主要工作項目為擇定遶境日期、神輿出入廟的時間，連絡並確定
參加遶境之各相關寺廟；安排各寺廟、團體遶境之先後順序，以及遶境
路線和集合、解散時間地點。此外，印刷張貼遶境公示，估計經費預
算，清點全境丁口數，估算每丁分攤丁錢，徵收丁錢、結算和公布帳目
等。[38]

　　遶境過程陣容龐大，幾乎所有神明均出動，而各陣頭、藝閣、樂
隊、儀仗、民間劇團也都使出渾身解數來共襄盛舉。神輿之後，跟著大
批隨香人潮，當神輿經過自己家門時，則鞭炮四起，大家虔誠頂禮膜
拜，接著分發平安符，庇佑闔家平安順利。臺灣民間相信神明遶境，可
以驅邪帶來平安吉祥，而參加遶境更可得到神明的加持與保佑，因此家
家戶戶均熱心參與，將遶境活動視為全境年度大事，有些地區也會藉此
邀請親朋好友前來作客，大家一起來感受遶境之熱鬧氛圍。遶境活動確
實是地方盛事，除全民動員外，也將當地宗教、民俗、演藝等作一徹底
展示，是以吸引各地人潮前來參觀，無形中亦為地方帶來商機，對促進
地方繁榮實有相當助益。[39]

　　至於進香活動的目的是興建廟宇不易，要十分慎重其事，建廟一
定要考慮到風水的選擇和神尊的香火。選擇好的建廟地理，是希望能找
到結穴之地，讓廟宇興旺，神尊香火則希望從最受敬仰的神廟處取得香
火，讓神威更加顯赫。臺灣民間信仰有所謂的分香、分靈，神像雕刻
時，所置入之香灰取諸於何廟，即為何廟之分香；而被分香之廟，就是
新塑神像的祖廟。因為新廟神尊的神力不足，為增加神力必須回祖廟進
香以增強自身靈力，因此乃形成廟與廟間的互動，此即臺灣地區進香活
動頻繁之因。[40]

---

[38] 蔡相煇著，《臺灣的祠祀與宗教》，（臺北：臺原出版社，民國 78 年版），頁 109。

[39] 蔡相煇著，《臺灣的王爺與媽祖》，（臺北：臺原出版社，民國 78 年版），頁 171-172。

[40] 蔡相煇編著，《臺灣社會文化史》，同註 14，頁 245。

　　基本上，進香活動是遶境活動的延長，特別是在其中還包含了「刈火」的儀式。刈火是分香廟宇向祖廟尋求靈力支援的宗教儀式，當進香隊伍抵達祖廟時，先將神像迎入祖廟神龕接受信徒參拜；在次日清晨向祖廟主神舉行拜祖典禮。拜祖典禮通常在清晨 5 時開始，首先舉行消災點燈拜斗會，接著誦經祈求國泰民安風調雨順等，約 1 小時儀式完成。儀式結束後，進香隊伍離開祖廟前，要舉行刈火儀式。首先要將神像及香爐請出，其後誦經團誦經，再由祖廟住持請火，讀疏文後，在祖廟的長明燈取火，於祖廟香爐點燃，再由進香廟宇執事人員於祖廟香爐中燒疏文及金紙。燒畢，由祖廟住持將香火放入進香廟宇之香爐內，如此重複三次，貼上封條儀式即告完成。刈火儀式完成後，進香廟宇之執事人員即高喊某某神，返回原來廟宇了，待安抵自家廟後，還要巡遶街庄後才進廟，安置神像蓋上黃布。接著廟方會舉行添火儀式，由主事者卜筊時辰，將刈火帶回之香灰，取適量添置本廟各殿香爐中，取下掛在神龕之黃布，整個進香活動至此才算圓滿結束。[41]

　　遶境與進香通常是屬於動態的宗教活動，除像大甲鎮瀾宮、苗栗通霄白沙屯的媽祖遶境，因已打響知名度，媒體報導知其時間外，一般我們要參訪各地寺廟的遶境與進香較為不易，因為可遇不可求。反觀參觀寺廟的建築結構就容易多了，且寺廟的建築美學其實更是宗教文化旅遊，最值得參訪鑑賞的重點。宗教信仰的所在地寺廟，除肩負民眾信仰所託外，也是提供遊客觀賞、參訪、進香的重要場所。臺灣的寺廟建築格局與裝飾各有不同，也各具特色。為敬拜神明，廟宇建築除在雕刻彩塑不遺餘力外，石龍、龍柱、木雕、彩繪、剪黏與交趾陶等，都是臺灣廟宇的藝術精華。所以參訪廟宇，有些門道是必看的，首先要看廟宇的格局，通常寺廟之格局與奉祀之神格有很大的關係，此外風水與地形環境也有影響。臺灣一般廟宇因規模大小不一，有單殿式、雙殿式、三殿

41　蔡相煇編著，《臺灣社會文化史》，同上註，頁 245-246。

式和多殿並連式四種。[42]

　　寺廟格局也會影響空間機能，寺廟是信徒對神明膜拜之所，其空間如廟埕、前殿、正殿、後殿、戲臺與拜亭等配置及動線安排，對進香或祭祀等活動，均至關重要。此外，鐘鼓樓也是廟宇不可少之建築物，所謂「暮鼓晨鐘」之謂也。鐘鼓樓常置於正殿的前廊，左懸鐘右吊鼓。有些寺廟會特別興建獨立空間的鐘鼓樓，外觀華麗，屋頂形式非常講究，如萬華龍山寺的鐘鼓樓，平面是六角形，屋頂有如轎頂，外觀造型十分特別。[43]

　　基本上，寺廟真正的藝術精華，還是表現在其他的裝飾上，寺廟外觀屋頂的脊飾，是寺廟給人的第一印象。脊飾通常是由剪黏、泥塑或交趾陶等各種工藝做成，是豐富寺廟天際線的最大功臣，精彩的脊飾多集中在前殿與正殿的正脊與垂脊處。正脊上最常見的有雙龍搶珠或福祿壽三仙等題材。垂脊則通常以捲草或鯉魚吐水草裝飾居多，使脊線增加美觀變化。另外，在脊堵內，是裝飾最漂亮，題材最多樣的地方，基本上，以雙龍搶珠、人物坐騎、雙鳳或八仙造型最多，兩側及背面以花草較常見。[44]

　　參觀寺廟第一眼仰望脊飾，第二眼即平視廟之門神，門神繪於前殿的門板上，是寺廟的守護神，臺灣廟宇之門神最常畫的是神荼、鬱壘，如臺南法華寺，另外，如韋馱、伽藍則為佛教寺院的護法及守護神；唐太宗時代的秦叔寶、尉遲恭是最常見的中門門神，此外，哼哈二將與四大天王也常出現於佛寺中門。基本上，不同的主祀神要搭配不同

---

[42] 遠足地理百科編輯組編著，《一看就懂古蹟建築》（臺北縣：遠足文化出版，民國100年2月1版），頁20。

[43] 〈艋舺龍山寺〉，李乾朗著，《臺北市——古蹟簡介》（臺北：臺北市政府民政局出版，民國87年6月初版），頁130。

[44] 〈臺灣寺廟的簷飾〉，何培夫著，《臺灣古蹟與文物》（南投：臺灣省政府新聞處發行，民國88年3月3版），頁75-81。

之門神，它具有趨吉避凶與威嚇的作用。門神兩旁有龍柱（又稱蟠龍柱），臺灣龍柱發展久遠，早期龍柱較小，雕工樸拙；晚期龍柱較大，雕飾亦趨華麗，觀察龍柱外形的材質與雕刻，可看出歷史背景與審美角度的轉變。[45]

　　龍柱附近常有石雕、門枕石、抱鼓石、石獅與雕花柱，豐富的石雕強調寺廟的入口意象，讓人一眼就感受到寺廟建築的重要性。石雕因不易損壞，看石雕要看其技法之變化，石雕不僅是寺廟保存最古老的物件，除藝術價值外，更富歷史意義。石雕外，木雕更是寺廟中的藝術表現重點，寺廟的木雕令人看了眼花撩亂，其實所有的木雕，都有其結構上的功能，如各殿正面簷下的吊筒、獅座、員光、托木，以及天花板下的藻井，都是精雕細琢的藝品，不容錯過。[46]

　　進入正殿，寺廟主神都會安置在中央，兩殿及後殿則置配祀神明，每尊神明都有其特殊造型及配件，匠師的藝術風格與技法全在其中，相當值得一看。主神上方及左右，常會懸掛很多匾聯，就表現形式言，它是一種書法藝術；從內容來看，它又是廟宇珍貴的史料。除此之外，寺廟中還有各式各樣的彩繪，這是傳統廟宇發展悠久的「彩繪」藝術，除門神外，樑柱與壁堵也是彩繪表現之所在。[47]

　　最後，如同上述的遶境與進香一樣，廟會祭典的參與，是所有宗教文化之旅最有看頭的部分，廟宇是臺灣人生活的重要成份，雖然現在臺灣越來越都市化，宗教信仰也日趨淡薄，但廟宇仍是臺灣人生活中不可或缺的一部分。在臺灣早期那個物資缺乏的年代，一般人生活貧乏且不安定，廟宇遂成為人們心靈的寄託，而廟會活動則是生活中少數的娛

---

[45]　〈臺灣寺廟的門神彩繪〉，何培夫著，《臺灣古蹟與文物》，同上註，頁 37-45。

[46]　〈不用釘子的漢式建築〉，見遠足地理百科編輯組編著，《一看就懂古蹟建築》，同註 42，頁 10-11。

[47]　陳正茂、陳善珮著，《文化觀光：臺灣文化資產》，同註 36，頁 170。

樂活動。臺灣的廟會祭典非常頻繁，每逢歲時節慶、神明誕辰、建醮慶典，廟宇都會舉行祭典以茲慶祝。以神明誕辰為例，在廟宇主神誕辰期間，地方信眾與分靈廟宇都會來向神明上香，表達祝壽之意；另一方面是定期分享主神的靈，這種集中於神誕期間的進香行為，稱為「香期」。[48]

近年來，臺灣所謂的「三月瘋媽祖」，是臺灣為期最久，最富盛名的香期。其他如保生大帝、玄天上帝、土地公等香期，也都非常有名。香期期間，廟宇都會出錢請戲班來演酬神戲，或由鄉里捐錢做「神明戲」，其目的是祈求天官賜福、合家平安與升官發財的酬謝神明心理。其實，在缺少娛樂的年代，廟會祭典不僅娛樂鄉民，凝聚其向心力，也是在教育未普及的年代，透過戲曲表演，對識字不多的市井小民，潛移默化傳輸忠孝節義觀念的另一種「寓教於樂」的最佳管道。[49]

野臺戲在開演前，文武場會奏出撼動人心的鑼鼓聲，好將觀眾吸引過來，聚集到臺前看戲。戲若演到精彩處，觀眾會毫不吝嗇的拋賞紅包，一有賞金貼掛出來，戲班會放鞭炮答謝。如果是規模較大的廟宇或較大的祭儀，廟方或頭家會多請好幾個戲班來表演，規模較大的為「正棚」是主秀，其他戲班則為「副棚」。正戲上演前，要先報幕介紹演出團體，恭祝神明千秋華誕，並祝福信眾「四時無災賺大錢」，正棚演出後，副棚才能接著開演。[50]

廟會祭典除演神明戲外，鄰近的「交陪廟」也會出動各種陣頭來共襄盛舉，神明的遶境隊伍通常以「報馬仔」帶頭，後面是神轎班、北

[48] 林美容，〈進香的社會文化與歷史意義〉，《中國時報》（時代版）（1991 年 4 月 25 日）。

[49] 林美容，〈臺灣人宗教生活面面觀〉，見其著，《臺灣文化與歷史的重構》（臺北：前衛版，1996 年 8 月初版），頁 135-141。

[50] 林勃仲·劉還月合著，《變遷中的臺閩戲曲與文化》（臺北：臺原出版社出版，1990 年 10 月 1 版），頁 121。

管、獅陣、龍陣和小法團等陣頭。所謂「陣頭」，可分為宗教陣頭、武陣、文陣、小戲陣頭等多種。屬於宗教陣頭的「家將」，是神明出巡的護衛隊，負責驅邪和捉拿，如八家將、五虎將、鍾馗等。武陣則可細分宋江陣、獅陣、龍陣等，其中獅陣和龍陣是臺灣民間常見的武術陣頭。文陣主要是音樂類陣頭，其中又以熱鬧激昂的北管為主。無論是廟會節慶、神明誕辰或婚喪喜慶，北管都是相當能帶動熱鬧氣氛的音樂，故甚受喜歡熱鬧的臺灣人之喜愛。[51]

　　此外還有小戲陣頭，亦稱戲劇陣頭，它是從民間歌舞與說唱藝術發展而來，通常載歌載舞，唱作俱佳，節奏輕快，動作敏捷，表演時還會帶有戲劇情節，說唱逗趣甚是好玩。常見的有〈採茶戲〉、〈桃花過渡陣〉、〈高蹺陣〉、〈素蘭小姐陣〉等。不管是武陣還是文陣，陣頭活動都是臺灣農村廟會祭典不可或缺的一環，所謂「輸人不輸陣」，基於對神明的虔誠信仰，或對神明庇佑的感念，在廟會期間，各陣頭互相來尬陣、鬥陣，是件非常有趣的事。[52]

　　在長長的遶境行列中，藝閣也是非常吸引眾人目光的表演活動，藝閣又稱「詩意閣」，一閣就是一齣戲，通常是以真人裝扮成歷史故事的人物，但不做任何表演動作，僅僅傳達熱鬧繽紛的視覺效果。藝閣分為「裝臺閣」與「蜈蚣閣」兩種，裝臺閣是自成一臺的小型藝閣，在臺上設樓閣、布馬景物，以真人扮古裝人物參差其中，如八仙過海、封神榜、八美圖、麻姑獻壽等，大多取材於民間傳說或神話故事。至於「蜈蚣陣」，又稱「百足真人」，屬於裝棚式藝閣。傳說蜈蚣是王爺的開路先鋒，具辟邪除穢、保境安民的神力，因此多見於臺灣中南部刈香遶境

---

[51] 李易蓉、陳仕賢、陳彥仲、陳柔森、張志遠、謝宗榮著，《臺灣民俗藝陣大觀》（臺北縣：遠足文化出版，民國 104 年 6 月 1 版），頁 90。

[52] 遠足地理百科編輯組編著，《一看就懂臺灣文化》（臺北縣：遠足文化出版，民國 100 年 6 月 2 版），頁 156-157。

時香陣的前導。[53]

　　廟會是農業社會最快樂的社交聯誼時節，因此每逢節慶或祭典，幾乎家家戶戶都會辦桌宴請親朋好友，一方面邀請親朋好友來共同沾染神明聖誕的喜悅；再方面亦顯示主人的熱誠好客，所以臺灣人的「吃拜拜」、「流水席」，已成臺灣特有的宗教文化之一。[54]當然，在邁入 21 世紀的今天，廟會活動已不若以往重要。但有些歷史悠久、較具特色的廟會活動，仍被保留下來，且漸漸演變成重要的民俗活動，例如三峽祖師廟每年農曆正月初六的「清水祖師聖誕慶典活動」，其中的神豬競賽，就經常吸引大批中外遊客前往觀賞。近年來，廟會文化已成臺灣重要的文化資產之一，年輕人也逐漸重視之，如電影〈陣頭〉的上映及口碑不錯，就是最好的證明。當廟會活動注入創新的元素，且與時俱進發揚光大時，可以預見的是，臺灣的廟會祭典不僅不會沒落消失，反而會以新穎的方式，將香火繼續傳承下去。

四、媽祖文化旅遊舉隅：以大甲媽祖遶境進香活動為例

　　雍正 8 年（1730 年），相傳福建莆田湄洲人林永興，向湄洲媽祖廟分靈一尊天上聖母像香火移民來臺，於大甲定居，並供奉媽祖於其宅。雍正 9 年（1731 年），臺中大安港開為島內貿易港，往來船隻甚多，林永興所帶來的媽祖，深受地方人士的尊崇與信奉，雍正 10 年（1732 年），經林永興同意，地方士紳擇現址建廟奉祀，以利鄉民祭拜。乾隆 35 年（1770 年），地方士紳林對丹等人又捐資重建，名為「天后宮」，始具規模，並使天后宮成為大甲地區 53 庄居民（今大

---

[53] 李易蓉、陳仕賢、陳彥仲、陳柔森、張志遠、謝宗榮著，《臺灣民俗藝陣大觀》，同註 51，頁 140-145。

[54] 梶原通好著、李文祺譯，《臺灣農民的生活節俗》（臺北：臺原出版社，民國 78 年 7 月 1 版），頁 66。

甲、大安、外埔、后里四鄉鎮）的信仰中心。乾隆 52 年（1787 年）12月，天后宮再度重建，於乾隆 58 年（1793 年）完成。

同治 11 年（1872 年），大甲媽祖廟再次重修，廟宇建築完工後，舉行隆重慶典及安龍神儀式，以天后能鎮海安瀾（以前廟前一兩百公尺即為大海），故改稱為「鎮瀾宮」。[55]鎮瀾宮創建初期，均由大安港或溫寮港直接駛往湄洲進香，清領時期大約每 12 年舉辦一次。日治時期，日人禁止臺海兩岸往來，進香活動遂遭停止。國府來臺後，兩岸對峙依舊，一直到 1987 年，適逢媽祖得道千年，湄洲祖廟邀請海內外媽祖信眾回祖廟參加紀念活動，鎮瀾宮遂組團赴湄洲媽祖祖廟進香，從此，中斷多年的湄洲謁祖進香活動才再度恢復。[56]

每年農曆 3 月，來自全省各地 10 餘萬眾的媽祖信徒，會組成聲勢浩大的進香隊伍，以大甲鎮瀾宮為出發點，浩浩蕩蕩地遶境出巡。早期進香地點是湄洲媽祖祖廟，日治時期改為北港朝天宮，1988 年，因媒體報導稱「大甲媽回娘家」而引發爭議，此後即改至新港奉天宮迄今。大甲媽的遶境進香，這些年因聲勢浩大而引起中外媒體關注，不僅參與的信眾越來越多，遶境天數也越來越長，從過去的三天兩夜已延長至 9天 8 夜。遶境隊伍通常會跨越臺灣中南部沿海 4 縣市（臺中市、彰化縣、雲林縣、嘉義縣），經過 21 個鄉鎮市區，80 餘座廟宇，跋涉 330公里路，沿途會駐駕彰化南瑤宮、西螺福興宮、新港奉天宮、北斗奠安宮、彰化天后宮、清水新興宮，最後再回駕大甲鎮瀾宮。[57]

大甲鎮瀾宮每年遶境進香的日子並不固定，都是在當年的元宵節舉行「擲筊儀式」，決定遶境進香的出發日期與時辰。在整個遶境活動中，依照傳統舉行獻敬禮儀，遶境進香中包含了重要的十大典禮，分別

---

[55] 陳仕賢著，《臺灣的媽祖廟》，同註 18，頁 86-87。

[56] 張珣，《媽祖・信仰的追尋（續編）——張珣自選集》，同註 33，頁 151-152。

[57] 黃丁盛撰文・攝影，《臺灣的節慶》，同註 22，頁 78-81。

是擲筊、豎旗、祈安、上轎、起駕、駐駕、祈福、祝壽、回駕與安座，每一項典禮都要按照既定的程序、地點及時間虔誠行禮。現將其活動略敘如下：

1.擲筊典禮：於每年元宵節下午 6 時，在本宮大殿恭請出正爐媽、副爐媽、湄洲媽及千里眼、順風耳兩大將軍，敬備鮮花素果，由董事長顏清標擲杯請示媽祖後，卜杯決定該年起駕日期時刻。隨後依序由頭香、貳香、參香、贊香各團隊向大甲媽稟報隨駕遶境進香事宜，宮內即展開各項籌備工作，並接受全國各地香客報名參加遶境進香之活動。

2.豎旗典禮：頭旗為遶境進香之指揮旗，循例由副董事長鄭銘坤卜杯請示媽祖決定樹頭旗之日期。樹頭旗當天敬備香花果茶，由頭旗組、祭典組、報馬仔、誦經團等單位，於子時先誦經，然後豎起頭旗，亦即是向三界昭告年度遶境進香各項工作開始正式啟動。宮內所屬陣頭團隊也開始各自整理旗幟、服裝、器具，並展開訓練。宮內祭典組、頭旗組還要勘查路線，貼香條告知所經路線宮廟及民眾大德。

3.祈安典禮：典禮時間訂在出發前一天的下午 3 點舉行，祭祀前必須備妥各項祭品，藉由誦經、讀疏文的過程，向天上聖母稟明今年遶境各項事宜，並祈求媽祖庇佑全體參加人員平安順利。

4.上轎典禮：於出發前一日下午 5 時舉行，也就是在祈安典禮之後，在眾人的歡呼聲中，由達官貴人恭請天上聖母登上鑾轎，並祈求天上聖母遶境賜福給沿途村莊的信徒，庇佑大家在未來的一年都能平平安安、順順利利。

5.起駕典禮：這裡所謂的「起駕」是指媽祖的鑾轎在凌晨 11 點那一刻，由神轎班的人員將神轎扛起，開始遶境進香。在神轎起駕前，所有的鐘、鼓、哨角齊鳴，並由宮內董事率領信徒，跪在天上聖母轎前，恭請媽祖起駕遶境進香，庇佑眾人隨駕進香一路平安。

6.駐駕典禮：經過 3 天的跋涉，媽祖神轎終於抵達新港，在新港市區遶境後，約於下午 7 時進入新港奉天宮。入宮以後，媽祖神尊離轎登

殿安座，並備妥各項祭品，由鎮瀾宮董監事率領隨香眾人在奉天宮誦經讀疏，感謝媽祖庇佑全體平安抵達新港，並叩謝神恩。

7.祈福典禮：媽祖駐駕後的隔天凌晨 5 點在奉天宮大殿舉行，同樣必須要備妥相關的祭品，並且誦經、獻疏文為所有在鎮瀾宮參加點光明燈、拜斗的信徒舉行祈福儀式，祈求媽祖賜福於爐下眾弟子。

8.祝壽典禮：繼祈福典禮後於上午 8 時舉行，備妥祭品，由鎮瀾宮董事率領所有隨香信徒，齊聚在奉天宮大殿前，一起為天上聖母祝壽，虔心祝禱、誦經讀疏、三跪九叩，祝賀媽祖萬壽無疆。當典禮接近尾聲時，眾人舉旗歡呼，就在清脆的鈴聲中、壯觀的旗海裡，將那一股虔誠之心推到最高點，此時是最感人的時刻，也是整個遶境活動的最高潮。

9.回駕典禮：是遶境活動中在奉天宮舉行的最後一個典禮，回駕前夕，由鎮瀾宮董監事率所有信徒，在恭讀回駕祝文後，恭請天上聖母登轎回鎮瀾宮，祈求媽祖庇佑眾人平安踏上歸途。典禮最後由嘉義縣新港奉天宮及各界人士恭送大甲鎮瀾宮天上聖母回駕。

10.安座典禮：經過 9 天 8 夜後，整個媽祖遶境進香活動即將結束，當天上聖母回到大甲鎮瀾宮，登殿安座。董監事率眾人叩謝媽祖庇佑眾人已平安回到大甲，恭請媽祖永鎮在宮，降賜禎祥。[58]

基本上，大甲媽的遶境出巡，以祝壽典禮的場面最大也最感人，讓人印象深刻。除了一開始就跟隨媽祖神轎從大甲出發的隨香客外，更多的是遠從臺灣各地而來的虔誠信徒，甚至還有國外的觀光客，他們放下手邊的工作，忘記身體的疲憊，堅持一定要到新港奉天宮為媽祖祝壽，這份虔誠之心令人感動。尤其在媽祖回駕安座後，整個大甲宛如一座不夜城，鞭炮四射，眾人臉上充滿喜悅歡樂，於此氛圍中互道珍重，相約明年再跟隨大甲媽一起遶境進香，活動於此畫下完美句點。大甲鎮瀾宮媽祖的遶境出巡，隨著媒體的報導而名聞遐邇，近年來，甚至已擴

---

[58] 〈大甲媽祖遶境進香活動介紹〉，《財團法人大甲鎮瀾宮全球資訊網》。

大成為所謂的「媽祖國際文化祭」，成為臺灣每年的年度盛事，它不僅代表臺灣的宗教文化慶典；也為臺灣的宗教文化旅遊樹立成功的典範。[59]

五、結論：臺灣媽祖民間信仰的文化意義

臺灣的媽祖民間信仰，在基層社會之所以非常流行，其實是有其社會整合的文化功能，它可以說是民眾自發性的文化結社，為一自足的文化體。此文化體統合了民眾的生活經驗，發展出世代相傳的民俗文化，其中宗教組織在民俗文化上，更是扮演舉足輕重的角色。民間信仰最基本的功能，是它可以統整群眾的社會生活，建立起新的群體組織，這種社會發展型態，在臺灣移墾社會可以得到充分印證。

移墾社會除了經濟資源的開發外，主要是以民間信仰來統合聚落的文化感情。因此，如遍布全臺的媽祖廟，就成了信眾的精神支柱，其對於地區的發展也有穩定性的調節功能。[60]易言之，移民者往往以其原鄉的信仰文化，來作為現實生活的精神核心與行動指南。此種信仰文化之形成，純粹是移民者自發性之行為，它傳承了祖先的信仰形態，經由現實的具體運作而逐漸發展為成熟的文化系統，強化其族群心理之凝聚力與價值觀念，它最終且成了族群賴以安身立命的價值體系。[61]

基本上，以媽祖廟為中心的民間信仰和聚落社區相結合，形成臺灣民間基層社會一特定的祭祀圈與信仰圈，這是信眾原本即已存在的精

---

[59] 黃金財著，《臺灣鄉土之旅——百年臺灣風土民情小百科》（臺北：時報版，2000 年 12 月初版），頁 82-84。

[60] 戴寶村著，《臺灣的海洋歷史文化》（臺北：玉山社出版，2011 年 1 月初版），頁 178-180。

[61] 徐曉望著，《媽祖的子民——閩臺海洋文化研究》（上海：學林出版社出版，1999 年 12 月 1 版），頁 406。

神文化系統，與社區民眾緊密結合在一起之明證。[62]且媽祖廟本身即具有宗教、教育、政治、經濟、社交和娛樂之多重社會功能在，故其存在價值不僅在彰顯其社會功能角色，更重要的是凸顯其民間信仰的文化意義。總的來說，即媽祖民間信仰是以民眾為主體的文化結社，它不僅與現實生活相結合，也是整個信眾精神生活的信仰依歸。[63]

　　相較於西方宗教的唯一性與排它性，臺灣民間的媽祖信仰，卻體現出一種多神膜拜的格局，我們看到全臺各地眾多的媽祖廟，除主神媽祖外，往往尚有其他諸神陪祀，形成一種很特殊的奇特現象。這是因為臺灣的民間信仰，強調的是一種「萬物皆有神，眾神皆可拜」的多神信仰，媽祖只是其信仰的主神，至於其他神明，如俗諺提到的「有拜有保佑」，多頂禮祭拜亦無妨。此種信仰模式之最大特色為依舊保持了原始的鬼神崇拜，其支配了民眾的精神生活與社會生活，我們不能低估其影響力。嚴格而言，臺灣移墾社會聚落形成背後之精神動力，即源自於此。

　　整體說來，臺灣基層民間信仰，是有其一套自我的宇宙觀、善惡觀、社會觀、價值觀、人生觀之文化系統。民眾根據這些文化系統，建立了信奉遵守的行為模式，它是一種自發而成的民間文化。這種民間文化吸納了儒家、道家或佛家的信仰體系，擴充了新的生活經驗與文化內涵。對民眾而言，更可貴的是，其展現了更包容開放的胸襟，在教化的前提下、以開放的性格賦予宗教更高的俗世目的，此為其文化意識最終之境界。[64]

　　對照於中國歷史上的「教亂」與西方頻繁的宗教戰爭，臺灣的媽

---

[62]　吳幼雄，〈論媽祖文化的社會功能〉，林曉東主編，《媽祖文化與華人華僑文集》（北京：中國文史出版社，2008 年 11 月 1 版），頁 362。

[63]　胡友鳴、馬欣來著，《臺灣文化》（臺北：洪葉文化出版，2001 年 1 月初版），頁 182-185。

[64]　羅春榮，《媽祖文化研究》（天津：古籍出版社出版，2006 年 9 月 1 版），頁 21-22。

祖民間信仰幾乎是沒有政治衝突的,也因此比較容易發展出俗世的社會功能,擴充其思想觀念與操作模式來迎合民眾的需求。平實說來,民間信仰、宗教結社與傳統社會是可以合則兩利的相互扶持,共同形成一種應付時代挑戰的文化力量。尤其在當今道德意識逐漸淪喪的現代化社會,傳統的價值觀日愈崩解,主導性的文化意識混淆,造成整個社會失序、瓦解,人心澆薄、迷失之際,以媽祖信仰為主體的文化力量,當扮演更責無旁貸的角色。

後 記

　　當代臺灣政壇才剛歷經四年一次，有關下一屆新正副總統改選和立法院立法委員的全面改選之後，未來四年的歷史新頁即將開展之際，適逢本書也即將出版，所以作為二位作者之一的我，對於本書如何長期構想與最後終於完成出版的這一曲折過程，也有很深的個人感觸要說。因此，在全書內容之後，特寫此一〈後記〉，作為出版此書的紀念。

　　作為本書兩位作者之一的我，現年已七十七歲了，因早年家庭因素，必須長期在社會底層艱難謀生，所以我只讀完大溪初中一年級之後，就一直持續中輟學業長達十八年之久。在此中輟學業期間，我堅持不懈地利用任何工作餘暇，斷斷續續的全靠自修的方式，逐步將初二到高三的全部課業讀完。

　　因此，我是沒有母校、沒有師長、沒有同學、沒有各種考試的獨自朝未知的知識大海前進。只有在服兵役期，我曾報名軍中隨營教育的初中同等學力檢定及格並取得證書。而在我服完空軍行政兵三年的義務役之後，我又以在軍中學會的製氧技術，考入竹北飛利浦電子公司的廠務部當機房操作員，其間並順利通過省教育廳辦的高中同等學力檢定及格並取得證書。於是到三十一歲時，我才有機會參加大學聯考與進大學讀書。

　　大學畢業之後，我雖有幸能考進臺大歷史研究所碩士班就讀，並且一路都以最優成績讀到博士班畢業（當中還有很多波折此處不詳提）。至於與本書寫作的一大重要機緣，是由於我在臺大歷史所博士班畢業之後，恰好有機會應聘到臺北城市科技大學任教，並有幸結識同校已任教多年的陳正茂教授，因而之後才有兩人合寫本書的機緣。

　　陳正茂教授個人的歷史學養深厚，在我們認識之前，他已曾出版過各種類型的教科書與政黨研究論文集，數量非常龐大。所以當已故三民書局劉董事長特邀我與陳教授合寫一本新型的《新臺灣史讀本》並願意付給我們百萬元稿酬時，我與陳教授很快就答應與三民書局簽約，並且接案之後我們立即滿懷熱情與雄心壯志地開始勤奮書寫本書全文。

　　我們合寫此一三民版《新臺灣史讀本》的論述方式，其實是參考日本《讀賣新聞》出版的《新日本史讀本》論述方式，但是總共才費時近二年，我們便完成兩冊本六十幾萬字的《新臺灣史讀本》初稿版。可是，當時三民書局的編輯部認為，兩冊本份量太多，無法在大學一學期內上完，出版後會銷售不佳。因此經過雙方商量之後，便決定將全書內容精華縮成二十九萬字單冊出版，原稿酬不變照付。所以之後正式出版後的三民版《新臺灣史讀本》，只是不到原書內容的一半而已。

　　另一方面，當時著名的桂冠書局賴社長在得悉此事後，便想將我們未出版的內容，以《臺灣社會文化史》的書名加以出版。初時，我與陳教授是同意的，也交了出新編的完整書稿，而且賴社長還先請中研院的相關學者審查書稿內容，結果因評價極高，所以賴社長決定馬上編輯出版。可是我當時警覺此一新版若出版得太快，恐會影響三民版的銷路，這就不可以不考慮延遲出版的問題了。所以我們立刻緊急煞車，並表示還等幾年後再出版。

　　但是，沒多久，桂冠即因經營困難，不得已將書店門市及編輯部遷回故鄉苗栗，之後人也跟著逝世了。於是，此一原書稿就一直被擱置著。去年，因陳教授另外應聘他校擔任人文藝術學院院長，便與我商量出版此一原書稿，我原則上同意出版，但我因考慮出版的時空環境已有巨大變遷，新版必須也要有所因應，於是我建議另外再增補自解嚴以來所顯著出現過的當代臺灣文化史新主題，才能符合以《現代臺灣新文化史》作為新書名出版的相應內容論述。陳教授聽後，立刻同意了。

　　而且願意出版本書的元華文創出版公司，也同意在 2024 年 2 月中

出版本書，以當作新學期的教科書讀本來使用。如今，看著桌上放著六百多頁的三十幾萬字內容，全書新穎的浩大多元的精彩目錄與內容，個人內心實為之感慨萬千。

因此書最初稿本，原是我在三十幾年前就讀臺大歷史所博士班時，同時在校內擔任兼任講師的上課用《臺灣文化百年史講義》的放大版。雖然任教當初，臺大歷史系上的學長林維紅副教授，曾一再鼓勵我儘快將此講義出版，使大家方便參考使用，我則因擔心論述不夠成熟，匆促出書會曝露各種學術缺陷，所以遲遲不敢將其出版。

於是，當初上課用的《臺灣文化百年史講義》稿本，居然又再歷經近三十年之後的人生歲月與個人勤奮治學，並且還有幸與陳正茂教授合寫之後，才有此書的出現，而我其實也已年歲老邁了。

在此，我要深深感謝陳教授，同時也對元華出版社的李欣芳主編、陳欣欣編輯和陳添壽教授，一併表達我衷心的高度謝意。

當代臺灣佛教知識群英
的典範新視野

本書共分二卷,精選當代臺灣佛教知識群英,其最新穎、最多元、最具代表性的各類高水準主題論文,堪稱是具有佛教新知傳遞大效應的精粹論集。

第一卷

第二卷

主編:江燦騰 林朝成	頁數:566頁
定價:700元	出版:2023年03月

主編:江燦騰 林朝成	頁數:614頁
定價:780元	出版:2023年05月

　　本書預定的宏大編輯目標,就是企圖精選國內現有各類精華佛學主題論文,藉以建構出第一流的高峰詮釋體系,以及真能具有承先啟後學術性質的,一部「當代臺灣佛教知識群英的典範新視野:從大陸到臺灣到東亞的精粹論集」。

　　全書嶄新多元的豐饒主題內容,共有四個專輯,分別是:第一輯:當代臺灣出發的東亞佛教思想新詮,第二輯:追蹤傳統佛教醫病學及其社會生活實踐風尚,第三輯:當代臺灣學界回應國際佛教哲學熱議的精粹集,第四輯:相關佛學研究的新詮釋史及其書評新檢討。宛如珍貴心智精華已被煌煌薈萃,且光芒四射璨耀,足可據以表彰當代佛教知識群英各類主題論述的超高水平。

經典推薦

宗 教 環 境 學
與臺灣大眾信仰變遷新視野

一本歷來有關臺灣大眾信仰變遷的著作中，不但最具跨學科特色且
又兼具「臺灣宗教環境學」新詮釋理念的，兩卷版研究精華匯集。

主編：張珣 江燦騰	頁數：464頁
定價：600元	出版：2022年08月

主編：張珣 江燦騰	頁數：534頁
定價：680元	出版：2022年11月

　　本書首先提出「臺灣宗教環境學」作為全書的新詮釋概念，並成功地網羅包括當代臺灣學界的（文學、歷史學、哲學、宗教學、心理學、人類學、社會學等）各個學科中，堪稱最精英學者群也是最多元的原創性論文在內。

　　本書共分二卷，涵蓋臺灣各宗教（民間宗教、原住民宗教、一貫道、新興宗教、基督教、天主教、佛教）研究，所以能夠據實針對臺灣本土大眾宗教信仰變遷：從數百年前至今的歷時性變遷，也同時關注到國家政策的主導力量、並將諸如原住民族／漢族信仰差異、二次大戰後社會變遷帶來的新興宗教崛起、全球化導致的宗教資本化與商品化、大眾信仰與身心靈醫療的復甦等各類課題，都有機的相應納入。